桂林年鉴

GUILIN NIANJIAN

2013

桂林市地方志编纂委员会　编

GUANGXI NORMAL UNIVERSITY PRESS
广西师范大学出版社
·桂　林·

图书在版编目(CIP)数据

桂林年鉴. 2013／桂林市地方志编纂委员会编. 桂林：广西师范大学出版社，2013.11
ISBN 978-7-5495-4567-4

Ⅰ. ①桂… Ⅱ. ①桂… Ⅲ. ①桂林市—2013—年鉴 Ⅳ. ①Z526.73

中国版本图书馆 CIP 数据核字(2013)第 260520 号

广西师范大学出版社出版发行
(广西桂林市中华路 22 号　邮政编码:541001
网址:http://www.bbtpress.com)
出版人:何林夏
全国新华书店经销
深圳市佳信达印务有限公司印刷
(深圳市宝安区观澜镇观光路库坑路口 128 号广澜工业园
邮政编码:518110)
开本:890mm×1240mm　1/16
印张:36.5　　字数:990 千字
2013 年 11 月第 1 版　　2013 年 11 月第 1 次印刷
印数:0001~1500 册　　定价:268.00 元

编 辑 说 明

一、《桂林年鉴》是中共桂林市委、桂林市人民政府主办，桂林市地方志编纂委员会编纂的地方综合年鉴。每年出版 1 卷，已连续出版 19 卷。《桂林年鉴》旨在载录桂林市经济和社会发展的基本情况，为各级领导机关决策、指导工作提供市情依据，是社会各界和海外人士了解、研究桂林的最新信息载体，并为桂林市的发展积累史料。

二、《桂林年鉴》主体内容设类目、分目、条目三个层次，除特载、附录等类目采用综合性文章外，其余内容均以条目为表现内容的基本形式。条目的标题统一用黑体加【】表示，少数资料性内容用楷体。年鉴内容采用科学分类和社会分工相结合的原则设置类目，机构、企事业单位的排序一般不表示其地位和规模。

三、《桂林年鉴（2013）》着重记载 2012 年桂林市经济和社会发展的基本情况及大事、要事、新事，个别重要内容有上溯或下延。本卷年鉴设特载、大事记、桂林市概貌、中国共产党桂林市委员会、桂林市人民代表大会、桂林市人民政府、中国人民政治协商会议桂林市委员会、纪检·监察、民主党派·工商联、人民团体、政法、军事、人力资源和社会保障、外事·接待、旅游业、城乡建设、环境保护、交通运输业、信息产业、工业、农业·水利、商业·会展业、非公有制经济、对外开放、财政·税务、银行·证券·保险、开发区建设、行政管理、教育、科学技术、社会科学、文化、广播·影视·新闻·出版、卫生·体育、社会生活、区县简介、人物、附录等 38 个类目，240 个分目。设彩色插页 64 页，辑封和内文插图 212 幅。

四、本卷年鉴稿件由各行业主管部门和各县（区）提供，并经撰稿单位领导审核。主要统计数据由撰稿单位提供，因统计口径不同等原因，可能与统计部门公布的数据有出入，引用时请加以区别。统计数据采用法定计量单位。

五、本卷年鉴为便于读者查阅，配备双重检索系统，书首设中文目录和英文目录，书尾设索引，索引采用内容分析法，并按汉语拼音字母顺序排列。

六、本卷年鉴配备光盘，光盘内含电子版年鉴，电子版年鉴采用先进的多媒体和全文检索技术，方便读者使用。

桂林市地方志编纂委员会

主　　任：黄俊华

副 主 任：潘永建　陈丽华　何良军　刘明昱　赵仲华
钟　麟　徐朝凯

委　　员：戴小军　龙镇凯　邓康康　钟　平　刘　翔
何　兵　粟卫宏　谭兴元　杨通鸣　李安平
黄　钦　蔡立圭　唐建林　邓晓强　李　滨
邓学艺　谢小明　林业江　吴般丹　罗建章
毛登峰　韦兰玉

《桂林年鉴（2013）》编辑人员

顾　　问：唐群森

主　　编：徐朝凯

常务副主编：韦兰玉

副 主 编：王家胜　胡小春　徐李宁　曾荣平　潘树能
关玉成

编　　辑：陶树青　廖志良　伍己忠　李春瑜　吴有春
文雪梅　覃丰展　陈　辉　尹　乐

目　　录

特　　载

大 事 记

桂林市概貌

中国共产党桂林市委员会

桂林市人民代表大会

桂林市人民政府

中国人民政治协商会议
桂林市委员会

纪检·监察

民主党派·工商联

人民团体

政　　法

军　　事

人力资源和社会保障

外事·接待

旅游业

城乡建设

环境保护

交通运输业

信息产业

工　　业

农业·水利

商业·会展业

非公有制经济

对外开放

财政·税务

银行·证券·保险

开发区建设

行政管理

教　　育

科学技术

社会科学

文　　化

广播·影视·新闻·出版

卫生·体育

社会生活

区县简介

人　　物

附　　录

索　　引

Contents

Special Documents

Chronicle of Major Events

Profile of Guilin

Guilin Municipal Committee of the Communist Party of China

Guilin Municipal People's Congress

Guilin Municipal People's Government

Guilin Municipal Committee of the Chinese People's Political Consultative Conference

Discipline Inspection and Supervision

Democratic Parties and the Federation of Industry and Commerce

People's Organizations

Polibical and Legislative Affairs

Military Affairs

Human Resources and Social Security

Foreign Affairs and Reception

Tourism

Urban and Rural Construction

Environmental Protection

Transportation

Information Industry

Industry

Agriculture and Water Conservancy

Commerce and Exhibition

Non-public Sector of the Economy

Opening to the Outside World

Finance and Taxation

Banks, Securities and Insurance

Construction of Development Zone

Administration Management

Education

Science and Technology

Social Sciences

Culture

Radio, Film and Television, Press and Publication

Health and Sports

Social Life

General Situation of Districts and Counties

Figures

Appendix

Index

国际旅游胜地——桂林

城市性质：

首批中国历史文化名城

著名国际风景游览城市

城市数字：（2012年）

行政区划：5城区12县

面积：27809平方千米

年末户籍总人口：5220862人

5城区人口：758213人

全市地区生产总值（GDP）：1492.05亿元

第一产业增加值：274.51亿元

第二产业增加值：694.94亿元

第三产业增加值：522.60亿元

全社会固定资产投资：1462.40亿元

财政收入：163.56亿元

农作物总播种面积：67.92万公顷

全年粮食总产量：199.47万吨

社会消费品零售总额：536.35亿元

民用汽车拥有量：26.08万辆

城镇居民人均可支配收入：22300元

农村居民人均纯收入：7328元

全市职工、居民基本参保人数：119.26万人

在岗职工年平均工资：40725元

接待国内外游客人数：3293万人次

国内游客：3111万人次

入境游客：182万人次

旅游总收入：276.87亿元

金融机构各项存款余额：1829.93亿元

金融机构各项贷款余额：1053.15亿元

外贸进出口总额：9.75亿美元

森林覆盖率：70.94%

城市绿化覆盖率：43.72%

旅游景点：

国家5A级旅游景区（点）：3处（漓江景区、乐满地景区、独秀峰·王城景区）

国家4A级旅游景区（点）：26处

国家3A级旅游景区（点）：13处

全国重点文物保护单位：11处

城市荣誉：

首批中国历史文化名城（1982年）

中国重点风景旅游城市（1986年）

首批中国优秀旅游城市（1998年）

首批中国十大文明风景旅游示范点（漓江景区 1998年）

全国创建文明城市工作先进城市（1999年、2002年、2005年、2009年）

国家园林城市（2003年）

全国园林绿化先进城市（2003年）

最佳中国魅力城市（2004年）

国家卫生城市（2005年）

全国科技进步先进市（2005年、2007年、2009年、2011年）

国家环境保护模范城市（2005年）

全国绿化模范城市（2007年、2011年）

中国十大休闲城市（2007年）

中国青年喜爱的旅游目的地（2007年）

国家知识产权示范城市创建市（2008年）

中国国际友好城市交流合作奖（2008年）

全国人口和计划生育综合改革示范市（2009年）

全国社会治安综合治理最高奖“长安杯”（2009年）

全国十佳绿色城市（2011年）

最中国文化名城（2011年）

中国特色休闲城市——最美休闲城市（2011年）

第三届全国未成年人思想道德建设工作先进城市（2012年）

全国双拥模范城（1993年、1994年、1997年、2000年、2004年、2008年、2012年）

首批“全国旅游刷卡无障碍示范区”城市（2012年）

全国创业先进城市（2012年）

全国“两基”工作先进地区（2012年）

李腾钊 摄

桂林市政区图

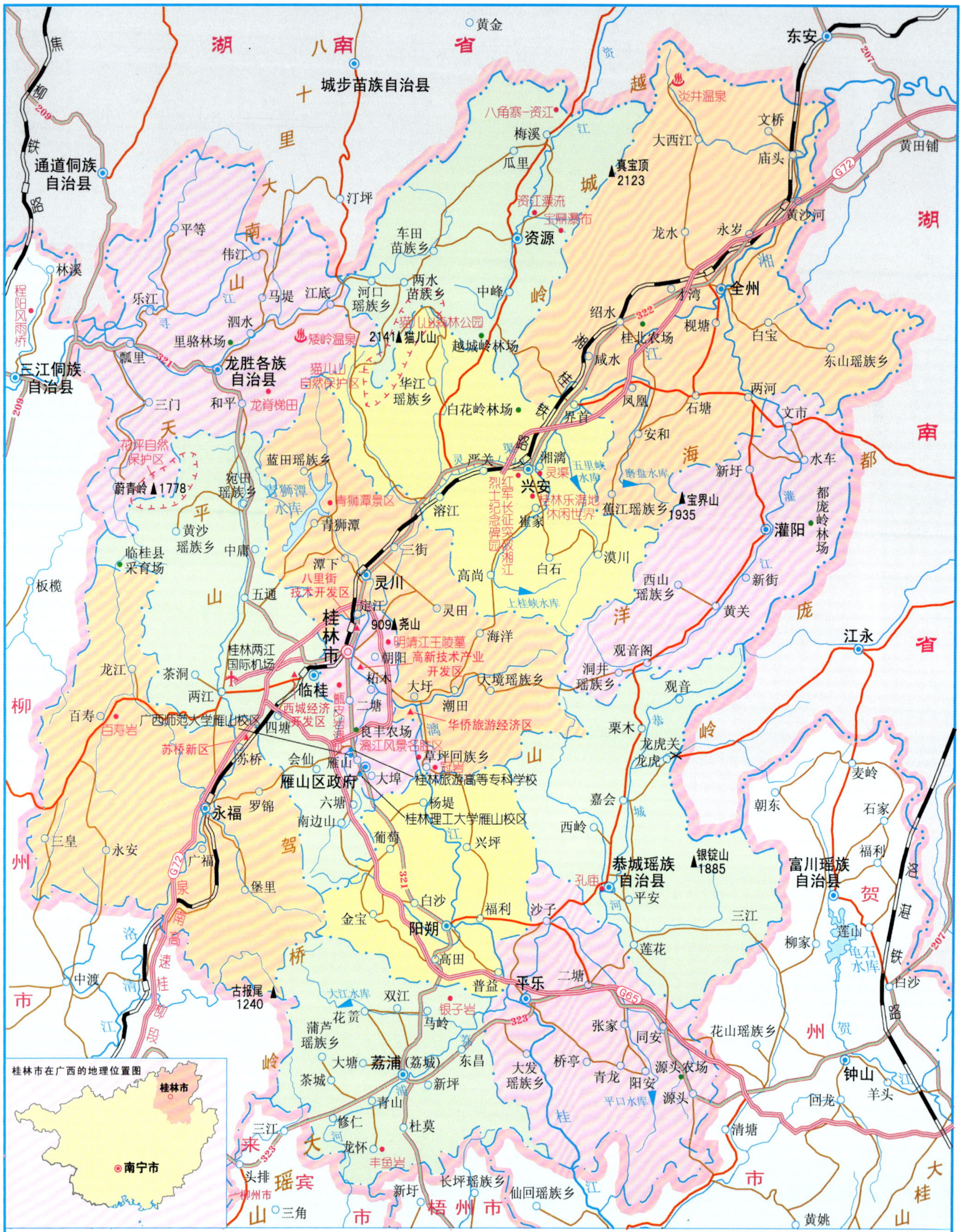

图例

地级市政府驻地	地级市、地区界	国道及编号	旅游风景点
县政府驻地	县界	省道	温泉
镇、乡政府驻地	自然保护区界	县道	2141▲猫儿山 山峰及高程
开发区	铁路及车站	河流、水库	
省、自治区界	高速公路	渠道	

比例尺 1：1 140 000

注：本图上境界不作为划界依据。

广西地图院编制　　审图号：桂S（2009）40号　　2009年11月

桂林市区街道图

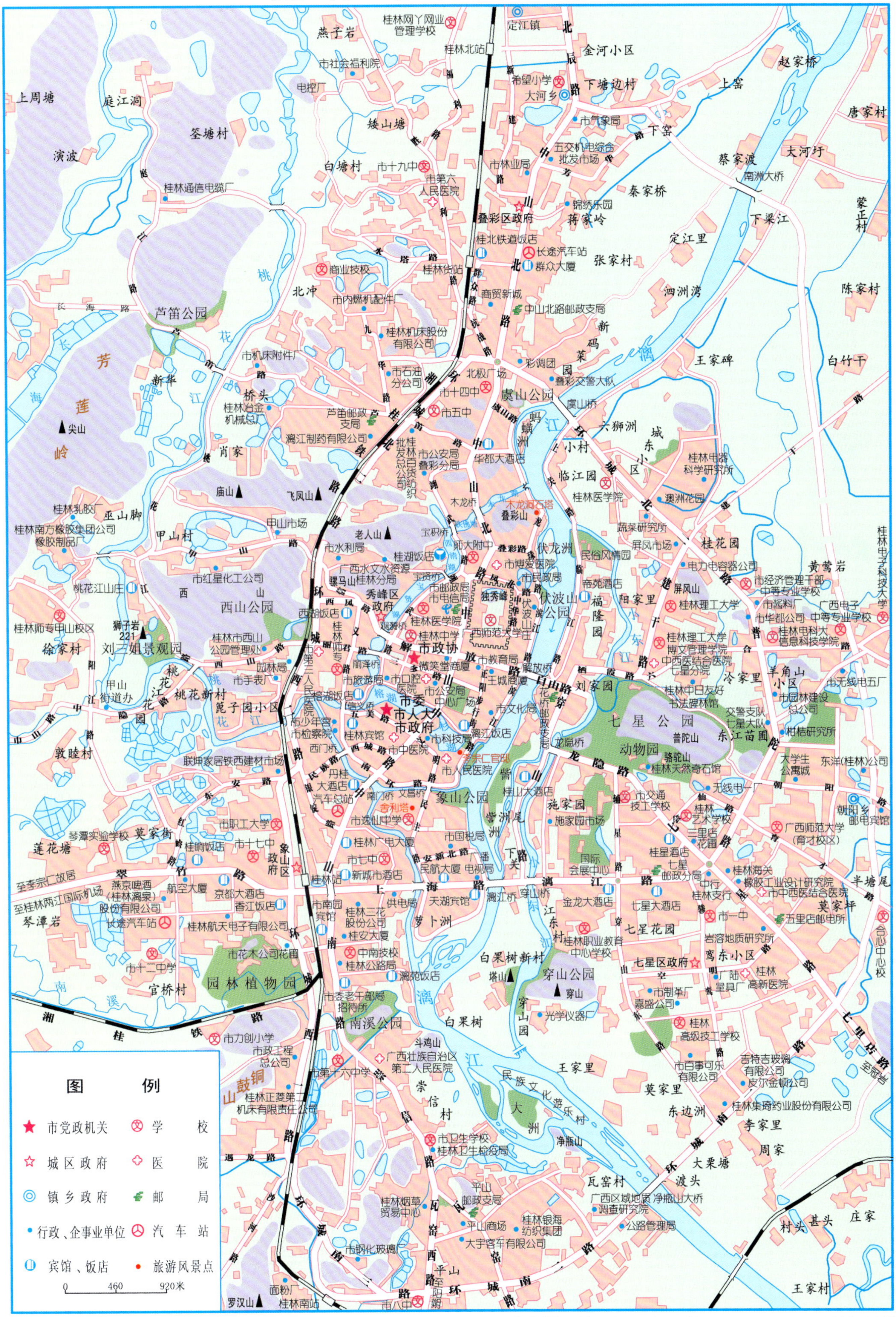

广西地图院编制　　审图号：桂S（2009）40号　　2009年11月

领导视察

2012年2月4日，中共中央政治局委员、全国人大常委会副委员长王兆国（前排右二）视察灵渠　　市接待办 供稿

2012 年 4 月 10 日，中央军委委员、国务委员、国防部部长梁光烈（前排右三）视察桂林警备区　　市接待办 供稿

领导视察

2012年9月2日，中共中央政治局委员、全国政协副主席王刚（前排左三）视察桂海碑林　　市外办 供稿

2012 年 9 月 13 日，中共中央政治局委员、国务委员刘延东（右三）在桂林考察调研　　唐侃 摄

领导视察

2013年6月5日，中共中央政治局委员、中共中央宣传部部长刘奇葆（左二）在桂林考察社区工作　　市人民政府 供稿

2012 年 7 月 8 日，自治区党委书记、自治区人大常委会主任郭声琨（前排中）在桂林考察调研　　唐侃 摄

领导视察

2013年7月4日，自治区党委书记、自治区人大常委会主任彭清华（左三）在龙胜各族自治县调研　　何平江 摄

2012 年 9 月 28 日，自治区主席马飚（前排中）出席第二届广西（桂林）园林园艺博览会开幕式　　唐侃 摄

领导视察

2013年10月20日，自治区主席陈武（右）在桂林会见澳大利亚总督昆廷·布赖斯（左）

唐侃 摄

2012 年 6 月 1 日，自治区政协主席陈际瓦（左三）陪同全国政协调研组在阳朔世外桃源景区考察调研　　唐侃 摄

市领导深入基层工作考察

2012 年 2 月 24 日，市委书记、市人大常委会主任刘君（左三）在临桂新区调研

何平江 摄

2013年5月30日，市委书记、市人大常委会主任赵乐秦（前排中）到飞凤小学慰问学生　　市人民政府 供稿

市领导深入基层工作考察

2012年11月5日，市长李志刚（左二）到桂林日报社考察调研　　市人民政府 供稿

2013 年 3 月 6 日，市长黄俊华（前排左一）现场指导重大旅游项目建设工作

市旅游局 供稿

市领导深入基层工作考察

2012年10月16日，市政协主席粟增林（左三）率市政协常委视察团视察雁山文化产业园区

市政协办公室 供稿

山水风光

榕湖、杉湖　　黄雷　摄

双塔飞霞　李腾钊　摄

山水风光

城景交融　　李腾钊 摄

花桥虹影　　李腾钊 摄

市区夜景　　滕嘉 摄

绿意盎然的桂磨路　　李腾钊 摄

塔山下小东江渔火　　李腾钊 摄

山水风光

全州天湖秋色　　胡妍 摄

漓江渔鹰　　麻承福 摄

阳朔书童山红叶

漓江彩虹　　韦毅刚 摄

张克祥 摄

漓江山水　　滕彬 摄

山水风光

奇峰晨韵　　文绍军　摄

阳朔观日出　　麻承福　摄

遇龙河朝霞　　韦毅刚　摄

漓江早晨　　周德忠 摄

荔浦银子岩内钟乳石景色　韦重杰 摄

资源山峰云海　　徐贵书 摄

桂　林　国　际　旅

新闻发布会

2013 年 3 月 26 日，中共桂林市委、市人民政府在国务院新闻办公室召开桂林国际旅游胜地建设新闻发布会　　何平江　摄

2013 年 3 月 31 日，中共桂林市委、市人民政府在深圳召开桂林国际旅游胜地建设新闻发布会暨招商推介会，桂林市党政代表团一行与深圳知名企业家座谈交流　　市人民政府　供稿

2012 年 11 月，国家发展和改革委员会正式批复《桂林国际旅游胜地建设发展规划纲要》，标志着桂林国际旅游胜地建设上升为国家战略。根据该规划纲要，到 2020 年，桂林国际旅游胜地基本建成，成为世界一流山水观光休闲度假旅游目的地、国际旅游合作和文化交流的重要平台，城市文化特色突出，城乡生态环境达到国际优良水准。旅游总收入占地区生产总值比重超过四分之一，旅游公共服务体系和综合服务功能完备。该规划纲要从功能分区、产业布局、城镇体系和临桂新区建设等方面明确了国际旅游胜地建设的空间布局。2013 年 7 月 3~4 日，自治区党委、自治区政府在桂林召开全自治区旅游发展大会。会议期间，自治区党委书记、自治区人大常委会主任彭清华宣布，桂林国际旅游胜地建设全面启动。

游　胜　地　建　设

2013 年 3 月 28 日，中共桂林市委、市人民政府在香港召开桂林国际旅游胜地建设新闻发布会暨招商推介会　　何平江　摄

2013 年 7 月 3 日，桂林国际旅游胜地建设启动仪式在愚自乐园举行　　刘教清　摄

桂 林 国 际 旅

基础设施建设

2012 年，机场路夜景　　雷经息 摄

2012 年，建设中的“一院两馆”

桂林西城经济开发区办公室 供稿

游胜地建设

2012 年 7 月 9 日，贵阳至广州高速铁路工程位于龙胜各族自治县境内的三门镇红跃 2 号高架桥施工现场　刘教清　摄

2012 年 8 月 20 日，湘桂铁路扩能改造工程湖南永州至广西桂林段铺轨接通　何平江　摄

2012 年，贵阳至广州高速铁路工程施工现场　刘教清　摄

2012 年，主体工程已竣工的潮田特大高架桥　刘教清　摄

桂 林 国 际 旅

2013 年 1 月 9 日，中国人民解放军空军空降兵学院沿街改造万福广场项目开工仪式举行　　唐侃 摄

2012 年 7 月 22 日，贵阳至广州高速铁路工程位于阳朔县境内的主体工程幸福源特大高架桥基本完工　　刘教清 摄

游胜地建设

临桂新区建设

2012年，群山环抱的临桂新区一角　　潘久辉 摄

2012年，美丽新临桂　　桂林西城经济开发区办公室 供稿

桂　林　国　际　旅

临桂新区建设

2012 年，临桂新区一览
桂林西城经济开发区办公室 供稿

2012 年，临桂金水路　　李蒙军 摄

2012 年，临桂新区秧塘工业园一角　　温少瑛 摄

游 胜 地 建 设

2012 年，临桂新区秧塘山水科技园　　桂林西城经济开发区办公室 供稿

2012 年，临桂新区一角　　李祥贵 摄

2012 年，临桂新区秧塘工业园新建成道路　　潘新田 摄

2012 年，通向临桂新区道路　　黄雷 摄

第六届联合国世界旅游组织／亚太

2012 年 10 月 11 日，在桂林召开的第六届联合国世界旅游组织／亚太旅游协会旅游趋势与展望国际论坛上，桂林市市长李志刚致欢迎词　　何平江　摄

2012 年 10 月 11~13 日，由联合国世界旅游组织亚太旅游协会主办，桂林市人民政府、自治区旅游局承办，香港理工大学协办，美国 CNN 国际媒体支持的第六届联合国世界旅游组织／亚太旅游协会旅游趋势与展望国际论坛在桂林香格里拉大酒店举行，有来自 23 个国家和地区的旅游局和旅游协会官员、国内外旅游业界人士、旅游研究机构和大专院校专家、国内各级党政领导以及多家国内外新闻媒体的记者共 200 多人参加，联合国世界旅游组织执行主任索丹·索莫基出席了大会。大会探讨了当前旅游发展趋势和未来发展战略及前景，旅游合作与伙伴关系的建立，教学研究在加强伙伴关系、培养创新和转移知识方面所起的作用，大会取得了一系列成果，对指导各国各地区旅游业发展具有普遍的积极意义。

2012 年 9 月 25 日，市委常委、副市长、宣传部部长陈丽华在第六届联合国世界旅游组织／亚太旅游协会旅游趋势与展望国际论坛新闻发布会上答记者问　　唐侃　摄

2012 年 10 月 11 日，在桂林大瀑布饭店举行的第六届联合国世界旅游组织／亚太旅游协会旅游趋势与展望国际论坛上，与会代表在发言　　刘教清　摄

2012 年 10 月 11 日，第六届联合国世界旅游组织／亚太旅游协会旅游趋势与展望国际论坛在桂林大瀑布饭店举行，图为专家讨论会场　　刘教清　摄

旅游协会旅游趋势与展望国际论坛

2012 年 10 月 12 日，第六届联合国世界旅游组织 / 亚太旅游协会旅游趋势与展望国际论坛的与会代表在桂林旅游高等专科学校参观　　　　刘教清　摄

第六届联合国世界旅游组织 / 亚太旅游协会旅游趋势与展望国际论坛在桂林旅游高等专科学校的分会场

刘教清　摄

第六届联合国世界旅游组织 / 亚太旅游协会旅游趋势与展望国际论坛在桂林香格里拉大酒店的主会场　　　　何平江　摄

第三届中国桂林

2012年9月6~8日，第三届中国桂林国际旅游博览会在桂林国际会展中心举行。博览会以“创新旅游商机，拓展国际市场”为主题，集城市交流、旅游产品推介、旅游商品展览、会展产业研讨、经贸投资洽谈、特色旅游资源展示、主题城市活动于一体。墨西哥、土耳其、西班牙、葡萄牙、埃及等60个国家和地区的旅游界人士，以及来自国内的北京、广东、湖南、江苏、海南等17个省（直辖市、自治区）50多个城市的旅游代表团出席了博览会。专业参展商超过800家，展览总面积2.2万平方米，专业观众达7000人，参观公众达17万人次。博览会贸易配对系统共收到预约信息3000多条，实现展会现场洽谈超过3500场，其中60%以上的旅行商与桂林的旅行社达成合作意向。

2012年9月6日，自治区副主席杨道喜（前排中）到第三届中国桂林国际旅游博览会作现场指导　　何平江　摄

2012年9月6日，第三届中国桂林国际旅游博览会在桂林国际会展中心开幕　　何平江　摄

国际旅游博览会

2012年9月5日，市委、市人民政府举行招待晚宴，欢迎出席第三届中国桂林国际旅游博览会嘉宾　　舒恒茂 摄

2012年9月6日，市民在泰国展台体验泰式按摩　　何平江 摄

2012年9月6日，数万人参观第三届中国桂林国际旅游博览会　　刘教清 摄

桂　林　百　姓

弘扬主旋律　传播正能量

《桂林百姓大舞台》是市委宣传部主办、各县（区）及有关部门承办的大型公益性群众文化平台。从2009年4月开办至2012年年末，共演出120多场，参与的群众演出达4万多人次，现场观众达20多万人次，通过电视、网络视频等传统媒体和新兴媒体观看的中外观众达2000多万人次。

"颂歌献给党，喜迎十八大"专场文艺晚会的开场大合唱

大　舞　台

（该专题图片由麻承福摄）

2013年6月6日，中共中央政治局委员、中共中央宣传部部长刘奇葆（前排右二）在《桂林百姓大舞台》“走进九岗岭社区巡演”现场，与社区老百姓亲切交谈

广大干部群众在百姓大舞台上放声高歌，歌颂共产党，歌颂祖国

桂　　林　　百　　姓

2013年6月1日，市委书记、市人大常委员会主任赵乐秦（后排中）出席《桂林百姓大舞台》“六一”儿童节专场晚会

在歌声激励下，《桂林百姓大舞台》观众激情澎湃

2013年“五一”节期间，中央歌剧院桂林籍独唱演员段苏珊在百姓大舞台上，和市劳动模范代表冒雨演出

观众在七星公园“华夏之光”广场观看演出

大　舞　台

2013 年 5 月 12 日，市长黄俊华（二排中）出席《桂林百姓大舞台》护士节专场文艺晚会

热情的观众

市政协组队演唱歌曲《祖国不会忘记》

观众与演员互动

桂　林　百　姓

工人代表参加表演

农民代表参加表演

人民警察参加表演

城市清洁工观众方阵

护士观众方阵

大　舞　台

《桂林百姓大舞台》经典节目——歌舞《中央红军突破湘江》

《桂林百姓大舞台》经典节目——京剧《杨子荣》

《桂林百姓大舞台》经典节目——歌剧《绣红旗》

《桂林百姓大舞台》经典节目——表演唱《学习雷锋好榜样》

《桂林百姓大舞台》经典节目——桂剧《孔繁森》

《桂林百姓大舞台》经典节目——豫剧《任长霞》

第二届广西（桂林）

2012 年 9 月 28 日 ~11 月 13 日，第二届广西（桂林）园林园艺博览会在桂林园博园举行。桂林园博园位于桂林市区南部的雁山区雁山镇和大埠乡区域内，地处市区到阳朔风景旅游区的必经之地，面积 90.33 万平方米。该届园博会园区分为入口景观区、中心水景区、主场馆区、国际展区、农业科技展区、广西城市展区、园林艺术展示区、湿地景观区八个区域。参会的广西 14 个市围绕“山水园林，秀甲天下”的主题，充分挖掘自身文化底蕴，展现各市不同的亮点和特色，共展出山水盆景 120 件、奇石 132 件、根雕及地方特色工艺品 108 件。该届园博会结束后，桂林园博园作为桂林市的大型生态园林公园向公众开放，是人们休闲度假的好去处。

2012 年 9 月 28 日，第二届广西（桂林）园林园艺博览会开幕式举行　唐侃 摄

园林园艺博览会

2012 年 9 月 28 日，桂林园博园开园暨第二届广西园林园艺博览会开幕，自治区主席马飚（中）等领导和嘉宾步入园中参观　　何平江 摄

第二届广西（桂林）

2012年1月0日，第二届广西（桂林）园林园艺博览会举行开工仪式　　唐侃 摄

2012年9月28日，嘉宾们在欣赏茶艺表演　　唐侃 摄

园林园艺博览会

2012 年 9 月 28 日，第二届广西（桂林）园林园艺博览会开幕式上的文艺表演　　唐侃 摄

身着广西特色民族服饰的工作人员　　唐侃 摄

工作人员在向游客展示各种广西特色旅游产品　　唐侃 摄

园博园景色　　李腾钊 摄

第二届广西（桂林）园林园艺博览会

2012 年 10 月 5 日，全国各地游客到桂林园博园游玩　　刘教清 摄

2012 年 9 月 28 日，桂林园博园开园，游客在园内湖中游览

何平江　摄

桂林园博园美景　　李腾钊 摄

中共桂林市委政法委

2012年，市委政法委以深化“平安桂林”建设为平台，以坚决防止发生重大政治性事件、非法聚集事件、大规模群体性事件和暴力恐怖事件为重点，以深化三项重点工作为着力点，以开展政法干警核心价值观教育实践活动为保障，坚持抓源头、抓根本、抓重点，创新完善体制机制，狠抓工作措施落实。在服务和服从大局、加强和创新社会管理、打击和整治违法犯罪活动、预防和化解社会矛盾、普法教育和法治文化建设、干部教育和队伍建设等方面实现了新提升。桂林市社会大局呈现持续和谐稳定的良好态势，人民群众对政法机关的满意率持续提高，人民群众安全感持续上升。为党的十八大胜利召开和建设桂林世界旅游城、实现富民强市新跨越作出了积极贡献。

2012年6月21日，市委常委、政法委书记蒋炳穗（前排右二），副市长黄济贤（前排右三）指导禁毒宣传工作

2012年7月10日，市委常委、政法委书记蒋炳穗（前排中）率有关部门领导到市重大项目建设现场进行调研

2012年6月29日，市委常委、政法委书记蒋炳穗（左三）慰问贫困党员

2012年6月26日，市委常委、政法委书记蒋炳穗（前排中）在国际禁毒日发表讲话

2013年3月21日，市委常委、政法委书记蒋炳穗（后排中）和有关领导研究维稳工作

2012年6月30日，市委政法委领导在平乐县龙田村调研和慰问困难党员

2012年6月12日，全市“万名干部下基层、化解矛盾促和谐”专项信访维稳活动动员会召开

桂林警备区

2012年，桂林警备区部队紧紧围绕警备区党委确定的“打基础，强队伍，抓落实，谋发展”工作思路，完成了年度各项工作任务，部队全面建设有新的进步。开展学习型党组织和效率型机关建设，党委班子和干部队伍建设不断加强，阳朔县人民武装部、叠彩区人民武装部和狮子岭干休所党委被广西军区评为创先争优活动先进团级单位党委，预备役通信团、龙胜各族自治县人民武装部和狮子岭干休所被广西军区评为“全面建设先进团级单位”。桂林市荣膺“全国双拥模范城”七连冠，市委书记、警备区党委第一书记刘君被广州军区评为“国防之星”，当选2012《中国双拥》年度人物；市长李志刚获“全国国防动员建设年度人物优秀奖”。参加广西军区组织的参谋业务尖子比武竞赛，获得团体总评第二名，预备役部队干部获得团体总评第一名，22人次在竞赛中获名次受到通报表彰。

2012年9月，桂林警备区司令员杜福初（前排左二）检查训练

2012年6月，桂林警备区政委胡安伶（前排右二）检查民兵应急分队装备

2012年3月，扶贫帮困捐款

城市警备巡逻

2012年2月，冬修水利

2012年5月，民兵抗洪抢险演练

武警桂林市支队

2012年，武警桂林市支队全体官兵按照“讲规矩、正风气、重内涵、促发展”的要求和支队“注重内涵、提升层次、走在前列”的工作目标，扎实抓好经常性基础性工作落实，支队全面建设稳中有进，官兵政治思想稳固，中心任务圆满完成。完成王兆国等中央领导到桂林视察警卫、广东调犯押解、涉日维稳等临时勤务100多起。基层建设进步明显，教导队被武警总部评为“先进教导队”，二大队被武警广西总队评为“基层建设先进大队”，兴安县中队被评为“基层建设标兵中队”。兴安县中队、龙胜各族自治县中队荣立集体三等功，支队被武警总部评为“连续10年预防事故案件工作先进单位”。

“八一”前夕，市长李志刚（前排中）到武警桂林市支队慰问官兵

2012年7月25日，武警桂林市支队与广西电网公司桂林培训中心举行双拥共建签字仪式

武警桂林市支队官兵用各种方式迎接党的十八大召开

新兵拉练

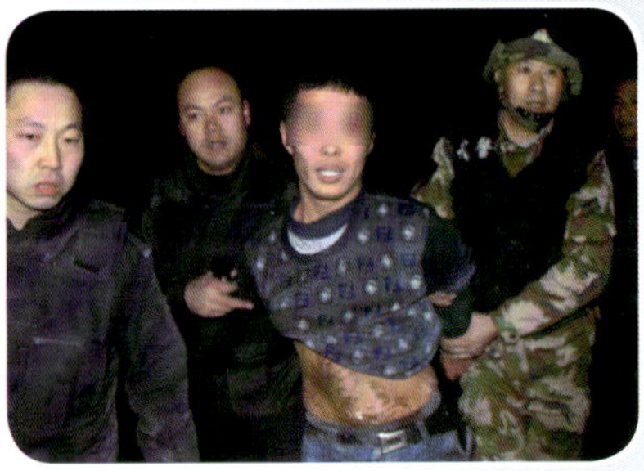

2012年12月18日，兴安县中队官兵配合公安处置劫持人质事件

桂林市四家班子领导到支队教导队过军事日活动

桂林市公安局

2012年，桂林市公安工作紧紧围绕为党的十八大胜利召开创造良好社会环境和提高人民群众安全感、满意度的总任务，有针对性地开展了“矛盾纠纷化解年”“维护社会稳定决胜年”“民警教育训练年”“党风廉政建设推进年”“警务保障提升年”等活动。全年共破刑事案件9943起，打掉犯罪团伙737个。有305个集体、1177名个人受到各级表彰。桂林市公安局在2012年自治区综合业务工作考评中获得第三名，圆满完成全年工作任务。

2012年8月1~4日，参加“全国公安机关和谐警民建设（广西片会）经验交流会”的公安部政治部副主任王亚茹（前排右二）及与会领导在阳朔西街，与巡逻民警和“外籍”义务巡防员交谈

2012年9月9日，桂林市公安机关侦破永福县“八六”特大盗窃案总结表彰大会召开。自治区副主席、公安厅厅长梁胜利（右）为桂林市副市长、公安局局长黄济贤（左）颁奖

2012年6月18日，市公安局副局长李群锋（右二）陪同德国慕尼黑市警察局代表团参观桂林警务站

2012年10月19日，桂林市公安局首届“警营文化宣传月”暨桂林市公安局迎接党的十八大书画摄影展正式启动

2012 年 6 月 26 日，桂林市公安局在市中心广场举办以“青少年和合成毒品”“少年兴则国家兴，少年强则国家强”为主题的国际禁毒日广场主题宣传活动

2012 年 4 月 9 日，桂林市禁毒办与港澳青年拓展及禁毒警觉委员会到桂林市第一强制隔离戒毒所参观座谈

2012 年 5 月 18 日，桂林市城市智能交通控制系统启用暨交警指挥中心大楼落成

2012 年 3 月 15 日，桂林市公安局举行刑侦宣传月活动，现场展示追回的被盗文物

2012 年 5 月 26 日，桂林市公安局特警成功解救尧山索道被困游客

2012 年 8 月 16 日，在全市公安机关反恐处突综合演习暨教育训练成果演练中，全州县公安局表演擒拿格斗科目

桂林市公安消防支队

2012 年 10 月 29 日，公安部消防局副政委、少将尹俊士（前排左六）检查指导桂林消防工作

2012 年，桂林市公安消防支队完成了车辆 GPS 卫星定位系统、电子巡岗系统、电子岗哨门禁系统和视频监控系统等“四个系统”建设，首批 6 个一星级铁军中队建设达标，打造了“六支志愿者消防宣传队”，成功推出阳朔西街“国际消防安全教育示范街”、王城景区“消防主题公园”、刘三姐景观园“少数民族村寨防火消防宣传公园”等一大批特色消防宣传品牌。获得自治区公安消防总队装备技能比武竞赛团体冠军、铁军业务技能大比武团体第三名，先后被自治区公安消防总队评为先进支队、先进支队党委、“清剿火患”战役成绩突出支队，6 个单位被评为先进单位，6 名党委成员被自治区消防总队评为优秀领导干部，共有 1 名官兵荣立一等功，2 名官兵荣立二等功，46 名官兵荣立三等功，部队管理和火灾形势实现了“双稳定”。全年全市消防部队共接警出动 1394 起，抢救和疏散被困人员 2162 人，抢救和保护财产价值 2.3 亿元，圆满完成了尧山森林火灾扑救、恭城采矿点塌方救援和尧山景区缆车事故救援等灭火救援任务。

2012 年 10 月 29 日，市委书记刘君（右）会见公安部消防局副政委、少将尹俊士（左）

2012 年 12 月 25 日，辽宁省政协副主席李文喜（左一）一行到桂林市公安消防支队参观指导工作

2012 年 12 月 31 日，副市长徐峰（前排左三）带队督导检查 2013 年元旦节前消防安全

2012 年 8 月 11 日，市委常委、政法委书记蒋炳穗（左一）检查指导消防网格化管理工作

2012 年 9 月 29 日，桂林市消防支队圆满完成两江国际机场反劫机综合演练参演任务

2012 年 10 月 13 日，桂林市公安消防支队获得自治区铁军中队大比武团体第三名

2012 年 4 月 29 日，桂林市公安消防支队百人威风锣鼓队参加桂林市庆五一大型文艺演出

2012 年 7 月 26 日，桂林市举行推进党的十八大安全保卫消防摩托车配发仪式

2012 年 10 月 18 日，市人民政府在桂林市公安消防支队举行车辆装备交接仪式

荣誉

2012 年 5 月 26 日，桂林市公安消防支队官兵参加尧山索道救援行动

桂林市

2012 年，桂林市教育工作按照“抓均衡、提质量、创特色、保领先”的总体思路，进一步贯彻落实教育规划纲要，全市教育工作成就显著。学前教育办学资源不断扩大，义务教育均衡发展步伐加快，普通高中教育质量稳步提升，职业教育服务地方经济社会发展能力显著增强。特别是桂林市“两基”工作成就喜人。9 月，桂林市被国务院授予“全国‘两基’工作先进地区”称号。10 月，龙胜各族自治县通过自治区评估验收，成为广西第一批申报国家审核备案的义务教育基本均衡县。

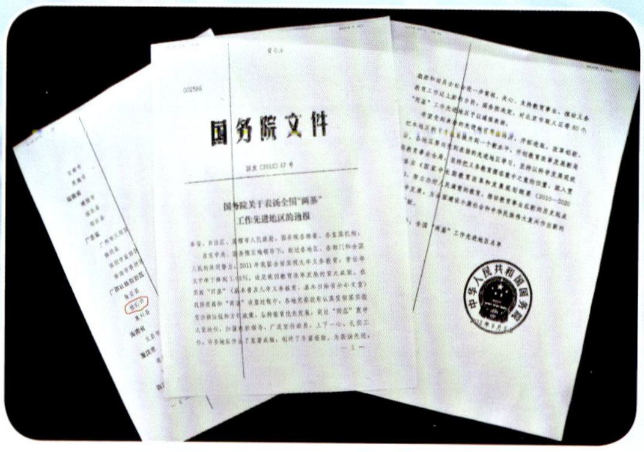

2012 年 9 月 7 日，桂林市获“全国‘两基’工作先进地区”称号，是广西唯一受国务院通报表彰的地级市

2012 年 9 月 13 日，中共中央政治局委员、国务委员刘延东（前排右一）到桂林市培智学校视察，并对该校办学理念和水平给予高度评价

2012 年 3 月 6 日，自治区教育厅厅长高枫（左一）在资源县调研时与学生亲切交流，并鼓励学生好好学习、快乐生活

2012 年 11 月 9 日，桂林市举行 2012 年全民终身学习活动周开幕式

教　　育　　局

2012年9月，市教育局局长钟平（中）到龙胜各族自治县扶贫点调研并为学生发放新华字典

2012年10月，龙胜各族自治县通过自治区评估验收，成为广西第一批申报国家审核备案的义务教育基本均衡县

2012年9月28日，桂林市教育学会家庭教育研究会成立大会举行

2012年6月7日，桂林市第五届幼儿园中青年教师优质课竞赛举行

2012年5月27日，桂林市首届中小学地方剧曲艺比赛举行

2012年，桂林市在龙胜、恭城、资源及雁山实施农村义务教育学生营养改善计划试点工作。图为雁山区试点学生享用免费营养餐

2012年5月，桂林市国家教育考试考务指挥中心完成建设，实现了市本级、自治区、教育部三级网上巡考

桂　林　市

2012 年 3 月 29 日，国家发展和改革委员会调研组实地调研桂林市旅游项目

2012 年 3 月 24 日，广西特色生态旅游名村——桂林鲁家村开村

2012 年，桂林市旅游局深入实施“旅游兴市”战略，坚持旅游业精品化、高端化、差异化发展。全力推进桂林国际旅游胜地建设，《桂林国际旅游胜地建设发展规划纲要》获得国家发展和改革委员会批复，桂林发展上升为国家战略，桂林成为中国首个旅游产业用地改革试点城市。按照国际旅游胜地建设发展的总体要求，加强生态环境保护，优化旅游业结构，保障改善民生，创新体制机制，探索景观、产业和城市协调发展的新模式，逐步将桂林建设成为环境友好、文化繁荣、经济发达、社会和谐的国际旅游胜地、国家历史文化名城和生态山水名市。加强漓江国家 5A 级旅游景区常态化管理，建立健全旅游长效管理机制，旅游目的地建设稳步提升，境内外客源市场不断拓展，旅游服务质量有力提升，旅游发展质量再上新的水平。全年接待旅游总人数 3292.65 万人次，比上年增长 18.09%。其中：国内游客 3110.24 万人次，增长 18.54%；入境旅游者 182.41 万人次，增长 10.96%。旅游总收入 276.87 亿元，增长 26.81%。其中：国内旅游收入 230.48 亿元，增长 29.33%；入境旅游收入 46.39 亿元，增长 15.6%。

2012年9月6日，第三届中国（桂林）国际旅游博览会开幕

旅 游 局

2012 年 7 月 11 日，桂林市旅游大篷车在浙江省宁波市开展推介活动

桂林山水婚典已成为中外年轻人选择婚礼的重要品牌

漓江晨曲

猫儿山风光

2012 年 9 月 28 日，第二届广西（桂林）园林园艺博览会开园

桂林银行股份有限公司

GUILIN BANK CO., LTD.

2012 年，桂林银行股份有限公司（简称桂林银行）围绕“夯实基础、战略转型、改革创新、管理提升”16 字方针，秉承“好山水·好银行”的文化内涵，着力打造“中小企业伙伴银行、市民银行”品牌，各项业务继续实现稳健增长。

至年末，桂林银行总资产 680.57 亿元，各项存款 430.25 亿元，各项贷款 166.3 亿元，利润总额 8.8 亿元，上缴各类税金 2.67 亿元，位居桂林市纳税大户前四强。该行通过实施“走出去”发展战略，业务范围覆盖了南宁、桂林、梧州、贺州等广西主要地市。桂林银行及控股村镇银行共有职工近 2000 人，其中大学以上学历占 92% 以上。

桂林银行的快速进步得到了社会各界的认可。该行以第 76 名跻身“广西百强企业”行列；被《金融时报》社评为中国“2012 年服务三农及实体经济先进单位”；在全球权威金融媒体——英国《银行家》杂志公布的“2012 全球银行 1000 强”榜单中，名列第 854 位。

2012 年 8 月 10 日，桂林银行董事长王能（左二）向共青团广西区委书记白松涛（右二）介绍该行情况

2012 年 6 月 28 日，桂林银行董事长王能（中）获首届桂林市“十大杰出创业人才”称号

2012 年 11 月 20 日，桂林银行财富中心揭牌

2012 年 9 月 26 日，桂林银行与国海证券签订战略合作协议

2012 年 11 月 3 日，桂林银行举办桂林银行杯高尔夫精英邀请赛

2012 年 12 月 3 日，桂林银行举办桂银村镇银行第一届发展论坛

2012 年 10 月 19 日，桂林银行冠名第四届中国桂林创新创意文化节暨桂林动漫节文艺晚会举行

2012 年 5 月 29 日，桂林银行向保护母亲河环保基金捐赠 20 万元

2012 年 5 月 26 日，桂林银行在灌阳县举行捐资助学活动

广西超级稻之乡

2013 年 5 月 14 日，市委书记赵乐秦（右二）视察该镇红星金香芋基地

2012 年 7 月 14 日，市委副书记石东龙（左四）到黄关镇视察计生文化工作

黄关镇地处灌阳县中南部，座落在都庞岭和海洋山之间，东与湖南江永县交界，南与观音阁乡毗邻，西与西山瑶族乡相接，北与新街乡互依，距县城 21 千米处，总面积 210.3 平方千米，辖 15 个建制村，2012 年年末总人口 4.49 万人。黄关镇地理条件得天独厚，区位优势优越，是县内经济发展重镇之一，省道全沙公路纵贯南北，是灌阳县南面四乡一镇交通和商贸活动的中心。

黄关镇农业资源丰富，是全县主要的商品粮、肉类、水果、蔬菜、药材及苗木生产基地，近年来黄关镇充分发挥优势，农业经济取得了较大进步：一是特色农产品得到进一步发展。红豆杉、桂花等苗木种植面积不断攀升，雪梨、黑李、柑橙等水果种植面积进一步增长。二是农业产业结构得到进一步优化。黄关镇是农业部、自治区农业厅超级稻种植示范点，该示范片超级稻产量创出广西最高记录，连续三年蝉联广西第一，得到中科院院士、“杂交水稻之父”袁隆平的好评。中草药产业、水果种植坚持走深加工、规模化、集约化的路子。特色农业规模化种植经营已经形成，有力地助推农业增产、农民增收。三是规模养殖得到进一步壮大。全市最大的现代化养猪场——玉芳生猪养殖有限公司带动和辐射生猪养殖业的发展。

2012 年 8 月 2 日，自治区农民增收现场会与会代表现场参观黄关镇“万亩超级稻示范区”

2013 年 7 月 20 日，黄关镇组织开展清洁城乡活动

——灌阳县黄关镇

2013年9月13日，市商会慰问黄关镇山区贫困学子

社会主义新农村缩影——东阳村白沙屯一角

积极探索“特色农业＋旅游业”的发展思路，以农业产业化、基地化、有机化为依托，以城镇化建设为突破口，采取多种方式进行城镇规划改造，倾力打造黄关商贸重镇；以商家村为龙头，沿江东公路至李官村打造广西超级稻之乡，集游览观光、经济作物一条街的特色农业旅游经济园，打造商家至李官十里精品党建长廊；结合佛教圣地“云台寺”的开发，积极建设“云台寺四方园梨花会”“二月八农具节”等旅游品牌，让游客“观千年古寺，赏千亩梨花”。并进一步加快白沙古墓群、黄牛市古遗址的保护与开发以及毛栗坪新农村农家乐、高尔夫球场等项目建设。

加快重大项目建设的投资与发展。形成了投资千万元以上的黄关镇花岗岩开发、地鑫谷砖厂、垃圾中转站、污水处理厂、沉香加工、商贸物流中心等系列重大项目的开发与利用，形成镇区新地标，拉动黄关经济的快速发展，2012年，全镇工农业生产总值达9.59亿元，农民人均纯收入4991元。

通过土地流转，发展特色农业香芋种植

战国时期古遗址——白沙古墓群

黄关一景——俊山玉笔峰

桂林市工商业联合会

2012年，桂林市工商联认真贯彻落实国家和自治区关于对非公有制经济的各项扶持政策以及市委、市人民政府的一系列决策部署，以工业化、信息化融合为契机，以推动企业转型升级为主线，以桂林世界旅游城建设为突破口，全力推进桂林国家旅游综合改革试验区和桂林服务业综合改革试点区域建设。放手发展民营经济，全市非公有制经济发展规模不断壮大，经济实力明显增强。至年末，全市私营企业、个体工商户达14.2万户；全市非公有制经济完成税收103.49亿元，占全市税收收入的83.42%，吸纳社会就业率占全市新增就业总数的90.2%。

2012年12月6~10日，全国工商联第十一次会员代表大会召开，市工商联主席王昕（左一）当选为全国工商联第十一届执委会委员

2012年11月27日，市工商联主席王昕（左二）在灵川县工商联调研

2012年7月23日，市工商联（总商会）举行新一届领导班子座谈会

2012年12月6~7日，"北京大学民营经济研究院助企工程"走进桂林论坛在桂林举办

2012年5月15日，市工商联（总商会）第四次会员代表大会在市直机关小礼堂隆重召开

2012年11月16日，市工商联（总商会）"同心·致富"临桂县临桂镇天华村实践基地揭牌

特　载

2013 年 1 月 5 日，中国共产党桂林市第四届委员会第三次全体会议召开

（刘教清　摄）

市委工作报告

——2013年1月5日在市委四届三次全会上

中共桂林市委书记　刘君

同志们：

这次全会的主要任务是：深入学习贯彻党的十八大和自治区十届三次全会，以及中央、自治区经济工作会议精神，听取市委常委会工作报告，审议《中共桂林市委员会关于加快桂林国际旅游胜地建设的决定》，动员全市各级党组织和各族人民，解放思想，改革开放，凝聚力量，攻坚克难，为全面建成小康社会而奋斗。下面，我受市委常委会委托，向全会作工作报告。

一、关于2012年的工作

2012年是党的十八大胜利召开之年，是“十二五”规划承上启下的关键一年，我们走过了极不平凡的历程。一年来，面对极其复杂的国内外环境和改革发展稳定的艰巨任务，我们团结带领全市各族人民，坚决贯彻中央和自治区的各项决策部署，牢牢把握稳中求进、好中求快的工作总基调，围绕主题主线，全面实施“五大工程”，全力以赴稳增长、调结构、扩内需、惠民生、保稳定，全面推进经济建设、政治建设、文化建设、社会建设和生态文明建设以及党的建设，保持了经济持续平稳较快发展、各项事业全面进步、社会大局和谐稳定。预计全年完成地区生产总值1495.67亿元，增长13%；全社会固定资产投资1460亿元，增长28%；组织财政收入163.56亿元，增长15.23%；实现社会消费品零售总金额536.3亿元，增长16%；城镇居民人均可支配收入和农民人均纯收入分别达到22288元和7412元，分别增长12.1%和17.2%；全年居民消费价格涨幅控制在3.6%左右。

一年来，市委常委会集中力量抓了以下主要工作。

（一）坚持以喜迎和学习宣传贯彻党的十八大为强大动力，凝心聚力促发展

市委常委会以高度的政治自觉和政治责任，把喜迎党的十八大、学习党的十八大、宣传党的十八大、贯彻党的十八大作为首要的政治任务。圆满完成我市推荐提名广西出席党的十八大代表候选人工作。组织开展了系列宣传活动，以良好健康的发展态势、和谐喜气的社会环境、昂扬向上的精神风貌和隆重热烈的浓厚氛围喜迎党的十八大。党的十八大胜利闭幕后，迅速作出安排部署，组织传达、学习、宣传、贯彻，通过召开学习会、动员会，举办研讨班、组织宣讲等系列活动，迅速掀起了学习宣传贯彻热潮。目前，学习宣传贯彻党的十八大精神已成为全市广大党员干部群众的自觉行动，成为推动各项工作不断取得新进展的强大动力。

（二）坚持全力以赴稳增长，经济实现持续平稳较快发展

市委常委会紧紧围绕自治区“巩固成果，保持势头，为全区作新贡献”的要求，突出重点，综合施策，攻坚克难，奋力开拓，保持了经济持续平稳较快发展。

——切实把扩投资上项目作为稳增长的重中之重。以桂林世界旅游城（临桂新区）建设为主战

场，深入开展“项目建设年”活动，项目建设势头强劲。全年推进重大项目724项，其中新开工项目149项，竣工55项。新区建设全面提速，创业大厦、“一院两馆”、桂林日报传媒中心等一批基础性、标志性建筑实现封顶，核心区“五纵三横三环”路网和湖塘水系框架基本成型。湘桂铁路扩能改造工程桂林至永州段投入试运行，一批重大交通能源水利基础设施项目进展顺利，风电基地建设取得重大突破。老城疏解提升、各县县城新区建设扎实推进，“百镇千村”计划初见成效。

——切实把调结构促转型作为稳增长的根本要求。全力打造千亿元产业和千亿元特色产业园区，积极实施“抓大壮小扶微”工程，产业结构优化取得新进展。桂林国家高新产业开发区、苏桥经济开发区、西城经济开发区和县域工业集中区共同推进的组团式园区经济集聚效应明显增强，新能源、新材料、软件动漫、高端装备制造等新兴产业和优势产业快速发展，亿元以上企业达310家。坚持以抓特色、抓品牌、抓园区、抓项目、抓城镇化为突破口，全力推动县域经济迅猛发展，城乡一体化进程明显加快。

——切实把旅游业转型升级作为稳增长的重要举措。坚持旅游业精品化、高端化、差异化发展，扎实开展漓江整改，漓江国家5A级景区成功通过国家旅游局复审。突出抓好旅游项目建设和新航线开发，独秀峰·王城景区被评为国家5A级景区。加快构建服务业345产业体系，稳步推进国家电子商务示范基地创建，以旅游业为龙头的现代服务业质量效益持续提升。预计全年接待游客3290.24万人次，增长18%，旅游总收入278.48亿元，增长27.5%。全市消费市场繁荣活跃。

——切实把加快现代农业发展作为稳增长的坚实基础。深入开展“四个示范市”创建工作，发展特色效益农业，加强农村水利建设，稳步推进富民强县行动，扎实开展“多播一斤种，增收百斤粮”重大示范工程活动和农户“万元增收”工程，农业全面丰收，农民增收、农业增效明显。自治区农民增收现场会在我市召开。社会主义新农村建设扎实推进，现代农业地位不断巩固。

（三）坚持不懈抓改革增活力，开放型经济达到新水平

桂林国家旅游综合改革试验区建设实现历史性重大突破，经国务院同意，《桂林国际旅游胜地建设发展规划纲要》获国家发展和改革委员会正式批复，我市发展上升为国家战略，成为国家旅游产业用地改革试点城市、全国城镇低效用地再开发试点城市。国家服务业综合改革试点区域建设扎实推进。“扩权强县”、医疗卫生体制改革、统筹城乡配套改革试点、集体林权制度配套改革和国企改革等取得新成效。成功举办第六届联合国世界旅游组织/亚太旅游协会旅游趋势与展望国际论坛、第二届广西（桂林）园林园艺博览会、第三届广西名特优农产品交易会、第三届中国桂林国际旅游博览会、第四届中国桂林创新创意文化节暨桂林国际动漫节等重大活动，县域节庆活动有声有色。获“2011～2012年度中国十大魅力会展城市”称号。参加第九届中国—东盟博览会成果丰硕，成功引进中国保利集团、华能集团等一批中央企业和国内500强企业，引进内外资均创历史新高。

（四）坚持加强民主法制建设，发展合力不断增强

支持和保证市人大及其常委会依法履职，支持市政协进行政治协商、民主监督、参政议政，市人大和政协工作进一步加强。坚持重大问题向各民主党派、工商联、无党派人士通报情况、征求意见和建议制度，爱国统一战线不断巩固扩大，经济统战、文化统战、和谐统战实现新拓展，民族、宗教、外事、侨务和对台、港、澳等工作取得新进步。工青妇等群团组织工作取得新成绩。扎实开展“六五”普法，基层群众自治制度不断完善。双拥工作深入推进，军政军民关系不断巩固发展。

（五）坚持文化体制改革，文化立市展现新气象

社会主义核心价值体系建设深入开展，“走转改”活动成效明显。积极开展全国文明城市和群众性精神文明创建活动，公民思想道德素质不断提升。文化体制改革走在自治区前列，率先完成市、县两级国有文艺院团改革工作。公共文化服务体系建设不断完善，靖江王府及王陵、甑皮岩国家考古遗址公园项目建设稳步推进，百姓大舞台等公益性文化活动品牌效应不断提升，农村文化活动特色鲜明。文艺精品创作有新成果，哲学社会科学繁荣发展。文化产业加快发展，文化软实力明显提升。

（六）坚持着眼永续发展，生态文明建设成效显著

全面组织开展以环境倒逼机制推动产业转型升级攻坚战活动，深入实施保护漓江“六大工程”，全面贯彻漓江流域生态环境保护条例，科学保护漓江取得新成绩。节能减排成效明显，规模以上工

业万元增加值能耗下降12%，位列自治区前茅。“绿满八桂”植树造林工程走在自治区前列。可再生能源建筑应用城市示范工作有效推进。生态村和生态乡(镇)创建扎实开展,农村环境连片整治工作有效加强。全市森林覆盖率70.94%,城市绿化覆盖率43.72%,居自治区前列。国家环保模范城通过复核。成为国家第二批低碳试点城市。“城考”(城市环境综合整治定量考核指标)成绩连续17年保持自治区第一。长江中下游流域污染防治工作考核排名全国第一，环境质量指标在全国重点城市环境综合整治考核中名列前茅。

(七)坚持保障改善民生,社会大局和谐稳定

全面落实惠民政策，城乡人民生活水平持续提高。实施更加积极的就业政策,全年城镇新增就业85161人,城镇登记失业率3.90%,获“全国优秀创业型城市”称号。完善社会保障体系建设,城乡居民最低生活保障每人月平均补助标准均超过自治区规定标准；新型农村社会养老保险和城镇居民养老保险比全国提前半年实现制度全覆盖。保障性住房开工建设1.81万套,竣工7570套,城镇低收入住房困难家庭廉租住房租赁补贴应保尽保;完成农村危房和茅草树皮房改造20356户,困难群众社会救助长效机制不断完善。为民办实事工程全面完成。新一轮扶贫攻坚成效明显,全年减少贫困人口6万人。教育“两基”巩固提高工作保持自治区领先地位,被国务院授予“全国‘两基’工作先进地区”称号。诚信计生进一步巩固提升扩面,科技、卫生、体育等各项社会事业全面发展。始终把维护社会稳定工作放在重要位置，加强和创新社会管理,深入推进平安桂林建设,人民安全感不断提升,群众满意度不断提高,社会大局和谐稳定。

(八)坚持抓党建促发展,党的建设全面加强

深入开展“解放思想、赶超跨越”大讨论活动,统筹推进县域经济发展，努力破解城区经济发展难题。扎实开展“基层组织建设年”活动,各级领导班子和广大党员干部的思想政治建设和能力建设有新提高。继续深化干部人事制度改革,大力推进竞争性选拔干部工作，全年组织开展3批次竞争性选拔干部工作,选人用人公信度不断提高。人才工作取得新成果,圆满完成首批“漓江学者”选聘、首届全市“十大杰出创新人才”和“十大杰出创业人才”评选表彰活动。创先争优活动成果不断巩固扩大。“打造精品党建,建设美丽乡村”活动、贫困村党组织第一书记工作、“万名干部入乡住村”工作成效明显。“弘扬广西精神”活动、“学用政策抓落实,强化执行促跨越”活动取得实效,作风建设有效加强，创造了鼓舞人心的园博速度和催人奋进的园博精神。廉政风险防控工作全面推行,惩治和预防腐败体系建设不断推进，党风廉政建设和反腐败工作取得新进展。

一年来,市委常委会高度重视自身建设,始终坚持高举旗帜,解放思想,在思想上、政治上、行动上与党中央保持高度一致。始终坚持谋全局、把方向、管大事,充分发挥了总揽全局、协调各方的领导核心作用。始终坚持贯彻执行民主集中制。始终坚持执政为民,改进工作作风,密切了与人民群众的血肉联系。始终坚持从严要求,严格执行廉洁自律各项规定,清正廉洁从政。

以上工作的开展和成绩的取得,是党中央、国务院亲切关怀的结果,是自治区党委、政府正确领导的结果,是全市各级党组织和广大党员干部艰苦努力、团结拼搏的结果,也是各位委员、候补委员辛勤工作、奋力开拓的结果。在此,我代表市委常委会,向大家表示衷心的感谢和崇高的敬意!

在看到成绩的同时,必须清醒地认识到,我们工作中还存在许多不足,前进道路上还面临诸多困难和挑战:经济总量还不够大,还需要在提高发展质量和效益上下工夫;县域、城区、城乡之间发展仍不平衡,还需要在统筹城乡区域协调发展上下工夫;制约科学发展的体制机制障碍依然较多,还需要在改革创新上下工夫；保障和改善民生任务仍然繁重，还需要在提高为民服务能力上下工夫;发展环境还有待优化提升,还需要在加强作风建设、强化执行抓落实上下工夫。对这些挑战和不足,我们必须高度重视,认真加以解决。

二、关于今年的发展形势和总体要求

今年是全面贯彻落实党的十八大精神的开局之年,是实施“十二五”规划承前启后的关键一年,也是建设桂林国际旅游胜地的第一年，做好今年工作意义十分重大。必须科学研判形势,紧紧抓住重大战略机遇,充分估计困难和挑战,统筹谋划,牢牢把握工作主动权。

从总体上看,国内外形势有利于桂林发展。从国际形势看,和平与发展的时代主题没有变,我国与东盟经贸关系进一步深化，为桂林对外开放合作创造了有利条件。从国内环境来看,经济社会发

展基本面长期趋好，国家深入实施西部大开发、高度重视生态文明建设、促进区域经济协调发展，有利于桂林进一步发挥优势，实现跨越发展。从全自治区来看，正处于工业化城镇化快速发展时期，各地市追赶跨越的发展势头没有改变，你追我赶的竞争局面没有改变，保持高于全国平均水平的“广西速度”正成为自治区上下的共识，有利于我们抢抓机遇，乘势而上。从我们自身情况来看，经过多年蓄势发展，一大批重大项目开、竣工，优势产业、县域经济不断发展壮大，经济社会发展呈现良好态势，正处在加快发展的阶段，为下一步发展奠定了坚实基础。特别是《桂林国际旅游胜地建设发展规划纲要》正式获批，桂林发展上升为国家战略，这是桂林史无前例的重大发展机遇；同时还面临建设国家服务业综合改革试点区域、国家级信息化和工业化融合试验区、国家循环农业示范市、国家低碳试点城市等多重机遇。这些重大机遇的叠加，将为我市发展提供更大的平台和更广的空间。

同时，我们也要清醒看到面临的风险和挑战。世界经济进入深度转型调整期，低迷之势一时难以扭转，外需拉动力趋弱。国内发展不平衡、不协调、不可持续问题仍然突出，自治区内各地市在招商引资、新上项目、投资环境、人才技术等方面竞争日趋激烈，尤其随着改革进入攻坚期和深水区，体制机制障碍、影响社会和谐稳定因素日益突出。对此，我们必须切实增强机遇意识、忧患意识和责任意识，直面挑战、克服困难，因势利导、趋利避害，善于运用“底线思维”，凡事从坏处准备，努力争取最好的结果，奋力开创经济社会发展新局面。

2013年我市工作的总体要求是：全面贯彻落实党的十八大和自治区第十次党代会、自治区十届三次全会精神，中央和自治区经济工作会议精神，坚持以邓小平理论、“三个代表”重要思想、科学发展观为指导，坚持走农业稳市、文化立市、旅游兴市、工业强市之路，紧紧围绕主题主线，以提高经济增长质量和效益为中心，以“三个率先”为目标，以“三个全面”为重点，扎实工作，稳中求进，开拓创新，努力增强发展的内生活力和动力，为建设桂林国际旅游胜地、建设美丽桂林开好局起好步，为加快实现富民强市新跨越、与全国同步全面建成小康社会打下坚实基础。

“三个率先”，就是到“十二五”规划期末还有三年时间，三年内我们要在三个方面实现“率先”的目标：一是在经济发展方式上，要率先走出一条在保护中加快发展、在发展中加强保护的路子。在保护中加快发展，在发展中加强保护，是贯彻落实科学发展观的根本要求，也是桂林特殊的城市性质所决定的。桂林的发展，比任何城市都要优先考虑环境问题，始终把生态环境保护放在第一位。经过历届市委、市人民政府的不懈探索，我们已在“城考”成绩连续17年保持自治区第一的基础上，实现了经济社会科学发展、和谐发展、跨越发展。因此，我们有能力做到既实现经济加快发展，又保护好生态环境。二是在工业化城镇化进程中率先走出一条统筹城乡、城乡一体化发展的路子。贯彻落实科学发展观，要求我们必须走城乡统筹发展的道路。桂林县域面积大、农村人口多、农业比重大，城镇化率一直低于全国、全区平均水平，统筹城乡一体化发展的任务尤为迫切。同时，我们也看到，近年来随着临桂新区建设的全面提速，各县县城新区建设、重点城镇建设和新农村建设、城乡风貌改造的全面推进，县域经济发展势头强劲，城乡正在发生翻天覆地的变化，为我们统筹城乡、城乡一体化发展奠定了坚实基础。我们有能力、有条件在自治区率先走出一条统筹城乡、城乡一体化发展的路子。三是城乡居民收入率先达到全国平均水平。党的十八大提出了城乡居民收入2020年比2010年翻一番和全面建成小康社会的奋斗目标。从桂林的发展现实来看，近年来，城镇居民可支配收入、农民人均纯收入高于自治区平均水平，总量均排自治区第二位，比较接近全国平均水平。基于桂林发展的条件和基础，我们有理由、有条件在城乡居民收入上走在自治区前面，率先达到全国平均水平。

要实现“三个率先”的目标，的确不容易，但是有可能，关键看努力。按照“三个率先”的目标要求，今年工作的重点是全力实施“三个全面”：一是全面推进桂林国际旅游胜地建设。建设桂林国际旅游胜地是党中央、国务院赋予桂林新的使命。《桂林国际旅游胜地建设发展规划纲要》实施的期限是2012年到2020年，与党的十八大提出全面建成小康社会的时间相吻合；其建设的理念，就是强调环境优先、生态保护、绿色发展。推进桂林国际旅游胜地建设，是桂林实现在保护中加快发展，在发展中加强保护的最有效途径，是当前和今后一个时期桂林争先进位、跨越发展的重要突破口。必须抓住这一千载难逢的重大机遇，举全市之力积极探索，先行先试，不辱使命。二是全面加快桂林世界旅游城(临桂新区)、各县县城以及特色乡(镇)建设。当前,桂林正处于工业化和城镇化加速发展的关键时期。世界旅游城、各县县城以及特色乡(镇)建设正是我市实施工业化城镇化的主战场,也是实现城乡统筹、城乡一体化发展的主要载体。必须坚定不移把工业化、城镇化作为主导方向和核心战略,加快打造桂林特色城市群,促进工业化和城镇化良性互动,城镇化和农业现代化相互协调,促进城乡共同繁荣。三是全面启动城乡居民收入倍增计划。习近平总书记强调,人民对美好生活的向往,就是我们的奋斗目标。对于桂林来说,要实现与全国同步全面建成小康社会,最重要的就是要全面启动城乡居民收入倍增计划,实现城乡居民收入率先达到全国平均水平的目标。这就要求我们必须始终坚持以人为本、执政为民的理念,大力鼓励全民创新创业,发展民营经济,扶持小微企业,千方百计增加居民收入;必须大力发展现代农业,破解制约农业产业化经营的体制机制障碍,多渠道增加农民收入;必须全面落实各项惠民政策,切实保障和改善民生,努力让人民过上更好生活。

"三个率先",是贯彻落实党的十八大精神和科学发展观的内在要求,是确保与全国同步全面建成小康社会的迫切需要。"三个全面",是实现"三个率先"的具体实践。"三个率先"和"三个全面"一一对应、相互呼应,体现了党的十八大要求与桂林发展实际的有机统一;体现了全面建成小康社会奋斗目标与桂林人民对美好生活向往的有机统一。

我市今年经济工作的主要预期目标是:地区生产总值增长11%,财政收入增长12%,全社会固定资产投资增长20%,规模以上工业增加值增长18%,万元地区生产总值能耗下降3%,城镇居民人均可支配收入增长13%,农民人均纯收入增长14%,城镇登记失业率控制在4.5%以内,人口自然增长率控制在9‰以内。

三、关于今年工作的主要任务

抓好今年各项工作,必须紧紧围绕"三个率先"和"三个全面"的目标要求,全力做好八个方面工作:

(一)在优化结构和创新驱动中实现新增长

牢牢把握发展实体经济这一坚实基础,坚持把推动发展的立足点转到提高质量和效益上来,走高端、低碳、生态、环保的特色产业发展道路,打造产业发展新优势,增强城市综合实力。

加快现代产业体系建设。深入推进工业化与信息化深度融合,用好国家"四个一批"化解产能过剩的机遇,加快推进"抓大壮小扶微"工程,推动产业转型升级,千方百计做大做强做优工业。培育壮大战略性新兴产业,培植更多新的经济增长点。加快传统产业改造升级,大力发展新一代信息技术,提高企业产能和生产效率。积极引进世界500强和国内行业龙头企业,大力扶持科技型中小企业发展,争取"引进一个龙头企业,打造一条特色优势产业链",逐步形成大中小企业协作配套发展格局。

加快特色产业园区建设。强力推进千亿元园区和特色产业园区建设,努力打造工业发展承载平台。加快桂林国家高新技术产业开发区创新型特色园区建设,加强桂林国家高新技术产业开发区授权扩区工作,推进"一区多园"建设模式,加快"3+3+2"产业体系建设,壮大提升经济总量。加大项目技改和产品应用扶持力度,继续支持以兴安光伏产业园为核心,临桂、桂林国家高新技术产业开发区等县(区)为支撑的光伏产业带建设。加快苏桥经济开发区、西城经济开发区、雁山低碳经济产业示范园等特色产业园区建设,进一步推动产业聚集发展。积极探索飞地工业发展新模式,完善配套政策,推动飞地工业发展。

加快构建区域技术创新体系。实施创新驱动发展战略,加快科技体制改革,优化科技创新环境,加强产品创新、品牌创新、产业组织创新、商业模式创新,构建以企业为主体、市场为导向、产学研金相结合的区域技术创新体系。深入实施第五轮创新计划,充分利用高等院校和科研院所众多的优势,加快科技创新平台和基地建设,增强科技成果转化能力,培育一批具有核心竞争力的骨干企业。

(二)在项目建设上取得新进展

牢牢把握扩大内需这一战略基点,坚持把城镇化作为扩大内需的最大潜力,切实发挥投资对经济增长的强劲拉动。

全面推进桂林世界旅游城建设。按照世界级国际旅游名城的标准和要求,坚持规划要硬、机制要活、管理要细、工作要实的理念,提升城市规划建设品质。坚持高标准、高速度、高质量推进重大项目建设,持续掀起桂林世界旅游城建设新高潮,确保实现临桂新区建设"五年初见成效"目标。继续优化提升桂林世界旅游城规划，加快推进交通基础设施、公共服务设施、商业项目设施及原住民安置点建设，确保一批基础性、带动性、标志性项目全面竣工交付使用，推动形成连片开发、整体带动建设格局。强力推进招商引资和筹融资工作，增强桂林世界旅游城建设后劲。

加快打造桂林特色城市群。围绕建设特大城市的目标，实施中心城市带动战略，构建以中心城区为核心，中小城市、特色乡（镇）协调发展的桂林城市群。按照还地于绿、还绿于景、还景于民的理念，坚持"完善功能、突出特色、提升品位、优化环境"的原则，加快老城疏解提升。完善市区交通体系，抓好城乡风貌改造和城中村改造，打造一批旅游、文化、休闲、商业特色街区，凸显历史文化名城特色。按照统筹规划、合理布局、适度超前的原则，扎实推进各县县城新区发展、老城提升和重点特色乡（镇）建设，提高产业、人口集聚能力和环境承载力。

加快城区经济发展。围绕"把总量做大、把实力做强、把城市建靓、让百姓致富"目标，坚持产业强区，以项目带动要素集聚，以创新驱动产业升级，深入推进秀峰区琴潭旅游文化休闲园、叠彩区商贸物流园、象山区休闲旅游园、桂林国家高新技术产业开发区产业园、雁山区科教园等特色园区建设，推动高端酒店、休闲会所、大型现代商业综合体建设，提升城区产业发展层次，培育经济增长新亮点。

统筹推进交通能源重大项目建设。围绕打造国家公路运输枢纽城市和国际区域性综合交通运输枢纽的目标，继续加快重大交通能源基础设施项目建设。重点推进高速公路、铁路以及桂林两江国际机场航站楼和站坪配套设施扩建工程建设。加快水利基础设施和防灾减灾体系建设，力争年内实现桂林市防洪及漓江补水小溶江水利枢纽工程项目竣工。大力发展风能等可再生能源，强化能源保障体系。加快项目前期工作，保持项目建设连续性。加强政银企合作，支持企业上市发行债券，拓宽融资渠道。

（三）在城乡一体化进程中再上新台阶

牢牢把握城乡一体化这一解决"三农"问题的根本途径，在工业化、城镇化深入发展过程中同步推进农业现代化，加强城乡统筹，巩固农业基础地位。

繁荣发展县域经济。围绕"富民强县奔小康"目标，统筹城乡一体化发展，推动县域经济迅猛发展。按照特色化和差异化思路，加快县域产业园区和重大项目建设，培育壮大一批主导产业、支柱产业和特色产业，打造一批经济强县，构建优势互补、联动发展、各具特色的县域经济发展格局。扎实推进社会主义新农村建设，不断完善农村公共服务设施，切实改善农村生活居住条件。

提高农业综合生产能力。加强农业农村基础设施建设，积极开展农田水利、病险水库除险加固、中小河流治理、大中型灌区节水改造等工程建设，提高农业防洪抗旱减灾能力。加快农业科技创新，加强农业新产品、新品种、新技术集成示范和推广应用，提升特色农业综合生产能力。积极创新农业生产经营体制机制，培育新型农业经营主体、新型农民合作组织和社会化服务主体，提高农业集约化、专业化、组织化和社会化水平。

加快现代农业发展。继续深入实施四大流域及山区现代农业示范区建设，进一步调整产业结构，优化区域布局，完善流通网络，构建现代农业产业体系。全面落实"强农、惠农、富农"政策，稳定粮食播种面积，确保粮食安全。加快农业示范市创建，抓好六条万元增收示范带建设，拓展农业功能。强化农村富余劳动力转移就业培训和就业指导，大力发展劳务经济，多渠道增加农民收入。

（四）在增创发展优势中激发新活力

坚持把改革创新作为动力之源，充分发挥市场配置资源的基础性作用，努力破除制约科学发展的体制机制障碍，增强改革的系统性、整体性、协同性。

全力做好《桂林国际旅游胜地建设发展规划纲要》政策落实。围绕建设"世界一流的旅游目的地、全国生态文明建设示范区、全国旅游创新发展先行区、区域性文化旅游中心和国际交流的重要平台"战略定位，高起点、高水平、高效率、高标准做好桂林国际旅游胜地建设相关配套规划编制和实施方案，全力做好对接工作，最大限度地争取国家和自治区在政策、资金和项目等方面的支持，切实把国家赋予的政策用好用足用活。重点完善旅游产业规划体系，形成以规划纲要为总领、功能区及县（区）城乡规划、产业规划为支撑、专项规划为补充的规划体系。加快旅游重大项目包装策划，全力开展招商引资，尽快组织实施一批具有标志性、代表性、带动性的重大旅游项目建设，确保桂林国际旅游胜地建设开好局、起好步。

加快旅游产业转型升级。大力实施"品质旅游"战略，完善旅游发展布局和旅游业态，重点打造八大系列旅游产品，推进“六个一批”重点工程建设，促进市、县旅游一体化发展。培植高端旅游消费群体，推动旅游由观光型向休闲度假型转变，由数量规模型向质量效益型转变。加强旅游市场开发，完善旅游服务公共体系，巩固漓江整改成果，提升旅游服务质量和水平。深化旅游区域交流合作，办好第七届联合国旅游组织/亚太旅游协会旅游趋势与展望国际论坛、第四届中国桂林国际旅游博览会、第四届桂林国际山水文化旅游节等重大节庆活动，不断提高桂林旅游国际化水平和影响力。

加快现代服务业发展。坚持扩大规模、优化结构、增强功能、提升水平的思路，扎实推进国家现代服务业综合改革试点区域建设，完善服务业345产业体系。大力发展商务会展、数字信息、文化体育、新闻出版、商贸服务、金融服务、总部经济、楼宇经济等现代服务业，抓好“服务业五大示范区”建设，推动现代服务业转型升级。

深入推进重点领域和关键环节改革。切实抓好“扩权强县”改革工作。进一步简政放权，构建责、权、利相统一的体制机制，推动城区经济发展。深化行政、旅游、城市等管理体制改革和医疗卫生体制、统筹城乡综合配套改革，构建城乡一体的经济社会发展管理体制和运行机制，创造有利于推进经济发展方式转变、建设桂林国际旅游胜地的行政体制和制度环境。

全面提高对外开放水平。实施更加积极主动的开放带动战略，深化东盟、泛北部湾、大湄公河以及桂贺一体化等多区域合作。全方位、高强度、宽领域、多媒体开展宣传，做好舆论造势工作，高起点、高层次把桂林国际旅游胜地推向海内外，最大限度放大宣传效应，营造有利于桂林国际旅游胜地建设的舆论环境，切实把桂林打造成为投资洼地，吸引更多人才、资金和项目。大力实施“走出去”战略，加快外贸产业结构转型升级。坚持“招大引强”，全力做好招商引资工作。

（五）在文化发展繁荣中提升软实力

坚持把文化建设作为桂林国际旅游胜地建设的战略之举，深入实施文化立市战略，掀起文化建设新高潮，增强文化创造活力。

加强社会主义核心价值体系建设。深入开展社会主义核心价值体系学习教育，大力弘扬民族精神和时代精神，积极倡导和践行广西精神，培养塑造城市人文精神。扎实开展理论下基层“千场百万”宣讲系列活动，深入开展全国文明城市和群众性精神文明创建活动，进一步加强青少年思想道德教育工作，全面提高公民思想道德素质。加强互联网管理，提高舆论引导能力。

加强文化事业建设。深入实施文化精神工程、文化景观工程、文化精品工程、文化惠民工程和文化管理工程，不断完善公共文化服务体系，继续推进文化体制改革。统筹文化节庆活动，构建桂林特色文化节庆体系，推动基层群众文化活动蓬勃开展。发展哲学社会科学，加强文化产品创作生产。加强文化遗产保护传承，重点推进靖江王府及王陵、甑皮岩国家考古遗址公园建设和兴安灵渠申报世界文化遗产工作。

加快文化产业发展。全面落实文化产业发展规划，完善产业布局，努力构建桂林特色文化产业体系。围绕“演艺之都、创意福地、富集市场、智慧新城”定位，重点培育发展文化创意、演艺娱乐、动漫游戏、艺术品及艺术收藏、出版印刷等产业，推动文化与相关产业融合发展。加快文化产业项目建设，大力扶持国家文化产业示范基地和广西文化产业示范基地建设，鼓励特色文化品牌走向国际市场，提升文化产业竞争力。

（六）在保障改善民生中提升人民群众幸福指数

按照“守住底线、突出重点、完善制度、引导舆论”的思路，加强社会建设，创新社会管理，努力让人民过上更好生活。

加强民生保障工作。实施更加积极的就业政策，努力实现充分就业。加强城乡社会保障体系建设，推进城乡居民最低生活保障、医疗救助、五保供养、孤儿救助、自然灾害救助和临时困难救助制度的配套衔接，不断提高保障标准和救助水平。加强保障性住房建设管理和农村危房改造，扎实抓好城市管理和城乡清洁工程，努力为人民群众创造更舒适的居住条件和环境。坚持教育优先发展，努力办好让人民满意的教育。完善覆盖城乡居民的公共卫生和基本医疗服务体系，提升医疗技术水平和服务质量。实施全民健康推进工程。继续做好诚信计生巩固提升扩面工作。全力打好新一轮扶贫开发攻坚战。统筹各项社会事业发展。

鼓励全民创新创业。进一步降低门槛，放宽准入，切实改变“叶公好龙”心态，把制约民间投资的“弹簧门”卸掉、“玻璃门”打碎，保证各种所有制经济依法平等使用生产要素、公平参与市场竞争、受到同等法律保护。完善配套政策措施，大力扶持和鼓励民营经济发展。全力支持小微企业发展,营造全社会创新创业的良好氛围。

加强和创新社会管理。坚持把加强和创新社会管理纳入经济社会发展全局,构建党委领导、政府负责、社会协同、公众参与、法治保障的社会管理格局。深入开展社会矛盾排查化解活动,切实抓好信访工作,加强流动人口、特殊人群、非公有制经济组织和社会组织的服务管理,切实解决影响社会和谐稳定的源头性、基础性、根本性问题。深化社会稳定和自然灾害风险评估体系建设,建立完善应对处置突发事件反应机制。开展"规范执法年"活动,加强政法队伍建设,深化平安桂林建设。统筹做好安全生产、食品药品安全等工作,切实保障人民群众生命安全。

(七)在建设美丽桂林中实现永续发展

牢固树立"绿色发展、生态优先"理念,坚持把生态文明建设融入桂林国际旅游胜地建设全过程。

优化国土空间开发布局。实施主体功能区规划,完善"一轴两带"经济发展空间布局,构建科学合理的城市化格局、农业发展格局、生态安全格局。建立完善国土空间开发保护制度,完善最严格的耕地保护制度、水资源管理制度、环境保护制度,促进资源节约集约利用。

加强城乡生态环境建设。全面贯彻漓江流域生态环境保护条例,力争国务院早日批复《桂林漓江风景名胜区总体规划》,科学保护漓江取得新成效。深入实施"绿满八桂"造林绿化工程,积极申报第二期"中国南方喀斯特"世界自然遗产,努力创建国家生态园林城市。深入推进可再生能源建筑应用城市示范工作,打造绿色生态城区。加强农村环境连片整治工作,创建一批生态县、生态乡(镇)和生态村(屯),探索农村环境保护新机制。

大力发展循环经济。按照环境倒逼机制要求,实行更加严格的环保制度和更加先进的环境准入标准,推进重点节能减排工程建设,淘汰落后产能,强化节能减排。加强重点行业污染治理监管,大力发展生态产业和低碳经济、循环经济,推动"三废"综合利用,培育形成一批工业循环经济示范企业和园区。

(八)在推动工作落实中提升执行力

"空谈误国,实干兴邦,为政之要,贵在落实。"必须把改进工作作风摆在突出位置来抓,求真务实,脚踏实地,真正形成想干事、能干事、多干事、干成事的浓厚氛围。

切实转变工作作风。严格遵守、坚决执行中央"八项规定",进一步完善党员干部联系服务群众制度,深入开展以为民务实清廉为主要内容的党的群众路线教育实践活动,始终保持同人民群众的血肉联系。扎实开展"万名干部入乡住村"活动,进一步密切党群干群关系。大力弘扬真抓实干、艰苦奋斗的优良作风,切实改进文风会风,严格控制"三公经费"开支,厉行节约、勤俭办事,坚决反对大手大脚、铺张浪费。加强督查检查,强化执行力建设,坚决整治庸懒散奢等不良风气,坚决克服形式主义、官僚主义,以优良党风凝聚党心民心、带动政风民风。

切实加强政务环境建设。深入实施首问负责、限时办结、责任追究"三项制度",建立健全"学用政策抓落实"的长效机制,切实提高办事效率、服务水平和公信力。健全完善政务服务运行机制,深化行政审批制度改革,进一步精简审批程序,不断提高现场办结率和群众满意度。健全完善行政效能监督机制,深化纠风惠民活动,坚决杜绝有令不行、推诿扯皮、吃拿卡要等现象。健全完善绩效考评机制,强化绩效考评结果运用,坚持激励与问责并举,充分激发广大党员干部干事创业激情。

四、加强党的建设,为完成全年各项目标任务提供坚强保障

牢牢把握加强党的执政能力建设、先进性和纯洁性建设这条主线,以改革创新精神全面推进党的建设新的伟大工程,全面提高党的建设科学化水平。

(一)加强党的思想建设

突出抓好党员干部的思想理论建设和党性教育。深入推进学习型、服务型、创新型党组织建设。加强制度建设,扎实抓好党委班子内部制度建设试点市工作。加强道德建设,教育引导党员干部模范践行社会主义荣辱观,讲党性、重品行、做表率,以实际行动彰显共产党人的人格力量。

(二)推进组织建设创新

继续深化干部人事制度改革,不断完善竞争性选拔干部方式,进一步推广党政干部选拔任用全程记实试点,提高选人用人公信度。完善干部考核评价机制,健全干部管理监督体制,加强干部教育培训工作,建设高素质干部队伍。深入实施重大人才工程,做好"万名人才服务基层"工作,激发人

才创造活力。落实党建工作责任制，全面推进各领域基层党建工作，深化“打造精品党建”，建设“五美乡村”“和谐社区”活动，不断扩大党组织和党的工作覆盖面。健全党员立足岗位创先争优长效机制，推动广大党员发挥先锋模范作用。

（三）加强反腐倡廉建设

坚持标本兼治、综合治理、惩防并举、注重预防方针，全面推进惩治和预防腐败体系建设，加强反腐倡廉教育和廉政文化建设，严格执行党内监督条例，强化对权力的制约和监督。加强反腐倡廉制度建设，全面落实党风廉政建设责任制，突出抓好专项治理，始终保持惩治腐败高压态势，着力解决发生在群众身边的腐败问题，坚决纠正损害群众利益的不正之风，以反腐倡廉建设的实际成效取信于民、造福百姓，营造风清气正的发展环境。

（四）加强党的纪律建设

坚持把党的纪律摆在更加突出位置，严格遵守党章，坚持民主集中制，自觉按照党的组织原则和党内政治生活准则办事。加强对党的纪律特别是政治纪律执行情况的监督检查，切实做到纪律面前人人平等、遵守纪律没有特权、执行纪律没有例外，形成上下步调一致、奋发进取的强大力量。积极发展党内民主，增强党的创造活力。

（五）加强和改善党对各项工作的领导

支持人大及其常委会依法行使职权，加强对“一府两院”的监督。坚持和完善中国共产党领导的多党合作和政治协商制度，推进政治协商、民主监督、参政议政制度建设。巩固和发展最广泛的爱国统一战线。加强民族、宗教、侨务、外事、对台、港澳工作，凝聚发展强大合力。加强对群团组织工作的领导，充分发挥工青妇等群团组织的桥梁纽带作用。完善基层民主制度，推进依法行政。坚持党管武装原则，加强国防动员和后备力量建设，促进军政军民团结。

同志们，做好今年的各项工作，任务艰巨，责任重大。让我们紧密团结在以习近平同志为总书记的党中央周围，在自治区党委的正确领导下，坚定信心、开拓进取，凝聚力量、攻坚克难，全力做好改革发展稳定各项工作，为建设桂林国际旅游胜地、建设美丽桂林而努力奋斗！

名词解释：

“五大工程”：指项目建设工程、改革创新工程、生态建设工程、民生建设工程和文化建设工程。

“一院两馆”：指桂林大剧院、桂林图书馆、桂林博物馆。

“五纵三横三环”：指临桂新区路网框架。“五纵”即环西路、平桂西路、凤凰西路、西城大道、新中路；“三横”即世纪大道、山水大道、万平路；“三环”即机场路、万平路、万福路、新中路，环西路、山水大道、西城大道，平桂西路、政府北路、西城大道3条环线。

“百镇千村”计划：广西重点城镇面貌改观行动计划的一部分。指从2011年起利用5年时间，按照村镇产业特色配套基础设施和公共服务设施，打造一批各项发展指标明显高于平均水平的新型村镇，实现广西村镇经济发展的新突破。

“抓大壮小扶微”工程：根据自治区党委、政府关于实施抓大壮小扶微工程的意见精神，组织实施的“千亿元企业工程”“百亿元工业企业工程”“十亿元工业企业工程”“亿元工业企业工程”“万家小型企业上规模工程”“扶持微型企业发展工程”等6个工程。

服务业“345”产业体系：指重点发展旅游、养老、会展3大特色产业，大力发展现代物流、金融、商贸流通、家政服务4大重点产业，积极发展科技服务、文化创意、体育服务、节能环保、信息服务5大新兴产业。

“四个示范市”：指全国循环农业示范市、特色效益农业示范市、乡村旅游农业示范市和吨粮万元工程示范市。

“万元增收工程”：根据自治区党委、政府关于实施农户“万元增收工程”的意见精神，从2011年起，全自治区以打造“万元片区”“万元村屯”“示范农户”等为重要抓手，充分挖掘农民增收潜力，到2015年，全自治区农村具有完全劳动能力的家庭农户平均户纯收入比2010年增加1万元以上。

“扩权强县”：是一种政府财政体制改革，核心内容是通过扩大县一级政府的相关权力，以使县一级政府具有更大的自主权，从而为实现县一级政府的经济发展和社会管理职能奠定基础。

“走转改”：是“走基层、转作风、改文风”的简称。

保护漓江“六大工程”：指漓江源头水源林保护工程、漓江两岸绿化美化工程、漓江两岸及水域环境保护工程、漓江两岸富民惠民工程、漓江水域管理工程、漓江风景区旅游产品策划工程。

“四个一批”：指国家为化解过剩产能，提出的“四个一批”的思路，即扩大和创造国内需求消化一批产能，支持企业“走出去”转移一批产能，推动企业兼并重组整合一批产能，通过严格执行市场准入标准淘汰一批产能。

“3+3+2”产业体系：指高新区做大做强做优电子信息、高端装备制造、生物医药3大特色优势产业，培育发展新材料、新能源、创意3个新兴产业，大力发展总部经济及现代服务业的产业体系。

六条万元增收示范带：指桂阳路百里金橘、湘江资江流域百里葡萄长廊、城郊菜篮子、荔浦县荔柳路百里果蔬、全州“三水一湾”循环农业、阳朔恭城休闲观光农业6条“万元增收”示范带。

八大系列旅游产品：指山水观光旅游、休闲度假旅游、历史文化旅游、生态乡村旅游、民族文化演艺、红色旅游、户外运动旅游、浪漫婚典旅游系列旅游产品。

“六个一批”重点工程：指“打造一批旅游精品、培育一批旅游新产品、建设一批旅游服务基地、建设一批特色旅游小镇(村镇)、建设一批休闲养生度假基地、建设一批重点旅游基础设施”重点项目建设工程。

“服务业五大示范区”：指桂林国家服务业综合改革试点区域建设，要着力打造以阳朔、灵川、雁山为基地的乡村生态休闲旅游创新服务示范区；以七星区为核心的商务会展产业与旅游产业融合发展示范区；以秀峰区桃花江一带为核心，以灵川县青狮潭沿市区方向一带为主轴的养生度假和社会化养老产业发展示范区；以老城区和临桂新区为双核的商贸物流聚集发展示范区；以叠彩区站前广场为节点，漓江两岸为轴带的体育文化特色消费示范区。

“千场百万”宣讲活动：指桂林市十八大精神宣讲团到基层开展宣讲活动2000场以上，受众达百万人以上。

“一轴两带”：根据《桂林市国民经济和社会发展第十二个五年规划纲要》，桂林经济发展空间划分为“一轴两带”。“一轴”指中心经济轴，包括市区和全州、兴安、灵川、临桂、永福、阳朔、平乐、荔浦等县的部分乡(镇)。“两带”指东部资源经济带和西部生态经济带。东部资源经济带主要包括灌阳和恭城县全境以及全州、兴安、灵川县沿都庞岭的部分乡(镇)；西部生态经济带主要包括资源县和龙胜各族自治县全境以及全州、兴安、灵川、临桂、永福县沿越城岭的部分乡(镇)。

“打造精品党建，建设美丽乡村”活动：指桂林市在农村基层党建中实施以“阵地建设、创业带富、素质提升、联动互促、群众满意”为主要内容的五大精品党建工程，推进以“村庄规划协调美、村容整洁环境美、村强民富生活美、村风文明风尚美、村稳安康和谐美”为目标的“五美”新农村建设的基层党建创新活动。

桂林市人大常委会工作报告

——2013年2月21日在桂林市第四届人民代表大会第四次会议上

桂林市人大常委会副主任　潘永建

各位代表：

我受市人大常委会的委托，向大会报告工作，请予审议，并请列席人员提出意见。

2012年的工作

2012年，市人大常委会在市委的领导下，坚持以邓小平理论、“三个代表”重要思想、科学发展观为指导，全面贯彻党的十八大和自治区第十次党代会及市委四届二次全会精神，围绕中心、服务大局，依法履职、务求实效。一年来，共举行人民代表大会2次、常委会会议9次、主任会议10次，听取和审议“一府两院”专项工作报告13项，开展执法检查5项，视察2次，作出决议、决定11项，圆满完成了市四届人大二次、三次会议提出的各项任务，为实现富民强市新跨越作出了积极贡献。

一、围绕全市改革发展稳定大局，切实增强监督实效

常委会认真贯彻监督法，围绕重大决策部署和推动“十二五”规划的顺利实施，从人大工作的定位和特点出发，找准自身职责与全市工作大局的结合点，切实增强监督工作的针对性、实效性，使监督工作更加紧扣发展、贴近民生、聚焦社会普遍关注的重大问题，取得了较好效果。

(一)着力推动重大决策部署的落实

常委会高度重视国家建设桂林国家旅游综合改革试验区和桂林国家服务业综合改革试点区域这一难得的历史性机遇，采取有力措施，着力推进“两改”战略决策的贯彻落实。先后听取和审议了市人民政府关于贯彻执行《桂林市第三届人民代表大会第七次会议关于加快推进桂林国家旅游综合改革试验区建设的决议》情况的报告、关于桂林国家服务业综合改革试点区域建设情况的专项工作报告、关于桂林世界旅游城规划建设情况的专项工作报告，并组织常委会组成人员对桂林世界旅游城建设情况进行了视察，提出了大胆创新桂林旅游发展的新体制、新机制、新模式，强化服务业改革试点建设工作机构，完善桂林世界旅游城的规划体系等审议意见，并督促市人民政府及其有关部门将这些意见和建议落实到位。去年年底，《桂林国际旅游胜地建设发展规划纲要》正式获得国家批复，实现桂林国际旅游胜地建设正式上升到国家战略的重大突破。

为贯彻落实自治区党委、自治区人民政府在桂林市举办第二届广西园林园艺博览会的部署和要求，常委会听取和审议了市人民政府关于第二届广西园林园艺博览会筹办工作情况的报告，常委会组成人员对园林园艺博览园建设情况进行了专题视察，提出了要更加注重施工质量，加强施工组织建设，考虑好园博园开园后的长期经营和管理的有关工作，把园博园项目建设成为我市城市园林精品工程等建设性意见和建议，促使园博园建设顺利实现了当年开工、当年如期竣工，创造了“园博速度”，铸就了“园博精神”。

(二)加强对经济运行和财政预算的监督

常委会贯彻科学发展观，高度重视对我市经济和财政预算的监督，听取和审议了2012年上半年桂林市国民经济和社会发展计划执行情况、财政预算执行情况以及2011年决算报告、审计工作报告，审查批准了2011年桂林市本级决算、政府债券使用计划和预算调整方案。此外，还分别听取和审议了市人民政府关于市级财源建设情况和农业产业化发展情况的专项报告。针对政府计划和预算执行中存在的突出问题，常委会组成人员在审议中提出了大力推进项目建设、构筑财源增长新平台、完善政府性债务偿还机制、建立健全现代服务业发展政策扶持机制等意见和建议。这些审议意见，对于推动政府加强对财政经济工作的管理，起到了积极作用。

常委会重视对部门预算的审查监督。人大财经委围绕部门预算的编制、执行、决算三个关键环节，通过进行专题调研，听取相关情况汇报，组织专家组进行集中评审等方式开展监督，并将所有部门预算提交代表大会审议。一年来，共选择对32个部门预算和3个部门决算进行了重点审查。针对部门预决算审查中发现的问题，及时提出改进意见和建议，对政府推行公共财政、阳光财政、绩效财政建设起到了有力的监督和支持作用。

(三)加强对社会广为关注的生态环境和民生等领域工作的监督

常委会通过听取专项报告、开展执法检查等方式，强化对社会广为关注的生态环境和民生等领域工作的监督，努力促进社会和谐，推进经济社会全面协调发展。

一是关注生态环境和民生问题。一年来，常委会选择了五部涉及生态环境和民生问题方面的法律法规，开展执法检查，分别听取和审议了市人大常委会执法检查组关于城市市容和环境卫生管理条例、道路交通安全法、民族区域自治法、水土保持法、食品安全法等法律法规在我市的实施情况，依法提出了审议意见，并对部分县(区)保障房规划建设及管理分配、人民防空工作、城市菜篮子工程、高速公路及高速铁路工程建设、散杂居民族村(屯)、水上交通安全和会仙湿地生态保护等方面的情况开展了专题调研。常委会组成人员在审议中提出了建立健全城市管理体制机制、开展城市治堵畅流专项工作、加大对散杂居民族村(屯)扶持力度、强化水土保持监管措施、健全食品安全监管责任机制等意见和建议。

二是关注推进依法治市。听取和审议了市人民政府2012年依法行政工作报告，提出了要提高对依法行政工作重要性的认识，切实加强对依法

行政工作的领导，抓好行政执法的组织机构和队伍建设，创新工作思路，突出重点，促进全市依法行政工作再上新台阶的审议意见。

三是关注特殊弱势群体。听取和审议了市人民政府关于刑释解教人员安置帮教和社区矫正工作情况的报告，督促解决刑释解教人员生活困难问题，预防和减少刑释解教人员重新违法犯罪。对健全完善残疾人康复服务体系、残疾人就业扶助体系和市特殊教育学校建设等方面工作进行跟踪督查，积极推动残疾人保障事业健康发展。

四是关注百姓合理诉求。常委会坚持将处理信访案件与依法监督有机结合，把解决群众合理诉求作为密切联系人民群众的重要工作，坚持采取定期分析信访动态、领导带队下访解难、人大机关联动督办重点案件等措施，切实维护社会稳定和当事人合法权益。去年，共受理群众来信来访260批1024件次，妥善解决了一批群众的合理诉求问题。

二、立足全局决定重大事项，依法行使人事任免权

（一）依法行使好重大事项决定权

常委会坚持把推动《政府工作报告》提出的重点工作的落实作为监督重点，在听取和审议《政府工作报告》的基础上，围绕我市经济社会发展大局，依法行使好重大事项决定权。一年来，常委会共作出决议、决定11项。3月，常委会作出《关于桂林市与土耳其共和国穆拉特帕夏市结为友好城市的决定》，这对于借鉴世界著名旅游城市发展休闲度假旅游和高端消费旅游的经验和做法，加强与西亚和欧洲国家的联系和交流，营造我市经济和社会发展良好的外部环境起到了较好推进作用。6月，常委会作出《关于调整部分行政区划的决议》，对于疏解桂林老城，拓展城市空间，优化产业布局，实现我市发展战略具有重要意义。10月，常委会作出《关于市人民政府提请审议桂林市申报第二期“中国南方喀斯特”世界自然遗产的议案的决议》，这将有利于扩大桂林喀斯特地貌的世界知名度和影响力，有利于强化桂林山水自然资源的生态环境保护，有利于打造桂林国际旅游胜地，建设美丽桂林。

（二）认真做好人事任免工作

常委会坚持党管干部与人大依法任免有机统一的原则，严格按照法定程序办事。一年来，共依法任命、决定任命市人大机关和“一府两院”工作人员42人次，接受辞去和免去职务的市人大机关和“一府两院”工作人员31人次，为地方国家机关的正常运转提供了组织保证。

（三）认真做好自治区人大代表选举工作

2012年是自治区人大代表换届选举年，常委会按照自治区人大和市委的部署，认真制定工作方案，精心组织、周密安排、加强指导，保证代表选举工作依法有序进行，共选出自治区十二届人大代表63名。

三、充分尊重人大代表主体地位，切实发挥人大代表作用

常委会牢固树立为代表服务的意识，坚持把代表的履职服务保障作为人大的基础工作来抓，全力支持和保障代表依法履职。

（一）坚持尊重代表主体地位，认真办理代表议案和建议

四届人大二次会议代表提出了49件建议，闭会后10个工作日内全部完成交办，大会闭会期间收到9件代表建议，也及时作了交办。目前，这58件代表建议已全部办理完毕。

（二）扩大代表活动参与面，拓宽代表知情知政渠道

坚持邀请代表列席常委会会议，参与视察、执法检查、调研活动，扩大代表知情知政和审议渠道，全年共邀请代表192人次参与了常委会和人大各专委的活动。

（三）加强代表服务保障工作

组织代表建议办理工作见面会，邀请提出建议的代表，与建议交办机关、主办机关、承办和协办单位负责人近200人共同商议建议办理工作，取得了较好的效果。密切联系代表，加强闭会期间代表小组活动指导，科学制订计划，及时拨付经费，丰富活动内容。精心组织自治区人大代表桂林代表小组集中视察活动。组织代表培训，举办了市四届人大代表一期全员培训班，特邀全国人大、自治区人大、南开大学的专家学者授课；举办县（区）人大代表培训班，共培训1200人次；组织30多人参加了全国人大举办的第十一期培训。坚持定期给代表寄送《广西人大》《桂林人大》等刊物。

四、加强常委会自身建设，努力提高依法履职能力和水平

常委会坚持正确的政治方向，坚持党的领导，贯彻落实自治区党委和市委《关于进一步加强和改进人大工作的决定》精神，自身建设常抓不懈，工作能力和水平不断得到提升。

(一)切实加强思想建设，建立健全学习制度

认真学习贯彻党的十八大精神和党的路线方针政策，深入推进学习型党组织和学习型机关建设，积极参加“解放思想、赶超跨越”大讨论等活动。进一步改进作风建设，坚持深入实际、深入基层、深入群众进行调查研究，通过各种方式和渠道广泛倾听民声、了解民情、集中民智，使人大工作更加贴近民心、民意、民生。积极推进组织建设，制定了常委会机关中层干部选拔任用办法，采取不定向竞争上岗选拔任用与适当岗位交流相结合的方式，选拔任用了一批科级干部。

(二)不断完善制度建设

制订了规范性文件备案审查办法、考察调研公务活动暂行规定等5项制度，使各项工作更加科学化、规范化。

(三)重视人大宣传工作

坚持办好《桂林人大》刊物和桂林人大网站，努力提高办刊质量，加强在报刊、电台、电视媒体上对人民代表大会制度和人大工作的经常性宣传。积极开展《广西壮族自治区漓江流域生态环境保护条例》立法后宣传，进一步扩大《条例》的影响力和覆盖面。

(四)重视联系交往工作

主动争取自治区人大的指导帮助，认真完成全国、自治区人大交办的各项任务。加强与其他省(区)市人大的联系，学习借鉴他们的好经验好做法。加强对县(区)、乡(镇)人大工作的指导，推进全市人大系统整体工作水平上新台阶。

各位代表，过去一年常委会所取得的每一项成绩、每一点进步，都离不开市委的正确领导，离不开“一府两院”的密切配合，离不开全市人民和社会各界的大力支持，离不开全体人大代表的共同努力。在此，我谨代表市人大常委会，向所有关心、支持、帮助人大工作的代表和同志们，表示衷心的感谢！

回顾2012年的工作，尽管取得了一定的成绩，但我们清醒地看到，常委会工作与市委的要求、与人大代表和全市人民的期望相比，仍有差距：一是工作理念需要与时俱进，适应新形势、新任务的要求；二是议案、建议质量和办理水平有待进一步提高；三是自身建设有待进一步加强。对这些问题我们将高度重视，采取有效措施认真加以解决。

2013年的主要任务

各位代表，今年是全面贯彻落实党的十八大精神的开局之年，是实施“十二五”规划承前启后的关键一年，也是全力建设桂林国际旅游胜地的第一年，扎实做好今年工作，意义重大。2013年市人大常委会工作的总体要求是：在市委的领导下，以邓小平理论、“三个代表”重要思想、科学发展观为指导，全面贯彻落实党的十八大和自治区党委十届三次全会及市委四届三次全会精神，紧紧围绕全市工作大局，切实履行各项职权，全力推动经济转型跨越发展，加快民主法制建设进程，维护社会和谐稳定，促进社会公平正义，为实现“三个率先”和“三个全面”的目标要求，加快实现富民强市新跨越作出积极贡献。

——加强思想建设，进一步贯彻落实党的十八大精神。认清深入学习贯彻党的十八大精神的重大意义，准确领会精神实质，统一思想和行动，真正做到武装头脑、指导实践、推动工作，把人民代表大会制度坚持好、完善好、发展好。认真学习贯彻落实中央和自治区党委、中共桂林市委关于转变工作作风的有关规定，采取有力措施，进一步转变作风。继续深入贯彻市委四届三次全会精神，明确人大工作目标任务，在加快实现富民强市新跨越中建功立业。

——围绕中心工作，进一步行使好决定权任免权。围绕全市工作大局依法讨论决定重大事项，对全局性、根本性、长远性的重大事项适时做出决议、决定，使市委的重大决策部署，经过法定程序成为全市人民的共同意愿和统一行动，推动党的方针政策和重大决策的贯彻落实。坚持党管干部与依法任免国家机关工作人员相统一的原则，严格按照法定程序办事，认真做好人事任免工作，确保党委人事安排意图的实现，为我市国家机关的正常运行提供组织保障。

——坚持依法办事，进一步增强监督工作实

效。认真贯彻实施监督法，把关系改革发展稳定大局和人民群众切身利益、社会普遍关注的重大问题作为监督重点，加大对计划和财政全口径预算决算的监督力度，有重点地听取和审议宗教事务等方面的专项报告，开展矿产资源法等法律法规实施情况的检查，组织对桂林国际旅游胜地建设等情况进行视察，开展农业、旅游、交通等方面的专题调研，确保宪法和法律的有效实施，推动"一府两院"依法行政和公正司法，保障公民、法人和其他组织的合法权益。

——做好代表工作，进一步保障代表依法履职。按照代表法的规定，充分尊重代表主体地位，牢固树立为代表服务的思想，完善联系代表工作制度，丰富代表培训内容，加大代表议案、建议的督办力度，进一步拓宽代表知情知政渠道，努力为代表履职创造条件，发挥代表参与管理国家事务和社会事务的作用。

——加强自身建设，进一步提高履职尽责能力。适应新形势新任务的要求，紧紧围绕市委工作中心开展人大工作，坚持重大事项向市委报告制度，切实加强常委会思想建设、组织建设、制度建设、作风建设。坚持解放思想、实事求是、开拓创新，不断完善管理制度，改善机关办公条件，提高机关工作效率。坚持加强队伍建设，提高服务水平，努力建设一支学习型、服务型、创新型的机关干部队伍。坚持抓好人大宣传工作，努力开创人大宣传工作新局面。坚持完善信访工作制度，及时有效处理群众来信来访，促进桂林社会和谐稳定。坚持加强对外联系，学习借鉴好经验好做法，推进人大工作上台阶。

各位代表，蓝图激励人心，号角催人奋进。让我们紧密团结在以习近平同志为总书记的党中央周围，在市委的坚强领导下，坚定信心，开拓进取，为全面完成本次大会各项任务、加快实现富民强市新跨越、与全国同步全面建成小康社会而努力奋斗！

政府工作报告

——2013年2月20日在桂林市第四届人民代表大会第四次会议上

桂林市代市长　黄俊华

各位代表：

现在，我代表市人民政府向大会作工作报告，请予审议，并请各位政协委员和列席会议的同志提出意见。

2012年工作回顾

过去的一年，面对错综复杂的经济形势和改革发展稳定的艰巨任务，我们在自治区党委、政府和市委的领导下，在市人大、市政协的监督支持下，坚持稳中求进、好中求快的工作总基调，牢牢把握主题主线，全面实施"五大工程"，全市呈现出经济较快增长、民生不断改善、社会和谐稳定的良好局面。

初步统计，全年地区生产总值1492.05亿元，增长13.3%。农业增加值274.51亿元，增长6.6%；规模以上工业增加值494.81亿元，增长24.5%；第三产业增加值522.60亿元，增长9.2%。全社会固定资产投资1462.40亿元，增长28.2%。组织财政收入163.56亿元，增长15.2%。银行业金融机构各项贷款余额1053.15亿元，增长16.1%。城镇居民人均可支配收入22300元，增长12.2%；农民人均纯收入7328元，增长15.9%。城镇化率达41.8%。主要经济指标增幅好于预期，地区生产总值、第一产业总产值和增加值、规模以上工业总产值和增加值等多项指标增幅位居自治区前列。

一年来，我们主要做了以下工作：

一、以“两化”融合推进工业转型升级，产业结构进一步优化

工业增速加快质量提高。全部工业总产值1821.59亿元、增加值583.03亿元，分别增长22.6%、19.3%，工业对经济增长的贡献率达58.3%。工业固定资产投资538.26亿元，增长45.3%。实施投资超亿元重点项目178项，占实施工业项目总数的三分之一，增长16.3%；实施新兴产业项目59项，增长63.8%。中化橡胶高等级子午线轮胎产业化一期工程、桂林福达10万吨精密锻件技术改造等一批重大项目竣工投产。优势和传统产业发展壮大，装备制造业、电子信息产业产值分别突破400亿元、200亿元，建材、包装与竹木加工成长为超百亿元产业。

“抓大壮小扶微”工程有效实施。大力扶持发展潜力大、科技含量高、就业带动效应明显的企业，新增产值10亿元以上企业5家、亿元以上企业70家、规模以上企业49家。加强对小微型企业的创业扶持和融资服务，市中小企业服务中心成为全国中小企业公共服务示范平台，发放微型企业财政扶持资金额度位居自治区前列，新增各类微型企业2085家，增长80%。

园区集聚效应显著增强。园区工业总产值956亿元，增长27.5%，占全部工业总产值比重超过50%。桂林国家高新技术产业开发区技工贸总收入突破600亿元，增长24%；苏桥经济开发区工业总产值76亿元，增长48.5%；西城经济开发区工业总产值271.16亿元，增长28.3%。兴安工业集中区成长为百亿元园区；恭城、灌阳工业集中区成长为50亿元园区；雁山工业集中区被自治区确认为B类产业园区，一批特色园区加快形成。

信息化建设稳步推进。深入推进国家级“两化”融合试验区建设，新增自治区级信息化应用示范企业120家，总数达285家，居自治区第二位。旅游、政务、公共管理信息化服务能力进一步提升，行业信息化应用深度发展。全市移动电话、互联网用户分别发展到446万户和74万户。网络与信息安全进一步加强。

二、以“两大改革”推动第三产业融合发展，服务业体系进一步完善

建设桂林国家旅游综合改革试验区，打造桂林国际旅游胜地取得重大突破。经国务院同意，《桂林国际旅游胜地建设发展规划纲要》获国家发展和改革委员会批复，桂林发展上升为国家战略。自治区促进桂林国际旅游胜地建设的相关政策已研究上报，国际旅游胜地建设及宣传筹划工作全面启动，一批重大项目正在统筹实施。桂林世界旅游城规划体系基本形成，实施项目276项，完成投资197.36亿元。漓江国家5A级旅游景区完成整改，独秀峰·王城景区进入国家5A级旅游景区行列，新增国家4A级旅游景区3家。旅游目的地建设积极推进，我市被评为“2012年度国内最佳旅游目的地”，成为首批“全国旅游刷卡无障碍示范区”城市；阳朔入选“2012年中国十佳城市慢游地”，灌阳被评为“全国休闲农业与乡村旅游示范县”；会仙湿地被列入国家湿地公园试点；《印象·刘三姐》《梦幻漓江》入选全国文化旅游重点项目支持名录。全年接待游客突破3000万人次，达3292.65万人次，增长18.1%，旅游总收入276.87亿元，增长26.8%；入境游客达182.4万人次，增长11%，增幅居全国主要旅游城市第六位。新开通境内外航线9条，航空口岸国际直航旅客吞吐量继续保持广西第一、全国沿边地区第三的地位。

国家服务业综合改革试点区域建设扎实推进。自治区研究通过加快推进桂林国家服务业综合改革试点工作的意见。启动服务业统计、社会化养老等相关配套改革，金融创新服务平台、物流公共信息服务平台等一批示范性项目加快建设，服务业重点企业培优扶强工程全面启动，城乡商业网点建设进一步完善。第六届联合国世界旅游组织／亚太旅游协会旅游趋势与展望国际论坛、第三届中国桂林国际旅游博览会、第四届中国桂林创新创意文化节暨桂林国际动漫节成功举办，我市品牌展会影响力持续增强。开展桂林首届地方美食评选活动及各县(区)文化、旅游、商贸等节事活

动。社会消费品零售总金额536.35亿元，增长16%。

三、以“示范市”建设促进农业提质增效，农村发展基础进一步夯实

农业提质增效成果显著。农业“示范市”建设加快推进。农户“万元增收工程”全面实施，桂阳公路百里金橘等6条万元增收示范带粗具规模；扎实开展“多播一斤种，增收百斤粮”示范工程活动，粮食总产增幅提升2.9个百分点，连续9年增产；优势特色农产品产值占农林牧渔业总产值80%以上，蔬菜、水果、肉类、水产品产量均居自治区前列。林下经济产值32.68亿元，增长44.6%。高效循环农业生产模式进一步推广，自治区“无公害农产品生产示范基地县”达10个。农业产业化龙头企业年销售收入234.41亿元，直接带动13.36万农户增收。获得省级以上农业旅游示范点总数位居自治区第一，“桂林休闲农业四季游”入选“中国休闲农业与乡村旅游十大精品线路”。农民人均纯收入增幅创12年来新高，自治区钱粮双增现场会在我市召开，成功承办广西第三届名特优农产品交易会。

农业农村发展基础不断夯实。大力实施农村公路“畅通”“连通”工程，建制村道路通畅率提高8.2个百分点，达68.2%。完成病险水库除险加固42座、中小河流治理项目33个，新增、恢复和改善有效灌溉面积4.21万公顷。建成农村饮水安全工程项目460个，解决了23.57万农村人口饮水不安全问题。实施市级以上农业科技项目34项，推广新品种300多个、新技术30多项，农业技术推广、农机耕种收一体化、农副产品购销和质量安全检测等服务体系不断完善。新农村建设扎实推进，完成400个新农村建设及1500个村（屯）道路硬化。扶贫工作取得新进展，全市农村贫困人口减少7.1万人，贫困村人均纯收入增长20.1%。

四、以项目投资激活增长动力，发展后劲进一步增强

重点项目建设扎实推进。实施重大项目724项，完成投资636.2亿元。湘桂铁路扩能改造工程桂林至永州段建成通车试运行，贵广铁路桂林段加紧建设；兴安至桂林高速公路基本完工，阳朔至鹿寨高速公路桂林段、灌阳（永安关）至全州（凤凰）高速公路分别累计完成投资总金额的65.2%和58.8%；桂林至三江高速公路实质性开工，资源至兴安、灌阳经恭城至平乐高速公路前期工作取得重大进展。桂林市防洪及漓江补水枢纽工程川江水库大坝顺利封顶、小溶江水库大坝完成部分浇筑、斧子口水库导流隧洞全线贯通。资源金紫山风电场二期工程实现并网发电，全州天湖等4个风电场相继开工建设。

投资结构明显优化。实施产业类重点项目359项，完成投资占全部重点项目投资的50%以上。生产性服务业完成投资204亿元，实现跨越式增长。社会事业完成投资41.4亿元，促进了人民生活环境的改善和生活质量的提高。投资高位增长，民间投资进一步激活，民间投资达792亿元，占全社会固定资产投资的54.2%，增长37%。

五、以特色城镇建设改善城乡面貌，新型城镇化进程进一步加快

桂林世界旅游城建设全面推进。核心区新开工及续建项目67项，完成投资46.87亿元，增长42.9%。临桂大道等7条道路建成通车，新区路网逐步成型；西二环路临桂段基本具备通车条件，连接新区老城新的快速通道基本形成；水系及园林绿化工程取得阶段性成果，创业大厦、“一院两馆”、桂林日报传媒中心、建设大厦等重点项目主体工程全部完成，新区整体形象进一步彰显。临苏产业带加快建设。九美桥时尚园、国际足球文化产业园等产业项目加紧实施，保利文化产业园、国奥凤凰体育休闲旅游区等项目成功引进，产城互动不断增强。

老城疏解改造提升加速。历史文化名城通过国家复核评估。桂林园博园如期竣工开园，确保了第二届广西（桂林）园林园艺博览会圆满成功，创造了园博速度和园博精神。城市重要交通节点改造提升基本完成，东安路、红岭路建成通车，福利路、阳江路等加快建设，老城交通网络逐步完善。“两江四湖”二期工程桃花江段竣工通航，南溪河清淤、截污和驳岸基本完成，城区污水集中处理率达90.5%，垃圾无害化处理率保持100%，“城乡清洁工程”进一步深化，城市环境不断改善。城市道路交通运输及户外广告管理进一步加强，城市公交覆盖范围扩大。

县城和小城镇建设步伐加快。全力实施“百镇

千村”计划，完成13个镇总体规划及1280个村规划的编制，全州、平乐、灌阳等县新区建设继续推进，县城路、桥、水、电等基础设施不断完善，产业和人口集聚能力不断提高。城乡风貌改造四期工程全面完成，资源等县老城风貌改造效果明显，阳朔县兴坪镇、龙胜各族自治县龙脊村、平乐县大塘口村、秀峰区鲁家村等列入自治区第一批特色名镇(村)命名单位。

六、以生态建设提升可持续发展能力，城乡生态环境进一步改善

保护漓江力度加大。贯彻落实自治区漓江流域生态环境保护条例，编制漓江保护和开发规划，启动漓江喀斯特地貌申报“第二期中国南方喀斯特”世界自然遗产工作，猫儿山自然保护区列入联合国教科文组织“世界人与生物圈保护区网络”。漓江水源林保护、水域管理及沿岸绿化美化花化果化等工作得到加强。

生态环境建设成效显著。国家环保模范城市通过复核，在长江中下游流域污染防治工作考核中名列第一，城市环境综合整治定量考核连续17年位居自治区第一，成为自治区首个国家级低碳试点城市。以环境倒逼机制推动产业转型升级，规模以上工业万元增加值能耗下降12%，污染物排放总量均控制在自治区下达的控制指标范围内，全年城区空气质量优良天数达351天。“绿满八桂”造林绿化工程获自治区先进，全市森林覆盖率70.94%，城市绿化覆盖率43.72%。全面实施生态市建设规划，灌阳、恭城、平乐、资源县(自治县)被评为国家生态文明建设工程示范县，恭城镇等15个乡(镇)获“国家级生态乡(镇)”称号，34个村被自治区命名为生态村。实施农村环境连片整治示范项目239个，占自治区总数的三分之一。加强基本农田保护和耕地后备资源开发，连续12年实现耕地占补平衡。

七、以文化建设增强城市软实力，历史文化名城影响力进一步彰显

文化事业全面进步。在自治区率先完成市、县两级国有文艺院团改制，组建桂林市文艺演出有限责任公司、桂林市戏剧创作研究院(桂林市非物质文化遗产保护传承中心)。在自治区率先组建新华书店有限公司，市新华书店体制改革完成。农家书屋覆盖所有建制村，文化场馆全面免费开放。“百姓大舞台”“百姓文化大讲坛”“漓江之声”等公益性文化活动品牌深受群众欢迎。廉政彩调剧《一品油茶七品官》和桂剧《月影斩》获第八届广西剧展金奖。恭城瑶族八音等10个非物质文化遗产项目列入第四批自治区级保护名录。灵渠申报世界文化遗产工作正式启动。131个村级公共服务中心全部竣工。提前完成20户以下广播电视“村村通”工程，受益用户10万多户。

文化产业加快发展。实施文化发展规划和文化产业发展规划。桂林国家高新技术产业开发区创意产业园等4家企业被命名为第四批自治区级文化产业示范基地，兴安、阳朔县被命名为首批自治区特色文化产业示范县，临桂、龙胜、恭城县(自治县)被命名为首批自治区特色文化产业项目示范县。以演艺娱乐、游戏动漫、出版发行、印刷包装等为引领的文化产业产值较快增长。

八、以体制机制创新增强经济社会发展活力，改革开放进一步深化

重点领域改革成效显著。统筹推进“扩权强县”、城乡综合配套改革试点工作，圆满完成上级审批下放事项接收和市级审批事项下放，有力推动了县域经济发展，县域地区生产总值、财政收入占全市的比重分别达70.9%和50.7%，一批经济发展较快的县进入广西科学发展十佳县、进步县行列。统计方法制度改革有效推进，“四大工程”建设取得实质性成果。国有企业改革取得新进展，桂林内燃机配件厂、桂林矿山机械厂等困难企业成功改制重组。集体林权制度主体改革全面完成，林地流转试点顺利实施。医药卫生体制改革不断深化，永福、兴安县公立医院改革试点为自治区提供了成功经验，医患纠纷调解新机制和工作模式在自治区推广。全民医保体系进一步健全，新农合筹资标准和财政补助标准提高。积极实施事业单位绩效工资，企业职工工资正常增长和支付保障机制不断完善。加强金融体系和投融资平台建设，新增金融机构和新型金融组织15家。支持民营经济加快发展，规模以上民营企业超500家。

创新能力持续提升。培育建设自治区级工程院5家、研发中心25家、企业技术中心6家，32项科技成果获自治区表彰奖励。每万人拥有发明

专利1.71件，居自治区首位；专利授权1252件，居自治区第二位。积极实施质量兴市战略，燕京啤酒（桂林漓泉）股份有限公司获首届自治区主席质量奖。

开放合作领域全面拓展。积极参与区域合作，成功引进华能集团等一批中央企业及国内500强企业。在第九届中国—东盟博览会上签约项目数和投资金额均列自治区前茅。新签市外境内项目415个，总投资486.47亿元，增长4.3%；实施市外境内本年度到位资金项目812个，到位资金542.18亿元，创历史最好水平。对外贸易平稳发展，进出口总金额保持增长。

九、以人为本推进民生改善，社会事业进一步发展

民生保障水平有了新提高。各级财政投入民生保障资金186.78亿元，增长9.5%。筹集资金66.35亿元，完成十项惠民工程。筹集资金1700多万元，对低收入居民及清真牛肉供应实行临时价格补贴，实施临时价格干预。开发公益性岗位近6000个，城镇新增就业8.5万人，城镇登记失业率3.9%。新型农村社会养老和城镇居民养老保险比全国提前半年实现制度全覆盖。继续提高城乡低保对象人均补助标准，累计发放低保金4.81亿元、城乡医疗救助金8122万元。建设保障性住房18270套，其中竣工7570套，城镇低收入住房困难家庭廉租住房租赁补贴实现应保尽保，完成农村危房和茅草树皮房改造20356户。

社会事业有了新发展。学前教育三年行动计划和深化职业教育攻坚五年计划深入实施，启动农村义务教育阶段学生营养改善计划试点，九年义务教育巩固率达95%，高校各项建设成效显著。防治艾滋病攻坚工程深入实施，出生缺陷综合防治工作经验在全国推广。参加自治区首届全民健身运动会、第七届农民运动会取得优异成绩，成功承办和举办桂林国际半程马拉松赛和桂林市第二届少数民族传统体育运动会等体育赛事。诚信计生提质扩面持续深入，我市首创的诚信计生模式已上升为地方性法规，在自治区推广。

社会管理有了新进步。社会管理创新综合试点、社会管理信息化建设顺利推进。城乡社区服务组织和基层管理服务体系进一步完善，矛盾纠纷排查、调处、化解工作及群众维权机制不断健全，信访维稳工作取得新成效。全面开展“六五”普法，加强平安桂林建设，构建社会治安防控体系，严厉打击各类犯罪活动，进一步加强环境、道路交通、消防、生产、食品药品等重点领域安全管理及应急管理，人民群众安全感和满意度进一步提升。

一年来，我们切实转变政府职能，坚持科学决策、民主决策，坚持依法行政、勤政廉政，切实推进政务公开和政府信息公开，切实推进党风廉政建设，加强行政监察和审计监督，推进政风行风建设和绩效管理；坚持重大事项向市人大及其常委会报告、向市政协通报制度，办理人大代表建议58件、政协提案270件，办结率100%；广泛听取各民主党派、工商联、无党派人士意见，支持工会、共青团、妇联等群团组织发挥作用。国防教育、国防后备力量建设、“双拥”工作得到加强。民族、宗教、外事、侨务、接待、编制、档案、保密、机关事务、气象、测绘、防震减灾、发展研究、地方志、社会科学、老龄、残疾人等事业取得新进步，港澳工作、对台工作取得新进展。中央直属、自治区直属驻桂林单位取得新成绩。

一年来，我市经济社会发展在全国、自治区取得了多项荣誉。获“全国‘两基’工作先进地区”“全国优秀创业先进型城市”“全国未成年人思想道德工作建设先进城市”“全国对口支援三峡工程库区移民工作先进集体”“2011～2012年度中国十大魅力会展城市”等荣誉称号，获“全区第八届环境综合整治‘南珠杯’特等奖”“广西人口和计划生育工作特别先进奖”“广西住房保障工作先进集体”等7项自治区级荣誉称号。市直各部门、各县（区）共荣获国家级荣誉48项，自治区级荣誉超过100项。这些成绩的取得，是市委正确领导，市人大、市政协监督支持及全市人民团结奋斗的结果。在此，我代表市人民政府，向全市各族人民，向驻我市中央、自治区单位，人民解放军和武警部队官兵，向各民主党派、工商联、人民团体以及海内外所有关心支持和帮助桂林发展的各界人士，致以崇高的敬意和衷心的感谢！

在肯定成绩的同时，我们也清醒地认识到，我市在发展中还面临不少困难和挑战，政府工作也还存在着一些差距和不足：整体经济实力不够强，还需要在提高总量、提升质量上狠下工夫；城市经济辐射带动力不足，还需要在统筹城乡协调发展上狠下工夫；大企业、大项目、大园区不够多，还需要在优化环境、招大引强上狠下工夫；城市管理存

在薄弱环节，还需要在完善城市功能、提高管理水平上狠下工夫。对此，我们将高度重视，认真研究，务实解决。

2013年工作总体要求和目标任务

今年是全面贯彻落实党的十八大精神的开局之年，是全面建设桂林国际旅游胜地的起步之年。我市正处于加快富民强市新跨越的黄金机遇期和打造桂林国际旅游胜地、建设美丽桂林、与全国同步建成小康社会的关键时期。经过多年努力，我市的发展优势日益凸显，城市综合竞争力和持续发展能力明显增强。我们既要充分认识发展形势的积极方面，坚定发展信心，又要运用“底线思维”，充分估计发展中面临的困难和挑战，认真谋划全局，增强应对能力，牢牢把握发展主动权。

2013年政府工作的总体要求是：全面贯彻党的十八大和中央经济工作会议精神，按照自治区党委、自治区人民政府和市委的工作部署，坚持以邓小平理论、“三个代表”重要思想、科学发展观为指导，坚持走农业稳市、文化立市、旅游兴市、工业强市之路，牢牢把握主题主线，以提高经济增长质量和效益为中心，以“三个率先”为目标，以“三个全面”为重点，按照“加快建设新城，着力提升老城，城乡协调推进，产业融合发展，生态文化结合，富裕和谐桂林”的部署要求，努力增强发展的动力和活力，实现建设桂林国际旅游胜地、建设美丽桂林良好开局，为加快富民强市新跨越、与全国同步全面建成小康社会打下坚实基础。

今年经济社会发展主要预期目标是：地区生产总值增长11%，财政收入增长12%，全社会固定资产投资增长20%，规模以上工业增加值增长18%。社会消费品零售总金额增长16%，外贸进出口总金额增长10%。万元地区生产总值能耗下降3%，氮氧化物排放量削减5.618%，二氧化硫、化学需氧量、氨氮排放量均控制在自治区许可范围内。城镇居民人均可支配收入增长13%，农民人均纯收入增长14%，居民消费价格涨幅控制在4%左右。城镇登记失业率控制在4.5%以内，人口自然增长率控制在9‰以内。

2013年工作部署

为实现今年的工作目标任务，要重点抓好以下工作：

一、全面推进桂林国际旅游胜地建设，提升发展现代服务业

围绕《桂林国际旅游胜地建设发展规划纲要》，按照世界水准、国际一流、国内领先要求，以创新体制机制为动力，以政策支持和重大项目建设为支撑，以推进旅游产业转型升级为重点，确保国际旅游胜地建设良好开局。力争到桂林旅游总人数增长6%，旅游总收入增长25%；入境游客人数增长5%，旅游外汇收入增长10%。服务业增加值增长10%。

提升桂林旅游发展定位。把握建设世界一流旅游目的地、全国生态文明建设示范区、全国旅游创新发展先行区、区域性文化旅游中心和国际交流重要平台的战略定位，按照国际化要求及先进管理理念，以突出旅游功能、提升生态功能、增强城市功能为导向，高起点、高标准编制国际旅游胜地建设相关配套规划；提升旅游综合服务功能，强化旅游发展要素保障，培育旅游新业态，创新旅游业与其他产业融合发展新模式，加快形成服务经济为主导、特色经济为支撑的现代产业结构；探索以旅游为纽带的城乡统筹协调发展新途径，加快形成城市空间布局、产业布局、基础设施、城市建设和管理、生态环保、文化教育等与国际旅游胜地建设协调统一的整体发展格局。

加快旅游项目建设。围绕推进规划纲要提出的“六个一批”重点工程，全面加快旅游产业及配套重大项目建设。实施旅游胜地重大项目584项，年度完成投资566亿元。以建设桂林世界旅游城为突破口，开工并加快建设保利文化产业园、国奥凤凰体育休闲旅游区、国际足球文化产业园、九美桥时尚园等项目，加大旅游综合体、旅游特色街区等旅游产业项目招商引资力度。科学合理布局，建设提升旅游景区景点、旅游基础设施、旅游服务基地、休闲养生度假酒店，加快实施城北体育文化城、地中海俱乐部桂林度假村、桃花江旅游休闲度假区及特色旅游休闲街区等中心城区文化休闲度假旅游项目，启动正阳路东巷保护整治提升工程，提升中心城区旅游功能；加强重点旅游县建设，着力打造特色旅游镇村品牌，统筹推进县域重大旅游项目建设。积极争取政策支持，组织专门班子，配备专门力量，全面梳理规划纲要涉及的具体政

策和项目，加强与国家、自治区有关部门沟通衔接，力争国家和自治区支持旅游胜地建设的政策尽早落地实施，争取更多的项目和资金支持。

实施“品质旅游”战略。着力打造旅游消费层次丰富、产品体系完整、产品线路完善、服务水平一流、市场规范的旅游精品和旅游品牌。整合全市优势资源，丰富提升山水观光、休闲度假、历史文化、生态乡村、民族文化演艺、红色旅游、户外运动、浪漫婚典等八大系列旅游产品。加大旅游整体国际形象宣传推介和旅游促销力度。办好第七届联合国世界旅游组织／亚太旅游协会旅游趋势与展望国际论坛、第四届桂林国际山水文化旅游节、第四届中国桂林国际旅游博览会等品牌旅游展会。积极发展智慧旅游，打造一流旅游电子商务平台，提高旅游信息化、国际化水平。开展“国际旅游胜地美丽桂林休闲游”主题年整体宣传促销活动，培植稳定的消费群体，积极发展高端旅游，深入拓展国际及中国港澳台入境旅游市场；继续实施旅游航线包机奖励政策，开发培育航线和旅游包机。推进旅游管理体制机制创新，加强旅游公共服务体系建设，完善漓江国家5A级旅游景区长效管理机制，加强旅游标准化、旅游安全保障、旅游市场监管和旅游诚信体系建设，进一步规范旅游市场秩序；支持旅游企业转型升级、做大做强，开展旅游服务质量系列考核评比活动。加强旅游区域合作，进一步强化与珠三角、长三角、西南、港澳台等区域城市的旅游交流合作，充分利用中国—东盟博览会平台，加强与东盟国家旅游合作。大力发展旅游职业教育，打造国际旅游教育基地。建立健全工作体制机制，制订实施近期行动计划，引入国内外智力支持，开展国际旅游胜地专项研究，强化空间资源优化利用及产业技术、人才智力支撑，保障国际旅游胜地建设强力推进。

促进相关服务业与旅游业融合发展。全面落实自治区加快推进桂林国家服务业综合改革试点工作的意见。加快发展“1个核心区、2个功能集聚带、5大示范区”，加速构建服务业“345”产业体系。建立服务业引导基金，加大对服务业集聚区、重点项目和企业的扶持，加强试点领域标准体系和品牌建设。积极推进国际卫生空港建设，提升出入境能力。推进乡村生态休闲旅游、服务业信息平台、旅游与会展资源整合及产业协同等国家级服务业试点示范项目建设。运用政府引导、市场运作等综合手段，加大品牌展会引进力度，筹办养老产业国际论坛，加快打造国际会展名城。对服务业重点企业给予政策扶持，促进服务业转型升级。加快建立扩大消费需求长效机制，积极培育汽车、健康、养生、家政服务等消费热点，加快完善城乡商贸流通体系，启动临桂新区商贸物流园、桂林西货运枢纽及物流基地规划建设，继续实施“万村千乡市场工程”。实施“电子商务进社区”试点建设，申报国家级电子商务示范基地。全面启动再生资源回收体系建设，积极创建全国再生资源回收利用试点城市。严格落实房地产调控政策，促进房地产市场健康发展。

二、推进产业转型升级，加快工业和信息化发展

实现富民强市的宏伟目标，关键在于发展壮大产业、做大做强工业。要走高端、低碳、生态、环保的特色产业发展道路，大力推进工业升级改造，着力培育发展大园区、大产业、大项目、大企业，着力发展特色效益工业，打造工业发展新优势。力争全部工业总产值超2000亿元，达2150亿元，增长18%；规模以上工业总产值1900亿元、增加值580亿元，分别增长20%和18%。

持续推进产业结构调整优化。完成工业投资640亿元，增长20%；技术改造投资539亿元，增长30%。开工建设亚科新材料生产基地等30个投资超亿元项目，续建三金药业现代中药产业化基地等50个投资超亿元项目，重点推进桂林激光通信研究所高清视音频传输系统及产业化等15个投资超亿元项目前期工作，着力推动600项投资500万元以上的技术改造项目。以重点项目建设为突破口，加快推动电子信息、生物医药、新能源及汽车等重点产业和新兴产业建设，完善工业配套，引导新兴产业集聚发展，力争新兴产业产值突破450亿元，增长25%。

强力推进千亿元园区和千亿元产业建设。桂林国家高新技术产业开发区以打造千亿元创新型特色园区为目标，在拓展空间，培育优势，完善配套，创新驱动，改善政务环境上下工夫，力争技工贸总收入突破700亿元。扎实推进桂林国家高新技术产业开发区新一代信息技术和创意动漫产业园、苏桥经济开发区汽车产业园、西城经济开发区先进装备制造产业园、雁山低碳经济产业示范园等特色产业园区建设。积极实施“飞地工业”新模

式，拓展老城区产业发展空间，启动宝山工业园建设，加快发展临苏产业带。坚持“产城一体”发展模式，加快园区综合服务配套设施建设，推进园区与城镇化互动。力争工业产值突破50亿元园区达到3个、100亿元园区达到4个，西城经济开发区工业产值突破300亿元。继续支持以光伏、风能为重点的新能源产业发展，努力打造千亿元产业。

深入推进“抓大壮小扶微”工程。积极引进国内外行业龙头企业，加快培育一批主业突出、创新力强、关联度大、带动性强的骨干企业。加强中小企业服务平台和创业基地建设，强化融资服务，筹建企业应急互助资金，支持实体经济发展，推动中小企业上规模、上台阶。力争新增10亿元以上企业2家、亿元以上企业30家、规模以上企业60家，新增各类微型企业2500家。

全面推进信息化建设。实施中小企业网上营销工程，着力发展以云计算、物联网、移动通信为代表的新一代信息技术，推动信息化与工业化深度融合。大力推进“智慧城市”和“宽带桂林”建设，搭建云计算公共服务、地理信息共享和视频资源管理三大平台。强化信息安全保障。

三、突出发展现代农业，促进农业大市向农业强市转变

深入实施“四大流域”和西部山区现代农业发展规划，提升特色农业发展水平。力争完成农林牧渔总产值438亿元，增长5.8%，增加值增长5.3%。

加快打造现代农业产业体系。巩固提升6条农业“万元增收”示范带建设，做大做强特色效益农业，实现粮食、水果、蔬菜、食用菌、毛竹、花卉苗木、生猪、家禽等优势特色农产品产值持续增长。重点规划建设以雁山区雁山镇、临桂县会仙镇为核心的农业科技示范园区；建设灵川大圩、临桂两江、阳朔白沙等10个水肥一体化示范基地；建设全州稻灯鱼菇、兴安一年两收葡萄、恭城休闲农业等10个富民增收万元片区。推进建设一批规模养殖场、养殖小区，推广标准化、设施化、工厂化生态养殖。大力发展特色林下经济，实现产值36亿元。深入拓展循环农业模式，加大农业良种良法推广力度，大力发展新型农业耕作模式，提升“三避”栽培、测土配方施肥等先进实用技术。推进农业向接二产连三产延伸，打造一批休闲农业精品，促进休闲农业提档升级。全力打造全国、自治区农产品知名品牌，重点优化提升6大种植业特色优势农产品基地。加快规划建设区域性农产品加工物流园区，不断完善农产品专业批发市场及冷藏、物流设施。推进农业生产经营体制改革，大力培育农业生产经营主体，提高农业组织化程度和专业化水平。大力发展农产品采后处理、贮运、加工产业，积极推动农超、农校、农批、农企等产销对接。

加强农业农村基础设施建设。实施153座中小型病险水库除险加固工程，抓好桂江、湘江等重要支流及中小河流治理，推进兴安、荔浦等中央小型农田水利项目县建设，加快青狮潭和峻山大型灌区节水改造，继续实施农村饮水安全项目，解决25万农村人口饮水安全问题。加快实施“通畅”和“连通”工程，新增通自然村（屯）道路200千米以上，130个建制村通水泥路，通畅率达76%。推进农村水电增效扩容和电网升级改造工程。加强农机装备建设，力争农业耕种收综合机械化率达40.5%。深入推进社会主义新农村建设，大力推广阳朔田园风光休闲型、恭城生态农业带动型、桂北民俗风情体验型等建设发展模式，建成“普惠制”新农村400个。继续实施城乡风貌改造工程。

全力保障农产品安全有效供给。保持粮食播种面积37.53万公顷、总产量198万吨以上。健全“菜篮子”供给体系，突出抓好以临桂县、灵川县、雁山区为重点的城郊“菜篮子”蔬菜种植基地和县域“菜篮子”基地建设。强化农产品生产、流通和消费安全监管，抓好农产品标准化生产基地建设，推进无公害农产品、绿色食品、有机农产品和农产品地理标志认证服务和监督管理，完善动植物疫病防控和农产品质量安全追溯监控体系，确保农产品从田间到餐桌的质量安全。

四、拓展优化城镇格局，推动城乡一体化发展

坚持“规划要硬、机制要活、管理要细、工作要实”的理念，强化规划统一管理，突出桂林地方特点，打造桂林城市特色。抓住行政区划调整有利时机，全面加快桂林世界旅游城、各县县城以及特色乡（镇）建设，推进区域协调、城乡互动、产城融合，在城乡统筹、城乡一体化发展上有新作为，力争城镇化率达44%。

加快建设桂林世界旅游城。深入实施“保护漓江，发展临桂，再造一个新桂林”战略，优化、完善、提升世界旅游城规划，加快基础设施、产业、民生

等重点项目建设，实施世界旅游城项目252项，完成投资186亿元以上。围绕提升新区整体形象，加快世界旅游城核心区项目建设，力争新开工16项、续建57项、完工13项，完成投资58亿元以上。确保创业大厦、“一院两馆”、桂林日传媒中心、建设大厦等标志性项目年内建成使用；加快西城大道(提升改造)等8条道路建设，年内实现临桂新区结构性干道全线贯通；旅游景观水系主体工程基本完成；开工建设新雁路、临桂新区综合医院、桂林中学新校区以及高端休闲街区、休闲商务酒店、市政和生活配套设施、街道及社区服务设施等一批新的重大项目，积极推动教育卫生、文化体育、旅游休闲、商住娱乐等优势资源向临桂新区转移。全面启动临桂新区城市管理工作，提升社区社会服务功能。加快世界旅游城三大旅游功能板块建设发展，大力推进凤凰体育运动休闲旅游区、万福休闲度假旅游区、以会仙喀斯特国家湿地公园为重点的会仙湿地旅游区建设。统筹新区老城资源，引入战略投资，规划建设一批大型城市综合体。

强力疏解改造提升老城。全面实施城市交通畅通优化工程，加大老城路桥基础设施建设力度。实施项目24项，完成投资35.76亿元。基本完成西二环路、滨江北路、芳香路等项目建设；完成福利路一期、站前路、芳华路等项目建设；新开工建设万福东路、龙门大桥、阳江北路等项目；开展琴潭南路等项目前期工作，进一步完善纵贯南北、连通东西、衔接老城新区的交通网络。完善老城功能，加强重要节点及公共服务设施改造建设；注重商业业态的统筹谋划，加快站前路商业广场等产业项目建设；推进城乡结合部和城中村改造，切实改造一片、提升一片。加快城市水系及周边环境综合治理和风貌街区改造，进一步彰显生态山水名市和历史文化名城特质。

着力提高城市管理水平。以建设国际旅游胜地为标准，以提升老城品质为目标，着力完善城市功能，规划、建设、改造提升一批专业市场和农贸市场；推行公交优先政策，充分利用现有空间，引进先进技术设施和管理手段，解决中心城区停车难问题；坚持疏堵结合，加大整治力度，组织各级机关和企事业单位带头履行门前三包责任，动员全社会力量深入实施“城乡清洁工程”，认真清理卫生死角，开展违法建筑、占道经营、交通秩序等系列专项整治，建立长效管理机制。多渠道汇集社会资金，加大城市管理投入，切实加强城市规划、建设和管理。实施城市管理教育培训工程，学习借鉴境内外城市管理先进经验。加强舆论监督和社会监督，实行严格的定责、考责、问责制度，确保城市管理取得广大市民和游客看得见、感觉得到、普遍满意的实效。

大力优化城镇结构。整合县域资源，注重科学布局，积极培育中等城市，促进大中小城市协调发展，全力构建以中心城为重点，县城新区和重点镇为支撑，大小结合、功能互补、特色鲜明的城镇群和城镇带。加快各县县城和重点特色乡(镇)建设，扩大规模、完善基础设施，提升综合承载能力和服务能力。积极争取区划调整，力促县城所在地逐步撤镇改街道，积极推动撤乡改镇。

五、强化项目建设支撑，提升投资对经济增长的拉动力

进一步优化投资结构，保持投资合理较快增长，统筹推进重大项目建设。全年计划实施重点项目690项，完成投资640亿元。

加快交通、水利、能源重大基础设施建设。打造区域性综合交通运输枢纽和国家公路运输枢纽城市，完成交通建设投资105亿元，推进贵广铁路桂林段建设；加快建设桂林至三江、阳朔至鹿寨、灌阳(永安关)至全州(凤凰)高速公路，开工建设资源至兴安高速公路，力争自治区尽快开工建设荔浦至玉林高速公路，加快灌阳经恭城至平乐高速公路前期工作和招商引资；争取桂林两江国际机场航站楼及站坪配套设施扩建工程开工建设。完成水利项目建设投资26亿元，力争小溶江水库完成大坝封顶，斧子口水库实现大江截流；全面启动桂林市漓江堤岸修复工程等重大水利项目的前期工作。完成能源建设投资41.7亿元，实现兴安源江等3个风电场竣工，加快全州天湖风电场一期、恭城燕子山风电场建设，开工建设兴安平岭、恭城西岭、全州六字界等6个风电场，使我市风力发电装机容量达到65万千瓦。

继续优化投资结构。准确把握国家产业政策、资金投向，围绕国际旅游胜地、优势产业及战略性新兴产业、基础设施、“三农”、社会事业和社会管理、节能减排和生态建设等重点领域，谋划和储备重大项目，加大投资力度。把拓宽资金来源渠道作为确保投资增长的主攻点，积极发挥财政资金的导向作用，加大财政项目资金及政府债务的管控

力度；加强金融对实体经济的支撑，密切政银企合作，充分发挥政府融资平台作用；破除制约民间投资的“弹簧门”“玻璃门”，切实降低民营投资准入门槛，扩大民营投资准入领域，实现投资主体多元化。力争新增贷款157亿元以上，全社会融资总量1650亿元，争取国家核准发行企业债券10亿元。

全力抓好项目服务。优化投资环境，提高工作效率，加快项目前期和项目审批工作进度，加强项目管理和协调服务。抓好旅游产业用地改革、城镇低效用地再开发试点工作，统筹运用“区位调整”“增减挂钩”“只征不转”“征转分离”等政策措施，努力保障项目建设用地，着力解决征地搬迁安置等“瓶颈”问题。

六、全面启动城乡居民收入倍增计划，切实提高群众生活水平

促进居民收入增长与经济发展同步，为城乡居民收入率先达到全国平均水平打好基础。突出农民、企业职工、中低收入群体增收，力争农民年人均纯收入达8300元以上、城镇居民年人均可支配收入达25000元以上。

实施农民收入倍增计划。加快发展特色效益农业，大力实施农户“万元增收工程”“钱粮双增工程”和“百村示范、千村推进”工程，推进“吨粮万元田”“万元片区”“万元增收村(屯)”和“10万元致富示范户”建设，提高农民家庭经营性收入。促进农民就业创业，深入实施百万农民就业培训工程，推动农村富余劳动力向城镇和非农产业有序转移，大力扶持农民回乡创业，农村劳动力转移就业新增8.5万人，增加农民工资性收入。强化政策支持，加大财政、金融、科技、保险等支农力度，落实各项生产补贴政策，新型农村养老保险基金人均每月增加20元，农村低保对象补助人均每月增加10元，新农合筹资标准由每人每年290元提高到340元，完善农村“一事一议”筹资筹劳办法，增加农民转移性收入。完善农村土地、林权等产权制度，发展适度规模经营，逐步培育发展家庭农场，壮大农村集体经济，提高农民财产性收入。坚持专项扶贫、行业扶贫、社会扶贫共同推进，加快实施整村推进扶贫开发，重点抓好产业扶贫工程，力争减少贫困人口7万人以上，贫困农民人均收入增幅高于全市农民人均收入增幅。

实施城镇居民收入倍增计划。加快完善企业工资正常增长机制，建立健全工资集体协商和工资保证金制度，促进劳动者工资水平与企业经济效益有效衔接。完善事业单位收入增长机制，加快实施事业单位绩效工资，促进事业单位工资合理有序增长。提高城镇社会保障水平，建立健全城镇居民社保待遇正常增长机制，医保补贴标准由每人每年240元提高到280元，低保对象补助人均每月增加20元，进一步完善低收入居民临时价格补贴联动机制，加快推进平价商店建设试点。促进全民创业，扎实推进创业型城市建设，全面落实促进民营经济健康发展的各项政策，制订完善配套措施，扶持民营经济发展。抓好就业工作，积极创造城镇就业岗位，加大对城镇困难群体就业创业帮扶力度，城镇新增就业6.4万人，确保“零就业家庭”至少有1人就业。

七、深入实施文化立市战略，促进文化大发展大繁荣

把推动文化大发展大繁荣作为桂林国际旅游胜地建设的战略之举，加快实施文化建设“五大工程”，兴起文化建设新高潮，提升城市软实力。

深入推进文化精神工程。加强社会主义核心价值体系建设，大力弘扬民族精神和时代精神，积极倡导和践行广西精神，培养塑造城市人文精神。广泛开展社会主义核心价值观进机关、进学校、进企业、进村(屯)、进社区学习教育活动。深入推进全国文明城市和群众性精神文明创建活动，切实提高公民思想道德素质，培育良好社会风尚。

深入推进文化景观工程。加快靖江王府及王陵、甑皮岩国家考古遗址公园建设。继续做好兴安灵渠申报世界文化遗产工作。推进特色文化街区建设。

深入推进文化精品工程。加强文化产品创作生产，打造人民群众喜闻乐见、具有桂林特色的文学、美术、戏曲、民族歌舞等优秀作品。提升“百姓大舞台”“百姓文化大讲坛”“漓江之声”“周末大家乐”等群众文化品牌。围绕“演艺之都、创意福地、富集市场、智慧新城”定位，重点培育发展文化创意、演艺娱乐、动漫游戏、艺术品及艺术收藏、出版印刷等产业，推动文化与相关产业融合发展。努力扩大中国桂林创新创意文化节暨桂林动漫节等精品文化会展的影响力。支持广西师范大学出版社、漓江出版社做大做强，打造广西数字出版的重要

基地。

深入推进文化惠民工程。抓好村级公共服务中心建设，推进临桂国家公共文化服务体系示范项目申报工作。继续深化公共图书馆、博物馆、文化馆免费开放，加快推动已建成的1684个农家书屋向以用为主转变。努力实现广播电视从“村村通”到“户户通”“长期通”，做好农村公益电影放映服务。统筹文化节庆活动，构建桂林特色文化节庆体系，推动基层群众文化活动蓬勃开展。

深入推进文化管理工程。继续推进文化体制改革，加强培育现代文化市场体系。开展文化市场专项治理，深入开展“扫黄打非”，净化文化市场。加强传统风貌、文物及非物质文化遗产保护和利用。

2012年11月，枯水期疏浚作业　（桂林航道管理处　供稿）

八、加强生态文明建设，努力建设美丽桂林

牢固树立尊重自然、顺应自然、保护自然的生态文明理念，率先走出一条在保护中加快发展、在发展中加强保护的路子，建设美丽桂林，实现永续发展。

加强漓江科学保护。全面实施漓江流域生态环境保护条例，大力推进科学保护漓江“六大工程”，启动漓江保护科技工程。加强漓江喀斯特地貌申报世界自然遗产的相关工作，完善漓江生态补偿机制，提高水源林生态功能，提升绿化美化水平。加强漓江航道及主要支流河道整治，严格保护洲岛景观，强化沿岸石山及洞穴保护开发与安全管理。推进沿岸村镇规划管理。

加强环境保护和节能减排。实施农村环境连片整治，继续推进生态市、生态县、生态乡（镇）、生态村建设。积极开展国家森林城市创建活动，全面推进“绿满八桂”造林绿化工程，提高全市森林覆盖率和城市绿化覆盖率。优化国土空间开发布局，落实最严格的耕地保护制度，推进土地开发复垦整理、农村土地综合整治，鼓励农村土地有序流转，积极创建节约集约用地模范县（区）。加强污染防治，防止重金属污染、饮用水源污染等突出环境问题发生；开展青狮潭水库环境专项治理，继续加强城市和村镇垃圾收集处理设施建设，因地制宜推进县域生活垃圾“村收镇运县处理”，探索边远乡村生产生活垃圾处理新模式，加大城镇生活污水处理配套管网、园区及企业治污设施等环保项目建设和管理力度，确保环境安全。鼓励发展节能、降耗、减污的高新技术产业，加大淘汰落后产能力度，培育工业循环经济示范企业和园区，大力发展生态农业和有机农业。加快建设低碳城市，推广应用低碳技术及产品，支持低碳旅游，推进车船使用天然气和可再生能源建筑应用城市示范工作。开展全民节能减排，加强公共机构节能。完善生态环境监管体制，强化环境监测和执法。加强市区大气环境综合整治，做好大气PM 2.5实时监测、实时发布工作。

九、保障民生创新管理，强力推进和谐社会建设

以保障和改善民生为重点，加快健全基本公共服务体系，发展社会事业，实施惠民工程，创新社会管理，努力让人民群众过上更好的生活。

提高城乡社会保障水平。扎实建设覆盖城乡居民的社会保障体系。深入推进新型农村社会养老保险和城乡居民基本养老保险，继续抓好职工基本养老、失业、基本医疗、工伤、生育五项保险参保和基金征缴。进一步提高城乡低保、农村五保供养、医疗救助、孤儿救助、自然灾害和临时困难救助水平和保障标准，完善社会救助体系。抓好市残疾人康复中心、托养中心项目前期工作，落实残疾

人救济抚养计划。支持发展慈善事业。建设保障性住房、棚户区改造住房8634套，分配入住5600套，实现城镇低收入家庭廉租住房补贴应保尽保，实施农村危房改造1.8万户。

坚持优先发展教育。全面实施素质教育，深化教育领域综合改革，着力提高教育质量。办好学前教育，均衡发展九年义务教育，基本普及高中阶段教育，力争全市学前教育毛入园率达76%以上，九年义务教育巩固率达95%以上，高中阶段毛入学率达87%以上。继续实施职业教育攻坚五年计划。加大教育投入，合理配置教育资源，重点向农村、边远、贫困、民族地区倾斜，支持特殊教育，促进教育公平。启动市委党校改扩建项目。积极支持高校建设。

加快卫生事业发展。巩固发展医药卫生体制改革成果，加强基本医疗保障制度、基本公共卫生服务、基层卫生基本药物制度建设，全面推进县级公立医院改革，完善新型农村合作医疗，切实抓好国家公共卫生政策的落实。进一步科学配置卫生资源，加强卫生基础设施建设，完善区域卫生信息平台。提高疾病防控能力，继续推进防治艾滋病攻坚工程。着力打造文化卫生、品牌卫生、放心卫生。

积极发展体育事业。广泛开展全民健身运动，促进群众体育和竞技体育全面发展。继续举办全市大众篮球赛、“五人制”足球赛等赛事。注重体育与旅游、文化相结合，加快体育旅游基础设施以及高端运动休闲项目建设。

加强人口和计划生育工作。继续抓好诚信计生的巩固提升扩面工作。强化计生优质服务，提高出生人口素质。促进各项民生政策与人口计生利益导向政策的衔接落实。

创新和加强社会管理。按照“党委领导、政府负责、社会协同、公众参与、法制保障”的要求，加强基层社会管理和服务体系建设，增强城乡社区服务功能，发挥群众参与社会管理的基础作用。积极推进户籍制度改革，加强流动人口、农村留守人员和特殊人群的管理服务。深入开展“六五”普法。扎实开展社会矛盾排查化解工作，畅通和规范群众诉求表达、利益协调、权益保障渠道。深入推进平安建设和法治建设，加强新形势下社会治安防控体系建设，强化司法基本保障，依法防范和惩治违法犯罪活动，保障人民生命财产安全。切实加强安全生产、食品药品安全、环境安全以及应急管理等工作，增强人民群众安全感和满意度，确保社会和谐稳定。深入开展国防教育，扎实做好国防动员、民兵预备役、人民防空和“双拥”工作，做好退役军人就业工作。

实施为民办实事工程。筹措资金37亿元以上，完成10项惠民工程：(1)社保惠民工程。实施城乡居民社会养老保险、城乡最低生活保障、五保村建设、阳光家园计划、贫困残疾人家庭无障碍改造等项目。(2)健康惠民工程。实施新型农村合作医疗、地中海贫血防治、城区社会卫生服务机构建设、免费孕前优生健康检查等项目。(3)教育惠民工程。实施职业教育基础能力建设、扩大农村学前教育资源、农村义务教育学生营养改善计划、学生资助等项目。(4)强基惠民工程。实施凯风路(第八中学至电厂铁路专用线段)内涝治理工程、修建贫困村(屯)道路、小型农田水利重点县建设、农村安全饮水解困工程、“普惠制”新村建设、自然村屯内道路硬化、城区新农村建设、整村推进扶贫开发等项目。(5)安居惠民工程。实施农村危房改造、新建公共租赁住房、新建廉租住房、城市棚户区改造等项目。(6)土地整治惠民工程。按照项目计划实施好土地整治、农业综合开发土地治理等项目。(7)农补惠民工程。实施农补惠民、农资综合补贴、粮食作物良种补贴等项目。(8)生态惠民工程。实施青狮潭西干渠临桂县城段综合美化治理、“绿满八桂”造林绿化、石漠化综合治理、森林生态效益补偿、农村环境连片整治示范、太阳能路灯推广等项目。(9)文化惠民工程。实施村级公共服务中心建设、农民体育健身工程等项目。(10)通畅惠民工程。实施LED路灯节能改造、公交优先便民、建制村建设沥青水泥路等项目。

十、深化改革扩大开放，打造创新发展新优势

深化重点领域和关键环节改革。推进城乡综合改革，激活农村生产要素，改善农村生产方式和农民生活方式，推进城乡规划一体化、公共服务均等化、经济社会权利平等化，在坚持家庭承包经营制度的基础上，引导城市工商资本投入农业农村。继续深化国有企业改革，推进国有资产管理体制创新。引入市场机制，推动市政、市容、园林等公用事业改革。大力发展金融市场，鼓励金融机构创新金融产品和服务方式，大力支持企业上市，培育一批高成长性的上市后备企业。抓好第三次全国经济普查，推进城乡居民收入一体化住户调查、服务业统计改革试点和平台建设。

提高开放合作水平。加大“央企入桂”“名企入桂”工作力度，积极推动产业招商、项目招商、以商招商、区域招商，继续做好“大兑现”工作，掀起新一轮招商引资高潮，力争实际利用外资和市外资金分别比上年任务增长10%以上。大力推进区域战略合作，继续深化与周边地区和发达地区的合作交流，发挥产业互补优势，谋求共赢发展。加快“走出去”步伐，支持企业参与境外资源开发和经济合作。稳定发展对外贸易，实现进出口总金额10.73亿美元，增长10%。

创新城区经济发展方式。进一步完善市、区财政管理体制，简化行政审批环节，建立责权利相统一的管理运行机制，增强城区经济发展动力与活力。进一步明确城区功能定位，总体布局城区产业发展，建立差异化的城区考核机制，鼓励城区依托自身优势，培育产业集群，打造产业品牌，促进形成各具特色、合作互补、共赢共荣的城区经济发展格局。创新城区经济载体建设，促进城区产业转型升级，力求城区在高新技术产业、旅游商贸物流业及生态休闲观光农业等重点产业发展上取得突破。

大力实施创新驱动战略。加快建立产业优化、园区建设、人才引进、要素聚集、成果转化等为重点的区域创新体系，加快建立以企业为主体、市场为导向、产学研用相结合的科技创新平台，积极发挥大中专院校及科研院所作用，建设新兴产业研发“孵化”、多元化科技创新公共服务平台，培育建设国家级工程技术研究中心和企业技术中心，加强自治区级工程院、研发中心、工程技术研究中心建设，提高产业核心竞争力，打造一批具有核心竞争力的骨干企业，培育发展一批优势产业。深入实施第五轮创新计划，完善科技工作推进和协调机制，稳步增加财政科技投入。加强科技创新服务体系建设，重视人才培养和引进。大力实施发明专利倍增计划，承办好第三届广西发明创造成果展览交易会。实施“质量强市”战略，积极创建全国质量强市示范城市。

十一、加强政府自身建设，提高政府的执行力和公信力

新的一年，各级政府面临着繁重而艰巨的改革发展稳定工作任务，肩负着光荣而重大的使命。我们要全面落实中央、自治区和我市关于改进工作作风、密切联系群众的各项规定，牢记“空谈误国，实干兴邦”，以实干论能力，以落实论水平，打造“清廉漓江，务实桂林”，优化发展环境，努力建设服务政府、责任政府、法治政府和廉洁政府。

坚持务实高效，提高行政效能。进一步推动政府职能向创造良好发展环境、提供优质服务、维护社会公平正义转变。坚持深入到发展最需要的地方、矛盾和问题较多的地方、群众生产生活比较困难的地方调查研究，解决实际问题。简化接待，减少繁文缛节，切实改进会风文风，开短会、开有用的会，讲短话、讲有实际内容的话，发短文、发对工作有指导推动作用的文。深化行政审批制度改革，精简审批程序，提高现场办结率和群众满意度。全面推进政府绩效管理和效能建设，大力弘扬执政为民、艰苦奋斗、不好排场、真抓实干的优良作风。

坚持科学决策，严格依法行政。自觉接受人大法律监督、政协民主监督、媒体舆论监督和社会公众监督，认真办理人大代表议案、建议和政协提案。搭建民主决策、民主管理和民主监督的有效平台，完善公众参与、专家咨询论证、社会风险评估等重大决策程序，引导社会各界人士为经济社会发展建言献策，提高政府民主决策能力。深入推进“一服务两公开”工作。

加强廉政建设，切实廉洁从政。按照党的十八大提出的“干部清正、政府清廉、政治清明”的要求，全面落实党风廉政建设责任制，切实加强审计工作，提高审计工作覆盖面、延伸度和整改率，严肃财经和资产管理纪律；切实加强行政监察，强化执行力，加大问责力度，用制度管权、按制度办事、靠制度管人。坚持厉行节约、勤俭办事，反对奢靡之风、反对铺张浪费，严格控制“三公”经费。深化反腐倡廉教育和廉政文化建设，严格履行“一岗双责”和廉洁自律各项规定，开展阳光纠风，加强惠农资金监督，抓好“六安工程”，严肃查处违纪违法案件，维护人民群众根本利益。

各位代表！桂林的发展已经站在了一个新的历史起点。新的目标催人奋进，新的征程任重道远。让我们紧密团结在以习近平同志为总书记的党中央周围，深入贯彻落实党的十八大精神和自治区党委、自治区人民政府的决策部署，在市委的领导下，牢记全市人民的期盼和重托，牢记新的使命和责任，以更加昂扬的斗志，更加务实的作风，更加有力的举措，更加扎实的工作，锐意进取、团结拼搏，为打造国际旅游胜地、建设美丽桂林而努力奋斗！

政协桂林市常委会工作报告

——2013年2月19日在政协桂林市第四届委员会第三次会议上

桂林市政协副主席　袁绪祥

各位委员：

我受政协桂林市第四届委员会常务委员会的委托，向大会作工作报告，请予审议。

一、2012年工作回顾

2012年是我市推动实现富民强市新跨越取得显著成就的一年。在中共桂林市委的正确领导下，全市上下同心同德，扎实工作，实现了全市经济持续平稳较快发展、各项事业全面进步、社会大局和谐稳定。一年来，市政协及其常委会紧紧围绕全市工作大局，坚持以邓小平理论、"三个代表"重要思想和科学发展观为指导，牢牢把握团结和民主两大主题，认真履行政治协商、民主监督、参政议政职能，积极推动工作创新，切实加强自身建设，各项工作都取得了新的成绩。

（一）加强理论学习，为推进人民政协事业夯实思想基础

我们坚持把学习放在突出位置，一是采取多种形式组织政协领导班子、机关干部和委员认真学习、深刻领会中共十八大精神，并将学习贯彻中共十八大精神与认真履行职责、增强履职实效、推进政协工作相结合，凝聚各方面智慧和力量为实现中共桂林市委确定的目标任务而共同奋斗。二是认真组织学习党的十七届六中全会精神和自治区党委、中共桂林市委作出的各项决定，为政协履行职能指明方向，奠定基础。三是深入学习《中国人民政治协商会议章程》，学习各级党委关于加强人民政协工作的意见以及履职专业知识，进一步明确中国共产党领导的多党合作和政治协商制度的重要性，进一步深化对人民政协性质、地位、作用的认识，坚定坚持中国共产党的领导和走中国特色社会主义道路的信念，增强履行政协职能的责任感和使命感，夯实了各族各界人士团结奋斗的共同思想基础。

（二）围绕中心工作，为推动我市经济社会发展建言献策

我们坚持把促进桂林科学发展、跨越发展作为履行职能的第一要务，充分运用全会、常委会、专题调研、专题协商会、专委会会议、委员晨会、委员论坛等形式进行政治协商、参政议政，积极为促进全市经济社会发展作贡献。

1.为推动桂林文化大发展大繁荣献计出力。围绕我市建设历史文化名城、实现文化立市的目标任务，组织委员及专家学者，分成文化产业发展、文化艺术精品创作与生产、公共文化服务体系建设、文化遗产保护与开发利用、新闻出版与影视传媒等5个子课题，就"如何推进桂林文化大发展大繁荣"开展了专题调研，形成了包括5个子课题的调研报告，并召开了推动桂林文化大发展大繁荣专题协商会，与会委员从提高认识，提升市民综合文化素质，加大改革创新力度，加强文化与经济、旅游、科技的融合，推进甑皮岩国家考古遗址公园和靖江王陵国家考古遗址公园建设等方面，提出了建设性的意见和建议；中共桂林市委书记、

市长和中共桂林市委、市人民政府相关领导及有关部门负责人与委员们进行了面对面的协商讨论,促进了调研成果的落实,推动了桂林文化的发展与繁荣。

2.为加快桂林世界旅游城建设议政建言。围绕我市建设世界旅游城的目标任务,组织部分驻桂林的自治区政协委员、市政协委员成立专题调研组开展调研,全面了解桂林世界旅游城建设情况,分析存在的问题及原因,并从加强宣传、完善机制、优化政策环境、创新模式、丰富旅游城内涵和外延、推动旅游与服务业、工业和现代信息技术的融合等方面,提出了加快桂林世界旅游城建设的意见和建议,形成了富有见地的调研报告。调研报告经市政协四届五次常委会会议协商讨论通过后,提交中共桂林市委、市人民政府及有关领导参阅,得到了中共桂林市委、市人民政府领导的高度重视,一些操作性强的建议被纳入了政府工作决策,对加快推进桂林世界旅游城建设发挥了积极作用。

3.为推进桂林地方美食和餐饮业的发展贡献力量。我们受中共桂林市委、市人民政府委托,牵头组织开展了桂林地方美食调研和评选活动。组成调研组深入12个县、5个城区并协同县(区)政府开展调研,全面掌握桂林地方美食和餐饮业发展情况,深入分析存在的困难、问题及原因,并从加强组织领导、制订发展规划、培育品牌企业、加大宣传、监管、扶持力度等方面提出了加快桂林地方美食和餐饮业发展的对策和建议,形成了调研报告并提交中共桂林市委、市人民政府和有关部门作决策参考。中共桂林市委主要领导对调研报告作了重要批示。开展了美食评选宣传活动,扩大了桂林地方美食评选活动的影响和群众参与度;发动并组织12个县、5个城区政府挖掘当地美食,并在各县(区)初评的基础上,邀请具有国家级评审资质的烹饪专家和社会各界人士代表组成评委会,成功举办了第一届桂林地方美食现场评选活动,评出桂林餐饮名店20家、烹饪名师20名、名菜50道、名小吃20种、名宴10席和最佳餐饮企业10家。桂林地方美食调研和评选活动的广泛开展,对打造桂林美食名片,扩大桂林地方美食的知名度和影响力,增强桂林美食对外地游客的吸引力,促进桂林饮食文化和旅游业的共同发展发挥了积极的作用。

4.为促进桂林经济社会协调发展出谋划策。一是在市政协四届二次会议期间,委员们认真听取、协商讨论政府工作报告和其他报告,对这些报告提出了一系列建设性的意见和建议。会后我们将相关意见和建议汇总并形成《市政协委员协商讨论市政府工作报告综述》提交市人民政府研究参考。会上,我们还组织我市各民主党派、工商联、群众团体以及委员进行大会发言。大家围绕党政关注、群众关心的重点、难点和热点问题建言献策,提出了许多有价值的意见和建议。二是继续运用委员晨会、委员论坛等形式组织委员议政建言。一年来,围绕发展林下经济、改善市区交通拥堵、加强文化人才培养、加强食品药品安全监督、创新社会管理、地方戏曲传承保护和利用、发挥异地商会作用、灵渠申报世界文化遗产等专题召开了8次委员晨会,106名自治区、市政协委员出席。每次委员晨会,市人民政府相关副市长及中共桂林市委、市人民政府职能部门负责人都亲自到会听取意见,回答委员提出的问题,力促相关问题解决。我们还围绕"如何推动桂林文化大发展大繁荣""加快桂林世界旅游城建设"两个重点调研课题,录制播放了2期《政协委员论坛》电视节目,及时参与中共桂林市委、市人民政府重大工作的决策协商,配合中共桂林市委、市人民政府重大决策的贯彻落实。三是各专委会结合各自工作积极开展调查研究,就创新文化产业发展、桂林世界旅游城建设、生态建设与保护、文化艺术精品创作与生产、新闻出版与影视传媒、社区卫生服务管理、城市交通管理、发挥民族宗教作用、文化遗产保护与利用、发挥港澳委员作用、发挥异地商会作用、公共文化服务体系建设、灵渠"申遗"等问题开展了专题调研,形成了调研报告,提出了许多有前瞻性、针对性和操作性的意见和建议。

(三)加强民主监督,为促进社会和谐贡献智慧力量

1.加强情况通报。我们在市人民政府、市中级人民法院、市人民检察院向市政协常委会通报工作情况的基础上,去年又建立了市纪委向市政协常委会通报工作情况的制度,首次邀请市纪委主要领导向政协常委会通报全市党风廉政建设情况,使常委们在充分了解我市经济社会发展、执法、党风廉政建设等方面情况的基础上进行全面监督,拓宽了民主监督渠道和领域。

2.充分发挥提案作用。我们注意发挥政协提

案的民主监督作用，加强提案工作制度化、规范化、程序化、信息化建设，在做好提案征集、审查、立案工作的同时，抓好提案督办工作，提案办理效率和质量明显提高，一批涉及全市经济社会发展和民生改善的问题得到了解决，较好地发挥了政协提案在促进党和政府决策民主化、科学化以及构建和谐社会方面的重要作用。

3.及时反映社情民意。我们注意发挥委员民主监督主体作用，通过创新信息工作机制、特邀信息员、举办信息工作培训班等方式，认真做好社情民意的收集、整理、分析和报送工作，全年收集信息72篇，编发《政协社情民意》4期，上报自治区政协信息12篇，为党委、政府察民情、听民意、解民忧起到了积极作用。

4.加强特邀监督工作。我们注意发挥特邀监督员的民主监督骨干作用，认真遴选了20名市政协委员担任社会特邀监督员，并参加了自治区和桂林市的政风行风评议，为促进政府改进工作、优化发展环境作出了积极的努力。

（四）改进工作方法，扎实开展政协各项经常性工作

1.创新提案工作方法，提高提案办理质量。我们在坚持市人民政府领导向市政协常委会通报提案办理情况，中共桂林市委、市人民政府领导阅批重要提案，市政协领导领衔、专委会组织督办重点提案，开展提案办理民主评议和表彰的基础上，积极探索提案工作方法，建立完善了提案工作绩效考评机制，提案办理质量不断提高。

2.组织委员视察，推动工作开展。我们围绕雁山文化产业园区建设和我市生态农业发展两项工作，组织市政协常委和驻桂林市的自治区政协委员分别深入雁山区和恭城瑶族自治县视察，对如何整合园博园、雁山园、愚自乐园等资源，发展雁山区文化产业及进一步推进桂林生态农业建设提出了中肯的意见和建议，促进了我市文化旅游事业和生态农业发展。

3.搞好文史工作，加强新闻宣传。我们发挥文史资料存史、资政、团结、育人的作用，继续做好文史资料的征集、编辑出版工作。完成200多万字的《世纪之交的桂林建设》丛书的编辑工作；编辑出版了桂林文史资料（第1辑至54辑）总目录；全年征集中越友谊史料、郭德洁与桂林儿童教养院等相关史料16篇，共计3.5万字；督促完成蒋翊武就义处纪念碑迁移和马君武陵园保护工程的建设和验收；协助自治区政协做好《政协委员参政议政实录》《广西政协委员知青实录》的征稿工作。加大了政协宣传工作力度，认真组织政协全会、常委会、调研、视察、委员晨会、专题研讨会等重要会议和活动的集中新闻宣传报道；配合自治区政协做好广西宣传人民政协职能、作用好新闻评选活动，促进了政协新闻宣传工作的深入开展；不断创新《桂林政协网》办网工作思路，增设手机短信宣传形式，继续编发《机关简讯》，打造委员学习交流平台，及时报道政协工作动态，人民政协的社会影响不断扩大。

4.搞好扶贫救助，发展慈善事业。我们坚持以人为本，履职为民，积极开展困难群众和弱势群体的救济帮扶工作。深入农村开展扶贫活动，先后赴临桂县腊村、兴安县宝峰村、永福县泡口村、灌阳县娘北村等贫困村（屯）了解情况、捐建公共服务设施，帮助群众解决生产生活困难、寻找致富门路。发挥市慈善会、市仁济慈善基金会的优势和作用，积极开展善款募集和社会救助活动，全年募集各类慈善资金166.1万元，出资240.2万元开展全市扶贫济困、捐资助学和大病救助等社会公益活动，受益群众达1万多人。

（五）做好联谊工作，拓宽政协对外交往领域

加强与市政协港澳委员、特邀委员、桂林籍在外知名人士的联系，及时向他们通报我市经济社会发展情况，热情接待港澳委员带队的考察团到我市考察，鼓励他们为桂林发展献计出力。组织港澳政协委员开展调研，走访市内各异地商会，想方设法为港澳委员发挥“双重积极作用”和异地商会发挥作用创造条件。加强同中共桂林市委、市人民政府外事、侨务、对台部门和市人大民侨外事委等涉侨部门及各县（区）政协的对口联系，研究探讨新形势下的政协港澳台侨和外事工作；通过参加“五侨”会议、组织委员参加伊斯兰教“古尔邦节”庆祝活动等方式密切与各界群众的联系；慰问在桂林的“两航起义”人员遗孀，鼓励他们为祖国和平统一多做工作。

配合全国政协做好在我市开展的“创新农业科技体制，促进农业持续发展”专题调研；配合自治区政协搞好在我市开展的“加强政协民主监督”“推进上市公司发展”等6次调研活动；配合自治区政协完成十届政协常委视察任务。热情接待全国各级政协来我市考察的客人；参加在云南省楚雄州召开的红军长征沿线政协联谊会第十次会

议，并作交流发言，介绍我市政协弘扬红军勇于探索精神、推动工作创新、增强履职实效的做法，加强了与兄弟市政协的工作交流。

(六)加强自身建设，不断提高政协工作水平

1.加强人民政协理论建设。成立桂林人民政协理论研究会，开展了以加强政协民主监督为主题的理论研究和论文征集活动，为政协开展理论研究与实践经验总结搭建平台，推动政协履职的创新与发展。

2.促进党派合作。召开各民主党派桂林市委会、市工商联驻会负责人、秘书长座谈会，了解他们履行职能的情况，征求他们对政协工作的意见和建议；建立市政协各专委会与各民主党派、工商联对口联系制度，与党派开展联合调研、视察及其他重要活动，更好地发挥民主党派在人民政协中的作用；与中共桂林市委统战部联合举办市各民主党派、工商联气排球联谊比赛，通过联谊比赛活动，增进相互了解，密切关系，增进团结。

3.加强专委会建设。完善专委会工作机制，坚持各专委会向市政协常委会报告工作制度，通过对口培训、以会代训方式加强对县(区)相关专委会的指导。

4.突出界别特色。通过举办界别座谈、调研、视察、联谊等多种形式的界别活动，增强政协工作的界别特色，使界别活动更加规范和有效。

5.发挥委员主体作用。加强委员学习培训，创新委员活动机制，开展多种形式的委员小组活动，实行委员履职请假、统计和通报制度，努力提高委员履职的责任感和积极性。

6.加强市政协机关自身建设。在机关开展了“解放思想、赶超跨越”大讨论活动，增强了机关人员的服务意识和工作效能。加强市政协机关党的建设和工会建设，完成了机关党委、机关工会换届工作；加强市政协机关的组织建设，充实机关工作人员；组织开展形式多样的文体、联谊活动，增强了政协机关活力。

各位委员！过去一年市政协工作所取得的成绩，是中共桂林市委高度重视、加强领导的结果，是市人大、市人民政府和各级党政机关热情帮助、鼎力支持的结果，是政协各参加单位、全市各级政协组织和广大政协委员同心同德、奋发努力的结果。在此，我代表市政协常委会表示衷心的感谢！

回顾过去一年的工作，我们也清醒地认识到，与科学发展观的要求相比，与新形势赋予人民政协的任务相比，我们的工作还存在差距，如履职实效有待增强，界别作用、委员主体作用需要进一步发挥，政协工作制度化、规范化、程序化需要大力推进等。对这些问题，我们将在今后的工作中认真研究，加以解决。

二、2013年工作部署

今年是我市全面深入贯彻落实中共十八大精神的开局之年。在新的一年里，我们要以邓小平理论、“三个代表”重要思想和科学发展观为指导，认真学习贯彻中共十八大精神，牢牢把握团结和民主两大主题，紧紧围绕中共桂林市委、市人民政府的中心工作，认真履行职能，更好地协调关系、汇聚力量、建言献策、服务大局，在推动我市经济又好又快发展上创造新业绩，在促进社会和谐稳定上发挥新作用，在提高政协工作效能上迈出新步伐。

(一)深入学习贯彻中共十八大精神，进一步明确政协履职的方向和使命

要积极开展主题鲜明、形式多样、生动活泼的学习研讨、宣传教育活动，推动市政协各参加单位、全市各级政协组织和广大政协委员的学习，切实把思想和行动统一到中共十八大精神上来，自觉贯穿到履行职能、开展工作的全过程。学习贯彻中共十八大精神要做到三个结合：一要把学习贯彻十八大精神与夯实共同思想政治基础结合起来，团结带领广大政协委员、积极影响社会各界人士，坚定不移地走中国特色社会主义道路；二要把学习贯彻十八大精神与学习政协章程结合起来，在十八大精神指引下，依据政协章程，积极主动开展各项履职活动；三要把学习贯彻十八大精神与贯彻落实中共中央、自治区党委和中共桂林市委关于加强人民政协工作的意见精神结合起来。通过深入学习，增强各级政协组织和广大政协委员履行职能的使命感和责任感，推动我市人民政协事业的发展。

(二)紧紧围绕经济结构战略性调整和经济发展建言献策，努力促进富裕桂林、美丽桂林建设

为协助中共桂林市委、市人民政府做好今年的工作，实现我市经济发展目标，我们要组织动员参加政协的各党派团体和各界人士，维护并促进我市经济发展大局，把思想认识统一到中共桂林市委作出的工作部署上来，围绕我市经济结构战

略性调整，提高经济质量与效益，加快发展桂林工业特别是低碳工业，加快发展以旅游业为中心的现代服务业，打造桂林国际旅游胜地，发展现代农业、生态农业，加快推进以打造特色城市群为重点的桂林城镇化建设等问题，开展深入调研和视察，为中共桂林市委、市人民政府工作决策服务。继续协助政府开展桂林地方美食评选活动，打造桂林地方菜系品牌。以国家发展和改革委员会批复的《桂林国际旅游胜地建设发展规划纲要》为契机，围绕“加快信息技术与工业、旅游、商贸服务等的融合创新，打造桂林国际旅游胜地”等问题，开展重点调研和专题协商，力求提出有针对性、有操作性和前瞻性的意见与建议，为中共桂林市委、政府科学民主决策、破解发展难题提供参考，为建设富裕桂林、美丽桂林作出积极贡献。

（三）紧紧围绕改善民生与创新社会管理，着力促进和谐桂林、幸福桂林建设

我们要坚持以人为本、履职为民，更加关注社会事业发展和民生改善，就创新社会管理，构建社会基本医疗卫生、文化、体育服务体系，发展教育，推动实现高质量的就业，增加城乡居民收入，食品安全，推进城乡社会保障体系建设，城乡环境保护与改造，特别是农村居民生活环境连片整治和城中村改造等问题，开展调研和视察，有重点、有针对性地组织开展对口协商、界别协商，提出有针对性的意见和建议。发挥委员界别优势，加强和改进社情民意工作，推动政协委员密切联系各界特别是本界别群众，协助中共桂林市委、政府做好问政于民、问需于民、问计于民的工作，妥善处理好、解决好各方面关系群众切身利益的问题。发挥民族、宗教界政协委员的作用，促进我市民族团结、宗教和谐、社会稳定。

要进一步做好市慈善会和仁济慈善基金会的换届和日常工作，积极募集善款，落实好有关慈善项目，继续做好特困人群和突发灾害的救助工作。积极参与并做好农村定点扶贫工作。积极帮助暂时处于弱势、需要帮扶的群体和全市人民一起奔小康。

（四）加强政协理论与实践探索，推进政协履职的制度化、规范化、程序化

我们要以中共十八大精神为指引，按照中共中央、自治区党委和中共桂林市委关于加强人民政协工作的要求，以桂林人民政协理论研究会为平台，以总结提升我市各级政协履职实践经验为重点，组织开展政协履职经验交流和理论研讨活动。进一步加强政协履职的反馈制度建设，规范完善政治协商的内容和程序，探索政协民主监督的有效途径，提高政协参政议政的实际效果。

进一步完善政协提案工作机制，着力抓好提案办理的协商反馈与评议，充分发挥政协提案民主监督作用。逐步建立特邀监督员的遴选与考评制度，进一步规范对司法审判的监督工作，不断探索政协民主监督的新途径、新方法，提高政协民主监督的实效。

要探索政协文史工作的新方法，拓展新时期政协文史资料的征集范围，充分发挥政协文史资料的重要作用。完善发挥港澳委员和全会特邀嘉宾作用的工作机制，鼓励他们为桂林发展献计出力。密切与归侨侨眷的联系，支持海外留学人员回桂林工作和创业，充分发挥政协团结人、凝聚人的作用，共同促进桂林经济发展与社会进步。弘扬和睦、协作精神，加强与各县、城区政协的联系与沟通，共同总结经验、研究问题、推动工作；协助全国、自治区政协做好在桂林开展的视察、调研工作，搞好与外地政协的交流与合作，共同推动人民政协事业发展。

（五）加强自身建设，提高政协履职的水平与成效

我们要加强常委会、专委会建设，完善有关工作制度，加强理论学习与工作研究，提高履职的科学化水平。加强同各民主党派和无党派人士的合作共事，组织、协同他们开展协商议政，充分发挥他们在政协民主监督中的独特作用。完善委员小组活动的工作制度，充分发挥委员在履职中的主体作用。加强委员队伍建设，完善委员履职情况的统计制度，加强委员学习培训，组织举办有利于委员知情明政的报告会、情况通报会。加强政协机关建设，努力创建“学习型、服务型、创新型、和谐型”的政协机关，促进机关工作协调统一、规范有序、灵活高效运转，为政协履职工作提供有力保障。

各位委员！

中共十八大为我们描绘了非常美好的光明前景，也对人民政协工作提出了更高的要求。让我们紧密团结在以习近平同志为总书记的中共中央周围，在中共桂林市委的领导下，深入学习贯彻中共十八大精神，同心同德，扎实工作，为加快建设桂林国际旅游胜地、打造美丽桂林，促进我市经济社会的快速、协调、可持续发展，为我市实现与全国同步全面建成小康社会作出新的更大贡献！

关于桂林市2012年国民经济和社会发展计划执行情况与2013年国民经济和社会发展计划(草案)的报告

——2013年2月20日在桂林市第四届人民代表大会第四次会议上

桂林市发展和改革委员会

各位代表:

受市人民政府委托,现将我市2012年国民经济和社会发展计划执行情况与2013年国民经济和社会发展计划(草案)提请市四届人大四次会议审议,并请市政协委员和其他同志提出意见。

一、2012年国民经济和社会发展计划执行情况

面对极其复杂和严峻的国内外形势,在市委的正确领导下,在市人大监督指导及市政协帮助支持下,全市按照稳中求进的工作总基调和中央、自治区的决策部署,坚持主题主线,巩固和扩大了全市经济社会发展的良好势头。

主要指标运行情况好于预期。初步统计,全市地区生产总值1492.05亿元,增长13.3%,高于预期目标2.3个百分点。组织财政收入163.56亿元,增长15.2%,高于预期目标0.2个百分点。完成全社会固定资产投资1462.40亿元,增长28.2%,高于预期目标8.2个百分点。城镇居民人均可支配收入22300元,增长12.2%,农民人均纯收入7328元,增长15.9%,分别高于预期目标1.2和3.9个百分点,城乡居民收入差距继续缩小。居民消费价格上涨3.5%,控制在4%的目标范围内。城镇登记失业率3.9%。万元生产总值能耗下降4%,规模以上工业万元增加值能耗下降12%,主要减排指标控制在年度目标内。城镇化率达41.8%。三次产业结构为18.4∶46.6∶35.0。

第三产业增加值增幅低于预期目标0.3个百分点,社会消费品零售总金额低于预期目标1个百分点,外贸进出口指标增幅低于预期。主要原因是经济下行压力加大,商贸服务业、房地产等行业增速放缓;我市生产性服务业发展不足,实力强的限额以上服务业企业少;外需疲软,出口乏力,进口下降。

2012年我市国民经济和社会发展呈现以下主要特点:

(一)投资保持较快增长,结构进一步优化

投资较快增长。全年投资总量新增322.20亿元,增长28.2%。投资结构继续优化,实体经济投资加快。工业投资538.26亿元,增长45.3%。服务业投资764.13亿元,增长17.6%。

筹融资成效明显。全年共争取上级预算资金29.16亿元,比上年增长45%。在全国信贷资金趋紧的情况下,新增贷款145.94亿元,比上年增长18.6%。成功发行第二期10亿元企业债券。争取外国政府和世行贷款1.32亿美元额度。贯彻落实中央鼓励和引导民间投资新36条,全年民间投资792亿元,增长37%。

重点项目支撑作用更加突出。全市跟踪推进的724项重点项目完成投资636.20亿元,占全社会固定资产投资43.5%。全市259项重点续建项目完成投资412.10亿元;104项重点竣工项目有93项竣工投产,竣工率89.4%,完成投资89.54亿元;197项重点新开工项目有168项开工建设,开工率85.3%,完成投资129亿元;164项前期项目完成投资5.56亿元。风电基地、两江国际机场航站楼、高速公路等一批事关发展全局的重大项目前期工作取得新突破。全市储备投资1000万元以上项目1636项,投资规模超过2900亿元,为今后项目建设奠定了良好的基础。

交通能源基础设施建设继续加强。全市完成交通能源基础设施投资145.23亿元。湘桂铁路扩能改造工程桂林至永州段开通试运行普通货车。贵广铁路建设进度加快。兴安至桂林高速公路基本建成。阳朔至鹿寨、灌阳(永安关)至全州(凤凰)高速公路建设稳步推进。开工建设桂林至三江高速公路。风电基地建设取得重大突破。资源金紫山

风电场二期工程并网发电，新增风电装机 4.95 万千瓦。全州天湖、恭城燕子山、兴安源江和唐家冲等 4 个风电场相继开工。

（二）工业主导地位增强，转型升级成效显著

工业成为经济增长引擎。全部工业总产值 1821.59 亿元，增长 22.6%，工业增加值 583.03 亿元，增长 19.3%，其中规模以上工业总产值 1587.44 亿元，增长 25.6%，规模以上工业增加值 494.81 亿元，增长 24.5%。工业拉动全市经济增长 7.8 个百分点。

工业园区不断发展壮大。全市 14 个工业园区共实施项目 511 项，完成投资 140 亿元，增长 30%。园区基础设施建设投资 18 亿元，增长 25%。共集聚企业 2565 家。实现工业总产值 956 亿元，增长 27.5%，工业增加值 315 亿元，增长 34.5%。新增 100 亿元园区 1 个，总数达 3 个，新增 50 亿元园区 2 个，总数达 4 个。

战略性新兴产业加速发展。出台战略性新兴产业发展规划，争取上级专项扶持资金 1.40 亿元，实施项目 59 项。新能源、高端装备制造、生物医药、新材料等八大新兴产业产值占全市工业总产值比重超过五分之一。新认定高新技术企业 13 家。

“抓大壮小扶微”工程取得新成绩。全年培育新增产值 10 亿元以上企业 5 家，新增亿元以上企业 70 家，新增规模以上企业 49 家。安排 3793 万元扶持微型企业发展，全年新增微型企业 2085 家。

“两化”融合建设顺利推进。全市网络带宽达 227G，新增宽带用户 11.70 万户。新增自治区级信息化应用示范企业 120 家。编制《“数字桂林”总体规划(2013～2015)》《桂林市旅游信息化服务产业发展规划》。桂林中小企业综合信息服务平台、云计算服务中心等信息平台建设进入实质性阶段。

（三）农业基础进一步巩固，效益农业加快发展

农业经济稳步发展。农林牧渔业总产值 432.74 亿元，增长 6.8%，增加值 274.51 亿元，增长 6.6%。粮食播种面积 37.79 万公顷，比上年增加 0.45 万公顷。粮食总产量 199.47 万吨、水果总产量 307.37 万吨、蔬菜总产量 356.05 万吨，分别增长 5.0%、8.6%、4.7%。食用菌面积 3930 万平方米。肉类总产量 52.29 万吨，增长 4.8%。优势特色农产品产值占全市农业总产值的 80%以上。新增林下经济面积 6.8 万公顷，林下经济产值 32.68 亿元，增长 44.6%。

农业产业化步伐加快。6 条万元增收示范带基地建设粗具规模。新增自治区级以上农业产业化重点龙头企业 12 家、农民专业合作社示范社 12 家。农作物间套种面积 14.2 万公顷，推广“三免”技术 14.15 万公顷，推广“三避”技术 21.47 万公顷，推广测土配方施肥技术 47.91 万公顷，推广节水灌溉技术 8.37 万公顷。

水利建设全面提速。完成水利投资 25.69 亿元，新增、恢复和改善有效灌溉面积 4.21 万公顷，新建和加固堤防 50.67 千米，病险水库除险加固开工 97 座，完工 42 座，完成水土流失治理面积 36.90 平方千米。川江水库大坝封顶，小溶江水库主体工程完成 70.4%混凝土浇筑，斧子口水库导流隧洞建成。

农村生产生活条件进一步改善。建成“普惠制”新农村 400 个。新开工 149 个建制村畅通工程，172 个建制村通沥青(水泥)路。加强村(屯)道路建设，完成 1566 个自然村（屯）内道路硬化 2319 千米。新增 31 个建制村通客车，建制村通客车率达 90.1%。实施农村电网改造升级项目，惠及 390 多万农村用户。新增小水电装机 6.68 万千瓦。启动 5 个县水电新农村电气化县建设。农机总动力达 432.80 万千瓦，增长 7.3%。建成农村饮水安全工程 460 个，解决 23.57 万人饮水不安全问题。新建农村沼气池 1.26 万座。改造农村危房和茅草树皮房 20356 户、国有林场危旧房 800 户。

（四）“两区”建设取得重大突破，现代服务业稳步发展

“两区”建设迎来历史新机遇。《桂林国际旅游胜地建设发展规划纲要》获得批准，成为覆盖 12 个县和 5 个城区、涵盖经济社会发展方方面面的国家战略层面规划，是首个获得国家批复的地级市专项规划，在财税、投融资、项目资金和产业政策等方面将得到国家支持。我市已成为国家旅游产业用地改革试点城市。自治区人民政府关于加快推进桂林国家服务业综合改革试点区域建设的意见获原则通过。社会化养老体制改革、服务业统计制度改革、用地改革等配套改革正式启动，为解决制约服务业发展的重大问题提供了强有力的政策支持。

服务业发展载体建设全面推进。全年推进服务业重点项目建设 214 个，完成投资 204 亿元。琴

潭“栖息式”社会化养老示范项目、阳朔乡村生态休闲旅游示范项目、服务业信息平台建设项目、旅游与会展资源整合及产业协同项目等4个国家级服务业试点示范项目扎实推进。桂林物流公共信息服务平台、家政服务网络中心平台建设加快。出台《关于加快发展桂林会展业的意见》，安排1000万元专项资金培育发展会展企业，打造了中国桂林国际旅游博览会等会展品牌。启动服务业重点企业培优扶强工程，扶持第一批43家企业。阳朔县、兴安乐满地旅游开发公司分别通过全国旅游标准化示范县、示范企业验收。桂林国家高新技术产业开发区创意产业园、云尚动画制作有限公司、阳朔山水旅游开发有限公司、国悦灵渠开发有限公司等4家单位被列为自治区文化产业示范基地。

以旅游业为龙头的服务业稳步增长。旅游业转型初见成效。接待旅游总人数3292.65万人次，实现旅游总收入276.87亿元，增长26.8%，超出旅游总人数增幅8.7个百分点。旅游精品打造和旅游通道建设取得新成绩。独秀峰·王城景区被评为国家5A级旅游景区，刘三姐大观园、蝴蝶泉景区等被评为国家4A级旅游景区，愚自乐园等列入创国家5A级旅游景区重点培育名单。新开通境外航线2条、国内航线7条。其他服务业稳步增长。社会消费品零售总金额536.35亿元，增长16%。金融机构各项存贷款余额分别为1829.93亿元和1053.15亿元，增长17.7%和16.1%，金融机构储蓄存款余额及各项贷款余额首次双双突破1000亿元大关。

（五）新型城镇化加快推进，城乡风貌进一步改善

桂林世界旅游城建设加速推进。共实施项目276个，完成投资197.36亿元。新开工47项，完成投资33.23亿元；续建115项，完成投资140.63亿元；竣工29项，完成投资23.50亿元；完成前期项目85项。临桂新区建设全面提速。环西路等7条道路验收通车，临桂新区“五纵三横三环”路网结构基本成型。创业大厦、“一院两馆”进入内装修阶段，中心公园、临桂新区防洪排涝及景观水系初具规模，报业大厦等一批标志性建筑加快建设，7个原住民安置点建设全力推进，桂林医学院、职教中心教学楼基本完成。

老城疏解实现新突破。城市框架拉大，城市建成区规模扩大8.30平方千米。强力推进以桂林园博园为核心的雁山区“一路三园三校”项目建设，改变了雁山区有区无城的旧貌。老城道路、桥梁、环境综合治理等重点工程建设持续推进。红岭路、东安路已建成通车，西二环路临桂段基本完成，提高了城市中西部通往机场路的通行能力。疏解老城交通的福利路、西二环路与福利路立交等工程加快推进。南溪河综合整治项目清淤、截污、驳岸工程基本完成。“两江四湖”二期工程桃花江段竣工通航。

桂北城镇群建设加快。县城改造及新区建设扎实推进，灵川旧城改造、全州岳湾塘、荔浦荔江南岸、平乐南洲及同乐等新区建设成效明显。城乡风貌改造四期工程顺利实施，完成192个村庄1.27万户房屋立面改造及24个综合整治型村（屯）改造。完成13个镇域总体规划及1280个村庄规划的编制。实施阳朔县兴坪镇、秀峰区鲁家村等6个特色名镇名村建设。

（六）节能减排全面加强，生态建设取得新成绩

节能减排成效显著。组织开展以环境倒逼机制推动产业转型升级攻坚活动，淘汰、关停落后产能企业21家。纳入自治区考核的39家年耗能万吨以上重点耗能企业节能7.33万吨标准煤。实施水污染结构减排项目2个、大气污染物结构减排项目16个、规模化养殖场减排项目19个。我市成为自治区首个国家级低碳试点城市。大力推进循环经济和综合利用、节能新技术推广等8大类73个节能减排项目建设，冲口垃圾填埋场沼气发电项目并网投产，成为自治区首个实现垃圾填埋场沼气发电循环利用的城市。全面完成节能减排目标任务。

生态建设取得新成绩。严格执行自治区漓江流域生态环境保护条例，保护漓江“六大工程”加快推进。“绿满八桂”工程成绩突出。完成通道绿化232.80千米，城镇绿化216.50万平方米，村（屯）绿化148个，山上造林2.88万公顷，封山育林1.44万公顷。森林覆盖率70.94%。开工建设农村环境连片整治、村（屯）绿化等生态项目。县域污水垃圾处理及配套设施不断完善，新增管网76.45千米，新增污水处理能力13.08万吨/天、垃圾处理能力1380吨/天。资源、恭城、灌阳、平乐等县（自治县）成为全国生态文明示范工程试点县。

（七）改革开放不断深化，发展活力明显增强

重点领域改革取得新突破。深化医药卫生体

2012 年，桂林至阳朔公路上的绿化美化点　　（蒋明灿　摄）

制改革，进一步健全全民医保体系。全市职工、居民基本参保人数 119.26 万人，参保率 96.9%，农民参合人数 368.94 万人，参合率 98.33%。新农合和城镇居民医保政府补助标准提高到每人每年 240 元。将八类重特大疾病保障全部纳入新农合大病保障统筹。基本药物制度进一步巩固。兴安、永福县县级公立医院改革试点工作及永福县乡（镇）卫生院绩效工资制度改革成效得到自治区肯定，经验在自治区推广。"扩权强县"稳步推进。市本级实际接收自治区下放事项 336 项，接收率 100%，并全部进驻政务中心集中办理，市本级已下放至县级实施行政审批事项 421 项。统筹城乡综合配套改革试点工作有序开展，制订下达总体方案及配套改革试点实施方案。国有企业改革改制步伐加快，桂林内燃机配件厂、矿山机械厂等企业成功改制重组。文化体制改革实现重大突破，组建成立桂林市新华书店有限公司、市文艺演出有限责任公司和市戏剧创作研究院。稳步推进居民水价、电价、气价等一系列价格改革。

开放水平不断提高。成功承办第二届广西（桂林）园林园艺博览会、广西第三届名特优农产品交易会，举办第六届联合国世界旅游组织 / 亚太旅游协会旅游趋势与展望国际论坛和第三届中国桂林国际旅游博览会等重大展会。充分利用各种平台，加大招商力度。全市招商引资市外境内到位资金 542.18 亿元，增长 10.3%，实际利用外资 3.49 亿美元。新签并实施的内资亿元以上项目 127 个，10 亿元以上项目 6 个。与华能集团、保利集团等世界或国内 500 强企业签订了投资意向。企业"走出去"步伐加快，海外投资 0.54 亿美元，劳务输出比上年增加 4 倍。对外贸易在逆境中实现平稳增长，全年外贸进出口总金额 9.75 亿美元，增长 1.8%。

（八）民生持续改善，社会事业全面发展

就业和社会保障持续加强。全市城镇新增就业人数 8.5 万人，城镇失业人员再就业 1.84 万人，就业困难人员再就业 4842 人，新增农村劳动力转移就业 9.40 万人。城镇企业职工养老保险参保人数 42.5 万人、医疗保险 118.33 万人、工伤保险 38.37 万人、生育保险 27.58 万人、失业保险 24.5 万人，均超额完成自治区下达目标任务，五项社会保险基金征缴总收入达 39.41 亿元。城镇居民基本医疗保险人均最高支付限额提高到 9.70 万元。城乡居民养老保险实现全覆盖。进一步完善社会救助制度。累计发放低保金 4.81 亿元。新建 115 个五保村，五保户供养标准由每人每月 50 元提高到 150 元。为 540 多户贫困残疾人家庭实施无障碍改造，孤残、养老等福利和慈善事业进一步加强。

保障性安居工程建设扎实推进。开工建设保障性住房 18270 套，超额完成目标任务。竣工各类

保障性住房7570套，竣工率居自治区第一。新增发放住房补贴3500户。开工建设乡（镇）教师公共租赁住房1757套、卫生院公共租赁住房1188套。房地产调控取得一定成效。

扎实开展新一轮扶贫攻坚。龙胜各族自治县和资源县列入滇桂黔石漠化片区区域发展与扶贫攻坚县名录。筹集扶贫资金14.92亿元，实施新一轮132个整村推进贫困村扶贫开发项目。争取上级专项资金1.01亿元，实施易地扶贫搬迁项目82个，搬迁群众947户4056人，以工代赈项目57个，建村（屯）道路110千米，解决3.70万人出行难问题。全年农村贫困人口减少7.1万人。

公共文化建设加快。启动甑皮岩遗址水害防治保护工程、靖江王陵重点区域野外遗址文物安防工程、桂海碑林扩建（二期）、八路军办事处纪念馆新陈列馆等工程建设。文化馆（群艺馆）、图书馆、乡（镇）综合文化站实行免费开放。建成131个村级公共服务中心，开工建设31个服务中心综合楼。实施20户以下广播电视“村村通”工程，惠及5986个自然村10.60万户居民。群众社区文化活动扎实开展。文艺精品创作有新成果。

科技事业成果丰硕。加强以企业为主体的创新体系建设。桂客集团、特邦新材料等6家企业获批成为自治区级企业技术中心，培育建设自治区级研发中心25家。啄木鸟口腔医疗器械及材料研发工程实验室列为自治区级实验室。三金药业中药产业化工程院等5家被评为首批自治区级工程院。全市自治区级技术转移示范机构新增2家，达到3家，有效拓宽成果转化渠道。每万人拥有有效发明专利1.71件，居自治区首位。

巩固发展教育事业。深入实施学前教育三年行动计划，8个县（区）各建成一所自治区级示范幼儿园。巩固和提高义务教育水平，共接收进城务工人员随迁子女43370人接受义务教育，残疾生入学率达95%以上，义务教育巩固率达95%。扩大普通高中办学规模，高中阶段毛入学率达87%。发放各类助学资金1.80亿元，惠及学生7.33万人次。安排1014.80万元，为4万多名农村学生提供营养餐。启动新一轮职业教育攻坚，支持高等学校新校区建设。

继续抓好卫生和人口计生工作。开工建设中央补助投资卫生系统基础设施建设项目33个，开工率90%。改造6所人民医院的门诊大楼、住院大楼，改扩建27个乡（镇）卫生院，面积1.60万平方米，住院床位增加30%。为民办实事工程540个村级新家庭文化屋、“幸福家园”村级服务平台建设任务完成率达100%，1865个村（社区）开展诚信计生，覆盖率达99.89%。

社会管理进一步加强。全面实施“六五”普法。推进公安警务机制改革和执法规范化建设，严厉打击各类刑事犯罪，社会治安工作成效明显。深入开展安全生产基层基础年活动，实施质量兴市战略，食品、药品安全监督管理进一步加强。防震减灾、残疾人事业、妇女儿童、老龄、工会、民族、宗教、消防、国防动员、民兵预备役、双拥等工作扎实有效。

（九）健全监管机制，经济管理水平全面提高

宏观经济管理得到加强。实施“十二五”规划年度监测评估。建立健全经济运行分析制度，构建以总量指标和行业指标互支撑、全市分析和县（区）分析相结合、经济指标与社会指标共管理的监测分析体系，研究把握经济发展规律，引导经济平稳较快增长。物价得到有效控制。

总体看，2012年我市经济稳步较快增长，人民生活逐步改善，社会大局和谐稳定，但也必须清醒地认识到，当前我市经济社会发展中仍存在一些突出困难和问题：一是经济总量偏小，结构不尽合理。二是城乡产业之间发展不平衡、不协调问题较突出。三是城区发展空间小，产业结构单一，同质化竞争加剧。四是财政增收压力大，尤其是市本级财源缺乏增长点，财政收入增长放缓。五是体制机制障碍较突出，影响重大项目推进的因素增多，项目建设的压力加大。

二、2013年经济社会发展主要目标

按照市委四届三次全会和政府工作报告要求，建议2013年我市经济社会发展主要预期目标为：

——地区生产总值增长11%。

——财政收入增长12%。

——全部工业增加值增长14.4%，其中规模以上工业增加值增长18%。

——全社会固定资产投资增长20%。

——社会消费品零售总金额增长16%。

——外贸进出口总金额增长10%，其中出口总金额增长10%。

——万元地区生产总值能耗下降3%，化学需

氧量排放量增长 0.128%、二氧化硫排放总量增长 0.754%、氨氮排放量增长 0.256%、氮氧化物排放量下降 5.618%。

——城镇居民人均可支配收入增长 13%,农民人均纯收入增长 14%。

——居民消费价格涨幅控制在 4%左右。

——城镇登记失业率控制在 4.5%以内。

——人口自然增长率控制在 9‰以内。

关于今年主要目标的计划安排,主要基于以下考虑:一是发展环境和发展基础。世界经济仍处于深度结构调整之中,经济增长动力不足,但有利因素比 2012 年增多。党的十八大胜利召开,进一步激发全国上下改革开放和加快发展的热情,国家继续实施稳中求进的总基调和稳增长、促转型、扩内需、惠民生、保稳定的政策,经济向好的积极因素增多。“两改一融合一示范”等国家级改革政策为全市经济社会加快发展提供了难得的历史机遇。二是加快发展的需要。党的十八大明确提出,到 2020 年要实现国内生产总值和城乡居民人均收入“两个翻番”,全面建成小康社会。我市要与全国同步实现小康,必须按自治区第十次党代会的要求“翻两番”,年均主要经济指标增速需以上述目标安排。三是与我市“十二五”规划纲要要求相衔接,确保“十二五”规划纲要目标实现,为全面建成小康社会打下坚实基础。

三、2013 年经济社会发展主要任务及措施

全面贯彻落实市委四届三次全会的部署和政府工作报告的要求,以“三个率先”为目标,以“三个全面”为重点,着力抓好以下十项重点工作:

(一)全力推进国际旅游胜地建设

制订实施桂林国际旅游胜地建设实施方案和行动计划,以投资和项目为抓手,重点推进世界旅游城建设和打造旅游精品,积极发展旅游新业态,走高端发展之路,推动旅游业转型升级,完善以交通为重点的旅游基础设施,全面推进桂林国际旅游胜地建设。全年接待旅游总人数增长 6%,旅游总收入增长 25%以上,游客人均消费超过 1000 元。

加快推进世界旅游城建设。按照世界旅游城“一点三星三区”功能规划布局,计划实施重点项目 252 个,年度投资 186 亿元。加快临桂新区核心区建设步伐,完善交通网络和配套设施建设,提高世界旅游城建设发展承载能力。加快推进万福休闲度假区、罗山湖体育旅游开发利用建设项目、桂林国际足球文化产业园、九美桥时尚园、雄森熊虎山庄搬迁扩建工程等项目建设,力争开工建设国奥凤凰体育休闲旅游区、保利文化产业园等项目,加快“山水桂林”国际旅游度假区、会仙喀斯特国家湿地公园、桂林山水世界花园、李宗仁故居名人文化旅游等项目前期工作。

加强旅游精品建设。继续做好老城景区景点改造提升,实施精品景区建设工程,编制八大世界级旅游精品建设规划,加快阳朔县十里画廊等景区建设,基本完成“两江四湖”二期工程,进一步加强和巩固漓江国家 5A 级旅游景区管理,积极推动愚自乐园创建国家 5A 级旅游景区,有效提升旅游精品景区品质。计划实施旅游重点项目 86 个,年度投资 81 亿元。加快桃花江旅游度假区、城北体育文化城、愚自乐园二期、地中海俱乐部桂林度假村、特色旅游休闲街区等中心城区文化休闲度假旅游项目建设,提升中心城区旅游功能。实施酒店提升改造工程,新开工临桂县桂林国际大酒店、全州县桂北新城五星级酒店等高端旅游酒店项目,改造一批现有星级酒店,进一步提升酒店整体品质。

加快培育旅游新业态。促进旅游业与文化、教育、养生养老、体育等相关产业融合发展。加快旅游信息化应用平台建设,促进信息化与旅游业融合发展。打造以城带乡、以旅促农的大桂林旅游体系,加快乡村旅游县和旅游型村镇发展,完善阳朔县、龙胜各族自治县、恭城瑶族自治县等乡村旅游县和旅游型村镇旅游基础设施,健全休闲农业旅游产业体系。开发培育航线及旅游包机。大力发展国际旅游职业教育。

加快以交通为重点的旅游基础设施建设。按照进出便利、游览舒适的原则,加快高速公路、铁路、民航及旅游景区连通道路建设。计划实施重点项目 29 个,年度投资 105 亿元。争取开工建设两江国际机场航站楼及站坪配套设施扩建工程。加快湘桂铁路扩能改造后续工程建设,确保全面竣工通车。继续加快推进贵广铁路建设。启动桂林北客运综合枢纽、桂林西货运枢纽及物流基地规划建设。加快桂林至三江、灌阳(永安关)至全州(凤凰)、阳朔至鹿寨等高速公路建设进度。新开工资源至兴安、荔浦至玉林高速公路,争取灌阳至平乐高速公路列入国家高速公路网。力争开工建设全州(才湾)至资源(梅溪)、国道 322 永福苏桥至鹿

寨工程，强力推进资源至龙胜三期（资源至河口段）、兴安高尚至福利二级路等一批县际公路联网工程。加强市县运输站场建设，计划新建各级运输站场5个。

（二）全面加快新型工业化步伐

抓住建设国家级"两化"融合试验区的机遇，以园区建设和企业培育为抓手，打造"468"现代产业体系，做大做强做优工业。规模以上工业总产值增长20%，增加值增长18%，技改投资增长30%。

加快战略性新兴产业发展。全面实施我市战略性新兴产业"十二五"发展规划。抓好战略性新兴产业扶持政策的组织实施，研究设立战略性新兴产业发展专项资金，创办战略性新兴产业中小企业创投基金试点。积极吸引高端人才，引进核心技术。加快推进一批重大项目建设，计划全年战略性新兴产业投资141亿元，其中新开工28个，年度投资35亿元；续建59个，年度投资66亿元；竣工投产42个，年度投资40亿元，力争新兴产业产值突破450亿元，增长25%。竣工桂林电器科学研究院电工电子新材料产业基地、三金药业现代中药产业化基地、瀚特物联网基地、桂冶超硬材料粉磨机械、思奇数码科技园等项目。加强新能源产业建设。开工建设永福电厂2×35万千瓦"上大压小"热电联产扩建项目，兴安平岭、恭城西岭等6个风电场项目以及兴安、平乐生物质发电项目。竣工兴安源江风电场、龙胜南山风电场一期等项目。继续推进一批输变电工程建设。

强力推进产业集聚区建设。加快以桂林国家高新技术产业开发区为核心的千亿元产业园区、西城经济开发区和苏桥经济开发区建设。支持以兴安光伏产业园为核心，临桂县、桂林国家高新技术产业开发区等县（区）为支撑的光伏产业集聚发展，加快恭城、灌阳、全州、荔浦县（自治县）等一批县域特色产业园区建设。力争西城经济开发区工业总产值突破300亿元，苏桥经济开发区、荔浦工业园工业总产值突破100亿元，各类产业园区工业总产值增长25%以上。

深入实施"抓大壮小扶微"工程。支持培育企业上规模，继续加大对上市公司培育扶持力度。着力缓解中小企业融资压力，推动市中小企业信贷引导资金尽快运作，设立我市企业应急互助资金。全年新增10亿元以上企业2家、亿元以上企业30家、规模以上企业60家，新增微型企业2500家。对1000家微型企业进行重点扶持。

促进"两化"深度融合。重点支持20个重大信息化项目建设，形成200家信息化应用企业。加快信息基础设施建设，继续推进云计算公共服务、地理信息共享和视频资源管理三大共享平台建设。争取列入国家"三网合一"试点范围。大力推进"宽带普及提速工程"。

（三）强力推进现代服务业发展

扎实开展国家服务业综合改革试点区域建设。认真贯彻落实自治区关于加快推进桂林国家服务业综合改革试点区域建设的意见和市委关于加快服务业发展的决定，按照我市服务业发展总体规划和各专项规划，强力推进服务业创新发展，打造"345"现代服务体系，确保实现增加值增长10%。计划实施215个重点建设项目，年度投资223亿元。其中：新开工39项，年度投资40亿元；续建项目106项，年度投资166亿元；竣工23项，年度投资17亿元；前期项目47项，总投资281亿元。

打造会展精品。办好联合国世界旅游组织/亚太旅游协会旅游趋势与展望国际论坛和中国桂林国际旅游博览会，积极引进和承办国内外高端会议、论坛和大型展览。启动萨马兰奇中国中心、临桂会展中心等高端会展项目，加快与产业发展相适应的会展设施建设。积极筹办中国（桂林）国际养生养老健康产业发展高端论坛，培育引导养生养老健康产业发展。

打造创意福地。实施重大文化产业项目带动战略。大力推进保利文化产业园、雁山文化印刷产业园、动漫戏曲文化产业园等进程。加快愚自乐园、五通农民画、乐满地等文化产业示范基地建设。吸引知名文化演艺企业来桂投资合作。继续做好《印象·刘三姐》《梦幻漓江》等大型演艺，打造演艺之都。抓好雁山动漫展示制作研发、广西师范大学临桂创意产业园（三期）等创新创意产业项目建设，推进桂林国家高新技术产业开发区、秀峰区、临桂新区、灵川县等创新创意产业园建设，加快企业集聚。全年创新创意产业产值增长25%以上。建设桂林旅游公共服务信息平台，争取申报国家旅游信息化试点城市。

繁荣消费市场。努力挖掘新的消费增长点，逐步扩大节能环保、文体娱乐、会展旅游、养生养老、电子商务、居家服务等领域消费。申报国家级电子商务示范基地，推进特色街区建设。抓好"南菜北运"项目，拓展现有农家店功能，新建改造125个农家店、3个物流配送中心、4家乡(镇)商贸中心和6个乡(镇)农贸市场。加快发展金融业,鼓励创新金融产品,提高服务经济和促进消费的能力。社会消费品零售总金额增长16%以上。

培育和壮大服务业企业。大力支持服务业企业做大做强。进一步充实全市服务业重点项目库,优选符合条件的企业在财政、税收、土地、投融资等方面给予政策扶持。深入实施服务业重点企业培优扶强工程,全年新增限额以上服务业企业80家。

(四)继续提升特色效益农业

以"四个示范市"创建为载体,以四大流域及西部山区现代农业示范区建设为抓手,打造农业强市。农林牧渔业总产值增长5.8%,增加值增长5.3%。

提高农业综合生产能力。确保粮食播种面积稳定在37.53万公顷以上,粮食总产量198万吨以上。抓好以七星区、雁山区、临桂县、灵川县等四个蔬菜种植核心基地为重点的"菜篮子"基地建设,蔬菜总产量增长4%以上,水果总产量增长6%以上,肉类总产量增长5%以上。

加快农业产业化发展。鼓励发展农民专业合作,有序引导农村土地流转,发展农村规模经营。加快推进畜禽水产、园艺花卉等农业标准化、规模化种养基地建设,建设养殖基地50个。重点扶持优势农产品的生产、加工、销售、物流龙头企业发展,突出抓好月柿、罗汉果、柑橙等农产品加工区建设。大力发展特色林下经济,实现产值36亿元。扎实推进"科技富民强县"工作。继续推广"三免""三避"、测土配方施肥及节水灌溉技术。争取农机总动力达462万千瓦,农业耕种收综合机械化水平达到40.5%。加强农产品质量安全体系建设。建立健全农业气象观测系统,提高农村气象灾害防御能力。

加强农村基础设施建设。继续加快新农村建设,计划建成"普惠制"新农村400个。计划水利投资26亿元。确保川江水库投入使用,小溶江水利枢纽工程年内竣工,斧子口水库完成大江截流。开展桂江、湘江重要支流部分河段及中小河流治理。继续实施大中型灌区骨干工程续建配套与节水改造及小型农田水利重点县建设。实施153座中小型病险水库除险加固工程。完成渠道防渗配套1200千米,新增、恢复和改善灌溉面积1.67万公顷。新建堤防20千米,加固堤防10千米。解决25万农村人口饮水安全问题。实施土地整治工程10个,新增耕地面积0.15万公顷。实施农村电网改造升级项目。持续加强农村交通设施建设,新增130个建制村通水泥路。继续实施以工代赈和易地扶贫搬迁项目,改善贫困地区生产生活条件。

(五)积极推动新型城镇化建设

将城镇化作为扩大内需的着力点,深入实施中心城市带动战略,加快特大城市建设和新型城镇化步伐,调整优化产业布局,推进区域协调、城乡互动、产城融合发展。城镇化率提高2.2个百分点。

1.加快特大城市建设。拓展发展空间。抓住行政区划调整有利时机,加快临桂新区、苏桥产业新城建设,科学编制桂林国际旅游胜地空港经济区规划,优化新城空间布局和产业布局,以城市基础设施和园区建设推动特大城市建设。

临桂新区计划实施重点项目104个,年度投资54亿元,加快推进万平路桥、临桂大道(世纪西路)桥、山水大道等9桥13路项目进度,开工新中北路、环西路桥、新龙路桥、万宁路桥项目,做好万北路等11条道路前期工作。年内竣工创业大厦、"一院两馆"、文化广场并投入使用。继续推进新区防洪排涝及景观水系、中心公园等城市景观项目和建设大厦、投资发展大厦等一批项目建设。加快7个原住民安置点、新城国奥小区、桂林医学院临桂校区、临桂新区综合医院等生活配套设施建设。西城经济开发区计划实施福达锻造、三金药业、立晶光电等13个重点工业项目,年度投资22亿元;实施真龙物流配送、汇通物流配送等一批商贸物流重点项目,年度投资6亿元。苏桥产业新城计划实施重点项目34个,年度投资35亿元,其中基础设施及生产生活配套项目17个,年度投资12亿元;产业项目17个,年度投资23亿元。逐步完善新城生产生活设施配套,提升新城承载力。新开工和续建一批汽车及配件、机械装备制造、化工橡胶、生物医药、集中供热、新材料等重点产业项目,争取中化橡胶高等级子午线轮胎产业化基地等项目年内竣工投产。

优化提升老城产业。按照国际旅游胜地建设和发展现代服务业的要求,引导城区产业合理布局。秀峰区着力加快独秀网络游戏产业园、琴潭"栖息式"社会化养老服务创新示范项目等建设,大力发展现代服务业。叠彩区着力加快城北体育文化城、站前广场、旧城改造、城北商贸物流基地等项目建设。象山区加快九美桥时尚园、休闲旅游、度假疗养及社会化养老基地、仓储物流中心等一批服务业项目建设。七星区着力加快千亿元园区建设步伐，实施桂林君泰福绿色能源·智能电网设备制造、LED 光电等一批高新技术产业项目。雁山区加快工业产业园建设，全力推进园博园接待中心、愚自乐园等高端休闲项目，支持高校新校区建设。

优化城市公共交通。继续推进福利路、湖塘路等 41 项道路桥梁建设，年内基本完成西二环路，竣工阳江路秀峰段、东安路二期等 9 项道路桥梁工程，新开工西二环路延长线、万福东路、龙门大桥等 14 项道路桥梁工程，基本形成布局合理、老城与新区有机联结的路网。研究论证城市轻轨建设项目。抓好城市公共交通专项规划编制，加快城北桂林汽车站等公交枢纽场站建设，合理布局市区停车场库，优化市区城市交通。加快新老城区、产业园区公共交通的互通互动步伐。

打造生态宜居环境。启动王城景区和西山景区保护改造工程，积极营造城市特色风貌。抓好“两江四湖”二期、小东江、灵剑溪、临桂新区防洪排涝及景观水系工程、中心公园等环境综合治理工程，做好城市污水、垃圾处理设施建设，推进“城中村”及城市危旧房改造，加强重要城市节点绿化美化亮化。

2.加快桂北城镇群建设。发挥县域优势，加快推进产业、人口和资源向县城和中心镇集聚。推动全州岳湾塘新区建设，鼓励其向中等城市发展，积极争取率先撤县设市。加快灵川甘棠江核心区及甘漓湾生态经济实践区、永福“三江六岸”、灌阳江东新区及瑶族古镇、平乐南洲及同乐新区、荔浦荔江南岸新区、恭城同乐、火车站及滨江东路片区、阳朔新区等建设，进一步拉大县城框架，拓展发展空间。加快产业发展，引导各县走特色发展之路。加快灵川八里街工业园区、兴安光伏产业园、全州工业集中区、灌阳选矿机械制造园、木材园及文市锰业循环经济产业园、龙胜特色矿玉石加工基地、资源中峰生态工业园、平乐二塘工业集中区、荔浦工业园区等建设，促进产城融合发展。

3.加快城乡统筹步伐。推进户籍制度改革，促进农村社区向城镇社区转变，在产业发展、公共服务、社会管理等方面加快统筹发展步伐，逐步形成符合我市实际的统筹城乡政策体系和配套制度。增强县乡发展综合实力。支持临桂县争创全国经济百强县，阳朔、灵川、兴安和荔浦等县争创广西经济强县。进一步优化城镇结构，推动阳朔县金宝乡、全州县咸水乡、龙胜各族自治县和平乡等 8 个乡撤乡改镇。继续推进重点镇“五个一”工程，制订城镇主导产业发展战略和产业集群发展规划，培育一批重点特色城镇。全面实施试点小城镇建设规划，加快荔城镇、绍水镇、兴安镇三个国家发展改革试点镇建设，加快编制阳朔县兴坪镇、永福县百寿镇等一批特色旅游小镇建设规划。

（六）继续推动美丽桂林建设

以建设桂林国际旅游胜地和国家低碳试点城市为契机，构建节约资源和保护环境的空间格局，继续开展以环境倒逼机制推动产业转型升级各项工作，加快低碳城市建设。全面完成节能减排目标。

全面实施广西主体功能区规划。加快制订我市贯彻落实自治区主体功能区规划实施方案。推动试点县（区）按照主体功能定位发展，明确重点开发区域，逐步优化空间开发格局。加快资源、恭城、灌阳、平乐等 4 个试点县（自治县）生态文明示范区和一批示范工程建设。

切实抓好节能减排。计划实施节能环保重点项目 13 个，年度投资 1.84 亿元。全面落实我市“十二五”节能减排规划，严格执行固定资产投资项目节能评估和审查制，把好项目准入关。重点抓好 46 家重点耗能企业的节能目标考核、管理和监督。加快推进合同能源管理。实施绿色节能建筑行动。严格执行环境保护标准和主要污染物排放总量控制制度。实施交通运输车辆油改气节能减排工程。完善落后产能退出机制，重点防治重金属污染，加快重点治污工程及设施建设，严控农业和农村面源污染。继续做好大气 PM 2.5 试点监测工作。开展节能减排全民行动和节能产品惠民行动。

大力发展循环经济。积极推动苏桥经济开发区循环化改造项目列入国家示范试点项目。重点支持福达铸造废钢加工综合利用项目、高锋新型建材资源综合利用“双百”工程、苏桥热电联产和集中供热二期工程、燕京（桂林漓泉）热电联产、城市生活垃圾和餐厨垃圾资源综合利用、再生资源回收利用等项目建设。重点推进 69 家企业实施清洁生产。

加大漓江保护力度。强化实施漓江流域生态环境保护条例，继续抓好保护漓江“六大工程”，加快沿岸生态农业示范区和沿岸村庄基础设施建设。做好“第二期中国南方喀斯特”世界自然遗产申报相关工作。完善漓江生态环境保护补偿机制。加大漓江水资源保护力度，严格水功能区监督管理，将漓江两岸500米范围乡村污水处理纳入管理规划。继续巩固退耕还林专项建设成果，加快实施珠江防护林、石漠化综合治理、漓江生物多样性保育等重点生态工程。实施农村环境连片整治示范项目，继续开展水土流失治理工作。深入实施“绿满八桂”造林绿化工程，全年植树造林2.87万公顷。

加强城乡风貌和环境建设。继续实施城乡风貌改造工程，开展清洁整治大行动，力争完成5个特色名镇名村建设和24个综合型村(屯)整治改造任务。切实加强城乡环境保护。加快乡镇污水、垃圾处理设施建设。

(七)全面实施城乡居民收入倍增计划

全面实施城乡居民收入倍增计划，让人民共享经济发展成果。确保全年农民人均纯收入、城镇居民人均可支配收入增长14%和13%，城乡居民收入差距进一步缩小。

多渠道促进农民增收。加快发展现代农业，逐步培育发展家庭农场，提高农民家庭经营性收入。全面实施四大流域及西部山区现代农业示范区建设，强力推进6条万元增收示范带、“钱粮双增工程”等建设，大力发展特色高效种养产业；加快推进乡村旅游发展，乡村旅游收入增长25%以上；积极发展林下经济促进林农增收。着力促进就业创业，增加农民工资性收入。深入实施百万农民就业培训工程，加快推进农民进城务工，大力扶持农民回乡创业就业，新增农村剩余劳动力转移就业8.5万人。强化政策支持保护，增加农民转移性收入。认真落实各项强农惠农富农政策，增加农民生产补贴收入；加大农村扶贫解困力度，推进集中连片特殊困难地区和边远少数民族地区扶贫攻坚，继续做好整村推进和产业扶贫工作；建立和完善低收入农户就业援助机制，确保有劳动能力的低收入农户至少有1人稳定就业。提高农村社会保障水平。新型农村养老保险基金每人每月增加20元，农村低保对象补助每人每月增加10元，新农合筹资标准由290元提高到340元。建立和完善产权制度，提高农民财产性收入。扩大农村土地、林权收益；鼓励农民通过建立农村合作经济组织，促进资产保值增值。

千方百计提高城镇居民收入。进一步提高企业职工工资收入。健全劳动标准体系和劳动关系协调机制，加快完善企业工资正常增长机制，2013年再调整最低工资标准，增长15%以上；继续推进事业单位收入分配制度改革，全面实施事业单位绩效工资制度。创新服务民间投资方式，增加居民经营净收入。促进创业带动就业，加快小企业创新创意产业孵化等创业基地平台建设，简化行政审批手续，按规定减免相关行政事业性收费，力争新增微型企业2500户，带动就业2万人以上。努力实现充分就业。突出抓好以高校毕业生为重点的青年就业工作，做好城镇困难人员、退役军人等重点人群就业，城镇新增就业6.4万人，消除“零就业家庭”，城镇登记失业率控制在4.5%以内。大力发展商贸物流、家政服务、旅游等吸纳就业能力强的第三产业。提高城镇社会保障水平。提高城市最低生活保障标准，城镇低保对象每人每月补助增加20元；扩大对城镇低收入群体的政策直补范围，加大补贴力度，增加城镇居民转移性收入；建立健全城镇居民社保待遇正常增长机制，同步调整提高城镇企业职工基本养老保险待遇。

(八)加强社会保障和改善民生

坚持把民生工作摆在更加突出的位置，加大民生投入，改进公共服务，切实做好为民办实事工程，下大力气解决好涉及人民群众切身利益的现实问题。计划实施社会民生重点项目56个，年度投资31亿元。

加强城乡社会保障体系建设。全面推行新型农村社会养老保险和城乡居民养老保险制度，巩固和扩大各项社会保险覆盖范围。计划城镇职工基本养老保险参保人数43万人、失业保险24万人、基本医疗保险120万人、工伤保险28万人、生育保险25万人。城乡三项医疗保险参保率达97%以上，城镇居民医保、新农合政府补助标准每人每年提高到280元，人均筹资标准提高到340元。依法加强社保基金征收与管理。完善各类社保转移接续办法，城镇五项社会保险实现“一卡通”。完善社会救助体系，城镇低保对象每人每月增加补助20元。健全残疾人社会保障和服务体系，深入实施“阳光家园计划”，重点扩大农村贫困残疾人扶持面。扎实做好优抚安置工作。

提高自主创新能力。加大科技投入力度，支持企业技术创新和产业转型升级，重点扶持100个以上高新技术项目、50家高新技术企业，新认定高新技术企业3家以上。培育国家和自治区级企业技术和研发中心5个。加强与高校及科研院所的产学研合作,加快推进千亿元产业研发中心、创新型园区等6个自主创新示范平台建设。积极培育具有自主知识产权的核心专利技术,支持专利产业化。争取全市每万人口专利拥有量超过2件,知识产权试点示范单位新增5家以上。

优先发展教育事业。继续抓好10项教育发展重点工程和10项教育体制改革试点项目。加快实施学前教育三年行动计划,推进学前教育项目工程和学前教育发展体制改革试点工作。全市学前教育入园率全面达到目标要求。促进义务教育均衡发展,重点解决进城务工农民子女的入学问题。义务教育巩固率95%以上。加快农村义务教育学校布局调整,推进贫困地区农村义务教育寄宿制学校建设。加强自治区示范性普通高中建设,开工建设桂林中学临桂校区项目,扩大普通高中办学规模,高中阶段毛入学率87%以上。加快市职教中心临桂分校、市卫校雁山新校区、市交通技校会仙新校区和示范特色职业学校建设,确保秋季开学投入使用。稳步提高职校学生就业比例,争取中等职业学校学生就业率97%以上。支持桂林高校发展,加快广西师范大学等高校扩建搬迁工程建设。全力做好三年校舍安全工程和农村义务教育学生营养改善计划,扩大农村边远艰苦地区学校教师周转宿舍建设试点项目范围。加快发展特殊教育,推进特教学校建设。

大力发展文化事业。加强公共文化基础设施建设,大力推进村级公共服务中心、广播电视“村村通”、农村数字电影放映、文化信息资源共享等工程。积极申报临桂国家公共文化服务体系示范项目。加强文物保护,实施靖江王府及王陵、甑皮岩两个国家级考古遗址、八路军桂林办事处纪念馆等重点文物保护工程。做好灵渠申报世界文化遗产工作。建立市级非遗保护名录,抓好非物质文化遗产展示传习基地建设。

做好医疗卫生和人口计生工作。开工建设临桂新区综合医院及桂林市儿童专科医院项目,大力推进荔浦县、全州县人民医院和永福县、灵川县中医院等县级医院建设,重点支持50个社区卫生服务中心、50个乡(镇)卫生院、200个卫生室、2个全科医院培训基地及医疗卫生信息化项目建设。继续实施好艾滋病攻坚工程、母婴健康“一免二补”幸福工程和地中海贫血防治计划。完善突发公共卫生事件应急和重大疾病防控机制。努力稳定低生育水平,人口自然增长率低于9‰。新开工200个、建成100个村级人口计生健康服务室和新家庭文化屋。深入实施诚信计生,继续加强人口信息化建设。

突出抓好保障房建设。新开工建设各类保障性住房和棚户区改造住房8634套。加强保障性住房建设质量管理和分配管理,建立健全保障性住房退出机制,满足真正困难家庭基本需求。实施农村危房改造1.8万户。

加强和创新社会管理。加强基层社会管理和服务体系建设,增强城乡社区服务功能。积极发挥群众参与社会管理的基础作用,引导社会组织健康有序发展。健全矛盾纠纷排查调处工作机制,畅通群众诉求渠道,规范利益协调和权益保障机制,从源头上预防和化解社会矛盾。健全社会治安防控体系,依法打击各类违法犯罪活动。强化安全生产监管,坚决防范和遏制重特大安全生产事故的发生。进一步加强食品药品监管能力建设。争创全国文明城市,深入开展群众性精神文明创建活动,做好志愿服务工作,抓好市民文明素质工程。开展感恩教育,加强未成年人思想道德建设。重视工会、共青团、妇联工作,关心和重视残疾人、妇女儿童和老龄事业发展。加强国防动员,抓好双拥工作,巩固军政军民团结。做好国家安全、外事和港澳台侨、民族团结、宗教、人防、气象、消防、防震、档案、保密、市志等各项工作。

(九)继续深化改革和扩大开放

着力破除制约加快发展的体制机制障碍,实施更加积极主动的开放合作战略,增强经济社会发展动力和活力。

抓好重点领域改革。扎实做好医改各项工作,县级公立医院综合改革实施范围扩大至12个县。启动扩权强镇试点工作。进一步简政放权,构建加快城区经济发展的体制机制。完善和建立规范有序的林权流转机制。深化国有资产监管体制改革,继续推进国有企业改制。统筹推进财税、金融、收入分配和社会管理等体制改革,强化政府社会管理和公共服务职能。

扩大合作开放。推动桂林贺州一体化发展。加快与珠江三角洲、桂湘粤闽黔区域以旅游为重点的全方位合作步伐。以桂林国际旅游胜地建设、“两改一融合一示范”、重点产业和园区发展等方面为重点开展招商活动,积极发挥商会力量,以商招商。深入推进招商引资项目“大兑现,大服务”活动,提高行政办事效率,改善投资环境。确保项目履约率、开竣工率、资金到位率达 95%、63%、43%以上。招商引资实际到位资金 588 亿元，其中实际利用外资 3.56 亿美元。大力实施“走出去”战略，支持企业参与境外资源开发和经济合作。做好外贸转型基地和转型示范企业建设，重点抓好科技兴贸基地建设，全年进出口贸易总金额突破 10 亿美元，增长 10%以上。

（十）加强宏观经济管理

提高学好用活政策的能力。抓住桂林国际旅游胜地、国家低碳试点城市等国家级试点示范的重大机遇，加强与国家部委及自治区厅局的汇报衔接，在稳增长、转方式、调结构、扩内需、增效益等重点方面加强政策研究，并结合我市实际制订具体实施方案，确保政策用足、用好、用活，最大限度地发挥政策措施效应，将政策优势切实转化成全市发展的核心竞争力，增强经济发展的动力和活力。

做好规划中期评估和年度计划的监测预测。切实抓好“十二五”规划纲要和重点专项规划的年度监测和中期评估。健全经济运行监测、预测和预警机制，加强计划执行情况分析，保持物价总水平基本稳定，避免经济出现大起大落。

加强项目管理工作。围绕政策引导和重点领域策划申报一批项目，争取更多上级资金支持。加强银政企对接，争取新增贷款 157 亿元以上。积极运用市场化融资手段，健全融资担保体系，根据项目特点灵活采取 BT、BOT 等融资方式，支持发行企业债券和企业上市融资，争取国家核准发行企业债券 10 亿元。进一步激活民间投资，争取引进民间投资增长 30%以上。加强重大项目策划和储备。创新项目推进机制，强化协调服务，加大前期攻坚，及时解决存在的突出矛盾和问题。做好项目竣工验收工作。

促进房地产市场平稳健康发展。贯彻落实房地产市场调控各项政策不动摇。严格执行房地产市场监管。加快中低价位、中小套型普通商品住房建设。

各位代表，面对难得的发展机遇和光荣艰巨的发展任务，我们将在党的十八大精神指引下，在市委的正确领导下，自觉接受市人大的指导和监督，虚心听取市政协的意见和建议，牢记使命，恪尽职守，抢抓机遇，开拓创新，为加快实现富民强市新跨越、与全国同步全面建成小康社会奠定坚实基础。

关于桂林市全市与市本级 2012 年预算执行情况和 2013 年预算草案的报告

——2013 年 2 月 20 日在桂林市第四届人民代表大会第四次会议上

桂林市财政局

各位代表：

受市人民政府委托，现将全市与市本级 2012 年预算执行情况和 2013 年预算草案提请市四届人大四次会议审议，并请市政协委员和其他同志提出意见。

一、2012 年全市与市本级预算执行情况

2012 年我们在市委的正确领导下，在市人大及其常委会、市政协的监督支持下，认真贯彻落实中央、自治区和市决策部署，深入实践科学发展观，紧抓主题主线，牢牢把握“稳中求进，好中求快”的经济工作总体要求，解放思想，赶超跨越，充分发挥财政职能，积极应对复杂多变的经济形势，全面支持我市“五大工程”建设，助推“富民强市”新跨越，各项财政工作取得新的成绩，预算执行情况总体良好。

（一）公共财政预算执行情况

1.全市公共财政预算执行情况

全市组织财政收入 163.56 亿元，完成预算的 100.20%，增长 15.23%。预计全市财政总收入 310.03 亿元，增长 20.54%；财政总支出 276.63 亿元，增长 15.97%。收支相抵，扣除结转下年继续使用的专款 29.25 亿元，全市当年财政收大于支

4.15 亿元。

全市财政总收入的构成是:(1)公共财政预算收入 106.01 亿元，完成预算的 115.82%，增长 31.28%。(2)上级补助收入 169.27 亿元,其中返还性收入 16.04 亿元，自治区一般性转移支付收入 73.56 亿元，自治区专项转移支付收入 79.67 亿元。(3)上年预算稳定调节基金 1.90 亿元。(4)上年结余收入 27.73 亿元。(5)调入资金 1.14 亿元。(6)债券转贷收入 3.98 亿元。

全市财政总支出的构成是:(1)公共财政预算支出 259.87 亿元，完成预算的 168.39%，增长 11.13%。(2)上解上级支出 4.45 亿元。(3)地方政府债券还本 6 亿元。(4) 预算稳定调节基金 6 亿元。(5)调出资金 0.31 亿元。

关于全市公共财政预算支出需重点说明:一是教育、科技、农业(扣除不可比因素)等法定支出增幅均高于经常性财政收入 7.07%的增幅。二是按财政部口径计算，民生支出为 186.78 亿元,增加 16.18 亿元,增长 9.48%。

2.市本级公共财政预算执行情况

市本级组织财政收入 50.93 亿元，完成预算的 96.73%，增长 9.31%。预计市本级财政总收入 78.08 亿元,增长 3.94%;财政总支出 67.17 亿元，增长 0.70%。收支相抵，扣除结转下年的支出 10.45 亿元,当年财政收大于支 0.46 亿元。

市本级财政总收入的构成是:(1)公共财政预算收入 30.87 亿元，完成预算的 116.76%，增长 26.33%。(2)上级补助收入 27.10 亿元,其中返还性收入 5.91 亿元,一般性转移支付补助收入 5.81 亿元,专项转移支付收入 15.38 亿元。(3)下级上解收入 6.13 亿元。(4)上年预算稳定调节基金 1.90 亿元。(5)上年结余收入 8.42 亿元。(6)调入资金 1.14 亿元。(7)债券转贷收入 2.52 亿元。

市本级公共财政预算收入构成是:(1)税收收入完成 15.66 亿元,增长 0.01%。其中:增值税 1.40 亿元,下降 10.47%;营业税 3.25 亿元,下降 3.98%;企业所得税 2.04 亿元,下降 13.71%;个人所得税 0.79 亿元,下降 11.12%;城市维护建设税 1.31 亿元,下降 1.20%;房产税 0.87 亿元,增长 7.34%;印花税 0.12 亿元，与上年持平；城镇土地使用税 0.51 亿元,增长 66.89%;土地增值税 1.28 亿元,下降 22.62%;车船税 0.06 亿元,增长 101.08%;耕地占用税 1.88 亿元,增长 193.72%;契税 2.15 亿元,下降 16.38%。(2)非税收入完成 15.21 亿元,增长 73.27%。其中:专项收入 1.10 亿元,增长 6.07%;行政事业性收费收入 2 亿元,增长 46.87%;罚没收入 0.60 亿元，增长 60.97%；国有资本经营收入 7.90 亿元,增长 80.08%;国有资源(资产)有偿使用收入 2.11 亿元,增长 43.06%;其他收入 1.50 亿元,增长 915.10%。

市本级财政总支出的构成是:(1)公共财政预算支出 51.81 亿元，完成预算的 129.36%(扣除上年结转项目及自治区当年追加专项补助项目支出 12.13 亿元,按可比口径完成预算的 99.08%),下降 13.56%。(2)上解上级支出 3.36 亿元。(3)补助下级支出 3.29 亿元。(4)地方政府债券还本 1.60 亿元。(5)预算稳定调节基金 6 亿元。(6)调出资金 0.31 亿元。(7)债券转贷支出 0.80 亿元。

市本级公共财政预算支出构成是:(1)一般公共服务 6.24 亿元，完成预算的 132.94%，增长 19.18%。(2) 公共安全 4.80 亿元，完成预算的 116.08%，下降 0.81%，主要原因是上级补助减少 0.80 亿元所致，扣除不可比因素后，实际增长 19.11%。(3)教育 7.41 亿元,完成预算的 142.48%,增长 6.86%。(4)科学技术 1.12 亿元,完成预算的 168.62%,增长 6.62%。(5)文化体育与传媒 1.45 亿元,完成预算的 140.62%,增长 8.50%。(6)社会保障和就业 5.28 亿元，完成预算的 114.02%，增长 29.08%。(7) 医疗卫生 4.36 亿元，完成预算的 113.19%,下降 12.15%,主要原因是上年结转项目减少所致。(8)节能环保 1.32 亿元,完成预算的 296.52%,下降 53.70%,主要原因是上级补助减少 0.54 亿元、上年结转项目减少 0.84 亿元、本级地方政府债券安排的支出减少 0.55 亿元所致,扣除不可比因素后,实际增长 41.94%。(9)城乡社区事务 2.94 亿元,完成预算的 102.09%,下降 25.34%,主要原因是上年结转项目减少 1.31 亿元所致,扣除不可比因素后,实际增长 11.79%。(10)农林水事务 6.20 亿元，完成预算的 410.85%，下降 56.58%，主要原因是上级下达漓江防洪补水枢纽项目补助减少 4.92 亿元、上年结转项目减少 3.98 亿元所致,扣除不可比因素后,实际增长 15.24%。(11)交通运输 1.89 亿元,完成预算的 329.67%,增长 50.10%。(12)资源勘探电力信息等事务 3.12 亿元,完成预算的 132.78%,增长 16.52%。(13)商业服务业等事务 1.36 亿元，完成预算的 94.59%,下降 37.66%,主要原因是上级补助减少所致。(14)金融监管等事务支出 0.07 亿元，下降 93.77%,主要原因是比上年减少支出桂林银行增资配股资金1亿元所致。(15)国土资源气象等事务0.39亿元，完成预算的152.44%，下降50%，主要原因是上级补助减少所致。(16)住房保障支出2.92亿元，完成预算的172.6%，增长44.88%。(17)粮油物资储备事务0.13亿元，完成预算的120.51%，下降4.08%，主要原因是上年结转项目减少所致。(18)国债还本付息支出0.50亿元，完成预算的47.78%，增长500.84%，主要原因是经市人大常委会批准从2012年地方政府债券中偿还山口垃圾填埋场项目债务0.40亿元所致。(19)国防支出0.31亿元，完成预算的134.94%，增长36.25%。

关于市本级公共财政预算支出需重点说明：(1)市本级教育、科技、农业(扣除不可比因素)等法定支出增幅均高于经常性财政收入4.65%的增幅。(2)部分科目上年结转项目支出减少的原因是我市根据上级财政部门要求，从2011年起更加注重提高预算执行率，当年财政支出进度加快，导致这些科目结转到2012年使用的项目预算减少。(3)上级补助在部分科目中所占的比重较大，补助额的增减变动造成了这些科目支出年度间的起伏波动。(4)部分科目支出完成数超过预算数，主要原因是2012年预算数不包括上年结转项目预算和未提前收到通知的上级追加专项补助预算。(5)年初预留2.31亿元和预备费1亿元全部调剂到相关科目开支，年初预留主要用于政府为民办实事项目、漓江综合管理、金融企业奖励、公共服务站及村级文化站建设、增人增资、政法经费保障以及市委、市人民政府确定的其他重点支出；预备费主要用于临桂新区绿化、承办全国城市发展与规划大会、国企改制、政府信息化、文化产业和公共文化事业发展、申遗、文明城市创建等方面支出，职教攻坚、助学、可再生能源示范城市等项目本级配套资金支出，以及维稳、对口扶贫、支援云南地震灾区和三峡库区等不可预见支出。

(二)市本级政府性基金预算执行情况

市本级政府性基金预算总收入26.86亿元。其中：当年基金收入13.36亿元，完成预算的53.66%，下降27.81%；调入资金0.31亿元；上级补助收入1.37亿元；上年结余11.82亿元。当年基金预算支出13.11亿元，完成预算的49.09%，下降24.21%；调出资金1.17亿元；补助下级支出0.32亿元。收支相抵，年终滚存结余12.26亿元。基金收支预算执行进度较低主要原因是土地交易市场低迷导致土地出让金收入减少所致，当年国有土地使用权出让收入9.89亿元，完成预算43.95%；同时，由于基金以收定支的特点，收入的减少也导致部分支出预算无法执行，当年国有土地使用权出让收入安排的支出9.48亿元，完成预算的39.40%。

由于年度财政决算尚未完成，现向各位代表报告的2012年全市和市本级预算执行情况与实际执行情况相比会有一些出入。待决算编成后再按《中华人民共和国预算法》《广西壮族自治区预算监督条例》的有关规定，报市人大常委会审议。

(三)2012年财政预算执行的主要特点

1.狠抓收支管理取得实效，财政保障水平进一步提高

(1)财政收入保持较高增长。全市财税部门积极应对严峻形势，加强征管，克服了政策性减税额大、主体税种无力增长、重点行业和企业大面积减收、市区财源增长动力不足等严重困难，全市财政收入在去年的高位上实现增长15.23%，完成市四届人大二次会议确定的全年增长15%的目标任务。(2)向上争资效果显著，全市财政部门发挥职能优势，加强与各部门协作，紧密结合桂林区位优势，围绕党委政府重点推进工作，积极向上级部门反映我市发展需求和地方财政收支矛盾状况，争取资金和项目支持，全年通过各种渠道争取上级财政资金153.23亿元，其中财力性补助61.38亿元，各类专项补助资金79.67亿元，基金补助8.20亿元，中央代我市发行地方政府债券3.98亿元。(3)财政支出结构优化，全市财政部门统筹政府预算内外财力，努力节支增效，控一般保重点，有效缓解了财政收支矛盾，全年在实现预算收支平衡的前提下，党委、政府各项重大决策部署落实得到有力保障，民生支出增长较快，教育、科技、农业投入达到法定增长要求，地方政府债务按期偿还。(4)预算执行力提高，切实采取措施进一步增强预算执行的时效性和均衡性，全年支出进度达到自治区考核要求。

2.以支持经济发展为首要任务，财政有效发挥“稳增长”职能

全市财政部门全面落实积极财政政策各项举措，倾力支持我市“项目建设年”活动、“两改一融合一示范”、特大城市建设等重大经济工作战略推进。(1)加大固定资产财政投资力度，全年从中央自治区预算内基建投资和各类专项公共投资、中

央代发行地方政府债券以及市本级财力等渠道共筹措财政资金74.50亿元，并支持城市经济建设投资总公司创造市场融资条件，发行企业债券10亿元，投入以交通、水利、能源、城建、产业为重点的重大基础设施项目，以及城乡风貌改造等公益性基本建设项目。(2)推动工业实体经济发展，安排资金6.76亿元，支持两化融合、企业技术改造和创新、承接产业转移、园区基本建设、战略性新兴产业发展、中小企业做大做强、微型企业创业、国有企业改制脱困。(3)引导和促进以旅游为龙头的第三产业发展，安排资金4.95亿元，加大临桂新区建设投入，加强广西(桂林)园林园艺博览会园区等旅游基础设施建设，支持旅游宣传促销和市场开拓、旅游会展业发展、旅游节会举办，完善城乡社会化养老服务体系，促进对外经贸发展，优化农村流通服务业发展环境，引导融资担保、证券、信息等服务行业发展。(4)支持农业示范市建设，安排资金29.52亿元，实施水利基本建设、整村推进土地整治、农业综合开发和村级一事一议财政奖补项目，加强农业生产服务体系、科技应用能力和防灾抗灾能力建设，扶持农业产业化经营，发展特色效益农业，落实强农惠农补贴政策。(5)落实消费促进政策，安排资金1.32亿元，开展汽车“以旧换新”、家电和摩托车下乡补贴工作。(6)支持自主创新能力和永续发展能力提升，安排资金11.94亿元，支持产业技术、经济社会学等领域科学研究和成果转化，支持地质灾害治理、节能减排、新能源开发利用、城镇污水垃圾处理、农村环境整治、生态工程建设。

3. 改善民生为重点的社会事业投入加大，公共财政特性进一步彰显

全市财政部门加快公共财政转型步伐，进一步倾斜财力支持各项民生事业发展，为人民群众提供更好的公共产品和公共服务。(1)筑牢“社会保障安全网”，做好社会保险基金筹集管理，确保基金平稳安全运行；安排资金13.27亿元推动社会保险制度进一步完善，支持居民社会养老保险制度覆盖全市，提高居民基本医疗保险补助标准到人均240元；安排资金1.89亿元，落实就业扶持政策；安排资金10.12亿元加强弱势群体“最后一道制度保障线”，提高城乡居民最低生活保障补助标准，开展医疗救助，落实优待抚恤政策，救济灾民、残疾人等困难人群。(2)加快转变政府卫生投入机制，安排资金1.56亿元推动医疗体制改革，支持国家基本药物制度建设，兑现基层医疗卫生机构绩效工资，开展县级公立医院改革试点工作；安排资金4.44亿元改善公共卫生服务，支持食品药品监督、120急救、无偿献血、农村饮水安全和改厕等公共卫生工作；安排资金2.31亿元提高基本医疗服务水平，支持医院医疗服务条件改善，加强城乡基层医疗卫生体系建设。(3)改善低收入群众住房条件。安排资金12.54亿元，支持1.81万套城镇保障性住房建设、2.04万户农村危房和茅草树皮房改造，对廉租房住户给予租金补贴。(4)健全价格调节机制和物价上涨补偿机制，安排资金2.01亿元，调节稳定粮油、猪肉、电力价格，落实城乡公交客运、出租车等行业油价补贴政策，启动低收入人群物价上涨补偿机制。(5)实施新一轮扶贫开发攻坚战，安排资金3.24亿元，以集中连片特殊困难地区为重点，实施扶贫整村推进项目、产业化扶贫示范项目、扶贫易地搬迁项目和职业培训扶贫计划。(6)推进教育发展改革“双十”工程，安排资金13.41亿元，加强教育基础能力建设，支持学前教育扩大办学规模，完善义务教育经费保障机制，调整农村义务教育学校分布，支持新一轮职教攻坚，开展助学、奖学工作。(7)推动平安社会建设，安排资金5.21亿元，加强政法经费保障，提高政法部门维稳、执法、办案能力。(8)支持文化体制改革，安排资金1.73亿元，支持农村公共服务中心建设、文艺精品创作、公共文化馆所和部分公园免费开放等公益性文化事业，扶持市文艺演出公司等文化企业发展。(9)多渠道筹资支持政府十项惠民工程。

4.财政管理改革进一步深化，运转绩效稳步提升

2012年我市各项财政管理改革取得新的成绩。(1)积极推动基本公共服务均等化，通过争取自治区支持以及本级财力安排，增强了雁山等困难城区财力保障水平，促进了城区间基本公共服务均等化。(2)进一步健全四大政府预算体系，公共财政预算方面，着重推动部门预算编制科学化精细化，加强结余资金管理，规范和完善基本支出定员定额管理，细化项目支出预算，全面执行财政性资金项目纳入政府采购预算规定；政府基金预算方面，加强基金收入规模的科学测算，合理提出各项政府性基金支出计划，提交人大审议；国有资本经营和社会保险基金预算方面，开展两项预算正式编制工作，促进国有企业收入分

配使用和社会保险基金收支依法全面纳入人大监督。(3)开展预算绩效管理试点工作,抓好财政支出绩效评价具体实施,制订了市本级8个试点项目绩效目标和评价指标体系,以结果为导向的预算管理模式初步建立。(4)推进预算公开试点工作,市教育局、市科技局、市工信委等15个部门通过网站的渠道公开2012年部门预算信息,接受社会监督和质询。(5)深化国库管理制度改革,市本级正式应用预算执行动态监控系统,大部分县区启动监控改革;市本级行政事业单位公务消费全面强制实行公务卡结算,各县区启动公务卡改革;非税收缴管理改革目标任务全面完成,以非税收缴管理系统为主的三种缴库方式进一步完善。(6)深化政府采购管理改革,建立预算单位申请单一来源采购审核前公示制度,切实提高政府采购工作的公开性和透明度;发挥政府采购调控职能,出台办法增加政府采购预算面向中小企业采购的份额。(7)加强行政事业单位国有资产管理,印发《桂林市市直行政事业单位国有资产处置管理暂行办法》;核准全市新华书店改制等重大资产处置事项。(8)完善财政监督检查机制,开展财务总监派驻、财政投资评审以及农村中小学会计专项检查等监督检查工作。

(四)落实人大预算决议有关情况

认真按照市四届人大二次会议决议以及市四届人大财经委审查意见的要求,大力培植财源,增强财政保障能力,加强支出管理,优化财政支出结构,深化财政改革,加强预算执行力,推进财政科学化精细化管理。做好向市人大常委会报告2011年财政决算、2012年上半年预算执行情况、2012年地方政府债券预算调整方案以及市区财源建设情况的工作,并按照审议意见落实相关整改措施。依法理财的要求得到了切实贯彻,促进了财政管理水平显著提高。

2012年,全市财政部门与其他各部门加强配合,共同努力,较好地完成了全年财政收支任务,但同时也必须看到我市财政经济发展中存在的不足和问题,主要体现在:一是中心城市承载空间不足、经济增长点较少,以及市属工业企业实施“退二进三”搬迁到县域等原因,导致市级税收增长乏力,未能在全市财政实力增长中起到龙头带动作用。二是工业基础薄弱,支柱企业不多不强,税源分散,征管难度大、成本高,财政增收的后劲不足。三是地方财政可支配财力较少,支出刚性较大,收支矛盾突出,对本地经济社会发展的统筹、调控能力有限。四是政府性债务负担较重,财政运行存在一定困难。这些问题需要我们在今后的工作中高度关注,积极解决。

二、2013年全市和市本级预算草案

(一)2013年全市经济财政形势分析

2013年,我市经济社会发展面临错综复杂的环境,总体来看,做好新一年的财政工作,当前的重要战略机遇期提供了有利的条件:一是党的十八大胜利召开,我国改革开放步伐将进一步加快。二是国家实施新一轮西部大开发和扶贫攻坚、高度重视生态文明建设,以及东部沿海地区产业转移等因素有利于西部地区赶超跨越。三是我市调结构转方式效果逐步显现,《桂林国际旅游胜地建设发展规划纲要》正式获批,“两改一融合一示范”、临桂新区、世界旅游城、千亿元产业和园区、重大基础设施建设、城镇化等经济热点持续发酵,发展基础进一步增强。四是积极财政政策基调不变,为财政进一步发挥好调结构、稳增长、保民生和促改革职能提供了广阔空间。

与此同时,财政运行面临的困难问题和风险也不少,财政收支矛盾十分突出。收入方面:一是世界经济仍将延续低速增长态势,国内经济增长下行压力增加,内外需求面临下滑的风险,原材料能源劳动力等生产要素价格高位运行,中小企业融资成本高难度大,固定资产投资增长面临重大项目推进放缓的困难,房地产市场仍处于深度调整期,这些都将对地方财政增收造成深层影响。二是结构性减税政策形成的减收效应仍然存在。三是企业固定资产投资进项税额抵扣政策还将继续影响到新投产产业项目近年内发挥税收贡献。支出方面:一是历年累积所形成的刚性支出需求内容多、基数高。二是2013年增支因素较多,主要有确保教育科技农业三项支出法定增长和教育支出占比达标、确保处于还债高峰期的政府债务按时偿还、全面启动收入倍增计划、适时完善公务员统一津补贴制度、实行事业单位绩效工资改革、加强城乡居民社会养老和基本医疗保险制度,开展新一轮扶贫攻坚、深化医药卫生体制改革、推进文化改革、实施保障性安居工程、保障重点在建和续建项目建设等方面。

综合分析形势,2013年财政运行仍然具有较

好的基础,但收支矛盾加大,困难问题和风险不容忽视,改革发展的任务十分繁重。

(二)财政预算编制和财政工作指导思想

2013年财政预算编制和财政工作总的指导思想是:全面贯彻落实党的十八大和自治区党委十届三次全会、市委四届三次全会精神,以邓小平理论、"三个代表"重要思想和科学发展观为指导,紧抓主题主线,以提高经济增长质量和效益为中心,稳中求进,开拓创新,紧紧围绕我市"三个率先"的目标和"三个全面"的重点工作打造"五个财政",继续实施积极财政政策和落实结构性减税政策,扎实推进财税管理制度和收入分配制度改革;进一步优化财政支出结构,加大对三农、水利、教育、医疗卫生、社会保障和就业、保障性安居工程、文化、科技、节能环保以及贫困地区的支持力度,切实保障和改善民生;增强经济发展的内生活力和动力,促进结构优化、区域协调和城乡统筹发展;坚持依法理财、统筹兼顾和增收节支的方针,树立勤俭节约、"过紧日子"的思想,从严控制一般性支出,加强财政科学化、精细化管理,提高财政资金使用效益。为加快实现富民强市新跨越和全面建成小康社会做出新贡献。

根据上述指导思想,2013年全市与市本级预算编制主要坚持以下原则:一是量入为出,积极稳妥的原则。科学测算财政收入,适度从紧安排支出规模,以预算收支平衡、略有节余为前提,积极加大财政保障力度。二是统筹兼顾,突出重点的原则。统筹各类财政资金,调整优化支出结构,实行有保有压,确保急重支出,严格控制一般支出。三是统一完整的原则。建立和完善四大政府预算体系,促进各类预算科学完整、有机衔接,政府收支管理进一步透明化、公开化;上级提前下达转移支付一并编报预算。

(三)公共财政预算安排情况

1.全市公共财政预算安排情况

全市计划组织财政收入183.19亿元,增长12%。制订这一目标主要考虑:(1)紧跟自治区财政发展步伐。不久前召开的自治区十二届人大一次会议制订了2013年自治区财政收入增长12%的目标,为我们指明了收入工作努力的总体方向。(2)经济发展和价格因素促动财政收入增长。预计2013年全市地区生产总值增长11%,固定资产投资、规模以上工业增加值和城乡居民人均收入仍将保持较快增长,物价方面预计在合理范围内将有一定的涨幅。(3)政策性因素导致减收。中央决定从2013年起取消和免征30项行政事业性收费,同时2012年中期开始执行的减税政策,由于翘尾因素2013年仍将产生减收影响。(4)不可比因素将制约增速。2012年,全市对贵广、湘桂铁路工程临时占用耕地应缴的耕地占用税进行了全面清理,市本级也因足球产业园项目入库了大额国有资本经营收入,2013年相对缺少了这些一次性增收因素。

全市财政总收支及结余安排情况是:预计全市财政总收入204.32亿元,财政总支出199.81亿元,收支相抵,预计净结余4.51亿元。实现财政收支平衡,略有结余。

全市财政总收入安排情况是:(1)公共财政预算收入113.21亿元,增长6.79%。(2)上级补助收入67.54亿元,其中返还性收入16.56亿元,自治区一般性转移支付收入43.41亿元,自治区专项转移支付收入7.57亿元。(3)上年预算稳定调节基金6亿元。(4)上年结余收入14.60亿元。(5)调入资金2.97亿元。

全市财政总支出安排情况是:(1)公共财政预算支出191.4亿元,增长27.30%(扣除将市本级上年结转专款支出10.45亿元列入年初预算的不可比因素,实际增长20.35%)。(2)上解上级支出4.46亿元。(3)地方政府债券还本3.60亿元。(4)调出资金0.35亿元。

关于全市公共财政预算支出需说明的是:全市公共财政预算支出安排的农业、教育、科技等法定支出增幅均超过预计经常性财政收入10.43%的增幅。

各位代表,现在报告的2013年全市公共财政预算是代编的预算,是一个指导性的指标,待各县(区)预算经各级人民代表大会批准后,我们再按有关规定和程序,汇总后报市人大常委会备案。

2.市本级公共财政预算安排情况

市本级计划组织财政收入56.03亿元,增长10%。市本级组织收入目标安排比全市目标低主要考虑到近年县域经济发展较快,县级财政收入增长势头比市级好的因素。

市本级财政总收支安排及结余情况是:预计市本级财政总收入66.95亿元,财政总支出66.61亿元,收支相抵,当年净结余0.34亿元。

市本级财政总收入安排情况是:(1)公共财政预算收入30.90亿元,增长0.12%。(2)上级补助收入10.81亿元,其中返还性收入6.10亿元,自治区一般性转移支付收入2.50亿元,自治区专项转移支付收入2.21亿元。(3)下级上解收入6.44亿元。(4)上年预算稳定调节基金6亿元。(5)上年结余收入10.91亿元(其中上年结转专款10.45亿元)。(6)调入资金1.89亿元。

市本级公共财政预算收入安排情况是:(1)税收收入19.12亿元,增长22.10%。其中:增值税1.74亿元,增长23.96%;营业税4.06亿元,增长24.93%;企业所得税2.63亿元,增长28.84%;个人所得税0.99亿元,增长25.01%;城市维护建设税1.60亿元,增长22.58%;房产税1.03亿元,增长18.20%;印花税0.14亿元,增长16.38%;城镇土地使用税0.60亿元,增长18.81%;土地增值税1.55亿元,增长21.10%;车船税0.07亿元,增长21.21%;耕地占用税2.03亿元,增长7.51%;契税2.68亿元,增长24.95%。(2)非税收入11.78亿元,下降22.51%。其中:专项收入1.12亿元,增长1.98%;行政事业性收费收入1.79亿元,下降10.50%;罚没收入0.62亿元,增长3.40%;国有资本经营收入6.45亿元,下降18.29%;国有资源(资产)有偿使用收入1.20亿元,下降43.03%;其他收入0.60亿元,下降60.14%。

市本级财政总支出安排情况是:(1)公共财政预算支出58.18亿元,增长52.56%(扣除将上年结转专款支出10.45亿元列入年初预算的不可比因素,实际增长25.18%)。(2)上解上级支出3.36亿元。(3)补助下级支出2.83亿元。(4)地方政府债券还本1.89亿元。(5)调出资金0.35亿元。

市本级公共财政预算支出安排情况是:(1)一般公共服务5.03亿元,增长7.14%。(2)公共安全4.61亿元,增长11.67%。(3)教育5.86亿元,增长12.66%。(4)科学技术0.77亿元,增长15.35%。(5)文化体育与传媒1.54亿元,增长49.20%。(6)社会保障和就业6.83亿元,增长47.54%。(7)医疗卫生3.93亿元,增长2.12%。(8)节能环保0.47亿元,增长4.83%。(9)城乡社区事务4.89亿元,增长103.89%,主要原因是增加安排临桂新区建设资金所致。(10)农林水事务1.78亿元,增长17.76%。(11)交通运输0.64亿元,增长36.22%。(12)资源勘探电力信息等事务1.80亿元,下降23.47%,主要原因是减少市中小企业信用担保公司增加实收资本等一次性项目支出所致。(13)商业服务业等事务1.24亿元,下降13.44%,主要原因是减少补助桂林旅游股份公司一次性支出所致。(14)金融监管等事务支出0.06亿元,比上年净增加0.06亿元。(15)国土资源气象等事务0.29亿元,增长10.47%。(16)住房保障支出0.94亿元,下降28.20%,主要原因是上级减少提前下达资金以及科目调整所致。(17)粮油物资储备事务0.12亿元,增长10.45%。(18)预备费0.80亿元,下降20%,符合《中华人民共和国预算法》规定。(19)国债还本付息支出0.15亿元,增长47.40%。(20)国防支出0.28亿元,增长23.70%。(21)其他支出5.70亿元,增长146.47%,主要原因是安排2012、2013年两个年度事业单位绩效工资改革资金及预留公务员津贴补贴提高标准、质量兴市等资金所致;上年结转专款支出10.45亿元,参照自治区做法2013年将上年结转专款列入年初预算。

需要说明的是,市本级公共财政预算支出安排的农业、教育、科技等法定支出增幅均超过预计经常性财政收入10.57%的增幅。

(四)市本级政府性基金预算安排情况

市本级政府性基金预算总收入安排36.62亿元,其中当年基金预算收入24.36亿元,下降2.19%;上年结余收入12.26亿元。当年基金支出安排23.85亿元,下降10.74%;调出资金安排1.89亿元。收支相抵,年终滚存结余10.88亿元。

政府性基金收入安排下降主要是考虑土地出让收入继续受国家房地产市场调控政策影响,以及国家取消有关收费项目等因素。政府性基金支出主要用于地方政府性债务还本付息、土地储备、保障性住房建设、市区工业"退二进三"项目、桂林中学临桂校区建设等方面。政府性基金年终结转资金较大主要原因是基金中属于专款专用的收入较多,需按照规定用途和市本级相关事业发展的需要安排使用,同时也是集中财力办大事的需要。

(五)市本级社会保险基金预算安排情况

市本级社会保险基金预算包含失业保险、城镇职工基本医疗保险、工伤保险、生育保险、城镇居民社会养老保险、新型农村社会养老保险、城镇居民基本医疗保险、新型农村合作医疗保险等8项基金预算(前五项为全市统筹,县(区)基金全部上缴市本级统筹管理,市本级数据即全市数据;后三项为市本级统筹五城区)。预算安排如下:本年基金预算收入17.07亿元,其中失业保险基金收入1.79亿元,城镇职工基本医疗保险基金收入11.49亿元,工伤保险基金收入0.67亿元,生育保险基金收入0.49亿元,城镇居民社会养老保险基金收入0.04亿元，新型农村社会养老保险基金收入0.17亿元，城镇居民基本医疗保险基金收入1.87亿元，新型农村合作医疗基金收入0.55亿元；本年基金预算支出13.23亿元，其中失业保险基金支出1.30亿元，城镇职工基本医疗保险基金支出9.51亿元，工伤保险基金支出0.44亿元，生育保险基金支出0.31亿元，城镇居民社会养老保险基金支出0.03亿元，新型农村社会养老保险基金支出0.12亿元，城镇居民基本医疗保险基金支出1亿元，新型农村合作医疗基金支出0.53亿元；收支相抵，本年结余3.84亿元，加上上年滚存结余，年末滚存结余为30.09亿元。

各项社会保险基金预算安排做到当年收支平衡，略有结余。

（六）市本级国有资本经营预算安排情况

市本级国有资本经营预算编制共纳入96户企业，预算安排如下：预算总收入3.09亿元，其中利润收入0.51亿元，股利、股息收入0.33亿元，产权转让收入1.75亿元，其他国有资本经营收入0.02亿元，上年结余收入0.48亿元；预算总支出3.09亿元，其中国有经济和产业结构调整支出2.07亿元，企业改革补助支出0.09亿元，其他国有资本经营预算支出0.93亿元；收支相抵，结余为零，实现预算平衡。

国有资本经营预算支出主要用于国有经济发展和产业结构调整、市本级企业改革脱困等方面。

三、确保完成2013年预算任务的主要措施

（一）支持美丽桂林建设，促进经济增长质量和效益提升

以财源效益为契合点，积极推动经济转向质量和效益型的内涵式增长。一是支持重点基础设施建设，增强经济和财源增长支撑力，根据我市建设特大城市、推进城镇化、完善交通能源水利配套设施、建设工业园区、加强农业农村发展基础等基本建设需求，围绕市、县重点建设项目全力筹措项目财政投资，并积极支持项目规划储备、供地保障工作。二是支持工业发展战略推进，打造工业支柱财源，围绕两化融合、“抓大壮小扶微”工程、千亿元产业和千亿元园区、创新体系构建等工业发展战略，进一步完善企业技术改造补助、工业园区建设补助、工业创新平台建设、微型企业资本金补助、中小企业融资担保业务风险补偿等投入渠道和方式，提高财政对工业投入的产出效益。三是支持两区改革，推动旅游业转型升级和现代服务业发展，优化财源结构，多渠道筹资，全力支持桂林国际旅游胜地相关项目规划和建设，加大世界旅游城（临桂新区）建设投入，拉大城市发展空间；围绕服务业综合改革，重点支持服务业信息化综合平台建设、旅游与会展资源整合、城乡互动的乡村生态休闲游示范工程、社会化养老服务创新示范工程4大类支撑项目。四是支持科技创新和生态节能环保，增强经济发展和财源增长活力，进一步优化科技支出结构，支持创新驱动战略和第五轮创新计划实施，加快构建区域技术创新体系，增强科技创新能力；以建设国家低碳试点城市为契机，认真落实在保护中加快发展和在发展中加强保护的要求，更加注重生态节能环保，加强节能减排，推进重点领域节能，淘汰落后产能，发展新能源，开展生态项目建设。五是推动投融资工作，支持融资担保平台开展企业债券等融资业务，支持企业进入资本市场，多渠道为我市产业和城市发展筹集资金。

（二）努力提高基本公共服务水平，切实保障和改善民生

始终把保障和改善民生放在财政工作的突出位置，进一步完善公共财政支出体系，力争在公共服务领域发挥财政更大的作为。一是支持教育优先发展，优先保障教育投入，加强教育资金使用管理，大力发展学前教育，促进义务教育均衡发展，推进职业教育办学模式改革和高等教育创新能力提升。二是支持收入倍增计划全面启动，严格落实结构性减税政策，充分发挥财税政策调节收入分配的功能；更加注重对弱势群体的保障，实施更加积极的就业政策，鼓励全民创业，适当提高城乡居民最低生活保障标准，研究建立与物价水平等挂钩的企业退休人员基本养老金正常调整机制，巩固居民社会养老保险制度全覆盖成果；支持城乡统筹协调发展，推进城镇化，逐步缩小城乡收入差别；支持事业单位绩效工资改革，适当提高公务员统一津补贴标准。三是积极解决群众看病难、看病贵的问题，提高居民基本医疗保险财政补助标准，推进基本公共卫生服务均等化，巩固完善国家基本药物制度和基层医疗卫生机构运行机制，稳步推进县级医院综合改革试点。四是积极改善城乡居民住房条件，多渠道筹集资金，支持保障性安居工程建设和农村危房改造。五是推动文化建设，继

续支持公共文化服务体系建设，积极促进文化事业和文化产业改革发展。六是进一步加大“三农”投入，贯彻落实好强农惠农富农政策，改善农村生产生活条件，提高农业科技含量和生产服务水平，支持新一轮扶贫攻坚，支持农村综合改革，促进粮食增产、农业增效、农民增收。七是全力保障市政府为民办实事项目经费，把10项惠民工程作为财政服务民生工作的重点，全力统筹各渠道资金推动工程实施。

（三）强化财政收支管理，提高预算执行效率

一是切实抓好财政收入组织工作，要认真落实收入目标责任制，加强收入的组织领导，坚持通报、约谈、督查三项制度，完善考核办法和激励机制，定期召开财税部门联席会议，依法加强税收、非税收入和基金收入征管，不断提高收入质量。二是强化支出管理，要牢固树立依法行政、依法理财的观念，严肃财经纪律，严格执行预算管理法律法规制度，规范业务操作，杜绝预算管理中的随意性，强化预算执行的严肃性；要采取提高预算到位率和到位及时性、加强结余结转资金管理、加快资产购建项目实施、加快资金下达和拨付等措施，有效加快支出进度，提高预算执行效率；要强化预算约束，进一步健全预算追加审核审批制度；要进一步降低行政成本，严格控制“三公经费”等一般性支出，按标准配备车辆，控制修建楼堂馆所，深入推进会议费、差旅费和公务接待管理改革，进一步清理规范庆典、研讨会等活动，继续推进党政机关节能减排；财政部门要加强内部职能机构协调，保证预算执行在财政内部运行顺畅，主管部门要强化预算执行主体责任，监督指导所属单位严格执行预算，实现各项财政资金的政策目标。

（四）继续深化财政改革，增强体制机制活力

继续保持改革创新的前进动力，深化各项财政改革，增强财政体制机制活力，不断破解财政发展难题。一是精心做好营业税改征增值税的各项准备工作，按照自治区的统一部署，在全市交通运输业和部分服务业开展营业税改增值税改革。二是继续健全政府预算体系，进一步提高四大政府预算编制科学化精细化水平，加强收支管理，增强各项预算特别是政府性基金、国有资本经营预算的执行力，提高社会保险基金的支付能力和平衡能力。三是稳步推进预决算公开，主动向社会公开财政预决算，逐步扩大部门预决算公开范围和细化公开内容，进一步推进专项民生支出预算公开。四是完善和规范财政体制，进一步抓好临桂新区和苏桥开发区财政收入划分办法、市区企业异地搬迁收入划分办法等制度的规范执行，根据桂林国家高新技术产业开发区拓展空间的需求建立和完善跨行政辖区合作共建园区的利益分享机制，进一步理顺政府间收入分配关系。五是抓好国库管理各项改革，继续扩大县（区）纳入国库集中支付的预算资金比例；加快完善国库动态监管办法和监控系统平台，加强公务卡推广应用。六是进一步强化行政事业单位资产管理机制，加强资产动态监管，进一步完善行政事业单位国有资产配置、使用和处置管理办法。七是加强财政监督，继续完善政府采购、财政投资评审、财务总监派驻等监管机制，加大对民生专项资金的监督检查力度，确保财政资金安全、规范、高效使用。八是积极推进预算绩效管理。进一步树立绩效管理理念，巩固和扩大预算绩效管理试点工作成果，逐步建立预算编制有目标、预算执行有评价、评价结果有反馈、反馈结果有运用的预算绩效管理制度。

各位代表，2013年财政工作任务艰巨，使命光荣。我们将在市委的正确领导下，全面贯彻落实党的十八大精神，自觉接受人大对财政工作的依法监督，虚心听取人民政协的意见和建议，坚定信心，抢抓机遇，锐意进取，扎实工作，争取圆满完成各项财政工作任务，为桂林的科学发展、和谐发展作出积极贡献！

大 事 记

2012 年 9 月 6 日，市委书记、市人大常委会主任刘君（前排右一），市长李志刚（左一）陪同自治区副主席杨道喜（左三）巡视第三届中国桂林国际旅游博览会土耳其展区　　（舒恒茂　摄）

2012 年大事

1 月

7 日 广州军区司令员、中将徐粉林在桂林会见到访的巴基斯坦陆军参谋长基亚尼上将一行。

11 日 桂林市 2012 年文化、科技、卫生“三下乡”启动仪式在阳朔县白沙镇举行。

14 日 携程集团在上海举办“第四届携程年度最佳旅游目的地网络评选颁奖盛典暨旅游论坛”，桂林市获“2012 年度 TOP 10 国内最佳旅游目的地”称号。

16 日 位于象山区崇信路的红街商业广场正式开业。项目一期工程总投资金额 1.2 亿元，总建筑面积 5 万平方米，步行街区长 376 米。

2 月

3～5 日 中共中央政治局委员、全国人大常委会副委员长、中华全国总工会主席王兆国在桂林调研，调研主要内容为桂林市学习贯彻落实中共中央总书记胡锦涛“七一”讲话精神，加快转变经济发展方式，保持经济平稳较快发展，发展和谐劳动关系，在加强和创新社会管理中发挥工会组织作用等情况。

8 日 在北京召开的全国未成年人思想道德建设工作视频会议上，桂林市获“第三届全国未成年人思想道德建设工作先进城市”称号。

同日 市委书记、市人大常委会主任刘君在桂林香格里拉大酒店会见香港溢达集团主席杨敏德一行。

11 日 桂林市第五十七届人才交流大会暨大中专毕业生“双向选择”洽谈会在桂林国际会展中心举行。进场人数 2.1 万人，约 480 家用人单位提供职位 1.3 万个，8000 人实现就业。

14 日 全市开展“绿满八桂”植树造林暨冬春水利建设活动，5 万余人植树 11 万株，完成 50 千米渠道清淤。

16 日 市委常委、统战部部长叶兆泉会见到桂林市考察投资环境的香港宏安集团中国农产品交易有限公司总裁何惠年一行。

22～24 日 全国人大外事委员会副主任委员卢钟鹤、刘镇武率领的全国人大外事委员会专题调研组，就来华外国人服务管理工作在桂林市调研。

23 日 全市“解放思想、赶超跨越”大讨论活动动员大会在市直机关小礼堂召开。

27 日 在北京人民大会堂召开的全国双拥模范城（县）命名暨双拥模范单位和个人表彰大会上，桂林市连续第七次被授予“全国双拥模范城”称号。

29 日 由自治区旅游局、桂林市人民政府主办的灌阳千家洞瑶族文化节暨灌阳“二月八”农具文化节在灌阳县体育场举行，3 月 15 日结束。

2 月 国家林业局正式批复同意桂林会仙湿地列入国家湿地公园试点。

3 月

2 日 桂林市第四届人大常委会召开第四次会议，听取和审议《桂林市人民政府关于提请审议桂林市与土耳其共和国穆拉特帕夏市缔结友好城市关系的议案》，决定批准桂林市与土耳其共和国穆拉特帕夏市结为友好城市。

10 日 自治区文化厅、旅游局与桂林市文化局、旅游局联合主办的第十届桂林恭城桃花节暨第二届桂林恭城油茶文化节在恭城西岭乡大岭山桃园开幕，31 日结束。

13 日 市委书记、市人大常委会主任刘君在香格里拉大酒店会见香港港龙航空公司行政总裁杨伟添一行。

17 日 全国政协副主席何厚铧到桂林出席桂山

华星大酒店开业庆典仪式。

23日 弘扬广西精神专题报告会在市直机关小礼堂举行，全市500多名党政干部进行集中学习。

24日 秀峰区鲁家新村举行开村仪式。鲁家新村位于桃花江中段，是“两江四湖”水系的重要节点，建筑面积3.2万平方米。

26日 市长李志刚在桂林会见台湾玉晶集团总裁陈天庆一行。

27日 市委书记、市人大常委会主任刘君在榕湖饭店会见台湾新党主席郁慕明及到桂林考察的台湾企业家代表。

同日 桂林市人民政府与保利文化集团股份有限公司共同签署保利(桂林)文化产业园项目合作协议书，项目总投资规模不低于100亿元。

29日 广西艺术学院的漓江画派研究院项目开工仪式在广西艺术学院桂林校区举行。

同日 全市“万名干部入乡驻村”活动暨选派机关干部担任贫困村党支部第一书记动员大会在市直机关小礼堂举行，270名贫困村党支部第一书记和3000多名新农村建设指导员入村到岗。

4月

1日 市委常委、统战部部长叶兆泉在榕湖饭店会见由中国国民党花莲县党部副主委陈凯莉率队的中国国民党花莲县党部广西参访团一行。

9~12日 中央军委委员、国务委员、国防部部长、上将梁光烈到桂林视察。

13日 全市深入开展“感恩教育”主题活动启动仪式在市中心广场举行。

20日 由中共中央宣传部、中央文明办主办，自治区党委宣传部、文明办与中共桂林市委、市人民政府等部门联合承办的“学雷锋·在行动——全国道德模范与身边好人(广西桂林)现场交流活动”在市体育馆举行。4位全国道德模范代表与5位身边好人进行现身说法，观众3000人。

22日 市委书记、市人大常委会主任刘君在桂山华星酒店会见全国政协常委、经济委员会副主任刘江率领的全国政协经济委员会专题调研组一行。

5月

1日 桂林市恭城瑶族八音、龙胜侗族瘀颈龙舞、临桂彩调、全州渔鼓、全州红油米粉制作技艺、临桂回族板鸭制作技艺、龙胜北壮服饰制作技艺、龙胜瑶族药浴疗法、灵川姑娘节、龙胜瑶族长发习俗等10个项目列入自治区文化厅第四批自治区级非物质文化遗产代表性项目名录推荐名单。

2日 桂林市庆祝中国共产主义青年团建团90周年暨“五四”运动93周年纪念大会在市直机关小礼堂举行。

12日 由桂林市旅游文化演艺有限公司编导的大型玄幻杂技歌舞秀《山水间》在漓江剧院首场公演。

14日 市委书记、市人大常委会主任刘君率队到北京分别拜会环境保护部部长周生贤、副部长张立军，专题汇报桂林市环境保护及迎接国家环保模范城复核工作情况。

17日 桂林市文物局揭牌成立。

2012年5月17日，桂林市文物局揭牌　　(陈远琲　摄)

2012 年 5 月 29 日,桂林市文艺演出有限责任公司揭牌

（市文化局　供稿）

18 日　桂林市城市智能交通控制系统启用暨交警指挥中心大楼落成仪式在市交警支队广场举行。桂林市城市智能交通控制系统中心(包括控制系统和指挥中心大楼)总投资 1.2 亿元。具有全天候监控路面、智能化交通信号控制、交通流量诱导监控、警力指挥调配等综合应用功能。

同日　广西北部湾产权交易所桂林办事处揭牌成立。

22 日　市委书记、市人大常委会主任刘君,市长李志刚在市直机关小礼堂接待室会见桂林市在全国公安系统英雄模范立功集体表彰大会上受表彰的先进集体和个人。

同日　桂林市第一个廉政主题园林——清石园在兴安县红军突破湘江烈士纪念碑园内建成并揭牌。该园投入 120 万元,占地面积 2000 平方米,园内置天然奇石 28 块,镌刻廉政格言警句 50 句。

24 日　自治区党委原书记、自治区政协原主席陈辉光一行到桂林市考察。

28 日　桂林航天工业学院揭牌庆典在该校举行。经教育部和自治区人民政府同意,桂林航天工业高等专科学校升格为普通本科院校,并更名桂林航天工业学院。

29 日　桂林市文艺演出有限责任公司与桂林市戏剧创作研究院分别在市漓江剧院和市桂剧团揭牌成立。桂林市文艺演出有限责任公司由市歌舞团、杂技团、漓江剧院组建;桂林市戏剧创作研究院由市桂剧团、彩调团、曲艺团组建,并增挂“桂林市非物质文化遗产保护传承中心”牌子。

30 日　《桂林市强农惠农政策汇编》手册发放仪式在桂林国际会展中心举行。市委书记、市人大常委会主任刘君,市长李志刚向县(区)代表发放手册。

6 月

10 日　由市公共机构节能工作领导小组办公室等部门组织的桂林市首届节能体验自行车大赛启动仪式在市中心广场举行。

12 日　桂林市社会治安综合治理委员会更名桂林市社会管理综合治理委员会。

16 日　阳朔县在“第三届中国消费经济高层论坛——慢城峰会”上,获“2012 年中国十佳城市慢游地”称号。

22 日　由自治区旅游局、桂林市人民政府主办的首届龙脊国际梯田文化旅游节暨 2012 年中国·大

2012 年 6 月 22 日,“龙胜各族自治县首届龙脊国际梯田文化旅游节暨 2012 年中国·大桂林旅游桂湘原生态风情节”开幕式文艺表演在龙胜体育中心广场举行

（吴革新　摄）

桂林旅游桂湘原生态风情节在龙胜各族自治县开幕。旅游节活动包含在龙胜城乡范围内举办的各级各类民族节庆活动、会期活动，为期1年。

26日 由桂林市新华书店整合重组改制而成的桂林市新华书店有限公司在桂林书城挂牌成立，为广西市级新华书店首家改制企业。

28日 首届桂林市“十大杰出创新人才”“十大杰出创业人才”表彰大会在市直机关小礼堂举行。

7月

6日 桂林市国家环境保护模范城市复核工作汇报暨情况通报会在阳朔县召开，桂林国家环境保护模范城市通过环境保护部专家组复核。

8日 自治区党委书记、自治区人大常委会主任郭声琨到桂林苏桥经济开发区调研。

9日 自治区党委书记、自治区人大常委会主任郭声琨出席在临桂县临桂镇庙岭村举行的桂三高速公路(桂林至三江)项目开工仪式。桂三高速公路主线长134.63千米，投资概算总金额151亿元，按双向四车道高速公路标准建设。

13日 《中国共产党桂林历史》第一卷首发仪式在市直机关小礼堂举行。

15日 桂林市首届公益性人才交流大会暨大中专毕业生“双向选择”洽谈会在桂林国际会展中心举办。进场求职1.5万人，达成就业意向6200人。

16日 国家旅游局与中国银联在北京共同举办“中国旅游卡” 宣传推广启动仪式暨首发仪式，桂林市被确定为首批“全国旅游刷卡无障碍示范区”城市。

17日 国务院在人民大会堂举行全国就业创业工作表彰大会，桂林市获“全国创业先进城市”称号。

24日 由自治区农业厅、桂林市人民政府主办的2012年桂林灌阳千家洞“六月六”雪梨黑李节在灌阳县灌阳镇大仁村白竹坪屯开幕，29日结束。

26日 桂林市防洪及漓江补水工程川江水利枢纽大坝封顶。该工程占地565.4公顷，集雨面积127平方千米，设计最大坝高83米，设计最大库容0.98亿立方米，其中防洪库容0.42亿立方米。

28日 临桂新区创业大厦主楼正式封顶。

30日 市委、市人民政府在市少年宫春天剧场集会，庆祝中国人民解放军建军85周年，对驻桂林部队立功官兵进行表彰。

8月

1日 副市长巫家世在榕湖饭店会见到桂林考察交流的台湾花莲县秀林乡老人会参访团一行。

8日 桂林国际足球旅游文化产业园在象山区三塘园艺场开工建设。该园占地90.33公顷，总投资金额30亿元。

11日 武警部队司令员、上将王建平到武警桂林支队和武警临桂县中队视察指导工作。

16日 全市公安机关反恐处突综合演习暨教育训练成果汇报演练在中国人民解放军空军空降兵学院举行。

23日 由自治区农业厅、旅游局，中国农学会葡萄分会、广西烹饪餐饮行业协会和桂林市人民政府主办的广西兴安·第六届桂林米粉节暨第四届葡萄节在兴安县开幕，9月2日落幕。

24日 桂林市第二届少数民族传统体育运动会开幕式在市体育馆举行。12个县5个城区及市民族职业技术学校的18支队伍近500名运动员参赛。

28日 资源县首届丹霞文化旅游节暨第十八届民族传统河灯歌节在资江河畔举行，30日结束。

同日 中国品牌广西桂林申报中心在市东安街揭牌成立。该中心是中国质量信用评价中心、中国质量领先企业调研组委会在桂林的派出机构，负责桂林市、梧州市、贺州市、河池市4个市的品牌申报工作。

9月

1~2日 中共中央政治局委员、全国政协副主席王刚到桂林视察。

4日 桂林高新技术产业开发区创意产业园、桂林云龙尚动画制作有限公司、桂林阳朔山水旅游开发有限公司、桂林国悦灵渠旅游开发有限公司被自治区文化厅命名为自治区第四批文化产业示范基地。

6日 由桂林市人民政府、自治区旅游局、自治区国际博览事务局主办的第三届中国桂林国际旅游博览会在桂林国际会展中心开幕，8日结束。

7日 全国教师工作暨"两基"工作总结表彰大会在北京召开，桂林市获评为全国"两基"工作先进地区。

10日 中国旅游协会休闲农业与乡村旅游分会公布2012中国休闲农业与乡村旅游十大精品线路，"桂林休闲农业四季游"入选。

13~14日 中共中央政治局委员、国务委员刘延东在桂林市考察指导工作。

18日 解放军报社社长、少将黄国柱出席在桂林市召开的2013年度《解放军画报》宣传发行工作研讨会。

19日 市委常委、统战部部长叶兆泉在榕湖饭店会见到桂林市参观访问的台湾劳动人权协会高雄地区基层工会干部广西参访团一行。

同日 市委常委、统战部部长叶兆泉在榕湖饭店会见到桂林参观访问的世界知名台商大陆访问团一行。

20日 市委书记、市人大常委会主任刘君，市长李志刚率桂林市代表团到南宁参加第九届中国—东盟博览会。

27日 由市委、市人民政府主办的桂林市"爱国歌曲大家唱"歌咏会在市体育馆举行。

28日 第二届广西(桂林)园林园艺博览会在雁山区雁山镇的桂林园博园开幕，自治区主席马飚出席开幕式并巡察园博园。桂林园博园占地90万平方米，其中绿地面积56万平方米，水域面积12万平方米，园林建筑4.78万平方米。

30日 由市人民政府主办的"2012桂林房·车节"在桂林国际会展中心开幕，10月3日结束。

同日 2012首届桂林桃花湾啤酒节在秀峰区鲁家村开幕，10月4日结束。

10月

11日 由自治区文化厅、广西文联、桂林市人民政府联合主办的第三届广西彩调艺术节暨第七届桂林永福养生旅游福寿节在永福县开幕，14日结束。

同日 桂林市测绘地理信息局在市崇善路6号挂牌成立。

12日 第六届联合国世界旅游组织/亚太旅游协会旅游趋势与展望国际论坛在桂林香格里拉大

2012年10月，桂林园博园景色 （陶树青 摄）

酒店开幕。

16 日 市委常委、统战部部长叶兆泉在榕湖饭店会见以香港广西桂林市同乡联谊会常务副会长洪响堂为团长的香港企业界知名人士桂林投资考察团一行。

17 日 市委常委、统战部部长叶兆泉在榕湖饭店会见由台湾世新大学董事长成嘉玲率领的台湾专家参访团一行。

19 日 由桂林市人民政府、自治区科技厅和文化厅共同主办的第四届中国·桂林创新创意文化节暨桂林动漫节在桂林国际会展中心开幕，21 日结束。

19～21 日 自治区主席马飚先后到桂林市平乐、荔浦、临桂、灵川、兴安、灌阳等县考察基层文化建设，就企业自主创新、城乡建设和民生改善、农业增产、农民增收等进行调研。

26 日 市委常委、统战部部长叶兆泉在阳朔会见到桂林访问的包括台北市报业公会理事长林圣芬在内的台湾主流媒体高管参访团一行。

27 日 由中国田径协会、自治区体育局、桂林市人民政府主办的 2012 桂林国际半程马拉松比赛在临桂新区举行，来自国内 26 个省（直辖市、自治区）和 16 个国家的专业参赛选手和长跑爱好者参赛。

同日 市委常委、统战部部长叶兆泉在榕湖饭店会见到桂林参观访问的香港阳江工商联合会参访团一行。

29 日 市委常委、统战部部长叶兆泉在榕湖饭店会见台湾南屏两岸交流协会广西参访团一行。

11 月

1 日 《桂林国际旅游胜地建设发展规划纲要》获国家发展和改革委员会批复。

16 日 桂林“百姓大舞台”第 100 场专场演出——“胜利的旗帜”·热烈庆祝党的十八大胜利召开大型文艺晚会在市体育馆举行。

19 日 自治区党委书记、自治区人大常委会主任郭声琨，自治区主席马飚在桂林拜会到桂林出席团结报发展研讨会及顾问会的全国人大常委会副委员长、中国国民党革命委员会中央主席周铁农。

22 日 桂林市举办第十九届“叠彩—解放杯”长跑赛，全市 2000 多名长跑爱好者参赛。

26 日 市委、市人民政府在市直机关小礼堂召开“学习贯彻党的十八大精神，打造桂林国际旅游胜地，建设美丽桂林”动员大会。

同日 自治区文化厅公示首批特色文化产业示范县（市、区）拟命名名单，兴安县、阳朔县入选特色文化产业示范县。临桂县、龙胜各族自治县、恭城瑶族自治县入选首批自治区特色文化产业项目示范县（区）。

28 日 广西申报世界文化遗产工作会议宣布灵渠以独立申报项目入选《中国世界文化遗产预备名单》，正式向联合国教科文组织申报世界文化遗产，标志着灵渠的“申遗”工作迈出关键的一步。

29 日 桂林市邮政管理局在凤北路揭牌成立。

30 日 中国桂林·全州第二届湘山文化节在全州县开幕，12 月 1 日结束。

12 月

2 日 自治区党委书记、自治区人大常委会主任郭声琨到桂林出席广西师范大学建校 80 周年庆典大会并发表讲话。

5 日 联合国教科文组织中国人与生物圈国家委员会在北京人民大会堂举行颁奖仪式，广西猫儿山国家级自然保护区正式加入“世界生物圈保护区”。自然保护区总面积 1.7 万公顷，森林覆盖率 96%。

6 日 由自治区人民政府主办的第三届广西名特优农产品交易会在桂林国际会展中心开幕，12 日结束。

11日 2012荔浦衣架·食品·特色农产品交易会暨第五届旅游文化艺术节在荔浦县开幕,18日结束。

12日 自治区党委书记、自治区人大常委会主任郭声琨在桂林主持召开经济运行工作座谈会,就县域经济、非公有制经济和农村经济发展听取各方意见和建议。

同日 阳朔县第十四届漓江渔火节暨第十届金橘交易会、第二届苗木花卉交易会在阳朔县高田镇开幕,15日结束。

13日 桂林雄森熊虎山庄搬迁扩建工程暨中医药研发生产项目开工奠基。该项目位于国道321线旁,距熊虎山庄原址5千米,计划总投资金额5.9亿元,建筑面积27.4万平方米。

14日 中国·桂林国际根雕奇石文化城项目开工仪式在象山区长虹东路举行。该项目位于凯风路大风山段,计划投资金额3.2亿元,总面积为23.33公顷。

17日 市委常委、统战部部长叶兆泉,副市长周卫在榕湖饭店会见台湾花莲县村里长参访团、模范劳工参访团一行。

19日 全国旅游刷卡无障碍桂林示范区启动仪式在桂林漓江大瀑布饭店举行。桂林市成为全国4个旅游刷卡无障碍示范区之一。

同日 灌阳县被农业部和国家旅游局认定为"全国休闲农业与乡村旅游示范县"。

20日 市委在市直机关小礼堂召开全市领导干部大会,传达学习中央关于改进工作作风、密切联系群众"八项规定"的文件精神,部署贯彻落实具体措施。

24日 环境保护部发布公告,桂林市恭城瑶族自治县恭城镇、莲花镇;荔浦县荔城镇;阳朔县白沙镇、兴坪镇、福利镇;灵川县灵川镇、定江镇;平乐县平乐镇;兴安县兴安镇、湘漓镇;永福县永福镇;全州县全州镇;资源县资源镇;灌阳县灌阳镇获"国家级生态乡镇"称号。

26日 桂林市新编大型历史彩调剧《一品油茶七品官》、新编历史桂剧《月影斩》获第八届广西剧展最高奖项"桂花金奖"。

28日 由市人民政府、市政协主办的2012首届桂林地方美食评选暨烹饪大赛决出名次,共评出桂林地方名小吃20道、桂林地方名菜50道、桂林地方名宴10席、桂林烹饪名师20位和桂林餐饮名店20家。

28~29日 自治区党委书记彭清华到桂林考察调研。

同日 桂林两江四湖二期桃花江段建成暨首航仪式正式开启。

29日 独秀峰·王城景区成为国家5A级旅游景区。

30日 湘桂铁路扩能改造工程桂林至永州段建成投入试运行。湘桂铁路扩能改造工程全长1013千米,起自湖南衡阳,经湖南永州进入广西。经桂林、南宁,终于凭祥,贯穿广西主要经济带。新湘桂铁路设计时速为每小时200千米。

2012年友好往来

2月

2日 市长李志刚在榕湖饭店会见法国埃赫曼集团锰业执行总裁菲利普·维克通及埃赫曼中国集团主席常识一行。

3月

6日 市委副书记石东龙向到桂林考察了解中国少数民族政策和民族地区经济社会发展状况的南亚国家政党干部研修班一行介绍情况。该研修班由孟加拉国、印度、尼泊尔、斯里兰卡4国的6个党派人员组成。

13日 市委书记、市人大常委会主任刘君在桂林国际会展中心会见波兰驻广州总领事馆副总领事阿格塔·多曼斯卡一行。

31 日 美国飞虎队历史委员会主席琼斯·怀特海德和部分成员到桂林，将飞虎队老队员及其亲属提供的 80 多件美国飞虎队文物捐赠给桂林市，用以支持桂林飞虎队遗址公园建设。

4 月

9 日 市长李志刚在桂林漓江大瀑布饭店会见日本电气株式会社（NEC）公司海外事业最高负责人峰野敏行一行。

2012 年 4 月 19 日，市委书记、市人大常委会主任刘君（右）会见越共广宁省省委书记范明政（左） （舒恒茂 摄）

19 日 市委书记、市人大常委会主任刘君在榕湖饭店会见率团到访的越共广宁省省委书记范明政。

30 日 市委常委、副市长、宣传部部长陈丽华率领桂林旅游促销团到英国伦敦 BBC（英国广播公司）总部洽谈宣传合作事宜。

5 月

23 日 泰国公主朱拉蓬到桂林进行友好访问。

31 日 市委常委、常务副市长黄俊华率领的桂林商务代表团一行拜会英国利物浦市市长莎朗·苏利文。

6 月

1～2 日 市委常委、常务副市长黄俊华率领桂林商务代表团考察英国英格兰足球总会旗下的英格兰国家足球中心，参观该中心正在建设的圣乔治公园，访问“桂林国际足球—旅游文化产业园”项目合作伙伴利物浦足球俱乐部及利物浦约翰摩尔大学。2 日，“桂林国际足球—旅游文化产业园”项目业主桂林金世邦实业有限公司与英格兰足球总会签署了合作意向书。

2012 年 6 月 14 日，市委书记、市人大常委会主任刘君在迪拜推介桂林旅游 （江建和 供稿）

8 日 市委常委、副市长黄涛在榕湖饭店会见日本东京海上日动火灾保险株式会社代表一行。

10～14 日 市委书记、市人大常委会主任刘君率桂林市旅游推介代表团赴马尔代夫共和国首都马累、斯里兰卡民主社会主义共和国首都科伦坡、阿拉伯联合酋长国迪拜进行旅游推介。

7 月

11 日 市委常委、组织部部长秦春成在榕湖饭店会见到桂林考察访问的韩国外交通商部人事企划局局长李汀圭为团长的韩国外交通商部青年干部代表团一行。

19日　市长李志刚在榕湖饭店会见到桂林访问的缅甸仰光省行政长官吴敏瑞一行。

8月

11日　市人大常委会副主任潘永建在桂林宾馆会见到桂林市参观访问的美中政策基金会2012年第一批美国国会助手团一行。

9月

5日　市委书记、市人大常委会主任刘君，市长李志刚在桂林香格里拉大酒店会见到桂林出席第三届桂林国际旅游博览会的外国驻华使节团一行。

同日　市长李志刚在桂林香格里拉大酒店会见到桂林参加第三届中国桂林国际旅游博览会的泰国芭堤雅市、韩国济州市和日本熊本市代表团。

6日　市长李志刚在桂林国际会展中心会见到桂林参加第三届中国桂林国际旅游博览会的土耳其穆拉特帕夏市代表团一行，与该市市长苏莱曼·艾乌季勒曼就双方建立友好城市关系进行交流。

18日　副市长周卫在榕湖饭店会见到桂林访问的马来西亚妇女家庭及社会发展部副部长、拿督王赛芝率领的女企业家代表团一行。

10月

11日　市长李志刚在桂林香格里拉大酒店会见联合国世界旅游组织执行主任索丹·索莫基、亚太旅游协会首席执行官贵马田。

12日　市长李志刚在桂林香格里拉大酒店会见到桂林出席旅游国际论坛的联合国世界旅游组织秘书长特别顾问、联合国世界旅游组织可持续旅游扶贫基金会主席都英心。

18日　市长李志刚在桂林香格里拉大酒店会见到桂林参加第四届桂林创新创意文化节暨桂林动漫节的波兰驻广州总领事馆总领事克日什托夫·谢宾。

19日　市长李志刚在桂林国际会展中心会见到桂林参加第四届中国·桂林创新创意文化节暨桂林动漫节的法国昂西市第一副市长玛丽·诺艾勒·普鲁旺一行。

26日　副市长周卫在桂林宾馆会见到桂林访问的泰国芭堤雅市副市长曾泉丰率领的代表团一行。

31日　市人大常委会副主任潘永建在桂林宾馆会见到桂林市参观访问的韩国忠清北道议会代表团一行。

11月

23日　由商务部主办、中国—东盟博览会秘书处承办的首届中国—东盟会会展事务高级研修班学员到桂林考察会展业，该届研修班学员为柬埔寨、老挝、越南、印度尼西亚、马来西亚5国的官员。

30日　市委常委、常务副市长黄俊华在桂林榕湖饭店会见到桂林访问的美国驻广州总领事馆总领事郭瑾一行。　（陶树青）

桂林市概貌

西湖荷塘　（李腾钊　摄）

建置沿革

先秦时期，桂林为百越地。秦始皇三十三年（前214年），秦王朝统一岭南，设桂林、南海、象三郡，今桂林市大部分为桂林郡，东北部今之兴安县、全州县、资源县、灌阳县和龙胜各族自治县的一部分属长沙郡。

汉高祖三年至元鼎五年（前204年～前112年），原桂林郡地属南越国地。

汉元鼎六年（前111年），置始安县，辖地包括今桂林市区和临桂县、灵川县、阳朔县、永福县、柳州市鹿寨县及兴安县、龙胜各族自治县部分地域，县治在今桂林市区，属荆州零陵郡。今之灌阳县、全州县、资源县及平乐县、恭城瑶族自治县部分地域属零陵郡；今之龙胜各族自治县属武陵郡；今之荔浦县属苍梧郡。

东汉建武四年（28年）改始安县置始安侯国，治所在今桂林市区。

三国吴甘露元年（265年）十一月，在零陵郡南部设始安郡，辖始安（今桂林市区及临桂县、兴安县、灵川县、阳朔县、荔浦县、永福县）、平乐（今平乐县、恭城瑶族自治县）、荔浦、尚安（今阳朔县）、熙平（今阳朔县）、永丰（今荔浦县）等县，今之全州县、灌阳县、资源县属荆州零陵县，今之龙胜各族自治县属荆州武陵郡。始安郡、始安县治所均在桂林市区，仍属荆州管辖。

西晋，始安郡改属广州，辖始安、平乐、常安、熙平、永丰、荔浦等县，包括今之兴安县、灵川县、临桂县、阳朔县、永福县、平乐县、荔浦县、恭城瑶族自治县、柳州市鹿寨县、梧州市蒙山县境。今之全州县、灌阳县、资源县、龙胜各族自治县的归属同三国时期。

南朝刘宋年间，始安郡属湘州；南朝梁天监六年（507年）析广州之苍梧、郁林郡置桂州，领郡县，大同六年（541年）十二月，州治迁至今桂林市区。

隋大业三年（607年）桂州废改为始安郡，治始安县（今桂林市区），今桂林市区及辖县大部分属始安郡，今全州县、资源县、兴安县、灌阳县地居零陵郡。

唐武德四年（621年）始安郡改置桂州、天宝元年（742年）桂州改为始安郡。唐至德二年（757年）九月，改始安县为临桂县。以后历五代十国、宋、元、明、清至民国2年（1913年）3月1日前均称临桂县，为桂州、广南西路、静江府、静江路、广西行中书省、广西三司（布政使司、提刑按察使司、都指挥使司）、漓江道、桂林道、广西行省治所驻地。唐乾元元年（758年），桂州领临桂、理定（今永福县）、灵川（今灵川县、龙胜各族自治县及临桂县部分）、阳朔、荔浦、永丰（今荔浦县、永福县）、建陵（今荔浦县）、纯化（今鹿寨县）、永福、临源（今兴安县）10县。今之全州县、资源县、灌阳县属零陵郡，今之平乐县、恭城瑶族自治县先后属乐州、昭州、平乐郡。

五代十国晋天福四年（939年）增设全州，领清湘县（今全州县）、灌阳县，州治清湘县（今全州县城）；晋开运三年（946年）在今兴安县城增置溥州，辖德昌（今兴安县）、广明（今临桂县、龙胜各族自治县、灵川县）、义宁（今临桂县）。

北宋至道三年（997年）置广南西路，包括今广西和雷州半岛及海南岛等地区，治所桂州（今桂林市），广西简称为“桂”自此始。南宋绍兴三年（1133年）二月初一桂州升为静江府，治临桂（今桂林市区）辖临桂、兴安、荔浦、永福、修仁（今荔浦县）、灵川、义宁（今龙胜各族自治县及临桂县部分）、理定（今兴安县）、古县（今永福县）、阳朔10县。全州、昭州辖县治所沿袭唐制。

元至元十五年（1278年）改静江府为静江路，所辖县与宋静江府同。元大德五年（1301年），昭州改为平乐府，府治今平乐县城，辖平乐、恭城、蒙山、昭平4县。

明洪武元年（1368年）六月二十三日静江路复为静江府。洪武五年（1372年）六月，静江府改为桂林府，桂林作为广西东北地区行政区域的名称，从此时开始。初领临桂、兴安、荔浦、修仁、灵川、阳朔、永福、理定、古县、义宁等10县，后领2州7县（全州、永宁州，临桂、兴安、灵川、阳朔、灌阳、永福、义宁县）。洪武九年（1376年）全州府降为全州，隶属湖广承宣布政使司永州府，辖地不变。洪武二十七年（1394年）全州属湖广永州府改属广西桂林府，初领灌阳1县。平乐府初领4县，弘治四年（1491年）增辖荔浦、修仁，次年增辖永安州，明末实辖永安州及7县，今桂林市辖县平乐、恭城、荔浦属之。永宁州于隆庆五年（1571年）升古田县置，领永福、义宁2县。

清前期同明制，乾隆六年(1741年)析义宁县西北地置龙胜厅，属桂林府。光绪三十二年(1906年)析永宁州并永福、融、柳城、雒容4县地置中渡厅，属桂林府。

民国元年(1912年)8月28日，广西省治迁往南宁。民国2年(1913年)改临桂县为桂林县，并废府设道。桂林道辖桂林、全州、兴安、灌阳、灵川、龙胜、义宁、古化、中渡、永福、阳朔、平乐、恭城、荔浦、修仁、蒙山、贺县、昭平、富川、钟山20县。其中古化县为永定县，为避免与四川、贵州、山西等省永定县同名易名为古化县。民国25年(1936年)10月1日广西省治迁回桂林。民国29年(1940年)改桂林县为临桂县，析城区八桂、白龙、培风、义南、东江、风北6镇及太沙、柘木、东附廓、三合、北附廓、西南附廓6乡置桂林市，治所在今桂林市区，直属广西省政府。民国31年(1942年)设直属行政区，辖桂林市及全州、灌阳、资源、兴安、阳朔、临桂、永福、百寿、义宁、灵川、龙胜11县。民国33年(1944年)改直属行政区为第八行政区。平乐、荔浦、恭城县属平乐区，区治平乐县（今平乐县城)。民国38年8月(1949年9月30日止)，广西省治从桂林市撤往南宁市。

1949年12月广西全境解放后，桂林市为省直辖市，桂林行政区专员公署驻今桂林市区，辖临桂、灵川、义宁、永福、百寿、龙胜、兴安、全州、灌阳、资源、阳朔11县。1951年8月，龙胜县改名为龙胜各族联合自治区。1955年9月，改称龙胜各族自治县，义宁县并入灵川县。1952年，百寿县并入永福县，资源县并入全州县，鹿寨县划入桂林专区。1954年，灵川县并入临桂县，恢复资源县制。

1958年6月，平乐专区改为梧州专区，荔浦、恭城、平乐县划归桂林专区管辖，鹿寨县划回柳州专区。1960年7月，桂林地区和桂林市机关合并。1961年5月，桂林地区和桂林市分开。同年，恢复灵川县制，归属桂林地区。1981年7月，阳朔县和灵川县大圩公社的潜经、草坪大队以及茯荔大队的吴家、杨家生产队划归桂林市管辖。1983年10月，临桂县划归桂林市管辖。

1998年8月27日，国务院批复同意桂林市和桂林地区合并。11月8日正式挂牌，组建新的桂林市(地级)。市人民政府驻象山区榕湖南路。新的桂林市辖原桂林市的秀峰区、叠彩区、象山区、七星区、雁山区和阳朔县、临桂县以及原桂林地区的灵川县、全州县、兴安县、永福县、灌阳县、资源县、平乐县、荔浦县、龙胜各族自治县、恭城瑶族自治县。（市志办）

地理位置

【位置面积】 桂林市位于广西壮族自治区东北部，地理位置为北纬24°15′23″～26°23′30″、东经109°36′50″～111°29′30″之间，境域南北长236千米、东西宽189千米。北部及东北部与湖南省通道、城步、新宁、东安、永州、双牌、道县、江永8个县(市)交界，东南部与广西壮族自治区贺州市富川、钟山、昭平3个县和梧州市蒙山县、来宾市金秀县及柳州市鹿寨县毗邻，西部与广西壮族自治区柳州市三江、融安2个县接壤。总面积27809平方千米(其中市区565平方千米)，占广西总面积的11.75%。

2012年桂林市土地面积

表1 单位:平方千米

指标	面积
全市	27809
市区	565
秀峰区	54
叠彩区	52
象山区	88
七星区	97
雁山区	274
阳朔县	1428
临桂县	2202
灵川县	2287
全州县	4021
兴安县	2344
永福县	2806
灌阳县	1837
资源县	1954
平乐县	1919
荔浦县	1759
龙胜各族自治县	2538
恭城瑶族自治县	2149

【地形、地貌、山系、水系】

地形　桂林市地处南岭山系的西南部，地形总体上呈北高南低的趋势，即北、东、西三面环山，地势较高；中部及南部、东北部为岩溶山地与平原、河谷地区，地势较低平，其中从全州县、兴安县到灵川县、桂林市区、临桂县一线有“湘桂走廊”之称，是广西的东北门户。

地貌　桂林市地貌特点是四周山地环绕，山地丘陵面积广大，地貌类型多样，可分为中山、低山、丘陵、岩溶石山和河谷平原五大类。中山主要分布在桂林市的北部、西部和中部海洋山等地；低山主要分布在各大山脉的四周，中山、低山总面积大约占全市面积的一半左右。丘陵多分布于中低山与河流谷地之间。境内石灰岩地层分布广泛，岩层厚、质地纯，加上受地质构造的作用和长期的侵蚀、切割，形成了沿桂江与湘江两岸分布的典型岩溶石山与河流谷地平原。典型的岩溶石山海拔标高200～500米不等，有峰丛洼(谷)地和峰林平原等类型。石峰内或地下多洞穴或地下河。市区至阳朔县长约80千米漓江沿岸的峰林地貌最为典型，形成了千峰环抱、山环水绕、碧水青山、奇峰倒影、洞奇石美的独特景观，被世人美誉为“山水甲天下”，成为举世闻名的旅游胜地。岩溶石山、丘陵与平原约占全市总面积的47%。此外，在资源县县城向北部和西北的白垩纪红色砂岩分布区，由于地表水系的长期侵蚀，形成了一个沿资江分布，面积达125平方千米的丹霞地貌。桂林素来享有“无山不洞，无洞不奇”的赞誉，是中国也是世界上洞穴开发利用最早、最多的地区之一，有洞穴1万个左右。早在公元5世纪，颜延之就在独秀峰下辟脚洞为读书岩。七星岩洞口最早的一方石刻是隋开皇十年(590年)所刻的“栖霞洞”，迄今游览历史至少已有1400年。著名洞穴有芦笛岩、七星岩、穿山岩、冠岩、甑皮岩洞穴遗址、银子岩、丰鱼岩、莲花岩、黑岩、永福岩、蟠山安乳洞岩洞穴系统、百寿、龙岩等。

山系　主要为中低山和岩溶山地。山系主要呈北北东走向。北部有猫儿山、越城岭；东部和中部有都庞岭、海洋山；西北和西部有大南山、天平山；南部有驾桥岭和大瑶山。组成山地的岩石除古老地层外，还有大量的花岗岩，形成花岗岩地貌景观。山地长度多在60千米以上，在高度上，除驾桥岭主峰高度较低(海拔1246.9米)外，其余山地主峰均在1700米以上。其中：猫儿山主峰海拔2141.5米，为华南第一高峰；越城岭主峰真宝顶海拔2132.4米，为广西第二高峰。猫儿山、越城岭、海洋山和都庞岭构成了珠江和长江水系的分水岭；在分水岭南北两侧，沿湘江和漓江河谷，分布形成西南—东北走向的兴安—全州河谷平原和西北—东南走向的岩溶山地—河谷平原区。

水系　桂林市河流水系发达。全市共有大小河流100余条，其中流域面积在50平方千米以上河流35条，分属长江流域的洞庭湖水系与珠江流域的西江水系，为典型的雨源型山区河流。分布有桂江、湘江、洛清江、资江与浔江五大河流，其中资江与湘江分属于长江流域资水、湘江水系，桂江、洛清江、浔江属于珠江流域西江水系。分山地型河流与岩溶丘陵平原型河流两大类，山地型河流多位于碎屑岩分布区，区内降雨量充沛，地表水系发达，河流曲折多弯，流域形成树枝状水系网络，河流坡降大，水流湍急、落差大，多峡谷、险滩，是开展漂流等水上运动的良好地域；岩溶丘陵平原型河流多位于碳酸盐岩分布区，流域内地表地下岩溶发育，致使地表水系不发育，地下多发育有地下河或伏流，地表与地下水系共存。属于长江流域洞庭湖水系的有资江、湘江(包括其支流灌江)，流域总面积约占全市总面积的30%。其中：湘江境内河流长190千米，流域面积7049平方千米；资江境内河流长83千米，流域面积1300平方千米。属于珠江流域西江水系的有桂江、洛清江和浔江，约占全市总面积的70%。其中：桂江平乐县城以上段又称漓江，境内河流长约288千米(漓江长214千米)，流域总面积12669平方千米；洛清江境内河段长103千米，流域面积2806平方千米；浔江境内河段长139千米，流域面积3868平方千米。在湘江和西江两大水系之间，古代修建有著名的灵渠(位于兴安县城西南)将两大水系沟通。另外，在临桂县会仙附近的相思埭，有一条古运河将漓江水系与柳江水系(通过洛清江)沟通。

(中国地质科学院岩溶地质研究所)

资源·物产

桂林市盛产水稻，是广西主要粮食生产基地之一，又是优质水稻生产基地。粮食作物主要有水稻、玉米、红薯、小麦、黄豆；经济作物主要有苎麻、甘蔗、花生、荔浦芋、荸荠、木薯、烟叶、油菜、西瓜等。蔬菜主要有辣椒、大蒜、番茄、南瓜、苦瓜、豆角、生姜、白菜、萝卜、莲藕等。桂林是广西水果生产基地之一。水果主要有柑橘、沙田柚、月柿、红枣、板栗、葡萄、梨、桃、李、枇杷、石榴、杨梅等。野生果类有中华猕猴桃、山楂、杨梅、酸枣、山葡萄等。名优特产品主要有白果、沙田柚、罗汉果、荸荠、荔浦芋、月柿等。桂林市的林业资源丰富，是广西的主要林区之一，植物种类有 199 科 564 属 1415 种。国家Ⅰ级保护的珍稀植物有“活化石”——银杉、南方红豆杉、银杏、资源冷杉、桫椤等；国家Ⅱ级保护的珍稀植物有福建柏、黄枝油杉、长苍铁杉、白豆杉、观光木、马尾松、榉木、楠木、水青冈、厚林、小叶红豆(紫檀木等)。用材林主要有杉、松、毛竹等。经济林主要有白果、板栗、油茶、油桐、棕等。主要林产品有杉木、松木、毛竹等商品材，还有白果、板栗、生漆、油菜子、油桐子、棕片、松脂、笋干、香菇、蕨菜等。全市有动物种类 1593 种，隶属 68 目 295 科。国家Ⅰ级保护的珍稀动物有黄腹角雉，国家Ⅱ级保护的珍稀动物有红腹角雉、穿山甲、大鲵(娃娃鱼)、白鹇、毛冠鹿、猕猴、大灵猫、小灵猫等。桂林市已发现有用矿产 40 种，其中探明储量的 34 种。主要矿产有煤、铁、锰、铅、锌、钨、锡、金、钽、铌、萤石、钾长石、滑石、大理石、花岗岩、硅灰石、白云石、石灰石、高岭土、矿泉水等，其中滑石、铅、锌、锰、重晶石、饰面石材、矿泉水是储量较大的优势矿种，滑石和重晶石是大宗出口矿产品。（市志办）

气　　候

【概况】 2012 年，桂林市气温普遍正常到略偏低，全市日平均气温基本在 10℃以上。全年雨量偏少，全市各县日照异常偏少。

气温　桂林市 13 个气象站年平均气温为 16.6℃～20.0℃，与历年平均值 16.8℃～20.3℃相比基本持平。资源县最低，为 16.6℃；平乐县最高，为 20.0℃。北部全州县、兴安县、灌阳县年平均温度为 16.6℃～17.9℃；中部市区、灵川县、临桂县、永福县、龙胜各族自治县年平均温度为 17.9℃～19.7℃；南部阳朔县、荔浦县、平乐县、恭城瑶族自治县年平均温度为 19.1℃～20.0℃。年极端最高气温为 35.9℃～37.5℃，资源县最低，平乐县最高。年极端最低气温为 -2.3℃～2.1℃，最低气温出现在资源县和灌阳县。全市各县日最低气温小于 0℃的天数为 0～7 天，日最低温度小于 0℃的低温天气出现在 1 月、12 月，资源县共出现了 7 天小于 0℃的低温天气。

降水量　全市各县年合计降水量为1436.9～2234.4 毫米，年降水量最多的是兴安县，最少的是龙胜各族自治县。全市各县年降水量整体偏少。市区年降水量为 2067.0 毫米，偏少一成左右。汛期 4～9 月出现 1 站暴雨的有 9 天；2 站暴雨的有 9 天；3 站暴雨的有 4 天；大于或等于 4 站暴雨的有 4 天（5 月 12 日，6 月 6 日，6 月 26 日，7 月 15 日），其中暴雨过程较集中在 5 月。6 月 6 日暴雨范围最大，5 个县出现暴雨。6 月 23～27 日暴雨过程最长(每一天都有暴雨出现)。年内，降雨日数为 200～243 天，恭城瑶族自治县最少，为 200 天，灌阳县最多，为 243 天；暴雨日数 1～12 天。

日照时数　日照累计 1003.7～1301.3 小时，偏少 95.1～960.2 小时。

雷暴日数　全年雷暴日数 35～64 天。

【重要天气事件】

龙卷风　3 月 5 日，恭城瑶族自治县三江乡出现了龙卷风天气，龙卷风及暴雨天气导致三江乡洗脚岭、栗田、大地等村 2430 人不同程度受灾，造成房屋受损 87 间，12 余公顷松、杉、杂木树折断，2000 多米供电线路受损，120 多户用户电力中断，通村道路多处塌方，无人员伤亡，共造成直接经济损失 365 万元。

山石崩塌　3 月 12 日凌晨 3 时 30 分，恭城瑶族自治县平安乡桥头村发生严重山体山石崩塌，逾 600 立方米巨石崩塌，2 栋农民楼房和数间棚屋严重受损，并造成室内财物损失，无人员伤亡，经济损失约 80 万元。4 月 13 日凌晨 3 点 50 分左右，平乐县同安镇华山自然村发生岩石崩塌滚落地质灾害，滚落的岩石大约有 50 平方米，共造成了山边 3 户群众房屋不同程度损坏，砸伤 2 人，直接经济损失约 20 万元。

暴雨　5 月 1 日凌晨 1 时左右，龙胜各族自治县境内乐江乡、伟江乡、马堤乡突降暴雨，乐江乡凉坪村凉坪一组所在地山洪暴发，致使 2 人被洪水冲走并死亡。2～3 日全县连降暴雨，造成 10 个乡(镇)不同程度受灾，受灾人口 1.2 万人，房屋损坏278间，乡村公路损坏50千米，农作物受灾180公顷。5月14日8时～5月15日8时，兴安县普降大雨，洪涝灾害影响波及9个乡（镇），受灾人口5.21万人，房屋倒塌26间，造成直接经济损失172万元。6月22～24日连续强降雨，致荔浦河水位超警戒水位，荔浦县损坏堤防25处200米，损坏护岸15处，损坏水闸5座，损坏灌溉设施8处，公路中断7条，经济损失2264万元。

雷电　全年发生雷击事件12起，伤5人，死亡3人，直接经济损失87.72 万元。

（桂林气象局）

人　口

2012年年末，桂林市户籍常住人口1603597户（5个城区249415户，12个县1354182户），5220862人（5个城区758213人，12个县4462649人），比上年减少22637户，增加2901人。桂林市总人口中，男性2712652人，女性2508210人，男女性别比为108.15。

表2　　2012年桂林市人口统计表

地区别	总户数（户）	年末总人口（人）		
		合计	男	女
桂林市	1603597	5220862	2712652	2508210
市辖区	249415	758213	375049	383164
秀峰区	36642	109108	52860	56248
叠彩区	44675	142398	69906	72492
象山区	85259	236287	116655	119632
七星区	63730	196464	99296	97168
雁山区	19109	73956	36332	37624
阳朔县	91616	317647	164575	153072
临桂县	132220	491690	255898	235792
灵川县	116541	381088	193593	187495
全州县	254977	828590	446690	381900
兴安县	127987	381797	197200	184597
永福县	79358	284710	150008	134702
灌阳县	95314	290350	156178	134172
资源县	58486	175223	91442	83781
平乐县	146189	448161	236339	211822
荔浦县	113610	384914	198253	186661
龙胜各族自治县	47996	177942	90315	87627
恭城瑶族自治县	89888	300537	157112	143425

（唐志红）

行政区划

2012年年末，桂林市下设秀峰区、叠彩区、象山区、七星区、雁山区5个城区及阳朔县、临桂县、灵川县、全州县、兴安县、永福县、灌阳县、资源县、平乐县、荔浦县、龙胜各族自治县、恭城瑶族自治县等12个县。区县下辖街道13个，镇65个，乡68个（民族乡15个）。分辖社区228个、建制村1654个。

秀峰区　辖街道3个（秀峰街道、丽君街道、甲山街道）。分辖社区20个，建制村7个。

叠彩区　辖街道2个（叠彩街道、北门街道），乡1个（大河乡）。分辖社区21个，建制村15个。

象山区　辖街道3个（象山街道、南门街道、平山街道）、乡1个（二塘乡）。分辖社区34个，建制村8个。

七星区　辖街道4个（七星街道、东江街道、穿山街道、漓东街道），乡1个（朝阳乡）和华侨旅游经济区。分辖社区30个，建制村16个。

雁山区　辖街道1个（雁山街道），镇2个（雁山镇、柘木镇）、乡1个（大埠乡），民族乡1个（草坪回族乡）。分辖社区3个，建制村37个。

阳朔县　辖镇6个（阳朔镇、白沙镇、福利镇、兴坪镇、葡萄镇、高田镇），乡3个（金宝乡、普益乡、杨堤乡）。分辖社区15个，建制村99个。

临桂县　辖镇5个（临桂镇、六塘镇、会仙镇、两江镇、五通镇），乡4个（南边山乡、四塘乡、茶洞乡、中庸乡），民族乡2个（宛田瑶族乡、黄沙瑶族乡）。分辖社区7个，建制村161个。

灵川县　辖镇7个（灵川镇、大圩镇、定江镇、三街镇、潭下镇、青狮潭镇、灵田镇），乡2个（潮田乡、海洋乡），民族乡2个（大境瑶族乡、兰田瑶族乡）。分辖社区19个，建制村129个。

全州县　辖镇9个（全州镇、黄沙河镇、庙头镇、文桥镇、大西江镇、龙水镇、才湾镇、绍水镇、石塘镇），乡7个（永岁乡、枧塘乡、咸水乡、凤凰乡、安和乡、两河乡、白宝乡），民族乡2个（蕉江瑶族乡、东山瑶族乡）。分辖社区11个，建制村273个。

兴安县　辖镇6个（兴安镇、湘漓镇、界首镇、高尚镇、严关镇、溶江镇），乡3个（漠川乡、白石乡、崔家乡），民族乡1个（华江瑶族乡）。分辖社区10个，建制村115个。

永福县　辖镇4个(永福镇、罗锦镇、百寿镇、苏桥镇),乡5个(堡里乡、广福乡、三皇乡、永安乡、龙江乡)。分辖社区6个,建制村93个。

灌阳县　辖镇3个（灌阳镇、黄关镇、文市镇),乡4个(观音阁乡、新街乡、新圩乡、水车乡),民族乡2个(洞井瑶族乡、西山瑶族乡)。分辖社区3个,建制村138个。

资源县　辖镇1个(资源镇),乡3个(中峰乡、梅溪乡、瓜里乡),民族乡3个(车田苗族乡、两水苗族乡、河口瑶族乡)。分辖社区3个,建制村71个。

平乐县　辖镇6个(平乐镇、二塘镇、沙子镇、同安镇、张家镇、源头镇),乡3个(阳安乡、青龙乡、桥亭乡),民族乡1个(大发瑶族乡)。分辖社区19个,建制村134个。

荔浦县　辖镇10个(荔城镇、东昌镇、新坪镇、杜莫镇、青山镇、修仁镇、大塘镇、花篢镇、双江镇、马岭镇),乡2个(龙怀乡、茶城乡),民族乡1个(蒲芦瑶族乡)。分辖社区22个,建制村122个。

龙胜各族自治县　辖镇3个（龙胜镇、瓢里镇、三门镇),乡7个(和平乡、泗水乡、江底乡、马堤乡、伟江乡、平等乡、乐江乡)。分辖社区6个,建制村119个。

恭城瑶族自治县　辖镇3个（恭城镇、栗木镇、莲花镇),乡6个(平安乡、三江乡、嘉会乡、西岭乡、观音乡、龙虎乡)。分辖社区8个,建制村117个。　（秦丽萍）

经济与社会发展

【概况】 2012年，桂林市按照稳中求进的工作总基调,巩固和扩大了经济社会发展的良好势头。全市地区生产总值1492.05亿元,增长13.3%。三次产业结构为18.4∶46.6∶35.0。组织财政收入163.56亿元,增长15.2%。完成全社会固定资产投资金额1462.40亿元,增长28.2%。城镇居民人均可支配收入22300元，增长12.2%，农民人均纯收入7328元,增长15.9%,城乡居民收入差距继续缩小。居民消费价格上涨3.5%,控制在4%的目标范围内。城镇登记失业率3.9%。万元生产总值能耗下降4%,规模以上工业万元增加值能耗下降12%,主要减排指标控制在年度目标内。城镇化率41.8%。

【农业提质增效成果显著】 2012年,桂林市农林牧渔业总产值432.74亿元，增长6.8%，增加值274.51亿元，增长6.6%。粮食总产量199.47万吨,增长5%,连续9年实现增产。优势特色农产品产值占农林牧渔业总产值80%以上，蔬菜、水果、肉类、水产品产量均居自治区前列。新增林下经济面积6.80万公顷，林下经济产值32.68亿元,增长44.6%。新增自治区级以上农业产业化重点龙头企业12家、农民专业合作社示范社12家。农业产业化龙头企业年销售收入234.41亿元,直接带动13.36万农户增收。完成400个新农村建设及1500个村(屯)道路硬化。建制村道路通畅率68.2%。完成病险水库除险加固42座、中小河流治理项目33个,新增、恢复和改善有效灌溉面积4.21万公顷。农业技术推广、农机耕种收一体化、农副产品购销和质量安全检测等服务体系不断完善。

【工业增速加快质量提高】 2012年,桂林市全部工业总产值1821.59亿元、增值583.03亿元,分别增长22.6%和19.3%，工业对经济增长的贡献率58.3%。装备制造业、电子信息产业产值分别突破400亿元、200亿元,建材、包装与竹木加工成长为超百亿元产业;新能源、高端装备制造、生物医药、新材料等八大战略性新兴产业产值占全市工业总产值比重超过五分之一。全市14个工业园区共集聚企业2565家,实现工业总产值956亿元,增长27.5%;实现增加值315亿元,增长34.5%。新增百亿元园区1个,总数达3个,新增50亿元园区2个,总数达4个。培育新增年产值10亿元以上企业5家,新增年产值亿元以上企业70家,新增规模以上企业49家,新增微型企业2085家。信息化建设稳步推进,全市网络带宽227 G,新增宽带用户11.70万户，新增自治区级信息化应用示范企业120家。旅游、政务、公共管理信息化服务能力进一步提升。

【服务业稳步增长】 2012年,《桂林国际旅游胜地建设发展规划纲要》成为首个得到国家批复的地级市专项规划。自治区人民政府关于加快推进桂林国家服务业综合改革试点区域建设的意见获原则通过。全市接待旅游总人数3292.65万人次,旅游总收入276.87亿元,增长26.8%。独秀峰·王城景区获国家5 A级旅游景区,刘三姐景观园、蝴蝶泉景区等获国家4A级旅游景区，愚自乐园等列入创国家5A级旅游景区重点培育名单。新开通境外航线2条、国内航线7条。其他服务业稳步增长。社会消费品零售总金额536.35亿元，增长16%。金融机构各项存贷款余额分别为1829.93亿元、1053.15亿元，增长17.7%和16.1%，储蓄存款余额及各项贷款余额首次双双突破1000亿元大关。

【固定资产投资取得重大突破】 2012年，桂林市完成固定资产投资1336.18亿元，增长28.4%。其中：工业投资538.26亿元，增长45.3%；服务业投资764.13亿元，增长17.6%。重点项目支撑作用更加突出，全市跟踪推进的724项重点项目完成投资636.20亿元，占全社会固定资产投资43.5%。高速铁路、高速公路、风电基地等一批基础设施建设取得重大突破，湘桂铁路扩能改造工程桂林至永州段开通普通货车试运行；贵广铁路建设进度加快，兴安至桂林高速公路基本建成；阳朔县至柳州鹿寨县、灌阳县（永安关）至全州县（凤凰）高速公路建设稳步推进；开工建设桂林至三江高速公路；资源金紫山风电场二期工程并网发电，新增风电装机4.95万千瓦；全州天湖、恭城燕子山、兴安源江和唐家冲等4个风电场相继开工。

【城市建设进程加快】 2012年，桂林世界旅游城建设全面推进，临桂大道等7条道路建成通车，新区“五纵三横三环”路网结构基本成型。西二环路临桂段基本具备通车条件，连接新区老城新的快速通道基本形成。水系及园林绿化工程取得阶段性成果，创业大厦、“一院两馆”等标志性建筑项目主体工程全部完成，原住民安置点、桂林医学院、桂林职教中心教学楼等配套设施建设加快推进，新区整体形象进一步彰显。九美桥时尚园、国际足球文化产业园等产业项目加紧实施，产城互动不断增强。老城疏解实现新突破，城市框架拉大，城市建成区规模扩大8.30平方千米。重要交通节点改造提升基本完成，东安路、红岭路建成通车，福利路、阳江路等加快建设，老城交通网络逐步完善。“两江四湖”二期工程桃花江段竣工通航，南溪河清淤、截污和驳岸基本完成，城区污水集中处理率90.5%，垃圾无害化处理率保持100%，城市环境不断改善。

【科技教育取得新发展】 2012年，桂林市加强以企业为主体的创新体系建设。培育建设自治区级工程院5家、研发中心25家、企业技术中心6家。每万人拥有发明专利1.71件，居自治区首位；专利授权1252件，居自治区第二位。新增自治区级技术转移示范机构2家，达到3家。深入实施学前教育三年行动计划，8个县（区）各建成1所自治区级示范幼儿园。巩固和提高义务教育水平，残疾学生入学率95%以上，义务教育巩固率95%。扩大普通高中办学规模，高中阶段毛入学率87%。启动农村义务教育阶段学生营养改善计划试点，为4万多名农村学生提供营养餐。启动新一轮职业教育攻坚，高校各项建设成效显著。

【文化卫生事业全面进步】 2012年，桂林市新组建成立桂林市新华书店有限公司、市文艺演出有限责任公司和市戏剧创作研究院。甑皮岩遗址水害防治保护、靖江王陵重点区域野外遗址文物安全防护、桂海碑林扩建（二期）、八路军办事处纪念馆新陈列馆等工程启动建设。恭城瑶族八音等10个非物质文化遗产项目列入第四批自治区级保护名录。131个村级公共服务中心全部竣工，农家书屋覆盖所有建制村，文化场馆全面免费开放。完成20户以下广播电视“村村通”工程。卫生及人口计划生育事业不断发展，开工建设中央补助投资卫生系统基础设施建设项目33个，改造6所人民医院的门诊大楼、住院大楼，改扩建27个乡（镇）卫生院，面积1.60万平方米。建成540个村级新家庭文化屋、“幸福家园”村级服务平台，在1865个村（社区）开展诚信计生。

【民生保障水平有新提高】 2012年，桂林市开发公益性岗位近6000个，城镇新增就业8.5万人，农村劳动力新增转移就业9.40万人。城镇登记失业率3.9%。新型农村社会养老和城镇居民养老保险制度实现全覆盖。继续提高城乡低保对象人均补助标准，累计发放低保金4.81亿元。新建五保村115个，五保户供养标准由每人每月50元提高到150元。全民医保体系进一步健全。全市职工、居民基本参保人数119.26万人，参保率96.9%，农民参合人数368.94万人，参合率98.33%。新农合和城镇居民医保政府补助标准提高到每人每年240元。将八类重特大疾病保障全部纳入新农合大病保障统筹。建设保障性住房18270套，其中竣工7570套，城镇低收入住房困难家庭廉租住房租赁补贴实现应保尽保，完成农村危房和茅草树皮房改造20356户。扎实开展新一轮扶贫攻坚，全年农村贫困人口减少7.1万人。

【城乡生态环境改善】 2012年，桂林市严格执行自治区漓江流域生态环境保护条例，启动漓江喀斯特地貌申报第二期中国南方喀斯特世界自然遗产工作，猫儿山自然保护区列入联合国教科文组织“世界人与生物圈保护区网络”。漓江水源林保护、水域管理及沿岸绿化、美化、花化、果化等工作得到加强。“绿满八桂”工程成绩突出，森林覆盖率70.94%，城市绿化覆盖率43.72%。环境质量继续保持全国先进水平，“城考”连续17年居自治区第一名，成为自治区首个国家级低碳试点城市。灌阳县、平乐县、资源县和恭城瑶族自治县被评为国家生态文明建设工程示范县，恭城镇等15个乡（镇）获“国家级生态乡镇”称号，34个村被自治区命名为生态村。节能减排工作取得显著成效，全市万元生产总值能耗下降4%，规模以上万元工业增加值能耗下降12%。推进循环经济，冲口垃圾填埋场沼气发电项目并网投产，成为自治区首个实现垃圾填埋场沼气发电循环利用的城市。

【对外经济实现平稳增长】 2012年，桂林市参与区域合作，招大引强力度持续加大。全市招商引资市外境内到位资金542.18亿元，增长10.3%，实际利用外资3.49亿美元。新签并实施的内资亿元以上项目127个，10亿元以上项目6个。成功引进华能集团等一批中央企业及国内500强企业。企业“走出去”步伐加快，海外投资0.54亿美元，劳务输出人数比上年增加4倍。对外贸易在逆境中实现平稳增长，全年外贸进出口总金额9.75亿美元，增长1.8%。 （刘芳）

党政机关、直属事业单位、党派团体及其领导人

中国共产党桂林市委员会

书记：刘君
副书记：李志刚　石东龙
常委：刘君　李志刚　石东龙　胡安伶　黄俊华　陈丽华　秦春成　蒋炳穗　王祝广　张晓武　叶兆泉　黄涛（任至11月）
秘书长：张晓武
副秘书长：李晓荣（任至3月）　梁兵　齐军　韦名华（任至3月）　邓学云　周理胜　李素芬　张晓阳　蒋海波（12月任职）　刘春燕（4月任职）

市委工作部门

市委办公室
副主任：王诗宏　王超　刘春燕（任至4月）　蒋能（5月任职）　卫东军（5月任职）
组织部
部长：秦春成
副部长：李安平　唐修璇　蔡泽军　蒋伟名（7月任职）
宣传部（挂市委对外宣传办公室、市人民政府新闻办公室牌子）
部长：陈丽华
副部长：唐述东　刘鹃（任至5月）　黄立平　朱鹃屏（5月任职）
市委对外宣传办公室
主任：龙霖锋
统一战线工作部（挂市委台湾工作办公室、市人民政府台湾事务办公室、宗教事务局牌子）
部长：叶兆泉
副部长：郑伟　阳行志　张广惠
台湾工作办公室
主任：刘汉军
副主任：蔡振生
宗教局
局长：庾祥元
政法委员会
书记：蒋炳穗
副书记：黄济贤　文社教　刘祖军　冯才平　苏纯云　石美新　唐恢豪　邹玉章
委员：廖少昆　孟耀军　商云鹏　罗兴亮　秦益贵　廖英志
市社会治安综合治理委员会办公室（与市委政法委员会合署办公）
主任：刘祖军
副主任：白永驰　宁顺彪（5月任职）
政策研究室

主任:唐庆林
副主任:龚财金　吴学东　龚明聪(10月任职)
机构编制委员会办公室
主任:谭兴元
副主任:丁银健　陈强华　唐铭泽(任至5月)
直属机关工作委员会
书记:涂卫东
副书记:吴江宁　唐咸康　邓晖(5月任职)
委员:邓晖(任至5月)　刘成　刘锦辉
石远国　徐军
市委、市人民政府信访局(由市委办领导)
局长:韦名华(任至5月)　蒋海波(12月任职)
副局长:周东青　黄云　蒋海波(任至12月)
万子健
老干部局(由市委组织部领导)
局长:蒋伟名(7月任职)
副局长:张福良　朱斌　张成平
机要局(在市委办挂牌)
局长:王诗宏
副局长:袁石平　陈高明
督查室(在市委办挂牌)
主任:李素芬(5月任职)
副主任:张志伟　秦毅民　卫东军
保密委员会办公室(市保密局,在市委办挂牌)
局长:马齐国(任至7月)
副局长:程正祥　林章廷
精神文明建设委员会办公室(在宣传部挂牌)
主任:刘鹃(任至5月)　唐述东(5月任职)
副主任:任松林　蒋燕钦　刘立书

市委直属事业单位
中共桂林市委党校
校长:石东龙
常务副校长:唐开国
副校长:王莉(7月任职)　黄革新
市行政学院(在市委党校挂牌)
院长:黄俊华
副院长:唐开国　王莉(7月任职)　黄革新(7月任职)
市社会主义学院
党组书记:张广惠
党组副书记:唐开国
院长:汤桂荔
常务副院长:王莉
副院长:黄革新　蒋治良
中共桂林市委党史研究室
主任:赵国宝
副主任:童庭阶　曾富沅　彭敏翎
桂林日报社
党组书记:毛登峰
副书记:覃澍
社长:毛登峰
总编辑:覃澍
副总编辑:唐禄贤　覃龙新　蒋桂斌　王学军
郑斌
老龄工作委员会办公室
主任:刘斌
副主任:陈前仕　陈俐文　陈亚青

中国共产党桂林市纪律检查委员会

书记:王祝广
副书记:肖祥华(任至8月)　杨卫东　唐沐林
韦秋燕(9月任职)
常委:袁小明　李晓华　李永(任至3月)
罗迪阳　罗正宝　李粤宁(7月任职)

桂林市人民代表大会常务委员会

党组书记:刘君
副书记:潘永建
主任:刘君
副主任:潘永建　蒙永福　郭维奇　鲁圣发
黄书明　石春莲　肖立华
秘书长:梁建平
副秘书长:戴小军　刘鹃(6月任职)　王嬢
经友新　赵海兵

桂林市人民代表大会常务委员会办公室
副主任:王玲　蒙少强

市人民代表大会专门委员会
法制委员会
主任委员:冯永贤(任至11月)
副主任委员:许礼祥　秦清浥
财政经济委员会
主任委员:李远红
副主任委员:彭建强
城乡建设环境与资源保护委员会
主任委员:侯翔

旅游委员会
主任委员:张海明
副主任委员:阳正良
教育科学文化卫生委员会
主任委员:李建平
副主任委员:陈国忠　唐运国
民族华侨外事委员会
主任委员:袁喜
副主任委员:兰基椿　潘燕(任至 8 月)　叶卫
农业委员会
主任委员:唐华忠
副主任委员:兰辉
人事代表联络工作委员会
主任:王榕
副主任:陈兰香　黄玲
调查研究室
主任:谢迪辉
副主任:张扬　张国林　覃积孔

桂林市人民政府

市长:李志刚
副市长:黄俊华　陈丽华　巫家世　周卫　黄济贤
徐锋　何永东(任至 5 月)　王建毅
黄涛(任至 11 月)
市政府党组书记:李志刚
副书记:黄俊华
秘书长:赵仲华
副秘书长:何年养　唐诚(任至 5 月)　樊伊宁
裴军　肖必忠(5 月任职)　李绍政
罗建章　邓晓斌　唐铭泽(5 月任职)
姚章民(11 月任职)

市政府工作部门
市政府办公室
副主任:刘其国　温海
督查室(在政府办公室挂牌)
主任:夏荣岗
副主任:肖勇辉　周凤琴　曹方明　申光明
法制办公室
党组书记:李斌
主任:李斌
副主任:刘铁军　张林
调解处理土地山林水利纠纷办公室(在政府办公室挂牌)
主任:莫若林
副主任:陈立高(任至 7 月)　刘德华
旅游产业发展指导委员会办公室
主任:樊伊宁
漓江风景名胜区管委会办公室(漓江风景名胜区管理局)
局长:樊伊宁
副局长:柳茵　秦荣军
爱国卫生运动委员会办公室(在市政府卫生局挂牌)
主任:邓恢裕
发展和改革委员会(挂物价局、国防动员委员会国民经济动员办公室、西部大开发领导小组办公室、铁路建设协调领导小组办公室)
党组书记:邓康康
副书记:陈林生
主任:邓康康
副主任:李惠民　刘红光　王志洪　魏黎平
高亮　饶江
物价局
党组书记:刘红光(10 月任职)
局长:刘红光
副局长:罗克勤(5 月任职)　聂奇壮(5 月任职)
国防动员委员会国民经济动员办公室
主任:章熙骏
西部大开发领导小组办公室
副主任:李勇
铁路建设协调领导小组办公室
副主任:李军
工业和信息化委员会
党组书记:何兵
主任:何兵
副主任:唐俊　杨克林　莫国才　姜路　余剑
周海船
教育局
党组书记:钟平
局长:钟平
副局长:张建生　时曦　查军才
科学技术局(挂知识产权局、科技教育领导小组办公室牌子)
党组书记:郑钧洪
局长:刘翔
副局长:郑钧洪　杨秦毅　钟可安　廖旺明
知识产权局

副局长:李日辉
民族事务委员会
党组书记:粟卫宏
主任:粟卫宏
副主任:赵天明(任至2月) 潘天秀 唐芳顺 周俊缤(7月任职)
公安局
党委书记:黄济贤
副书记:李杰
局长:黄济贤
副局长:李杰 李群锋 刘小平 孙力军 谢坚 黎筱棣 周云
监察局(与市纪律检查委员会机关合署办公)
局长:肖祥华(任至8月)
副局长:袁小明 马友元
民政局
党组书记:杨通鸣
局长:杨通鸣
副局长:刘斌(兼) 李荣 刘修祥 郑天青
司法局
党组书记:商云鹏
副书记:肖刚
局长:商云鹏
副局长:肖刚 曾忠东 秦昕
财政局
党组书记:钟麟
副书记:卫东
局长:钟麟
副局长:卫东 黄福岗 钟涛 刘桂峰 黄宏忠 唐伟
人力资源和社会保障局
党组书记:莫振华
副书记:李安平
局长:李安平
副局长:罗学仁 刘卫东 魏承林
公务员局
局长:莫振华
副局长:蒋方 唐鑫 黄晓红(任至7月)
规划局
党组书记:谷海洪
局长:谷海洪
副局长:张克俭 于小明 周彦 张海
房产管理局
党组书记:伍建民
局长:周卉
副局长:伍建民 宋石柱 刘开成 周旭
住房和城乡建设局
党组书记:周卉
局长:周卉
副局长:黄钦 张建 高醇武
交通运输局(挂国防动员委员会交通战备办公室牌子)
党组书记:钟德臣
副书记:林亚胜
局长:钟德臣
副局长:林亚胜 骆远明 魏海 谭永源
交通战备办
主任:李正毅
水利局(挂防汛抗旱指挥部办公室牌子)
党组书记:叶桂忠
局长:叶桂忠
副局长:粟盛红 黄东明 唐官荣
防汛抗旱指挥部办公室
主任:仇建辉
水库移民工作管理局
局长:邓热和
副局长:石志勇 诸葛毅
农业局
党组书记:蔡立圭
副书记:陆国保
局长:蔡立圭
副局长:陆国保 邱云 杨水才
商务局(挂口岸办公室、整顿和规范市场经济秩序领导小组办公室牌子)
党组书记:李志刚
局长:李志刚
副局长:林冬生 沈秋林 应元胜 苏绍坤
文化局
党组书记:张执雪
副书记:谢文富
局长:张执雪
副局长:谢文富 刘洪伟 余捷
卫生局
党组书记:邓晓强
局长:邓晓强
副局长:周爱民 梁滨 蒋基权
人口和计划生育委员会
党组书记:唐春洪

主任:唐春洪
副主任:伍华梅　蒋碨鸿　刘有文
审计局
党组书记:陆斌
局长:陆斌
副局长:姜方龙(任至 8 月)　唐正柱　赵素云
环境保护局(挂环境保护委员会办公室牌子)
党组书记:褚民
局长:褚民
副局长:梁新强(任至 5 月)　舒忠常　蒋永光
环境综合治理办公室
副主任:陈惠民
广播电影电视局(8 月更名)
党组书记:李滨
局长:李滨
副局长:李汉春　李山宏　张明道
体育局
党组书记:兰茵
局长:兰茵
副局长:倪伟华　莫智斌　彭欧翔
统计局
党组书记:谢小明
局长:谢小明
副局长:黄明贵　李琪　和向东
新闻出版局
党组书记:邓学艺
局长:邓学艺
副局长:汪卫民　黄晖　吴东才
林业局(挂绿化委员会办公室、森林防火指挥部办公室、农村能源工作办公室牌子)
党组书记:彭志明
副书记:王晓阳
局长:彭志明
副局长:蒋海平　蒋若海　孙桂春
森林防火指挥部办公室
主任:王焕喜
农村能源工作办公室
主任:蒋倡
安全生产监督管理局(挂煤矿安全监察局、安全生产委员会办公室牌子)
党组书记:谢彬
局长:谢彬
副局长:邱小谋　秦天清　张同胜　吴根山(7 月任职)
煤炭安全监督局
副局长:张同胜
旅游局
党组书记:林业江
局长:林业江
副局长:庞铁坚　何明华(任至 3 月)　陈运春　李娅　张志红
粮食局
党组书记:秦伟民
局长:秦伟民
副局长:王蔚(任至 2 月)　李道勇　林红(8 月任职)　王少宾(5 月任职)
园林局
党组书记:陈建国
局长:陈建国
副局长:李剑明　李兰　曾德明(5 月任职)　张升林(7 月任职)
市政公用事业管理局
党组书记:曾亮
局长:曾亮
副局长:石明　戴大文　王飚　路箐(11 月任职)
市容管理局
党组书记:黄声奎
局长:黄声奎
副局长:阳建诚　吴晓罡
机关事务管理局
党组书记:吴殷丹
局长:吴殷丹
副局长:王宁　李利　韩克军
外事办公室(挂侨务办公室牌子)
党组书记:江建和
主任:江建和
副主任:宁松　陆建林　王晓霞
侨务办公室
副主任:余治水
接待办公室
党组书记:邓学云
主任:邓学云
副主任:王春梅　于建新
国有资产监督管理委员会
党委书记:龙挥忠
副书记:黎家林
主任:陈植功

副主任：黎家林　蓝誉国　肖必忠（任至4月）　蒋春华（任至7月）　陈江　赵祖俊（8月任职）　朱袭林（8月任职）
人民防空办公室
党组书记：赖月亮
主任：赖月亮
副主任：蒋太炳　粟定就
市扶贫开发办公室
党组书记：唐纪文
副书记：易建民
主任：易建民
副主任：刘忠　霍新奎

市政府直属事业单位
档案局（档案馆）
党组书记：卿树祥
局（馆）长：卿树祥
副局（馆）长：陈剑　全裕胜
市地方志编纂委员会办公室
主任：唐群森（任至8月）
副主任：徐朝凯　韦兰玉
市人民政府发展研究中心
主任：王朝胜（7月任职）
副主任：张菊生（任至8月）　欧阳美　曲庭万
市人民政府驻北京联络处
主任：陈立高（7月任职）
副主任：徐冰　唐仕福（任至3月）
市人民政府驻南宁办事处
主任：宁静
农业机械化管理中心
党组书记：毛义德
主任：毛义德
副主任：蒋永辉　莫秋冬　文美华
投资促进局（挂非公有制经济组织工作委员会、非公经济发展服务中心牌子）
党组书记：陈哨林
局长：汤桂荔
副局长：肖源　马魁　叶琴　李树生　黄锡亮
非公有制经济组织工作委员会
副书记：余世华
非公有制经济发展服务中心
副主任：肖源　余世华
市水产畜牧兽医局
党组书记：卢建民
局长：卢建民
副局长：韦绍芳　王道平　韦冰冰
市博览事务局
局长：周英（7月任职）
副局长：周英（任至7月）　梁志勇
桂林图书馆
馆长：钟琼
副馆长：杨邦礼（任至6月）　钟琼　曹旻　时建红（7月任职）
环境卫生管理处
党总支部副书记：沈传新
主任：沈传新
副主任：卢献民　邓安源　赵梦
旧城改造办公室
党总支部书记：王正平
副主任：秦伟光（任至3月）　陈小荣　王正平
工业合作联社
党委书记：韦杰
主任：韦杰
副主任：宁文超　唐永斌
供销合作社
党组书记：张耀中
主任：张耀中
副主任：廖梅影　苏绍维　张海英（5月任职）
地震局
局长：莫小云
副局长：蔡正林
房屋拆迁管理办公室
党支部书记：莫小云
住房制度改革委员会办公室
主任：陆荣祥
住房公积金管理中心
主任：江冰欣
副主任：邓金山　葛长富

法院·检察院

市中级人民法院
党组书记：廖少昆
党组副书记：彭卫国
院长：廖少昆
副院长：李高泉（任至3月）　彭卫国　李忠林　黄健康　李永松　杨胜男（6月任职）

市人民检察院
党组书记:孟耀军
副书记:张景源
检察长:孟耀军
副检察长:张景源　周鸿广　邹定华　侯天良
　　秦艳(4月任职)

中国人民政治协商会议桂林市委员会

党组书记:粟增林
副书记:袁绪祥
主席:粟增林
副主席:袁绪祥　刘明昱　秦俊　李文升　蒋廷春
　　容作信　王德明　汤桂荔
秘书长:苏甲杏
副秘书长:周德荣(任至5月)　程海超　谢漓
　　龙镇凯
市政协办公室
副主任:李绍香　李昌文
提案委员会
主任:王广平
副主任:曾艳波　唐佳军(兼)　向左(兼)
　　张志红(兼)
经济科技委员会
主任:李小元
副主任:李维平　梁志鸿　邓康康(兼)　刘翔
　　(兼)　莫国才(兼)　胡建飞(兼)
　　阳耀民(兼)
教文卫体委员会
主任:唐克力
副主任:秦永川　邓凡　钟平(兼)　凌霄(兼)
　　张执雪(兼)　毛登峰(兼)　周英(兼)
社会法制委员会
主任:杨湘林
副主任:林俐　蒋丽娟(6月任职)　李高泉(兼)
　　李何(兼)　李荣(10月任职)　于志才
　　(兼)　王淑兰(兼)　文教社　赵天明
文史资料委员会
主任:唐晓敏
副主任:白梅　刘春燕　胡伶俐　刘纪春
　　汪卫民　赖慧云
联谊委员会
主任:莫尚贵
副主任:任树东　阳宝林　刘涛(兼)
　　刘汉军(兼)　王晓霞　李秋有(兼)
　　谷海红(兼)　林文云(兼)

人民团体·社会团体

总工会
党组书记:张强(5月任职)
主席:莫玲玲
副主席:张强　宋伊宁　叶雪刚　李国玉(8月
　　任职)
中国共产主义青年团桂林市委员会
党组书记:石小松
书记:石小松
副书记:诸葛亚　魏艳　张力丹(10月任职)
妇女联合会
党组书记:秦伟
党组副书记:桂文英
主席:秦伟
副主席:桂文英　朱丽芬　莫秋萍(兼)　王淑兰
科学技术协会
党组书记:唐超斌
主席:唐超斌
副主席:莫绍芬　蒋旭明　刘玲　李传起(兼)
　　邱云(兼)　杨秦毅(兼)　杨克林(兼)
　　蒋平(兼)　邹节明(兼)
归国华侨联合会
主席:林文云
副主席:叶涛　李志雄(兼)　简桂梅(兼)
台湾同胞联谊会
会长:吕虹(兼)
副会长:尹惠卿　李会先(兼)　粟林德(兼)
文学艺术界联合会
党组书记:刘纪春
主席:刘纪春
副主席:张震　陈滨江　秦凌斌　龚桂华　盘文波
　　(兼)　黄继树　王志梧　何绍莲　张贤
　　张树萍　钟毅
中国国际贸易促进委员会桂林市委员会(中国国际
　　商会桂林分会)
会长:赵海强
副会长:王晓树
残疾人联合会
理事长:李何
副理事长:王子桂　吉喆　李孝平
红十字会
名誉会长:雷熹平　吴旭敦

会长:巫家世
副会长:彭振德(兼) 文建洲(兼) 钟国仕(兼) 凌霄(兼) 邓建民(兼) 朱名华(兼) 江冰欣(兼) 刘正东

社会科学界联合会
党组书记:周明忠
主席:周明忠
副主席:王达金 黄家城(兼) 王清荣 卢毅 陶然(兼) 何林夏(兼) 李春毅 伍垂龙

民主党派·工商联

中国国民党革命委员会桂林市委员会
主委:区捷
副主委:吴方 唐佳军(兼) 秦明群(兼) 黄宗远(兼)

中国民主同盟桂林市委员会
主委:王德明
副主委:黄旭斌 谭建国(兼) 伍发进(兼) 蒋太才(兼)

中国民主建国会桂林市委员会
主委:郑毅
副主委:李丽君 唐正柱(兼) 赵钧铎(兼)

中国民主促进会桂林市委员会
主委:容作信
副主委:向左 白云(兼) 傅广生(兼) 李其斌(兼)

中国农工民主党桂林市委员会
主委:雷迅
副主委:唐原 周长山(兼) 农军(兼) 秦素华(兼)

中国致公党桂林市委员会
主委:陈仲
副主委:张翔 马国钧(兼) 蒋向筝(兼) 陈东辉(兼)

九三学社桂林市委员会
主委:顾正飞
副主委:卢全喜 蒋治良(兼) 谭永源(兼) 李洁维(兼)

工商业联合会
党组书记:郑伟
主席:王昕
副主席:郑伟(兼) 梁世辉 周霖 蒋海燕 王卫斌(5月任职) 伍和志(9月任职)

区、县机构

秀峰区

中共秀峰区委员会
书记:赵稅生
副书记:黄洪斌 杨玉霜

中共秀峰区纪律检查委员会
书记:邹炳林

秀峰区人大常委会
主任:相恒心
副主任:王锡林 李冬林 李双庆 王桂英

秀峰区人民政府
区长:黄洪斌
副区长:蒋育亮 王海燕 梁军 贺东方 路春玲 王洋

秀峰区政协
主席:郭琳
副主席:张建平 刘宏才 骆家茂(兼) 白云(兼)

叠彩区

中共叠彩区委员会
书记:李向荣
副书记:唐建林 郑平

中共叠彩区纪律检查委员会
书记:蒋明

叠彩区人大常委会
主任:蒋汉平
副主任:陈邦权 罗祥颂 阳庆平 潘玲

叠彩区人民政府
区长:唐建林
副区长:王莉(任至7月) 李玉清 孙敬东(任至5月) 林昊 王启贵 何绍莲(5月任职)

叠彩区政协
主席:李曼华
副主席:田继阁 廖成飞 郑建国 赵钧铎(兼)

象山区

中共象山区委员会
书记:邹长新
副书记:唐小忠 周政英

中共象山区纪律检查委员会

书记:眭铂生
象山区人大常委会
主任:徐维升
副主任:聂国如　邓建伟　谢东　聂桂华
象山区人民政府
区长:唐小忠
副区长:王树华　刘琴　易立林　李志强
周灿　林莉
象山区政协
主席:陆华军
副主席:吴回元　严从凯　傅广生(兼)
罗秋云(兼)

七星区
中共七星区委员会
书记:赵德明
副书记:何运保　王芳　石玉琳
中共七星区纪律检查委员会
书记:蒋瑞芳
七星区人大常委会
主任:黄文干
副主任:韦天喜　齐桂平　阳炳春
七星区人民政府
区长:何运保
副区长:张衍平　谢静　莫雁群　张作伟
刘延风　欧阳夏薇
七星区政协
主席:宛高云
副主席:梁荣军　邓桂平　李素华
涂文红(兼)
桂林国家高新区工委
书记:石东龙
第一副书记:赵德明
副书记:何运保　王芳
纪工委书记:文云辉
工委委员:张洪(11月任职)
管委会主任:巫家世
第一副主任:何运保
副主任:王朝胜(任至7月)　张一新　黄岳飞
张洪　殷立夫

雁山区
中共雁山区委员会
书记:廖桂生
副书记:古保华　赵塞经(5月任职)
中共雁山区纪律检查委员会
书记:江基发
雁山区人大常委会
主任:石自强
副主任:廖发有　陆科明　刘永莉
雁山区人民政府
区长:古保华
副区长:赵塞经(任至5月)　唐金华(6月任职)　唐峰　谭建国　高建娟
伍运英　孙敬东(6月任职)
雁山区政协
主席:莫连旺
副主席:何昌剑　卢宗全　阳玉凤　欧双球

阳朔县
中共阳朔县委员会
书记:谭峰
副书记:钟洪　陈连生(4月任职)
中共阳朔县纪律检查委员会
书记:郑远军
阳朔县人大常委会
主任:覃自保
副主任:李永健　张猛　梁文干　蔡龙德
阳朔县人民政府
县长:钟洪
副县长:陈连生(任至4月)　黄燕　李道军
徐永康　覃传良　唐玲凤　申小军
(6月任职)　何宗伦(6月任职)
阳朔县政协
主席:李自军
副主席:吴土得　覃丽虹　莫永明　海强(兼)

临桂县
中共临桂县委员会
书记:彭代元
副书记:陈立华　齐军(兼)　何新明　胡涛
中共临桂县纪律检查委员会
书记:刘修荣
临桂县人大常委会
主任:唐修相
副主任:伍国民　李燕青　叶水华　李少波
临桂县人民政府
县长:陈立华

副县长:李顺意　朱鹏屏(任至6月)　诸葛亚(6月任职)　秦荣光　植琳　秦艳(任至1月)　邓世文　粟皎敏　黄萍(6月任职)

临桂县政协

主席:张凌发

副主席:以善梅　欧翠兰　汪厚章　陈苦源

灵川县

中共灵川县委员会

书记:袁国华

副书记:赵奇玲　蒋永刚

中共灵川县纪律检查委员会

书记:赵国平

灵川县人大常委会

主任:唐火祯

副主任:李志仁　刘甲秀　王长发　易小忠

灵川县人民政府

县长:赵奇玲

副县长:宁志　唐筱凌　经翠艳　秦德生　扶桂平　秦玉珍　秦军(7月任职)

灵川县政协

主席:王树军

副主席:申天赐　白先频　秦壬娣　秦明群(兼)

全州县

中共全州县委员会

书记:贺志刚

副书记:蒋昌桂　阳瑞华

中共全州县纪律检查委员会

书记:李仁山

全州县人大常委会

主任:黄尚华

副主任:陶韬　邓顺耀　蒋述生　蒋艳姣

全州县人民政府

县长:蒋昌桂

副县长:奉世江　钟明(任至6月)　张宁生(6月任职)　陆丹　蒋小刚　蒋雪娇

全州县政协

主席:欧文忠

副主席:唐忠祥　康庚莲(任至11月)　经孝端　伍吉东

兴安县

中共兴安县委员会

书记:罗永东

副书记:阳明　丁东弟

中共兴安县纪律检查委员会

书记:姚兴松

兴安县人大常委会

主任:盘祥书

副主任:邓昭贵　唐社林(任至2月)　韦辉　陈和平

兴安县人民政府

县长:阳明

副县长:卢嵩　唐庆林　薛鸿兴　徐建强　黄小桂　农军

兴安县政协

主席:唐卫平

副主席:莫子标　刘婉秋　唐树斌　伍发进

永福县

中共永福县委员会

书记:黄永跃

副书记:蒋文明　雷陈　唐标明

中共永福县纪律检查委员会

书记:韦秋燕(任至7月)

永福县人大常委会

主任:于顺弟

副主任:莫军　徐玉红　卢秀明　周昌盛

永福县人民政府

县长:蒋文明

副县长:罗代璋　孙玉杰　李庆节　赵家维　童远松　廖万刚

永福县政协

主席:刘永祥

副主席:朱政光　王承林　黄泽治　曹文缤(兼)

灌阳县

中共灌阳县委员会

书记:沈荔芳

副书记:陆桂弟　吴永合

中共灌阳县纪律检查委员会

书记:廖海明

灌阳县人大常委会

主任:蒋小林

副主任:杨松飞　向国庆　宾怀贵　唐莉姣
灌阳县人民政府
县长:陆桂弟
副县长:文斌　黄永文　余桂兰　袁高明　杨小平　覃自仁　罗永方(6月任职)
灌阳县政协
主席:范科君
副主席:陆健康　赵桂花　郑有成

资源县
中共资源县委员会
书记:文飞
副书记:陈代昌(任至6月)　韦绍艺(6月任职)　韦文周
中共资源县纪律检查委员会
书记:杨征山
资源县人大常委会
主任:李芳明
副主任:唐祥林　唐碑生　喻孝迦　杨清霞
资源县人民政府
县长:陈代昌(任至6月)　韦绍艺(6月任职)
副县长:胡焕忠　陈育勤　容小敏　谢永功　王松云　莫家荣　吕漠芳(7月任职)
资源县政协
主席:程正华
副主席:卢盛炳　王志明　黄志琼(兼)　何春艳(兼)

平乐县
中共平乐县委员会
书记:陈国禄
副书记:陆智成　蒋伟名(任至7月)
中共平乐县纪律检查委员会
书记:唐文
平乐县人大常委会
主任:谢海明
副主任:赖道周　黄家乐　于江　彭钦凤
平乐县人民政府
县长:陆智成
副县长:袁天赐　李钧　彭鸣(任至5月)　王淮(5月任职)　余和登　向林海　赵莉
平乐县政协
主席:赖焕斌
副主席:伍成红　李子佳　林忠

荔浦县
中共荔浦县委员会
书记:谢灵忠
副书记:刘迎春(任至7月)　韦绍艺(任至7月)　陈代昌(6月任职)
中共荔浦县纪律检查委员会
书记:唐金华(任至4月)　尧军(4月任职)
荔浦县人大常委会
主任:秦凌云
副主任:满景灏　高祖斌　何彰贤　李春燕
荔浦县人民政府
县长:刘迎春(任至6月)　陈代昌(6月任职)
副县长:廖照德　孟璇　雷贵声(任至6月)　陈世章(6月任职)　曾小明　韦远明　关小菊
荔浦县政协
主席:覃舜
副主席:罗毅　韦玉波　黄旭庆　赖慧云

龙胜各族自治县
中共龙胜各族自治县委员会
书记:唐天生
副书记:王少荣　贲黄文
中共龙胜各族自治县纪律检查委员会
书记:罗颖
龙胜各族自治县人大常委会
主任:杨建中
副主任:陆峰　李健胜　曾瑞玉　曾波
龙胜各族自治县人民政府
县长:王少荣
副县长:黄枝君　石修雄　梁文星　蒋伟宁　黄初长　杨桂姬　于行中(5月任职)
龙胜各族自治县政协
主席:粟宁群
副主席:侯秋英　秦峰　张杰雄

恭城瑶族自治县
中共恭城瑶族自治县委员会
书记:程权
副书记:林武民　甘永辉(任至8月)
中共恭城瑶族自治县纪律检查委员会
书记:蒋平华

恭城瑶族自治县人大常委会
主任:李庆才
副主任:陈念翠　温晨光　周兢克　孟定金
恭城瑶族自治县人民政府
县长:林武民
副县长:黄强　俸文英　陈义军　黄韬(任至7月)　段凡徐　刘崇卿　黄洪任(5月任职)
恭城瑶族自治县政协
主席:唐寿元
副主席:林堃　吴艳琴　蒋述卫　余军

临桂新区
工委班子书记:黄俊华
第一副书记:彭代元
副书记:齐军　陈立华　何新明
纪工委书记:袁小明
管委班子第一主任:黄俊华
主任:齐军
第一副主任:陈立华
副主任:张克俭　李星明　肖源　秦土六　黄福岗　植琳　唐立勋(7月任职)　李兰(1月任职)

苏桥经济开发区管委会
工委班子书记:徐峰
第一副书记:黄永跃
副书记:蒋文明　雷陈
纪工委书记:唐良平
管委班子主任:徐锋
第一副主任:蒋文明
副主任:雷陈　王吉才　戴大文　卢秀明　马魁　黄宏忠

（市委组织部、市编办）

中央及自治区驻桂林部分直属单位

桂林激光通信研究所
党委书记:黄祥
所长:邹自立
副所长:吴吉祥　章叶　伍浩成
中国地质科学院岩溶研究所
党委书记:姜玉池
所长:姜玉池
副所长:刘雯　黄庆达　蒋忠诚
桂林电器科学研究院
党委书记:赵红一
院长:陈仲
副院长:梁永和　刘亮
桂林市工商行政管理局
党组书记:李涛
局长:周作智
副局长:刘炜明　韦志德　张显意　蒋少海
桂林市国土资源局
党组书记:刘涛
局长:刘涛
副局长:谭国政　王小平　张宝玉　毛喜才
桂林市质量技术监督局
党组书记:钟显魁
局长:钟永明
副局长:衣鹏　陆小春
桂林市国家税务局
党组书记:李文涛
局长:李文涛
副局长:汪鸿秋　苏轰　蒋万春　胡芝明
桂林市地方税务局
党组书记:李秋有
局长:李秋有
副局长:宁小林　韩红宇　袁理兵
桂林供电局
党委书记:李昌富
局长:谭小刚
副局长:张晓峰　陈振如　刘震达
桂林烟草专卖局
党组书记:廖宏秀
局长(经理):廖宏秀
副局长:龚家荣　李斌
副经理:余和权　蒋青兴　罗宁韬
桂林海关
党组书记:胡坚
关长:胡坚
副关长:安文广　王希龙
桂林出入境检验检疫局
党组书记:陈柱坤
局长:陈柱坤
副局长:张潇　李志明
桂林市盐务局
局长:徐天宝
副局长:陈立中

（胡小春）

中国共产党桂林市委员会

2012年4月23日，桂林市在市中心广场举办全民读书活动　　（何志勤　摄）

重要会议

【市委四届二次全会】 2012年1月5日召开，出席会议市委委员55人，候补委员10人，市纪委委员列席会议。全会听取和讨论了市委书记刘君代表市委常委会作的工作报告，通过了推荐提名广西出席党的十八大代表候选人。

全会充分肯定了市委常委会2011年工作，提出了2012年全市工作总体要求、工作总基调和工作重点。总体要求：全面贯彻党的十七大和十七届三中、四中、五中、六中全会以及中央经济工作会议、自治区第十次党代会和自治区经济工作会议精神，紧紧围绕市第四次党代会提出的战略部署，以科学发展为主题，以加快转变经济发展方式为主线，坚持走农业稳市、文化立市、旅游兴市、工业强市之路，牢牢把握"两改一融合"（"两改"：桂林国家旅游综合改革试验区、桂林国家服务业综合改革试点区域；"一融合"：国家级信息化和工业化融合试验区）机遇，按照稳中求进、好中求快的工作总基调，深入推进经济结构战略性调整，全面实施"五大工程"（项目建设工程、改革创新工程、生态建设工程、民生建设工程、文化建设工程），加快培育千亿元产业和千亿元园区，全力推进桂林世界旅游城建设，促进富民强市新跨越取得新进展，以优异成绩迎接党的十八大胜利召开。工作总基调："稳中求进、好中求快"，着眼于"稳"，立足于"快"，"好"字当头，好中求"快"。工作重点：全面实施项目建设工程、改革创新工程、生态建设工程、民生建设工程和文化建设工程"五大工程"。

【"解放思想、赶超跨越"大讨论活动动员大会】 2012年2月23日召开，市长李志刚主持会议，市四家班子和市"两院"有关领导出席会议，市委书记、市人大常委会主任刘君在会上作动员讲话。会议贯彻落实自治区党委关于在自治区深入开展"解放思想、赶超跨越"大讨论活动的精神，强调各级各部门要高标准、高要求、高质量抓好大讨论活动，迅速掀起新一轮思想大解放热潮，克服"五种思想"，强化"五种意识"（克服小富即安、不思进取的思想，进一步强化忧患意识；克服畏难怕艰、等待观望的思想，进一步强化机遇意识；克服明哲保身、不敢担当的思想，进一步强化责任意识；克服破除因循守旧、四平八稳的思想，进一步强化创新意识；克服封闭狭隘、本位主义的思想，进一步强化大局意识），努力实现"八新"（一是在把握机遇、增创优势上有新胆识，二是在转型发展、科学发展上有新进展，三是在创新机制、破解难题上有新突破，四是在用好政策、强化执行上有新举措，五是在开放合作、拓展空间上有新局面，六是在促进和谐、改善民生上有新成效，七是在干事创业、引领发展上有新高度，八是在效能建设、优化环境上有新气象），为深入贯彻落实科学发展观、加快实现富民强市新跨越提供强大的精神动力。

【城区经济工作会议】 2012年4月13日召开，市委副书记石东龙主持会议，市委书记、市人大常委会主任刘君，市长李志刚分别作讲话，市四家班子领导出席会议。会议提出，当前和今后一个时期，桂林市城区发展的目标任务是：把总量做大、把实力做强、把城市建靓、让百姓致富。做大城区经济总量，园区要挑重担，项目要唱主角。把实力做强，要利用城区在区位交通、基础设施、人才资本等方面的优势，加快经济发展方式转变和产业结构调整优化，在集聚发展、创新发展、内生发展中做强城区经济实力。把城市建靓，要牢牢抓住建设桂林世界旅游城、建设特大城市和国际区域性综合交通运输枢纽等重大机遇，高起点、高标准、高水平地推进城市规划、建设和管理，着力打造世界一流旅游目的地和集散地；要加快完善城市功能，提高城市管理水平，提升城市品位。让百姓致富，要从解决群众最关心、最直接、最现实的利益问题入手，努力让城区发展成果更多体现到改善民生上，提升居民生活的满意度和幸福感；要大力促进就业创业，健全社会保障体系，加强和创新社会管理。会议强调，要从深层次上破解制约城区跨越发展的各种障碍，凝聚各方力量，做到让体制机制顺起来、办事效率高起来、各级执行力强起来、干部自觉性高起来、投资环境好起来、城区发展快起来。

【市委常委（扩大）会议】 2012年11月19日召开，市长李志刚主持会议，桂林市出席党的十八大代表，市四家班子全体领导，市中级人民法院院长，市人民检察院检察长，市人大常委会、市人民政府、市政协其他党组成员及秘书长，市委、市人大常委会、市人民政府、市政协副秘书长，各县(区)党委和人民政府主要领导，市直单位及中央和自治区驻桂林单位主要负责人等参加会议。党的十八大代表、市委书记、市人大常委会主任刘君传达了党的十八大盛况和主要精神，并就桂林市学习宣传贯彻党的十八大精神作了全面部署。会议号召，要动员全市广大党员干部群众，高举中国特色社会主义伟大旗帜、坚持以邓小平理论、“三个代表”重要思想、科学发展观为指导，解放思想，凝聚力量，抢抓机遇，攻坚克难，奋力拼搏，确保全面完成全年各项目标任务，为加快建设桂林国际旅游胜地而努力奋斗。（邹祎芹）

重要决策

【开展“解放思想、赶超跨越”大讨论活动】 2012年4～10月，根据自治区党委开展“解放思想、赶超跨越”大讨论活动的部署和要求，桂林市围绕全面实施“五大工程”的工作重点，以“万名干部入乡住村”“弘扬广西精神”“学用政策抓落实、强化执行促跨越”活动和“加快发展城区经济”为载体，推进大讨论活动开展。在大讨论活动开展过程中，桂林市找准制约自身跨越发展的关键问题、影响改革开放的突出问题、涉及民生改善的热点问题，从更高层次、更深程度、更广领域来解放思想，切实做到“三个围绕”(围绕服务“五大工程”、围绕服务基层单位、围绕服务人民群众)，推进“三个转变”(转变思想观念、转变体制机制、转变工作作风)，实现“三个提高”(提高创新发展的能力、提高办事效率、提高工作满意度)，推动学习成果转化为实现跨越发展的思路、推进改革创新的举措、促进跨越发展的成效，有力地促进了全市经济社会科学发展、和谐发展、跨越发展。

【开展桂林国家高新技术产业开发区、桂林市七星区机构改革】 2012年6月，市委、市人民政府出台桂林国家高新技术产业开发区、桂林市七星区机构改革方案，明确了中共桂林国家高新技术产业开发区工作委员会、桂林国家高新技术产业开发区管理委员会作为市委、市人民政府的派出机构，代表市委、市人民政府对桂林国家高新技术产业开发区实行统一管理，行使市一级综合经济管理权限和相关行政管理权限，直接对市委、市人民政府负责，与七星区实行“两区合一、优势互补”管理机制。

【学习宣传贯彻党的十八大精神】 2012年11月，市委印发关于学习宣传贯彻党的十八大精神的通知，号召全市上下结合实际，切实学习好、宣传好、贯彻好党的十八大精神。一要把握要点，全面准确领会党的十八大精神。二要广泛深入，迅速掀起党的十八大精神的学习宣传热潮，组织广大党员干部群众认真学习党的十八大精神，周密安排学习活动；根据不同对象和群体，采取理论宣讲、文化宣讲、社会宣讲等不同方式，增强宣讲的吸引力和感染力。三要抓好党的十八大精神的贯彻落实，把贯彻落实好党的十八大精神与提高领导班子执政能力相结合，与推进桂林国际旅游胜地建设相结合，与加快临桂新区建设相结合，与完成各项工作目标任务相结合。四要强化领导，确保党的十八大精神学习宣传贯彻取得成效。

（邹祎芹）

组织工作

【概况】 2012年，全市组织工作以迎接党的十八大召开为主线，以加强换届后各级领导班子思想政治建设、深化干部人事制度改革、巩固提高组织工作满意度为重点，认真实施自治区提出的干部、人才、基层党建、自身建设四个“十百千万”项目，提高组织工作科学化水平，为推动桂林富民强市新跨越提供坚强组织保障。

【干部人事制度改革】 2012年，市委组织部以提高选人用人公信度为目标，启动新一轮干部人事制度改革，分3批在全社会竞争性选拔88名处级、科级领导干部。配合全市文化体制改革，在国有文艺院团体制改革新组建的桂林市戏剧创作研究院、桂林市文艺演出有限责任公司试点“广推优选”。推进后备干部队伍建设，启动实施“百名优秀年轻干部挂职培养工程”，从县(区)选派一批乡(镇)党委书记或乡(镇)长到市直机关挂任局长(主任)助理，从市直机关选派一批中层干部下派到县(区)、乡(镇)和信访部门、经济开发区、企业挂职锻炼。探索完善“量化评价、高分优选”安置分配新模式,完成34名团职军转干部安置。加大基层干部使用力度,全年共有38个职位面向基层考录公务员。稳步推进市直机关中层干部竞争上岗,全年市直机关提拔科级领导职务104人,其中18个单位79个职位在单位内部开展了中层干部竞争上岗,占全年提任科级领导职务的76%。

【干部队伍建设】 2012年,市委组织部按照“合理配置、改善年龄和专业结构”的要求,对市直部分单位领导班子进行调整配备。全年共考察干部278人,提拔干部136人,调整干部41人(交流19人,改任非领导职务22人)。同时,对县(区)领导班子进行充实配备,共调整配备县(区)领导干部32人,其中提任正处级1人,副处级5人,交流、重用26人。做好干部年度考核工作,2～3月,完成17个县(区)和市直单位1800多名处级和45名厅级领导干部2011年的年度考核工作。全年招录公务员1069人,采集全市公务员2.5万人200多万条信息。办理73名处(团)级干部退休手续,审核7名厅(处)级老干部去世后生平。

【干部监督管理】 2012年,市委组织部认真履行干部监督管理职能,在全市开展领导干部报告个人有关事项工作,完成对全市2002名干部的个人有关事项报告。切实加强审计监督,对2012年度25名领导干部任期经济责任进行审计。严把举报调查关,全年在《桂林日报》上公示干部11批共147人,对群众反映17名公示对象的有关问题进行调查;12380举报电话共接到群众反映各级领导干部有关问题的信访189件(次),对其中128名被举报对象进行调查(直接查核42人,转办查核86人);对群众举报的单位或领导干部个人发出函询43件(次)。探索干部监督管理有效方式,制订《桂林市干部工作监督员制度》,从各级干部群众中聘用干部工作监督员245名,拓宽干部监督信息来源渠道;制订《桂林市新提任科级领导干部财产公示办法(试行)》,采取先行试点、逐步铺开的方式,在全州、永福、七星、叠彩等县(区)试行新提任科级领导干部个人财产申报公示制度,对13批109名拟提任科级领导干部进行了个人财产申报公示,其中对有群众举报反映的1名干部不如实申报财产问题进行调查核实,后经查属实对其不予任用。

【干部教育培训】 2012年,市委组织部共举办换届后领导干部任职培训班21期,培训人数1517人次。3月和4月分别开办县(区)和市直单位新任处级干部培训班,培训新任处级干部230人,实现换届后新任处级领导班子成员任职培训全覆盖。推进在职干部全员培训,全年培训各级各类干部86067人,其中县处级以上干部1952人,科级以下干部23396人,企业经营管理人员3077人,专业技术人员54431人。市本级共举办培训班18期,培训各级干部950多人次。中央、国家级调训干部23人次,自治区调训干部218人次。推进教育培训改革,启动中德合作广西行动学习活动试点,共开展实施各类行动学习主题191个,培养核心学员1499人,内训师340人,带动参与学员6000多人。至年末,全市有11个县、5个城区、50多个市直单位全面实施行动学习,有效推进了干部教育培训工作改革创新。

【人才强市工作】 2012年,市委组织部成立了市委人才工作领导小组,由市委书记和市长担任领导小组组长,市委常委、组织部部长和分管人才工作的副市长担任副组长,市财政局、市科技局等20多个单位主要负责人担任成员,形成了3个“一把手”抓人才的工作格局。市委组织部设立“市委人才工作站”,负责配合市委实施各项人才政策。17个县(区)成立人才工作领导小组,落实人才发展专项经费,配备专门人才工作人员,推进人才工作规范开展。抓好重大工程的实施。启动首批“漓江学者”岗位设置和人选招聘工作。开展首届桂林市“十大杰出创业人才”和“十大杰出创新人才”评选表彰活动,投入200多万元,奖励邹节明、胡建飞等20名创新、创业人才。开展人才小高地提升工程,建立小高地建设的奖励和退出机制,加强产学研合作,推进桂林6个自治区级和市级人才高地效能提升;配合自治区开展“万名人才下基层”活动,组织有关专家3974人次,到17个县(区)开展人才服务活动。

【“五美”新村建设】 2012年,市委组织部深化拓展基层党组织建设年活动,在全市开展“打造精品党建,建设美丽乡村”活动,推进“五美”(村庄规划协调美、村容整洁环境美、村强民富生活美、村风文明风尚美、村稳安康和谐美)新农村建设。全年建设完成“五美”乡村示范点67个,精品党建示范点 369 个，初步形成以“一江三路”（即漓江、国道 322 线、国道 321 线和国道 323 线）为龙头、东西两侧为两翼的美丽乡村建设格局。

【基层组织分类定级】 2012 年，市委组织部采取“基层党组织自评、党员群众测评、上级党委评定”的程序，做好基层党组织分类定级。全年共 9529 个基层党组织参加分类定级。其中：定级“好”的基层党组织 5777 个，占 60.6%；定级“较好”的基层党组织 2724 个，占 28.6%；定级“一般”的基层党组织 866 个，占 9.1%；定级“较差”的基层党组织 162 个，占 1.7%。从中梳理出基层党建工作责任制落实不够到位、党员经常性教育不够完善、党内活动不够规范、党建工作考核不够严格、缺少务实管用的工作制度等方面的突出问题。通过整改，实现了基层党组织晋位升级。

【基层党组织队伍建设】 2012 年，市委组织部加强基层党组织队伍建设。全年完成全市 133 名乡（镇）党委书记培训；推荐新提拔的 70 名组织委员参加自治区乡（镇）党委组织委员专题培训，推荐 1 名组织委员参加中组部第一期全国乡（镇）组织委员培训；推荐 58 名贫困村党组织书记参加大专学历考试，落实“一定三有”（“一定”是指定权责立规范；“三有”是指收入有保障、干好有希望、退后有所养）政策，提高村党支部书记待遇；对农村基层党员干部进行轮训，全年举办农村党员各类培训班 21539 期，培训农村党员 76.2 万人次，投入培训经费 991.39 万元；招录 135 名大学生村官和 26 名城市社区党建工作组织员，夯实基层党组织队伍后备力量。

【实现“两新”组织党建工作全覆盖】 2012 年，市委组织部以组织和谐、秩序和谐、环境和谐、生活和谐、文化和谐、风貌和谐为标准，开展了社区党建精品打造工程，创建叠彩区清风社区、七星区辰山社区等 8 个特色示范点。抓好全市“两新”组织（新经济组织、新社会组织）党建，全市 2688 家非公有制企业中有 824 家建立党组织，覆盖率达到 30.65%，其中规模以上企业 367 家；889 个社会组织中建立党组织 189 个，覆盖率达到 21.25%；对未建立党组织的“两新”组织均派出党建指导员，实现了党建工作在“两新”组织的全覆盖。

【机关干部下基层】 2012 年，市委组织部以“察民情、解民忧、帮民富”为主要内容，选派 270 名干部到全市 13 个县（区）担任贫困村党组织第一书记；3248 名新农村建设指导员驻村帮扶，确保全市 1654 个建制村每个建制村大约有 2 名新农村建设指导员；市直机关 381 名党员、92 个党组织组成农村工作服务队开展服务基层活动。全年共培育特色优势产业 973 个，引进项目 1135 个，引进项目资金和帮扶资金 3.77 亿元，帮助群众办好事、实事 1.1 万件，帮助农民实现创业就业 10.5 万人。

【流动党员管理】 2012 年，市委组织部制订了《桂林市 2011～2015 年发展党员工作规划》，确定 5 年内全市发展党员 6 万名的中长期目标。加强流动党员信息库建设，建立健全流动党员管理服务网络体系，探索流动党员党组织组建模式，做到“成熟一个、组建一个、巩固一个”。为流动党员提供技能培训、就业推荐和法律维权等服务，促进流动党员在流入地发挥作用，鼓励和扶持流动党员返乡带头创业。

【党建工作信息化】 2012 年，市委组织部加强信息化技术在党建工作的运用，推进远程教育“上电视”，在桂林电视台图文频道开播远程教育电视专栏《远教天地》，在各县电视台开办相应栏目，扩大了远程教育工作覆盖面。推进远程教育“上手机”，利用党员手机短信平台，做好党建工作宣传，实现了远教管理“零距离”。推进远程教育“上网络”，以恭城瑶族自治县为试点，整合城乡党建资源，与桂林电子科技大学合作研发恭城党建信息服务平台，分别在西岭、杨溪等乡村全面铺开。至年末，各县（区）已建立远教终端站点 2061 个，党建网站 13 个，手机平台 15 个，党建电视栏目 12 个，党建广播栏目 2 个，党员在线学习平台 9 个，党建 QQ 群 48 个，初步构建了全市基层党建信息化网络平台。 （郑利平）

宣传工作

【概况】 2012 年，市委宣传部围绕市委、市人民政府中心工作，唱响主旋律，打好主动仗。桂林市获中央文明委授予的“第三届全国未成年人思想道德建设工作先进城市”称号。阳朔县12岁女孩何玥捐献器官救助他人感动全社会,被追授为“广西青少年道德模范”称号,并获“感动中国2012年度十大人物”称号。

【理论宣传】 2012年,市委宣传部推动各级党委中心组学习的规范化和制度化,编印9期《中心组学习信息参考》。举行“热烈庆祝党的十八大胜利召开大型晚会”,在自治区率先启动宣传贯彻十八大精神“千场百万”宣讲活动,组织党的十八大精神宣讲团到县(区)、乡(镇)、企业、学校、社区、军营宣讲1220场次,参加宣讲学习活动的干部、群众和部队官兵人数达30多万人。开展党的十八大精神“大学习”“大培训”活动,深入县(区)、乡(镇)举办各类培训班,共培训骨干1000多人次。组织开展党的十七届六中全会精神、自治区第十次党代会精神和学习弘扬“广西精神”的巡回宣讲活动,共宣讲300多场次。举办2012年度“宣传思想工作创新奖”评选会,打造“理论创新、实践创新、制度创新”的实践课堂。

【舆论引导】 2012年,境外和国内主流媒体通过多种渠道传递、播报和刊登桂林的音像、图片、文稿2000多篇次(条、幅),其中中央电视台新闻联播14条,广西电视台头条18条,《广西日报》刊登头版头条20条。中央电视台综合频道、新闻频道、中文国际频道和英语频道分别在除夕、春节、国庆黄金周期间报道桂林市相关节庆活动。中央电视台多次播出桂林“文氏四兄弟寻母”和阳朔县12岁女孩何玥捐献器官的相关新闻。10月,美国纽约时代广场播出全新的桂林形象片《这就是桂林》。年内,市委宣传部策划“建设桂林国家旅游综合改革试验区,打造桂林国际旅游胜地”“五大工程”“喜迎十八大”等19个专题主题宣传。落实“解放思想、赶超跨越”大讨论活动和学习践行“广西精神”主题宣传教育活动等重大活动的宣传报道。深化“走转改”(走基层、转作风、改文风)活动,一批作品和记者获自治区“走转改”评比奖项。成立桂林市互联网工作领导小组,在市委宣传部设桂林市互联网信息办公室,内设网络宣传科和网络管理科,加强网络新闻宣传、网络舆情处置和属地互联网内容管理。全年协助组织召开了各类新闻发布会60多场次。开展《新闻宣传与舆情应对》大培训,送课到12个县和5个城区,参加培训7000多人。成功处理“尧山索道意外停运”等数十起突发事件,有效控制了不良消息的传播和蔓延。

【思想政治工作】 2012年,市委宣传部以思想政治工作促进和谐稳定。举办了《思想政治工作探索》创刊100期座谈会。集中宣传自治区优秀共产党员、灌阳县西山瑶族乡盐塘村党支部书记袁开政,灵川县水库移民管理局党组成员秦啟明等一批先进典型的优秀事迹。做好春节、喜迎党的十八大胜利召开等重大节庆、重要活动、重点工作的社会宣传和氛围布置。组织全市31万名中、小学生参加以“建设幸福中国”为主题的全国演讲、讲故事和征文等各项读书活动,广西师大附中高二年级的蔡诚获全国征文比赛一等奖。在广西第十九届青少年爱国主义读书教育活动演讲和讲故事比赛中,桂林市4名选手获1个一等奖、3个三等奖。

【文化工作】 2012年,桂林市、县两级国有文艺院团改革工作在自治区率先完成。公共文化服务体系建设有突破。桂林世界旅游城文化地标性建筑——“一院两馆”(桂林大剧院、桂林博物馆、桂林图书馆)项目全部封顶,累计完成投资金额6亿多元;桂林日报社传媒中心12月24日封顶,累计完成投资金额4775万元;桂林广播电影电视中心完成前期投资金额2960多万元;国家考古遗址公园建设有5个项目方案得到批复,总投资金额约6000万元;文化惠民工程圆满完成,全市131个村级公共服务中心建设全部竣工。灵川县“农民工文化培育机制”获全国“农民工文化服务示范项目”,为广西唯一获此荣誉的项目。全面完成全市20户以下广播电视“村村通”工程建设任务,桂林市广播电影电视局被国家广电总局评为“全国广播电视村村通工作先进集体”;建成“农家书屋”1864家,覆盖所有建制村,市新闻出版局获自治区“农家书屋工程建设突出贡献单位”称号,永福镇银洞村农家书屋获“全国示范农家书屋”称号。公益性文化品牌效应提升,继续打造“百姓大舞台”“读书月”“百姓文化大讲坛”“漓江之声”“周末大家乐”等文化品牌活动。至年末,桂林“百姓大舞台”累计演出105场。文化创意产业蓬勃发展。桂林国家高新技术产业开发区创意产业园作为自治区动漫试验园区，一期工程已入驻企业43家，其中涉及动漫制作及网络信息科技16家；云尚动画制作有限公司获全国动漫企业认证，实现了广西动漫企业获全国认证零的突破。文艺精品创作有新成果。壮族乐春鼓《诺言》等一批作品入选全国大赛；新编大型历史彩调剧《一品油茶七品官》、桂剧《月影斩》获得第八届广西戏剧展桂花金奖；在自治区首届基层群众文艺会演中，市代表队共获得一等奖1个，二等奖2个，三等奖3个，优秀奖2个，获奖名次居自治区前列；参加自治区"八桂群星奖"比赛，女生独唱《民族团结之歌》获金奖，舞蹈《花腰带，长哟长》获舞蹈类金奖。县域文化节庆活动特色鲜明。17个县(区)努力打造县域文化节庆活动，构建桂林特色文化节庆体系，形成了"一地一品"文化旅游互动新格局。

（杨毅峰）

精神文明建设

【概况】 2012年，桂林市的精神文明建设工作按照市委、市人民政府和上级部门的要求，加强公民思想道德教育，深入开展群众性精神文明创建活动，努力提高城乡文明程度和市民综合素质，较好地完成了全国城市文明程度指数测评工作。全年围绕十大感恩主题，开展了形式多样的实践活动。年内，"我们的节日"系列主题文化活动丰富多彩。成功推出捐献器官救助他人的先进典型"桂林最美女孩——何玥"。（孙玲）

【公民思想道德建设】 2012年，桂林市精神文明建设委员会办公室(简称市文明办)承办了由中共中央宣传部、中央文明办主办的"学雷锋·在行动——全国道德模范与身边好人(广西桂林)现场交流活动"。罗瑞斌、谢玉华入选"中国好人榜"。开展"第二届自治区道德模范"推荐评选，全州县邓化月、雁山区白刚、平乐县陆华、秀峰区陈英当选自治区道德模范。完成"第二届桂林市道德模范"评选表彰，喻显明、邓化月等10人被评为桂林市道德模范。组织"广西全国道德模范高校巡讲活动"在桂林的6场专题报告会。加强社会主义核心价值体系建设，开展了"道德讲堂"建设工作，全市建立"道德讲堂"450多个。

【群众性精神文明创建】 2012年，桂林市开展创建全国文明城市活动，在中央文明办组织的年度全国城市文明程度指数测评中获得好成绩。全市432个单位、集体、家庭被评为自治区第二批"和谐建设在基层"活动先进单位。全市获自治区第十四批文明村镇11个、文明单位32个、军(警)民共建精神文明先进单位5对。年内，对380多个自治区文明村镇、文明单位进行复核，命名表彰第七批市级文明村镇26个、文明单位64个，对第一至第六批市级文明村镇、文明单位进行复核。会同市爱卫办完成全市400个文明卫生村创建任务。

（蒋晓军）

【未成年人思想道德建设】 2012年，桂林市获中央文明办授予"第三届全国未成年人思想道德建设工作先进城市"称号。全市社区新增青少年活动场所42个、青少年书屋11个、阳光网吧14个。共救助流浪儿童310人，总投资500万元，建筑面积3425平方米的桂林市流浪未成年人救助保护中心投入使用。整合民政系统、医疗系统、教育科研系统、驻桂林各高校以及中小学的心理咨询力量，在桂林市社会福利医院成立桂林市未成年人心理健康咨询中心。桂林市未成年人心理健康辅导中心与市救助站合作，在全市选定7所有代表性的中小学，开展"阳光之旅——关爱心灵、健康成长"项目活动，将流浪未成年人的问题遏制在源头，让在校学生在健康和谐的环境中学习成长。年内，9所乡(镇)学校成功申报中央专项彩票公益金支持乡村学校少年宫项目，筹建15所市级乡村学校少年宫、5所城市学校少年宫。组织开展"周末爱心妈妈"走进乡村学校少年宫活动，是自治区首次引入社会力量共建乡村学校少年宫。以"做一个有道德的人"为主题的系列实践活动丰富多彩，在自治区"童心向党"歌咏活动中，榕湖小学、灵川县八里街中心校报送的节目在中国文明网、广西青少年网上进行了视频展播。在自治区"感恩伴我行"主题征文比赛中，桂林市获特等奖1篇、一等奖3篇，桂林市文明办、桂林市教育局获优秀组织奖。组织协调全市未成年人开展"学雷锋、在行动"主题实践、清明节"网上祭英烈"、"学习雷锋、做美德少年"网上签名寄语、中华经典诵读等活动。全市共有3个全国主题实践活动联系点，23个自治区级主题实践活动联系点。

（廖玲）

【志愿服务工作】 2012年，桂林市制订《桂林市2012年度志愿服务工作主要内容》《桂林市2012年度志愿服务工作台账》，印发《关于深入开展志愿服务活动的实施意见》。召开桂林市2012年度志愿服务工作暨表彰会议，市女企业家协会“周末爱心妈妈”志愿服务队等30个组织获“先进集体”称号，57人获“先进个人”称号。在开展“红红火火过大年”志愿服务活动中，组织七星区桂大社区代表桂林市参加由中国社区网主办的中国首届社区网络春晚——桂林分会场活动。将每年3月定为全市“学雷锋志愿服务月”，开展统一行动。5月，举办了有1000余名志愿者代表参加的桂林市“关爱他人、关爱社会、关爱自然志愿服务活动启动仪式”，推动全市学雷锋活动的常态化。推广“三位一体”(学习雷锋、奉献他人、提升自己)的社区志愿服务工作模式，召开社区志愿服务工作培训暨经验交流会。在“一二·五”国际志愿者日活动期间，共组织志愿者3万余名，开展家政服务、健康保护、亲情陪伴等各类志愿服务活动80余场次，服务群众近9万人次。 （罗家骏）

统一战线工作

【概况】 2012年，市委统战部门发挥自身优势，创新举措，突出特色，高标准打造“同心”品牌，努力开创统一战线“团结、和谐、开拓、活跃”的新局面。年内，市委统战部被中央统战部评为信息工作三等奖，被中国统一战线杂志社评为统战宣传工作先进单位。

【实践“同心”思想】 2012年，市委统战部门按照思想上同心同德、目标上同心同向、行动上同心同行的要求，突出“与党和人民同心”的核心主题，开展“同心”实践，营造和谐的政党关系。年内，在阳朔县江村建成桂林市首个“同心”品牌示范村，为江村筹集扶贫项目启动资金36万元。

【党外代表人士队伍建设】 2012年，市委成立了由市委组织部牵头，市委统战部具体负责的党外代表人士队伍建设工作小组，加大对党外干部教育培养和选拔力度。一是将党外干部的培训计划纳入各级党委的培训方案，建立了党外干部学习培训档案。二是落实脱产轮训、轮岗锻炼、挂职交流等制度。三是建立党外代表人物的重点联系制度，加强党外后备干部队伍建设。年内，全市有3个县(区)人民法院配备了党外副职，1个县人民检察院配备了党外副职，市人民政府8个工作部门领导班子安排了10名党外领导干部，有4名党外干部在政府工作部门和群团组织任正职。选送11名优秀党外干部到基层挂职副乡(镇)长。

【宗教工作】 2012年，市委统战部贯彻宗教信息定期汇报制度，对重点目标实施监控，把影响社会稳定的问题解决在萌芽状态。坚决制止和打击非法宗教活动，维护社会稳定。以开展“创建和谐寺观教堂”活动为契机，帮助爱国宗教团体加强自身建设，在全市81个宗教活动场所中，财务监督管理达标率88%。帮助宗教教职人员做好社保工作，社区医保达100%，养老保险达90%。协助妥善处理宗教房产遗留问题和宗教房地产开发建设等问题，维护了宗教团体的合法权益。

【海内外同胞交流】 2012年，市委统战部先后接待由21个国家的海外知名华裔代表人士和成功企业家组成的“海外知名人士广西考察团”、香港企业界知名人士桂林投资考察团等20多批次100多人考察团到桂林考察交流。年内，市委统战部通过组织人员参加自治区人民政府在台湾举办的“2012年桂台经贸文化论坛”、邀请台湾花莲县秀林乡代表参加“桂林国际旅游博览会”等活动，增进了台湾同胞对桂林的认识；台湾政界和工商界参访团、台湾少数民族交流团、中国国民党花莲县党际交流团等十余批近100人到桂林参观考察，促进了桂林与台湾经贸文化交流。

（颜晴）

政策研究

【概况】 2012年，市委政策研究室围绕市委中心工作和桂林改革发展的实际，加强理论学习，创新工作机制，突出文稿写作，强化课题调研，狠抓刊物阵地建设和政研队伍建设，切实为党委决策和推进发展服务。年内，市委政策研究室获“2011年度自治区党委政策研究工作先进单位”称号。

【课题调研】 2012年,市委政策研究室坚持决策需要、实践需要和个人专长相结合的原则,围绕桂林改革发展的重点难点问题,关注决策层、关心基层的焦点问题,承担了桂林市经济社会发展重大课题的专题调研及文稿撰写。年内的调研成果主要有:《加快打造以兴安县为重点的广西千亿元太阳能光伏产业研究》《以人为本促发展,因地制宜建家园——秀峰区在城市化进程中探索三种农民安置模式的调查与思考》《坚持让利于民——秀峰区探索三种农民安置模式》《桂林旅游文化建设与公民人文素质的提升》《漓江保护与民生改善如何实现双赢——漓江沿岸村民生产生活情况的调查与思考》《推动桂林文化大发展大繁荣的调研报告》《民族文化的多元性与民族文化产业发展——以广西为例》《问渠哪得清如许,为有源头活水来——桂林市创新打造"百姓大舞台"的调查与启示》《十年磨一剑,铮铮自有声——阳朔县探索"三位一体"农村社会管理模式的调研报告》《灌阳县发展循环农业对策研究》《促进桂林高新区文化创意产业发展的对策研究》等。

【学术研究】 2012年,市委政策研究室在完成相关课题调研的基础上,撰写论文和文章20余篇,约30万字,先后在国家级、自治区级、市级报刊上发表,并被国家级网站转载。其中:以市委名义撰写的文章《实施五大工程,科学保护漓江》发表于中央政策研究室《学习与研究》2012年第6期;《建设桂北生态经济区的思考》发表于《广西日报》;《加快文化产业发展与建设广西民族文化强区》获自治区社科联、自治区文化厅、自治区文联、自治区民委联合主办的第14期广西发展论坛优秀论文奖,课题报告发表于《传承》2012年第15期。

【文稿起草】 2012年,市委政策研究室参与各类文稿写作。参与了市委四届三次全会报告的前期调研和起草工作;为市委、市人民政府起草《关于加快建设千亿元桂林国家高新技术产业开发区的决定》(市发〔2011〕56号)的配套文件;起草了关于桂林国家高新技术产业开发区行使市级权限和拓展发展空间的3个配套文件;结合桂林的工作特色和中央、自治区党委对桂林的关注重点,组织力量撰写了《实施五大工程,科学保护漓江》《打出政策组合拳,破解发展新难题》《强化五个坚持,推动县域经济快速发展》作为市委的工作情况交流材料上报自治区党委办公厅。

【办好市委机关刊物《今日桂林》】 2012年,市委政策研究室完成市委机关刊物《今日桂林》的编辑、出版、发行。年内,出版刊物12期,刊登各类文章300余篇。建立《今日桂林》特约通讯员队伍,聘请各县(区)党委办公室(政研室)、市直各有关部门、驻桂林高校中负责政策研究和文稿写作的领导及工作人员100多人为刊物的特约通讯员;加强了编辑部力量,编辑部由1名专职编辑增加到2名;对刊物栏目进行重新设计和调整,增加了"主题论坛""桂山书事""图说桂林"等栏目,刊物的内容更加丰富。年内,《今日桂林》被评为"全国十佳党刊""全国城市优秀党刊",周艳获"全国党刊十佳编辑"称号。 (刘泽兴)

党校工作

【概况】 2012年,市委党校坚持把学习好、宣传好、贯彻好党的十八大精神作为重要政治任务来抓,推进党校工作科学化、规范化、制度化建设。组织创新成果项目参加自治区党校系统创新项目评奖活动,获自治区党校系统优秀创新成果二等奖;《中共桂林市委党校学报》获2011~2012年度广西高校优秀学报一等奖。

【干部培训】 2012年,市委党校共举办主体班18期,培训领导干部870人次。承接自治区内外社会培训26批次1732人次。根据市委安排开展送培训下基层活动,共办培训班6期,培训860人次。增强主体班教学的针对性和实效性,加强教学管理。一是改进试讲方式,要求所有专题进入课堂前一律通过试讲,并邀请高校教授及专家对教师试讲进行评教,把好教学质量关。二是采取"党校培训+高校(上级培训机构)进修+考察调研+自我管理"的主体班培训模式,以讲授、模拟、现场等方式,增强教学的针对性。三是把培训拓展延伸到机关、县(区)及农村基层,共组织现场教学活动12次,强化学员就当地发展难题提出建议和意见,学员与专家领导在现场直接对接,促进教学相长。四是与柳州等市级党校建立"桂中北党校区域合作联盟”,实现教学资源共享。五是举办全市党校系统优质课比赛活动,从32个比赛课题中选拔出5个优质课参加2012年自治区党校系统优质课比赛,并全部获奖。

【科研工作】 2012年,市委党校选择全局性的专题开展科学研究,举办文化建设与经济可持续发展理论研讨会,参会论文68篇,对桂林文化建设进行深层次研讨,为市委、市人民政府科学决策提供理论依据。组织参加自治区课题立项和各类理论研讨会,课题立项5项,结题11项,发表论文72篇,论文获奖41篇。组织教师外出参加研讨会,与专家学者交流,研讨会征文获奖32篇,其中省级16篇,市级16篇。组织创新成果项目参加自治区党校系统创新项目评奖活动,获自治区党校系统优秀创新成果二等奖。全校教师撰写并发表科研论文64篇,其中省级刊物公开发表25篇,市级刊物公开发表23篇,市级内部资料发表16篇。全年发行《中共桂林市委党校学报》4期。

【队伍建设】 2012年,市委党校根据人才发展现状和长远发展规划,制订并印发市委党校关于加强人才队伍建设的决定。面向社会公开招聘硕士研究生3名、土木建筑工程技术人员1名,优化了党校队伍结构。加大人才培养力度,选派教师及行政管理员到自治区党校、浦东干部学院、上海交通大学等脱产培训及异地高校跟班培训39人次。选派年轻骨干到乡(镇)挂职锻炼。年内,有2名教师获副教授职称,全校在职教师有高级职称25人,占教师总数的54.3%。

【硬件建设】 2012年,市委决定市委党校在原址改(扩)建。年内,市委党校成立党校基础设施建设领导小组及基建办公室,并制订项目推进日程安排表。年内,完成了项目立项、征地等前期工作,考察确定了改扩建期间党校干部教育培训和行政办公搬迁地点等系列工作。投资109.3万元对2号楼、3号楼进行维修,解决教职工午休房和学员床位不足问题;更新消防器材、电视机、空调及办公电脑等设备;接通自来水主体管道,更换一台250千瓦的新发电机,安装一台自来水增压泵,解决学员宿舍用电用水难的问题;投资83万元,完成了电力扩容1000千伏安变压器配电安装工程。

(唐建容 张可)

党史工作

【概况】 2012年,全市党史系统围绕《桂林市党史研究室2011~2015年工作规划》要求,抓住党史基本著作编纂工作重点,切实履行党史“存史、资政、育人”职能,做好各项工作。

【加强党史工作组织领导】 2012年4月11日,由中共桂林市委党史研究室发起,经桂林市民政局批准,“桂林市中共党史学会”正式成立。年内,共有11个团体会员、95名个人会员。5月2日,成立“桂林市党史工作协调小组”,市委副书记石东龙任组长,市委党史研究室、市委组织部、市委宣传部等相关单位为成员单位。协调小组建立联席会议制度,就有关重大党史工作的组织、协调工作进行研究。年内,雁山区成立区党史工作协调小组,龙胜各族自治县建立了党史联络员制度,七星区建立起区直机关党史工作网络。

【党史编纂】 2012年年初,市党史研究室制订《中国共产党桂林历史(1949~1978)》第二卷编撰工作方案,成立了编写组,编写工作按计划推进。至年末,全州、平乐、永福、临桂县党史二卷已印刷出版;灵川、兴安、龙胜、灌阳、阳朔、荔浦、恭城7县(自治县)党史二卷正在编修。资源县一卷完成初稿送审。5个城区党史均已编修到2009年或2010年,其中叠彩、秀峰区党史已经出版,雁山、象山、七星区党史完成第一稿送审。年内,市本级完成《中国共产党桂林执政纪实(2011)》《党和国家领导人在桂林》《丰碑——桂林红色记忆》的编写出版,开展了《临桂新区建设党史资料专题》《中国共产党桂林历史上的今天》的资料征集。

【党史宣传教育】 2012年,全市党史系统组织开展了“党史知识报告”“党史知识竞赛”、党建成就图片展览、编写赠送党史教材等党史主题教育活动。年内,市党史研究室举行《中国共产党桂林历史(1921~1949)》(第一卷)首发仪式,向市直机关及相关单位赠送《中国共产党桂林历史(1921~1949)》510册。在全市开展“喜迎十八大,‘学党史、颂党恩、跟党走'有奖征文比赛”活动。平乐县和叠彩区举办了党史基本著作的发行仪式。召开纪念桂北武装起义65周年座谈会，68名老队员参加座谈。临桂、灵川、全州、兴安、灌阳、龙胜、资源县（自治县）建立健全行政区域内健在的桂北游击队老队员名册，并组织体质尚好的部分老队员参加座谈会。在全市开展《没有共产党就没有新中国》观影活动。在《桂林日报》开办《丰碑——桂林红色记忆》栏目，刊发党史类文章10篇。临桂县拍摄了《临桂武装斗争专题片》，灵川县配合市委宣传部、市电视台拍摄纪录片《桂北游击队》，阳朔县拍摄电视纪录专题片《烽火临阳》。

（全智勇）

保密工作

【概况】 2012年，桂林市保密工作以《“十二五”时期全国保密系统信息化建设规划》《广西壮族自治区“十二五”时期保密事业发展规划》为主线，加强统筹规划，强化安全保障，完善管理体制，稳步推进工作开展。年内，党政机关互联网出口监管平台重点建设项目完成设备采购，涉密计算机违规外联集中监控平台完成升级改造，市县（区）保密技术装备得到进一步加强，发现问题的能力大幅提升。

【保密行政管理】 2012年，桂林市国家保密局对辖区内招生考试院（办）、公务员考试中心、考务组织等21个单位和部门，依照国家考试保密检查的要求，对保密制度建设、涉密人员管理、涉密载体管理、计算机及移动存储介质使用管理、涉密场所管理等情况开展检查。市县招生考试院（办）13个试卷保密室年度评估达标，命题和印刷所在地保密措施良好。全年受理确认涉密装备器材采购10批次，审核武器装备科研生产单位保密资格申请1例。

【专项保密检查】 2012年4月，桂林市国家保密局加强计算机信息安全保密管理，从12个县中每县抽查相同的3个单位，查找违规操作和管理不善漏洞，对问题严重的单位发放整改通知书，并将检查情况在12个县内通报。10月，抽查了2个县、市直12个单位，共抽查涉密计算机7台、非涉密计算机87台。年内，还查处了2个涉嫌非法交易涉密资料的个体网店，查缴涉密地质、矿产图8幅。

【保密法规培训教育】 2012年，桂林市国家保密局组织172人，分3批于南宁、桂林、北海三地学习培训。桂林市国家保密局领导给机关单位、县（区）上保密教育课8次。举办县（区）保密局长技术检查培训班1期，提升了县（区）保密局应用保密检查工具的能力。

（钟燕生）

信访工作

【概况】 2012年，全市信访工作突出抓源头、抓根本、抓基础，全力保重点、保稳定、保增长、保发展。全年市、县（区）两级信访部门共受理群众来信来访4473件20502人次，（比上年，下同）件次上升3.42%，人次上升8.37%。受理上级交办、领导批办案件165件，应结案165件，已办结165件，结案率100%；受理复查、复核案件73件，应结案71件，结案69件，结案率97%。

【领导干部接访】 2012年，市委、市人民政府主要领导及班子成员履行“第一责任”“一岗双责”职责，到县（区）、部门、企业接待上访群众，倾听群众诉求，为群众排忧解难，化解社会矛盾。领导干部接访、下访突出“三个结合”（领导约访与解决突出问题相结合、下访包案与化解积案相结合、领导大接访与解决普遍问题相结合）。年内，市、县（区）主要领导108人次约谈上访人324人次，1274名领导共接访群众6451人次，受理案件622件，其中已办理结案388件。

【化解信访积案】 2012年，国家信访局交办桂林市297件信访积案，自治区信访局交办信访突出问题118个。桂林市信访局多次举办县（区）信访局长，市、县（区）积案化解经办人员培训班，明确任务，落实责任。全年共形成档案材料450多万字，按时化解上报国家信访局交办的297件信访积案及自治区信访局交办的118个信访突出问题，化解率100%。

（邓利平）

老干部工作

【概况】 2012 年,全市共有离休干部 1308 人,平均年龄 83.7 岁。其中市直单位 793 人,各城区 59 人,各县 456 人;行政机关离休干部 464 人,事业单位离休干部 309 人,企业单位离休干部 535 人;第二次国内革命战争时期参加革命工作的 1 人,抗战时期参加革命工作的 127 人,解放战争时期参加革命工作的 1180 人;享受自治区副主席级以上干部医疗待遇的 5 人,享受厅级待遇的 91 人,享受处(县)级待遇的 860 人,享受科级待遇及其他 352 人。全年共接待处理老干部来信来访 248 人次,协调解决老干部反映的政治待遇、管理服务、生活补贴等问题 32 件。

【落实老干部政治生活待遇】 2012 年,桂林市委老干部局完善老干部定期集中学习、阅读文件、听报告、参加重要会议、向老干部通报情况、就近就地参观考察、重大节日走访慰问等基本制度。全年召开春节团拜会、座谈会、情况通报会 10 多场次。组织老干部到桂林园博园、临桂新区、柳州市、河南省考察。市直单位老干部中秋国庆慰问费执行新标准,离休干部从每人 150 元提高到 300 元,处级退休干部从每人 120 元提高到 240 元,各县(区)的慰问标准也有所提高。

【开展督查调研活动】 2012 年 4 月,桂林市委老干部局开展"深入基层、优化服务、共创和谐"暨老干部政策落实情况督查调研活动,从局机关和局属二层单位抽调工作人员 28 名,分成 12 个小组,采用座谈、听取汇报、登门拜访等形式,对全市 1400 余名离休干部及部分退休干部进行全面走访,收集梳理意见、建议 56 条,涵盖政治待遇、生活待遇、医疗等方面。撰写《非国有企业离休干部的管理服务主体的思考》《离休干部健康状况与保健需求的调查与分析》《以思想大解放,促进老干部工作跨越发展》等调研文章。

【开展纪念干部离退休制度建立 30 周年活动】 2012 年,桂林市组织开展了一系列纪念干部离退休制度建立 30 周年的活动。2 月,开展"纪念干部离退休制度建立 30 周年"理论研讨征文活动,共收到征文 36 篇。5 月,举办书画摄影展。6 月,举行"希望在明天'学雷锋、心向党、讲品德、见行动'宣传教育活动"主题晚会;联合市老龄委办公室、市文化局举办"桂林市纪念干部离退休制度建立 30 周年"暨第十届老年文艺调演。10 月 22 日,举办重阳欢歌专场文艺演出。11 月,举办全市离退休干部第十四届门球赛,全市有 19 支参赛队伍共 200 名运动员参加比赛。 (黄少丹)

机构编制

【概况】 2012 年,桂林市机构编制委员会办公室(简称市编办)以分类推进事业单位改革工作为重点,开展事业单位清理规范和模拟分类工作。推进行业体制改革,继续深化行政管理体制改革。加强和创新机构编制管理,提高机构编制工作水平。

【深化行政体制改革】 2012 年,市编办在全面完成市、县(区)人民政府机构改革的基础上,围绕建设服务型政府,理顺和强化部门职责,对部分机构设置进行调整。年内,制订并以市委、市人民政府名义印发了《桂林国家高新技术产业开发区、桂林市七星区机构改革方案》,对桂林国家高新技术产业开发区和七星区进行了新一轮的机构改革;将市预防与控制艾滋病工作委员会办公室由市卫生局内设机构挂牌改为市卫生局挂牌;在市交通运输局成立市高速公路建设领导小组办公室;将桂林市政务服务中心管理办公室更名为桂林市政务服务管理办公室;将市禁毒委员会办公室由市公安局禁毒支队挂牌调整为与市公安局禁毒支队合署办公,增加了市禁毒委员会办公室内设机构;成立桂林市人民检察院案件管理办公室;明确中共桂林市委党校的主要职责、内设机构和人员编制;在市委宣传部加挂市互联网信息办公室;在各城区的城乡(规划)建设局增挂人民防空办公室的牌子;将城区党委统一战线部挂牌的民族宗教事务管理局更名为宗教事务管理局,继续在城区统一战线部挂牌,同时在城区人民政府办公室增挂民族事务局牌子。

【做好社会事业机构编制服务】 2012 年,市编办完善部分机构设置,调整和强化社会管理及公共服务职能，做好社会事业机构编制服务工作。年内，深化文艺院团体制改革，将桂林市歌舞团、桂林市杂技团、漓江剧院3个事业单位组建为桂林市文艺演出有限责任公司；将桂林市桂剧团、桂林市彩调剧团、桂林市曲艺剧团整合，组建桂林市戏剧创作研究院（增挂桂林市非物质文化遗产保护传承中心牌子）；将桂林市文物管理委员会更名为桂林市文物局，在各城区成立文化市场综合执法大队。增加桂林市计划生育协会事业编制，成立市辖5个城区计划生育协会，并列入群众团体序列。成立桂林市服务业发展办公室、桂林华侨旅游经济区工作委员会（桂林华侨旅游经济区管理委员会）、雁山区水库移民工作管理局、桂林市园博园管理处、桂林市临桂新区管委会信息中心、桂林市低收入家庭经济状况核对中心。成立桂林市纪检监察反腐倡廉网络舆情处置和电化教育中心、桂林市公安局互联网信息安全中心，加强反腐倡廉网络舆情的收集、研判、处置工作。将桂林市人力资源和社会保障局二层机构中工作职责相近的桂林市干部培训管理办公室与桂林市劳动保障教育培训中心进行整合，组建新的桂林市干部培训管理办公室。将桂林市殡仪馆从殡葬管理处中分离出来，成立具有独立编制和经济法人地位的殡葬服务事业单位市殡仪馆，桂林市殡葬管理处作为专门从事管理职能的殡葬管理机构。对职能加强的事业单位在机构编制上给予适度倾斜，增加桂林市环境监测中心站、桂林市劳动和社会保障监察支队、桂林市商务监察支队编制，将桂林市环境保护局5个城区分局事业编制调整为行政编制，在桂林市地震局增设监测与法规科。

【开展事业单位清理规范、模拟分类工作】 2012年，市编办按照先易后难的工作思路，对情况比较清晰，职责履行不正常、工作任务不足、或是政策明确规定将转为企业的事业单位，从编制数额上进行清理和控制。在清理规范的基础上，开展了事业单位模拟分类工作，结合桂林市的实际情况，对市直及城区事业单位提出2套分类方案，2套方案经市编委研究同意并报送自治区事业单位改革办公室。

【开展机构编制实名制工作】 2012年，市编办按照“控制总量、盘活存量、优化结构、有减有增，确保重点”的思路，完成审核2012年度市本级和城区机关事业单位编制使用计划。开展机构编制实名制工作，基本建成全市机关、事业单位实名制信息数据库。通过全市实名制数据库，完成了对全市2011年度绩效奖金发放单位审核工作。

【开展机构编制核查和监督检查】 2012年，市编办在全市开展机构编制核查工作。对全市各单位的机构编制、领导职数和实有人员等情况进行核查。结合事业单位清理规范工作，组成6个督查组对市本级及各县(区)机构编制工作进行全面督查。加强机构编制监督检查机构设置，成立了桂林市机构编制委员会督查室，在市编办监督检查科加挂牌子，提升桂林市监督检查工作水平和工作力度。

【事业单位登记管理】 2012年，市编办根据《事业单位登记管理暂行条例》要求，完成了2011年度事业单位法人年检工作，并在《桂林日报》进行公告。市本级共有事业单位670个，核准登记656个，年检590个。年内，市本级事业单位设立登记13个，变更登记144个，注销登记2个，补发证书3个。加强政务信息公开力度，对所办理的事业单位法人设立、变更和注销在《桂林日报》和政府网络信息平台进行公开。 （李巍）

市直机关工委

【概况】 2012年，市直机关工委围绕市委中心工作，以迎接党的十八大、学习贯彻党的十八大精神为主线，以加强党的先进性建设和执政能力建设为重点，以创先争优活动为动力，全面推进新形势下机关党的思想、组织、作风、制度和反腐倡廉建设，为市直机关各项工作任务的完成提供了坚强有力的思想、组织和作风保证。

【组织理论学习活动】 2012年，市直机关工委以迎接、学习贯彻党的十八大精神为契机，组织理论学习活动。5月，举办市直机关党员干部读书心得体会征文比赛，评选出一等奖9名、二等奖31名、三等奖23名。7月23日，制订下发《关于认真学习贯彻胡锦涛总书记在省部级主要领导干部专题研讨班上重要讲话精神的通知》。党的十八大召开后，制订下发《中共桂林市直属机关工作委员会关于认真学习宣传贯彻党的十八大精神的通知》，为配合桂林市宣传贯彻党的十八大精神“千场百万”宣讲活动，组织编印《党的十八大精神学习辅导资料》2.5 万册，免费下发给机关各基层党组织。年内，桂林机关党建网刊发文件、讲话、征文、新闻报道、理论文章等信息、图片 3000 余条（张）。

2012 年 4 月 12 日，市直机关工委召开农村工作服务队工作会议

（市直机关工委　供稿）

【机关基层党组织建设】 2012 年 3 月，市直机关工委举办市直机关党组织书记培训班，市直机关党组织书记和部分县（区）机关工委书记 120 多人参加培训，将机关工委编印的《桂林市直机关党务干部培训教材》和市委组织部编印的《发展党员操作规程》发放给每位党务工作者。4 月，举办入党积极分子培训班，市直机关工委所属党组织 800 多名入党积极分子参加理论培训和考试。围绕发展党员“十六字”方针要求，建立健全《发展党员工作推优制、公示制、预审制、票决制和责任追究制》五项制度，全年共发展新党员 240 名。5 月，组织 8 个调研小组，对 24 个党委及二层党组织换届工作进行调研，全年共撤并党支部 42 个、整建制转出党组织 6 个。组织 5 批党务干部共 166 人到重庆、武汉进行异地培训。有 27 个直属党组织以“公推直选”方式进行换届选举，其中党委 12 个，党总支部 2 个，支部 13 个。“七一”前夕，组织召开纪念中国共产党成立 91 周年暨创先争优活动表彰大会，对 26 个创先争优活动先进党组织、32 名创先争优活动优秀共产党员、5 个创建机关党建品牌先进单位进行表彰。12 月，组织举办党内统计培训班，共培训市直单位统计工作人员 100 多人。

【机关党员帮扶农村工作】 2012 年，市直机关工委根据桂林市开展“万名干部入乡住村”活动精神，组建了固本强基、助农增收、科技致富、文化下乡、医疗卫生、司法维稳、就业培训、扶贫济困、支教助教、乡村建设 10 支服务队，并下拨专项经费 3 万元作为启动资金。组织市直机关 92 个党组织、1389 名党员，开展活动 62 次，投入资金 247.88 万元，为农村和农民做好事 62 件，扶持项目 51 个。

【群团工作】

工会工作　春节前，开展慰问机关特困职工活动，市直机关工委工会拨出 5 万多元对市直机关 60 户特困职工进行慰问，各级工会组织筹集慰问金共计 30 多万元，对 230 多名困难职工家庭进行慰问。1 月，举办 2012 年市直机关工会春节游园活动。4 月，开展市直机关职工第九套广播体操比赛，市直机关 20 多个单位 700 多名干部职工参加了比赛。9 月，举办市直机关工会气排球比赛。

共青团工作　3 月，组织市直机关广大团员青年在叠彩区人民政府大楼前“摆摊设点”，开展“学雷锋志愿服务月暨关爱农民工子女志愿服务月”活动。5 月，开展“五四”评先表彰活动，分别对 3 个“五四”红旗团委、4 个“五四”红旗团支部、8 名优秀团干部、4 名优秀共青团员进行表彰。“六一”儿童节期间，组织市直机关团工委所属团组织到新农村建设联系点进行结对帮扶活动，与贫困村的 14 名贫困儿童结成了帮扶对子。

妇女工作　1 月，组织开展“三八红旗手”“五好文明楼院”评选推荐活动，评出桂林市“三八”红旗手 3 人、桂林市“巾帼建功”标兵 3 人、桂林市“巾帼建功”先进工作者 2 人，市直机关紫竹苑被评为桂林市“五好文明楼院”。3 月，组织举办“三八”妇女节机关女干部代表座谈会、机关“三八”妇女节女干部游园活动。“六一”儿童节前夕，组织机关妇女干部到贫困山区开展“关爱孩子、奉献爱心”主题活动。

（张加胜）

桂林市人民代表大会

2012年12月18日，桂林市第四届人民代表大会第三次会议召开

（覃积孔　摄）

重要会议

【第四届人民代表大会第二次会议】 2012 年 1 月 31 日～2 月 2 日举行。出席代表 420 人。会议听取和审议了《政府工作报告》《桂林市人大常委会工作报告》《桂林市中级人民法院工作报告》《桂林市人民检察院工作报告》；审查和批准了《关于桂林市 2011 年国民经济与社会发展计划执行情况和 2012 年国民经济与社会发展计划的报告》《关于桂林全市与市本级 2011 年预算执行情况和 2012 年预算草案的报告》；批准了桂林市 2012 年国民经济与社会发展计划、桂林市 2012 年市本级预算，并相应作出了决议。

【第四届人民代表大会第三次会议】 2012 年 12 月 18～19 日举行。出席代表 397 人。会议表决通过了总监票人和监票人名单，选举产生了桂林市出席自治区第十二届人民代表大会的代表 63 名。

【第四届人大常委会会议】 2012 年，第四届人大常委会共召开 9 次常委会会议。

第二次会议　1 月 5 日举行。会议通过《桂林市人民代表大会常务委员会关于召开桂林市第四届人民代表大会第二次会议的决定》；审议通过《关于桂林市第四届人民代表大会第二次会议列席人员的决定》《市人大常委会 2012 年工作要点》；审议并原则通过提交市第四届人民代表大会第二次会议的《市人大常委会工作报告》。

第三次会议　1 月 29 日举行。会议听取并审议了《桂林市第四届人民代表大会常务委员会代表资格审查委员会关于代表资格审查情况的报告》《市人大常委会人事代表联络工作委员会关于市四届人大一次会议代表建议、批评和意见办理工作情况的报告》《市人民政府关于市四届人大一次会议代表建议、批评和意见办理工作情况的报告》。会议表决通过了《桂林市第四届人民代表大会常务委员会代表资格审查委员会关于代表资格审查情况的报告》和需提交市第四届人民代表大会第二次会议审议的有关文稿。

第四次会议　3 月 2 日举行。会议听取和审议了《桂林市人民政府关于提请审议桂林市与土耳其共和国穆拉特帕夏市缔结友好城市关系的议案》；表决通过了《桂林市人大常委会关于桂林市

2012 年 1 月 31 日，桂林市第四届人民代表大会第二次会议召开　（覃积孔　摄）

与土耳其共和国穆拉特帕夏市缔结友好城市的决定》;会议还表决通过了相关人事任免名单并为受任命的国家机关工作人员颁发任命书。

第五次会议　4月25日举行。会议听取和审议了《关于刑释解教人员安置帮教和社区矫正工作情况的报告》《关于我市农业产业化发展工作情况的报告》《市人大常委会执法检查组关于检查〈城市市容和环境卫生管理条例〉实施情况的报告》。会议表决通过了有关人事任免,并为受任命的国家机关工作人员颁发任命书。

2012年10月6日,市人大常委会审议《桂林市申报第二期"中国南方喀斯特"世界自然遗产的议案》　(覃积孔　摄)

第六次会议　6月20日举行。会议听取和审议了《关于2011年桂林市本级财政决算的报告》《关于提请审议2012年市级地方政府债券使用计划及本级使用地方政府债券预算调整方案(草案)的议案的说明》《关于桂林市2011年市本级预算执行和其他财政收支情况的审计工作报告》《关于第二届广西(桂林)园林园艺博览会筹办工作情况的报告》《关于桂林市部分行政区划调整的议案的说明》《关于开展〈中华人民共和国道路交通安全法〉执法检查情况的报告》《关于2011年桂林市本级决算的审查报告》《关于〈桂林市人民政府提请审议2012年市级地方政府债券使用计划及本级使用地方政府债券预算调整方案(草案)的议案〉的审查报告》。会议表决通过了《桂林市人大常委会关于批准2011年市本级决算的决议》《桂林市人大常委会关于批准桂林市2012年地方政府债券使用计划及本级使用地方政府债券预算调整方案的决定》《桂林市人大常委会关于调整部分行政区划的决议》。会议还表决通过了有关人事任免,并为受任命的国家机关工作人员颁发任命书。

第七次会议　8月28日举行。会议听取和审议了《关于桂林市2012年上半年国民经济和社会发展计划执行情况的报告》《关于桂林市2012年上半年预算执行情况的报告》《关于市级财源建设情况的专项工作报告》《关于对桂林市2012年上半年国民经济和社会发展计划与预算执行情况的评价与建议》《关于我市贯彻执行民族区域自治法执法检查情况的报告》。会议还表决通过了有关免职人员名单。

第八次会议　10月6日举行。会议听取和审议了《桂林市人民政府关于桂林国家服务业综合改革试点区域建设情况的专项工作报告》《市人大执法检查组关于开展〈中华人民共和国水土保持法〉执法检查情况的报告》《关于贯彻执行〈桂林市第三届人民代表大会第七次会议关于加快推进桂林国家旅游综合改革试验区建设的决议〉情况的报告》《桂林世界旅游城规划建设情况报告》《市人大常委会执法检查组关于检查〈中华人民共和国食品安全法〉贯彻实施情况的报告》《关于〈桂林市人民代表大会常务委员会规范性文件备案审查办法(试行)〉的说明》《市政府关于提请审议桂林市申报第二期"中国南方喀斯特"世界自然遗产的议案的说明》。会议表决通过了《桂林市人民代表大会常务委员会关于市人民政府提请审议桂林市申报第二期"中国南方喀斯特"世界自然遗产的议案的决议》,同意桂林市申报第二期"中国南方喀斯特"世界自然遗产。会议还表决通过了《桂林市人大常委会关于表彰市四届人大第一、二次会议及闭会期间市人大代表优秀建议和承办建议先进单位的决定》,表决通过了有关人事任免名单,并向受任命的国家机关工作人员颁发任命书。

第九次会议　12月7日举行。会议听取和审议了《桂林市人民政府2012年依法行政工作报告》《桂林市人民代表大会常务委员会关于召开桂林市第四届人民代表大会第三次会议的决定(草案)》《桂林市人民代表大会常务委员会关于桂林

2012年6月19日，市人大常委会组成人员对第二届广西（桂林）园林园艺博览会——桂林园博园项目建设情况进行专题视察 （覃积孔 摄）

市第四届人民代表大会第三次会议列席人员的决定(草案)》。会议表决通过了《桂林市人民代表大会常务委员会关于召开桂林市第四届人民代表大会第三次会议的决定》《桂林市人民代表大会常务委员会关于桂林市第四届人民代表大会第三次会议列席人员的决定》。

第十次会议 12月14日举行。会议听取和审议了《桂林市第四届人民代表大会常务委员会代表资格审查委员会关于个别代表的代表资格审查情况的报告》《关于个别代表的代表资格审查情况的说明》；审议了需提交市四届人大三次会议审议的有关材料。会议表决通过了《桂林市第四届人民代表大会常务委员会代表资格审查委员会关于个别代表的代表资格审查情况的报告》和需提交市四届人大三次会议预备会议通过的有关文件。

重要工作

【履行监督职责】 2012年，市人大常委会围绕重大决策部署和推动“十二五”规划的实施，增强监督工作的针对性、实效性，使监督工作紧扣发展、贴近民生、聚焦社会普遍关注的重大问题。推动重大决策部署的落实，市人大常委会推进“两改”(桂林国家旅游综合改革试验区、桂林国家服务业综合改革试点区域)建设战略决策的贯彻落实，听取及审议市人民政府关于贯彻执行《桂林市第三届人民代表大会第七次会议关于加快推进桂林国家旅游综合改革试验区建设的决议》情况的报告、关于桂林国家服务业综合改革试点区域建设情况的专项工作报告、关于桂林世界旅游城规划建设情况的专项工作报告，组织常委会组成人员对世界旅游城建设情况进行视察，提出创新桂林旅游发展的新体制、新机制、新模式，强化服务业改革试点建设工作机构，完善世界旅游城的规划体系等审议意见，并督促市人民政府及有关部门将意见和建议落实到位；听取及审议市人民政府关于第二届广西（桂林)园林园艺博览会筹办工作情况的报告，常委会组成人员对桂林园林园艺博览园建设情况进行专题视察，并提出意见和建议。加强对经济运行和财政预算的监督，市人大常委会听取及审议2012年上半年桂林市国民经济和社会发展计划执行情况、财政预算执行情况以及2011年决算报告、审计工作报告，审查批准了2011年桂林市本级决算、政府债券使用计划和预算调整方案；听取及审议市人民政府关于市级财源建设情况和农业产业化发展情况的专项报告。市人大财经委通过专题调研、听取情况汇报、组织专家组集中评审等方式开展监督，全年共对32个部门预算和3个部门决算进行了重点审查。加强对社会关注的生态环境和民生等领域工作的监督，全年市人大常委会选择了5部涉及生态环境和民生问题方面的法律法规，开展执法检查，分别听取并审议市人大常委会执法检查组关于城市市容和环境卫生管理条例、道路交通安全法、民族区域自治法、水土保持法、食品安全法等法律法规在桂林市的实施情况，依法提出了审议意见；对部分县(区)保障房规划建设及管理分配、人民防空工作、城市菜篮子工程、高速公路及高速铁路工程建设、散杂居民族村(屯)、水上交通安全和会仙湿地生态保护等方面的情况开展专题调研，并提出审议意见；听取及审议市人民政府关于刑释解教人员安置帮教和社区矫正工作情况的报告，督促解决刑释解教人员生活困难问题，预防和减少刑释解教人员重新违法犯罪；对完善残疾人康复服务体系、残疾人就业扶助体系和市特殊教育学校建设等方面工作进行了跟踪督查。

【依法决定重大事项】 2012年，市人大常委会在听取和审议《政府工作报告》的基础上，围绕全市经济社会发展大局，依法行使重大事项决定权。3月，市人大常委会作出《关于桂林市与土耳其共和国穆拉特帕夏市结为友好城市的决定》。6月，作出《关于调整部分行政区划的决议》。10月，作出《关于市人民政府提请审议桂林市申报第二期“中国南方喀斯特”世界自然遗产的议案的决议》。全年市人大常委会共作出决议、决定11项。

【受理群众来信来访】 2012年，市人大常委会全年共接待群众来访159批923人次，其中集体来访21批647人次；办理群众来信101件，其中自治区人大常委会转来28件、市信访局转来4件、市人大常委会领导交办2件。直接办复143批(件)，转(交)相关部门办理117批(件)，妥善解决了一批群众的合理诉求问题。

【依法行使任免权】 2012年，市人大常委会坚持党管干部与人大依法任免有机统一的原则，严格按照法定程序办事。全年共依法任命、决定任命市人大常委会机关和“一府两院”(市人民政府、市中级人民法院、市人民检察院)工作人员42人次，接受辞去和免去职务的市人大常委会机关和“一府两院”工作人员31人次。

【加强和改进代表工作】 2012年，市人大常委会树立为代表服务意识，做好代表的履职服务保障工作。尊重代表主体地位，及时办理代表议案和建议。市四届人大二次会议代表提出建议49件，闭会后10个工作日内全部完成交办。扩大代表活动参与面，拓宽代表知情知政渠道。邀请代表列席常委会会议，参与视察、执法检查、调研活动，全年共邀请代表192人次参与常委会和人大各专委的活动。加强代表服务保障工作，组织代表建议办理工作见面会，邀请提出建议的代表，与建议交办机关、主办机关、承办和协办单位负责人近200人共同商议建议办理工作。组织自治区人大代表桂林代表小组集中视察活动；举办市四届人大第一期代表培训班，特邀全国人大、自治区人大、南开大学的专家学者授课；举办县(区)人大代表培训班，共培训1200人次；组织30多人到北戴河参加全国人大举办的第十一期培训；定期给代表寄送《广西人大》《桂林人大》等刊物。

【推进自身建设】 2012年，市人大常委会加强思想建设，建立健全学习制度，定期组织机关人员学习贯彻党的十八大精神和党的路线方针政策，推进学习型党组织和学习型机关建设，参加“解放思想、赶超跨越”大讨论等活动。推进组织建设，制订

2012年10月25日，市人大常委会组成人员视察桂林世界旅游城规划建设情况 (覃积孔 摄)

了常委会机关中层干部选拔任用办法，采取不定向竞争上岗选拔任用与适当岗位交流相结合的方式，选拔任用14名科级干部，6名科级干部进行了岗位交流，选用了1名基层干部和3名选调生。制订规范性文件备案审查办法、考察调研公务活动暂行规定等5项制度，使各项工作更加科学化、规范化。办好《桂林人大》刊物和桂林人大网站，对《桂林人大》进行改版，采用国际通行的大A4铜版纸彩色印刷取代过去的16开本普通纸质黑白印刷。开展市第十一届宣传人民代表大会制度好新闻评选活动。经过评选，共评出优秀作品42篇，其中一等奖8篇、二等奖10篇、三等奖13篇、优秀奖11篇。

2012年5月28日，桂林市第四届人民代表大会第一期代表培训班开班

（覃积孔　摄）

【协助全国、自治区人大开展立法调研】 2012年，市人大协助全国人大、自治区人大开展科学立法、民主立法。配合全国人大在桂林市开展农民工的社会保障以及农民工子女、留守儿童的权益保障问题专题调研；配合全国人大农业与农村委员会对桂林市农民增收、农村社会保障体系建设和农村文化建设、农田水利建设情况等问题进行调研；协助全国人大外事委员会对桂林市外国人管理工作情况进行专题调研。协助自治区人大在桂林市征集对《广西壮族自治区实施〈中华人民共和国突发事件应对法〉办法(草案)》的修改意见；协助自治区人大内务司法委员会调研组在桂林市开展《关于加强检察机关对诉讼活动法律监督工作的决定》实施情况专题调研；配合自治区人大常委会调研组对桂林市促进农民增收工作情况、湿地保护情况的专题调研；协助自治区人大常委会执法检查组在桂林市开展《广西壮族自治区旅游条例》的执法检查、食品安全执法检查等工作；协助自治区人大内务司法委员会《中华人民共和国残疾人保障法》执法检查组对桂林市开展的执法检查和城市社区居民委员会有关问题专题调研。受自治区人大常委会法制工作委员会委托，市人大对《广西壮族自治区实施防震减灾条例（修订草案）》《广西壮族自治区实施〈中华人民共和国残疾人保障法〉(修改草案)》《广西壮族自治区艾滋病防治条例(草案)》《广西壮族自治区物业管理条例(修订草案)(二次审议稿修改稿)》《广西壮族自治区土地山林水利权属纠纷调解处理（修订草案)》《自治区物业管理条例(草案)》等开展立法调研，及时将调研情况书面反馈给自治区人大常委会。加大对《广西壮族自治区漓江流域生态环境保护条例》的宣传，扩大其影响力和覆盖面。

【加强与各级人大的联系】 2012年，市人大分别参加了在北海市举办的广西14市人大法制委、教科文卫委、民侨外事委、调研室联席会议，自治区人大举办的人大法制干部培训、内务司法干部培训、民族工作培训、设区市人大外事侨务工作培训。全年接待全国各地到访1235批次11758人次。组织人员赴黑龙江、辽宁、吉林、上海等地考察学习并交流工作经验。加强对县(区)人大代表培训活动的指导，深入荔浦县、平乐县、七星区等县(区)就有关法律知识、代表履职知识和代表工作、人大宣传工作等问题作专题辅导，培训人数360人；举办县(区)人大领导干部培训班，组织各县(区)人大常委会正、副主任，各专工委主任共30人集中进行培训。全年邀请县(区)人大常委会负责人、市人大代表、市民代表共83人次列席市人大常委会会议。10月31日～11月2日，接待韩国忠清北道议会议长金光洙为团长的代表团一行16人对桂林市的访问。（张国林）

桂林市人民政府

2012年11月27日，国家验收组对恭城瑶族自治县创建全国社会主义新农村建设档案工作示范县进行验收　　（市档案局　供稿）

重要会议

【全市性重要会议】

1月5日，市委、市人民政府召开全市扶贫开发会议。

1月16日，市人民政府召开全市住房保障工作会议。

1月17日，市人民政府召开全市发展与改革工作会议。

1月29日，市人民政府召开市四届人民政府第一次全体(扩大)会议、廉政工作会议、全市依法行政暨深入推进行政审批制度改革工作会。

2月8日，市委、市人民政府召开全市政法工作会议。

2月9日，市人民政府召开全市人民防空工作会议。

2月10日，市人民政府召开全市普法依法治理暨司法行政工作会议。

2月15日，市人民政府召开全市文化工作会议。

2月17日，市人民政府召开全市交通运输工作会议、全市住房和城乡建设工作会议。

2月21日，市人民政府召开全市审计工作会议。

2月22日，市人民政府召开全市旅游工作会议。

2月23日，市人民政府召开全市财政、投资促进暨招商引资项目大兑现工作会议。

同日，市委、市人民政府召开全市农村工作会议。

2月29日，市人民政府召开全市教育工作会议、全市食品药品监督管理工作会议。

3月2日，市人民政府召开全市环境保护工作会议。

3月5日，市人民政府召开全市农机化工作会议、全市商务工作会议。

3月6日，市人民政府召开全市水利工作会议、全市人力资源和社会保障工作会议。

3月7日，市人民政府召开全市民政工作会议、全市林业工作会议。

3月8日，市人民政府召开全市医改重点工作推进会。

3月9日，市人民政府召开全市统计工作会议。

3月12日，市委、市人民政府召开全市工业和信息化工作会议。

3月13日，市委、市人民政府召开全市科技暨发明创造大会。

3月14日，市人民政府召开全市水产畜牧兽医工作会议。

3月15日，市人民政府召开全市供销工作会议。

3月30日，市委、市人民政府召开全桂林市创建全国文明城市工作总结表彰暨动员大会。

4月12日，市人民政府召开全市“天网”工程社会管理视频监控系统联网建设工作会议。

4月13日，市委、市人民政府召开全市城区经济工作会议。

4月20日，市委、市人民政府召开全市人口和计划生育工作会议。

同日，市人民政府召开全市金融工作会议，全市城乡清洁工程五年规划(2007～2011年)总结表彰暨2012年度城市管理工作会议。

4月27日，市委、市人民政府召开2010～2011年度桂林市劳动模范表彰大会。

5月2日，市委、市人民政府召开全市经济工作推进会。

5月28日，市人民政府召开全市重大项目建设、财政工作、招商引资工作推进会工作会议。

5月29日，市委、市人民政府召开全市维护社会稳定工作会议。

6月28日，市委、市人民政府召开桂林市国家环保模范城市复核迎检动员大会。

8月3日，市委、市人民政府召开全市年中工作会议。

8月20日，市人民政府召开第三届中国桂林国际旅游博览会筹备工作会议。

9月21日，市人民政府召开全市第二届广西(桂林)园林园艺博览会开幕式系列活动动员大会。

10月26日，市人民政府召开全市加快中央预算内投资计划执行进度工作会议。

11月1日，市人民政府召开全市事业单位实施绩效工资工作会议。

11月26日，市委、市人民政府召开学习贯彻十八大精神、打造桂林国际旅游胜地、建设美丽桂林动员大会。

【第四届人民政府常务会议】 2012年，桂林市第四届人民政府常务会议共召开19次。

第四次会议　1月2日召开。会议学习中共中央办公厅、国务院办公厅关于做好元旦、春节期间工作的有关通知，布置桂林市节前有关工作；审议并原则通过桂林市2012年经济社会发展预期目标和工作目标、《桂林市本级政府性债务风险防范和预警管理暂行办法》《桂林市规范行政处罚自由裁量权暂行规定》《桂林市开展规范行政处罚自由裁量权工作方案》《桂林市工业和信息化发展"十二五"规划》《桂林市工业园区（集中区）发展"十二五"规划》《桂林市城镇化发展"十二五"规划》、桂林鲁山水泥厂改制、桂林内燃机配件厂改制、桂林市信息技术公司国有产权整体出让、挂牌出让雁山区科教园A-1-23地块国有建设用地使用权方案，挂牌出让站前路CB 14-1、CB 13-1、CB 11-1地块国有建设用地使用权方案和CB 12-1、CB 12-2地块地下停车场国有建设用地使用权方案等事项。

第五次会议　1月18日召开。会议审议《政府工作报告(送审稿)》《桂林市2011年国民经济和社会发展计划执行情况与2012年国民经济和社会发展计划(草案)的报告》《桂林市全市与市本级2011年预算执行情况及2012年预算草案的报告》、2012年市人民政府为民办实事项目，布置春节期间、桂林市"两会"期间及元宵节前的相关工作。

第六次会议　2月21日召开。会议传达学习自治区党委书记郭声琨、自治区主席马飚在桂林市2011年工作总结报告上的批示，布置桂林市《政府工作报告》任务分解；审议并原则通过《桂林市2012年经济社会发展计划目标任务分解方案》《桂林市环境保护"十二五"规划》《桂林市商务工作考核暂行办法》、2011年度桂林市"十佳"魅力新农村评选情况、桂林市领取失业保险金人员物价补贴机制、桂林银行增资扩股和机场路改扩建工程秀峰区段路口村拆迁安置用房项目用地等事项。

第七次会议　3月9日召开。会议听取2012年统计工作汇报；审议对列入2012年市级重点监督的10项重特大安全事故隐患进行整改、表彰2011年度安全生产先进集体和个人、2011年度环保目标责任制考评结果及表彰、表彰奖励2011年度工业发展先进单位及优秀企业家、表彰2011年度纳税贡献企业及十大纳税进步企业、市本级公务员医疗补助账户结余资金部分划入公务员个人医疗账户、桂林市印刷厂改制遗留问题、划拨国有土地使用权给市公安局叠彩分局新建公安综合业务楼、南溪河拆迁安置房修建性详细规划、三塘园艺场1号及2号地块控制性详细规划、万福东路南侧柘木片区发展用地控制性详细规划等事项。

第八次会议　3月31日召开。会议传达学习国务院、自治区人民政府第五次廉政工作会议精神，听取落实自治区党委、政府关于开展环境倒逼机制推动产业转型升级攻坚战工作和市人口和计划生育工作情况汇报；审议《中共桂林市委、桂林市人民政府关于实施桂林市新一轮扶贫开发攻坚战的决定(送审稿)》《桂林市"十二五"时期社会扶贫和行业扶贫工作实施方案(送审稿)》《中共桂林市委、桂林市人民政府关于加强民生工作的决定(送审稿)》《中共桂林市委、桂林市人民政府关于进一步加强生态环境保护建设的决定（送审稿)》《桂林市人民政府关于加快发展桂林会展业的意见》、表彰2011年度全市公共机构节能工作先进单位和先进工作者、调整阳朔县城镇土地使用税税额征收标准、2011年度桂林市银行业金融机构支持地方经济发展考核奖励方案、表彰2011年度市水产畜牧兽医工作先进县(区)等事项。

第九次会议　4月16日召开。会议审议并原则通过《桂林市五城区新型农村社会养老保险试行办法》《桂林市人民政府、桂林警备区关于加强县级人民防空工作的意见》《平乐县城总体规划（2009～2030）》《阳朔县城总体规划（2008～2025)》修编、秀峰区人民政府新建党校及办公等业务用房建设用地、市直属国有文艺院团体制改革实施方案等事项。

第十次会议　5月2日召开。会议传达学习、贯彻落实自治区工作汇报推进会精神，进一步研究第二季度经济工作。

第十一次会议　5月11日召开。会议审议《桂林市新华书店有限公司组建实施方案》《桂林市国有土地上房屋征收与补偿暂行办法》《桂林市城市商业网点发展规划(2011～2020)》《桂林市现代商贸物流发展规划(2011～2020)》《桂林市加油站行业发展规划(2011～2020)》、推荐2012年享受国务院政府特殊津贴人选、推荐第十五批广西"新世纪十百千人才工程"第二层次人选、桂林旅游产业用地改革试点方案等事项。

第十二次会议　5月29日召开。会议审议并原则通过《桂林市人民政府关于进一步加强农村留守儿童关爱保护工作实施方案》《桂林市生产安全事故应急预案》《全州县"一一二二"较大事故调研报告》《桂林市创新社会管理"十二五"规划》《桂林市信息化项目建设暂行办法》、建立桂林市重要生活必需品储备、执行自治区物价局调整桂林市民用管道天然气销售价格文件、甲山飞凤路片区控制性详细规划、瓦窑片区控制性详细规划、禄坊村南侧地块控制性详细规划、大埠乡上思桥建设发展预留地及安置点规划等事项。

第十三次会议　7月2日召开。会议审议《桂林市贯彻落实自治区"抓大壮小扶微"工程实施方案》《桂林市漓江上游"一山五库"旅游综合开发总体规划》《桂林市价格调节基金征集使用管理暂行办法》《桂林市重点企业实施清洁生产暂行办法》《桂林九美桥时尚园控制性详细规划》《灌阳县城市总体规划修编(2003～2020)》、调整武警桂林市支队用地规划、表彰2011年度桂林市消防工作先进县(区)及消防安全工作先进单位、推荐评选全国就业创业工作先进集体和先进个人、2012年评比达标表彰活动项目计划等事宜。通报了灵川八里街工业集中区规划环评审定协调会情况。

第十四次会议　7月19日召开。会议审议并原则通过《桂林市贫困残疾学生及残疾人子女助学办法》《桂林市战略性新兴产业发展"十二五"规划》《桂林市综合交通运输"十二五"规划》《关于桂林国家高新产业开发区行使市级相关管理权限的意见(送审稿)》《桂林市环城西一路(联达广场至陆军学院)东侧用地控制性详细规划》《桂林市秀峰区桃花江片区详细规划》、举办市第二届少数民族传统体育运动会、百梓派出所建设涉及直管公房产权划拨问题及临桂县撤县设区等事项。

第十五次会议　8月13日召开。会议学习贯彻中共中央总书记胡锦涛"七二三"重要讲话精神;审议《桂林市人民政府关于加快供销合作社改革发展的实施意见(送审稿)》《桂林市市直行政事业单位国有资产处置管理实施细则》《桂林市医疗纠纷处置与调解暂行办法》《桂林市漓江流域环境保护和建设"十二五"规划》《桂林西货运枢纽物流"十二五"规划》、花坪自然保护区实验区宇海和花坪两村生产经营区林地确权、万福安居小区调整规划变更容积率、广西康华农业股份有限公司公开发行上市等事项。

第十六次会议　9月10日召开。会议集中学习了《中华人民共和国行政强制法》,听取市法制办关于依法行政工作汇报;审议《桂林市五城区城镇居民社会养老保险试行办法》《桂林国家服务业综合改革试点区域建设总体规划(2011～2015)》《桂林市重大行政决策风险评估办法》《桂林市发明专利倍增计划》《2012年桂林市参与全区防空警报统一试鸣实施方案》、推荐全国新型农村和城镇居民社会养老保险工作先进单位和先进个人、桂林乳胶厂甲山路133号生活区危旧房住房改造修建性详细规划、桂林市平山路11号公共租赁房修建性详细规划、广西商业高级技工学校校园扩建修建性详细规划、桂林市北辰路3号公共租赁房修建性详细规划、桂林市煤建总公司国有产权整体出让、桂林矿山机械厂改制有关问题等事项。

第十七次会议　9月24日召开。会议审议《中共桂林市委、桂林市人民政府关于深化文化体制改革推动文化大发展大繁荣的决定(送审稿)》《桂林市文化发展"十二五"规划》《桂林市文化产业发展"十二五"规划》《桂林市妇女发展规划(2011～2020年)》《桂林市儿童发展规划(2011～2020年)》《桂林市一线环卫工人工资定级及正常增长机制实施意见》、桂林市第二次社会科学优秀成果奖获奖项目、桂林市申报第二期"中国南方喀斯特"世界自然遗产、桂林银行2012年增资扩股及战略投资者引进工作进展和调整2012年定向募股增加注册资本方案、桂林市第六次全国人口普查先进集体和先进个人评选表彰、调整资源县及平乐县城镇土地使用税税额征收标准等事项。

第十八次会议　10月15日召开。会议学习贯彻自治区主席马飚和自治区党委副书记危朝安到桂林考察调研的重要指示精神;审议并原则通过《桂林市旅游业发展"十二五"规划》《桂林市"十二五"规划纲要主要指标分解落实方案(草案)》《关于落实完善人口和计划生育投入保障机制的实施方案》《桂林市人口和计划生育目标管理责任制考核办法(试行)》《桂林市科技发展"十二五"规划》《桂林市安全生产"十二五"规划》《桂林市服务业发展"十二五"规划》《桂林市食品药品安全"十二五"规划》《桂林市政务服务政务公开政府信息公开"十二五"规划》、市直事业单位实施绩效工资有关问题、2012年桂林市城市低收入家庭收入标准、2012年度桂林市科学技术奖励决定等事项。

第十九次会议　10月29日召开。会议学习贯彻中共中央总书记胡锦涛"七二三"重要讲话和自治区主席马飚在桂林考察调研的重要指示精神;听取为民办实事工作汇报;审议并原则通过《桂林市重大行政决策专家咨询论证制度》《桂林市残疾人事业"十二五"规划》《桂林市基础测绘规划(2011～2020)》等事项。

第二十次会议　11月20日召开。会议传达学习贯彻自治区主席马飚在听取桂林世界旅游城规划建设情况汇报时的重要指示精神；审议《桂林市市长质量奖评审及管理办法》、平乐县二塘镇“一〇·二”非法生产爆竹爆炸较大事故调查处理结果、桂林市申报第二期“中国南方喀斯特”世界自然遗产相关文本、桂林华诺威基因药业有限公司地块控制性详细规划、英才科技园B区地块规划商住用地、八中路口节点东南角D-7地块规划调整、桂林市花木公司新建新天地休闲娱乐广场建设用地补办出让手续、划拨国有土地使用权给雁山区城乡建设局新建雁山区市民广场项目用地、划拨国有土地使用权给桂林市自来水公司作为新建机场路供水管道加压泵站一期用地以及琴潭组团、九美桥时尚园、迎宾路西侧等有关地块使用权挂牌出让方案等事项；听取市禁毒工作情况汇报。

第二十一次会议　12月10日召开。会议听取《建设法治国家的理论与实践》法制讲座；审议《桂林市餐厨废弃物管理办法（送审稿）》《桂林市人民政府关于公布桂林市行政强制依据和实施主体清理情况的通知》《桂林市国家公务员医疗补助管理暂行办法》《桂林市城镇职工基本医疗保险大额医疗救助管理办法》、雁山街道办事处更名和琴潭组团(A片区)、桂林高新技术产业开发区铁山园等有关地块使用权挂牌出让方案等事项。

第二十二次会议　12月26日召开。会议传达学习贯彻自治区经济工作会议精神；听取市审计工作汇报；审议并原则通过修订《桂林市专利申请资助及奖励暂行办法》《桂林市采矿权交易管理暂行办法》《桂林市发展预拌砂浆管理暂行办法》、桂林市第三次民族团结进步先进集体和先进个人评选情况、增加全市环卫工人定额人数事宜以及桂林市公共交通集团有限公司与桂林市交通投资有限公司重组合并更名、桂林市市政工程总公司改制为国有独资有限责任公司等事项。（周海荣）

重要政务

【推进工业转型升级】　2012年，市人民政府以“两化”(信息化、工业化)融合推进工业转型升级，产业结构进一步优化，工业增速加快。全市工业总产值1821.59亿元、增加值583.03亿元，(比上年，下同)分别增长22.6%、19.3%，工业对经济增长的贡献率达58.3%；工业固定资产投资538.26亿元，增长45.3%；实施投资超亿元重点项目178项，占实施工业项目总数的三分之一，增长16.3%；实施新兴产业项目59项，增长63.8%。实施“抓大壮小扶微”工程，大力扶持发展潜力大、科技含量高、就业带动效应明显的企业，新增产值10亿元以上企业5家、1亿元以上企业70家、规模以上企业49家；加强对小微企业的创业扶持和融资服务，市中小企业服务中心成为全国中小企业公共服务示范平台，发放微型企业财政扶持资金额居自治区前列，新增各类微型企业2085家，增长80%。增强园区集聚效应，园区工业总产值956亿元，增长27.5%。桂林高新技术产业开发区技工贸总收入突破600亿元，增长24%；苏桥经济开发区工业总产值76亿元，增长48.5%；西城经济开发区工业总产值271.16亿元，增长28.3%；兴安工业集中区成长为百亿元园区；恭城、灌阳工业集中区成长为50亿元园区；雁山工业集中区被自治区确认为B类产业园区。深入推进国家级“两化”融合试验区建设，新增自治区级信息化应用示范企业120家，总数达285家，居自治区第二；旅游、政务、公共管理信息化服务能力进一步提升，行业信息化应用深度发展；全市移动电话、互联网用户分别发展到446万户和74万户，网络与信息安全进一步加强。

【推动第三产业融合发展】　2012年，市人民政府以“两大改革”(桂林国家旅游综合改革试验区、国家服务业综合改革试点区域）推动第三产业融合发展，服务业体系进一步完善。建设桂林国家旅游综合改革试验区，打造桂林国际旅游胜地取得重大突破。经国务院同意《桂林国际旅游胜地建设发展规划纲要》获国家发展和改革委员会批复，桂林发展上升为国家战略；桂林世界旅游城规划体系基本形成，实施项目276项，完成投资197.36亿元。漓江国家5A级旅游景区完成整改，独秀峰·王城景区进入国家5A级旅游景区行列，新增国家4A级旅游景区3家。旅游目的地建设积极推进，桂林市被评为“2012年度国内最佳旅游目的地”，成为首批“全国旅游刷卡无障碍示范区”城市；阳朔入选“2012年中国十佳城市慢游地”，灌阳县被评为“全国休闲农业与乡村旅游示范县”；会仙湿地列入国家湿地公园试点，《印象·刘三姐》《梦幻漓江》入选全国文化旅游重点项目支持名录。接待游客突破3000万人次，达3292.65万人次，增长18.1%，旅游总收入276.87亿元，增长26.8%；入境游客达182.4万人次，增长11%，增幅居全国主要旅游城市第六位。新开通境内外航线9条，航空口岸国际直航旅客吞吐量继续保持广西第一、全国沿边地区第三的地位。国家服务业综合改革试点区域建设扎实推进，自治区通过加快推进桂林国家服务业综合改革试点工作的意见。启动服务业统计、社会化养老等相关配套改革，金融创新服务平台、物流公共信息服务平台等一批示范性项目加快建设，服务业重点企业培优扶强工程全面启动，城乡商业网点建设进一步完善。第六届联合国世界旅游组织/亚太旅游协会旅游趋势与展望国际论坛、第三届中国桂林国际旅游博览会、第四届中国桂林创新创意文化节暨桂林国际动漫节成功举办，品牌展会影响力持续增强。开展桂林首届地方美食评选活动及各县（区）文化、旅游、商贸等节事活动。社会消费品零售总金额536.35亿元，增长16%。

【促进农业提质增效】 2012年，市人民政府以“示范市”建设促进农业提质增效，农村发展基础进一步夯实。推进农业“示范市”建设。全面实施农户“万元增收工程”，桂阳公路“百里”金橘等6条万元增收示范带粗具规模；开展“多播一斤种，增收百斤粮”示范工程活动，粮食总产量增幅提升2.9个百分点，连续9年增产；优势特色农产品产值占农林牧渔业总产值80%以上，蔬菜、水果、肉类、水产品产量均居自治区前列。林下经济产值32.68亿元，增长44.6%。进一步推广高效循环农业生产模式，自治区“无公害农产品生产示范基地县”达10个。农业产业化龙头企业年销售收入234.41亿元，直接带动13.36万农户增收。省级以上农业旅游示范点总数居自治区第一，“桂林休闲农业四季游”入选“中国休闲农业与乡村旅游十大精品线路”。农业增加值274.51亿元，增长6.6%；农民人均纯收入7328元，增长15.9%。不断夯实农业农村发展基础，实施农村公路“畅通”“连通”工程，建制村道路通畅率提高8.2个百分点，达68.2%。完成病险水库除险加固42座、中小河流治理项目33个，新增、恢复和改善有效灌溉面积4.21万公顷。建成农村饮水安全工程项目460个，23.57万农村人口饮水不安全问题得到解决。实施市级以上农业科技项目34个，推广新品种300多个、新技术30多项，不断完善农业技术推广、农机耕种收一体化、农副产品购销和质量安全检测等服务体系。推进新农村建设，完成400个新农村建设及1500个村（屯）道路硬化。强化扶贫工作，全市农村贫困人口减少7.1万人，贫困村人均纯收入增长20.1%。

【推进项目投资建设】 2012年，桂林市全社会固定资产投资1462.40亿元，增长28.2%。市政府推进重点项目建设，实施重大项目724个，完成投资636.2亿元。湘桂铁路扩能改造工程桂林至永州段建成通车试运行，贵广铁路桂林段加紧建设；兴安至桂林高速公路基本完工，阳朔至鹿寨高速公路桂林段、灌阳（永安关）至全州（凤凰）高速公路分别累计完成总投资金额的65.2%和58.8%，桂林至三江高速公路实质性开工，资源至兴安、灌阳经恭城至平乐高速公路前期工作取得重大进展；桂林市防洪及漓江补水枢纽工程川江水库大坝封顶、小溶江水库大坝完成部分浇筑、斧子口水库导流隧洞全线贯通；资源金紫山风电场二期工程实现并网发电，全州天湖等4个风电场相继开工建设。优化投资结构，实施产业类重点项目359个，完成投资占全部重点项目投资的50%以上；生产性服务业完成投资204亿元，实现跨越式增长；社会事业完成投资41.4亿元，促进人民生活环境的改善和生活质量的提高；激活民间投资，民间投资达792亿元，占全社会固定资产投资的54.2%，增长37%。

【推进城镇化进程】 2012年，桂林市城镇化率为41.8%。市人民政府全面推进桂林世界旅游城建设。核心区新开工及续建项目67个，完成投资46.87亿元，增长42.9%；临桂大道等7条道路建成通车，新区路网逐步成型；西二环路临桂段基本具备通车条件，连接新区至老城新的快速通道基本形成；水系及园林绿化工程取得阶段性成果，创业大厦、“一院两馆”（桂林大剧院、桂林博物馆、桂林图书馆）、报业大厦、建设大厦等重点项目主体工程全部完成。加快建设临桂苏桥产业带，推进实施九美桥时尚园、国际足球文化产业园等产业项目，成功引进保利文化产业园、国奥凤凰体育休闲旅游区等项目。加速老城疏解改造提升,历史文化名城通过国家复核评估;桂林园博园如期竣工开园;城市重要交通节点改造提升基本完成,东安路、红岭路建成通车,福利路、阳江路等加快建设,老城交通网络逐步完善。“两江四湖”二期工程桃花江段竣工通航,南溪河清淤、截污和驳岸基本完成,城区污水集中处理率达90.5%,垃圾无害化处理率保持100%。加强城市道路交通运输及户外广告管理,城市公交覆盖范围扩大,城市环境不断改善。加快推进县城和小城镇建设。实施“百镇千村”计划,完成13个镇总体规划及1280个建制村规划的编制;继续推进全州县、灌阳县、平乐县新区建设,不断完善县城路、桥、水、电等基础设施,提高产业和人口集聚能力;城乡风貌改造四期工程全面完成,阳朔县兴坪镇、龙胜各族自治县龙脊村、平乐县大塘口村、秀峰区鲁家村(等)列入自治区第一批特色名镇(村)命名单位。桂林市获“全自治区第八届环境综合整治‘南珠杯’特等奖”“广西住房保障工作先进集体”称号。

【加强生态建设和环境保护】 2012年,市人民政府加大保护漓江力度,贯彻落实自治区漓江流域生态环境保护条例,编制漓江保护和开发规划,启动漓江喀斯特地貌申报“第二期中国南方喀斯特”世界自然遗产工作,猫儿山自然保护区列入联合国教科文组织“世界人与生物圈保护区网络”。漓江水源林保护、水域管理及沿岸绿化美化花化果化等工作得到加强。加强生态环境建设,国家环保模范城市通过复核,在长江中下游流域污染防治工作考核中名列第一,城市环境综合整治定量考核连续17年居自治区第一,成为自治区首个国家级低碳试点城市。以环境倒逼机制推动产业转型升级,规模以上工业万元增加值能耗下降12%,污染物排放总量均控制在自治区下达的控制指标范围内,全年城区空气质量优良天数达351天。“绿满八桂”造林绿化工程获自治区先进,全市森林覆盖率70.94%,城市绿化覆盖率43.72%。全面实施生态市建设规划,灌阳县、恭城瑶族自治县、平乐县、资源县被评为国家生态文明建设工程示范县,恭城镇等15个乡(镇)被评为国家级生态乡(镇),34个村被自治区命名为生态村。实施农村环境连片整治示范项目239个,占全自治区总数的三分之一。加强基本农田保护和耕地后备资源开发,连续12年实现耕地占补平衡。

【加强文化建设】 2012年,桂林市率先在自治区完成市、县两级国有文艺院团改制,组建桂林市文艺演出有限责任公司、桂林市戏剧创作研究院(桂林市非物质文化遗产保护传承中心)。率先在自治区组建新华书店有限公司,市新华书店体制改革完成。农家书屋覆盖所有建制村,文化场馆全面免费开放。继续推广群众喜闻乐见的“百姓大舞台”“百姓文化大讲坛”“漓江之声”等公益性文化活动品牌,廉政彩调剧《一品油茶七品官》和桂剧《月影斩》获第八届广西剧展大型剧目展演金奖。恭城瑶族八音等10个非物质文化遗产项目列入第四批自治区级保护名录。灵渠申报世界文化遗产工作正式启动。131个村级公共服务中心全部竣工。提前完成20户以下广播电视“村村通”工程,受益用户10万多户。加快发展文化产业,实施文化发展规划和文化产业发展规划,桂林高新技术产业开发区创意产业园等4家企业被命名为第四批自治区级文化产业示范基地,兴安县、阳朔县被命名为首批自治区特色文化产业示范县,临桂县、龙胜各族自治县、恭城瑶族自治县被命名为首批自治区特色文化产业项目示范县。

【推进改革开放】 2012年,市政府推进重点领域改革,全面拓展开放合作领域。统筹推进“扩权强县”、城乡综合配套改革试点工作,完成上级审批下放事项接收和市级审批事项下放,推动县域经济发展,县域地区生产总值、财政收入占全市的比重分别达70.9%和50.7%,一批经济发展较快的县进入广西科学发展十佳县、进步县行列。推进统计方法制度改革,“四大工程”建设取得实质性成果。推进国有企业改革,桂林内燃机配件厂、桂林矿山机械厂等困难企业成功改制重组。集体林权制度主体改革完成,林地流转试点顺利实施。深化医药卫生体制改革,永福县、兴安县公立医院改革试点为自治区提供成功经验,医患纠纷调解新机制和工作模式在自治区推广。健全全民医保体系,新型农村合作医疗筹资标准和财政补助标准提高。实施事业单位绩效工资,企业职工工资正常增长和支付保障机制进一步完善。加强财税征管,组织财政收入163.56亿元,增长15.2%。加强金融体系和投融资平台建设,新增金融机构和新型金融组织15家。银行业金融机构各项贷款余额1053.15亿元,增长16.1%。支持民营经济加快发展,规模以上民营企业超500家。年内,新签市外境内项目415个，总投资金额486.47亿元，增长4.3%；实施市外境内本年度到位资金项目812个，到位资金542.18亿元。

【推进创新发展】 2012年，市人民政府提升创新能力，推进创新发展。培育建设自治区级工程院5家、研发中心25家、企业技术中心6家，32项科技成果获自治区表彰。每万人拥有发明专利1.71件，居自治区首位；专利授权1252件，居自治区第二位。实施质量兴市战略，燕京啤酒（桂林漓泉）公司获首届自治区主席质量奖。桂林市获“全国优秀创业先进型城市”称号。

【发展社会事业】 2012年，桂林市各级财政投入民生保障资金186.78亿元，增长9.5%。筹集资金66.35亿元，完成十项惠民工程。筹集资金1700多万元，对低收入居民及清真牛肉供应实行临时价格补贴，实施临时价格干预。全市开发公益性岗位近6000个，城镇新增就业8.5万人，城镇登记失业率3.9%。新型农村社会养老和城镇居民养老保险比全国提前半年实现制度全覆盖。继续提高城乡低保对象人均补助标准，累计发放低保金4.81亿元、城乡医疗救助金8122万元。建设保障性住房18270套，其中竣工7570套，城镇低收入住房困难家庭廉租住房租赁补贴实现应保尽保，完成农村危房和茅草树皮房改造20356户。发展社会事业，实施学前教育三年行动计划和深化职业教育攻坚五年计划，启动农村义务教育阶段学生营养改善计划试点，九年义务教育巩固率达95%；推动高校各项建设，桂林市获“全国‘两基’工作先进地区”“全国未成年人思想道德工作建设先进城市”等称号。深入实施防治艾滋病攻坚工程，出生缺陷综合防治工作经验在全国推广。

（方晓辉）

【“三大纠纷”调处】 2012年，全市排查“三大纠纷”（土地、山林、水利权属纠纷）发案1553件，下降15.6%。其中：土地纠纷发案564件，下降28.5%；山林纠纷发案960件，下降0.01%；水利纠纷发案26件，下降68.2%。全年立案1431件，经过各级调处部门的努力，共调结纠纷1385件，调结率为96.8%，其中土地纠纷调结510件，山林纠纷调结848件。全市共有积案60件，调结50件，调结率83.3%。全年处理来信787件，接待上访13631人次，及时化解和避免群体性流血事件52件，挽回经济损失1228万元。全年没有因“三大纠纷”调处不力引发严重危害社会稳定的重大群体性事件或致使纠纷转化为刑事的案件。

（王建平）

政府法制

【依法行政工作】 2012年，市人民政府推进依法行政和行政审批制度改革，加快建设法治政府。年内，市人民政府常务会议专题学习党的十八大报告中建设法治国家的相关精神，听取《建设法治国家的理论与实践》法治讲座。副市长黄济贤受市人民政府委托向市人大常委会第九次会议作《桂林市人民政府2012年依法行政工作报告》。桂林市施行《桂林市重大行政决策风险评估办法》《桂林市重大行政决策专家咨询论证制度》《桂林市规范行政处罚自由裁量权规定》，成为广西首个规范行政处罚自由裁量权的城市。桂林市40个具有行政处罚自由裁量权的单位依据现行有效的法律、法规、规章对由本单位负责实施的行政处罚的执法依据进行梳理，对含有自由裁量权内容的行政处罚的执法依据编制目录，37个单位的2270项行政处罚幅度的细化标准在“桂林政府法制信息网”上公布。市人民政府修改《桂林市政务服务管理办法》，规范审批服务工作；对《桂林市行政许可项目目录》《桂林市非行政许可审批项目（含确认、登记、备案）目录》所保留的行政审批项目和操作规范进行全面清理和审核，许可审批项目由原来的935项减为612项。市法制办公室推进扩权强县工作，共审核市本级43个部门的352项自治区下放行政审批项目接收方案、操作规范和流程图，审核部门制订的48个下放方案，完成第六次行政审批项目清理工作。市全面推进依法行政工作领导小组办公室根据《广西依法行政考核办法》《2012年广西依法行政考核指标和评分标准》，对全市12个县5个城区政府及50个市直、中央直属、自治区直属行政部门2012年的依法行政工作进行年度考核。

【规范性文件审查】 2012年，市法制办公室共审查规范性文件草案25件，主要有《桂林市医患纠纷调解与处置暂行办法》《桂林市国有土地上房屋征收与补偿办法》《桂林市漓江风景名胜区排筏载客营运管理暂行办法》等。对2009年发布的《桂林市户外广告管理办法》实施情况进行评价。向自治区备案规范性文件16件。审查县(区)及市直部门报送备案的规范性文件55件。

【行政复议和应诉】 2012年,市法制办公室收到行政复议申请150件。立案受理146件,其中山林权属78件,土地权属24件,工伤认定15件,行政处罚11件,劳动教养6件,行政不作为4件,行政许可3件,拆迁1件,其他4件。审结案件139件,其中维持100件,撤销16件,调解终止20件,驳回3件。代表市人民政府出庭应诉6件。

【行政执法监督】 2012年,市法制办公室对7个县和2个自治区直属单位12个重点领域的行政执法部门的依法行政工作情况、贯彻《行政强制法》《行政处罚法》《行政许可法》的情况进行检查,评查行政处罚、行政许可和行政复议案卷50余卷,并将检查情况通报全市。组织全市行政执法人员1700多人(含行政复议人员)参加自治区统一的执法资格培训和考试。

【处理涉法事务】 2012年,市法制办公室对市人民政府对临桂县真龙小额贷款公司承担风险防范和处置责任的承诺书、市人民政府对桂林福达集团有限公司成立与规范过程中若干事项的确认、市人民政府授予新奥燃气公司公交车天然气专营权的问题等事宜提供法律论证意见32件。办理整体处置桂林集琦公司资产暨推进足球产业园项目、万福东路和龙门大桥捆绑项目、资源至兴安高速路项目等法律事务39件,办理市人民政府交办、转办的涉及国企改制、征收土地补偿安置等方面的信访复查复核事项67件。 (陈小华)

政务督查

【决策性督办】 2012年,市人民政府督查室对市人民政府重要会议、重要文件所作的重大决策、重要部署进行跟踪督办。全年跟踪督办、逐一落实市人民政府常务会议决定、部署的重点工作141项;将《政府工作报告》提出的各项目标任务分解下达各县(区)、各部门,并进行月份、季度和年中、年终跟踪督查,重点对各县(区)、各部门目标任务指标完成情况、工作特点、亮点进行总结分析;将全市10项重特大安全隐患整改纳入督查工作重点,实施全程跟踪,责成事故隐患整改单位按要求及时进行整改。

【为民办实事工程督办】 2012年,市人民政府督查室注重督查市人民政府重视民生、关注民生、改善民生、保障民生各项政策和具体措施的落实情况,重点做好全市为民办实事工程的督促检查。将桂林市10项惠民工程的54个子项目,逐项分解落实到相关县(区)和部门的48个承办单位,确定了26个市直牵头责任部门、17个责任县(区)、5个市直配合部门,每月定期检查各单位工作进展情况,协助解决存在问题。加强重点督查,全年共开展3次全市性为民办实事重点督查和5次专项督查,提交督查报告8篇。

【重点建设项目督办】 2012年,市人民政府督查室对全市各重点工程全程跟踪督促检查。重点督查724项重点项目前期工作进展情况、工程建设情况、项目存在的问题及解决落实情况;对机场路、中隐路、兴桂高速公路建设等项目进行专项检查,并协调解决存在的问题,确保年度1460亿元投资目标任务的完成。全年,组织重大项目专项实地督查26次,召开相关重大项目突出问题协调对接会12次,编写《重大项目督查工作简报》8期。

【人大代表建议和政协提案督办】 2012年,市人民政府督查室制订了《桂林市政府系统办理人大代表建议和政协提案工作制度》,协助对人大代表建议、政协提案进行再审、分类、拟定承办单位,及时筹备召开办理工作大会。全年,办理市人大代表建议58件(含闭会期间代表建议9件)、市政协提案288件、自治区人大代表建议1件、自治区政协提案7件;办理市人大代表建议续办件35件,市政协提案续办件129件;组织和参加市人大代表建议和市政协提案督查督办15次。

【专项性督办】 2012年,市人民政府督查室对贯彻落实中共中央政治局常委、国家副主席习近平在出席第九届中国—东盟博览会期间所做重要讲话中提出的工作任务，中共中央政治局委员、国务委员刘延东对整治漓江生态环境工作批示进行专项督查。参与办理自治区铁路建设督查组及自治区5项重大工作部署落实情况督查组开展的工作督查。起草《市长重要工作部署、重要政务督查工作制度》，对各部门落实市长筹办第二届桂林少数民族运动会工作部署、桂林高新技术产业开发区信息产业园调研工作要求、第三届桂林国际旅游博览会工作布置会工作要求等落实情况进行专项督查。组织、参与扩权强县、市长企业接待日议定事项、水库移民点安置、贯彻落实全市城区经济工作会议、全市消除茅草树皮房攻坚战等工作的督查督办。（林炎钊）

发展研究

【概况】 2012年，桂林市人民政府发展研究中心坚持以决策咨询研究和服务领导工作为主线，深入调研。全年组织完成各类研究课题、调研报告、调研材料、政策文件等80多项，成稿总字数约140万字；开展和配合开展重大调研活动11次，参与市委、市人民政府及市直部门组织举办的各类研讨活动20余项(次)。完成《立足改革试验区建设、推动华侨农场大发展》重大课题研究和《桂林市"十二五"卫生事业发展规划》《桂林市食品药品安全"十二五"规划》编制工作；完成《桂林市中心医院建设项目建议书》等专题研究。参与2012年《政府工作报告》修改和2013年《政府工作报告》起草和修改工作。参与完成《深化科技体制改革，加快广西创新体系建设》等重要性政策文件的修改工作。参与《桂林磨盘山旅游服务区控制性详细规划项目准备书》等征求意见和评审工作。秦建萍指导完成的广西重大课题《广西培育发展新兴产业问题研究》获"第三届广西壮族自治区政府决策咨询成果奖"二等奖。编辑出版《桂林发展研究》共6期75万字，《决策参考》共24期125万字。

【《立足改革试验区建设、推动华侨农场大发展》课题】 该课题是桂林市首次向国务院侨务办公室申报的重点调研课题，为破解桂林华侨农场在发展过程中遇到的体制、机制问题和更好推动桂林华侨农场的发展，提出建设性意见。所撰写材料获得国务院侨务办公室研究处的好评，为桂林市委、市人民政府推动华侨农场改革提供决策参考。

【《桂林市中心医院建设项目可行性研究报告》课题】 该课题为桂林市人民政府发展研究中心首次承接此领域的课题项目，文稿约5万字，图文并茂，获市卫生局和市领导的好评。课题在可行性研究基础上编制《桂林市中心医院建设项目建议书》，该建议书成为市卫生局报市发展和改革委员会的重要项目建设依据。

【《桂林市加强农业科技建设对策研究》课题】 该课题的课题组理论联系实际，通过到资源县、兴安县、全州县、永福县实地调研，查阅相关市直单位和其他县(区)农业科技相关资料，结合桂林实际，学习借鉴国内外经验，分析了桂林市农业科技建设的条件，提出了桂林市加强农业科技建设的总体思路、需要实施的战略工程及对策建议。年内，课题研究报告通过验收，为市委、市人民政府加快推进桂林农业科技建设提供决策参考。

【《推动桂林文化产业成为支柱产业对策研究》课题】 该课题研究历时5个多月，经过全面、深入调研，收集大量丰富翔实的资料，对桂林文化发展提出了具有前瞻性、针对性、可操作性的对策建议，具有重要决策参考价值。（陈捷）

地方志编纂

【概况】 2012年，桂林市县(区)地方志书编修质量和进度迈上新台阶，《桂林年鉴(2012)》编纂任务如期完成，县(区)年鉴工作取得新进展，地方志资源开发利用力度加大。在2012桂林·广西地方志理论研讨会上，桂林市地方志编纂委员会办公室(简称市志办)提交的论文囊括所有一等奖。

【县(区)志书编修质量和进度迈上新台阶】 2012年，市志办加强对县(区)志书编修的指导，帮助县(区)地方志办公室制订质量控制管理规范流程，推动县(区)提高志书编修质量。加强与县(区)地方志办公室的联系与沟通，将12个县5个城区的地方志业务联系指导工作分工落实到各科室，督促和推进县（区）提高质量，加快进度。审读、评议县（区）志稿，组织业务人员审读《永福县志》续志和《秀峰区志》评议稿，对已通过自治区验收的县（区）志，督促完成出版印刷。至年末，全市18部计划内的志书已出版2部，通过自治区验收5部，完成自治区、市综合评议2部，送自治区候评2部。

【县（区）综合年鉴编纂工作取得新突破】 2012年，市志办推进县（区）地方综合年鉴编纂工作。年初，市人民政府下发《桂林市人民政府办公室关于做好地方综合年鉴编纂工作的通知》，要求各县（区）政府把编纂地方综合年鉴工作纳入重要议事日程，力争在2013年各县（区）开展地方综合年鉴编纂达到全覆盖。为抓好县（区）年鉴编纂工作的试点和业务指导，以点带面，促进全市县（区）年鉴编纂工作全面启动，市志办分别到临桂、全州、灌阳县及秀峰区开展年鉴的调研和指导，组织协调县（区）开展年鉴编纂工作。年内，县（区）年鉴编纂工作取得突破性进展。阳朔县作为试点县，已连续三年编纂出版《阳朔年鉴》；2012年12月20日，首卷《临桂年鉴（2012）》面世；年末，《秀峰年鉴》进入出版阶段，《全州年鉴（2012）》完成了大部分资料收集工作。此外，灵川县、荔浦县、兴安县的综合年鉴编纂工作分别获县人民政府批准立项。

【编纂出版《桂林年鉴（2012）》】 2012年，市志办加强创新理念，精心打造《桂林年鉴（2012）》，创新年鉴设计、组稿方式、编纂流程、版式设计各个环节。框架在保持基本资料连续记述的同时，突出地方特色和年度特点，充分反映2011年桂林市自然、政治、经济、文化和社会发展的基本情况；增加网上组稿、新闻媒体组稿等多种组稿渠道，组稿涵盖面更加广泛；版式设计进一步美化并增加内文插图，编纂各流程质量控制管理更趋规范。11月，《桂林年鉴（2012）》正式出版发行。

【地方志资源开发利用力度加大】 2012年，桂林地情网实行专人管理，上传《桂林年鉴（2011）》，在网上发布地方志信息20多条，安装网站虚拟报警平台，调整网站色调和图案，使网站常办常新。灌阳县、平乐县建立了地情网站，并实现与广西地情网链接。年内，市志办共收集地情信息200余条，发放《桂林市志》（97版）、《桂林市志（1991～2005）》《桂林年鉴》共1600套（本），接收外地地情书籍约80套（本），接待北京大学、安徽师范大学等外省人员查阅资料30余人次，接待自治区内人员查阅资料20余人次。

【举办2012桂林·广西地方志理论研讨会】 2012年5月30日，广西地方志协会与市志办共同举办的2012桂林·广西地方志理论研讨会在桂林召开。参加这次研讨会的有广西地方志协会相关领导、方志出版社专家、广西11个地市的地方志办主任、自治区地方志办的有关处室专家等。研讨会共收到研讨论文34篇。论文探讨内容涉及二轮修志总纂、资料收集、志书的地方特色和时代特色、地方志队伍建设等八个方面的问题。经广西地方志论文评审领导小组严格评审，桂林市提交的论文囊括所有一等奖。（伍己忠）

2012年5月30日，2012桂林·广西地方志理论研讨会在桂林召开 （潘树能 摄）

档案工作

【概况】 2012 年，桂林市档案局以科学发展观为指导，强化服务理念，创新服务方式，优化服务平台，在党的基层组织建设、档案资源建设、档案馆基础建设和档案信息化建设等方面均有亮点呈现，档案工作呈现出良好的发展态势。

【档案基础业务工作】 2012 年，桂林市档案局强化服务意识，做好查档利用工作。全年共接待查档 14569 人次，提供利用档案资料 27850 卷(件)，提供民生档案 12378 卷(件)。指导机关单位档案室定升级，重点指导了市委宣传部、市接待办、市志办、市司法局档案室开展定升级工作，引导市人民检察院创建特级档案室。开展 2011 年重大项目档案指导工作，严格执行项目登记备案制度，协助自治区档案局完成验收工作。组织专项业务培训，培训学员 51 人。

【《百年光影——桂林城市记忆》出版】 2012 年 1 月，《百年光影——桂林城市记忆》一书出版发行。该书由卿树祥主编，凌世君策划统筹，莫菡栖、白孝启担任执行编辑，由广西师范大学出版社公开出版。全书 16 开，共 305 页，11 万余字，560 张图片，是桂林首部以老照片为题材的书籍，填补了桂林此方面的空白。

2012 年 1 月，《百年光影——桂林城市记忆》出版发行

（市档案馆　供稿）

【档案法制工作】 2012 年，桂林市档案局结合全市档案工作实际，制订《桂林市档案局 2012 年关于全面推行依法行政工作计划》，完成市依法行政考核工作并取得较好成绩。印发《桂林档案局关于促进民营企业档案工作发展的意见》《桂林市档案局关于民营企业档案管理暂行办法》，促进民营企业档案工作的开展。成立扩权强县行政审批下放承接工作领导小组，组织县(区)档案局分管领导和业务骨干进行此项工作的培训，较好地完成行政审批下放承接工作。根据 2011 年对全市各单位档案的年检情况开展档案执法检查，对存在问题的单位下达限期整改通知书，并对检查情况进行通报。年内，荔浦县、龙胜各族自治县、恭城瑶族自治县将档案工作纳入县直机关年度绩效考核范围，促进档案工作的规范管理。

2012 年 9 月 5 日，临桂县档案局开展档案法律法规宣传活动

（市档案局　供稿）

【创建全国社会主义新农村建设档案工作示范县】 2012 年 11 月 28 日，恭城瑶族自治县创建全国社会主义新农村建设档案工作示范县通过国家验收。恭城瑶族自治县是自治区档案局、桂林市档案局确定的桂林市首个创建全国社会主义新农村建设档案工作示

范县,创建工作于2011年3月启动。恭城瑶族自治县县、乡、村三级共投入经费100多万元,确保创建工作的顺利开展。恭城瑶族自治县档案局制订《关于加强社会主义新农村建设档案工作的意见》,确保新农村建设档案工作有章可循;修订档案馆档案资料接收范围,加强涉农档案接收工作,全县117个建制村、8个社区全面完成文件材料归档范围和保管期限表的修订报审工作,归档率达100%。

【档案数字化建设】 2012年,市档案局建立馆藏档案目录数据库,全宗目录数据336条,案卷级目录数据12万条,文件级数据目录213万条,补录人名数据7.16万条,照片目录数据1.5万幅。资料目录数据库1.1万条,婚姻、征地、名人、土地等专题档案目录数据库60多万条。建立电子文件(档案)备份库,配备存储柜、磁盘列阵、服务器、刻录机,检测器等设施设备。保存、管理12个县5个城区全宗级目录数据165条,案卷级数据21.65万条、文件级目录数据349.23万条,多媒体、纸质档案数字化共18.87万幅。全市数字化纸质档案2.94万张,录音48小时,录像371小时,照片2753张,机读目录145.56万条。（莫菡栖）

机关事务管理

【概况】 2012年,桂林市机关事务管理局在后勤保障服务、建设节约型机关、推进公共机构节能、发展会展经济、加强财务和国有资产管理等方面取得成绩,完成了市委、市人民政府交给的各项工作任务。

【扎实做好保障服务】 2012年,桂林市机关事务管理局做好市行政中心搬迁临桂新区的各项前期准备工作。在广泛征求市直机关各部门意见的基础上,做好临桂新区创业大厦的智能化装修和办公用房分配方案的起草;组织市直机关干部职工团购商品房;做好临桂新区机关后勤综合服务中心大楼建设的初步勘察和综合效果图纸的设计及报审。疏理内部规章制度,重新制订局机关各科室、局属各单位的工作职责等内部管理制度。尝试机关后勤服务社会化管理模式,将市直机关办公大院会务服务、保洁、绿化交由物业公司管理。

【加强财务和国有资产管理】 2012年5月,桂林市机关事务管理局邀请自治区审计厅、市审计局、市财政局等部门的专业权威人士对市直机关经费归口管理单位财务人员进行培训,提高机关财务管理水平。年内,加强机关水电收费管理,对清风小区等部分机关住宅实施用水一户一表改造,将机关水电收费纳入电脑数字化管理程序,与桂林银行签订水电代扣收费合同1500多份,全年完成水电费入账512万多元。规范国有资产登记和报废处置工作,全年完成新增资产价值717.58万元的登记手续,给786件废旧资产办理报废手续,收回残值上交国库。盘活国有资产,由原桂林市纺织总会招待所改造成的王城精品酒店和由原地区档案馆危旧房改造成的钵园食府投入使用。加快推进榕荫路和芙蓉路机关宿舍危旧房改造,重点推进孔明台和螺丝山机关住宅危旧房改造工作,并对机关第一食堂进行整体改造。明晰机关房产产权,组织人员查找相关房地产基建资料,完成象山南路1号、叠彩路8号和机关公寓楼的土地测绘、土地证和房产证的办证手续。

【推进公共机构节能工作】 2012年,桂林市12个县成立公共机构节能监督管理股,1个城区成立机关后勤服务中心。6月10日,桂林市机关事务管理局举办桂林首届节能体验自行车大赛暨摄影赛,87名市本级公共机构在职工作人员参赛,赛事吸引众多摄影爱好者及广大市民参赛。年内,开展节能改造,在机关办公区安装智能电表160块,对五美路16号、叠彩路8号、八桂路2号和榕湖北路6号机关办公区和中山北路5号、清风西一里4号住宅小区的用水地下管网进行更换改造,共施工改管3600米,新安装水表138个。全年桂林市公共机构能源资源消耗呈下降趋势,用水下降5.14%,人均下降3.49%;用电下降4.7%,人均下降3.04%;公务车用油下降7.84%,单车汽油耗油下降4.22%,单车柴油耗油下降25.74%。

【发展会展经济】 2012年10月12～15日,桂林市会议接待管理办公室承办由中国建筑基础设施有限公司主办的“2012年全国秋季建筑机械交易会”在红岭路举办。来自全国各地1000余家展商参加展会,展位1000多个,展场面积3万平方米,近2万人参加展会,成交金额20亿元。11月16～18日,市机关事务管理局承办的2012年中国(广西·桂林)节能新产品、新技术展示暨合同能源管理项目对接会在桂林市中心广场举办。展会期间,自治区各级各类公共机构与商家签订合同能源管理项目或使用意向70余项,签约金额近1亿元。

【加强机关事务工作协会建设】 2012年,桂林市机关事务工作协会加强与会员单位的联系和交流,推动机关事务科学发展。全年刊出6期《桂林机关事务工作》,刊发稿件近200篇。举办协会活动,搭建交流平台。11月30日~12月2日,"漓江农村合作银行"杯首届桂林市机关事务工作协会暨第三届桂林市机关事务工作系统气排球比赛,有29个代表队参加比赛。 (莫徽鸿)

绩效管理与考评

【概况】 桂林市绩效考评领导小组成立于2008年,下设桂林市绩效考评领导小组办公室(简称市绩效办),市绩效办机关行政编制5名,当年《桂林市机关绩效考评办法(试行)》印发,并在永福县、市交通运输局、市市政局开展绩效考评试点工作。2012年,桂林市绩效管理与考评工作覆盖全市12个县、5个城区、97个市直属单位和8个中央、自治区驻桂林单位。绩效考评结果实现了与经济奖励、干部提拔使用、公务员评先评优和领导干部问责挂钩。

【自评迎考工作】 2012年,市绩效办对自治区绩效考核指标进行绩效管理,做好自评迎考工作。一是根据自治区绩效考评指标及其评分标准,制订桂林市2012年度绩效目标、自评迎考重点指标任务实施计划,并将自治区指标任务融入2012年度对各县(区)、市直各单位和中央、自治区驻桂林单位绩效考评指标中,确保自治区指标任务在推进落实中不漏项目、不降标准。二是规范实施绩效管理,强化指标过程监控,8月10日,印发《关于对自治区2012年度绩效指标加强绩效管理的通知》,对绩效管理的任务内容、工作程序和步骤、部门职责分工等问题进行明确,规范实施绩效管理,强化指标过程监控;8月及10月,市绩效办组织督查组对自治区指标完成情况进行督查。三是关注民声民意,强化公众满意度,针对2011年度自治区公众评议反馈桂林市的7大类65条意见和建议,市绩效办组织各县(区)、各有关单位整改,并将相关整改工作列入2012年度对各县(区)、各有关单位的绩效考评;开通"绩效投诉热线"(2848112),将群众投诉情况及各有关单位回应、处理投诉的效果作为相应单位的年度绩效考评指标;全年全市接到群众投诉19件,办结17件,投诉人对投诉处理结果均表示满意。

【市本级绩效管理与考评】 2012年,市绩效办做好各县(区)、市直各单位和中央、自治区驻桂林部分单位的绩效考评工作。加强对县(区)的绩效考评,制订2012年度县(区)绩效考评指标及其评分细则(含特色工作、为民办实事工程指标);制订桂林市2012年度绩效考评公众评议和领导评价工作方案、桂林市2012年度县(区)绩效考评创先争优加(扣)分条件及标准和相关评定规定、桂林市2012年度县(区)绩效考评指标考核工作规范等。加强对市直各单位、中(区)直部分单位的绩效考评,5~9月,市绩效办组织制订并印发2012年度市直单位和中央、自治区驻桂林有关单位绩效考评指标及其评分标准。桂林市纳入2012年度绩效考评的市直单位有97个,中央、自治区驻桂林有关单位有8个。其中市直单位按照"经济调节与经济管理、社会管理与政务管理、市场监管与执法监督、专项事务管理、党政综合管理、群团组织和民主党派机关"6个类别进行分类考评。2012年度市直单位绩效考评指标体系框架,包括年度重点工作、主要职能工作、临时性重大工作、党的建设和效能建设5项一级指标。中央、自治区驻桂林有关单位的绩效考评指标体系,包括年度重点工作、党的建设和效能建设3项一级指标。

【完善绩效管理与考评机制】 2012年6月5日,市委常委会原则通过《桂林市绩效考评结果运用办法》,桂林市实现年度绩效考评结果与经济奖励、干部提拔使用、公务员评先评优和领导干部问责的挂钩。8月,市绩效办开通"绩效投诉热线",将有关单位回应、处理群众投诉的情况纳入年度绩效考评范围。11月,市绩效办印发《2012年度市直单位绩效考评加分和扣分规定》,对因工作创新突出、成效明显,获得市委、市人民政府以上各级机关表彰的单位给予绩效加分;对未能完成重点工作任务的单位给予绩效扣分。 (伍志雄)

中国人民政治协商会议
桂林市委员会

2012年1月29日～2月1日，政协桂林市第四届委员会第二次会议召开

（何平江　摄）

重要会议

【政协桂林市第四届委员会第二次会议】 2012年1月29日～2月1日召开。会议应出席委员429人，实到委员403人。驻桂林市的自治区政协委员和特邀贵宾列席会议。会议听取并审议通过市政协副主席袁绪祥代表政协桂林市第四届委员会常务委员会所作的工作报告，副主席蒋廷春代表政协桂林市第四届委员会常务委员会所作的提案工作情况报告。与会委员列席了桂林市第四届人民代表大会第二次会议，听取并协商讨论桂林市政府工作报告及其他报告。市各民主党派、市工商联、共青团桂林市委、市总工会、市妇联及市政协有关专门委员会就桂林市经济社会发展的21个专题进行大会发言。会议通过各项决议。市委书记刘君出席大会并讲话。会议期间，市领导刘君、李志刚、石东龙、胡安伶、黄俊华、陈丽华、秦春成、蒋炳穗、王祝广、张晓武、叶兆泉、黄涛、巫家世、周卫、黄济贤、徐锋、何永东、王建毅分别参加市政协委员分组讨论，听取委员们对政府工作报告的意见和建议。

【政协桂林市第四届委员会常委会会议】 2012年，政协桂林市第四届委员会常委会会议共召开3次。

2012年1月30日，市政协副主席袁绪祥在政协桂林市第四届委员会第二次会议上作政协桂林市常委会工作报告 （何平江 摄）

第三次会议 1月13日召开。会议审议并通过《中国人民政治协商会议桂林市第四届委员会第二次会议政治决议（草案）》《中国人民政治协商会议桂林市第四届委员会第二次会议关于常务委员会工作报告的决议（草案）》《中国人民政治协商会议桂林市第四届委员会第二次会议关于政协四届一次会议以来提案工作情况报告的决议(草案)》。审议并通过增补政协桂林市第四届委员会委员名单。市政协主席粟增林，副主席袁绪祥、刘明昱、秦俊、李文升、蒋廷春、容作信、王德明、汤桂荔，秘书长苏甲杏等70名常委会组成人员出席会议。

第四次会议 6月29日召开。会议审议并通过市政协调研组《关于推动桂林文化大发展大繁荣专题调研报告》。会议决定在7月召开推动桂林文化大发展大繁荣专题协商会。会议审议并通过《关于李实平等同志不再担任政协桂林市第四届委员会委员的决定》、增补市政协委员名单、常务委员会任免名单以及《关于李实平同志不再担任政协桂林市第四届委员会常务委员的决定》等有关人事事项。市政协主席粟增林，副主席袁绪祥、刘明昱、秦俊、李文升、蒋廷春、容作信、汤桂荔，秘书长苏甲杏出席会议。12个县5个城区政协主席和市政协重点课题调研组部分成员应邀列席会议。

第五次会议 9月25日召开。会议听取了市政府、市纪律检查委员会、市中级人民法院、市人民检察院2012年1～8月工作开展情况通报；审议并通过《关于加快推进桂林世界旅游城建设的调研报告》《政协桂林市委员会提案工作条例(修订稿)》以及市政协有关人事事项的决定。市政协主席粟增林，市委常委、常务副市长黄俊华，市委常委、纪委书记王祝广，市政协副主席袁绪祥、刘明昱、秦俊、李文升、蒋廷春、容作信、王德明、汤桂荔，市中级人民法院院长廖少昆，市人民检察院检察长孟耀军，市政协党组成员余秋平，市政协秘书长苏甲杏出席会议。

（龙镇凯 龙海）

重要工作

【提案办理质量不断提高】 2012年，市政协收到四届二次会议提案288件，立案274件，分别送交83个单位办理，办复率100%，委员满意和基本满意率98%。市政协积极探索提案工作方法，坚持市人民政府领导向市政协常委会通报提案办理情况，市委、市人民政府领导阅批重要提案，市政协领导领衔、专委会组织督办重点提案，开展提案办理民主评议和表彰，建立完善提案工作绩效考评机制，提案办理质量不断提高，一批涉及全市经济社会发展和民生改善的问题得到较好解决。

【专题调研成果显著】 2012年，市政协对涉及全市科学发展的重点问题，开展调查研究，提出意见和建议，为市委、市人民政府决策提供依据。围绕桂林市建设历史文化名城、实现文化立市的目标任务，组织委员及专家学者，分成文化产业发展、文化艺术精品创作与生产、公共文化服务体系建设、文化遗产保护与开发利用、新闻出版与影视传媒5个子课题组，就“如何推进桂林文化大发展大繁荣”开展专题调研，形成相关调研报告，并召开推动桂林文化大发展大繁荣专题协商会。围绕桂林市建设世界旅游城的目标任务，组织部分驻桂林的自治区政协委员、市政协委员成立专题调研组开展调研，全面了解桂林世界旅游城建设情况，分析存在的问题及原因，从加强宣传、完善机制、优化政策环境、创新模式、丰富旅游城内涵和外延、推动旅游与服务业、工业和现代信息技术的融合等方面，提出加快桂林世界旅游城建设的意见和建议，并形成调研报告；调研报告经市政协四届五次常委会会议协商讨论通过后，一些操作性强的建议被纳入政府工作决策。组织专委会和市各民主党派、市工商联、市总工会、共青团桂林市委、市妇联开展专题调研，全年围绕工业、农业、旅游、文化、教育、交通、城市建设、社会管理等经济社会发展各方面问题开展专题调研活动，形成调研报告26篇，提出了许多有前瞻性、针对性和操作性的意见和建议。

【开展桂林地方美食评选活动】 2012年，市政协组成调研组深入12个县5个城区开展调研，全面掌握桂林地方美食和餐饮业发展情况，分析存在的困难、问题及原因，并从加强组织领导、制订发展规划、培育品牌企业等方面提出加快桂林地方美食和餐饮业发展的对策和建议，并形成调研报告提交市委、市人民政府和有关部门参考。在对桂林地方美食进行充分调研的基础上，举办了首届桂林地方美食评选活动，评出桂林餐饮名店20家、烹饪名师20名、名菜50道、名小吃20种、名宴10席和最佳餐饮企业10家。

【举行推动桂林文化大发展大繁荣专题协商会】 2012年7月23日，市政协举行专题协商会，围绕“推动桂林文化大发展大繁荣”主题进行商讨。市委书记刘君，市长李志刚，市政协主席粟增林，市领导黄俊华、陈丽华、张晓武、叶兆泉、石春莲、袁绪祥、刘明昱、李文升、容作信、王德明、汤桂荔出席会议。会议总结了桂林市文化事业、产业发展所取得的成就，分析了面临的机遇、存在的不足和困难，并有针对性地提出解决问题的意见和建议。会议认为，桂林是国家首批历史文化名城，要立足桂林文化发展的基础和优势，继续深入推进“文化立市”战略，做好文化繁荣发展的文章，在广西民族

2012年11月20日，桂林首届地方美食评选活动暨烹饪大赛启动仪式举行

（蒋海清　摄）

文化强区建设中发挥主力军作用。会上，委员们同与会的市领导及有关单位的负责人进行了协商讨论。

2012 年 10 月 30 日，市政协主席粟增林（中）陪同驻桂林市的自治区政协委员视察团视察红岩新村　　（蒋海清　摄）

【委员晨会】 2012 年，市政协共召开 8 次委员晨会。委员晨会专题为："如何改善市区交通拥堵问题""社会管理与创新问题""兴安灵渠保护利用问题""如何发展林下经济问题""加强药品、食品安全监管问题""桂林市文化人才培养问题""如何充分发挥桂林异地商会作用问题""桂林桂剧、彩调等非物质文化挖掘保护利用问题"等。委员晨会共有 106 名自治区、市政协委员出席。每次委员晨会，市人民政府相关副市长及市委、市人民政府职能部门负责人都到会听取意见，回答委员提出的问题，促进相关问题解决。

【委员论坛】 2012 年，市政协围绕"如何推进桂林文化大发展大繁荣""如何加快桂林世界旅游城建设"专题，组织 12 名政协委员，在桂林电视台开办 2 期《政协委员论坛》节目，并在桂林电视台综合频道播出。委员们从不同角度畅谈了推动桂林文化大发展、大繁荣及加快桂林世界旅游城建设的目的、意义、举措和建议，为推动桂林文化大发展、大繁荣和桂林世界旅游城建设营造了良好舆论氛围。

【文史资料征集】 2012 年，市政协第四届委员会继续做好文史资料的征集、编辑出版工作。完成 200 多万字的《世纪之交的桂林建设》丛书的编辑工作；编辑出版了桂林文史资料（第 1 辑至 54 辑）总目录；全年征集中越友谊史料、郭德洁与桂林儿童教养院等相关史料 16 篇，共 3.5 万字；督促完成蒋翊武就义处纪念碑迁移和马君武陵园保护工程的建设和验收；协助自治区政协做好《政协委员参政议政实录》《广西政协委员知青实录》征稿工作。

【联谊工作】 2012 年，市政协加强与市政协港澳委员、特邀委员、桂林籍在外地工作的知名人士联系，及时向他们通报桂林市经济社会发展情况。接待港澳委员带队的考察团到桂林市考察，鼓励他们为桂林发展献计出力。组织港澳政协委员开展调研，走访市内各异地商会，为港澳委员和异地商会发挥作用创造条件。加强同市委、市人民政府外事、侨务等涉侨部门及 12 个县 5 个城区政协的对口联系，研究探讨新形势下的政协港澳台侨和外事工作。通过参加"五侨"会议、组织委员参加伊斯兰教"古尔邦节"庆祝活动等方式密切与各界群众的联系。配合全国政协做好在桂林市开展的"创新农业科技体制，促进农业持续发展"专题调研；配合自治区政协做好在桂林市开展的"加强政协民主监督""推进上市公司发展"等调研活动；配合自治区政协完成十届政协常委视察任务；参加在云南省楚雄州召开的红军长征沿线政协联谊会第十次会议，并作交流发言。

【慈善救助工作】 2012 年，市政协共筹募善款 162.8 万元，发放各类善款 161 万元，用于扶贫济困、助孤助残、助学等各项慈善救助活动。联系爱心企业和爱心人士开展慈善募捐，发动桂林彰泰实业公司定向捐资 100 万元给灌阳县教育局修建学校，捐资 5.5 万元资助贫困大学生上学，发动桂林天和药业股份公司捐资 4 万元为灌阳县新街乡小学改善教学环境。壮大并运作慈善基金，确保基金保值增值，为桂林市慈善事业发展夯实基础。

（龙镇凯　龙海）

纪检·监察

2012年3月，桂林市委常委、纪委书记王祝广（左二）带领农业专家深入兴安县田间地头指导工作（市纪委 供稿）

纪　检

【概况】 2012年,全市各级纪检监察机关加大对中央、自治区和全市重大决策部署落实情况的监督检查力度,着力实施畅通、优化、和谐、筑堤、堡垒、责任、创先"七大工程"。全年开展监督检查36次,检查项目114个、施工现场74个;对3起安全生产责任事故进行调查,处理24人。首创行政效能与执法联合立项监察机制,对第二届广西(桂林)园林园艺博览园建设等一批重大项目实施效能监察立项,推动创造了"园博速度",保持和扩大了经济社会持续平稳较快发展的势头。

【中国共产党桂林市第四届纪律检查委员会第二次全体会议】 2012年2月8日召开。全会审议通过了王祝广代表市纪委常委会所作的《努力开创全市党风廉政建设和反腐败工作新局面,为加快推进"富民强市"新跨越提供坚强保证》的工作报告和全会公报。市委书记、市人大常委会主任刘君在会上强调:要大力加强党的纯洁性建设,不断开创反腐倡廉建设新局面;要以党性党风党纪教育为重点,加强对党员干部特别是领导干部的理想信念教育和廉洁从政教育;要加强队伍建设,建立健全科学的干部考核评价和退出机制;要加强作风建设,建立完善领导干部直接联系服务群众制度;要加强执行力建设,提高行政效能和工作执行力;要加强反腐倡廉建设,推动全市党风廉政建设和反腐败工作取得新成效、开创新局面。

【推进惩治和预防腐败体系建设】 2012年,市委部署惩治和预防腐败体系建设任务239项,初步搭建起桂林特色的惩防体系制度框架。深化"清廉为政、永葆纯洁"主题教育,各级党政"一把手"上廉政党课816场次,派出书记、副书记讲课指导,累计开设廉政党课109场、受训13.6万人次。构筑了"东西南北中"廉政文化新格局,打造了全自治区5个"第一":第一部警示教育剧《震撼心灵,拒绝贪腐》;第一部大型廉政彩调剧《一品油茶七品官》,并获第八届广西剧展最高奖项"桂花金奖"称号;第一条古莲文化街"七星古莲文化街";第一个廉政主题园林"兴安县清石园";第一个县级民政信息化综合服务平台灵川县民政医疗救助"一站式"结算服务系统。

【严格监督权力运行与公开】 2012年,市纪律检查委员会下发并严格执行加强公车管理、严禁私设"小金库"、规范城乡居民最低生活保障动态管理暂行规定等多项反腐倡廉制度规定。借助高科技手段推进惩防体系,全市建成与自治区联网的市、县两级电子监察系统。年内,全市14297个基层党组织有13846个实行了党务公开,党务公开覆盖率96.85%。推动非公有制经济和新社会组织党风廉政建设,在国有企业中实行"阳光厂务"。推进社区政务公开,全市12个街道办事处、117个社区居委会实行了街务和居务公开。

【改进机关作风】 2012年,全市各级纪检监察机关以落实中央"八项规定"、改进机关作风为抓手,推动"一服务两公开"(政务服务、政务公开、政府信息公开)规范化建设,对各单位暗访48次,问责22人。全市18家政务服务中心纳入电子监察的审批服务事项12042项,在各级政务服务中心推行一个窗口受理、一条龙服务、一站式办结、一次性收费"四个一"模式,行政审批事项办理率从上年的78.2%提升到85.4%。为护航企业发展,在全市50家重点企业建立行政效能监测点;聘请12名全市优化经济发展环境监察员;实行市直单位纪检组长和监察室主任进驻市政务服务中心窗口值班制度。年内,市投资环境总体满意度为81.84分,高于全自治区平均水平;群众对机关"廉政指数"测评的满意度为99.3%,比上年提高6.3%。

【关注民生民利热点问题】 2012年,市纪检监察机关构建纠风惠民制度,将党和政府的强农惠农政策编集成小册子,免费发放到各农户手中。排查投资金额在500万元以上的工程建设项目85个,整改问题16个。实施"六安工程"(安农、安康、安心、安保、安教、安居),查处侵害农民利益案件53件,处理52人;整治征地拆迁、扶贫攻坚、医疗卫生、教育收费、金融机构收费等领域侵害群众权益问题60个,处理54人。开展公务用车问题专项治理,全市处理违规车辆1038辆,诫勉谈话3人,通报批评2人和单位3个。

【贴近群众保障权益】 2012年，市纪检监察机关开展市纪委书记联系帮扶重点企业活动，在全市50家重点企业建立行政效能监测点。在中心广场举办党纪法规政策咨询活动，在恭城瑶族自治县开展纪委书记大接访活动和信访举报“三进”(进乡村社区、进非公有制经济组织和社会组织、进重点项目)工作，市纪委主要领导与群众面对面倾听群众声音。在社区打造“你说我听抓落实”群众工作平台，开通纪检信访举报邮件“绿色通道”，确保民意诉求渠道的畅通。年内，全市纪检监察干部通过接访解决各类问题790多个，为群众办实事1000余件。

【深化党风廉政建设】 2012年，市纪检监察机关开展年度“廉政点评”活动，市纪律检查委员会、市监察局领导班子对各县(区)和市直单位班子成员“一岗双责”(各级干部在履行本职岗位管理职责的同时，还要对所在单位和分管工作领域的党风廉政建设负责)、廉洁自律情况等内容进行逐个点评，提高“一把手”的责任和其他班子成员“一岗双责”的意识。执行党风廉政建设责任制，共追究领导干部26人，查处基层党员干部违纪违法案件137件，处理农村基层违纪违法党员干部116人。群众对全市落实党风廉政建设责任制的满意度由2007年的60.6%提高到2012年的78.5%。

【惩治腐败】 2012年，桂林市查办案件工作坚持依法依纪文明办案，案件质量有根本性进步。全年全市纪检监察机关共受理信访举报2107件(含上级转办724件)，下降19.5%；初步核实线索386件，新立案322件，结案345件(含遗留件)，给予党纪、政纪处分340人，移送司法机关13人，为国家挽回经济损失1045.89万元。查办案件工作居自治区第二名。

【加强队伍建设】 2012年，市纪律检查委员会建立及完善市纪律检查委员会常委会例会、中心组学习会、工作务虚会、民主生活会等制度。强化系统内部管理，实行市纪律检查委员会、市监察局机关各室主任(负责人)、市派驻纪检组长、市直单位纪检组长述职述廉制度。加大干部教育培养、选拔任用力度，选派50余名纪检监察干部参加上级纪律检查委员会举办的培训班学习，提拔任用中青年干部20名。在市直单位派驻纪检监察机构并实行统一管理，全市133个乡(镇)均增设监察室，配备专职纪检干部146名，各乡(镇)纪检组织硬件设施建设实现“十个一”(即配置一间专用办公室、一部专用公开举报电话、一台专用传真机、一台专用电脑、一台专用打印机、一台专用碎纸机、一组专用资料柜、一组专用铁皮档案柜、一部专用数码相机、一支专用录音笔)标准覆盖，1654个建制村配齐配强了村级纪检委员。选取非公有制经济较发达的荔浦县作为试点，推动建立非公有制经济企业纪检组织，以点带面带动全市428家非公有制经济企业设立纪检组织，覆盖率15.92%。 (张涵嫣 曹丽萍)

行政监察

【概况】 2012年，市监察局落实国务院、自治区第五次廉政工作会议精神和市委、市人民政府的重大决策部署，以迎接、学习贯彻党的十八精神为主线，围绕市纪委提出的“八个一”(形成一股合力、围绕一条主线、维护一个权益、密切一种联系、完善一个体系、繁荣一种文化、夯实一个基础、打造一支队伍)工作思路，全面推进惩治和预防腐败

2012年7月20日，桂林市监察局长座谈会召开 (市纪委 供稿)

体系为重点的反腐倡廉建设，解决人民群众反映强烈的突出问题，为实现“富民强市”新跨越提供坚强保障。

【推进“五大工程”建设】 2012年，市监察局加大执法监察力度，全面推进全市“五大工程”建设。一是开展对以环境倒逼机制推动产业转型升级攻坚战工作的监督检查，全面排查对饮用水水源地污染源整治、安全隐患等情况，全年共复查、复核企业（饮用水源点）49家，复查、核查涉重金属、核辐射、船舶污染等存在的环境风险和安全隐患企业90家。二是加强对水利改革发展政策措施贯彻执行情况的监督检查，对2011年各县贯彻落实从土地出让收益中计提农田水利建设资金执行情况进行监督检查。三是加强对加快转变经济发展方式的监督检查，组织市发展和改革委员会、市环境保护局、市水利局等相关部门，成立4个检查组，对全市加快转变经济发展方式执行情况开展督查。四是对维护社会和谐稳定政策措施落实情况进行监督检查，加强安全生产法监督检查，调查安全生产责任事故3起，处理24人；对全市开展严厉打击非法违法生产经营活动中履职情况实施专项督查。五是加强对文化改革发展政策落实情况监督检查，实行行政效能与执法联合立项监察机制，对第二届广西（桂林）园林园艺博览园建设实施效能监察立项，约谈相关单位20多人次，推动创造“园博园速度”。

【推进专项治理长效机制建设】 2012年，市监察局推进专项治理长效机制建设。一是推进工程建设领域专项治理工作，共抽查项目53个，查看施工现场25个；开展工程建设中挂靠借用资质投标、违规出借资质问题专项清理自查工作，共排查项目244个。二是深化庆典研讨会、论坛博览会问题专项治理，将规范博览会、体育运动会举办行为纳入专项治理范围，从严控制由政府主办、财政出资的博览会、运动会。三是深化征地拆迁问题专项治理，加强对征地拆迁和农村土地征收征用行为的监管，开展和谐征地拆迁示范创建活动，促进和谐征地拆迁。四是深化公路“三乱”（公路上乱设站卡、乱罚款、乱收费）问题专项治理，重点保障“绿色通道”畅通，坚决查处各种涉路涉车违规执法行为。五是深入开展公务员考录和企事业单位招聘问题专项治理，坚决查处和纠正违反操作规程、弄虚作假、徇私舞弊、失职渎职等行为，确保考录和招聘工作公开、公平、公正。六是继续深入开展商业贿赂专项治理，全市共立案查处商业贿赂案件21件，结案18件，涉案人员25人，涉案金额365.16万元，挽回经济损失121.36万元。

【推进民生建设】 2012年，市监察局以创建纠风惠民阳光村（屯）、阳光社区、阳光医院、阳光学校和阳光基层医院为载体，实施“六安工程”。加强农民负担监督管理执法大检查，查出违规收费金额34.3万元，其中退还农民8.3万元，收缴财政26万元。推进医药卫生体制改革，推动医德医风建设，推动药品安全责任体系建设。以抗旱救灾资金监管为重点，加强对中央和自治区下拨的春荒救助、旱灾救助等资金的监督检查。加强对社保基金、住房公积金、扶贫资金、移民资金的监管，加强对农村义务教育学生营养改善计划资金、“两免一补”（免费提供科教书、免杂费和对其中的寄宿生补助生活费）资金等教育经费拨付使用情况的监管。推动建立和完善保障性住房建设、分配制度机制，确保配置公平合理。加强政风行风建设，以服务窗口和基层站所为重点，开展创建人民满意的部门和行业活动；创新政风行风热线，全面实行电台、电视、报纸、网络等多种媒体联动的政风行风热线模式，拓展群众诉求表达渠道，加大力度解决群众问题。

【强化权力监控】 2012年，市监察局以强化权力监控为主线，开展治本抓源头工作。一是推进廉政风险防控工作，围绕规范“四权”（人、事、财、物），制作职权目录和权力运行图，形成用制度管权、按制度办事、靠制度管人的机制。二是加大对政府采购工作的监督力度，开展政府采购中标项目后续验收环节的监督检查，预防政府采购招投标过程中的违规行为和中标后腐败行为的发生。全年市本级预算政府采购31.25亿元，实际采购23.89亿元，节约资金7.37亿元，节约率23.6%。三是加强对经济责任审计的监督检查，年内，领导干部经济责任审计项目24个，查出违规金额2011万元，损失或浪费金额1.40亿元，查出管理不规范金额1.15亿元。

（周首权）

民主党派·工商联

2012年5月31日，民进桂林市委和中共秀峰区委统战部共同建立的“同心·城乡教育均衡发展实践基地”在秀峰区甲山街道桥头小学举行揭牌仪式　（李夜生　摄）

中国国民党革命委员会桂林市委员会

【概况】 2012年，中国国民党革命委员会桂林市委员会（简称民革桂林市委）发展新党员16人。至年末，全市民革党员总数528人（男305人，女223人），平均年龄53.5岁，其中大专以上学历431人，占82%。下设6个总支部、22个基层支部和1个小组。年内，民革桂林市委学习贯彻中共十八大和民革十二大精神，加强自身建设，认真履行参政党职能，精心打造“同心”品牌，积极开展社会服务活动，各项工作取得新成绩。

【参政议政】 2012年，民革桂林市委向市政协四届二次会议提交集体提案8件，大会发言《加快落实公交优先战略，进一步推进临桂新区建设》被市政协列为重点督办提案。民革桂林市委党员中的各级人大代表、政协委员向十一届全国人大五次会议提交建议3件，向自治区政协会议提交提案6件，向市政协四届二次会议提交提案98件，向城区政协提交提案39件。向十一届全国人大五次会议提交的《关于改进乡（镇）卫生院实施基本药物制度工作的建议》《关于请求支持国家民族地区职业教育综合改革试验区更多政策和项目的建议》得到卫生部、教育部等相关部委重视。提交的《关于加快推进我市青狮潭饮用水备用水源建设的建议》被市政协列为重点督办提案。年内，完成中共桂林市委《桂林市招商引资环境竞争力调查研究》调研课题任务。积极向各级各部门报送社情民意信息，全年被采用10件次，其中《关于广西尾坝矿安全的几点建议》被中共中央统战部采用；《“心脏支架”过度医疗需引起关注》《关于强制机动车安装合格保险杠并制定相应标准的建议》被民革中央采用；《关于建立失独者群体国家关怀救助制度的建议》等3条建议被民革自治区委员会采用；《关于进一步规范农村低保发放的建议》《促进临桂经济可持续发展，加强义江河保护》《关于桂林市推进工业化与信息化融合的建议》等建议分别被《桂林发展研究》《决策参考》采用。

2012年1月31日，参加市政协四届二次会议的桂林民革政协委员认真履职
（民革桂林市委 供稿）

【开展“同心”品牌创建活动】 2012年，民革桂林市委打造“同心·丹青助农”“同心·信息惠农”和“同心·医疗服务在基层”三大“同心”品牌，开展系列帮扶活动。5月10日，桂林民革“同心·丹青助农”基地在临桂县五通镇农民书画家协会挂牌。年内组织著名书画家刘益之等书画家在该基地开展了5次书画培训活动，参加培训农民书画家500人次。启动“同心·信息惠农”项目，整合桂林市农产品、企业等涉农信息资源，打造乐农网、园景花木网，为农民提供免费会员注册服务，至年末，注册会员达1万家。启动“同心·医疗服务在基层”项目调研和开展相关主题活动，组织党员到雁山中学为学生开展预防艾滋病知识讲座和青春期知识讲座。

【思想建设取得新成绩】 2012年，民革桂林市委在全体党员中组织开展学习“同心”思想理论活动，并通过报告会、培训会、现场会，以及参加知识竞赛等方式宣传、学习“同心”思想。进一步加强参政党理论研究工作，开展首个课题“加强新形势下人民政协民主监督职能”的研究，组织党员撰写论文6篇。召开民革市委委员扩大会议，传达学习中共十八大精神和民革十二大精神，各基层组织分别以专题学习、座谈、联谊交流等不同的形式，开展专题学习活动，参加学习的党员达300人次。筹措促成《团结报》发展研讨会在桂林召开。

【加强组织建设】 2012年，民革桂林市委对13个支部进行届中调整，并开展了总支部换届工作。新成立直属总支部、雁山总支部。强化总支部委员会的责任、权利和义务，甄选了一批年富力强的党员担任新一任支部委员会班子，加快桂林民革后备干部队伍建设。成立新党员支部，由民革桂林市委组织部直接组织支部活动，加强培训，帮助新党员及预备党员增强对民革的认识，尽快融入组织。

【服务社会】 2012年，民革桂林市委开展社会服务活动。参与阳朔江中村扶贫帮困推进活动，募集资金资助该村的公路建设；组织社会力量支持捐赠灵川镇木马小学1万余元的教学设备。全国科技活动周期间，民革桂林市委农科支部到灵川县潭下镇开展送科技下乡活动，向农民赠送科技书籍及农业技术资料。

【促进祖国和平统一】 2012年，民革桂林市委以爱国主义为纽带，结合实际开展促进祖国和平统一工作。与民革柳州市委员会共同举行清明祭扫桂林抗日“三将军”及“八百壮士”墓活动。全年定期组织黄埔同学支部党员和社会联系人士开展各种类型的学习座谈活动12次。加强党员与台湾籍联系人士的交流，明信片、信件往来30余次。

（王文彬）

中国民主同盟桂林市委员会

【概况】 2012年，中国民主同盟桂林市委员会（简称民盟桂林市委）发展新盟员24人。至年末，共有盟员722人，平均年龄56.2岁，具有中级、高级职称占85.3%；下设总支部8个，直属支部5个。民盟盟员中有全国政协委员1人；担任自治区人大代表1人，政协委员3人；市人大代表2人，政协委员18人；担任城区、县人大代表4人，政协委员36人。年内，民盟桂林市委获民盟中央授予“民盟思想宣传工作先进集体”称号。

【庆祝民盟广西地方组织成立70周年】 2012年，民盟广西地方组织成立70周年，民盟桂林市委举办“纪念民盟广西地方组织成立70周年”气排球比赛；采访老盟员，收集整理保存桂林民盟历史资料和图片资料；出版了桂林地方盟史墙报；开展纪念征文活动，收到文章6篇。民盟桂林市委机关支部、广西师范大学总支部、阳朔总支部和桂林医学院附属医院支部获民盟自治区委员会授予“纪念中国民主同盟广西地方组织成立70周年先进集体”称号。

【参政议政】 2012年，民盟桂林市委在市四届人大二次会议和市政协四届二次会议上共提交人大建议、政协提案22件，其中政协集体提案7件，并作题为《提升民族民俗文化旅游品位，建设民族民俗文化旅游强市》的政协大会发言。各县（区）人大代表和政协委员共提交建议、提案33件，3件被评为优秀提案。全年向市政协、民盟自治区委员会上报各种社情民意信息15件；向市委、市人民政府刊物《今日桂林》《桂林发展研究》《决策参考》供稿7篇；参加市政协理论研究会活动，上报民主监督理论研究文章4篇；向民盟自治区委员会举办的“同心·议政建言论坛”提交论文9篇，其中《关于桂林古村落保护性开发的建议》被评为民盟广西2012年“同心·议政建言论坛”优秀奖。年内，民盟桂林市委承担并完成中共桂林市委的《桂林市发展学前教育亟待解决的问题及对策研究》重点调研课题，完成《服务文化立市战略，加强桂林地方戏曲保护与传承》《加强桂林旅游目的地品牌创新研究，提升桂林旅游竞争力》2件市政协大会发言调研任务。全年参加市委、市人民政府、市政协举办的各种协商会、情况通报会、座谈讨论会8次。

【服务社会】 2012年，民盟桂林市委继续开展“农村教育烛光行动”和打造“同心”品牌。全年民盟桂林市委组织盟内优秀教师到荔浦县双江镇、龙怀乡开展“农村教育烛光行动”，捐赠教学物资价值2.7万元，并通过上示范课、专题讲座和业务培训的形式，促进当地教师素质和教育教学水平的提高。9月，民盟桂林市委与中共桂林市委统战部、中共雁山区委统战部在雁山区柘木中学举行桂林市“同心·农村教育烛光行动”基地启动仪式，共同捐助3.5万元用于基地项目启动基金，并为该校约200名师生举行教师心理健康专题讲座和数学公开示范课。参加中共桂林市委统战部牵头的“同心”品牌江村示范区活动，为支持阳朔县兴坪镇江村的新农村建设捐款2万元。与市台商协会共同在阳朔县杨堤乡土岭小学开展“扶贫支教、

2012 年,民盟桂林市委与中共桂林市委统战部、雁山区委统战部在雁山区柘木中学建成的桂林市“同心·农村教育烛光行动”教师培训基地揭牌 （刘晓君 摄）

义诊活动”，共捐款 3 万多元支持土岭村各项建设，并组织医疗专家为土岭村小学师生和土岭村的村民进行义诊服务。

【盟员立足岗位创佳绩】 2012 年,桂林市的民盟盟员在本职工作中创造出新佳绩。张师超获“首届桂林市十大杰出创新人才” 称号和第四届中国侨界贡献奖(创新人才奖),并入选中国计算机学会大数据专家委员会首批委员；陆绍荣获广西科技进步奖二等奖；孙小军获广西自然科学成果奖三等奖；郭庆获 2 项广西高等教育自治区级教学成果奖特等奖,严宗光、罗宁、罗晓曙获二等奖;钟士聪的文场《文兰汇》获自治区八桂群星奖金奖;大型现代彩调剧“凤山行”获第八届广西剧展铜奖。

（刘晓君）

中国民主建国会桂林市委员会

【概况】 2012 年,中国民主建国会桂林市委员会(简称民建桂林市委)发展新会员 20 人,新会员平均年龄 38.9 岁,全部为大专以上学历,其中博士 2 人。年末,民建桂林市委会共有会员 590 人,平均年龄 53.7 岁,大专以上学历 442 人,具有中级、高级职称的 459 人。下设 6 个总支部,29 个支部,6 个专门工作委员会。8 月 17 日,民建自治区委员会在南宁举行纪念民建自治区委员会成立 50 周年大会，民建桂林市直属总支部、叠彩总支部、雁山总支部和象山总支部第三支部获 “民建自治区先进基层组织”称号。

【参政议政】 2012 年 2 月，民建桂林市委向市政协会议提交集体提案 9 件，会员中的政协委员提交个人提案 17 件;在市人大会议上，会员中的人大代表提交建议 2 件。在市政协会议上，民建桂林市委作了《深入推进“两化融合”,加快转变我市经济发展方式》口头发言,提交了《加强人才队伍建设促进我市工业持续发展》书面发言。民建桂林市委集体提案《关于加快打造临苏工业长廊的建议》被列为市政协 2012 年 7 件重点督办提案之一。10 月,民建会员提交的《关于解决西山路在高峰期交通严重堵车问题的建议》获桂林市人大常委会表彰。

【课题研究成果显著】 2012 年,民建桂林市委承担了中共桂林市委《加快推进我市旅游信息化建设问题研究》重点调研课题。民建桂林市委组成调研组到市旅游局、市工业和信息化委员会及部分旅游企业和景区进行调研。年内,民建桂林市委向民建自治区委员会上报课题招标书 5 个，中标 4 个,中标课题分别为《关于我区实施主体功能区规划的政策体系研究》《建立和完善我区扶贫资金稳定增长机制问题研究》《关于推进我区各市城区社会经济发展转型问题研究》《进一步推动特色文化产业加快发展问题研究》。会员秦胜忠撰写并向民建自治区委员会上报的 10 篇社情民意课题调研报告中,《深化扩权强县改革,增强县域经济活力》作为自治区政协大会发言稿在会上交流，有 3 篇被采纳为民建自治区委员会集体提案。

【践行“同心”思想】 2012 年年初,民建桂林市委转发了民建自治区委员会下发的《关于举办“同心思想与统一战线”征文活动的通知》,活动共收到征文10多篇。5月,民建七星区总支部参加中共七星区统战部主办的“桂林百姓大舞台·同心、爱国、感恩、奉献”文艺晚会。6月,在民建自治区委员会召开的“学习‘同心思想’践行社会主义核心价值体系”座谈会上,民建桂林市委作《突出内容、丰富形式、开拓创新、不断夯实参政党思想基础》的交流发言。推进“思源工程”服务工作品牌建设,9月27日,民建桂林市委在灵川县定江镇法源村举行“同心思源·温暖工程”实践基地揭牌仪式,并为该村36名80岁以上老人送上棉被和慰问金,同时为该村新农村建设捐赠水泥50吨。

【本职工作创佳绩】 2012年年初,桂林市民建会员程延伟获桂林市第二届道德模范提名奖。6月,在南宁市召开的广西工商业联合会及总商会第十一次会员代表大会上,民建桂林市委常委、桂林高新珠宝有限公司董事长席国际当选为广西总商会副会长。9月,在由自治区社科联、文联、文化厅、民委共同举办的“广西发展论坛”活动上,会员秦胜忠与他人合作完成的理论文章《加快文化产业发展与建设广西民族文化强区》获得一等奖。

【开展对外交流】 2012年10月,台湾世新大学董事长成嘉玲率领的台湾专家团一行13人,在民建中央联络部副部长金德安、民建自治区委员会主委钱学明陪同下到桂林市进行参访,期间成嘉玲一行还到桂林民建部分会员企业进行座谈交流。年内,新疆维吾尔自治区、贵州省、内蒙古自治区等地民建组织和会员企业家代表先后到民建桂林市委机关进行走访,相互交流,共谋发展。

(徐子南)

中国民主促进会桂林市委员会

【概况】 2012年,中国民主促进会桂林市委员会(简称民进桂林市委)发展新会员18人。至年末,民进桂林市委共有会员635人,会员平均年龄53.6岁,其中大专以上学历470人。共有总支部5个,基层支部38个。

【基层组织换届和调整】 2012年8月22日,民进桂林市委基层组织换届工作会议召开,基层组织换届工作启动。至年末,5个总支部和38个基层支部均完成领导班子换届;基层支部经调整,阳朔县总支部下属支部由原来的3个增至4个;民进桂林市歌舞团支部、杂技团支部撤销,两支部原有人员合并后组成新的民进桂林市文艺演出有限责任公司支部。

【参政议政】 2012年年初,民进桂林市委就桂林市四届人大二次会议审议的《政府工作报告(征求意见稿)》,提出《推进创建自治区示范高中工作》《争取完成聋哑学校建设搬迁》等建议,得到采纳,并写入2012年《政府工作报告》。在市政协四届二次会议上,民进桂林市委作《关于桂林市适龄残疾儿童入学的情况调查及建议》《桂林市流浪乞讨人员救助管理工作现状及建议》的大会发言;民进桂林市委原副主委、市政协委员李生英作《对我市中小学(义务教育阶段)学校布局调整的建议》的个人发言;提交了《关于申报桂林国家现代农业科技园区的建议》等6件集体提案;会员中的各级人大代表、政协委员共提交议案、提案32件,其中《关于做好(或协助)桂林市培智学校创建自治区特殊教育示范性学校的工作的建议》被定为桂林市政协重点提案。民进桂林市委副主委白云在政协自治区十届五次会议上提交参与撰写的提案《关于建立和完善农村偏远地区中小学教师住房保障机制的建议》被评为自治区政协2012年度优秀提案。

【服务社会】 2012年1月6日,民进桂林市委机关部分干部职工,到国家级贫困地区义务教育工程学校阳朔县福利镇夏村小学慰问,为学校捐赠2台电脑和一批办公用品。1月中旬,民进桂林市委领导带领近50名书法班学生,分3批赴临桂县二塘乡、雁山区草坪回族乡义务为村民书写春联。4月24日,民进桂林市第十八中学支部会员参加由学校学科专家和优秀教师组成的支教队,到阳朔外语实验中学开展语文、文综、数学、理综等科目的高考复习讲座,与高中三年级的学科教师进行教学经验交流等“送教下乡”活动。10月17日,为中共桂林市委统战部兴办的“同心”思想教育基地阳朔县兴坪镇江村捐赠修路款2万元。

【建立“同心·城乡教育均衡发展实践基地”】 2012年5月31日,由民进桂林市委和中共秀峰区委统战部在秀峰区甲山街道桥头小学举行“同心·城乡教育均衡发展实践基地”揭牌仪式。桥头小学地处秀峰区城乡结合部,在办学条件、师资力量及生源等方面与秀峰区其他重点小学存在一定差距。通过建立“同心”城乡教育均衡发展实践基地,以基地为平台,在资源共享、教育教学互动、教师交流学习等方面,发挥桂林民进会员中的教师资源优势,协调社会各界力量,为秀峰区教育发展提供帮助,促进桂林城乡教育均衡发展。仪式上,民进桂林市委向桥头小学捐赠图书500册。民进桂林市委每周派1名民进会员教师到基地小学上课,至年末共上课72节。

2012年1月6日,民进桂林市委到阳朔县福利镇夏村小学慰问

(李夜生　摄)

【民进会员立足岗位作贡献】 2012年5月11日,民进会员秦裔工到日本东北地区岩手县奥州市访问,并赠送书法作品22件和《裔工书法篆刻》作品集,其中有3件作品按日本风格装裱,在江刺乡土文化馆向市民展示并作永久收藏。民进会员徐凯在“意大利威尔第国际歌剧比赛”和“罗马音乐节”中国赛区选拔赛中,均获第二名;在意大利首都罗马演唱意大利作曲家普契尼的咏叹调《星光灿烂》,获“罗马音乐节”一等奖;在意大利帕尔马市演唱意大利作曲家威尔第的咏叹调《女人善变》,获“威尔第国际声乐比赛”优秀奖。

(邓宗永)

中国农工民主党桂林市委员会

【概况】 2012年,中国农工民主党桂林市委员会(简称农工党桂林市委)发展新党员19人。至年末,农工党桂林市委共有党员517人,平均年龄54.1岁,下设总支部6个,支部11个,小组1个。5月31日,农工党自治区委员会第十一次代表大会召开,雷迅当选为农工党自治区委员会副主委,唐原、周长山、农军、李素华、刘心宇当选为农工党自治区委员会委员。

【思想建设】 2012年,农工党桂林市委发动农工党桂林市基层组织开展“弘扬广西精神”、“感恩教育”、“解放思想大讨论”等思想教育活动,并征集相关文章、照片、书法作品等。农工党桂林市委网站和报刊分别开辟“学习贯彻同心思想”、“弘扬广西精神”和“感恩教育”3个新栏目。组织全市农工党员开展统战理论研究。选送11篇论文参加第四次广西人民政协理论与实践研讨会,1篇获二等奖,3篇入选研讨会论文集;选送4篇论文参加农工党中央召开的政治交接理论研讨会,3篇入选研讨会论文集;选送11篇论文参加农工党自治区委员会统战理论研究成果评比,8篇论文获优秀奖,农工党桂林市委获优秀组织奖。

【多项参政议政提案得到批示落实】 2012年,农工党桂林市委向市政协四届二次会议提交大会发言2篇、集体提案6件。其中,口头发言《发挥旅游资源优势,促进桂林养生养老产业基地发展》和书面发言《加强农田水利基础设施建设,为“农业稳市”打下坚实基础》受到市人民政府有关部门重视。集体提案《加快文博事业发展,促进桂林国家旅游综合改革试验区建设》被市政协列为重点督办提案。《关于抓紧纠正集体林权改革中违反〈水利工程管理条例〉情况的建议》得到自治区主席马飚的批示。《关于加快建立和完善重大医疗纠纷多部门联动处理机制的建议》

被农工党自治区委员会作为集体提案提交自治区政协，得到中共自治区党委常委、政法委书记温卡华的批示。2011 年被市政协列为重点督办提案的《关于尽快设立桂林市医疗纠纷人民调解委员会的建议》得到落实，市人民政府在自治区率先颁布《桂林市医疗纠纷处置与调解暂行办法》，并出台《桂林市医疗纠纷人民调解工作实施方案(试行)》，成立了桂林市医疗纠纷人民调解委员会。全年党员向各级人大、政协提交议案、提案 38 件。

【开展“同心”思想实践活动】 2012 年，农工党桂林市委开展多种形式的“同心”思想实践活动。参与由中共桂林市委统战部牵头的“同心”品牌江村示范区建设，捐款 2 万元用于江村基础设施建设，并协调市卫生局项目办公室落实江村卫生室基础设施建设项目资金 8 万元。与中共资源县委统战部在资源县两水乡社水院子屯共建的苗寨新村“同心”工程实践基地揭牌，并制订 5 年帮扶计划。协调市民族事务委员会为社水院子屯争取到民族特色村寨建设项目资金 100 万元，协调相关部门落实该村卫生室基础设施建设项目资金 8 万元，捐赠电脑 1 台。与中共临桂县委统战部在金水湾书香社区共建的“同心”实践基地揭牌，并制订 5 年共建计划。组织全市农工党员参加农工党自治区委员会“同心读党刊”知识竞赛，农工党桂林市委获优秀组织奖。发动和支持农工党基层组织参与“同心”思想实践活动。农工党桂林市中西医结合医院支部在雁山区草坪回族乡卫生院开展“同心·卫生助农”活动，定期对该乡卫生院医疗技术人员、村医进行业务知识、技能培训等，至年末已培训 3 期 80 余人次。在第五届“中国环境与健康宣传周”和第二十四届“国际科学与和平周”期间，组织相关专家分别到阳朔县江村和临桂县金水湾书香社区开展义务体检、义诊、法律咨询和文艺演出等活动。 (张君凤)

2012 年 6 月 28 日，农工党桂林市委与中共资源县委统战部在资源县两水苗族乡社水院子屯举行苗寨新村“同心”工程实践基地揭牌仪式 (罗鸣 摄)

中国致公党桂林市委员会

【概况】 2012 年，中国致公党桂林市委员会(简称致公党桂林市委)共发展新党员 10 人。至年末，致公党桂林市委共有党员 351 人，基层支部 11 个。有各级人大代表 5 人，各级政协委员 41 人。致公党桂林市委主委陈仲被评为桂林市首届“十大杰出创业人才”之一，常委曾明华获广西自然科学基金首批杰出青年基金的资助。

【“同心”思想教育】 2012 年，致公党桂林市委在全体党员中开展学习领会中共中央总书记胡锦涛“七二三”重要讲话精神和“同心”思想征文活动，共收到党员提交的学习体会、论文 14 篇。在《桂林致公》刊物上开设“同心”思想学习专栏，刊登有关文件和理论文章。有 30 多名党员骨干参加致公党桂林市委组织召开的“同心”思想研讨会。

【组织建设】 2012 年，致公党桂林市委组织新党员及党员骨干培训班，做好了党外人士有关情况统计工作，对部分支部进行届中调整，将思想政治素质高、组织领导能力较强、具有奉献精神的党员骨干选拔进支委班子。重视机关干部政治素质的提高和业务能力的增强，组织机关干部开展《中共中央关于加强新形势下党外

2012 年 5 月 13 日，巴拿马议员及侨界人士访华团一行到桂林进行考察访问

（秦丽华　摄）

代表人士队伍建设的意见》、“同心”思想、中共十八大等专题培训与学习，委派机关领导干部参加致公党自治区委员会培训 6 人次，市社会主义学院党外处级领导培训 2 人次，市社会主义学院党外科级领导培训 1 人次，市直机关科级领导干部任职培训 2 人次。在致公党广西区第十二次代表大会上，陈仲连续当选为致公党自治区委员会副主委，张翔当选为致公党自治区委员会委员。在致公党中央第十四次代表大会上，陈仲当选为致公党中央委员。

【参政议政】 2012 年，致公党桂林市委组织召开参政议政工作会议 4 次，参加中共桂林市委、市人民政府及有关部门召开的各种协商会、通报会、座谈会、委员晨会、委员论坛 10 多次。向致公党自治区委员会提交专题调研报告 3 篇，向中共桂林市委提交调研报告 1 篇，向全国人大提交建议 3 件，向自治区政协提交委员提案 4 件，向市政协、市人大会议提交大会发言 3 篇、集体提案 7 件、委员提案 15 件，向城区政协提交委员提案 11 件，其中集体提案《关于打造资源县旅游目的地的建议》被市政协列为重点提案。年内，承接了中共桂林市委的《完善桂林市社区公共文化服务路径的调研》重点调研课题，桂林市政协的《桂林市创新型小微企业融资难问题现状分析和对策研究》《加快桂林世界旅游城旅游产业发展的调研》《关于整合桂林橡胶资源，推动“中国胶谷”崛起的建议》3 个重点调研课题，4 篇调研报告如期完成并提交有关部门。与市政协联谊委员会就《充分发挥异地商会作用，促进桂林经济社会发展》课题对桂林市 17 家异地商会协会和市民政局、市投资促进局、市工商业联合会等部门进行调研，并完成了调研报告。

【海外联谊】 2012 年 5 月 11 日，致公党桂林市委驻会副主委张翔代表市委接待了由菲律宾中国洪门致公总堂副理事长林志谦率领的菲律宾洪门子弟夏令营访华团，就中菲黄岩岛事件交流了看法和意见，表明了坚决维护中国领土主权的态度。5 月 13 日，致公党自治区委员会副主委、致公党桂林市委主委陈仲代表致公党自治区委员会接待了巴拿马议员及侨界人士访华团。

2012 年 11 月 21 日，致公党桂林市委“同心·致福”西腰实践基地挂牌启动仪式在龙胜各族自治县乐江乡西腰银桥希望小学举行

（秦丽华　摄）

【服务社会】 2012年，致公党桂林市委关注民生，积极开展“同心”思想实践活动，有效服务社会。11月21日，在龙胜各族自治县乐江乡西腰银桥希望小学举行教学综合楼奠基暨致公党桂林市委会“同心·致福”西腰实践基地启动仪式。西腰银桥希望小学教育扶贫项目由桂林电器科学研究院、中国电器工业协会电工合金分会、致公党桂林市委等单位共同参与建设，至年末，该项目募集善款210万元。12月23日，致公党桂林市委到荔浦县马岭镇小青山屯敬老院进行慰问，发动党员为敬老院的孤寡老人捐款3000多元。

（秦丽华）

九三学社桂林市委员会

【概况】 2012年，九三学社桂林市委员会（简称九三学社桂林市委）发展新社员20人。至年末，九三学社桂林市委共有社员434人，平均年龄56.1岁，有高级职称283人，获国务院特殊津贴者11人。下设支社17个。年内，九三学社桂林市委被九三学社自治区委员会评为2009～2011年参政议政工作先进集体，广西师范大学支社等3个支社被九三学社自治区委员会评为优秀基层组织。

【参政议政】 2012年，在桂林市政协四届二次会议和桂林市四届人大二次会议期间，九三学社桂林市委作《桂林历史文化名城的保护与利用》大会口头发言，提交书面发言《加快发展低碳旅游，促进我市旅游业持续发展》；提交集体提案7件，其中《关于加强重金属矿区污染土地管理与整治的建议》被列为2012年度重点提案；社员中的各级人大代表、政协委员共提交提案、议案和建议52件。九三学社桂林市委领导和各级人大代表、政协委员、特邀人员参加各种考察、视察活动30人次，参加各种协商会、征求意见会、座谈会、情况通报会60人次。被聘为市特邀监察员、特约检察员、行风评议员、监督员6人次。组织6个课题参加九三学社自治区委员会课题竞标，中标2个。承担中共桂林市委调研课题1个，联合申报科技课题《落实桂林世界旅游城规划，促进人口科学发展》获批立项。《光伏产业发展问题探讨》调研文章入选九三学社中央《九三论坛》。继续举办提案宣讲评比活动，18件提案参加宣讲，评出一、二、三等奖6件。

【加强政治思想建设】 2012年，九三学社桂林市委抓好社员政治思想的学习和教育，举办骨干社员培训班2期，召开座谈会2次，组织各种政治理论学习10次，参加人员410人次。选派2名骨干社员到广西社会主义学院学习。组织社员撰写理论文章共11篇参加九三学社中央、九三学社自治区委员会和自治区政协举办的征文活动。九三学社桂林市委网站全年上挂文章70余篇，被九三学社中央、九三学社自治区委员会刊物、网站和桂林市级刊物《桂林日报》《桂林发展研究》等采用稿件70篇。向中共自治区党委统战部及相关部门提交信息24篇。出版内部刊物《桂林九三》2期，专题宣传板报6版。

【加强组织建设】 2012年，九三学社桂林市委举办新社员培训班1期，培训社员近30人。年内，不断推进基层组织活动的多样化和制度化，各支社过组织生活70次以上。通过调研、参观、助学、联谊、助学等活动，推动支社工作开展，促进社员间的交流与沟通，增强组织的活力和凝聚力。组织开展“庆祝重阳节诗歌朗诵会”，摄影、宣传知识讲座，第二届“奉献杯”气排球比赛等文体活动。积极向中共各级党委统战部、人大、政协等部门推荐优秀社员，1名社员当选自治区人大代表，3名社员担任自治区政协委员。及时调整支社领导班子，桂林电子科技大学支社增补副主委1名、委员2名，中北支社增补委员1名，东区支社增补副主委1名、委员1名。

【服务社会】 2012年，九三学社桂林市委组织5名专家社员参加桂林市“十月科普大行动”活动，组织开展了第二十四届“国际科学与和平周”活动，两项活动为群众提供科技咨询和义诊100人次。联系桂林市有关慈善基金会资助贫困大学生17名共计3.5万元。中区一支社、广西桂林农校支社联合举办预防艾滋病知识讲座，参加听课的学校师生1000余人。12月4日，在龙胜各族自治县和平乡举行“同心·科技助农实践基地”揭牌仪式，并以基地为依托，定期组织专家社员对基地农民开展猕猴桃等系列农业科技培训和现场指导。

（九三学社桂林市委）

桂林市工商业联合会

【概况】 2012年,桂林市工商业联合会(简称市工商联)与桂林市总商会(简称市总商会)是合署办公(一套工作人员),下辖17个县(区)工商联,131个乡(镇)商会,38个行业协会,3个直属商会。年内,市工商联先后指导成立桂林五金机电行业协会、桂林市IT行业协会。全年发展新会员357个,其中企业会员88个,团体会员3个,个人会员266个,涉及采矿业、制造业、零售业等行业32个。至年末,全市有会员15107个。年内,市工商联调宣部调整为调研室和宣传教育部。

【领导班子换届】 2012年5月14～15日,市工商联(市总商会)第四次会员代表大会召开,309名会员代表参加大会。大会选举产生执委会委员169名,常委会委员85名,工商联副主席24名,秘书长1名,总商会副会长24名;王昕当选市工商联主席、市总商会会长。

【参政议政】 2012年年初,在市政协四届二次会议上,市工商联主席王昕作题为《转变发展方式,加快转型升级,促进我市民营中小企业健康可持续发展》的大会发言。市工商联全年向市政协整理提交集体提案5件、个人提案25件。年内,会同中共桂林市委统战部、市工业和信息化委员会、市统计局、市工商行政管理局完成《2011年桂林市非公有制经济发展报告》。

【服务会员】 2012年,市工商联组织8家会员企业参加市长接待日。促成举办中共桂林市委领导与市工商联(市总商会)新一届领导班子座谈会。全年举办政企座谈会8期,推进了市发展和改革委员会、市工业和信息化委员会、市商务局等部门官员与民营企业家座谈;携手金融企业开展"走进女企业家协会,为女企业家提供融资对接服务"座谈会。与交通银行股份有限公司桂林分行签订中小企业金融服务战略合作协议。组织会员企业参加大湄公河次区域论坛、东兴芒街商贸旅游博览会、2012年两岸四地国际旅游产业博览会。与市人力资源和社会保障局、市总工会、市教育局共同举办7场招聘会,组织109家会员企业参加,提供就业岗位1650个,签订就业意向700个。

【教育培训】 2012年,市工商联组织40多名非公有制经济人士代表参加自治区工商联第十一期非公有制企业成长讲座。组织机关11名干部参加工商联专干培训班,就"如何加强和改进新时期工商联工作"进行业务培训。培训新一届执委,邀请市发展和改革委员会通报鼓励支持民营经济发展的相关政策及经济运行情况。组织300名民营企业家参加"北大助企工程走进桂林"培训班,邀请对外经济贸易大学副教授冯鹏程和湖南大学文学院教授、岳麓书院博士生导师胡遂分别作《宏观经济与企业战略》《中华文化与管理思维》的专题报告。

【建立"同心·致富"实践基地】 2012年,市工商联贯彻"同心"思想,推进"同心"实践。在新农村建设工作联系点临桂县临桂镇天华村建立"同心·致富"实践基地。11月16日,天华村"同心·致富"实践基地揭牌,会员企业桂林彰泰集团、桂林港建高速公路有限公司、桂林高新珠宝有限公司和桂林市IT协会率先践行"同心"思想,向天华村捐赠水泥、电脑、食品和衣物,并慰问天华村贫困户和五保户。年内,市工商联以天华村"同心·致富"实践基地为载体,引导会员企业广泛开展光彩事业、慈善捐赠、节假日慰问活动。 (李梦楼)

2012年12月6日,桂林市非公有制经济人士素质提升班举行

(市工商联 供稿)

人民团体

2012年8月6日，桂林市总工会与自治区总工会、北京福佐文化传播有限公司联合摄制电影《工会主席》(后定名为《咱们的工会主席》)举行开机仪式　(李飞燕　摄)

桂林市总工会

【概况】 2012年,桂林市有基层工会委员会6890家,覆盖法人单位21298个,其中非公有制经济企业工会委员会5147家,覆盖法人单位5156个,建会率97.41%。新建立工会联合会25家。全市有工会会员71.11万人,其中非公有制经济企业会员36.27万人,非公有制经济企业职工入会率93.62%。4月,桂林福达集团有限公司获"全国五一劳动奖状"称号,韦益明(桂林桂北机器有限责任公司工人)等3人获"全国五一劳动奖章"称号,桂林市公安局治安巡逻警察支队六大队等2个班组获"全国工人先锋号"称号。

【推动企业建立工资集体协商制度】 2012年,桂林市集体合同建立机制覆盖单位9086个,为上年基层工会覆盖企业法人单位数的91%。工资集体协议1580份(包括经职工代表大会审议通过的工资方案、定额薪酬制度等),覆盖企业9586家、职工27.5万人。其中:企业单独签订工资集体协议1032份,覆盖企业职工17.1万人;区域性工资集体协议510份,覆盖企业6370家、职工9.2万人;行业性工资集体协议38份,覆盖企业1067家、职工1.2万人。世界500强企业在桂林市区企业工资集体协商建制率为100%。全市有工资集体协商专兼职人员138人,其中兼职117人、专职21人。全市树立工资集体协商示范典型56个。6月,市总工会在全市开展工会组建和工资集体协商"攻坚月行动"。重点抓区域性、行业性工资集体协商建制和世界500强企业建立工资协商制度工作,规范工资集体协商程序及协议。对沃尔玛、百事可乐、可口可乐、麦当劳等外资企业,通过集体协商建立机制。

【职工法律援助】 2012年,市总工会制订《桂林市总工会2012~2014年职工法律援助工作规划》,成立法律援助维权服务机构,全市有市本级、12个县、象山区、雁山区(总)工会成立职工法律援助维权服务工作站,构建市、县(区)、乡(镇、街道)、基层企业四级工会法律援助网络。市总工会职工律师团接待来访来电来信120多件次,提供法律咨询、援助服务80多人次,办理职工仲裁、诉讼代理案件及参与10人以上劳资纠纷的协调处理9件,接待处理非仲裁诉讼案件的调解等共11件。为困难职工、农民工讨回所拖欠工资、工伤补偿金近20万元。推进法律援助工作深入开展,全年全市建立工会法律援助机构136个,全市各级工会法律援助机构共有专兼职工作人员84人,职工法律援助志愿者250人,投入资金34万元,受理各类劳动争议案件292件,处理227件,涉及金额145万元,为职工当事人提供咨询、代书等非诉讼法律服务710件,为职工(农民工)挽回经济损失80多万元。

【拍摄电影《咱们的工会主席》】 2012年8月6日,市总工会与自治区总工会、北京福佐文化传播有限公司联合摄制的电影《咱们的工会主席》开机仪式在市总工会第二文化宫广场举行。该影片以党的十八大代表、全国优秀工会工作者王远文先进事迹为原型,突出反映基层工会主席坚持以职工为本,主动依法科学维权,乐于奉献、淡泊名利的人格魅力。11月29日,市总工会组织市直大中型企事业单位的工会主席和市总工会机关干部职工约80人观看了样片。该片为新中国成立以来,第一部展示工会干部形象的影视作品。

【启动"惠工行动"】 2012年6月28日,市总工会在市联坤家居商业广场举行"惠工行动"启动仪式。"惠工行动"是桂林市总工会落实中华全国总工会部署的"面对面、心贴心、实打实服务职工在基层"活动的具体行动,是服务广大职工会员、对职工会员优惠优质服务实现消费者与商家互利共赢、增强工会凝聚力影响力的新举措。桂林市人民医院、桂林微笑堂商厦等800多个单位为首批"惠工行动"指定点,涉及百货、粮油、建材、银行、汽车销售与修理等行业。市总工会分别与商家签订"惠工行动"协议并公布。加盟商家具备的条件为:成立工会组织,签订协议,有经营场所,销售的商品保证质量,商家经营有诚信,并在显眼位置悬挂"工会会员优惠点"牌。工会会员凭会员证即可享受商品最低折扣和医疗服务、技能培训等最大优惠。该活动为广西工会系统首创,获广西工会工作创新奖。

【参与企业重组改制】 2012年,桂林市重点推进的国有改制企业有11家。市总工会参与企业改制

2012 年 6 月 28 日，桂林市总工会举行“惠工行动”启动仪式 （李飞燕 摄）

工作，使桂林市集琦药业股份有限公司集琦中药产业园(原市园艺场)、桂林台联酒店、桂林印刷厂等 4 家企业先后完成职工安置和改制工作，桂林钢厂、桂林宏伟集团公司、桂林电缆厂、桂林威达集团公司、桂林齿轮厂 5 家政策性破产企业完成职工安置。

【慰问困难群众】 2012 年，全市工会组织共筹措送温暖资金 492 万元，走访、慰问困难企业 346 家，慰问困难职工 8345 户、困难农民工 1578 户和困难劳动模范 322 户。市总工会对特困职工进行日常生活救助 304 人，发放救助金 163.34 万元；“夏季送清凉”共走访慰问企业和建设工地 30 家，一线作业职工(农民工)38973 人，发放防暑降温用品 30 万元。高考前夕，市总工会慰问有子女参加高考的困难职工家庭 39 户，发放慰问金 1.95 万元。秋季入学前，全市工会筹集“金秋助学”资金 190.30 万元，发放助学金 163.34 万元，资助 586 名学生圆上学梦。11 月 30 日，桂林机床股份有限公司一职工宿舍楼发生火灾，市总工会组织慰问金 10 万元，看望和慰问了受灾职工。

【职工重大疾病保障】 2012 年，市总工会职工重大疾病保障新增保和续保累计达 20.05 万份，成为自治区 3 个达到参保量超过 20 万份的地市级总工会之一。向 290 名重大疾病职工给付补助 557.3 万元，对 56 名住院职工进行慰问，慰问金额 4.9 万元。给 1704 名特困职工和 767 名自治区级以上劳动模范每人送 1 份 60 元的职工重大疾病保障，给 416 名市级以上劳动模范每人送 1 份 40 元的职工重大疾病保障。市职工互助保障办公室成为 14 个市级总工会唯一连续 7 年获自治区总工会表彰的五星级办公室。

【审批小额贴息贷款】 2012 年，市总工会审批小额贴息贷款 329 笔，银行发放 277 笔，发放小额贴息贷款 1361.2 万元，自治区总工会和市总工会共贴息 193.3 万元。2011～2012 年，市总工会共审批小额贴息贷款 755 笔，银行发放 500 笔，发放小额贴息贷款 2939.3 万元，自治区总工会和市总工会共贴息 232.3 万元。

【开展法制宣传】 2012 年，市总工会深化“‘法律六进’(进机关、进乡村、进社区、进学校、进企业、进单位)服务科学发展”法制宣传教育主题活动，将法律援助纳入工会“文化服务快车下基层”、“企业文化服务周”等系列活动中。“一二·四”法制主题宣传日、社会保险法宣传日、法律援助周等大型活动中，现场提供劳动法律法规政策咨询 1760 多人次。发动 1.5 万名职工参与劳动合同法修改征求意见活动，收集各种修改建议、意见 500 多条。

【实施工会干部素质教育工程】 2012 年，市总工会继续实施工会干部素质教育工程。全年举办工会干部培训班 126 期，培训工会干部 1727 人；选送 130 名工会干部参加全国和广西总工会举办的各类培训班；对 2011 年度 386 名工会会员学员发放学费补贴 13.82 万元。

【职工职业技能比赛】 2012 年 8 月 29～30 日，桂林市“2012 年职工职业技能大赛”决赛在桂林高级技工学校举行，200 名选手对 8 个工种的职业技能进行角逐，25 人晋升了技术等级。12 月 19 日，市总工会组队参加广西总工会干部学校举行的“自治区工会系统经审业务网络软件操作技能比赛”，桂林市队获团体第一名。

【开展县工会资产调查】 2012 年，市总工会采取发放调查表和下基层调研等方式，对市辖 12 个县的总工会资产情况进行调查。12 个县的总工会共有土地 44279.93 平方米，房屋建筑面积 31899.07 平方米，主要用于各县总工会办公、职工书屋、帮扶中心和职工活动等，部分用于对外租赁。

【举办“九城市工会工作论坛”会】 2012 年 10 月 11～12 日，桂林市举办“九城市工会工作论坛”会，有辽宁省辽阳市，新疆维吾尔自治区伊犁哈萨克自治州，江苏省无锡市、南通市、泰州市、扬州市，浙江省绍兴市、嘉兴市总工会参加。论坛围绕“工会参与创新社会管理”主题，多角度地分析了在新形势下工会如何参与创新社会管理，特别是在构建和谐劳动关系、维护职工合法权益、加强基层组织建设、推进“两个普遍”（依法推动企业普遍建立工会组织、依法推动企业普遍开展工资集体协商）的实现问题进行了广泛而深入的研讨。

（李飞燕）

共青团桂林市委员会

【概况】 2012 年，桂林市共有基层团组织 6811 个，其中基层团（工）委 256 个、团总支部 1162 个、团支部 5393 个。全市 14～35 周岁青年 120.71 万人，其中 14～28 周岁青年 82.88 万人。全市有共青团员 25.11 万人。年内，共青团桂林市委员会（简称团市委）召开了桂林市庆祝中国共产主义青年团建团 90 周年暨“五四”运动 93 周年纪念大会，开展乡（镇）实体化“大团委”建设、青年就业创业帮扶等工作。团市委获广西共青团工作创新奖、广西共青团工作二等奖等奖项。

【乡镇实体化“大团委”建设】 2012 年，团中央在全国开展乡（镇）实体化“大团委”建设工作。10 月，市委副书记石东龙部署全市乡（镇）实体化“大团委”建设工作。12 月末，全市新建乡（镇）直属团组织 2843 个，覆盖团员人数 17181 人，联系 35 岁以下青年 35982 人。

【开展外出务工青年帮扶行动】 2012 年，团市委联合桂林市青年联合会、桂林市青年企业家协会联合开展“让温暖一起回家”——桂林千名外出务工青年 2012 年春节返乡主题系列服务活动。全市筹措经费 38.8 万元，为 1000 名市内外优秀或困难外出务工青年赠送 1 张返乡车票、1 套孩子的运动服和 1 本新华字典，评选表彰 100 名桂林优秀外出务工青年。

【开展青年就业创业行动】 2012 年，全市建立共青团“青年就业创业见习基地”23 个，提供见习岗位 509 个。6 月，团

2012 年 5 月 19 日，团市委和桂林银行共同开展“世界的漓江，我们的家园”保护母亲河生态考察徒步行活动启动

（团市委 供稿）

2012 年 5 月 2 日，桂林市第二十届青春艺术节开幕　　（何平江　摄）

市委与七星区人力资源和社会保障局、桂林市职业教育中心学校共同举办桂林市“赢在职场”毕业生双选会，92 家企业和来自桂林市各高校的 1500 多名毕业生参加招聘会，提供近 2000 个就业实习岗位，现场签约 300 多人。团市委争取相关部门给予贴息扶持、税费优惠等政策，全市发放各类小额创业贷款 1500 多笔，发放金额 4000 多万元。

【推进保护母亲河行动】 2012 年 3 月，桂林市绿化委员会、团市委、市林业局在灵川县联合举行“2012 桂林十万青少年造林绿化行动暨‘最美漓江’百米画卷传递活动”启动仪式，在全市掀起“弘扬雷锋精神，建绿色家园”的造林绿化新高潮。全年全市团员青年累计种植树苗 146 万株，建设希望林、青年林 38 个，参加植树青年 20 多万人次。5 月，团市委和桂林银行在象山公园共同开展“世界的漓江，我们的家园”保护母亲河生态考察徒步行启动仪式，并放生鱼苗 10 万尾。桂林银行再次向“保护母亲河——漓江”环保基金捐助环保资金 20 万元。

【《桂林未成年人犯罪警示录》出版】 2012 年 5 月，由团市委组织编写的《桂林未成年人犯罪警示录》出版。该书根据中小学生的生理、心理特点和接受能力，用通俗易懂的文字配以漫画形式，全面介绍桂林市未成年人犯罪的典型案件。通过案例有针对性地开展法制教育活动，帮助青少年懂得运用法律武器来维护自己的合法权益，增强青少年的自我保护意识和能力。该书共印制 5000 册，捐赠给桂林市 300 多所学校，特别是留守儿童比较多的学校。

【开展青少年“文化促成长”行动】 2012 年 5 ~ 6 月，团市委举办桂林市第二十届青春艺术节。活动

2012 年 3 月 9 日，桂林十万青少年造林绿化行动暨“最美漓江”百米画卷传递活动启动仪式在灵川县举行　　（团市委　供稿）

围绕“激扬青春跟党走，创先争优展风采”主题，先后举办了开幕式、党团知识竞赛、青春“团旗颂”歌咏大赛等14项活动，参与活动青年23万人次。12月，团市委与桂林市10所高校联合举办桂林高校第四届大学生才艺大赛、桂林市第二届大学生摄影大赛，丰富校园文化生活，营造健康高雅文化氛围。

【开展志愿服务行动】 2012年，团市委累计组织2000多名青年志愿者服务第三届中国桂林国际旅游博览会、2012年桂林国际马拉松（半程）邀请赛、第三届广西名特优农产品交易会等大型赛会活动。6月，承办东京海上日动“七彩小屋”项目广西启动仪式。11月，承办2012年广西共青团宣传工作暨关爱农民工子女志愿者服务行动现场推进会。全年全市新建的“七彩小屋”10个，新建关爱农民工子女志愿服务基地289个，开展关爱行动2000多次，募集资金120多万元用于开展图书、教学设备等捐助，筹资建设“希望书屋”15所。

【推进青年文明号创建活动】 2012年年初，团市委对申报2011年度桂林市青年文明号的各青年集体进行评选考核，桂林市象山景区导游班等17个优秀青年集体被命名为2011年度桂林市青年文明号。桂林漓江农村合作银行中南支行、桂林市政热线服务中心、桂林银行文明路支行、桂林市自来水公司清流热线、南航广西分公司飞行部“金鹰组”5个集体获2011年度广西青年文明号。5月，举办桂林市“十大城市微笑之星”选拔大赛，来自20多个青年文明号单位80名选手参加角逐，10名“微笑之星”成为桂林市窗口服务行业的模范先锋，成为桂林市青年文明号集体的先进典型。

（谢小亮）

桂林市妇女联合会

【概况】 2012年，桂林市妇女联合会（简称市妇联）以建设“坚强阵地”和“温暖之家”为目标，完成了市妇联三届七次执委会议部署的各项任务。市妇联获“全国家庭教育工作示范单位”“全国妇女小额信贷担保工作先进集体”等称号。

【推进妇女小额信贷工作】 2012年，市妇联在落实贴息、回收贷款的基础上，拓宽贷款渠道，扩大放贷规模，帮助解决妇女创业就业资金问题。至年末，全市新增发放妇女小额贷款金额3111万元，落实贴息资金3476万元，回收贷款6952万元，回收率为100%。

【提升妇女创业就业水平】 2012年，桂林市各级妇联立足当地产业优势，发展妇字号龙头企业、巾帼示范基地和妇女专业合作组织，引领妇女参与现代农业产业发展。全年全市新建自治区、市级巾帼农业科技示范基地13个，市级巾帼创业就业示范基地25个、妇女经济合作组织39个，培育妇女创业示范户1232户。培训妇女12.6万人次，带动18.67万名妇女实现创业就业。

【开展巾帼建功活动】 2012年，市妇联围绕创建全国文明城市，以“服务创一流、巾帼展风采”为主题，与市文明办联合在金融、交通等行业（部门）开展“十行百岗百星”竞赛活动。通过开展岗岗互评互学、岗位技能竞赛、岗家结对互助、岗员公开承诺，提升全市689个巾帼文明岗的创建质量。组织开展“岗村结对共建服务”活动1030次，投入资金850万元。

【弘扬先进性别文化】 2012年，市妇联组织参加自治区先进性别文化建设研讨会，5篇文章在大会交流。与广西师范大学妇女理论研究会合作，促进先进性别文化研究。邀请自治区妇联主席王革冰为桂林市1200多名干部群众作《贯彻男女平等基本国策，推进先进性别文化建设》专题辅导。举办“优秀成功女性进高校活动”报告会6场，3000多名女大学生参加报告会。利用《桂林日报》、桂林电视台等主流媒体广泛宣传先进性别文化，宣传先进妇女典型。全年全市各级妇联培养、树立、表彰先进近5000人次。

【开展“双合格”家庭教育宣传实践月活动】 2012年，市妇联与市文明办等部门合作，开展“双合格”（争做合格家长，培养合格人才）家庭教育宣传实践月活动。开展家庭教育大讲堂八桂行活动，全市共举办报告会51场，近万名家长和老师受益。市妇女儿童活动中心充分发挥校外活动阵地功能，免费开放部分活动场所及培训项目、积极开展公

2012 年 2 月 6 日,"周末爱心妈妈"到市福利院开展巾帼志愿服务活动　（市妇联　供稿）

益活动,全年培训学员 4586 人次,学员获市级以上赛事奖项 108 个。

【实施妇女儿童发展规划】 2012 年,市人民政府科学制订并颁布实施桂林市 2011～2020 年妇女儿童发展规划。市妇联围绕妇女儿童发展中的重点难点问题,争取市委、市人民政府的重视支持,主动协调各成员单位和社会力量开展惠及妇女儿童的项目。年内,市妇联做好《广西壮族自治区妇女发展规划(2011～2020)》《广西壮族自治区儿童发展规划(2011～2020)》示范县(区)的申报工作,推动建立市、县妇女儿童发展专项基金。

【提升反家暴等维权工作质量】 2012 年,市妇联把维护妇女儿童权益和维护社会稳定同步推进,精心打造反家暴救助网络。与公安部门联合建立反家暴中心,与民政部门联合建立反家暴救助站,与司法部门联合建立法律援助队伍, 开展反家暴工作。全市反家暴投诉率比上年下降 26%。深化维权网络建设,创建县级以上妇女儿童维权岗 98 个,拓展"12338"妇女维权热线的综合功能,加强对妇女儿童苗头性倾向性问题的预警、干预和处理。为妇女群众提供多层次维权服务,全年全市各级妇联共接待来信、来访 2213 件次,推荐办理法律援助案件 14 件,处置率为 100%。

【巾帼志愿者服务工作】 2012 年,市妇联以"爱心相伴、温暖同行"巾帼志愿服务活动为载体,组织全市 9600 多支巾帼志愿者队伍,5.6 万名巾帼志愿者为妇女群众在文化宣传、扶贫帮困、法律宣传、科技培训、项目扶持等方面提供志愿服务。加强对留守妇女、儿童、老人生存发展状况的调查研究。叠彩区、雁山区积极整合资源,帮助解决"三留守"(留守儿童、留守妇女、留守老人)人员生产生活困难。组织市女企业家协会、"周末爱心妈妈"及社会爱心人士开展关爱活动 248 次, 送去慰问物资价值 115 万元。

【开展"周末爱心妈妈"志愿服务活动】 "周末爱心妈妈"是由市妇联和桂林市女企业家协会于 2011 年 5 月 8 日联合创建的公益活动品牌。至 2012 年年末,全市有"周末爱心妈妈"358 名,共募集"周末爱心妈妈"专项基金 20 余万元。年内,"周末爱心妈妈"关注留守儿童、农民工子女的健康成长,为他们解决实际困难,最大限度弥补他们的亲情缺失。"周末爱心妈妈"志愿者年人均向社会提供服务时间约 60 小时,每月开展活动 1～2 次。

【实施妇女儿童实事项目】 2012 年,市妇联通过开展"春蕾计划""恒爱行动""特困女大学生助学""母亲邮包""贫困母亲两癌救助"、涉艾孤儿温暖

"一二·一"救助工程等公益活动,全年募集资金、物品价值230万元扶持困难妇女儿童。灌阳县、资源县、龙胜各族自治县利用"母亲健康快车"义诊咨询6423人,发放药品价值1.27万元。阳朔县、全州县、永福县全面完成农村妇女"两癌"(宫颈癌、乳腺癌)免费项目的普查工作。

【妇联组织建设】 2012年,桂林市以创建标准定量化、资源整合化、内容规范化、典型示范化为主要内容的星级"妇女之家"工作全面开展,在基层起到了发展"助推器"及和谐"稳定器"的作用。全市全年建有"五星"妇女之家80个,"四星"妇女之家239个,"三星"及以下妇女之家967个。各级妇联开展基层组织示范创建活动成效显著,全市有18个乡(镇)和村(社区)获"全国妇联基层组织建设示范"称号。 (郑远健)

桂林市归国华侨联合会

【概况】 2012年,桂林市归国华侨联合会(简称市侨联)积极开展为侨服务活动,维护侨益,参政议政,彰显侨界作用。召开市侨联三届三次全委会,举办侨联干部培训班,完成桂林市近百年来华侨捐赠公益历史资料的收集、整理、上报工作,提高为侨服务能力。

【维护侨益】 2012年,市侨联积极为归侨侨眷排忧解难。年内,为归侨子女李某能照顾年老体弱父母,沟通协调有关单位为其调动工作;为化解桂林华侨农场黄沙桥分场房屋拆迁上访问题,市侨联领导到农场了解情况,信访工作人员多次现场勘查调解,维护侨界群众合法权益;与桂林南溪山医院合作,组织医务专家队到桂林华侨农场开展"送医送法"活动,为归侨侨眷看病150余人次,免费测血糖、血压100余人次;向桂林华侨农场的归侨侨眷分发法律资料,宣传侨务政策和法律法规等。全年市侨联接访95人次,归侨侨眷诉求件件有落实、事事有回音。

【参政议政】 2012年,市侨联邀请市归侨侨眷代表进行了座谈,畅谈党的十一届三中全会以来国家建设成果和归侨侨眷的幸福生活。举办1期侨联干部培训班,提高侨联干部业务能力和为侨服务水平。为反映桂林市归侨侨眷和海外侨胞的诉求,促进桂林市经济社会发展,市侨联走访部分市、县侨界政协委员,与他们座谈,了解参政议政情况,征询提案建议。

【开展为侨服务活动】 2012年,市侨联与市侨办共同邀请市归侨侨眷代表、侨商及企业代表及各界人士400多人,参加市侨界迎春联欢会和侨界迎春茶话会。开展"送温暖,献爱心"活动,在春节和中秋、国庆节期间以及"七一"前夕,对困难归侨侨眷进行慰问,对归侨侨眷的贫困学生进行资助,共送去慰问金和资助金4.30万元。

【彰显侨界作用】 2012年,市侨联开展新侨情调研工作,建立新侨人才档案信息。组织参加中国侨联举办的侨界创新人才成果奖及侨界创新成果奖评选活动,桂林市推荐4人参加评奖,获创新人才奖2名,创新成果奖1名。组织参加"第十三届世界华人学生作文大赛"活动,桂林市选送了33篇作文参赛,获得一等奖1名、二等奖2名、三等奖3名;市侨联获优秀组织奖。

【联谊交流活动】 2012年,市侨联接待来自马来西亚华侨考察观光团3批40多人,并积极推介桂林,展现桂林建设新貌。协助自治区侨联接待原祖籍南宁武鸣的国际著名画家、美籍华人周氏兄弟。此外,还接待了广州、青岛、来宾市侨联考察团3批60人。年内,市侨联组织考察团到江西南昌市、河南洛阳市等地考察学习。 (韩德政)

桂林市台湾同胞联谊会

【概况】 2012年,桂林市台湾同胞联谊会(简称市台联)以团结、联谊和服务台胞为宗旨,密切联系海内外台湾同胞,扩大桂林台湾经济文化交流合作和两地人员往来。市台联第四届理事会共有理事17名,其中会长1名(兼职),驻会专职副会长(兼秘书长)1名,副会长(兼职)2名。

【接待台湾知名人士】 2012年9月下旬,市台联与市委统战部接待世界知名台商桂林考察团一行 18 人。10 月末，接待台湾南屏两岸交流协会桂林参访团一行 25 人，并与该团在广西师范大学开展“中国—东盟 10+1 贸易体系”知识讲座交流。

【开展交流往来】 2012 年春节前，市台联陪同自治区台联领导慰问居住在桂林市的薛正富、邓桂珍等老台胞，参观台胞企业并座谈交流。召开市台联理事春节、中秋座谈会。接待厦门市台联带领的厦门大学台胞大学生桂林参访团一行 48 人。

（尹惠卿）

桂林市残疾人联合会

【概况】 2012 年，桂林市残疾人联合会（简称市残联）加强残疾人社会保障体系和服务体系建设，加快残疾人事业的发展。在 2012 年伦敦残奥会上，吴国山获得铅球第五名。在第 22 次“全国助残日”活动期间，市残联邀请中国残疾人艺术团到桂林演出，给全市残疾人以励志教育。桂林电视台手语新闻节目实现数字化播音。全市 145 个乡（镇、街道）残联全部顺利完成换届。

【完善残疾人工作长效机制】 2012 年，市残联编制出台《桂林市残疾人事业“十二五”规划》《桂林市残疾学生及贫困残疾人子女助学办法》《桂林市农村残疾人扶贫开发规划（2011～2020）》《桂林市中级人民法院等九部门印发桂林市关于加强残疾人法律救助工作的实施意见的通知》等文件，构建残疾人工作长效机制，为残疾人事业发展提供政策依据。

【推进残疾人基础设施建设】 2012 年 9 月 26 日，市人民政府在桂林市临桂新区综合医院、桂林市临桂新区桂林中学项目建设专题会议上决定，将桂林市人民医院城北院区置换给市残联作为桂林市残疾人事业园建设，建设桂林市残疾人康复中心和托养中心及其他项目建设。年内，桂林市残疾人康复中心和托养中心项目建议书获市发展和改革委员会批准。

【实施残疾人实事项目】 2012 年，市残联继续实施市人民政府为民办实事项目“阳光家园”计划，为 3400 名就业年龄段智力、精神和重度残疾人提供职业康复、庇护劳动、心理康复、文化娱乐以及覆盖残疾人家庭的居家托养服务。实施农村基层党员助残扶贫工程—广西党员扶残温暖同行项目（二期），投入 214.4 万元，扶持 1821 户农村贫困残疾人发展生产，提高收入，改善残疾人生活。组织实施自治区“阳光助学计划”及自治区残疾人助学项目“交通银行残疾青少年助学计划”等项目，扶助 1890 名残疾学生上学。深入推进残疾人家庭无障碍改造，制订《桂林市贫困残疾人家庭无障碍改造实施办法》，为 540 户贫困残疾人家庭进行无障碍改造。继续做好残疾人机动轮椅车辆燃油补贴和残疾人汽车驾驶培训补助工作，为 1501 多名残疾人机动轮椅车辆燃油补贴 39.03 万元，投入 2.64 万元对 44 名残疾人汽车驾驶培训进行补助。

【实施残疾人康复系列服务项目】 2012 年，市残联实施第二期国家贫困残疾儿童抢救性康复项目“七彩梦行动计划”，投入 110 多万元，对贫困的 20 名聋哑儿童、30 名脑瘫儿童、40 名自闭症儿童、14 名矫形器适配儿童共 104 名残疾儿童实施救助。实施国家残疾人事业专项彩票公益金康复项目，投入 200 多万元，将桂林市 1256 名贫困残疾人纳入项目救助。推进白内障复明手术的实施，为 2000 多者患者实施手术。继续组织实施“长江新里程计划”第二期普及型假肢服务项目，完成 225 例大小腿假肢的取模装配工作。组织开展广西残疾人福利基金会与国际慈善组织合作的广西“爱心轮椅助行”活动，为 563 名急需轮椅的贫困重度肢体残疾人获得免费赠送的手推式轮椅 563 台，共计 22.52 万元。

【开展残疾人创业就业扶助】 2012 年，桂林市投入 110 多万元，为残疾人开展金银花栽培技术、红豆杉育苗、生猪养殖、果树种植、插花、盲人按摩、计算机基础、电子商务、盲人电脑操作、美发等农村实用技术和职业技能培训，培训残疾人 3000 多人次。开展残疾人就业专场招聘会和就业援助月活动等，帮助1201 名残疾人进行失业登记，实现残疾人就业 264 人，613 名残疾人享受专项扶持政策。继续实施《桂林市残疾人创业就业扶助暂行办法》，为 5 个城区 144 名残疾人提供 1000～5000 元的创业扶助。

【残疾人基础信息数据库建设】 2012年，市残联完善残疾人基础信息数据库建设，为制定残疾人政策提供可靠依据。其中：残疾人人口基础信息数据库记录109081条；彩票公益金农村贫困残疾人危房改造项目管理数据库，实名记录3703条（户）；康复扶贫贷款项目管理数据库，实名记录331条；“阳光家园”计划项目管理数据库，记录机构服务1471人次，居家托养8927人次；残疾儿童康复救助“七彩梦”计划管理数据库，录入2012年项目的104名残疾儿童全部数据；残疾人机动轮椅车燃油补贴发放管理数据库，记录申报8907人次，获得补贴人数6003人次；农村贫困残疾人（户）信息数据库，记录68257条（户）；残疾人就业和培训信息数据库，就业年龄段残疾人记录49748人，培训人数记录7364人。

（阳东升）

桂林市红十字会

【概况】 2012年，桂林市红十字会以弘扬“人道、博爱、奉献”为宗旨，开展群众卫生救护、红十字宣传、灾区支援救助和造血干细胞、人体器官、遗体捐献等工作，在“三救”（救灾、救助、救护）、“三献”（无偿献血、无偿捐献造血干细胞、无偿捐献遗体器官）项目实施中发挥积极作用。何玥人体器官捐赠先进事迹被广泛宣传报道。

【红十字宣传工作】 2012年，桂林市红十字会围绕“五八”世界红十字日博爱周组织开展以“红十字——人道的力量”为主题，以“救灾、救助、救护”和“造血干细胞捐献、人体遗体器官捐献、无偿献血”等为主要内容的宣传活动，传播防灾避险、艾滋病防控、应急救护、心肺复苏、四项救护等技术知识，传播红十字“人道、博爱、奉献”精神，开展医疗咨询、心理咨询、义诊及按摩、应急救护演练2000多人次。组织志愿者深入社区、厂矿企业、学校等单位开展应急救护、造血干细胞捐献、人体遗体器官捐献、无偿献血等宣传培训活动，发放各类资料2万多份，开展培训12次。

【卫生救护培训工作】 2012年，桂林市红十字会开展“救护培训进社区，创建平安桂林”活动，深入宣传点、高校开展救护演练培训。配合广西红十字会救护培训中心在桂林开展群众性救护培训，全年培训近4万名不同行业的救护员，提高了公民的整体素质和应对突发事件的能力。

【救灾救助活动】 2012年1月，桂林市红十字会争取中国红十字总会、自治区红十字会的“温暖箱”支持，为龙胜、全州、阳朔、恭城等县（自治县）特困群众发放“温暖箱”1200余件，价值32万多元。9月13日，为云南省彝良县地震灾区募捐23万多元的药品，并从历年募捐款中支出15.3万元购买6台便携式B超机运送到受灾地区，为当地灾害紧急救援提供帮助。

【造血干细胞捐献工作】 2012年3月，桂林市红十字会与市卫生局联合下文将造血干细胞捐献指标任务下达到县（区），并组织人员深入驻桂林高等院校、县（区）和人员密集区进行宣传发动，争取群众支持；主动与市中心血站对接，开展造血干细胞采样工作。8月，完成700人份采样及入库任务，实现2例造血干细胞捐献移植。

【推动人体器官、遗体捐献工作】 2012年，桂林市红十字会推动人体器官、遗体捐献工作。见证接受人体器官捐赠10例、遗体捐献2例，接受捐献登记20多份。见证接受人体器官捐赠数占自治区一半以上。加强器官捐献者家庭的后续帮扶，先后为永福县、龙胜各族自治县等器官捐献者特困家庭发放慰问金15900元，解决捐献者家庭困难。

（刘正东）

政　　法

2012年6月12日，桂林市社会管理综合治理委员会第一次全体会议举行

（市综治委　供稿）

社会管理综合治理

【概况】 2012年,桂林市以深化"平安桂林"建设为平台,以坚决防止发生重大政治性事件、非法聚集事件、大规模群体性事件和暴力恐怖事件为重点,以深化社会矛盾化解、社会管理创新、公正廉洁执法为着力点,坚持抓源头、抓根本、抓重点,创新完善体制机制,落实综合治理各项措施,提高社会管理科学化水平。全市社会大局持续和谐稳定,人民群众安全感持续上升。

【调整机构职能】 2012年5月,市人民政府办公室下发《中共桂林市委办公室、桂林市人民政府办公室关于桂林市社会治安综合治理委员会更名为桂林市社会管理综合治理委员会的通知》。6月12日,市社会管理综合治理委员会(简称市综治委)召开了第一次全体会议,会议宣读了更名通知。更名后的市综治委设实有人口专项组、特殊人群专项组、"两新组织"(新经济组织和新社会组织)专项组、社会治安专项组、法律政策专项组、预防青少年违法犯罪专项组、校园及周边治安综合治理专项组、护路护线专项组。

【加强制度建设】 2012年,市人民政府对涉及社会管理的重大问题纳入绩效考评的重要内容。对综治工作领导小组成员单位进行分工,分解责任和任务。按照"谁主管,谁负责"的工作原则,以县委书记、县(区)长为第一责任人,与各县(区)、各成员单位层层签订综治目标管理责任书,要求做好四个不发生(不发生有重大影响的群体性事件、不发生有重大影响的刑事治安事件、不发生有重大影响的经济犯罪案件、不发生有重大影响的群众上访安全事故)。健全完善综治平安建设考核监督体系,制订综治平安建设考核评分标准,把考核结果作为考核评价各部门领导班子政绩和干部使用的重要依据,与晋级晋职和奖惩直接挂钩,形成了齐抓共管整体合力。严格实行综治成员单位年度述职制度,认真落实成员单位与基层平安创建工作联系制度,促进基层综治工作的深入开展。

【化解社会矛盾】 2012年,全市人民调解组织共开展排查8392次,调解各类民间纠纷58182件,调解成功56696件,成功率97%。化解疑难复杂矛盾2037件,防止纠纷转化为刑事案件484件。抓好历史遗留、复杂疑难、重信重访、涉法涉诉等问题的集中清理和处理,共形成档案材料9000多页,450多万字,提前完成了中央交办涉法涉诉案件的化解工作。年内,市综治委开展"万名干部下基层,化解矛盾促和谐"专项信访维稳活动和领导干部下访活动。市、县(区)主要领导约谈上访人324人次,共接访群众6451人次,受理案件622件,已办结388件,办结率62.38%。加强医疗纠纷调解工作,创建医疗纠纷人民调解"桂林模式",即建立"党委政府主导、司法行政牵头、卫生部门协助,各部门配合,人民调解委员会专业调解"的医疗纠纷调解工作格局。

【创新社会管理模式】 2012年,市委、市人民政府通过加强社会管理制度、机制、能力等建设,构建具有桂林特点的社会管理体系。七星区作为市级社会管理创新试点,创建和完善了网络化社会管理平台、数字化城市管理系统平台、"一网一册一视频"三维立体服务平台、预防青少年犯罪的工作平台等平台,初步形成了数字网格"一站式"社会管理模式,规范和拓展了社区服务管理功能,实现了街区管理由粗放向精确、静态到动态、分散到集中、局部到全面的转变。秀峰区将加强和创新社会管理列入2012年的"3+1"重点工作(桃花江旅游度假区建设、老城区改造、琴潭园区建设、统筹推进社会管理创新),建立"你说我听抓落实"群众工作平台,群众诉求渠道进一步畅通。阳朔县探索"经济快速发展—社会和谐稳定—群众安居乐业"为特征的"三位一体"农村社会管理模式,把发展特色产业、基础设施建设、基层党建和社会治安综合治理融入新农村建设和社会管理创新的过程之中,产生了经济、社会、生态环境良性互动的链式反应和场式反应。灵川县以流动人口多、人员情况复杂、治安较乱的八里街片区为社会管理创新试点工作单位,摸索出"组建志愿者服务队伍、创建和开通人力资源市场信息平台、开发和完善社会事务服务管理信息系统、建设农民工文化阵地"等社会管理模式。

【流动人口和特殊人群服务管理】 2012年,市综治委对流动人口、特殊人群做深入的调查研究,服务管理水平有新的提高。做好流动人口动态监测工作,推进人口基础信息库建设,推动建立流动人口居住制度，探索推行“一卡通”，实行“旅店式管理”。加强特殊人群服务管理，完善特殊人群服务管理措施，根据不同类型特殊人群特点分类施策。对刑释解教人员，落实出狱出所无缝衔接和安置帮教政策；对社区服刑人员，加强监督管理和教育矫正，建立完善体现宽严相济刑事政策要求的社区矫正工作体系；对具有肇事、肇祸倾向的精神病人，建立监测、预警、救治、救助、服务、管理机制；对吸毒人员，建立强制隔离、戒毒、社区戒毒、自愿戒毒、社区康复和药物维持治疗相互衔接的工作机制；对有易感染艾滋病病毒危险行为的人群，加强综合干预工作；对社会闲散人员，加强教育、帮扶、矫治、管理。加强对闲散青少年的排查联系和服务帮助，解决好他们的失学、失业问题，加强对有不良行为青少年的教育、帮扶、矫治、管理，做好流浪儿童救助工作，有效预防青少年违法犯罪。

【社会治安防控体系建设】 2012年，市综治委加强“大情报”系统、天网工程等信息化建设，提高警力投放的精确度和有效率，完善点线面相结合，警民相结合的立体化、全时空社会治安防控体系。通过建立街面“电子巡更系统”，设置了90个必巡点，提高了见警率和群众满意率，从源头上有效压缩了多发性侵财案件的发案率。加强视频监控网建设，新建高清视频监控探头268个，社会视频监控探头达796个。通过完善网格化巡逻和群防群治机制，加大城乡结合部的社会治安管控，明确辖区管理责任，消除治安盲点，初步形成了空中有监控、街面有巡防、农村和社区有联防的立体防控体系。

【排查整治社会治安重点地区】 2012年，全市共排查社会治安重点县（区）3个、重点乡（镇）11个、重点村（社区）25个、“两抢一盗”（抢劫、抢夺、盗窃）犯罪多发地区10个、“黄、赌、毒”违法犯罪多发地区6个，排查的重点地区突出治安问题得到全部整治。市综治委按照“什么问题突出就重点解决什么问题，哪个地方治安混乱就重点治理哪里”的原则，对被自治区综治委挂牌、警示的突出治安问题县（区）进行督查。治安管理部门针对重点区域、部位，在全市范围集中组织开展清查整治、网吧、校园安全等专项整治行动，维护全市社会治安秩序。开展明察暗访活动，严厉打击“黄、赌、毒”等违法犯罪活动。共清理检查各类场所621次，检查重点部位3054处。捣毁传销窝点160个，驱散传销人员2万多人，有效地遏制了传销活动的发展蔓延。禁毒部门严厉打击各类毒品违法犯罪活动，共破获各类毒品案件505件。组织教育、卫生、文化、工商等行政管理部门对全市学校安全、校园周边治安环境进行专项治理，提高学校内部安全保卫能力，整治安全隐患，维护学校的安全和谐。

【铁路护路联防】 2012年，市综治委开展“平安铁路示范市、县（区）”创建活动，全市护路安全村（社区、单位、学校）创建率96%。危及行车安全案件明显减少，路外伤亡事故得到有效控制，铁路刑事案件、治安案件明显下降，涉及铁路沿线的矛盾纠纷得到妥善解决。全年未发生因矛盾纠纷问题而引起影响铁路运输安全畅通的事件。

【法制宣传取得实效】 2012年，市综治委开展各项专题法制宣传教育活动。“2012年广西政法宣传周”期间，在桂林人民广播电台开辟专题节目，在《桂林日报》上刊载市政法委及各部门领导撰写的署名文章。开展了法律咨询、送法下乡、投放公益广告等多种宣传活动，营造了良好的舆论氛围。利用节庆、纪念日、法制宣传日开展经常性法制宣传教育。在《桂林日报》、《桂林晚报》上开辟法制宣传专栏、平安建设专栏，全年共刊登综治平安、普法文章（图片）共370篇（幅）。加强网上监控和舆情引导工作。应对各类突发事件、敏感问题对桂林市经济社会发展的不利影响，及时过滤、发现、封堵、删除境内外网上各类违法信息近3万条，开展了30余起网上舆情导控工作，有效防范了网上有害信息的传播扩散。（唐晓明）

审　判

【概况】 2012年，市、县（区）人民法院依法履行审判职能，结合“司法能力提升年”活动的工作部署，强化审判队伍思想政治建设，加强作风和廉政建设，深化阳光司法。深入推动社会矛盾化解、公正廉洁执法工作。全年共审理刑事、民商事、行政、国家赔偿、执行等各类案件29925件，审结29198

件，结案率97.57%，其中市中级人民法院受理各类案件5793件，审结5744件，结案率99.15%。年内，桂林市中级人民法院政治部获“全国法院网络宣传先进单位”称号，桂林市中级人民法院司法科、立案二庭、执行局获“自治区法院先进单位”称号。

【促进社会和谐稳定】 2012年，市、县（区）人民法院依法严惩故意杀人、绑架、抢劫、强奸等严重暴力犯罪案件370件571人，有力惩处了暴力犯罪分子。深入开展“打黑除恶”“禁毒”等专项活动，打击黑社会性质、毒品等犯罪，共审结该类案件355件413人。依法惩处“两抢一盗”等危害群众安全的犯罪行为，共审结该类案件1357件2072人。依法惩处职务犯罪，推动反腐败斗争深入开展，共审结职务犯罪案件203件311人。做好未成年人审判工作，组织辖区内各基层人民法院到自治区少年犯管教所对194名未成年罪犯进行回访帮教，规范社区矫正工作。继续开展量刑规范化工作，加大对大案要案的业务指导。重视附带民事诉讼审判工作，全年共结案309件，涉诉标的金额1312.25万元。年内，市、县（区）人民法院刑事大案要案审判获自治区一等奖，减刑假释案件审判获自治区一等奖，少年审判工作获自治区三等奖。

【提升司法服务能力】 2012年，市、县（区）人民法院发挥能动司法作用，坚持审判与服务并举，为经济社会发展服务，推进服务性法院建设，促进各市场主体公平竞争，保障经济健康发展。全年共审结商事纠纷案件8345件，解决争议标的金额14.88亿元。发挥行政审判工作的职能作用，及时审理各类行政纠纷案件438件，促进依法行政和社会管理的法治化。建设全市执行指挥中心平台，完善执行联动机制，开展“无执行积案先进法院”活动、反规避专项执行专项活动、涉党政机关积案专项清理活动，推进各类执行案件执结。全年共执结各类案件4128件，执结标的总金额10.08亿元。一审民商事案件调解率76.28%，行政一审案件和解率33.73%，执行案件和解率79.16%。分别比上年提高了20.31%、6.13%和28.26%。走访机关、企业，深入群众，化解纠纷，并对辖区的经济发展提出法律方面的指导建议。

【丰富司法便民措施】 2012年，市、县（区）人民法院以保障民生民利理念为指导，开展民事审判工作，共审结各类民事纠纷案件7481件，切实维护人民群众的合法权益。对妇女儿童、残疾人、军属、老年人的诉讼维权提供便捷通道，加强对弱势群体的司法保护力度。加大对涉及追索赡养费、抚养费、抚育费纠纷，劳动争议纠纷、交通事故损害赔偿纠纷、医疗纠纷案件的审判和执行力度，共执行该类涉民生案件款项3680万元。秀峰区人民法院等多个法院开通农民工审判和执行“绿色通道”，为农民工执行到位劳动报酬款1500余万元，维护农民工的合法权益。发挥诉讼服务大厅功能，推行繁简分流的立案机制，全年适用简易程序审结的民事案件占83.55%，减少群众诉讼时间。开设“圩日法庭”“假日法庭”，在边远山区推行巡回审判，为群众提供诉讼便利，减少群众的诉讼成本。做好涉诉信访工作，实行领导包案下访、层层落实责任制等措施，共处理群众来信2212件，接待群众来访7248人次，集中清理了涉诉信访积案98件。加大司法救济力度，全年共依法缓、免、减交诉讼费229.96万元，保障了经济困难群众的诉讼权利；对由于加害人无力赔偿或被执行人无财产可供执行的各类案件受害人及其他生活陷入窘境的涉诉群众，争取落实救助资金和低保政策。

【深化阳光司法建设】 2012年，市、县（区）人民法院自觉接受市、县（区）人大及政协监督，不断拓宽司法公开渠道，提高质效服判息讼。其中，邀请各级人大代表、政协委员900人次旁听或现场监督案件120余件；加强人民陪审员参审率，一审案件陪审率89.09%，比上年提高31.24%。市、县（区）人民法院以门户网站为主要平台，在互联网上公布裁判文书5966份，裁判文书上网率不低于50%，庭审网络图文直播1021次，保障人民群众的知情权、表达权、参与权和监督权。深化委托拍卖制度改革，在自治区人民法院系统率先推行网络联合拍卖，促进拍卖公开，首次实现1000万元以上网络联拍成功。举行首届执法监督员聘任仪式，选聘10名执法监督员监督司法审判。此外，针对特殊案件和理论研究，多次邀请广西师范大学以及各领域专家召开专家咨询会，征询专家意见，拓展专业知识，确保案件公平公正审理。

（粟开俭　郑军）

检　察

【概况】 2012年，桂林市两级人民检察院按照“找准着力点，挖掘新亮点，培育发展点，不断推动桂林检察事业可持续发展”的总体工作思路，履行宪法和法律赋予的职责，各项检察工作取得新的成绩和进步。在绩效考评19项考评指标中有3项在自治区检察系统名列第一，18项工作经验材料在全国、自治区检察系统交流或推广。

【严厉打击各类刑事犯罪】 2012年，全市检察系统充分发挥审查批捕、起诉职能，集中打击严重危害社会治安、危害人民群众生命财产安全的刑事犯罪。共批准逮捕各类刑事犯罪嫌疑人4467人，提起公诉5361人，起诉被告人有罪判决率100%。突出打击重点，起诉杀人、抢劫、绑架、强奸、“涉枪涉爆”和盗窃、抢夺等多发性侵财犯罪嫌疑人3615人，批捕涉黑犯罪嫌疑人6人。依法打击各类经济犯罪活动。共起诉破坏市场经济秩序犯罪嫌疑人132人，起诉破坏金融管理秩序犯罪嫌疑人10人。全面贯彻宽严相济刑事政策，对涉嫌犯罪但无逮捕必要的，依法决定不批捕1044人；对犯罪情节轻微、依照刑法规定不需要判处刑罚或者免除刑罚的，决定不起诉176人。

【查办和预防职务犯罪】 2012年，全市检察系统推进反腐倡廉工作，共立案查办贪污贿赂、渎职侵权等职务犯罪案130件173人，移送起诉133件192人，挽回国家集体经济损失1322.45万元。优化办案结构，立查大案要案85件。突出查办热点领域职务犯罪，立案查处商业贿赂职务犯罪案21件25人，工程建设领域职务犯罪案15件18人。重点查办侵犯群众利益的职务犯罪，立案查处危害民生民利、玩忽职守、滥用职权等渎职侵权犯罪案20件20人。立案查处涉及侵吞新农合、粮食直补、退耕还林、家电下乡、节能减排、渔业燃油补贴等影响国家惠民利民措施落实的职务犯罪案45件78人，确保“三农”(农业、农村、农民)政策落到实处。坚持以源头治理为目标，注重预防为先。突出惩防并举、标本兼治，开展预防调查、预防建议、预防咨询、警示教育2627件次。开展专项预防，介入桂林园博园等17项重点工程实施同步预防，确保市人民政府投资安全。

【维护司法公正】 2012年，全市检察系统强化诉讼监督，强化对诉讼活动的法律监督。在刑事侦查活动监督中，重点监督纠正有案不立、有罪不究、动用刑事手段违法介入民事纠纷等问题，共立案监督176件，纠正漏捕326人，纠正漏诉359人，纠正侦查活动违法情形35件。查办行政执法和司法人员涉嫌执法犯法案件45件51人，维护法律尊严。加强刑事审判监督，重点监督刑事裁判畸轻畸重或适用法律错误等问题，共提出刑事抗诉案件15件，对刑事审判中的违法情况提出纠正意见10件。加强民事审判、行政诉讼监督，综合运用抗诉与检察建议等多元化监督手段，重点监督生效民事行政裁判经审查认为确有错误且社会影响大、易引发群访群诉等问题，共提出、提请民事行政抗诉案件95件，通过检察建议启动民事再审案件9件，支持、督促权利主体为维护公共利益提起诉讼149件。加强刑罚执行活动监督，重点监督刑罚执行和监管活动不规范、不严格及侵犯被监管人员合法权益等问题，共检察纠正不当减刑、假释3人，纠正不符合保外就医条件、程序不规范或脱管漏管现象257件次，对监管活动违法情形提出纠正意见128件次。

【加强和创新社会管理】 2012年，全市检察系统突出服务中心工作重点，先后出动1200余人次参加征地拆迁、库区移民和打击非法传销等专项活动。做好检察环节社会管理综合治理工作，建立执法办案风险评估预警机制，在拟作出不立案、不批捕、不起诉等决定时，评估是否可能引发或激化矛盾，及时制订依法稳妥处理和化解预案。深化乡(镇)检察室建设机制，探索检察机关联系基层、服务群众的新载体、新形式，把查处和预防职务犯罪延伸到乡(镇)，把法律监督工作延伸到基层。平乐县、全州县、荔浦县、灌阳县等12个基层人民检察院分别在已设立中心法庭的较大乡(镇)相对应设立22个派驻检察室，维护了城乡基层稳定和谐。依法解决群众合理诉求。深入开展“民行检察与民同行”宣传月等法制宣传活动，共上法制教育课177个课时，接受群众法律咨询591人次，征求群众意见和建议70多条。全面推行下访、巡访制度，积极清理化解信访积案。共清理化解信访积案5

件，立案复查刑事申诉案39件，办理并决定刑事赔偿5件。加强对刑释解教人员等特殊人群帮教管理。收集录入刑释解教人员档案信息，推进社区矫正法律监督。运用检察建议促进相关部门提高管理水平。创新网络虚拟社会管理，做好日常网络舆情检索与收集工作，与相关媒体协调沟通，不断建立健全应对、引导等机制。（毕福华）

公　　安

【概况】 2012年，桂林市公安机关创造和谐稳定社会环境和提高人民群众安全感、满意度，开展“矛盾纠纷化解年”“维护社会稳定决胜年”“社会管理创新年”“民警教育训练年”“党风廉政建设推进年”“警务保障提升年”活动。全年共破刑事案件9943件，打掉犯罪团伙737个，逮捕6379人，移送起诉6867人。年内，共发生道路交通事故198件，造成126人死亡，241人受伤，直接财产损失133.29万元。发生火灾83起，死亡1人，受伤3人，直接财产损失289.01万元。年内，桂林市公安机关获二等功集体11个，三等功集体98个；有6人立一等功，34人立二等功，426人立三等功。

【破获大案要案】 2012年，市公安局以“破案会战”和“侦查百日大会战”为工作主线，在刑侦、经侦、治安、禁毒等工作上展开侦查破案大会战行动，取得显著战果。破获了公安部督办的2011年7月28日特大盗窃电力案，自治区公安厅督办的2012年2月13日电缆被盗案、靖江王陵国家一级文物被盗案、桂林南溪山医院枪击案、荔浦县“世爵百年大金店”被抢劫案、自治区公安厅毒品目标案等一大批有较大社会影响的案件。快速侦破了恶意攻击党和国家重要领导人的反动传单案和永福县邮政储蓄银行300多万元现金被盗案。

【提升公安工作整体水平】 2012年，市公安局坚持以创新求发展，认真实施典型带动战略，打造了一批在自治区乃至全国的工作亮点和工作成果。一是立足旅游名城特点，打造警民和谐公共关系，获公安部肯定。二是创新重点信访督办案件治理工作的经验在公安部召开的全国信访处长研讨会上作介绍。三是漓江旅游景区治安管理的经验做法先后在全国、自治区公安部门会议上作经验发言。四是技侦部门创新的两项技侦手段，在自治区公安部门比武中获得第一名。五是加强反恐力量建设，在市区和南、北片建立了3支应急处突队伍，发挥了区域协作机制的作用，全年全市发生的180多起矛盾冲突和突发事件均得到妥善处置。六是兴安县公安局对长期以来影响城市建设的三轮车非法营运进行了彻底整治，做到了零抵制、零上访。七是警务情报支队探索情报收集、情报研判、情报导侦之路，在情报服务决策、实战中发挥重要作用，获“全国十佳市级情报中心”称号。八是交警、网络安全、禁毒支队自行研发的警务实战项目分别获自治区公安基层技术革新成果一、二、三等奖。

2012年4月16日，桂林市警方捣毁特大贩卖仿真枪械窝点
（梁汗青　摄）

【提高治安管理水平】 2012年,市公安局推进户籍制度改革,推出便民、利民服务新措施,组织治安民警开展送证上门服务和集中换发证工作,加快了换发证工作步伐,完成了一代身份证换发,二代身份证和年满16周岁公民办证任务。年内,为持一代身份证的57000余名公民换发二代身份证,换发率100%;为38000余名年满16周岁的公民办理二代身份证,办证率97.25%。在治安、出入境、交警、消防等窗口部门严格落实公安部14条和自治区公安厅33条便民利民措施,深化"马上到、马上办、马上改"工作机制,提高了服务群众水平。严厉打击经济领域的违法犯罪,打击制假售假活动,全年共立各类经济犯罪案件1233件,破案913件,挽回经济损失1143万元。积极化解调处各类矛盾纠纷,整治各类治安乱点,全年共处置突发性、群体性事件52件,出动警力7850人次,为全市经济社会发展创造良好的社会环境。参与抢险救灾工作,完成了尧山森林大火扑救、恭城瑶族自治县采矿点塌方事故救援、兴安县抗洪抢险等救援任务。加强治安专项整治工作,各级治安部门共投入防控力量27962人次,其中出动警力18590人次,打击各类侵财现行犯罪220件;收缴各类枪支2906支,子弹2467发,收缴管制刀具3537把;捣毁黑作坊、黑工厂、黑市场、黑窝点585个,打掉团伙81个,抓获违法犯罪人员5735人。

(唐志红)

司法行政

【概况】 2012年,桂林市司法行政工作坚持围绕中心、服务大局,以人为本、服务民生,主动发挥职能优势,深入推进社会矛盾化解、社会管理创新、公正廉洁执法工作,推进"平安桂林""法治桂林"建设,各项工作取得较好成绩。恭城瑶族自治县被司法部确定为全国"六五"普法依法治理工作联系点。平乐县显堆村被司法部评为第五批全国民主法治示范村。桂林市法律援助中心、灵川县法律援助中心被司法部评为第四届全国法律援助工作先进集体。桂林市法律援助中心被司法部评为全国法律援助便民服务示范窗口,并获自治区法律援助办案一等奖。全州、灌阳等5个县司法局被司法部评为全国人民调解宣传工作先进集体。广西君健律师事务所党支部被司法部评为全国律师行业创先争优活动先进集体。汤春飞等6名调解委员会主任被司法部评为全国人民调解能手。桂林市法律援助中心主任李扬进、兴安县基层法律服务工作者雍宏元被司法部评为第四届全国法律援助工作先进个人。全州县法律援助中心主任赵艳被授予全国法律援助"优秀服务标兵"称号。

【"六五"普法工作效果显著】 2012年,桂林市以法治文化建设为突破口,开展了以"文化搭台、法治唱戏"为主题的系列法治文化建设活动。全市共完成法治文艺作品创作40余篇,建立法制文艺宣传队238个、法制宣传轻骑队101个,建立法律图书室3729个,制作法制宣传栏5115个,开展法治文艺演出663场。加强青少年特别是农村留守儿童普法教育,在临桂县中庸乡中心小学建立"法律进学校示范点"。与桂林劳动教养所合作建立了青少年法制教育基地和青少年预防艾滋病教育基地。12月,举办全市"六五"普法中期检查动员暨法治文艺汇演。突出抓好农村和农民工普法教育,全市共举办农村"两委"干部法律培训212期,累计培训19983人次。平乐县在自治区首创"法制村长"示范建设活动,实现了法制村长在全县所有乡村的全覆盖。全市领导干部和公务员参加年度普法考试率100%。普法依法治理工作纳入市人民政府对各县(区)和市直单位年度绩效考评内容。

【创新人民调解工作】 2012年,全市共建立劳动争议调解委员会5个,道路交通事故调解委员会12个,物业纠纷调解委员会23个,企事业单位调解委员会84个。年内,各类专业调解组织共调解医疗纠纷75件,劳动争议550件,道路交通事故纠纷1013件,物业纠纷110件,企事业单位纠纷116件。创造了医疗纠纷人民调解工作的"桂林模式"。加强重点敏感地区和边界地区人民调解工作,维护边界地区和谐稳定。桂林市与贺州、梧州市签订了市际接边地区人民调解协作协议。开展矛盾纠纷"大排查、大调处"专项活动和"争当人民调解能手"活动。年内,共开展排查10086次,调解各类民间纠纷68814件,调解成功67065件,成功率97%;化解疑难复杂矛盾2392件,防止纠纷转化为刑事案件581件。

【法律服务】 2012年，全市律师事务所共担任政府及其部门法律顾问48家，担任企事业单位法律顾问479家。为全市228个社区全部配备律师担任专职法律顾问，在自治区率先实现社区法律顾问制度全覆盖。14个律师事务所与村委会结成法律服务“对子”。律师参与信访接待352人次，参与涉法涉诉信访案件处理120件。开展“律师服务八桂行”活动和社会性、公益性法律服务活动，共办理涉农民工案件73件，妇女儿童维权案件115件，参与公益事业和社会活动3120场次。年内，全市律师共办理各类案件7301件，为当事人避免或挽回经济损失4.54亿元。全市公证机构共办理公证案件26072件，涉及标的6.32亿元。全市司法鉴定机构共鉴定案件3034件，其中为经济困难群众减免鉴定费用案件23件，为当事人避免或挽回经济损失101万元。组织优秀律师设点服务，接待市人大代表、政协委员法律咨询293人次，为16个议案或提案提供了法律咨询意见。加强和创新法律服务行业管理，在自治区率先出台《桂林市律师事务所和律师发展五年规划》。

【“零距离”法律援助服务网络全面建成】 2012年，桂林市司法行政部门以“法律援助服务为民创优年”和“法律援助进万村”活动为载体，不断优化便民服务措施，扩大法律援助覆盖面，为弱势群众和困难群众提供便捷高效的法律援助服务。全市已建立法律援助工作站246个，全市1654个建制村全部建立法律援助联络点。落实村级法律援助联络员4419名并全部建立了工作档案，“零距离”法律援助服务网络全面建成。积极开展针对农民工、妇女、未成年人等权益保障的法律援助。认真实施中央彩票公益金法律援助惠民项目。规范全市“12348”法律援助服务热线的运行，为广大群众提供24小时法律咨询和法律援助服务。与市委组织部合作，利用现代干部远程教育网络平台开展法律援助宣传，提高法律援助的知晓率。年内，全市共办理法律援助案件5325件，提供法律咨询16350人次，为当事人挽回或取得经济利益3405.30万元。

【刑释解教人员社区矫正】 2012年，桂林市司法行政部门深入开展“社区矫正规范年”活动，健全完善管理机构，市司法局成立了独立的社区矫正科，配备专职管理人员。全市有9个县司法局设立了社区矫正股。通过招聘公益性岗位人员等办法充实人员160余人。全市共开展《社区矫正实施办法》等专题培训20场次，培训人员782人次。规范工作流程和管理制度，出台了《桂林市社区矫正衔接办法》《桂林市社区矫正管理规定》《桂林市社区矫正突发事件处置方案》等系列文件，在司法部20种规范性法律文书的基础上，补充设计了24种日常工作文书。利用现代科技手段破解监管难题。年内，共投资100多万元建设完成社区矫正信息化管理平台，对社区矫正人员进行全方位综合监管的管理体系基本建立。全市累计接收社区矫正对象2210人，累计解除矫正581人，12月末在册1626人；完成适用社区矫正调查评估243件。全市累计衔接刑释解教人员2523人，落实帮教2422人，帮教率96%；安置2397人，安置率95%。

【加强司法行政基础设施建设】 2012年，桂林市司法行政部门以建设“温馨之家、贴心服务”司法行政社会管理综合服务平台为载体，通过整合公证、律师、法律援助、人民调解、法制宣传等职能，建立窗口式、网格化的司法行政综合服务平台，提高司法行政综合服务水平。全市共建设完成市级司法行政综合服务中心1个、县（区）司法局服务中心14个、司法所服务平台114个，在225个村（社区）建立了服务点。年内，加大市、县（区）司法业务用房建设力度，司法业务用房项目已获审批9个，其中开工建设5个。 （覃宁）

军　　事

2012 年 6 月 5 日，市委常委、副市长、宣传部部长陈丽华（前排右二）到市消防支队检查工作
（市人民政府　供稿）

中国人民解放军桂林警备区

【概况】 2012年，中国人民解放军桂林警备区（简称桂林警备区）围绕打基础，强队伍，抓落实，谋发展的工作思路，完成年度各项工作任务，部队全面建设有新进步。年内，阳朔县人民武装部、叠彩区人民武装部和狮子岭干休所党委被广西军区评为创先争优活动先进团级单位党委，预备役通信团、龙胜各族自治县人民武装部和狮子岭干休所被广西军区评为全面建设先进团级单位。

【思想政治建设】 2012年，桂林警备区把“迎接党的十八大，学习贯彻党的十八大精神”作为首要政治任务，坚持大事大抓。狠抓党委机关理论学习、迎接和学习贯彻党的十八大精神等系列活动。坚持以思想作风建设为重点，狠抓班子团结、帮建提高、用人导向、典型宣传，开展学习型党组织和效率型机关建设，党委班子和干部队伍建设不断加强。以营造良好的政治生态为目标，开展党风党纪教育，贯彻落实廉政措施，党风廉政建设不断加强。坚持把军营文化融入部队和民兵预备役工作，打造融政治文化、历史文化、传统文化、廉政文化、安全文化为一体的军营文化。

【落实战备训练】 2012年，桂林警备区深化拓展军事斗争准备，按照“把日常战备工作提到战略高度狠抓落实”的要求，及时修订完善各类作战方案和应急处突预案，落实战备形势教育，抓好各类节日和政治敏感时期的战备防护工作，规范和健全战备值班、应急分队值班、请示报告等制度，部队始终保持良好的战备状态。开展警备区作战室、作战值班室综合整治，加强使命课目研究，提高首长机关组织指挥能力。加强非战争军事行动训练，带领民兵预备部队参加抗洪抢险、社会维稳、灭火救灾和保障部队过境等行动，在遂行任务中检验和提高部队及民兵预备役的应急应战能力。坚持按纲施训，落实首长机关训练，组织信息化知识学习和网上竞答，提高师、团两级信息化素养。组织现役军官全员军事训练考核，检验训练实效，民兵预备役军事训练完成了基干民兵和预备役部队官兵训练任务。开展专职武装干部岗位练兵，培养了一批民兵训练骨干。组织开展“专武干部军事科目评比性考核”“参谋业务集训”“年终军事训练考核”等训练考核活动，提升军事训练质量。抓抗洪抢险现役分队训练、专职武装干部评比性考核、民兵应急分队评比性考核，以比武竞赛为抓手推动部队全面建设创新发展。

【推进国防后备力量建设】 2012年，桂林警备区推进国防后备力量体系调整改革，预备役部队着眼提高退伍军人的专业对口率，深挖潜力、适度扩编，提高预编士兵编组质量；完成“十二五”基干民兵组建规划论证，优化整合国防动员专业保障队伍编组。组织开展国防动员体制机制改革试点工作，形成以政府为主导的国防动员工作机制。结合“广字39号·鹿寨”演习保障，开展重大演训活动军地联合保障试点。完成年度新兵征集任务。落实议军会、国防动员委员会全会、党管武装述职、“军事日”等党管武装基本制度，各级领导的国防意识得到增强。桂林市获“全国双拥模范城”称号，市委书记、桂林警备区党委第一书记刘君被广州军区评为“国防之星”。

【严抓部队管理】 2012年，桂林警备区开展安全稳定年活动，先后召开6次党委常委会、12次安全委员会会议、4次安全稳定工作电视电话会议，组织开展4次安全隐患大排查，保持大抓安全稳定的高压态势。开展共同条令学习活动，组织队列会操、条令知识考核和竞赛，加强部队经常性管理和检查，规范部队秩序。开展防范涉军敏感问题专题教育整顿、网络安全防范等专题教育活动，保持部队安全稳定。坚持每季度开展“严格管束外出军人军车违章违纪、严厉打击假冒军车”专项行动，维护军队形象和声誉。

【加强后勤装备保障】 2012年，桂林警备区按照全面建设现代后勤的目标要求，坚持突出重点，打牢基础，整体推进的工作方针，后勤保障能力不断增强。组织后勤干部业务集训，经费预算会审、新任职后勤科长和公务卡强制结算等培训，提高后勤人员业务能力。编报2012年度本级经费预算获广西军区预算会审第一名。清理整治后勤建设存在的突出问题，规范后勤管理，深化军人保障卡运用管理。加强军车、号牌和驾驶员管理，严格控制油料使用，强化有偿服务管理，开展创建节约型军营活动。组织武器装备普查和维修，加强武器装备管理和应急力量建设，提高装备保障能力。按照上级《关于进一步加强民兵武器装备仓库正规化建设的意见》，协调桂林市人民政府出台贯彻落实的实施意见。加强县(区)达标建设面对面指导，推进民兵武器仓库正规化达标建设，全年市、县(区)两级民兵武器装备仓库正规化达标建设共投入资金1600余万元，所属民兵武器装备仓库基本实现达标建设要求。

【双拥工作】 2012年，桂林警备区组织民兵预备役人员和驻桂林部队2万余人次，参与桂林市抗洪抢险、植树造林、森林灭火、清洁漓江、应急维稳等行动。协调军地相关单位，研究解决红岭综合训练场、铁路专线建设等问题。主动与地方党委、政府联系，促进转业、退役人员安置和保障政策落实，与地方有关部门建立联防联控机制，及时协调处理涉军维权纠纷。开展扶贫帮困工作，确定定点帮扶贫困村21个，累计投入帮扶资金60余万元。

（刘辉）

中国人民解放军空军空降兵学院

【概况】 2012年，中国人民解放军桂林空军学院于4月23日正式改称空军空降兵学院(简称空军空降兵学院)，年内，认真落实上级党委决策部署，围绕迎接和学习贯彻党的十八大精神，推进四项基础性建设，完成了以人才培养为中心的各项任务，全面建设取得新进步。

【思想政治工作】 2012年，空军空降兵学院抓好中国特色社会主义理论体系武装，通过集中学习、宣讲辅导、研讨交流等形式，开展“赞颂科学发展成就、忠实履行历史使命”教育活动。组织学习贯彻党的十八大精神，落实“三进入”(进入思想、进入行动、进入教学)要求。关注意识形态领域斗争动向，开展形势政策教育、军魂意识培育和“严守党的政治纪律”专题党日活动，落实一人一事工作，确保广大官兵政治坚定、思想稳定和“三尺讲台”无杂音。举办庆祝建院六十周年系列活动，回顾历史，表彰先进，进一步凝聚军心、鼓舞士气。

【教学训练工作】 2012年，空军空降兵学院完善教学建设顶层设计，确立学院发展定位、目标和路径，开展“普训、深训、精训”达标训练。举办“我为学院创新发展建言献策”和“质量·变革·发展”创新发展论坛系列活动，总结任职教育经验。深化任职教育教学改革，推进兵种初级指挥专业人才培养模式改革，试行研究生教育、军事职业教育与任职教育融合发展，组织教学竞赛，提升主干课程教学团队核心能力。6名学员参加全国信息技术应用大赛获奖，学院被评为军队院校赛区优秀单位。

【科研学术工作】 2012年，空军空降兵学院结合教学工作实际和部队装备发展需求，开展科研立项攻关，军内科研条件建设项目通过中国人民解放军总装备部立项评审，获国家社科基金、武器装备科研项目13项。提高科研管理信息化水平，研究开发“科研综合管理信息系统”和“资料档案管理系统”并投入使用。组织“学术活动月”活动，开展学术活动30场次。

【军民共建工作】 2012年，空军空降兵学院官兵组织开展“爱心献春蕾”捐款活动，向贫困地区失学儿童献爱心55.98万元。支持驻地城市建设，自筹2.6万元用于桂林市象山区“拆墙透绿”工程，投入20余万元帮助临桂县南边山乡镇泰蓝天小学建成集工作、教学、娱乐为一体的多媒体教室。坚持军民共建多样化、深入化，承担广西师范大学附属中学、桂林市第八中学等学校2000多人的军训任务，担负七星区党政机关、桂林市第十四中学等5个单位300余人次“军事日”活动的保障任务。分批组织专家、教授到广西英山监狱、桂林市崇善小学等单位开展爱国主义教育宣讲和思想帮教活动。全年共组织官兵622人次无偿献血20.37万毫升。

（张建平）

中国人民解放军75120部队

【概况】 2012年，中国人民解放军75120部队(简称75120部队)贯彻执行上级党委的决策部署，坚持稳中求进，贯彻主题主线，聚力打基础、接力搞建设、强力抓落实，全面建设保持稳步发展的良好势头。

【思想政治建设】 2012 年，75120 部队以“迎接党的十八大、贯彻党的十八大”为主线，严守政治纪律，防范涉军敏感问题，抓好形势政策教育。“理论班务会”经验做法持续深化，群众性学用理论氛围浓厚。军营文化活动开展有声有色，参加集团军“塔山文化节”，17 个文体节目、13 名个人获奖，代表广州军区参加全军“军歌嘹亮”歌咏活动，受到中国人民解放军总政治部表彰。

2012 年，75120 部队庆祝建军 85 周年军歌嘹亮歌咏大会
（75120 部队　供稿）

【战备工作】 2012 年，75120 部队扎实开展战备教育，严格落实战备演练。针对编制体制调整，组织作战骨干集训，修订完善各类战备方案预案。组织战备规范化现场观摩，统一规范分队日常战备制度、战备行动，细化战备库室建设标准。编撰修订值班运行规范和处置突发事件应急预案，系统规范作战值班运行机制，部队日常战备水平稳步提升。结合驻训演习，完成多要素联动演练，实践探索了精强多能、模块组合作战编组模式战法运用，部队基于信息系统体系作战能力得到锤炼。

【军事训练】 2012 年，75120 部队开展群众性信息练兵和比武竞赛，单装终端标准训练和集成训练效果明显。参加新兵抽考，成绩排名广州军区第一；参加集团军狙击手集训考评，7 名队员被表彰为“特等射手”；参加“汕尾集训”，总评第一。深入推进军事训练转变，完成军区实战化考评模式改革和集团军信息化条件下正规化训练试点任务。参加集团军单装终端标准化比武，16 个单位和 36 名个人受到表彰。结合网聚系列集训，梳理汇编 10 个专业 308 个科目的训练规范，4 个科目在军区基于信息系统集成训练集训中进行示范。完成“湛箭”、“塔山”演习和合成营实战化考评任务。连续 9 年保持军事训练一级，所辖 75121 部队、75125 部队、75124 部队被集团军评为军事训练一级单位。

【正规化建设】 2012 年，75120 部队突出“人车枪弹密网”管理，组织 10 次“拉网式”隐患排查，整治 7 类 28 项隐患问题，促进“安全稳定年”活动落实。突出重大活动安全教育管理，开展“履行职责零失误、落实制度零漏洞、安全操作零差错”活动，抓安全预测分析、安全风险评估和安全检查等制度落实，确保演习安全稳定。开展“条令月”和“学法规用法规守法规”活动，官兵条令意识进一步增强，部队秩序进一步正规。所辖 75122 部队被广州军区表彰为安全工作先进单位。

【基层建设】 2012 年，75120 部队开展创先争优和“帮建基层组织、帮带基层干部”活动，对 43 个党支部进行“剖析”帮建，组织 60 名新任党支部书记集训。所辖 75121 部队李向群连被评为“全国创先争优先进基层党组织”。针对基层建设的重难点问题组织专项治理。公开答复解决官兵反映突出的 12 个问题，不良风气得到纠正。所辖 75121 部队、75124 部队被集团军评为全面建设先进单位。

【综合保障能力】 2012 年，75120 部队后装机关合并完成，综合保障效能得到提升。参加集团军后勤专业比武，14 个单位受到表彰。经费物资管理正规，接受广州军区和集团军财务审计。营区服务网点和生活服务中心两个实体管理不断完善。加大基础设施建设投入，启动新增家属随军住房、部分单位营房建设、75123 部队办公楼等新建工程，营区面貌发生较大变化，所辖 75125 部队营区一期工程被评为全军优质工程一等奖。爱国卫生工作普及深入，75120 部队被评为全军爱国卫生工作先进单位。　（傅斌辉）

中国人民解放军 76140 部队

【概况】 2012 年，中国人民解放军 76140 部队（简称 76140 部队）以“迎接党的十八大、学习贯彻党的十八大”为动力，坚持真抓实干，开拓进取，完成各项工作任务，部队全面建设取得新的进步。年内，加强党委班子和干部队伍建设，坚持事业取人导向，调整配备了团、营职领导干部22名。

【思想政治建设】 2012年，76140部队按照“政治之年要特别讲政治”的要求，坚持抓首要、固根本。突出抓好中共中央总书记胡锦涛“七二三”重要讲话和党的十八大精神的学习，采取专家辅导、体会交流、评选“战士理论学习之星”等形式，兴起学习热潮。按照“集中教育分阶段，主题实践分系统”的思路，开展“树立正确的忠诚观诚信观教育”等教育活动。开展“锤炼人品官德、保持纯洁本色”专题教育和反腐倡廉教育，促进团、营班子建设水平整体提高。三〇三医院党委被广州军区表彰为先进党委，76146部队、白岩山干休所党委被广州军区联勤部表彰为先进党委。突出抓行业文化、网络文化、安全文化、科学文化、体育文化等文化方面建设，广泛开展群众性文体活动，3个节目在广州军区文艺调演中获奖。

【军事战备训练】 2012年，76140部队突出抓好战备训练工作落实，后勤战备建设积极推进。修订完善各类战备方案和非战争军事行动联勤保障预案，抓好分部机关视频监控系统、战备库室建设以及76158部队、一八一医院和76182部队战备值班系统整治试点工作。坚持按纲施训，突出抓好首长机关业务学习训练、新兵基础训练、预提指挥士官训练和通信勤务专业训练。开展岗位练兵比武竞赛，参加联勤部比武，获得3个团体优胜奖，35人被评为“训练标兵”，76153部队、76154部队通过后勤训练一级单位评定。

【后勤业务建设】 2012年，76140部队坚持抓改革促发展，抓管理增效益，现代后勤建设力度不断加大。一八一医院获批成立全军首个健康管理医学研究中心，全军肾移植与透析治疗中心成功升级为全军器官移植与透析治疗中心。突出抓独立营以上单位行政消耗性经费管理改革，军人保障卡实现常态化运行，所属单位完成程控交换机换装及军用电话号码升位工作。加强军械物资供应保障和安全管理，76154部队被军区表彰为业务建设与管理工作先进单位。加强油库精细化管理，抓好76144部队、76146部队设备设施改造，76143部队通过全军油料监督管理正规化建设一级单位评审。加强军队交通运输正规化建设，完成全军联勤公路运输直达配送保障试点任务。加强军需物资业务建设，狠抓物资采购、农副业生产、伙食管理和饮食文化建设，不断规范物资收发管理秩序。坚持面向部队、服务官兵，全年共接诊军队伤、病员近25万人次，接收疗养员1900多人次，补贴部队医疗经费1.56亿元。

【安全稳定建设】 2012年，76140部队以开展“安全稳定年”活动为牵引，加大从严治军力度，不断规范部队秩序。坚持机关做表率、直属队当样板，深入开展“条令月”活动，通过组织条令学习、队列会操、军容风纪检查等形式，增强官兵条令意识。落实一日生活制度，加强“八小时以外”、节假日、敏感时期管控，部队秩序进一步正规。开展两个经常性工作（经常性思想工作、经常性管理工作）调研，做好心理服务工作。开展正规警卫执勤秩序、防范涉军敏感问题教育整顿、管束军人军车专项整治等活动，一些倾向性问题得到较好解决。加强士官队伍教育管理，加大已婚士官管理力度，协调做好伤病残士官移交工作。定期组织安全形势研究判断，开展安全隐患排查，印发警示案例汇编，加强重点目标、要害部位的管控，对涉密岗位人员进行政治考核。年内，76140部队被广州军区表彰为安全工作先进单位。

【基层建设】 2012年，76140部队树立基层至上思想，坚持全面打基础，长期打基础。所属76143部队、76158部队被广州军区联勤部表彰为“全面建设先进单位”，76182部队二连被解放军四总部表彰为“全军先进基层单位”。坚持重心向下，落实党委机关挂钩帮带制度，重点抓好基础相对薄弱单位的帮建，促进整体提高。总结开展创先争优活动的成功经验，推动创先争优活动向常态化、长效化发展。坚持党建带团建，开展“迎接十八大、永远跟党走”主题团日活动，医疗单位注重把聘用人员纳入党团组织的教育管理，增强归属感认同感。坚持服务基层，先后投入542万元为基层解决实际困难156个，重点改善76156部队等4座后方仓库和191临床部的基础设施条件。在桂林疗养院、158临床部和甲山3个统建点全面实施经济适用住房建设，营造良好的部队环境。

（刘锋）

中国人民解放军 75660 部队

【概况】 2012 年，中国人民解放军 75660 部队（简称 75660 部队）把握政治之年、大事之年、特殊之年的工作大局，坚持“突出首位固根本、聚焦中心创品牌、扭住经常保稳定、开拓创新求发展、改进作风抓落实”的工作思路，推进全面建设，完成各项任务，保持部队稳步上升的发展势头和安全稳定的良好局面。部队被评为广州军区司令部正规化建设先进单位和新闻宣传工作先进单位。

【思想政治建设】 2012 年，75660 部队把思想政治建设摆在首位，深化中国特色社会主义理论体系武装，打牢官兵高举旗帜、听党指挥的思想根基。开展“讲政治、顾大局、守纪律”和“讲党性、守法规、正风气、树形象”两项重大教育活动，为迎接党的十八大召开打牢思想和理论基础。认真学习宣传贯彻党的十八大精神，采取收看报道、观看录像、讨论交流、撰写体会等方法组织专题学习，加深官兵对党的十八大精神的学习理解。

【学术科研】 2012 年，75660 部队广泛开展群众性学术科研活动，全年发表学术文章 210 余篇，编写教材 4 部，参与完成军区级以上课题 22 个，其中 1 人获军队科技进步成果三等奖。全年在中央电视台、《解放军报》和全军政工网上发布消息（报道）47 篇（条）。部队政治部被评为广州军区新闻宣传工作和全军政工网宣传工作先进单位，2 人被评为广州军区新闻宣传工作先进个人。

【教学培训】 2012 年，75660 部队按照“教学内容向信息化聚焦、方法手段向实践性拓展、教学科研向融合式发展、教员队伍向复合型培养”的思路，围绕主题主线推进教学训练改革创新，全年高标准完成上级赋予的各项培训任务。部队发挥自身资源优势，组织驻地党政机关和高校 200 余人次过军事日，先后派出 30 多人次为驻地高等院校师生进行国防教育，增强地方干部群众和青年学生的国防意识。7～8 月，组织完成广东、广西和湖南 9 所高等院校签约国防生的暑期基地化集训任务。 （刘爱华）

中国人民解放军 75160 部队

【概况】 2012 年，中国人民解放军 75160 部队（简称 75160 部队）以“迎接党的十八大、贯彻党的十八大”为主线，坚持“抓根本、打基础、严标准、保稳定、谋转变、促发展”的思路，贯彻稳中求进总基调，上下协作，完成各项任务，部队全面建设稳步推进。年内，部队被广州军区评为军史编研工作先进单位和基层文化工作先进单位，部队党委被广州军区评为创先争优先进旅团党委。

【思想政治建设】 2012 年，75160 部队探索思想政治工作新路子，贯彻国防和军队建设主题重大战略思想，围绕高举旗帜、听党指挥的核心要求，学习贯彻党的十八大精神，思想政治建设基础更加牢固，官兵听党话、跟党走的信念更加坚定。持续开展“要踏实不要忽悠、要原则不要功利、要执行不要借口、要创新不要禁锢、要勇于担当不要推责揽功、要令行禁止不要三令五申”系列教育，不断打牢官兵思想政治基础。开展“百名小教员，百堂党史、军史课”学习活动，强化官兵对党史、军史基本常识的学习记忆，坚定思想信念。投入 60 万余元修缮文化活动中心、建设数码演播室和政工办公室，为推进先进军事文化快速发展提供创作平台。

2012 年，75160 部队开展军事战备训练 （75160 部队 供稿）

【战备训练】 2012年，75160部队以严格按纲正规实施训练为抓手，狠抓战备训练工作落实。制订实施训练奖惩规定，设立10万元专项奖励基金，营造大抓训练的鲜明导向，掀起训练热潮。打破传统阶段训练划分，采取“捆绑训、穿插训、合成训”的方法组织训练，广泛开展群众性比武竞赛，大力培育战斗精神，提高基础训练质量。在演训中，探索实践了以小打大、以弱胜强和变客场为主场、配角为主角的战术战法，真演实练，真打实抗。

【基层建设】 2012年，75160部队狠抓基层打基础，不断提高按纲建连质量，部队基层建设水平得到提升。坚持每月“四个半天”时间组织政工干部进行岗位练兵，提高基层管党务政能力。坚持每月营考评连、连量化考评党员，每季评选“党员之星”“士官之星”，常态推进创先争优，增强基层自建活力。坚持能力、动力两手抓干部队伍建设，制订实施《干部能力素质达标考评办法》，分期分批组织各级各类干部集训，增强干部实际工作能力。深入开展“创先争优”活动，评选表彰先进党组织、优秀党支部书记、优秀共产党员，激发各级党组织和党员干部创先争优热情。

【综合保障】 2012年，75160部队以精确高效优质服务为目标，探索后装合并体系融合路子，提升综合保障质量效益。采取以工代训、任职培训、专业集训等方式组织培训，开展后勤专业比武竞赛和以“创纪录、破纪录”为主题的装备保障岗位练兵活动，培训各类保障人员360余人次。推广集约化办伙食模式，实行部队分片统一食谱，网上订菜，科学调剂官兵伙食，提高伙食保障质量，部队服务中心被表彰为“全军先进生活服务中心”。投入1408.3万元，整修办公大楼、连队营房、新建军官训练中心、随军公寓楼和400米塑胶跑道，改善官兵工作生活条件。 （陈雪潮　陈雄辉）

中国人民武装警察部队桂林市支队

【概况】 2012年，中国人民武装警察部队桂林市支队（简称武警桂林市支队）按照“讲规矩、正风气、重内涵、促发展”的阶段性要求和“注重内涵、提升层次、走在前列”的工作目标，抓好经常性、基础性工作落实，支队全面建设稳中有进。4月，参加武警广西总队狙击手集训竞赛，支队获团体总分第3名。7月，支队与广西电网公司桂林培训中心结成双拥共建对子。8月，支队出动100余名官兵参加桂林市公安局反恐处突综合演习暨训练教育成果演练，展示了过硬的军事素质和良好的精神面貌。12月，兴安县中队配合公安机关成功处置“一二·一八”劫持人质事件，2人荣立三等功。年内，支队基层全面建设进步明显，教导队被武警总部评为“先进教导队”，二大队被武警广西总队评为“基层建设先进大队”。

【思想政治建设】 2012年，武警桂林市支队围绕迎接、学习、贯彻党的十八大精神为主线，开展“赞颂科学发展成就，忠实履行职责使命，永远做党和人民的忠诚卫士”教育活动，官兵政治立场坚定；开展“深知兵、真爱兵、诚育兵”和“大谈心、真关心、聚兵心”活动，内部关系和谐融洽。坚持党委集体领导下的首长分工负责制，落实民主集中制原则，充分发挥党内民主，党委集体领导能力显著提升。狠抓基层党支部建设，战斗堡垒作用发挥明显。落实武警广西总队“北海现场会”精神，推进先进军事文化建设。

【完成中心任务】 2012年，武警桂林市支队严格落实执勤工作周讲评、网络分级和实地查勤、执勤设施问责等制度，完成兴安县看守所围墙、岗楼改造和灵川县看守所巡视通道建设，确保执勤目标安全。完成数字集群基站建设、购置应急班装备。狠抓军事训练，精心组织临时勤务，完成中央领导到桂林视察警卫、维护稳定等临时勤务100多起。

【部队管理】 2012年，武警桂林市支队开展“条令学习月”和“迎盛会、严纪律、树形象、保安全”教育整顿活动，抓好基层正规化建设。加强行政督查，部队精细化管理水平提升。开展重大安全隐患排查治理活动，主动预防季节性事故和失泄密问题发生，内部安全稳定。年内，支队被武警总部评为连续10年预防事故案件工作先进单位。

【后勤保障工作】 2012年，武警桂林市支队着眼服务基层、服务官兵，推进改革创新，科学统筹后

2012 年，武警桂林市支队官兵用各种方式迎接党的十八大召开

（武警桂林市支队　供稿）

勤建设与管理。坚持党委（支部）理财，严格财经纪律，经费使用公开透明合法。加强军需物资管理，搞好警营饮食文化建设，发挥农副业生产效益，伙食满意率提高。全年共投入 1521 万元，推进新机关、教导队和基层中队基础设施建设，部队设施配套水平明显提升。抓好枪弹管理，规范车辆运行秩序，后勤服务保障到位。　（王竹富）

人民防空

【概况】 2012 年，桂林市人民防空工作抓建章立制，规范行为；抓学习培训，提升队伍素质；抓重点难点，全面加强工程建设；抓活动牵引，促进人民防空科学发展；抓“军事化”建设，增强行政执行力。年内，全市人民防空工作法制建设有突破，工程建设有进步，队伍建设有加强，宣传教育有成效，县级人民防空工作有发展。

【“准军事化”建设】 2012 年，桂林市人民防空办公室按照广州军区人民防空机关“准军事化”建设标准，制订《桂林市人防机关“准军事化”建设实施细则 60 条》《桂林市人防办干部职工管理规定》，完善《车辆使用管理规定》《财务管理规定》等规章制度。坚持每周召开 1 次班子成员办公会，每月召开 1 次主任办公会，每季度召开 1 次党组会和组织 1 次党组中心组带机关专题理论学习，进一步规范机关办事程序。

【信息化建设】 2012 年，桂林市人民防空办公室组织机关人员到市人民政府信息科、市国土资源局信息中心等单位学习信息化知识，邀请桂林电子科技大学专家讲授信息化建设知识。组织编写机关电子政务建设方案，完成人民防空机关网络建设。启动山体人民防空工事、平战出租工事、警报器分布、重要经济目标防护点测量工作，初步建立人民防空数据库。

【工程建设】 2012 年，桂林市人民防空办公室坚持以建为主，以收促建，全市新增人民防空工事面积 XX 万平方米。审批防空地下室 XX 项，面积 XX 万平方米。审查人民防空工程建设许可证资料 32 项，办理人民防空工程建设许可证 XX 项。在临桂新区新建人民防空地面指挥中心获国家人民防空办公室批准立项，土地划拨申请经市人民政府常务委员会研究通过。年内，《桂林市城市地下空间开发利用规划》《桂林市城市地下空间开发管理规定》通过专家评审和市人民政府常务委员会通过。

【法制建设】 2012 年，桂林市人民政府、桂林警备区及桂林市人民防空办公室与市直相关部门先后制订并颁发了 3 份加强人民防空建设的法规文件。市人民防空办公室制订《人防行政许可和非行政许可项目联审暂行规定》《人民防空工程建设项目会审暂行规定》，并成立了人民防空执法监察大队。年内，市人民防空办公室组织“全市人防法制宣传月”和“一二·四法制宣传日”活动，受教育 3 万多人次；组织 2 万多名中、小学生学习人民防空知识；印发《桂林人防工作简报》共 14 期，促进桂林人民防空法制观念的增强。

【机构建设】 2012 年，全市 12 个县均成立了人民防空机构，灌阳县、资源县、荔浦县、恭城瑶族自治县均增加人员编制，落实了专职人员。各城区成立了人民防空办公室、人民防空执法监察大队，大部分县的乡（镇、街道）成立人民防空办公室。年内，人民防空工程设计院改制工作完成。

（刘海科）

人力资源和社会保障

2012年8月10日，桂林市人力资源和社会保障年中工作推进会召开

（桂林市人力资源和社会保障局　供稿）

概　　述

2012年，桂林市人力资源和社会保障局实施积极的就业政策，不断完善城乡居民的社会保障体系建设。围绕“服务民生、促进就业”主题，开展专项公共就业服务活动，帮助就业困难人员、农村富余劳动力及新生劳动力实现就业。全年全市新增城镇就业人数85161人，城镇失业人员再就业18554人，就业困难人员再就业4950人，新增农村劳动力转移就业103098人，城镇登记失业率为3.9%。全市共开发公益性岗位5988个，发放小额担保贷款5.29亿元。完成社会保险各项目标任务，全市基本养老保险、基本医疗保险、失业保险、工伤保险、生育保险五项保险参保人数253.06万人，基金征缴总收入44.20亿元。制订和出台桂林市职工医疗保险暂行规定的各项配套政策，完成第四批新型农村社会养老保险和城镇居民社会养老保险试点工作，建立失业人员物价补贴机制，落实市本级连续2年亏损的困难企业304名离休干部（含镇南关干部87名）待遇。加强人才队伍建设，完善公务员管理机制，开展职业技能培训，提升劳动者技能和素质。做好人才引进工作，中国桂林旅游人才市场建设取得新突破。深入推进工资收入分配制度改革，构建和谐劳动关系，推动全市人力资源和社会保障工作实现新发展。年内，桂林市获“全国优秀创业型城市”称号，桂林市就业服务中心获“全国就业先进单位”称号，桂林市人力资源和社会保障局副局长魏承林获“全国就业先进工作者”称号，桂林市丽发制衣有限公司董事长李玉息获“全国创业先进个人”称号。

就业与培训

【开展专项公共就业服务活动】 2012年，桂林市人力资源和社会保障局组织开展就业服务月、春风行动、民营企业招聘周、高校毕业生就业服务月、高校毕业生就业服务周等专项公共就业服务活动，帮助就业困难人员、农村富余劳动力及新生劳动力实现就业。一是开展以“援助到人、服务到人、政策到人”为主题的就业援助月活动，帮助各类就业困难人员就业，全市共走访就业困难人员和零就业家庭2157户，登记认定未就业困难人员1935人；组织专场招聘会30余场，帮助就业困难人员实现就业1447人，帮助就业困难人员享受政策1393人。二是开展以“搭建劳务对接平台，帮您尽早实现就业”为主题的春风行动，帮助农村富余劳动力实现转移就业。2月2日，桂林市“春风行动”启动仪式在永福县苏桥工业园举行，当天的招聘会进场企业135家；至3月31日，全市12个县5个城区累计组织专场招聘会69场，服务就业人员5.80万人，跨地区组织劳务输出9668人，帮助企业吸纳19147名农村劳动者就业，组织356人参加创业培训、1931人参加职业技能培训，为1.50万人提供政策咨询、劳动维权服务和法律援助，推荐诚信服务机构51个。三是开展以“民营企业，大有可为”为主题的民营企业招聘周活动，搭建民营企业与高校毕业生双向选择平台。5月11～12日，在市人力资源市场和桂林理工大学分别举行了大型民营企业专场招聘会。进场招聘单位109个，其中民营企业占90%以上。招聘会共提供就业岗位1650个，其中适

2012年7月26日，广西高校毕业生就业服务月启动仪式举行

（桂林市人力资源和社会保障局　供稿）

2012 年 9 月 24 日，全国失业保险基金管理工作会议在桂林召开
（桂林市人力资源和社会保障局　供稿）

合高校毕业生的岗位 1200 个，占 72.73%；进场求职人数 1860 余人，应聘报名 850 人，达成就业意向 310 人，其中高校毕业生 210 人，占 67.74%。四是开展以“人才保障，公益先行”为主题的桂林市首届公益性人才交流大会暨大中专毕业生“双向选择”洽谈会。7 月 15 日在桂林国际会展中心举行，进场求职人数 1.5 万人，实现就业 6200 多人。五是开展“送政策、送指导、送岗位”为主题的毕业生就业服务活动。8 月 1～31 日，桂林市共召开 6 场免费招聘会，参加招聘单位 550 个，提供就业岗位 7500 个，入场应聘毕业生 6800 多人，达成就业 2200 多人；网络招聘单位 170 个，提供就业岗位 1785 个，达成就业意向 645 人。六是分别于 7 月和 11 月，为 2012 届和 2013 届的高校毕业生举办高校毕业生就业服务月和高校毕业生就业服务周活动。

【农村富余劳动力转移就业】 2012 年，桂林市人力资源和社会保障局继续抓好有组织的劳务输出和就近就地转移就业。分解落实市人民政府下达的农村劳动力转移就业任务指标给各县（区）人力资源和社会保障局，并实行跟踪问效制度。加强与珠江三角洲、长江三角洲等沿海经济发达地区的劳务合作，依托自治区和桂林市设在沿海经济发达城市的劳务工作站，收集信誉较好、待遇较高企业的用工信息，通过市、县（区）人力资源市场和乡（镇）劳动保障工作平台发布，不定期地组织有劳动能力和外出务工愿望的农村富余劳动力赴广东、福建、江苏等地务工就业。加强驻外地劳务工作站建设，在珠海市建立桂林劳务工作站，为在珠海务工的桂林籍劳务人员服务。

【职业技能培训和职业技能鉴定】 2012 年，全市职业技能培训 14020 人，农村劳动力转移就业技能培训 20531 人，企业在岗职工技能提升培训 1147 人，创业培训 6856 人，劳动预备制培训结业 2600 人，秋季新招劳动预备制学员 1549 人。全市参加职业技能鉴定考核人数 24412 人，其中初级 12234 人，中级 9196 人，高级 2875 人，技师 79 人，高级技师 28 人；颁发职业资格证 23583 本，其中初级技术等级证书 11982 本，中级技术等级证书 8870 本，高级技术等级证书 2624 本，技师合格证 79 本，高级技师合格证 28 本。机关事业单位工人参加职业资格等级考试 2096 人。组织 5211 人参加全国、自治区职业资格统考。

【开展贫困村技能扶贫行动】 2012 年，桂林市人力资源和社会保障局与市基层办、市扶贫办制订《桂林市贫困村技能扶贫行动工作方案》，成立技能扶贫工作领导小组，给各县（区）、各培训机构下达 2012 年技能扶贫工作任务。4 月 19 日，召开桂林市贫困村技能扶贫行动工作座谈会；7 月 27 日，在灌阳县召开桂林市贫困村技能扶贫行动工作现场会。全年举办各类职业技能培训班 190 期，培训贫困村劳动力 5749 人。全市 270 个贫困村共培养实用技术能手、技术骨干 400 多人；全市贫困村发展种植业 4000 多公顷，涌现出 100 多个专业村，其中兴安县的义和村发展葡萄种植 53.33 公顷，资源县的晓锦村发展金银花种植 400 多公顷。

社会保障

【完成社会保险各项目标任务】 2012 年，全市基本养老保险参保 43.28 万人，基金征缴 27.62 亿元；基本医疗保险参保 119.26 万人，基金征缴 13.78 亿元；失业保险参保 24.30 万人，基金征缴 1.71 亿元；工伤保险参保 38.52 万人，基金征缴

2012 年 6 月 20 日，联合国公务员委员会主席罗兹(右三)在桂林考察
(桂林市人力资源和社会保障局　供稿)

【完善市级统筹基本医疗保险制度】 2012 年，桂林市人力资源和社会保障局制订和出台桂林市职工医疗保险暂行规定的各项配套政策，完善市级统筹基本医疗保险制度。组织人员修订《桂林市国家公务员医疗补助管理暂行办法》《桂林市城镇职工基本医疗保险大额医疗救助管理办法》《桂林市城镇职工基本医疗保险特定慢性病门诊医疗管理办法》，其中《桂林市城镇职工基本医疗保险特定慢性病门诊医疗管理办法》经市人民政府批准发布实施。

0.59 亿元；生育保险参保 27.70 万人，基金征缴 0.50 亿元。五项社会保险参保人数分别完成年度任务的 101.8%、102%、101.13%、103%、103%；基金征缴分别完成年度任务的 102.3%、144%、170.52%、112%、122%。五项社会保险参保人数共 253.06 万人，五项社会保险基金征缴总收入 44.20 亿元。

【开展第四批社会养老保险试点工作】 2012 年，桂林市人力资源和社会保障局完成第四批试点县(区)全州县、灵川县、阳朔县和 5 个城区新型农村社会养老保险和城镇居民养老保险试点工作的申报、启动及全面展开等工作，第四批试点县(区)单位参保率达 80%，发放率 100%。至年末，全市城乡居民社会养老保险参保人数 195.69 万人，参保率 96.23%。其中：新型农村社会养老保险参保人数 192.72 万人，参保率 96.3%；城镇居民养老保险参保人数 2.97 万人，参保率 91.66%。全市发放养老保险待遇人数 55.53 万人，其中新型农村社会养老保险发放 54.10 万人，城镇居民养老保险发放 1.43 万人，发放率均为 100%。全年新型农村社会养老保险和城镇居民养老保险累计收取保费 2.95 亿元，其中新型农村社会养老保险收取 2.88 亿元，城镇居民养老保险收取 0.07 亿元。新型农村社会养老保险和城镇居民养老保险支出养老金 5.04 亿元，其中新型农村社会养老保险支出 4.93 亿元，城镇居民养老保险支出 0.11 亿元。

【开展失业动态监测】 2012 年，桂林市实施失业动态监测，严格控制失业总量的增长，帮助企业稳定就业岗位，促进就业。市人力资源和社会保障局加强失业保险定点监测企业调研工作，调研企业 36 家，了解企业就业状况和失业动态情况，研究预防失业的工作措施。对有一定规模以上失业的企业进行失业登记审核，控制失业总量增长，全年共审核企业 31 家，涉及失业职工 1024 人。开展关停并转企业职工、失业人员公共就业和社会保障服务调查统计工作，为就业再就业工作提供依据。

【提高社会保险待遇】 2012 年，全市企业退休人员月人均基本养老金从 1411 元提高到 1601.53 元，人均增加 190.53 元。城镇居民医保财政补助提高到年人均 240 元，城镇职工医保和城镇居民医保统筹基金最高支付限额分别提高到当地职工年平均工资和当地居民可支配收入的 6 倍。为领取失业金的失业人员缴纳城镇职工基本医疗保险，减轻失业人员生活压力。

【启动失业人员物价补贴机制】 2012 年，桂林市根据国家统计局桂林调查队提供的桂林市城镇低收入居民基本生活费用价格指数连续 3 个月涨幅超过 5%的数据，启动了失业人员物价补贴机制，向领取失业保险金人员发放临时价格补贴。全年桂林市向领取失业保险金人员发放了 1 个月的临时物价补贴 47.86 万元。这些补贴一次性地拨付到失业人员的银行卡上，保障了失业人员的基本生活。

人事管理

【公务员管理】 2012年，桂林市人力资源和社会保障局执行公务员日常登记管理制度，做好首次任职定级新录用公务员、军队转业干部安置进机关人员、调任人员的公务员流通、登记工作。全年办理行政机关及参照公务员法管理事业单位人员流通手续323人次，公务员日常登记2600多人次，完成2011年度参照公务员法管理事业单位工作人员1300多人过渡考试合格人员的登记工作。严格规范职位管理和职务任免工作，共办理科级领导职数备案338人，科级非领导职数备案161人，办理市人民政府任免干部73人次。推进竞争上岗常态化。全市行政机关选拔中层领导人选均实施竞争上岗办法，全年市级行政机关共有306名中青年干部通过竞争上岗走上中层领导岗位。

【公务员考录】 2012年，桂林市继续开展公务员招录各项工作，全年网上报名考生17585人，通过资格审查并参加笔试考生14341人，参加面试考生2366人，共录用公务员889人。年内，桂林市启动自治区公务员候录库录用公务员程序，面向社会公开录用公务员（人民警察）29人。

2012年12月7日，桂林市人才管理办公室、就业服务中心人员参加自治区公共人才和就业服务机构运动会 （桂林市人力资源和社会保障局 供稿）

【公务员培训】 2012年，桂林市公务员培训计划按照分级管理、分级负责原则，举办了多种形式的培训班。全年举办公务员面试考官培训班4期，共培训考官220人，对培训考试合格的面试考官颁发了资格证书。举办公务员晋升任职培训，共培训174人。开展公务员全员培训，推进公务员网络在线培训。首次开展政府机关采购人员网络业务专题培训，培训128人。开展职业道德教育培训，培训15214人。举办市直机关和参照公务员法管理事业单位人员初任培训1期，培训130人。

【评比达标表彰活动管理】 2012年，桂林市人力资源和社会保障局会同相关部门制订出台《桂林市评比达标表彰活动管理办法（试行）》，加强对评比表彰活动的规范化管理，同时执行《公务员奖励规定（试行）》，规范程序，规范记功嘉奖工作流程，完善行政奖励的申报、推荐、评审、备案和表彰工作，依法对各行各业的先进典型给予表彰奖励。年内，开展先进模范人物走访慰问活动，做好与上级部门开展的自治区系统或行业先进集体、先进工作者的评选表彰工作，全年协同系统或行业共推荐上报省部级以上表彰奖励先进集体47个、先进个人248人。

【开展事业单位公开招聘】 2012年2月，桂林市人力资源和社会保障局为2011年度冬季事业单位公开考试招聘的214名工作人员办理聘用手续。全年全市实行公开考试招聘事业单位的管理岗位、专业技术岗位、工勤岗位1057个，参加事业单位公开招聘工作人员笔试13264人，进入面试1502人，办理聘用手续967人。

【事业单位岗位管理】 2012年，桂林市本级纳入首次岗位设置管理的事业单位292个，全部完成岗位设置方案的核准，完成岗位设置管理实施认定工作的事业单位201个。县（区）纳入岗位设置的事业单位3750个，完成岗位设置方案核准的事业单位2369个，完成岗位设置管理实施认定工作的事业单位1132个。

【军队转业干部安置】 2012年,桂林市军队转业干部安置任务185人,其中计划分配团职干部40人(正团职13人、副团职27人),正营职以下和专业技术干部120人,自主择业军队转业干部25人。年内,桂林市人力资源和社会保障局深入部队和接收军队转业干部较多的单位进行调研摸底,走访了驻桂林市10余个独立团级以上部队,多次与桂林市党政机关、群团组织、参照公务员法管理事业单位座谈,征求他们对军队转业干部安置工作的意见和建议。8月3日~9月7日,组织军队转业干部集中培训,内容涉及自治区情、市情介绍,区域经济发展,公共经济管理等方面。年内,有7名军队转业干部、1名随调家属需安置,市人力资源和社会保障局及时指导有接收安置任务的临桂、平乐等5个县做好接收安置工作。

【企业军队转业干部解困工作】 2012年,桂林市企业有军队转业干部4073人。其中:市属企业3333人,占81.83%;自治区直属企业286人,占7.02%;中央直属企业454人,占11.15%。桂林市人力资源和社会保障局向市财政申请发放企业军队转业干部解困资金103.54万元,为218名企业军队转业干部缴纳医疗保险费202.24万元,春节、八一建军节发放慰问金47.82万元,为28名失业的企业军队转业干部报销养老保险费17.63万元。

【职称管理】 2012年,桂林市人力资源和社会保障局完善职称工作制度,规范全市职称工作行为,确保职称评审公平公正。全年组织开展桂林市中学高级教师、高级工程师评审工作,全市申报高级职称1028人,通过中学高级教师评审374人,通过高级工程师评审68人,通过率与往年比略有下降;申报中级职称3573人,通过评审1637人。年内,受理卫生、二级建筑师、会计等资格考试通过人员的申报材料5181份,办理资格证书4463本。办理2011年评审取得的初级证书891本、中级证书1753本、高级证书446本;办理转正定职、重新确认、遗失补办证书1208本;办理验证注册2.5万本。审核2011年度、2012年度评审通过人员的申报材料,查出弄虚作假5人、评审硬件不达标28人,按规定取消中级专业技术资格24人,上报自治区取消高级专业技术资格9人。全年组织各类人事资格考试20余项,报名人数3万余人次,组织考试1000余场次,打印各类合格证书1.8万本,处理违反考纪事件10余件,协助各系列资格考试7000余人次。

【机关事业单位工资管理】 2012年,桂林市继续推进事业单位实施绩效工资工作。完成义务教育阶段学校、公共卫生与基层医疗卫生事业单位绩效工资,其他事业单位实行绩效工资清查摸底工作。市直事业单位退休人员的生活补贴绝大部分审核完毕,市本级其他事业单位绩效工资实施方案获市人民政府批准。年内,审核2011年度市直473个机关事业单位21752人年终奖金;审核2011年度市直机关97个单位5525人绩效奖金;办理公务员(含参照公务员法管理单位人员)1234人次年限到杠晋升级别工资和5612人档次工资晋升,事业单位16880人次的薪级工资晋档。办理2011年度计划安置军队转业干部工资162人、新进机关事业单位和市外机关事业单位调入人员工资413人。审核公务员670人次职务晋升调资、事业单位管理人员819人次职务晋升调资、事业单位专业技术人员5981人次聘任专业技术职务调资、机关事业单位工人1023人次晋升工人技术等级调资。调整兑现已完成岗位设置的事业单位工资2198人,办理2011年度参照公务员法管理事业单位工资套改165人。调整市直机关、事业单位工作人员及离退休人员死亡丧葬费标准,由原来每人1600元调整为每人5000元。办理549人的退休工资手续,其中机关单位210人、事业单位339人。全年新增加遗属困难补助人员26人,为289名遗属办理生活困难调标手续。

人才队伍建设

【中国桂林旅游人才市场建设】 2012年,桂林市加快打造全国唯一国家级旅游专业人才市场——桂林旅游人才市场品牌。3月,中国桂林旅游人才市场启用新版中国旅游人才网。网站关键字“旅游人才网”“中国旅游人才网”在百度搜索引擎的排名分别由第100位、第75位上升到前6位、首位。中国旅游人才网每日点击量由140次增加到3096次,百度收录有关中国旅游人才网的文章由88篇增加到3000篇,与行业人才、政府机构、旅

2012 年 3 月 20 日，人力资源和社会保障部副部长信长星（左一）到桂林视察 （桂林市人力资源和社会保障局 供稿）

游相关网站互换链接由 0 家增加到 200 家，已和国内百强旅游政务网——桂林旅游网、百度等国内大型网络平台以及各大旅游院校建立长期合作关系。

【专业技术人才队伍建设】 2012 年，桂林市人力资源和社会保障局对专业技术人才管理由“管人才，用人才”向“发现人才，培养人才，吸引人才，服务人才”转变。全年组织开展全市专业技术人员信息采集工作，采集信息 2 万余人。组织推荐广西“十百千人才工程”第二层次人选 4 人，组织推荐 2012 年政府特殊津贴人员 4 人，开展桂林市享受政府特殊津贴人员核查工作。

【引进外国专家人才和专家项目】 2012 年，桂林市获国家外国专家局和自治区外国专家局引进的国外技术、管理人才项目 10 项，实际执行 9 项，为桂林市企事业单位引进外国专家 14 名，获引智专项拨款 34 万元。重点扶持桂林市优秀企业，帮助桂林机床股份有限公司邀请德国机械制造专家 Klemen 到桂林工作，对公司自主研发的 XK 2310-5 X 五轴联动龙门铣床及 AC 双摆联动铣头进行技术指导。支持高新技术产业发展，桂林微邦生物技术有限公司申报的酶工程生产魔芋甘露低聚糖产业化项目得到外国专家的技术指导，使该项目具有较大的创新性和先进性；在“免疫诊断试剂国家地方联合工程实验室”项目中，美国专家带领研发小组建立了基因重组抗原及鼠源单克隆抗体工程化平台，通过专家指导及对国外技术的消化、吸收和自主创新，推进了广西体外免疫诊断试剂产业知识产权的自主化水平，促进该产业的国产化进程。加快推进桂林国家旅游综合改革试验区建设，桂林市城市规划设计研究院申报“街道改造与城市设计”项目，受邀到桂林市工作的美国规划设计师 Ulrich 多次现场考察和查阅关于中山中路（文昌桥至十字街区间）资料和数据，提出许多好的建议。引进一批高水平的专家到桂林工作，桂林吉福思生物技术有限公司为国家级引智示范基地，燕京啤酒（桂林漓泉）股份有限公司为自治区级引智示范单位。

劳动关系协调与执法

【劳动合同签订稳步扩面】 2012 年，桂林市结合劳动保障宣传促进劳动合同签订，以公共就业服

2012 年 8 月 25 日，桂林市人力资源和社会保障局在市中心广场组织“周末大家乐”文艺演出 （桂林市人力资源和社会保障局 供稿）

务机构、街道社区为平台举办现场咨询。邀请新闻媒体宣传报道遵守劳动保障法律法规的先进单位,对不依法与农民工签订劳动合同、拖欠工资的违法企业进行公开曝光。全年指导改制企业12家,签订劳动合同职工4500余人。检查用工单位456个,其中建筑业8个,采矿业4个,制造业80个,旅店餐饮业120个,服务业48个,机关事业单位56个,其他单位140个。涉及用工人数70224人,其中农民工5016人,劳务派遣6196人。签订劳动合同67256人,合同签订率95.77%。

【实施劳动用工备案】 2012年,桂林市出台《桂林市劳动用工备案暂行办法》,加强劳动用工管理,规范劳动用工秩序,推进劳动合同制度实施,维护劳动者和用人单位的合法权益。年内,5个城区新增劳动合同备案用人单位1476个,新增备案人数47239人,全市劳动用工备案人数突破22万人。

【劳动保障监察两网化管理】 2012年,桂林市出台《桂林市劳动保障监察两网化管理工作考核暂行办法》,对各县(区)劳动保障监察两网化(网格化、网络化)管理工作推进情况及效率效能情况进行全面监管,形成反应迅捷的防控机制,并将工作要求列入年终考核目标。全市劳动保障监察两网化管理共划分网格239个,开通网络节点53个,各网格已采集登记用人单位台账3万多个,建立用人单位电子档案7000多个,有劳动保障监察协查员189人。

【劳动保障监察执法】 2012年,全市劳动保障监察机构共接待群众来信、来电、来访4.3万人次,走访和检查用人单位6995个;受理群众举报投诉案件1402件,结案1382件,结案率98%;为城镇职工和农民工追回被克扣、拖欠的工资2679.83万元,涉及人数1.68万人;督促252个用人单位申报、补缴社会保险费775.58万元;责令用人单位依法补签劳动合同1.54万份。2~3月,开展清理整顿人力资源市场秩序专项行动,共检查单位762个,其中检查职业中介机构51个。处理违反职业中介机构管理规定的行政违法案件18件,责令收取劳动者押金的8个单位退回押金0.8万元,取缔未经许可和登记擅自从事职业中介活动的组织或单位10个。5~6月,开展用人单位遵守劳动用工和社会保险法律法规情况专项检查行动,共检查用人单位2512个,督促指导用人单位与劳动者补签劳动合同7500多份,责令限期整改未申报社会保险的单位152个,督促补缴社会保险费21.6万元。年末,开展农民工工资支付情况专项检查行动,共责令整改涉及拖欠农民工工资的用人单位56个,补发2000名被拖欠工钱的农民工工资592万元。

【维护农民工权利】 2012年,桂林市多措并举做好农民工维权工作,有效防范租赁场地经营企业拖欠工资行为。桂林市在餐饮服务、娱乐服务、装饰装潢、服装加工、纸箱包装、电子信息、零售服务等行业及其他租用场地设备的生产经营企业实行工资支付报备制度,防止企业欠薪逃匿、无固定资产拍卖偿付工资的情况出现,市区内参加工资支付报备的租赁企业2600家,涉及劳动者人数5万人。加大对拖欠农民工工资案件的查处力度,桂林市人力资源和社会保障局、市中级人民法院、市人民检察院、市公安局联合出台《加强对拒不支付劳动报酬案件查处工作的通知》,建立拒不支付劳动报酬案件工作联席会议制度,及时查处拒不支付劳动报酬案件。加强农民工工资保证金监管,防范欠薪逃匿引发农民工集体上访事件。市劳动保障监察支队负责管理水利水电工程项目农民工工资保证金,累计共有38个水利水电工程项目的施工单位和业主单位存入农民工工资保证金474万元。

【劳动人事争议案件调解仲裁】 2012年,全市劳动人事争议仲裁委员会共受理劳动人事争议案件1818件,其中劳动报酬、社会保险、解除合同经济补偿金争议案件1474件,占案件总数81.08%。立案处理的案件中,人事争议案2件,10人以上集体争议案13件,涉案金额925万元。市本级立案受理的案件与往年比有明显上升,立案受理劳动人事争议1290件,增长25%,结案1223件,结案率94.80%,其中仲裁裁决726件,调解结案497件,调解率40.60%。各级仲裁机构、基层调解组织案外调解劳动人事争议案433件。

(朱桂平　冯磊)

外事·接待

2013年3月23日，市委常委、副市长、宣传部部长陈丽华(左五)会见好莱坞总裁巴赛尔 (市人民政府 供稿)

外　　事

【概况】 2012年，桂林市外事办公室积极配合国家总体外交大局，各项工作取得显著成效。全年共接待应邀到访的国外政要及嘉宾涉及32个国家，共55批583人次，其中副总理级1批44人次，部长级12批153人次，外国驻中国使节团5批48人次。全年共受理审核出国(境)材料160批344人次，受理审核邀请外国人来华确认函材料296批358人次。年内，桂林市外事办公室获外交部颁发的“服务国家总体外交突出贡献奖”、中国人民对外友好协会颁发的“人民友谊贡献奖”、自治区外事工作领导小组颁发的“广西国际友谊贡献奖”。

【外宾到访】 2012年访问桂林的重要团组有：3月5～6日，南亚国家政党干部研修班一行18人；3月10～11日，南非非洲人国民大会政工干部考察团一行19人；3月15日，新西兰前国会议员里克·巴克一行；4月4～6日，泰国驻南宁总领事馆领事陈修武一行3人；4月18～20日，越南广宁省省委书记范明政一行63人；4月22～23日，也门改革集团书记处成员、政治部部长赛义德·穆阿马里一行3人；4月23～25日，泰国驻南宁总领事馆总领事吉达蓬一行9人；5月23～26日，泰国公主朱拉蓬一行44人；7月18～21日，巴拿马巴中友好协会名誉主席奥尔特加一行4人；7月19～21日，缅甸仰光省行政长官吴敏瑞一行9人；7月19～21日，韩国忠清北道和波兰喀尔巴阡山省政府代表团一行6人；9月4～9日，牙买加驻华大使考特尼·拉特雷、土耳其驻华大使穆拉特·萨利姆·埃森利率外国驻华使节团一行23人；9月22～23日，文莱王国工业和初级资源部部长叶海亚一行5人；9月23～25日，柬埔寨马德望省代表团一行7人；10月16～18日，瑞士联邦议会瑞中小组主席布鲁诺·约·诸葛一行12人；10月31日～11月2日，韩国忠清北道议会议长金光洙一行16人；12月25～26日，俄罗斯驻中国大使馆参赞奥谢普科夫一行4人。

【协办重要国际会议及学术活动】 2012年，桂林市外事办公室协助承办的重要国家会议及学术活动主要有：3月27～29日，由广西师范大学主办的第三届中欧基础教育课程发展论坛在桂林举办，来自荷兰、法国、芬兰、瑞典等8个欧洲国家的21名代表和400多名国内基础教育课程改革的专家、中小学校长、教育管理者和教师代表，围绕“中国和欧洲基础教育课程发展：下一个十年”的主题，探讨共同关注的话题；6月12日，2012城市发展与规划大会在桂林举行，来自国家开发银行、中国城市科学研究会和美国能源基金会、美国能源部、亚洲开发银行等国内外的组织机构代表、专家学者1500余人，围绕“宜居、低碳与可持续发展”主题进行学术研讨，就如何建设宜居、低碳与可持续发展的生态城市进行交流和探讨；8月14日，第十三届电子封装技术与高密度封装国际会议在桂林举行，来自美国、英国、德国、荷兰、日本、韩国、新加坡等20多个国家以及中国香港、澳门、台湾等地区的500多名代表出席会议；8月24～26日，“21世纪书画作家国际交流展”在桂林美术馆举办，来自中国、日本、韩国、越南等国家和地区的近300幅作品参展；9月6～8日，第三届中国桂林国际旅游博览会在桂林国际会展中心举办，全球60多个国家和地区旅游企业代表团参展，20多个国家的驻华大使参会，4个桂林市的国际友好城市及友好交流城市派团到会参展；10月19～21日，第四届中国·桂林创新创意文化节暨桂林动漫节在桂林国际会展中心举办，来自波兰、法国、匈牙利等国家的嘉宾及全国各地的动漫专家、学者、金融投资界人士和市民感受了创新创意的魅力和乐趣；10月12日，第六届联合国世界旅游组织/亚太旅游协会旅游趋势与展望国际论坛在桂林举行，与会中外专家学者围绕“分享经验成果，谋求合作共赢”主题，对旅游发展趋势和未来发展战略及前景等进行探讨；10月12日，旅游与教育国际论坛在桂林旅游高等专科学校举行，联合国世界旅游组织执行主任索丹·索莫基介绍了联合国世界旅游组织成立的背景和担任的职能，以生动的事例和翔实的数据，深刻解读旅游业的发展历程和发展前景；12月4～5日，由公安部主办、自治区公安厅承办的东盟与中日韩打击电信诈骗犯罪研讨会在桂林举行，会议就各国打击电信诈骗犯罪和网络诈骗犯罪的经验和做法进行交流；12月17～19日，由外交部与澳大利亚人权委员会共同组织的《非政府组织能力建设研讨会》在桂林举行，外交部国际司副司长祁小夏主持研讨会并讲话。

2012年5月23日，泰国公主朱拉蓬（中）访问桂林　（舒恒茂　摄）

【国际友好城市交流】 2012年，桂林市开展友好城市交流26批216人次，其中安排出访8批59人次，接待来访团组15批157人次，其他交流3批。

桂林市与日本熊本市交流　1月11日，由日本熊本县、熊本市和熊本大学共同设立的熊本上海事务所成立，桂林市市委常委、副市长黄涛到上海参加开幕式，并会见熊本市市长幸山政史。2月18～22日，桂林市体育代表团一行12人访问熊本市，参加首届熊本城马拉松大会。7月17～20日，熊本市副议长田尻将博一行6人应邀出席在南宁举办的广西国际友好城市交流大会，熊本市观光文化交流局局长坂本纯在交流会上发言。7月30日～8月4日，桂林市高中生代表团一行20人访问熊本市，拜会了熊本市市长、议长，参观了熊本市政府、国际交流会馆、熊本城、熊本必由馆高中，在交流伙伴家和天草青少年之家同吃同住。8月16～21日，桂林市与熊本市共同组队，参加中国人民对外友好协会在北京奥林匹克体育中心举行的中日友好交流城市初中生乒乓球友谊比赛大会。桂林市派出的5人参赛队与熊本市派出的4人参赛队取得了第三名的好成绩。9月5～8日，日本熊本市、九州地区派出5人参加第三届中国桂林国际旅游博览会，设立了4个标准展位。

桂林市与新西兰黑斯廷斯地区交流　4月12～17日，新西兰黑斯廷斯地区前议员德里克·布朗里格率市民访问团一行17人访问桂林，参观了灵川县山羊和种猪养殖场。7月30日～8月4日，桂林市教师代表团一行6人赴黑斯廷斯地区进行教育考察和交流，代表团参观了黑斯廷斯地区5所学校，商谈了建立姐妹学校关系和开展教师、学生交流事宜。10月14～19日，黑斯廷斯地区教育代表团一行3人访问桂林，到桂林市中山中学、桂林市第一中学、桂林中学和桂林奎光学校进行参观、交流，商谈互派教师和学生事宜，黑斯廷斯初级中学与桂林奎光学校签署了建立姐妹学校协议书。10月18～19日，黑斯廷斯地区市长劳伦斯·尤尔到广西植物研究所座谈交流，并参观了桂林园博园。

桂林市与美国奥兰多市交流　4月3日，巴迪·戴尔第三次当选奥兰多市市长。桂林市市长李志刚致函祝贺。

桂林市与韩国济州市交流　2月2～7日，桂林市派出3人代表团参加韩国济州市第十五届元宵迎春庆典活动。2月17日，济州市政府派遣交流员高徹周到桂林，在广西师范大学进行为期1年的学习与交流。7月11～14日，济州市体育代表团一行24人访问桂林市，进行了高尔夫球、乒乓球交流，考察了桂林市体育中心。9月4～7日，济州市派出6人到桂林参加第三届中国桂林国际旅游博览会，并设立2个展位。

桂林市与波兰托伦市交流　2月，波兰托伦市竞选"世界新七大城市奇观"，桂林市利用相关网站配合宣传推动。6月24～26日，桂林市副市长周卫率桂林市友好代表团一行6人访问托伦市，出席了"姜饼名人大道"揭幕仪式，参观了托伦古城，与托伦市市长扎莱斯基和市政府各部门主要官员座谈，就两市在文化、旅游、环保和经贸领域的交流交换意见。托伦市政府赠送了哥白尼塑像给桂林市园博园。

桂林市与土耳其穆拉特帕夏市交流　9月5～10日，土耳其穆拉特帕夏市市长苏莱曼·艾乌季勒曼率领代表团一行7人访问桂林，参加第三届中国桂林国际旅游博览会。访问期间，艾乌季勒曼会晤了桂林市市长李志刚，参观了临桂新区建设工地。在第三届中国桂林国际旅游博览会上，穆拉特帕夏市设立2个展位。

灵川县与日本西桂町交流 8月4～19日，日本西桂町推荐邀请桂林市灵川县选派的灵川中学高中二年级学生杨明参加在日本东京举办的环太平洋学生夏令营活动。8月5～10日，桂林市灵川县派出由县领导和中学生组成的代表团一行10人访问西桂町，拜会了西桂町政府，与西桂町各界人士座谈，参观了工厂、学校。

阳朔县与美国莫尔黑德市交流 7月22～28日，阳朔县友好城市莫尔黑德“祝福之手”负责人Betty带领该市20名师生与阳朔县120多名师生开展了丰富多彩的夏令营活动。中外师生开展了风土人情知识交流、文艺表演、骑自行车郊游、去敬老院慰问孤寡老人、艺术涂鸦等活动。“祝福之手”在阳朔资助了贫困学生96名，定期给他们发放生活补助，并免费为福利镇渡头小学、葡萄镇西岭小学、杨堤乡中南小学安装净化水设备，同时邀请美国医学博士对阳朔县60多名乡村医生进行了防艾滋病知识培训。

阳朔县与法国老阿讷西市交流 5月20日～6月1日，阳朔县政府代表团访问法国老阿讷西市，签署了阳朔县与老阿讷西市友好交流备忘录，双方就经济、旅游、文化、教育、农业、城建等方面进行了深入交流。7月17～24日，老阿讷西市常务副市长吉莲·阿兰达姿一行2人，应邀出席广西国际友好城市交流大会，并访问桂林市区及阳朔县。

【因公出入国(境)管理】 2012年，桂林市外事办公室共审核审批出国、赴中国港澳团组材料160批344人次，涉及51个国家和地区。其中：出国团组156批340人次，赴中国港澳地区4批4人次。审核审批应邀到桂林从事经济贸易和教育活动的外国专家、技术人员邀请确认函材料296批358人次，涉及40个国家和地区。为配合桂林市实施“走出去”战略，有针对性地组织15批由市领导带队、推介宣传桂林的团组赴欧洲、南美洲、非洲等旅游业较发达的地区进行访问。4月21日，副市长巫家世率桂林市经贸代表团赴美国、墨西哥及中国香港地区进行招商、招展等经贸活动。4月28日，市委常委、宣传部部长、副市长陈丽华率桂林市旅游代表团赴英国、西班牙、瑞典进行考察，与BBC(英国广播公司)等国际强势媒体集团签署旅游宣传合作协议。5月29日，市委常委、常务副市长黄俊华率桂林市代表团赴英国及中国香港地区进行考察。6月7日，市委书记、市人大常委会主任刘君率桂林市旅游推介代表团赴马尔代夫、斯里兰卡、阿拉伯联合酋长国进行旅游推介，寻求旅游合作。6月18日，副市长周卫率桂林市友好代表团赴波兰、瑞典、芬兰考察，进行友好城市交流和城建旅游考察。7月9日，市人大常委会副主任肖立华率桂林市环境卫生代表团赴德国、法国、意大利进行城市建设、环境保护等考察。9月10日，市委副书记石东龙率桂林市代表团赴瑞典、丹麦、芬兰进行旅游推介及旅游资源考察。9月14日，市人大常委会副主任黄书明率桂林市代表团赴巴西、南非、古巴进行旅游推介及旅游资源考察。11月9日，市政协副主席汤桂荔率桂林市代表团赴中国香港地区进行考察。11月22日，市政协副主席袁绪祥率桂林市经济贸易代表团赴澳大利亚、印度尼西亚、泰国进行经济贸易考察。11月23日，市政协主席粟增林率桂林市代表团赴美国、墨西哥及中国香港地区进行旅游推介及旅游资源考察。

【协调处理重大涉外事件】 2012年，桂林市外事办公室协调处理重大涉外事件共5起。3月，配合外交部新闻司和自治区外事办公室，协助调查波兰通信社常驻广州记者安杰依·波罗维亚克(ANDRZEJ BOROWIAK)于2009年9月至2010年6月间，在桂林市东方外国语学校任教期间的相关情况。5月8日，桂林中国旅行社接待的韩国男性公民金炳熙，在龙胜各族自治县温泉中心酒店突发疾病，送江底乡卫生院途中死亡，市外事办公室协调帮助处理善后事宜，遗体运回韩国安葬。5月30日，桂林杉湖旅行社接待的意大利男性游客巴扎基感染重症肺炎，送桂林市人民医院治疗，其病情稳定后，市外事办公室协助其办理好回国手续。7月，肯尼亚女性公民梅西·卡古茹因贩毒在桂林被判死刑(缓期执行)。8月6日，市外事办公室协助肯尼亚驻华大使馆人员及梅西·卡古茹亲属到桂林市第三看守所探视。12月25日，俄罗斯驻华大使馆参赞奥谢普科夫一行在市外事办公室人员陪同下瞻仰西山公园内的苏军烈士墓，并就烈士墓的迁移与市外事办公室及市园林局等相关单位进行了磋商。 (舒恒茂)

党和国家领导人视察桂林

【王兆国视察桂林】 2012年2月3～5日，中共中央政治局委员、全国人大常委会副委员长、全国总工会主席王兆国在桂林出席自治区劳动模范工作座谈会。王兆国在桂林期间，视察了全国劳动模范疗养基地桂林工人疗养院及桂林两江四湖环城水系工程，并到兴安红军长征突破湘江烈士纪念碑园瞻仰烈士，并敬献花篮。

【何厚铧视察桂林】 2012年3月17～18日，全国政协副主席何厚铧在桂林出席桂山华星大酒店开业庆典仪式。何厚铧在桂林期间，视察了兴安乐满地主题乐园、桂林两江四湖环城水系工程、七星景区、象山景区。

【梁光烈视察桂林】 2012年4月9～12日，中央军委委员、国务委员、国防部部长、上将梁光烈在桂林视察。梁光烈在桂林期间，视察了桂林警备区、中央储备粮桂林直属库、中国人民解放军第41集团军121师、桂林漓江旅游资源、中国桂林漓江山水剧场、象山景区。

【王刚视察桂林】 2012年9月1～2日，中共中央政治局委员、全国政协副主席王刚在桂林视察。王刚在桂林期间，视察了桂林漓江旅游资源、七星景区、象山景区、中国桂林漓江山水剧场、阳朔大榕树景区。

【刘延东视察桂林】 2012年9月13～14日，中共中央政治局委员、国务委员刘延东在桂林视察。刘延东在桂林期间，视察了桂林市培智学校、桂林电力电容器有限责任公司、广西师范大学(育才校区)、中国桂林漓江山水剧场。 (刘旭涛)

接　　待

【概况】 2012年，桂林市接待办公室完成了党和国家领导人到桂林视察，以及中央和国家机关、各省(直辖市、自治区)领导、重要嘉宾的接待工作。年内，接待各类团组共3805批44952人次，其中接待副总理级以上党和国家领导人7人次，省(部)级领导511人次，厅(局)级领导2200人次。

【接待国家各部委团组】 2012年，桂林市接待的国家各部委团组有：2月3日，全国人大常委会机关党组书记、副秘书长王万宾，全国总工会副主席王玉普；4日，中国人民银行行长刘士余；22日，全国人大外事委员会副主任委员卢钟鹤，全国人大外事委员会副主任委员、上将刘镇武，全国人大外事委员会委员、上将裴怀亮，全国人大外事委员会委员江亦曼、张富生；24日，国务院国有资产监督管理委员会副主任黄丹华，国土资源部原副部长寿嘉华。3月16日，中共中央纪律检查委员会驻新闻出版总署纪检组长宋明昌；17日，全国政协常委、全国政协港澳台侨委员会副主任杨崇汇，中央人民政府驻澳门特别行政区联络办公室副主任李本钧，全国政协委员、经济委员会副主任颜延龄，全国政协经济委员会原副主任赵维臣；18日，中央候补委员、中国农业科学院原院长翟虎渠；19日，中

2012年9月13日，中共中央政治局委员、国务委员刘延东(中)视察培智学校
(市外办　供稿)

国计划生育协会党组书记、常务副会长杨玉学；20日，人力资源和社会保障部副部长信长星；21日，共青团中央书记处书记、中国少年先锋队全国工作委员会主任罗梅；26日，全国人大农业与农村委员会副主任委员王金山；28日，全国人大法律委员会委员、全国人大法制工作委员会副主任李飞，全国人大法制工作委员会委员吴晓华，中国航天科技集团公司副总经理张建恒。4月6日，建设部副部长陈大为，国务院三峡工程建设委员会办公室原副主任漆林；10日，中央军委委员、国务委员兼国防部部长梁光烈；11日，中国人与生物圈国家委员会主席、北京大学原校长许智宏；14日，全国人大内务司法委员会副主任委员白景富，中央统战部副部长陈喜庆；16日，中国报关协会会长刘文杰，中共中央国家机关工作委员会原常务副书记贾军，原副书记周敬东；19日，国务院扶贫开发领导小组办公室副主任王国良；21日，国家公务员局副局长杨春光；22日，全国政协常委、经济委员会主任张左己，全国政协常委、经济委员会副主任刘江，全国政协经济委员会副主任刘永好，全国政协经济委员会副主任颜延龄；25日，新华社副社长龙新南；26日，原国家科教领导小组办公室专职副主任李主其。5月5日，海峡两岸关系协会副会长王在希；8日，全国人大常委会委员、财经委副主任委员韩寓群；9日，全国人大民族委员会主任委员马启智，国家广播电影电视总局纪检组长王莉莉；13日，全国人大常委会委员、农业与农村委员会副主任委员张中伟；14日，国家林业局原副局长李育才；15日，全国人大民族和宗教委员会副主任委员雪克来提·扎克尔，环境保护部核安全总工程师徐庆华；17日，国家审计署总审计师孙宝厚；28日，中共中央纪律检查委员会驻司法部纪检组长、司法部党组成员韩亨林；30日，全国人大常委会委员、全国人大民族委员会主任委员马启智，全国人大民族和宗教委员会副主任委员雪克来提·扎克尔；31日，全国政协委员、提案委员会副主任刘志忠，全国政协委员、提案委员会副主任刘峰岩，全国政协委员、民族和宗教委员会副主任周明甫，全国政协提案委员会委员张宁、林贤郁、国一民、赵维绥、雷元亮。6月11日，住房和城乡建设部副部长仇保兴，全国人大常委会委员、广西壮族自治区原党委书记曹伯纯；18日，环境保护部副部长张力军；22日，全国人大教科文卫委副主任委员、国家体育总局原书记李志坚。7月7日，中央统战部副部长、中华海外联谊会副会长斯塔；16日，中共中央纪律检查委员会驻水利部纪检组长董力；18日，国家旅游局党组成员、纪检组长刘金平；25日，交通运输部副部长徐祖远。8月19日，国家发展和改革委员会副主任杜鹰；24日，国家统计局党组成员、总工程师郑京平。9月1日，全国政协机关党组副书记、副秘书长仝广成，中国文学艺术界联合会副主席覃志刚，交通运输部副部长冯正霖，水利部副部长胡四一，国家能源局副局长刘琦；13日，国家图书馆馆长周和平；13日，科学技术部党组书记王志刚，国务院副秘书长江小涓，教育部副部长鲁昕；19日，中央巡视组副部级巡视专员刘卒；20日，全国政协社会和法制委员会副主任许仲林；27日，国务院扶贫开发领导小组办公室主任范小建，住房和城乡建设部原副部长宋春华，中共中央纪律检查委员会驻科学技术部纪检组长郭向远。10月4日，全国人大常委会委员、中国民主建国会中央副主席程贻举；9日，国家民族事务委员会党组成员、纪检组长李小满；11日，国家旅游局副局长祝善忠；19日，国家工商行政管理总局副局长王东峰；24日，科学技术部副部长陈小娅；28日，水利部副部长矫勇。11月3日，全国政协委员胡珍；5日，全国人大教科文卫委员会副主任委员吴恒；9日，国家图书馆馆长周和平；18日，原国家煤炭部部长王森浩；29日，中共中央党校原常务副校长郑必坚。12月7日，国家旅游局原局长何光；10日，民政部副部长戴均良；20日，国家林业局副局长张永利。

【接待自治区领导团组】 2012年，桂林市接待的自治区领导团组有：1月5日，自治区副主席高雄；13日，自治区人大常委会副主任覃瑞祥。2月3日，自治区党委书记、人大常委会主任郭声琨，自治区党委副书记、主席马飚，自治区党委副书记危朝安，自治区党委常委、秘书长余远辉，自治区人大常委会副主任车荣福，自治区政协副主席、自治区总工会主席李达球，自治区政协副主席蒋培兰；13日，自治区人大常委会副主任覃瑞祥；19日，自治区副主席陈章良；22日，自治区党委常委、宣传部部长沈北海；23日，自治区政协副主席蒋培兰。3月5日，自治区政协副主席蒋培兰；16日，自治区副主席高雄；17日，自治区政协主席陈际瓦，自治区政协副主席蒋培兰；21日，自治区党委常委、统战部部长范晓莉;28日,自治区人大常委会副主任、党组副书记车荣福,自治区副主席高雄。4月8日,自治区党委副书记危朝安,自治区副主席高雄;10日,自治区党委书记、自治区人大常委会主任郭声琨,自治区党委副书记、主席马飚,自治区党委副书记危朝安,自治区党委常委、秘书长余远辉,自治区副主席梁胜利;11日,自治区副主席陈章良;18日,自治区党委常委、纪委书记石生龙;22日,自治区政协副主席苏道俨,自治区政协副主席彭钊。5月3日,自治区副主席李彬;4日,自治区法学会会长彭祖意;19日,自治区副主席李康;19日,自治区政协副主席彭钊;30日,自治区人大常委会副主任荣仕星;31日,自治区政协主席陈际瓦,副主席李达球;31日,自治区副主席陈章良。6月5日,自治区人民检察院检察长张少康;6日,自治区副主席杨道喜,自治区人大常委会副主任车荣福;11日,自治区副主席蓝天立;11日,自治区政协主席陈际瓦,自治区政协副主席李彬、黄道俨;18日,自治区党委常委、副主席林念修。7月1日,自治区政协副主席李达球;8日,自治区党委书记、人大常委会主任郭声琨,自治区党委常委、秘书长余远辉,自治区人大常委会副主任文明,自治区副主席杨道喜,自治区政协副主席李达球一行;17日,自治区政协副主席李达球。8月1日,自治区副主席陈章良;5日,自治区人大常委会副主任莫永清;8日,自治区人大常委会副主任李振潜;9日,自治区党委常委、政法委书记温卡华;10日,自治区副主席高雄;19日,自治区党委常委、副主席林念修;21日,自治区政协副主席蒋济雄。9月1日,自治区党委书记、人大常委会主任郭声琨;自治区党委副书记、主席马飚;自治区政协主席陈际瓦,自治区党委常委、秘书长余远辉;5日,自治区副主席杨道喜;8日,自治区副主席梁胜利;13日,自治区党委书记、人大常委会主任郭声琨,自治区党委副书记、主席马飚,自治区党委常委、宣传部部长沈北海,自治区党委常委、秘书长余远辉,自治区副主席李康;18日,自治区副主席高雄;28日,自治区党委副书记、主席马飚,自治区副主席高雄。10月3日,自治区人大常委会副主任莫永清;11日,自治区副主席高雄;12日,自治区人大常委会副主任荣仕星;16日,自治区政协副主席苏道俨;18日,自治区党委副书记、主席马飚,自治区党委常委、宣传部部长沈北海,自治区副主席陈章良,自治区副主席高雄,自治区人大常委会副主任文明;20日,自治区副主席高雄;23日,自治区副主席李康;24日,自治区政协副主席黄日波。11月5日,自治区人大常委会副主任荣仕星;6日,自治区人大常委会副主任莫永清;10日,自治区人民检察院检察长张少康;13日,自治区副主席高雄;16日,自治区人大常委会副主任刘新文;19日,自治区党委书记、人大常委会主任郭声琨,自治区党委副书记、主席马飚,自治区党委常委、秘书长余远辉,自治区人大常委会副主任刘新文。12月1日,自治区党委书记、人大常委会主任郭声琨,自治区党委常委、秘书长余远辉,自治区党委常委、宣传部部长沈北海,自治区副主席李康,自治区人大常委会副主任莫永清,自治区政协副主席蒋济雄;4日,自治区副主席高雄;5日,自治区副主席陈章良;8日,自治区党委常委石生龙;11日,自治区党委书记、人大常委会主任郭声琨,自治区党委常委、秘书长余远辉;14日,自治区党委副书记危朝安;16日,自治区副主席李康;27日,自治区党委书记彭清华,自治区党委常委、秘书长余远辉,自治区副主席高雄。

【接待外省(直辖市、自治区)领导团组】 2012年,桂林市接待的外省(直辖市、自治区)领导团组有:2月10日,中共北京市委常委、副市长、宣传部部长鲁炜。3月6日,辽宁省人大常委会副主任佟志武;7日,云南省副省长刘平;9日,上海市人大常委会副主任钟燕群,吉林省政协副主席常显玉;10日,江西省政协副主席肖光明;23日,甘肃省政协副主席黄选平。4月13日,宁夏回族自治区政协副主席李淑芬;17日,山东省政协副主席赵玉兰;30日,广东省政协副主席覃卫东。5月1日,青海省人大常委会副主任沈何;3日,西藏自治区人大常委会副主任尼玛次仁;7日,安徽省政协副主席夏涛;10日,湖南省政协副主席王晓琴;11日,黑龙江省政协副主席王利民;14日,西藏自治区政协副主席索朗卓玛;13日,河南省人大常委会副主任铁代生。7月1日,江苏省政协主席张连珍;8日,贵州省副省长慕德贵;9日,山东省政协副主席陈光。9月18日,广东省副省长招玉芳;21日,重庆市人大常委会副主任、党组副书记余远牧;22日,吉林省政协副主席伍龙章,新疆生产建设兵团副政委徐伟华;24日,山东省省长助理周齐。10月3日,四川省政协副主席刘道平;14

日，宁夏回族自治区党委原副书记陈希明；17日，江西省政协副主席刘晓庄；19日，甘肃省人大常委会副主任马尚英；20日，宁夏回族自治区政协副主席马国权；20日，黑龙江省政协副主席李延芝；24日，宁夏回族自治区人大常委会副主任张小素；26日，河南省人大常委会副主任、党组副书记王文超；29日，山东省副省长王随莲；30日，山东省人大常委会副主任刘玉功。11月1日，内蒙古自治区政协副主席杨成旺；7日，新疆维吾尔自治区人大常委会副主任栗智；12日，山西省人大常委会副主任李政文；13日，甘肃省人大常委会副主任张开勋，黑龙江省政协副主席李继纯。12月7日，西藏自治区政协副主席巴桑顿珠，西藏自治区政协副主席策墨林·单增赤列，西藏自治区政协副主席宗洛·向巴克珠；14日，四川省政协副主席陈次昌；30日，辽宁省政协副主席宋景春。

【接待部队领导团组】 2012年，桂林市接待的部队领导团组有：1月11日，广州军区副参谋长、少将孔见。2月8日，第41集团军副军长、少将盖龙云；21日，广西军区司令员、少将龙义和；24日，全国人大常委、北京军区原司令员、上将李新良。3月12日，广州军区副司令员、中将邢书成；14日，广州军区副司令员、中将郑勤，第41集团军军长、少将刘小午，第41集团军政治委员、少将陈平华，第41集团军副军长、少将黄跃进，广西军区司令员、少将龙义和，广西军区政委、少将白念法。4月5日，广西军区副司令员、少将万苏晋；6日，广州军区副参谋长、少将韩林枝；9日，中央军委办公厅副主任兼军委法制局局长、少将宋丹，总参谋部作战部副部长、少将阚立奎，总参谋部动员部副部长、少将张汝涛，广州军区政治委员、上将张阳，广州军区副司令员、中将王治民，广州军区副参谋长、少将韩林枝，广西军区政治委员、少将白念法，广西军区副司令员、少将万苏晋；30日，新疆军区兵团军事部政委王兴国。5月5日，广州军区副参谋长、少将孔见；9日，中国人民武装警察部队总政治部主任、中将于建伟，广西总队政治委员、少将刘武；11日，广西军区政治部主任、少将胡富辉；28日，广州军区副政委、中将刘良凯，广西军区政治委员、少将白念法。6月28日，武警广西总队政委、少将刘武，广西军区副司令员、少将万苏晋。7月10日，第41集团军副军长、少将盖龙云；10日，广西军区政治部主任、少将胡富辉；20日，中国人民武装警察部队少将纪东。8月8日，广州军区副参谋长、少将孔见。9月25日，第41集团军副军长、少将盖龙云。10月25日，广西军区参谋长、少将周平。11月20日，广西军区副司令员、少将张桃祥。

【接待新闻媒体、院校领导团组】 2012年，桂林市接待的新闻媒体、院校团组有：1月21日，中国纪检监察报社社长李本刚；27日，武汉大学校长李晓红。4月25日，新华社副社长龙新南。12月16日，西安交通大学副校长闫剑群，中国医科大学副校长闻德亮。

【接待知名人士团组】 2012年，桂林市接待的知名人士团组有：3月26日，台湾新党主席郁慕明。4月27日，奥运会体操冠军、李宁(中国)体育用品有限公司董事长李宁。5月2日，京剧表演艺术家，国家一级演员梅葆玖；23日，美籍华人、著名作家白先勇。7月12日，香港企业界知名人士马学钦；21日，全球顶级画家、美籍华人周氏兄弟(周少立、周少宁)。8月17日，台湾知名人士，中国国民党中央常务委员邱毅。9月1日，解放军八一电影制片厂厂长黄宏，中国文联演艺中心主任郁钧剑。10月12日，香港企业界知名人士马学钦。 (刘旭涛)

旅 游 业

2012 年 12 月 28 日，桂林市旅游执法支队在桂林市旅游局挂牌成立

（市人民政府　供稿）

概　　述

【概况】 2012年，桂林旅游行业深入实施“旅游兴市”战略，按照建设桂林国家旅游综合改革试验区要求，坚持旅游业精品化、高端化、差异化发展，推进桂林国际旅游胜地建设。推动体制机制改革，持续增强旅游业发展动力和综合竞争力，推进实施旅游项目建设，提升旅游业发展质量和效益，全市旅游业保持良好发展势头。全年接待旅游总人数3292.65万人次，(比上年，下同)增长18.09%。其中：国内游客3110.24万人次，增长18.54%；入境旅游者182.41万人次，增长10.96%。旅游总收入276.87亿元，增长26.81%。其中：国内旅游收入230.48亿元，增长29.33%；入境旅游收入46.39亿元，增长15.6%。

【《桂林国际旅游胜地建设发展规划纲要》获批复】 2012年4月，桂林市完成《桂林国际旅游胜地建设发展规划纲要》(以下简称规划纲要)编写工作。5月21～25日，由国家发展和改革委员会组织民政部、住房和城乡建设部、国家旅游局等14个国家部委组成的国家部委联合调研组赴桂林进行专题调研。8月7日，自治区人民政府将国家部委联合调研组论证后的规划纲要(送审稿)上报国家发展和改革委员会。11月1日，经国务院同意，国家发展和改革委员会正式批复规划纲要。批复主要有4个方面内容：第一、规划纲要依据《国务院关于进一步促进广西经济社会发展的若干意见》(国发〔2009〕42号)和《国务院关于加快发展旅游业的意见》(国发〔2009〕41号)，认真贯彻落实科学发展观，立足桂林长远发展，提出了2012～2020年桂林国际旅游胜地建设发展的目标、任务以及在空间布局、生态建设、产业发展、支撑条件、保障措施等方面的具体部署。第二、桂林是世界著名的风景游览城市和国家历史文化名城，文化旅游资源丰富，生态环境优良，对外合作交流广泛，具备发展成为世界一流旅游目的地、全国生态文明建设示范区、全国旅游创新发展先行区、区域性文化旅游中心和国际交流重要平台的独特优势。广西壮族自治区人民政府要切实做好规划纲要组织实施的指导和监督工作，督促落实好规划纲要提出的各项任务。要积极创造条件，出台配套支持政策，为桂林建设国际旅游胜地创造良好的外部环境。第三、桂林市人民政府是国际旅游胜地建设的主体，要建立相应的工作机制，明确工作分工，落实工作责任，抓紧制定具体实施方案。进一步解放思想，抢抓机遇，真抓实干，按照规划纲要提出的国际旅游胜地建设发展的总体要求，加强生态环境保护，优化旅游业结构，保障改善民生，创新体制机制，探索景观、产业和城市协调发展的新模式，逐步将桂林建设成为环境友好、文化繁荣、经济发达、社会和谐的国际旅游胜地、国家历史文化名城和生态山水名市。第四、桂林国际旅游胜地建设发展是一项长期的任务。广西壮族自治区和桂林市在规划纲要的组织实施过程中，要紧密结合实际，抓住制约桂林国际旅游胜地建设发展的主要矛盾和突出问题，扎实稳妥地推进各项工作。对桂林国际旅游胜地建设发展过程中出现的新情况、新问题，广西壮族自治区和桂林市要及时加强研究，提出对策。国家发展和改革委员会将积极推动落实相关政策，支持桂林国际旅游胜地建设。

2012年9月25日，桂林旅游发展总公司推进桂林国家旅游综合改革试验区建设重大项目签约仪式举行　　(市人民政府　供稿)

【举办第三届中国桂林国际旅游博览会】 2012年9月6～8日，第三届中国桂林国际旅游博览会在桂林国际会展中心举行。博览会以“创新旅游商机，拓展国际市场”为主题，集城市交流、旅游产品推介、旅游商品展览、会展产业研讨、经贸投资洽谈、特色旅游资源展示、主题城市活动于一体，旨在搭建广西面向世界旅游的具有国际影响力和较强辐射力的展示、交流、交易平台。墨西哥、土耳其、西班牙、葡萄牙、埃及等60个国家和地区的旅游界人士，以及来自国内的北京、广东、湖南、江苏、海南等17个省（直辖市、自治区）50多个城市的旅游代表团出席了博览会。专业参展商超过800家，比上届增长33%，展览总面积2.2万平方米，专业观众达7000名，参观公众达17万人次。博览会新增旅游消费展，同时举办了旅游会展发展研讨会和中国桂林国际旅游博览会可持续发展交流会等一系列大型活动，邀请国内外会展知名专家、学者共同探讨桂林会展产业发展。博览会贸易配对系统共收到预约信息3000多条，实现展会现场洽谈超过3500场，其中60%以上的旅行商与桂林的旅行社达成合作意向。

2012年9月6日，第三届中国桂林国际旅游博览会在桂林国际会展中心开幕 （唐飞鸿 摄）

【县（区）旅游节庆品牌影响力不断扩大】 2012年，桂林市开展“中国欢乐健康游”主题年活动，策划举办了灌阳县“二月八”农具节暨瑶族文化旅游节、恭城瑶族自治县第十届桃花节、2012年桂湘原生态民族风情节暨首届龙胜梯田文化旅游节、秀峰区第二届“三月三”歌圩节、“中国旅游日”暨“七星景区动漫文化展”等系列节庆活动。阳朔县除夕夜举办的西街长桌宴活动，有2000多名中外游客参加。各县（区）节庆活动档次和质量的全面提升，带动了区域旅游产业的发展，丰富了文化旅游内容。 （唐飞鸿）

旅游景区（点）

【概况】 按照《中国旅游资源普查规范（试行稿）》对旅游资源进行分类，桂林具有地文景观类、水域风光类、生物景观类、古迹及建筑类、消闲求知类、购物类等全部6大类，67个基本类型，占全部74个基本类型中的90.5%。

2012年，桂林有国家5A级旅游景区3处：漓江景区、乐满地景区、独秀峰·王城景区。有国家4A级旅游景区（点）26处：芦笛景区、两江四湖景区、叠彩伏波山景区、象山景区、南溪山景区、七星景区、穿山景区、尧山景区、冠岩景区、愚自乐园景区、古东瀑布景区、义江缘景区、世外桃源景区、图腾古道—聚龙潭景区、银子岩景区、灵渠景区、龙胜温泉景区、龙脊梯田景区、丰鱼岩景区、荔江湾景区、金钟山景区、千家洞景区、神龙水世界度假区、刘三姐景观园、雁山园景区、蝴蝶泉景区。有国家3A级旅游景区（点）13处：会仙岩景区、碧莲峰山水园景区、资江景区、十二滩漂流景区、九马画山漂流景区、鉴山寺景区、龙门瀑布景区、大野神境景区、仙家温泉景区、天河瀑布景区、资源八角寨景区、桂林红岩景区、龙胜大唐湾景苑。有1处国家级（漓江）和4处自治区级（资源天门山、龙脊梯田、灵川青狮潭、八角寨—资江）风景名胜区；4处国家级森林公园（资源天门山、资源八角寨、龙胜温泉、桂林龙泉）。有4处国家级（花坪、资源天门山、猫儿山、灌阳县千家洞）自然保护区和9处县级自然保护区；4处自治区级的旅游度假区（桃花江、龙胜温泉、灵川青狮潭、荔浦丰鱼岩）。有11处国家级（甑皮岩新石器时期洞穴遗址、桂林石刻、兴安灵渠、靖江王府和王陵、李宗仁官邸和故居、八路军办事处旧址、兴安秦城遗址、湘江战役旧址、灵川县江头村和长岗岭村古建筑群、全州燕窝楼、恭城古建筑群)和68处自治区级的历史文物保护单位。

木龙湖夕照　　(李腾钊　摄)

【中心区域景区(点)】 桂林市中心区域旅游景区(点)主要有漓江景区、独秀峰·王城景区、两江四湖景区、象山景区、七星景区、芦笛景区、穿山景区、叠彩伏波山景区、南溪山景区、刘三姐景观园、会仙岩景区、虞山公园、甑皮岩等。

漓江景区　国家5A级旅游景区。漓江,发源于兴安县猫儿山,漓江景区是桂林风光的精华,中国山水风光的典型代表。漓江是喀斯特地形发育最典型的地段,酷似一条青罗带,蜿蜒于万点奇峰之间。从桂林至阳朔约83千米的水程,沿江风光旖旎、碧水萦回、奇峰倒影、田园阡陌,美不胜收。兼有"山青、水秀、洞奇、石美"四绝,还有"洲绿、滩险、潭深、瀑飞"之胜。乘船游览漓江,可见绿岛芳洲、渔舟红帆、鹰击长空、鱼翔浅底。江水赋予凝重的青山以动态、灵性、生命,把人带进神话的世界,舟行之际,进入"分明看见青山顶,船在青山顶上行"意境。漓江景观因时、因地、因气候而有不同变化,春天,岚雾缭绕,烟雨缥缈,江山空濛;夏日,上下天光,碧波万顷,万山刚毅;秋时,江峰如洗,满山飘香,硕果累累;冬季,两岸白雪,山水清灵,纯净高雅。构成一幅绚丽多彩的画卷,人称"百里漓江、百里画廊"。

独秀峰·王城景区　国家5A级旅游景区,全国重点文物保护单位。始建于明洪武五年(1372年)至明洪武二十五年(1392年),史上为明朝藩王府、清时广西贡院、民国时期的广西省政府所在地区。靖江王城坐东北朝西南,南北长556米,东西宽355米,整个王府占地面积18.7公顷,历经11代14位藩王的历史。按照藩王府定制构筑,保持了中国古代建筑中轴对称的布局,前为承运门,中为承运殿,后为寝宫,最后是御苑。围绕主体建筑还有4堂、4亭和台、阁、轩、室、所等40多处。王城最著名的景点有:承运殿、太平岩、贡院、独秀峰。独秀峰,有"南天一柱"的赞誉,史称桂林第一峰。山峰突兀而起,形如刀削斧砍,周围众山环绕,孤峰傲立。沿306级石阶登顶,绿水青山尽收眼底,是鸟瞰全城的最佳观景台。峰壁摩崖石刻星罗棋布,"桂林山水甲天下"千古名句真迹题刻于此。

两江四湖景区　国家4A级旅游景区,广西"十佳"旅游景区,获中国人居环境范例奖。漓江、桃花江、杉湖、桂湖、木龙湖,水脉交通构成桂林中心环城水系,谓之两江四湖。以生态水域风光为核心,集地文景观、生物景观、古迹与建筑、消闲健身为一体的综合性大型景区。其主要景区包括以木龙古渡、古城墙为主景,宝积山、叠彩山等为背景的体现城市文化为特色的木龙古水道主景区;以山林自然野趣为特色的桂湖景区;以体现"城在景中、景在城中"山水城市空间特征为特色的榕杉湖主景区。

象山景区　国家4A级旅游景区。象山景区辖象山、伏波山、叠彩山。景区占地23.88万平方米,地处市中心漓江西岸,开发历史悠久,集奇山、秀水、异洞、美石于一身,还有丰富的摩崖石刻、佛像及诸多历史文化遗迹。都是桂林山水文化的精华,在国际上享有很高的知名度。

七星景区　国家4A级旅游景区,位于漓江东岸,因有七星山、七星岩而得名,是桂林市最大、历史最悠久、景点最多的综合性公园。七星山七峰并峙,宛如北斗星座,北四峰象斗魁,称普陀山,南三峰象斗柄,称月牙山。著名的七星岩就在普陀山山腹。岩洞雄厅深邃,洞中石钟乳、石笋、石柱、石幔等千姿百态,蔚为奇观。七星景区具有典型的岩溶地貌景观,集山、水、洞、石、庭院、林木、文物等精华,其主要景观有花桥、普陀山、七星岩、驼峰、月牙山、桂海碑林、栖霞禅寺以及华夏之光广场等。

芦笛景区　国家4A级旅游景区,位于桂林市西北郊,因洞口长有一种可做笛子的芦荻草而得名，是一个以游览岩洞为主、观赏山水田园风光为辅的风景名胜区。芦笛岩洞深 240 米，游程 500 米。洞内有大量奇丽多姿、玲珑剔透的石笋、石乳、石柱、石幔、石花，被誉为“大自然的艺术之宫”。从唐代起，历代都有游人踪迹，现洞内存历代壁画 77 幅。

穿山景区　国家 4 A 级旅游景区，国家级重点风景名胜区。位于桂林市漓江东岸。是自然风景与人文景观相映衬的著名风景区，因园内山峰穿山而得名。主要有穿山、塔山、月岩、穿山岩、寿佛塔等胜景。穿山岩被誉为“世界罕见神奇的水晶宝洞”，位于穿山山腹，冬暖夏凉。洞内精美的石钟乳、石笋、石幔，美不胜收。主要景观有天鹅湖、一线天、水帘洞、芭蕾脚、龙戏龟、卷曲石等。“塔山清影”是桂林“老八景”之一。

叠彩伏波山景区　国家 4 A 级旅游景区。叠彩山占地面积 2 平方千米，由明月峰、仙鹤峰和四望山、于越山组成，横亘市区，景色优美。山中佳景甚多，有叠彩亭、于越阁、瞿张二公成仁碑、仰止堂、仙鹤洞、风洞、叠彩楼、望江亭和拿云亭等名胜。山上历代名人的摩崖石刻尤多，为文物的精华。伏波山因唐代曾在山上修建汉朝伏波将军马援祠而得名。伏波山公园由多级山地庭园组成，有还珠洞、千佛岩、珊瑚岩、试剑石、听涛阁、半山亭、千人锅及大铁钟等景点和文物，集山、水、洞、石、亭、园、文物于不足 1 万平方米的范围内，成为独特的桂林山水缩影。

刘三姐景观园　国家 4 A 级旅游景区，广西首批民族风情旅游示范点。分为前园、后园两个部分。前园主要是刘三姐文化及少数民族风情展示，有电影刘三姐的场景再现、电影刘三姐资料馆和 150 余名民族演员表演的大型民族歌舞，还有侗族的迎宾歌、水上对歌台、壮瑶民俗婚礼大观、侗族大歌、芦笙踩堂、民族绝技等民族风情表演。后园鸟语世界是桂林最大的鸟类生态园，建有巨大鸟棚，几十种珍禽、数百只鸟儿自由嬉戏其中，游客可与仙鹤、黑天鹅、南非金刚鹦鹉等珍禽零距离接触，欣赏小鸟走钢丝、下滑梯、提水、投篮等令人叫绝的精彩演艺。

虞山公园　位于桂林城北，1996 年重建，1999 年向社会开放。虞山历史悠久，人文景观众多，文化积淀丰厚，为桂林“老八景”之一。为纪念华夏文明始祖之一的虞帝南巡到此，秦代已建有虞帝庙，唐代时香火鼎盛，是历代达官贵人、文人墨客到桂林的必祭之地，被视为福地。韶音洞贯穿虞山南北。虞山现存古代碑刻 65 件，被列为全国重点文物保护单位，其中以唐代韩云卿撰文，韩秀实手书，李阳冰篆刻的《舜庙碑》（又称“三绝碑”）和宋代著名理学家朱熹的《靖江府新作虞帝庙碑》最为珍贵。东麓山崖镌刻有一座距今 1400 多年的观音像，具有较高的文物和艺术价值。虞山景区是山水园林的精品园，造园手法新颖，风格精巧雅致。北园流泉飞瀑，绿草茵茵，花团锦簇。主要景观有叠泉拥彩，美泉宫，百福、百寿墙，回音壁，福塔晨钟，虞帝圣庙，韶音奇洞，千年观音院，蒋介石行辕，怡沁园，唐宋古碑，九龙化涎，九天揽珠，奇石荟萃，禧舫观鱼，飞瀑清潭，半亭幽径，壁画回廊，南薰旭照，仰尧捧日等 20 多处。

甑皮岩　全国重点文物保护单位，位于桂林市甑皮岩路 26 号，是岭南地区唯一一个国家级新石器时代洞穴遗址文物景区。景区于 1978 年对外开放，占地 5 万平方米。甑皮岩遗址包括主洞、矮洞、水洞，洞穴面积约 1000 平方米，1965 年发现。1973 年、2001 年进行了两次考古，发掘出土了石器、骨器、蚌器、角器、牙器和陶器残片；发现了中国最原始的陶器和新石器洞穴遗址最早的石器加工场；发掘了 32 具古人类骨架；出土了古人类食后遗弃的 113 种水、陆生动物遗骸；鉴定出植物孢粉和炭化物近 200 种，其中发现了中国最早、距今约 10000 年的桂花种子。遗址的遗迹遗物记载和展示了距今 12000 ~ 7000 年的桂林史前文化发展轨迹，被考古界称为“华南及东南亚史前考古最重要的标尺和资料库之一”，有“史前明珠”之誉。景区由洞穴遗址保护区、出土文物展示区、独山生态保护区、考古模拟园等四大园区构成，主要景观有“万年前的桂林人”文物展馆、甑皮岩洞穴、甑皮岩人“复活”、水洞探险、模拟考古、独山奇景、考古碑园等。

李宗仁官邸　全国重点文物保护单位，位于桂林市文明路 4 号，坐落在风景秀丽的杉湖南畔。李宗仁是临桂县两江镇浪头村人，曾任国民党政府副总统、代总统等职。官邸始建于 1942 年，1948 年 4 月落成，是李宗仁回桂办公及居住之地，素有“桂林总统府”的称誉。属中西结合别墅式建筑，占地 4321 平方米，官邸的景点主要由主楼、副官楼、警卫室、附楼、花园、停车坪等组成。主楼是官邸的中心，坐西朝东，风格古朴典雅，端庄中透着威严，内设会议室、会客室、卧室、书房等。

【东部区域景区(点)】 桂林市东部区域旅游景区(点)主要有尧山景区、靖江王陵、冠岩景区、古东瀑布景区、神龙水世界度假区、大圩千年古镇、东江生态旅游区、江头古民居、毛洲三岛农家乐等。

尧山景区　国家4A级旅游景区，位于桂林市东郊。主峰909.3米，是桂林市内最高的山峰。尧山冈峦起伏，气势磅礴，植被丰茂，杜鹃遍野，是一处自然风光和古代陵墓集中的风景名胜区。山上建有索道和滑道，乘观光索道可直达尧山之顶。主要景观有：茅坪庵、寿佛庵、天赐田、白鹿禅寺遗址、天赐泉、尧山杜鹃、尧山冬雪等。

靖江王陵　全国重点文物保护单位，国家级大遗址保护重点园区。位于桂林市东北郊的尧山西南麓，距市中心约5千米，是明王朝分封在靖江(桂林)历代诸王的陵园，规模宏大，素有“岭南第一陵”之称。靖江王陵是中国保存最完整、墓葬数量最多的明代藩王墓群，至今已有600多年历史。王陵的墓园布局大体相同，皆采用两院落式长方形布局，沿神道中轴线左右对称，呈“回”字形结构，中轴线上依次筑有陵门、祾恩门、祾恩殿、宝城。神道两旁为对列整齐的石作仪仗队。王陵墓群现存地表石刻334尊，数量上为全国明代藩王陵中首位，体现了不同时期的风格，反映了古代艺术家们的追求与成就，同时也为研究明代藩王陵的墓仪规制提供了一套较为完整的实物资料。靖江王陵中向游人开放的是明早期墓葬代表的靖江庄简王陵和明晚期墓葬代表的靖江康僖王陵，是展示靖江王陵大遗址的重要窗口。

冠岩景区　国家4A级旅游景区。位于雁山区草坪回族乡，距桂林市区29千米，因山形似一古老的紫金冠而得名。1992年开始综合性开发，1995年正式向社会开放。冠岩处在漓江中段，是百里漓江精华段“零距离景区”。冠岩神奇幽深，分三层五洞，上面两层为旱洞，下层为水洞，洞洞相连、逶迤曲折，洞内悬挂着各形各态的石钟乳，长约3千米，洞内有有轨电车、游艇、观光电梯，堪称奇绝。

古东瀑布景区　国家4A级旅游景区，广西首家绿色环保教育基地，广西青少年科普教育基地。位于灵川县，是桂林东线旅游黄金线上的一颗璀璨明珠，属原始森林与瀑布结合的森林氧吧游览胜地。2000年建成开放，有瀑幽、潭碧、枫红，融原始生态、地质奇观、民风民俗于一体。景区游览全程2.6千米，分为前景区、三姐湖、生态广场、多级瀑布区、原始森林区5个部分。多级瀑布、走瀑戏浪和原始香枫林是景区特色。

神龙水世界度假区　国家4A级旅游景区。位于雁山区草坪回族乡潜经村委兰口村，毗邻古东瀑布景区和冠岩景区，森林覆盖率达80%。景区体现游山玩水的桂林旅游特色，集水文化、古龙文化、访古探胜、森林休闲度假体验为一体。原始水利文化、夏威夷式的激情泉水、自然养生的泉水SPA等各类水文化项目，心随自然的概念度假木屋、乡村特色的农家生活以及植物养生气场、滑草场、熘熘龙水滑道等游乐项目让人乐在其中。

大圩千年古镇　国家历史文化名镇，国家科技小城镇建设示范点，广西重点文物保护单位。位于灵川县。汉代形成居民点，北宋已是商业繁华集镇，明代为广西四大古镇之首。明清时期，依漓江水路优势，成为沟通桂林、广东、梧州等地的交通枢纽和桂北地区的重要商品集散地，为桂林著名历史文化旅游景点。古镇内有一条长800米的青石板街以及老圩街、地灵街、隆安街、兴隆街、塘坊街、教楼街、福兴街、泗赢街八条大街。青石板街与漓江平行而建，数百个商铺分列古街两旁，历史上曾出现了黄(商号为黄源顺)、李(商号为裕和昌)、廖(商号为廖忠源)、高(商号为广昌均)“四大家”，朱松柏、黄泗盛、熊大和、周茂和、阳万美、白兴泰、秦宏和、彭遂安“八甲家”和“二十四小家”巨贾富商。卖半码头、更鼓楼码头、秦聚利码头、五福码头，塘坊码头，狮子码头，渡船码头，石鸡码头、大码头、社公码头、寿隆寺码头，清真寺码头等13个码头沿江而建，依商业种类划分其交易功能。民国时期孙中山先生北伐时曾在塘坊码头启岸并发表了“南北一统”的著名演说。

东江生态旅游区　位于灵川县西北，是集游览、观光、会议、休闲、度假为一体的综合型旅游区。景区规划面积120平方千米，跨青狮潭、九屋、兰田三乡(镇)。有山水风光、名刹古寺、农家旅游等多种旅游资源，融山、林、水、洞、庙、岛屿等多种景观于一体，具有“秀、奇、幽、旷、奥、野”等景观特色，是天然的山水风景画廊，可供游人寻幽探奇，登高览胜，猎奇野炊，林荫垂钓，宗教朝拜等。主要景观有：龙岩，与青狮潭大坝相距1千米，岩洞长200米、宽50米、高20米，甘棠江水穿洞而过，洞内有宋代壁刻多处，为县级重点文物保护单位；金山院，始建于宋代，曾是桂北最大的寺庙之一；江头古民居，明清风格桂北典型民居，所居住的周氏家族是北宋理学家周敦颐的后裔，曾以治学、出仕著称于世；丁江瀑布，由三级瀑布叠加而成，每级高约20多米，气势磅礴，蔚为壮观；农家旅馆，沿东江河一带建有20余家农家旅馆，皆为木楼结构，与瑶乡山野相映成趣，是休闲度假的理想场所。

江头古民居　广西重点文物保护单位。位于灵川县九屋镇东北1千米。建村有1000多年历史，清代时居民100余户，皆姓周。周氏家族是北宋理学家周敦颐的后裔，秉承周敦颐的爱莲文化，重教化，办学堂，重科举。明清时期，科第生辉，仕宦风流，人才辈出。江头村出仕168人，其中五品官以上29人。有两家为“父子进士并翰林”。其建筑被誉为“中南镂花第一村”。主要景点有古民居建筑、爱莲家祠、贞节牌坊、凤凰大石桥、“字厨”塔和佛塔岩等。

遇龙河诗境田园　　（唐飞鸿　摄）

毛洲三岛农家乐　桂林市首批农家乐旅游示范点。位于灵川县大圩镇漓江南岸，为体验农家生活理想去处。景区有毛洲岛、鲤鱼岛、江洲草莓村，均以住农家屋、吃农家饭、摘四季鲜果体验原汁原味的农家生活和环岛游为旅游内容。全岛主要有桃、李、橘子、橙子、柚子、草莓、梨子等四季水果，还有葫芦、辣椒浆、地瓜、芋头等地方土特产品。

【南部区域景区(点)】　桂林市南部区域旅游景区(点)主要有阳朔西街、遇龙河景区、印象·刘三姐、碧莲峰景区、世外桃源景区、金钟山景区、蝴蝶泉景区、愚自乐园景区、雁山园景区、银子岩景区、丰鱼岩景区、荔江湾景区、阳朔山水园、九马画山漂流景区、恭城文武庙、周王庙、鉴山寺景区、桂林红岩景区等。

阳朔西街　位于阳朔县城中心，是举世闻名的阳朔县古老街区，有1400多年的历史。全长1180米，宽8米。西街的房屋建筑古朴典雅，呈桂北明清时期风格，处处可见小青瓦、坡屋面、白粉墙，吊阳台。环境古尚，民风淳朴，商业繁荣，文化交汇，游人如织。西街各式商行铺面比邻连接，洋溢民族气息，摆挂的都是中华民族的传统和民族纪念商品，有景泰蓝、蜡染、荷包、挂带、古玩、中国结和平安福等，琳琅满目、应有尽有。西街被称誉为“中国第一条洋人街”“最大的外语角”“名副其实的地球村”，到处分布着各式酒吧、餐馆、旅店、商店、俱乐部等，不同肤色、不同语言、不同爱好的各国游客在这里自由地游览、休闲、活动、交友，有的甚至在这里成家，扎根开店。

遇龙河景区　遇龙河景区包含从白沙遇龙桥到大榕树工农桥16千米遇龙河水程区域，水质清澈、水流缓缓，有28道堰坝，景点100余处，一片原始、古朴、纯净的自然山水风貌，被国内外专家一致认为是“世界上一流的人类共有自然遗产”。遇龙河两岸一派自然生态田园风光，人们到此仿佛进入了天人合一的诗意境界、返璞归真的自由天地。两岸山峰清秀迤逦，连绵起伏，形态万千，江边绿草如茵，翠竹葱郁，树木繁荫。主要景点有双流美景、夏棠佳胜、大小五指山、狮子山、八仙岩等。广西最著名的三座古桥——遇龙桥、仙桂桥、富里桥都在遇龙河景区，河旁有唐代归义县遗址、潘庄遗址、徐悲鸿画室、明清时期留下的古宅民居。

印象·刘三姐　全国文化产业示范基地、广西文化产业示范基地、广西民族风情旅游示范点，获有中国乡土文化艺术特别贡献奖、首届文化部创新奖和第三届中国十大演出盛事奖、最佳导演奖等多项奖励。印象·刘三姐集漓江山水、广西少数民族文化及中国精英艺术家创作之大成，演出地点为漓江山水剧场，位于广西桂林阳朔县城书童山，整场演出全长70分钟，演出人员600余人，很多演员为当地村民。演出以印象·刘三姐为总题，大写意地将刘三姐的经典山歌、广西少数民族风情、漓江渔火等元素创新结合，融入山水，还于自然，成功注释了人与自然的和谐关系。

金钟山景区　国家4A级旅游景区。位于永福县，6.5平方千米的原生态梦幻山林中完美地融合了地方独特的福寿养生文化，是中国首家以福寿养生文化为主题的大型综合度假区。景区拥有桂北地区唯一的天坑景观——乾龙天坑，精巧幽奇的生态钟乳岩洞——永福岩，依山而建的森林矿泉浴场，祈福求寿的长寿仙宫，梦幻山林间的迷你18洞高尔夫灯光球场，全国首条山地越野主题车道的疯狂ATV山地越野车场，跑马场，绿色环保度假酒店等十余项观光、休闲度假设施。

历村　广西农业旅游示范点、桂林市农家乐旅游示范点，位于阳朔县高田镇。历村自然景观丰富、生态环境和谐、田园风光优美。周围皆为田园农舍、山水风光、鸟语花香，赏月路贯穿村庄，村后山中有水佛岩洞，村外周边有大榕树、聚龙潭、鉴山寺等著名景区。该村先后获“桂林市农家乐旅游示范点”“桂林市文明卫生村”等称号。

碧莲峰景区　国家3A级旅游景区。位于阳朔县县城漓江码头旁。因形似含苞欲放的碧莲而得名，现已建设为集自然风光、文物古迹、人文景观、艺术展示为一体的旅游景区。景区内有一条刻满历代碑文的风景道，共有大小石刻20多件，石崖悬壁上有清代著名书法家王元仁任阳朔代理知县时所书写的“带”字巨幅摩崖，高近6米，宽近3米，笔画行云流水、龙腾虎跃，字中含“一带山河，少年努力”等深刻寓意，还有吴迈所书“桂林山水甲天下，阳朔堪称甲桂林”诗句等。沿风景道漫步，美丽的漓江、龙头山、白鹤山等尽收眼底，水流峰横景色绮丽天成。山上有迎江阁、鉴山楼、瀑布溪流著名景观。

世外桃源景区　国家4A级旅游景区、全国首批农业旅游示范点。位于阳朔县白沙镇。是根据陶渊明《桃花源记》中描绘的桃源美景并结合了当地田园风光所设计开发的大型旅游景区。集山水、田园、民俗于一体，展示了一幅古桥、流水、田园、老村与水上民族村寨融为一体的绝妙画图。青山秀水环绕，生态环境优美，全程可乘船游览。集中展示了广西壮族、侗族、苗族、黎族、土族等少数民族的民族建筑，有侗族鼓楼、风雨桥，壮族小姐楼、苗族刀山(架)、土家族图腾柱等。

蝴蝶泉景区　国家4A级旅游景区。位于阳朔县月亮山风景区“十里画廊”的旅游精华地段。占地面积3.6万平方米，为阳朔生态旅游景区，集奇山、秀水、幽洞、田园风光为一体，开展有观赏景观、追溯历史、登山保健、环保科普、休闲度假多项旅游活动。景区游览主要有蝶洞、蝶桥、蝶山、蝶缘、蝶厅和“梁祝表演”。

龙颈河漂流景区　位于阳朔县兴坪镇大源林场。景区重峦叠嶂，森林莽莽，沟壑纵横，清溪潺潺。漂流全长4.5千米，时间约2小时，河段落差达220米。漂流起点在龙颈河中段的堰水塘，这里水静如镜，清澈见底，青山白云，倒影成趣。漂流段水流急、河床窄、险滩多，舟飞浪起，有惊无险。

愚自乐园景区　国家4A级旅游景区，全国文化产业示范基地，位于雁山区大埠乡。是集游览、观光、会议、休闲、度假为一体的综合型旅游度假艺术园区。有多层次岩溶地貌景观，峰丛平地拔起，水面绿幽清澈，草木高低错落，人入其境，身在画屏。秉持“保护自然，创造人文”的建园理念，以桂林自然山水为依托，将世界各地顶级艺术家的雕塑作品放置其间，自然环境与艺术作品相映协调，自然景观与人文精神高度结合。园区还兴建有HOMA现代艺术酒店、邓丽君音乐花园、几米布瓜世界、艺术创作坊、甲滴水、日光湖等特色景观和项目，突出了自然生态、艺术人文、教育研创、休闲娱乐等多重功能。

雁山园景区　国家4A级旅游景区。位于雁山镇东侧。始建于1869年。原为当地乡绅的私家园林，后为清代两广总督花园。雁山园景色秀丽，山情水趣，自成一体。当年的园林建造者吸纳了丰富的风水理论精髓，在园林的构思布局中将龙脉思想、天星与山水地形巧妙结合，被誉为园林建设与风水结合的成功典范，被郭沫若誉为“岭南第一文化名园”。园区的主要景点有龙道、飞来河、沉鱼潭、公子楼、小姐楼、水榭、神樟树及雁山植物。

银子岩景区　国家4A级旅游景区，桂林市文明旅游风景区示范点。位于荔浦县马岭镇。1999年初对外开放。岩洞为典型的喀斯特地貌，贯穿12座山峰，属层楼式溶洞，汇集了不同地质年代发育生长的钟乳石，晶莹剔透，洁白无瑕，宛如夜空的银河倾斜而下，闪烁出像银子、似钻石的光芒，所以称为银子岩。

丰鱼岩景区　国家4A级旅游景区，自治区级田园旅游度假区。位于荔浦县龙怀乡。1994年9月28日对外开放，属洞穴与地下河景观构成的溶洞观光风景区。丰鱼岩洞穴长5.3千米，其中暗河水洞长3.7千米，旱洞长1.8千米。洞内廊道宽7~20米，最宽处120米，洞高5~15米，最高处

36米。洞穴面积12万平方米,而最大的一处洞厅面积2.55万平方米。洞中大厅连小厅，石笋、石柱、石幔林立,其中定海神针、不夜城、宝塔王国、八方锦绣等景点辉煌壮丽,灿烂缤纷。洞内暗河漂流观赏区全长3.3千米，游人乘舟览胜，河道曲折,空谷幽邃,岸危穹高。

荔江湾景区　国家4A级旅游景区。位于荔浦县东南部。荔江湾全长10千米，宽100~500米,景区范围500公顷。此处山形奇特,峰丛林立,溶洞与山水相连,河水如玉带般地环绕群山,故为“荔江湾”。从元朝始至民国期间,诸多僧人、尼姑在此修行,建有水月庵、红石庙、观音庙。1995年,开发了八卦仙宫和八卦山庄,推出了象鼻岩、灵芝仙阁、壁画神韵、水月庵、古道山区助学、灵芝洞探宝、阡陌陆上行、中华龙舟楫櫓等游览项目。

九马画山漂流景区　国家3A级旅游景区。位于阳朔县漓江景区九马画山附近。是阳朔风景区唯一集漂流、溯溪、露营、徒步、攀岩、野战、滑道、户外拓展的综合型休闲旅游景区。九马画山峡谷漂流景区青峰环绕,绿树簇拥,保持了原生态幽雅的环境。漂流河道从云涌八仙景点开始，全长3.5千米,整体落差达180米。

恭城文庙　国家级文物保护单位。位于恭城瑶族自治县县城西山南麓。又称孔庙,是纪念古代孔子的庙殿，为桂林著名明代文物建筑和游览胜地。始建于明朝永乐八年(1410年),总面积3600平方米,是国内保存最完整的孔庙之一,有“华南小曲埠”之称。文庙坐北朝南,依西山之势而建,六级平台递进而上,气势宏伟,蔚为壮观。前有茶江河水弯环绕抱,后有西山古松翠柏衬映生辉。建筑布局依次为照壁官墙,礼门、义路门、棂星门、泮池和状元桥、左右碑亭和东厢房、西厢房、大成门、名宦祠、乡贤祠、东西庑殿、露台、大成殿,最后是崇圣祠。门、院、殿贯穿在一条中轴线上,左右对称排列,层次分明,布局严谨。

恭城武庙　国家级文物保护单位。位于恭城瑶族自治县县城西山南麓文庙之西侧。与文庙相距50米,文武两庙并存一地,相得益彰。该庙是纪念祭祀三国时期名将关羽的祠庙,又称关帝庙。始建于明朝万历三十一年(1603年),庙宇面积2100平方米,是广西现存规模最大、气势最宏伟、保存最完整的武庙。武庙前临茶江,背靠西山,整个布局由古戏台、雨亭、正门、正殿、后殿和东、西厢配殿组成。整座建筑重檐歇山,翼角飞翘,脊山花饰泥塑,建筑之精令人叫绝。

周王庙　自治区级文物保护单位。位于恭城瑶族自治县县城太和街,又名周渭祠,是纪念祭祀当地宋代名臣周渭的祠庙，是桂林著名的清代文物和游览胜地。始建于明成化十四年(1478年),清雍正元年(1723年)重新修复。面积1600多平方米,整个建筑基本保存完好。祠庙建筑主要由门楼、大殿、后殿及左、右厢房组成。门楼面阔五间,重檐歇山,具有明清古建特色,檐柱承托下檐,金柱通顶支承上面重檐,体型在中间骤然收小,五层斗拱逐层出挑,使整个层顶飞檐高翘,雄伟壮观。由座斗、交手斗、鸳鸯交手斗三种形式组合形成严谨而有规律的重檐,形似蜂窝,人们称之为“蜜蜂楼群”。单体形鸡爪斗拱具有装饰美化作用,上层屋顶靠内部米字枋格承托。上层重檐空气流畅并产生回流,不时发出轰鸣之声,令雀鸟们不敢在此筑巢造窝,起到免遭虫鸟侵害作用。门楼过天井为大殿堂,面阔12.2米,进深14.8米,硬山屋顶,盖小青瓦滚脊筒琉璃剪边，两榀五柱穿斗架及三面砖墙混合结构,风檐雀替尽为镂雕,更有特点的是檐柱与金柱间之抬梁上装一木雕麒麟作为托峰承托二条瓦檩,结构新颖,美观大方。后殿展示了一幅绘制于清朝乾隆九年(1744年)的梅山图,总长500余米，生动反映了古代瑶民生产、生活和信仰,绘有形貌神采各异的人物1000余名,瑶民耕种桑织、渔猎商贸、闲逸戏玩、舞笔弄墨的情景生动毕现,画面绘制精致、栩栩如生,实属罕见的“国内一绝”。

桂林红岩景区　全国农业旅游示范点。位于恭城瑶族自治县莲花镇红岩村。是集山水风光游览、田园农耕体验、餐饮住宿休闲、会议商务观光等多功能为一体的乡村生态旅游村。2002年开始规划建设,2003年10月对外开放，总面积6.8平方千米。拥有中国唯一的“月柿之乡”称号的无公害生态水果“万亩”月柿基地,逢金秋收获季节,果实累累、月柿飘香,大量游客与摘果村民融合在一起,形成了一道岭南独特而亮丽的风景线。50多家乡村别墅错落有致地分布在绿色果园中，可供餐饮与住宿,体验瑶族居民生活习俗。秀丽的平江河流经村庄,河畔翠竹林立、绿柳成荫。古朴壮观的瑶族风雨桥横跨平江河,整座建筑结构严谨,造型独特,极富瑶族特色,皆以质地耐久的杉木凿榫衔接，不用一钉一铆，是瑶族建筑工艺智慧的结晶，亦是中国木建筑中的艺术珍品。村内有马头山，海拔 380 米，树木葱郁，奇异花草繁多，山中多处岩洞相连，洞内怪石千姿百态。

湖南会馆　自治区级文物保护单位。位于恭城瑶族自治县县城太和街，与周王庙比邻。是桂林著名的清代建筑文物和游览胜地，始建于清朝同治十一年（1872 年）。会馆为当时的三湘同乡会集资所建，面积 1847 平方米，整个建筑保存完好，座西北朝东南，由门楼、戏台、正厅、回廊、后厅及左右厢房组成，建筑和馆藏传承着丰富的民族历史文化内涵。

龙脊金秋　　（唐飞鸿　摄）

鉴山寺景区　国家 3 A 级旅游景区。位于阳朔县云集山下，距县城约 6 千米。总建筑面积约 6000 平方米，为典型的仿唐代古建筑。主体殿阁按南北走向依山而建，自山门到天王殿、大雄宝殿、藏经阁，逐次上升，整体布局庄重、古朴典雅、气势恢宏，特设有介绍鉴真大师一生的鉴真纪念馆。周边是大榕树、聚龙潭、月亮山等著名景区，遇龙河和金宝河在此交汇。

仙家温泉景区　位于平乐县源头镇鱼堰村，是集游览、观光、会务、休闲、理疗、度假为一体的综合型旅游疗养度假区。20 世纪 90 年代初开始建设开发，由温泉沐浴区、宾馆住宿区、文化娱乐区、休闲游乐区等组成，融吃、住、游、购、娱于一体，配套服务设施完善。泉水含偏硅酸和重碳酸钙型等 20 余种对人体健康有益的微量元素，水温 43～49 摄氏度。

【西部区域景区（点）】　桂林市西部区域旅游景区（点）主要有龙胜温泉景区、龙脊梯田景区、龙胜大唐湾景苑、资江景区、资源八角寨景区、天门山景区、义江缘景区、十二滩漂流景区等。

龙胜温泉景区　国家 4 A 级旅游景区，位于龙胜各族自治县西北部江底乡，是以山间温泉为特色，集康体、休闲、度假、商务、旅游于一体的综合性旅游度假区。泉池区共建有高标准、多功能的大小泉池 27 个。温泉由地下 1200 米深处岩层涌出，分上下两大泉群，有 16 眼泉口，水温为 54～58 摄氏度。温泉水质为超低钠低矿化度的偏硅酸重碳酸钙镁型天然饮用矿泉水，含有锂、锶、铁、锌、铜等十几种于人体有益的微量元素。度假区建有按四星以上标准规划建设的“中心酒店”和“SPA 宾馆”酒店，环境幽美、功能齐全，格调高雅，设计建筑风格集现代、民族、园林于一体。度假区周边旅游项目丰富，有惊险刺激的岩门峡漂流，“横空出世”的龙舌岩，森林茂密、植被丰富的龙胜温泉国家级森林公园以及具有浓郁民族风情的农家乐等休闲观光旅游项目。

龙脊梯田景区　自治区级风景名胜区。位于龙胜各族自治县和平乡境内。是以农艺梯田景观为主体，集自然景观、人文景观、民族风情为一体的综合性旅游景区。龙脊梯田始建于元朝末，成形于明朝，完工于清朝初。主要是以平安壮族梯田和金坑红瑶梯田为主体，并向周边村寨辐射的梯田群体。龙脊梯田规模宏伟、气势磅礴，线条行云流水、潇洒流畅，为天下梯田之冠，堪称“天下一绝”，是中国南方农耕文明的集中体现。一年四季各有神韵，春如层层银带，夏滚道道绿波，秋叠座座金塔，冬似群龙戏水，被艺术家们赞叹为“神奇的韵律、优美的线条”。

龙胜大唐湾景苑　广西少数民族文化示范点。位于龙胜各族自治县县城东部。景区主要集中介绍了侗族、苗族、瑶族、壮族等少数民族原汁原味的习俗民风，有的是濒临消亡的生产生活方式和农副产品，是少数民族风情的一个缩影。景区内分为民族民俗动态、静态文物展览区，侗族风雨长廊古建筑观赏区，自然奇石观赏区，水上游乐区等。

彭祖坪　自治区级自然保护区。位于龙胜各族自治县县城东北部的马堤乡。是集生态旅游、绿色度假、长寿文化、高山草地、苗族风情为一体的观光度假区。度假区内地形地貌复杂，山峦起伏，沟壑纵横，植被丰茂，资源特色突出。按山体与水系的分布，整个自然保护区分为南部的珍稀植物观赏区、北部的高山草地观赏区和西部沿芙蓉河，以东升村、里市村、龙家村、芙蓉村和张家村为主体的苗族风情区。旅游资源主体以山岳型自然风景资源为主，人文旅游资源中彭祖长寿文化和苗族民俗风情尤为突出，整个旅游区以“奇、险、幽、秀、古”著称。主要的旅游项目有龙家村苗寨、龙家梯田、彭祖坪、彭祖老屋、彭祖采药、彭祖空心塔、情人石、彭祖瀑布、山丝瀑布等。

资江景区　国家3A级旅游景区、国家森林公园、国家地质公园、自治区级风景名胜区。位于资源县北部。属丹霞地貌、生态型自然风景区，1990年开始开发建设并接待游客。景区系丹霞地貌，漂流河段是资江景观最为集中的地带，全长22.5千米，下45条滩，拐31道弯，河谷深割，似玉带穿梭于奇山峻岭之中。两岸丹峰耸立，植被丰富多样，原生态植物保护完好，有国家重点保护的资源冷杉、福建柏、鹅掌楸、马蹄参、香果木、银杏、观光木等。沿途有风帆石、火炬山、神象饮水、浪田瑶寨、将军骑马镇天门等60多处景点。

资源八角寨景区　国家森林公园、国家地质公园、自治区级风景名胜区，位于资源县北部。1991年开始开发旅游，并向社会开放。景区方圆40平方千米，丹霞地貌发育最为典型，其丰度和品位高，具有大、多、长、密、厚等特质，被专家誉为“丹霞之魂”。景区以峰林为主，涵盖了丹霞地貌中的石寨、石墙、石崖、石柱、石峰、嶂谷、峰林、水蚀溶洞、造型地貌、天然壁画等类型，奇景变幻多姿。景区内原生态动植物保护完好，种类丰富多样。主峰八角寨又名云台山，海拔818米，因主峰任斜生八个翘角而得名，其山势雄浑博大，巍峨挺拔，气派非凡，东、西、南面均为悬崖绝壁，只有西南坡有一条古老、陡峭的幽径可登山顶。景区有降龙庵岩、群螺观天、龙头香、眼睛石、龙脊天梯、幽谷栈道等130多处景观。

天门山景区　国家3A级旅游景区、国家森林公园、国家地质公园、自治区级风景名胜区。位于资源县北部。1997年开发旅游，并向社会开放，该景区因天门山而得名。天门山雄镇资江，形状像天门中开，其方圆10千米，由东线（百卉谷）、西线（一线天）、神仙寨以及桃花岛四部分组成。山形峻峭，岩壑争奇，是典型的丹霞地貌。景区突出自然与文化景观两大主题，有38岩、19洞、2潭、6泉、8石等。

宝鼎瀑布　国家森林公园、国家地质公园、自治区级风景名胜区，位于资源县东北部。1991年开始开发旅游，并向社会开放。景区面积15平方千米，主要由宝鼎瀑布、宝鼎湖、宝鼎山、白云庵、原始森林等组成。其河流发源于华南第二高峰宝鼎山，像一条银色巨龙穿云破雾，从天而降，气势宏伟。瀑布最宽处达200多米，最窄处约20米，从瀑布顶端到瀑底，落差180米。由于山势交错出现陡坡和平台，形成了一瀑九折之态，其中第五级落差高达87米，飞流直下，咆哮轰鸣，气势宏大，蔚为壮观。

十二滩漂流景区　国家3A级旅游景区。位于临桂县宛田瑶族乡东北部。属于喀斯特地貌形成的探险、森林度假、民俗风情为一体的综合性景区。因漂流河道有惊险刺激的12道主滩而取名十二滩。漂流途经66道河滩，12道主滩，全程13.5千米。主要景观有一仰滩、两跳滩、三抛滩、四筛滩、夹排滩、蚂拐滩、鱼跳滩、牛角滩、门砍滩、滑石滩、黑石滩、平安滩等。

花坪　国家级自然保护区。位于临桂县与龙胜各族自治县交界处。是集森林探险、珍稀物种观光、科普教育于一体的综合性自然生态旅游区。保护区创建于1961年，总面积15133.3公顷，森林覆盖率97.48%，是保存较好的亚热带常绿原始阔叶林区，动植物资源十分丰富。其地貌峰峦重叠连绵、岭脊嶙峋锐利、谷坡陡峭绝险、植被繁茂复杂、古树遮天蔽日、藤蔓横纵交错、苔藓厚如毛毯，有数不胜数的奇花异草、珍稀孑遗的动植物、雄伟壮丽的瀑布景观，这片神秘深邃的原始森林素有“花的世界”“瀑布之乡”“动物王国”之美称。保护区内分为红毛河、粗江、红滩、广福等景区，主要有观赏银杉、红滩峡谷寻幽探险、广福顶登高望远、广福湖泊荡舟垂钓等旅游项目。

李宗仁故居　全国重点文物保护单位。位于临桂县两江镇。始建于清宣统三年（1911年），完建于20世纪20年代，经3期扩建而成。为木结构二层楼房，四周围院墙用青砖包泥砖砌筑，院内由安乐第、将军第、学馆和三进客厅组成，分布有7个院落，13个天井，共有大小厅房113间，既具有雄踞一方的庄园气派，又富有浓厚的桂北民居建筑特色。整个院落楼轩相连，廊庑回环，点缀有泉池、百年古杨、山茶、苏铁等珍稀花木。李宗仁在这里度过他的童年和少年时代，从政后亦数度居于此。

【北部区域景区(点)】 桂林市北部区域旅游景区(点)主要有乐满地景区、猫儿山景区、灵渠景区、秦城水街、秦家大院、天湖、湘山寺、炎井温泉、觉山铺、月岭古民居、黑岩、千家洞等。

乐满地景区　国家5A级旅游景区、中国十佳主题乐园、中国先进游乐园。位于兴安县。是集狂欢主题乐园、五星级度假酒店、木屋别墅、高尔夫球场于一体的观光旅游、休闲度假、康体娱乐、商务会议、高尔夫球运动等综合性度假度假胜地。主题乐园分为欢乐中国城、美国西部区、梦幻世界区、海盗村、欧洲区、南太平洋区、森林游乐区共7个主题区。有超级旋风、高空弹跳、大峡谷漂流、飞艇冲浪、风火轮、魔法光轮、飞天龙、动感影院、海盗船等30余项惊险刺激的游乐设施，还有好莱坞影视特技秀、魅力狂欢大巡游、激情热辣秀、阿里山歌舞秀、南太平洋歌舞秀、街头秀等10余项精彩演艺项目。高尔夫球场围绕着灵湖和丘陵而建，为18洞标准球场。

猫儿山景区　国家级自然保护区，地跨兴安县、资源县和龙胜各族自治县。猫儿山主峰海拔2141.5米，号称“华南第一峰”，是漓江、浔江、资江发源地。景区内风景秀丽，气候宜人。景区包括华南绝顶、穿仙洞、通天道、华南虎、猫岳佛光、睡美人、铁杉荟萃、漓江源、杜鹃花廊、龙潭、十里大峡谷、剑崖大瀑布以及1996年发现的二战美国援华飞机(飞虎队)失事之地等，整个景区是集科教、览胜、探险、猎奇、度假、避暑、竹木经济开发、缅怀革命先烈与纪念国际友人为一体的综合性国际旅游景区。

灵渠景区　国家4A级旅游景区，又名秦凿渠，或称陡河。位于兴安县。建成于秦始皇33年(前214年)，与四川都江堰、陕西郑国渠并称为秦代三大水利工程，是世界上最古老的运河之一。灵渠除了渠道以外，还有大、小天平(即铧堤)，铧嘴，秦堤，泄水天平，陡门等建筑。

秦城水街　位于兴安县城灵渠沿岸，沿灵渠而建，长约1千米，在古代是商贾云集，文人咏叹之地。2004年重新修复，2005年4月15日向社会开放。秦城水街地处秦代著名水利工程灵渠的城区一段，沿街建筑古老而富有岭南特色，楼台亭阁、小桥连廊精巧典雅。秦城水街整体分为五个主题：古建设文化、古桥文化、古石雕木雕文化、古灵渠文化、岭南市井风俗文化。主要景观有秦文流觞、娘娘桥、万里桥、七层佛塔、北街里、马嘶桥、湖广会馆、漓江书院、照壁砖雕、百米浮雕、三将军墓等。

秦家大院　位于广西桂林兴安县白石乡，为明清时期建筑，始建于明朝初年，完工于清朝中期。是集游览、观光、休闲、民居、寻古为一体的乡村旅游休闲区。占地面积17000多平方米，有3组14幢23座规格统一的古民居建筑群，明清建筑风格分明，具有典型桂北地区民族特点。院内建筑群主次轴线分明，依轴线层层深入，左右对称，梯进布局，高墙窄巷，错落有致。古屋青砖黛瓦、飞檐翘角、门窗雕梁画栋、刻字铭文。开井青石铺砌，清爽宜人。巷道纵横交展，平坦整齐。古朴典雅的民居、宗祠，厚重的石板古巷，数量众多的牌匾，寓意深刻的图案，处处清静典雅、古色古香，透露出过去不同时代的气息。周边有太子山、青龙山、宝塔山、骆驼山等青山秀峰环绕，与大院内古民居融合一体，景色优美。

世纪冰川大溶洞　又名灵佛洞，位于兴安县严关镇梳子铺。是集地质考察、洞穴探秘、暗河漂流、冰川科普、田园观光、森林露营、温泉疗养、甲骨印象、碑林博览为一体的综合性旅游景区。为发育于上古生界石炭系下统岩关阶地层的典型岩溶洞穴，奇特的是第四纪“桂林冰期”对该洞穴钟乳石发育影响明显，可找到泾渭分明的分界线。洞内很多景观，酷似远古冰川时期的冰川遗迹和现代冰川地貌，活脱脱一座“冰川博物馆”，洞穴由此得名。洞景宏伟瑰丽，洞中有洞、洞洞相连，洞下有洞、陆水相通。陆路钟乳纷繁，景点密集，步移景异；水路波光照映，古怪陆离，梦幻神奇，被誉为“地下灵渠”的洞中地下河，上接灵渠，下通漓江，两侧清泉、瀑布水花四溅，人云“地上灵渠两千年，地下灵渠千万年”。河水波光倒影，交织成如梦似幻的图景，又被誉为“洞穴梦幻小漓江”。

天湖　位于全州县才湾镇。海拔1600多米，由高山草地、原始森林和13座水库组成的湖泊群，是典型的高山湖泊景观。景区方圆43平方千米，高山顶上的座座水库相互贯通，互成补充，犹如一面面晶莹透亮的明镜，点缀在崇山峻岭间，既有“淡妆浓抹总相宜”的湖光山色，也有“茫茫五百里，不辨云与水”的诗情画意。天湖水电站，为亚洲第一高水头电站，水头落差高达1074米，装机容量6万千瓦，年发电量1.78亿千瓦小时，集科学技术和自然景观为一体，引世人瞩目。

炎井温泉　位于全州县大西江镇炎井村，地处越城岭山脉北端。海拔高度700～1000米，与湖南新宁县舜皇山公园遥相对应。温泉日流量558吨，恒温42摄氏度，含有氟、锂、锶、锌、锗、铜、氡等多种对人体有保健、医疗作用的元素，属低钠低矿化度含氟偏硅酸及高温氡医疗矿泉。高山幽谷，环境优雅，冬暖夏凉，气候宜人，宛若一幅清新秀丽的山水画。沿途还有虹饮桥、千年古樟、精忠祠、童母岩等众多景点。

湘山寺　位于全州县湘山之麓，是久负盛名的佛教圣地，被誉称“楚南第一禅林”。系唐至德三年（756年）唐代高僧无量寿佛所建，因宋代皇帝五次加封、宋徽宗亲临膜拜而名声大振。有红门楼、玄武门、大雄宝殿、布经楼、伽蓝殿等建筑。

月岭古民居　位于灌阳县城北面文市镇月岭村。该村有700多年的历史，祖居为唐氏家族，至今一脉相传28代无一旁姓。古民居始建于明末清初，属典型的湘南式民居建筑，全村各院围墙、道路均用青石围砌，建筑基本保存完好。有6个大院最为完整和典型，是唐氏祖上为其6个儿子修建的庭院，其庭院各立门楼，每院由6幢组成，每幢均为上下两层结构，前设中门、天井和大堂，后有小堂和天井，配有住房、厨房、客房、仓库和私家戏楼，还有水井花园。有建于清道光十四年至十九年（1834～1839年）的“孝义可风”石牌坊，被誉为石雕博物馆，属自治区文物保护单位；有建于清乾隆年间的步月亭和文昌阁；有县级文物保护单位催官塔；有反映民风民俗、建于清宣统二年（1909年）的百岁亭；有将军庙、古石寨、唐孔林墓等古建筑。村中还有步月仙桥、步月岩、白驹岩、沙江晚渡、古井旋螺、上井石泉、双发井等自然景观。

黑岩　位于灌阳县城北面的苏东村和小龙村之间，地处一个四面青山环抱的盆地，其间阡陌纵横、果树成林、鲜花缤纷，一派幽静美丽的田园风光，仿佛是世外桃源。洞内最宽处为45米，最高处35米，地下河最深处8.5米，超过1000平方米的“大厅”或“长廊”有10余处，洞深在20千米以上，堪称“天下第一水洞”。

千家洞　位于灌阳县东部都庞岭山脉腹地韭菜岭山峰的西麓。四周高山峻岭，绿草繁茂，碧水涟漪，原始森林环绕，是世界瑶族同胞的发祥地。距今700年前，千家洞曾住有千户瑶族人家，因抗拒赋税被官府追杀，被迫逃离故居，浪迹天涯，四处漂泊，他们的子孙视千家洞为圣地。千家洞原始森林繁茂，溪涧、飞瀑密布，杜鹃野花漫山开放，风光秀丽，景色迷人。有丰富的动植物资源，其中有属国家重点保护的二级珍贵植物福建柏，三级保护的长苞铁杉、南方铁杉等，有国家二级保护的珍稀野生动物小灵猫、猕猴、穿山甲、锦鸡、水鹿、大鲵等。（唐飞鸿）

旅游行业管理

【漓江国家5A级旅游景区整改成效显著】 2012年，中共桂林市委、市人民政府继续推进漓江旅游景区整改工作，全市累计投入资金1.1亿元，用于改善漓江游览的硬件基础设施。年内，改造和完善磨盘山、竹江码头游客中心，停车场、景观绿化、导览系统等配套服务设施；提升漓江运营游船的船容船貌、安全和服务设施设备、卫生环境等；制订出台了《漓江游船服务星级标准》等系列管理规范和标准；修改完善了漓江国家5A级旅游景区导游讲解词，出台了《漓江游船导游员管理制度（试行）》；开展大范围、高频率的联合执法检查和综合整治，建立健全漓江长效管理机制。经过整改，漓

2012年5月3日，整改后的漓江客运码头启用　（唐飞鸿　摄）

江国家5A级旅游景区通过了国家旅游局的验收检查。

【桂林成为首批“全国旅游刷卡无障碍示范区”城市】 2012年7月16日,桂林市被正式确定为首批“全国旅游刷卡无障碍示范区”城市。由国家旅游局和中国银联共同推出的中国旅游卡，是一款涵盖“吃、住、行、游、购、娱”等多领域的新型旅游特色支付产品，通过整合全国及境外旅游消费资源,可为持卡人提供景区购票折扣、网上和电话预订优惠及酒店、保险、购物等各类专属优惠和服务。桂林凭借成熟的旅游运营经验、完善的旅游设施以及较好的旅游发展基础当选首批“全国旅游刷卡无障碍示范区”城市。

【旅游与相关产业融合发展】 2012年,桂林市旅游与农业部门合作,发展休闲农业与乡村旅游。年内，灌阳县被评为全国休闲农业与乡村旅游示范县，桂林茶叶科学研究所茶叶科技园被评为全国休闲农业与乡村旅游示范点。市旅游局与林业部门合作,确定阳朔县大源林场为首批“森林人家”旅游品牌建设试点单位。开展广西特色旅游名镇(村)的创建工作,恭城瑶族自治县平安乡社山村、灌阳县新圩乡童家村、秀峰区甲山街道鲁家村成为2012年广西特色景观旅游名村创建单位。阳朔县兴坪镇、龙胜各族自治县龙脊村、秀峰区甲山街道鲁家村通过广西特色旅游名镇(村)市级验收。

【旅游市场秩序监管有力】 2012年,桂林市成立了旅游服务质量义务监督员队伍,完善旅游服务质量监督机制,发挥社会监督作用。以整顿和规范旅游市场秩序工作为重点,市旅游局、市公安局、市工商行政管理局等部门联合开展了漓江国家5A级旅游景区联合执法专项治理行动。全市旅游市场总体平稳、有序,无重大旅游服务质量投诉和安全责任事故。全年共查获立案案件20件,处理网络信息舆情30件,处理各类电话和来信来访614起,为游客挽回经济损失23万余元。游客满意度保持在97.7%以上。

【桂林市旅游执法支队成立】 2012年12月28日,桂林市旅游执法支队在市旅游局挂牌成立。桂林市旅游执法支队是广西首个旅游执法支队,与市旅游质量管理机构合署办公，主要是落实国家赋予旅游部门提高旅游服务品质和加强市场秩序监督管理的工作职责，加大旅游执法和市场监管力度,建立健全旅游监管体系,为有效规范旅游市场秩序、重拳打击违规经营行为、提升旅游服务质量和旅游城市形象提供保障。

【组织旅行社开展“守法经营、规范服务”行动】 2012年6月1日,桂林市旅游局组织旅行社开展旅行社“守法经营、规范服务”行动,从全市旅行社中随机抽取到桂林的旅游团队，安排执法人员全程跟团明察暗访,检查内容涉及旅行社广告宣传、合同签订与履行、导游服务、委托招徕、旅游车租用、旅游投保、业务操作规范以及分支机构管理等方面存在的违法违规、违反标准和不符合规范等问题。对于存在问题的旅游经营企业,及时向企业负责人提出整改措施,限期整改,规范旅行社诚信经营。

【休闲农业与乡村旅游长足发展】 2012年,桂林市旅游局按照自治区的统一部署,对2006~2009年桂林创建的35家全国和广西工农业旅游示范点开展复核工作,取消资源县大埪村红山庄、永福县虎森山庄2家复核不达标的自治区农业旅游示范点,维护了示范点的品牌效应。开展广西乡村旅游区(点)创建工作,全市共创建兴安乡里乐休闲山庄、阳朔东岭庄园等17家各类乡村旅游区(点)。开展乡村旅游资源收集整理,对全市77家全国和自治区农业旅游示范点、自治区星级农家乐及有一定规模和影响力的农家乐的情况进行调查摸底，为桂林乡村旅游品牌和资源的统一宣传做好准备。

（唐飞鸿）

旅游开发建设

【旅游目的地建设成效显著】 2012年,桂林市投资61.75亿元,建设和完善旅游基础设施、旅游接待服务设施、景区景点开发、旅游文化设施。年内，新增独秀峰·王城景区为国家5A级旅游景区。全市新增国家4A级旅游景区2家、国家3A级旅游景区2家。新增四星级饭店1家、三星级饭店1家。创建广西乡村旅游区5家,其中四星级3家。创建星级农家乐12家,其中五星级1家,四星级1家。阳朔县获“首批全国旅游标准化示范县”称号，成功入选“2012年中国十佳城市慢游地”，阳朔县、兴安县、龙胜各族自治县获“广西十佳休闲旅游目的地”称号。

2012年7月6日，桂林市旅游局组团参加华中(武汉)推介会

（唐飞鸿 摄）

【旅游项目建设积极推进】 2012年，桂林市建设重点旅游项目50个，年度累计投资资金25亿元，其中竣工项目10个，在建(续建)项目30个，前期项目10个。桂林国际旅游城建设取得明显成效，推进桂林市朝阳体育休闲公园、桂林宾馆二期建设项目、桂林市正阳路东西巷历史保护街区修缮整治项目、桂林良丰科技新城玉圭园环球名胜、桂林国际足球旅游文化产业园、桂林芦笛桃花湾生态休闲旅游项目、恭城山寨旅游开发项目等旅游项目建设。旅游招商引资共引进旅游建设项目30个，协议总投资金额95亿元，其中桂林旅游发展(集团)总公司签约10个项目，总投资金额近13亿元。

【入境旅游市场巩固发展】 2012年，桂林市对阿联酋、英国、瑞典等国开展针对性促销工作，组织促销小分队赴印度、泰国、德国、俄罗斯、马来西亚、缅甸、韩国、印度尼西亚等国家及中国香港特别行政区、中国台湾地区参加国际旅游展会。持续开拓穆斯林市场，促进传统市场的巩固提升和新市场的开发拓展。着眼于高端旅游市场的开发，引进法国地中海俱乐部与愚自乐园合作，并与地中海俱乐部中国区总部开展了联合促销活动。

【国内旅游市场稳步拓展】 2012年，桂林旅游大篷车走进青岛、济南开展促销活动。在北京、上海、陕西、安徽等主要客源地举办大型旅游推介会。组织市重点旅游企业参加南京国际旅游度假展览会、广州国际旅游展览会、中国国内旅游交易会、长春消夏节等大中型旅游交易会，推广桂林7条精品线路，巩固主要客源地市场。与陕西、北京等地建立政府层面的双方客源互送机制，并与合肥、成都、南昌等市结成了中国南方旅游城市协作体，桂林在全国旅游市场中的地位和对游客的吸引力不断提升。

【旅游促销模式推陈出新】 2012年，桂林市旅游管理部门利用航线开展促销。与韩国大韩航空合作，开通釜山—桂林包机航线，韩国旅游市场呈现上涨局面；与中国台湾地区长荣航空签署高雄—桂林航线合作协议，使台湾游客可从台北、高雄两个方向往返桂林，方便台湾游客的出游；恢复香港—桂林航线；新开通呼和浩特—桂林、青岛—宁波—桂林等7条国内航线。邀请阿联酋、澳大利亚、日本、俄罗斯等国的主要旅行商、营业部经理到桂林考察，开辟了境外促销新模式。对穆斯林市场促销活动中，与马来西亚穆斯林宗教歌曲演唱组合成功合作，在马来西亚旅游展上邀请明星们到桂林旅游展位为歌迷们现场销售桂林旅游产品，并分批由明星们带着他们的歌迷到桂林观光游览，明星效应为桂林带来大批马来西亚游客。启用微博营销，针对庞大的微博用户群，启用桂林旅游官方微博平台开展桂林旅游营销，开创了旅游营销新平台。 （唐飞鸿）

旅游企业

【星级饭店(宾馆)】 2012年年末，桂林市有星级饭店69家，其中市区45家，辖县24家。市区星级饭店中有五星级3家、四星级6家、三星级30家、二星级6家。辖县星级饭店中有五星级2家、四星级6家、三星级10家、二星级6家。2012年，新增1家四星级饭店（恭城瑶族自治县千钧大酒店），新增1家三星级酒店(翠竹饭店)。建立健全星级饭店各项规章制度，全面落实旅游饭店的信息季报工作,对12家星级酒店进行了复核。

【旅行社】 2012年，桂林市有旅行社179家，其中出境业务社10家,入境业务社169家。旅游管理部门加强旅行社的日常工作管理，对全市179家旅行社进行普查，为查处违法违规旅行社提供了重要依据。完善旅行社变更换证事项管理，完成了自治区扩权强县下放到市本级行政审批项目、进驻政务中心、旅行社行政审批三项业务的接收工作。按照《开展旅行社守法经营、规范服务专项治理活动工作方案》工作部署,集中开展旅行社守法经营、规范服务专项治理活动,规范了旅行社的经营行为。

【旅游车船企业】 2012年,桂林市有漓江旅游船舶企业67家,旅游船227艘,总客位数18384个。磨盘山(含竹江)至阳朔县旅游船190艘,客位数为17610个。桂林市拥有10台以上旅游车辆的旅游客运公司(车队)约20家,其中二级资质企业3家,三级资质企业4家,四级资质企业1家,从业人员约3800人,主要企业有桂林旅游汽车运输有限责任公司、桂林骏远交通发展有限公司、桂林美景旅行社、桂林金盛有限责任公司、桂林桂港汽车有限责任公司、桂林丰华运输公司、桂林鑫宇旅游客运公司。 (唐飞鸿)

【旅游景区和休闲购物企业协会】 2012年,桂林市旅游景区和休闲购物企业协会有在册会员单位71家,其中旅游景区(点)40家,旅游购物企业29家,文艺演出单位2家;从业人数总计14000人,间接从业人员1万余人。协会发挥政府与企业间的桥梁纽带作用,对会员单位实行标准化管理,以标准规范会员企业的建设发展；配合旅游主管部门,坚持诚信考核标准,培育发展企业诚信机制,为桂林旅游健康发展发挥了示范促进作用；通过参加会展交流,提升桂林旅游形象。协会会员企业通过ISO 9001、ISO 14001两个国际标准认证的达28家。 (唐青)

表3

2012年桂林市区星级宾馆(饭店)一览表

序号	酒店名称	星级	房(间)	床(张)	地址	电话
1	喜来登饭店	5星	430	760	滨江路15号	2825588
2	帝苑酒店	5星	333	642	临江路186-1号	5688888
3	漓江大瀑布饭店	5星	646	1164	杉湖北路1号	2822881
4	桂山大酒店	4星	607	1136	穿山路42号	5638888
5	桂林宾馆	4星	268	536	榕湖南路14	2823950
6	桂湖饭店	4星	263	494	螺蛳山1号	2558899
7	观光酒店	4星	271	530	漓江路20号	5882688
8	榕湖饭店	4星	415	785	榕湖北路17号	2893811
9	精通桂林大酒店	4星	226	450	中山北路1号	2820588
10	丹桂大酒店	3星	361	722	中山南路77号	3834300
11	台联酒店	3星	168	310	中山中路12号	2892888
12	香江大饭店	3星	259	495	西环一路141号	2266666
13	环球大酒店	3星	225	435	解放东路1号	2828228
14	伏波山大酒店	3星	151	290	滨江路121号	2569898
15	凯宁七星大酒店	3星	197	392	漓江路17号	5881668
16	新凯悦酒店	3星	282	550	中山南路72号	2158888
17	山水大酒店	3星	184	362	七星路48号	5815151
18	达尔曼酒店	3星	40	79	红岭路1号	3822333
19	景秀大酒店	3星	149	267	临桂路8号	2869818
20	名城大酒店	3星	87	182	正阳路6号	2828331
21	杉湖大酒店	3星	143	281	中山中路24号	2890089
22	桂星酒店	3星	229	429	七星路18号	2188888
23	京都大酒店	3星	135	266	翠竹路8号	3559998
24	金嗓子大酒店	3星	158	310	栖霞路6号	2127186

续表

序号	酒店名称	星级	房(间)	床(张)	地址	电话
25	天鹅宾馆	3 星	120	246	苗圃路 18 号	3559988
26	新桂大酒店	3 星	131	260	银锭路 1 号	2169988
27	桂花香大酒店	3 星	206	388	中山南路 78 号	2153666
28	烟贸大酒店	3 星	171	357	瓦窑西路 21 号	3612028
29	鸿景大酒店	3 星	159	317	中山南路 74 号	2151888
30	柏丽商务酒店	3 星	56	100	解放东路 2 号	3111111
31	中山大酒店	3 星	117	233	中山中路 2 号	2882999
32	阳光栖霞酒店	3 星	108	227	栖霞路 48 号	5888780
33	桂晌饭店	3 星	56	116	翠竹路 9 号	2151333
34	金埔大酒店	3 星	175	326	解放东路 137 号	2816188
35	核工饭店	3 星	115	217	漓江路 47 号	5611188
36	贵客 0773 酒店	3 星	110	210	文明路 31 号	2283388
37	翠竹饭店	3 星	118	230	翠竹路 15 号	3866999
38	郦峰饭店	3 星	100	201	雉山路 108 号	3556683
39	教育宾馆	3 星	115	211	雉山路 7 号	3816098
40	华侨大厦	2 星	108	216	中山南路 13 号	3832026
41	临桂大酒店	2 星	121	240	中山南路 78 号	3835662
42	泰和饭店	2 星	50	115	中山南路 65 号	3835504
43	粮贸大酒店	2 星	152	294	中山中路 1 号	2251666
44	铁道饭店	2 星	73	143	上海路 22 号	2153000
45	泰和楼酒店	2 星	55	114	东安街 81-91 号	3557402

表 4　**2012 年各县星级宾馆(饭店)一览表**

序号	酒店名称	星级	房(间)	床位(张)	地址	电话
1	乐满地度假酒店	5 星	431	802	兴安县志玲路	6229898
2	阳朔碧莲江景大酒店	5 星	333	666	阳朔县阳朔镇观莲路	8886666
3	阳朔新世纪酒店	4 星	104	203	阳朔县蟠桃路	8829703
4	龙胜温泉中心酒店	4 星	203	428	龙胜各族自治县江底乡	7482888
5	阳朔唐人街酒店	4 星	441	924	阳朔县观莲路	8818989
6	阳朔桂福大酒店	4 星	130	264	阳朔县抗战路	8880000
7	资源盛源大酒店	4 星	121	210	资源县城北开发区	4368888
8	恭城千钧大酒店	4 星	192	412	恭城瑶族自治县滨江西路	3378888
9	荔浦丰鱼岩宾馆贵宾楼	3 星	98	193	荔浦县三河乡	7128568
10	阳朔丽景假日宾馆	3 星	78	142	阳朔县西街	8817198
11	全州博宇大酒店	3 星	112	206	全州县镇中心北路	8681111
12	阳朔漓江饭店	3 星	105	200	阳朔县蟠桃路	8816968
13	兴安兴怡度假山庄	3 星	43	90	兴安县崔家乡长冲村	6255667
14	兴安兴都商务大酒店	3 星	54	106	兴安县兴桂中路	6213658
15	永福金海岸商务酒店	3 星	58	118	永福县连江路	8513333
16	龙胜碧莲大酒店	3 星	55	106	龙胜各族自治县城武装部	7518677
17	阳朔宝峰大酒店	3 星	163	340	阳朔县城西路	8813888
18	兴安鑫缘大酒店	3 星	31	50	兴安县站前路	6218818
19	平乐野牛宾馆	2 星	62	119	平乐县黄埔路	7880333
20	龙胜大酒店	2 星	36	76	龙胜各族自治县城兴龙中路	7517718
21	兴安鸿源大酒店	2 星	33	70	兴安县志玲路	6217882
22	兴安弘漓大酒店	2 星	34	72	兴安县兴桂路	6216668
23	灵川北极星星酒店	2 星	81	147	灵川县定江镇新民街	2175188
24	灵川鑫缘酒店	2 星	27	44	灵川县龙头岭开发区	6865959

表 5

2012 年桂林市部分旅游景区(点)门票价格表

景区(点)名称	票价(单位:元/人)	景区(点)名称	票价(单位:元/人)
芦笛岩	90	聚龙潭	45
七星岩	60	聚龙潭奇石宫	23
七星公园	55	乐满地主题乐园	150
象鼻山	40	灵渠	B 票 60(灵渠)、C 票 140(灵渠、水街游)
伏波山	30	猫儿山	80、180(含来回车费)
叠彩山	35	龙胜温泉	128
银子岩	65	资源丹霞温泉	138
冠岩	80(市民 40)	资江漂流	108
愚自乐园	200(市民 100)	八角寨	80
尧山索道	单程 40,双程 75	訾洲公园	40
尧山滑道	索道 40、滑道 35	古东瀑布	90
雄森熊虎山庄	80	恭城文庙	15
世外桃源	115	恭城武庙	10
桂林园博园	120	兴安超然派	80
阳朔古榕公园	20	超然派十里大峡谷	30
阳朔文化古迹山水园	30	龙脊梯田	50
月亮山	15	独秀峰·王城	130
穿山景区	65	经典刘三姐大观园	白天 100、晚上 120
蝴蝶泉	75	大野神境	门票 80 元、漂流 198
世纪冰川灵佛洞	80	九马画山峡谷漂流	180(市民 100)
红军长征突破湘江烈士纪念碑园	免费	临桂十二滩漂流	180
义江缘	90	资源五排河漂流	168
龙胜大唐景苑	88(含门票、表演)	阳朔龙颈河漂流	138

表 6

2012 年桂林市旅游文艺演出场所票价表

演出单位	票价(单位:元/人)	演出单位	票价(单位:元/人)
印象·刘三姐	普通票 198 贵宾票 320、238 总统票 680、480	梦幻漓江	150(普通座) 180(VIP)
象山传奇	260	山水间	198(普通)388(VIP)

表 7

2012 年漓江水上游览项目价格表

航线	类别		散客 淡季	散客 平旺季	团队 淡季	团队 平旺季	说明
漓江精华游	桂林至阳朔	超豪华空调船(含自助餐)	380	450	350	400	平(旺)季为每年的 4~11 月
		超豪华空调船(不含餐,可另加中餐标准餐费,围桌 35 元,自助餐 45 元)	240	270	210	240	
		普通空调船(含经济餐)	190	210	180	200	
两江四湖环城水系游		普通船 190、空调船 195					
市区水上游			65				
阳朔水上游	阳朔至福利		160				
遇龙河漂流	金龙桥至工农桥		280				

(唐飞鸿)

城乡建设

2012年12月18日，副市长周卫（前排右一）参观清洁工程摄影展

（市市容局　供稿）

城乡规划

【概况】 2012年,桂林市规划管理部门围绕“保护漓江,发展临桂,再造一个新桂林”发展战略,创新规划编制、管理和服务,服务重大项目建设,依法查处违法建设,为推动城市规划事业发展提供保障。全年核发规划定点文247件,规划用地面积441.6万平方米,规划建筑面积319.4万平方米;核发《建设项目选址意见书》33件,规划项目用地面积22.8万平方米;核发建设用地规划许可证94件,规划用地面积220.8万平方米;核发建设工程规划许可证496件,建筑面积255.7万平方米;核发乡村建设规划许可证2件,建筑面积0.9万平方米;核发建设工程竣工规划条件核实证明302件。

【编制世界旅游城建设相关规划】 2012年,市规划局以《桂林世界旅游城概念规划》为依据,组织做好与《桂林旅游综合改革实验区总体方案》《桂林城市总体规划》《桂林市服务业发展“十二五”规划》及临桂镇、五通镇、两江镇、会仙镇、苏桥镇、四塘乡总体规划的衔接调整工作。分别组织编制凤凰、会仙、万福各旅游功能区的详细规划编制工作。组织做好各产业组团相关规划的编制,促进项目建设。

【完善规划编制体系】 2012年,市规划局突出城市特色,组织编制完成禄坊村南侧地块、环城西一路(联达广场至原桂林陆军学院)东侧用地、城北滨江区等9个控制性详细规划的编制和报批工作。组织编制完成地下空间开发利用专项规划、正阳路东巷历史文化街区保护规划、桂林市城市交通规划等专项规划。配合市政、市容管理部门,完成桂林市城市电力专项规划、户外广告专项规划等专项规划等评审工作。开展古南门历史街区、八角塘历史街区及周边地块保护及利用规划、七星区新生滨水旅游街等特色街区规划编制工作。

【编制交通专项规划】 2012年,市规划局协同市交通运输局等部门,根据桂林市交通现状特点,从区域化、一体化视角整合和提升既有规划,通过制订科学的交通规划方案和建立城市交通设施建设与城市交通管理的合理互动机制,在《桂林市综合交通运输“十二五”规划》、《桂林世界旅游城综合交通运输系统规划》等相关交通专项规划的基础上,编制《桂林市城市交通专项规划》、《桂林市城市公共交通专项规划》等交通专项规划。年内,《桂林市城市交通专项规划》通过专家评审,并上报市人民政府审批,该规划在分析桂林市交通发展趋势和前景基础上,明确了综合交通发展方向,确定了城市交通系统的功能结构布局和城市公共交通的发展规划,充分考虑了桂林城市空间拓展实际,科学配置交通资源,优化居民出行结构。

【村镇规划取得成果】 2012年,市规划局继续推进“百镇千村”计划各项工作,指导各县(区)集中优势力量,统筹各方资源,按照工期表加速开展规划工作。全年全市村镇规划集中行动任务全部完成,完成了22个乡(镇)总体规划、2117个村庄规划和9个控制性详细规划。

【桂林园博园建设规划】 2012年,市规划局将桂林园博园纳入世界旅游城建设当中,通过世界旅游城的规划建设,为桂林园博园落户桂林雁山区提供规划依据。完善提升规划设计,保证桂林园博园建设进度。加强对桂阳公路景观提升改造规划及“一南一北、一乡一镇”规划编制,完善了桂林园博园相关配套设施用地,做好规划论证工作。保护和利用好原生态植被及人文景观,挖掘历史文化内涵,将更多本土文化元素巧妙运用到桂林园博园建设当中。

【保障性住房项目规划】 2012年,市规划局对保障性住房项目的行政审批,一律提前介入,全程跟踪服务。全年完成了广西商业技校公共租赁住房、桂林乳胶厂棚户区改造、桂林南药股份有限公司公共租赁住房、国裕置业投资有限公司公共租赁住房、桂林市迎宾路西面廉租住房、万福安居经济适用房、广西四建公司棚户区改造(经济适用房)的审批工作,为全部保障性住房开工建设提供规划保障。

【市政基础设施建设规划】 2012年,市规划局继续加强与“1212”工程项目业主进行沟通对接,协调处理完成市重大工程项目园博大道及其管线综合规划、福利路综合管线规划、万福东路管线综合规划调整、机场路供水加压泵站规划调整、贵阳至广州铁路桂林段项目选址、芳华路道路规划调整、滨江北路道路规划调整等项目的规划审批。确定了福利路与粟家立交收费站连接工程规划方案。完成了湘桂铁路扩能改造工程和芦笛路、甲山路铁路涵洞接线工程的规划定点及321国道改线工程、马面立交等项目的规划方案论证。

【城乡规划监察】 2012年，市规划局为城中村改造工作提供支撑，制订了《桂林市村民住宅规划管理办法》《高新七星区农房审批规划管理暂行规则》《综合管线部分的规划条件核实政策和方案》等。组织开展城乡建设法治宣传活动，加大对违法建筑查处力度，全年共查处违法建筑案件1227件，违法建筑面积53.46万平方米，围墙3200.4米；申请市人民政府强制执行请示文61份，共拆除违法建筑42.16万平方米。

【承办2012城市发展与规划大会】 2012年6月11～13日，市规划局承办的2012城市发展与规划大会在桂林市举行。住建部、自治区有关领导，全国多个省（直辖市、自治区）住建厅厅长，地市规划局局长，美国能源基金会、美国能源部、亚洲开发银行等国内外组织机构代表，以及国内外规划界著名专家共计1500余人参加大会。大会以“宜居、低碳与可持续发展”为主题，系统地交流了全国各地在规划研究、管理、设计等领域的新成就，探讨当前城市规划建设管理中面临的一系列热点、难点问题，并设立了“历史文化名城保护30周年”“城市生态化改造和可持续发展”等13个分论坛。大会展示了桂林市历史文化、人文山水、自然风光保护等方面的成就。（市规划局）

城乡建设管理

【概况】 2012年，桂林市住房和城乡建设局（简称市住建局）继续推进城市建设、交通基础设施建设、园区建设、城乡风貌建设，协助推进桂林世界旅游城建设，加快桂林生态建设，服务临桂新区建设和老城区提升项目建设，抓好建设领域节能减排，全面开展可再生能源建筑应用城市示范工作，推动城市基础设施和公共服务向农村延伸，统筹城乡结合部和景区周边农村率先一体化发展。加强对建筑和施工现场联动管理，强化建设工程招投标制度，监督重大工程项目承包发包活动，完善投诉举报制度。开展建筑市场监察，加强建筑施工质量安全管理，依法处理违法违规现象。完成了自治区下达的农村危房改造工作任务，改造危房20356户，解决了农村困难群众居住安全的问题。

【推进城市基础设施建设】 2012年，桂林市“三桥十路”（三桥：胜利桥、雉山桥和穿山桥；十路：机场路、六合路、金鸡路、中隐路二期、东二环路、西环路三期、红岭路、阳江路、黑山路、育才路）“1212”（1桥2园12路）工程继续推进，桃花江及南溪河、小东江环境综合治理项目进展顺利。“三桥十路”收尾工程基本完成，累计完成投资16.32亿元，道路交通基础设施得到明显改善，城市交通路网更加完善，市民出行更加方便快捷。“1212工程”继续加快推进，滨江北路、福利路、芳华路等10个项目已开工建设，龙门大桥、万福东路等7个项目进行征地拆迁或完善前期工作。“一路两江”（一路：西二环路，两江：南溪河环境综合整治、小东江流域环境综合治理）BT项目顺利推进，项目建设资金已落实，西二环路正式进场施工，完成征地96公顷，完成投资金额2.3亿元；南溪河综合治理工程进场施工，拆迁安置点已落实，完成截污管道施工4738米，完成投资金额1.71亿元；小东江综合治理项目全面铺开，工程涵盖整条小东江5.8千米的流域，预算投资金额2.72亿元，工程涉及七星公园和穿山公园。

【推进县域新区和基础设施建设】 2012年，市住建局协调各县开展县域新区和基础设施建设，各县老城区基础设施改造升级提速，县城框架结构拉大。全州县城北新区桂北大道、湘源大道等项目快速推进。资源县城北新区建设共投资金额18.5亿元，完成行政服务中心、客运中心等多个重大基础设施项目。永福县综合市场项目规划建设规模6.8万平方米，总投资金额3.2亿元，完成投资金额525万元；凤山万福园项目占地面积47公顷，总投资金额1.2亿元，已完成投资金额600万元。兴安县水库建设、太阳能光伏产业园区等重点项目进展顺利。临桂县旧城改造进展顺利，文化休闲广场等项目基本完成。阳朔县新城区先期开工建设的市政基础设施项目有6个，其中4条道路的市政基础设施工程已完成项目的招投标工作;阳朔新城区给水系统建设工程项目和污水处理厂工程项目已开工建设。平乐县县城南洲和同乐新区建设工作取得显著成效,32个城镇化项目全部实现开工建设。灌阳县江东新城区开发项目完成土地征收工作以及江东防洪排涝工程,各项目重点工程加快推进。

【规范建筑市场】 2012年,市住建局做好建筑企业资质申请核查工作,加大对建筑企业扶持力度,全年共受理企业资质申报36家,批准新办企业资质申请11家,企业资质延期4家,企业资质增项10家,同意企业资质升级5家。严把建筑市场准入关,共受理外来建筑行业企业申报年度资质登记16家,进行年度登记15家。严格竣工备案手续,按照《广西壮族自治区房屋建筑工程和市政设施工程竣工验收及备案管理实施细则》进行竣工备案,并要求业主必须提供项目工程款和工资已支付证明,维护施工企业和农民工的合法权益。下发《关于调整桂林市建筑工程项目报建收费的通知》,调整建筑工程项目报建收费方法,保障建筑工程报建费用足额收取。

【规范房地产企业资质管理】 2012年,市住建局规范房地产开发企业经营行为,加强对房地产开发市场动态管理。加强与企业信息沟通工作,确保企业在项目建设过程中,资质资格不中断,全年完成资质初审工作235项。全面掌握各房地产开发企业的基本情况、项目情况及人员配备情况等,并对存在问题企业进行整改。完成2012年度房地产开发企业资质备案情况通报工作,并在《桂林日报》刊登《关于对桂林市(含12县)房地产开发企业资质备案登记情况的通报》,严控"空壳房地产公司"存在。

【推进勘察设计事业发展】 2012年,市住建局加强勘察设计质量管理,全年完成施工图备案970项次,对60多栋保障性住房、40多栋临桂新区新建建筑开展勘察设计质量大检查,提出整改意见,降低了勘察设计质量风险。加强勘察设计市场管理,规范勘察设计收费标准,加强勘察设计行业招标投标管理,建立外地勘察设计单位诚信管理规定,严格防范和查处低价竞争、出卖图签、超资质承揽业务和代签字等违法违规行为。组织技术人员参加各种培训,培育符合发展需要的建设人才。

【推进桂林市可再生能源建筑应用城市示范工作】 2012年,市住建局从组织机构建设、配套政策研究、技术支撑体系、宣传培训工作、统计监测措施、行政监管制度等方面构建桂林市可再生能源建筑应用的保障体系,推进桂林市可再生能源建筑应用城市示范工作。全年完成可再生能源建筑应用面积(折算面积)112万平方米,可再生能源项目投资金额4800万元,完成补助资金拨付954万元,完成相关课题4项,为科学合理应用可再生能源提供了参考借鉴。

【推进建筑节能升级转型】 2012年,市住建局推进建筑节能方式,由常规节能(围护结构和设备节能)到可再生能源应用,再到绿色建筑(建筑全生命周期节能、节地、节水、节材和环保)的转型升级。继续执行建筑节能专项备案制度,完成民用建筑新建项目建筑节能专项备案700多项次,全部执行节能强制性标准。通过加强可再生能源在新建建筑和既有建筑中的应用,全年落实可再生能源建筑应用项目100余项,其中落实6项按绿色建筑标准进行设计。10月,桂林建设大厦(住建局组织28家业主共同筹资建设)项目通过自治区住建厅组织的评审工作,是桂林市第一个通过评审的绿色建筑项目。

【开展城乡风貌改造工程】 2012年,桂林市完成漓江沿线桂林市区至阳朔县县城段、国道323线荔浦至柳州的荔浦段沿线、恭城瑶族自治县西河大桥至莲花镇沿线、灌阳县县城至新街乡黑岩风景区公路沿线的房屋外立面改造,对沿线50户以上的村(屯)实施道路硬化、排水设施和绿化建设。年内,全市房屋外立面改造任务数12705户,竣工12705户;全面完成全市24个综合整治型村(屯)改造工作;6个名镇名村的90个建设项目,除属跨年度建设19个项目外,其余项目均完成。

【加强建设工程项目招投标管理】 2012年,市住建局加强对建设工程项目招投标管理,全市全年办理的房屋建筑和市政基础设施工程施工招标项目199个,工程造价40.56亿元。其中:办理公开招标建设工程项目116个,工程造价22.03亿元;

办理邀请招标建设工程项目 69 个，工程造价 18.47 亿元；直接发包建设工程项目 14 个，工程造价 0.06 亿元。应招标工程招标率和应公开招标工程公开招标率均为 100%。

【建设工程质量安全监督】 2012 年，市住建局新增受监工程项目 380 项，面积 266.11 万平方米，工程造价 30.71 亿元。在建工程约 1000 项，面积约 2100 万平方米，工程造价（含市政）约 230 亿元。年内，竣工项目 296 项，竣工面积 142.14 万平方米，共发出整改通知书 109 份，获得自治区优质工程 21 项，居自治区第二名。 （市住建局）

房地产业

【概况】 2012 年，市区新建商品住房价格月均环比涨幅为 0，实现房价调控目标要求。全市房地产开发投资、商品房新开工面积、商品房上市面积（比上年，下同）分别增长 11.1%、14.8%和 14.5%。全市开工建设保障性住房 17926 套，在建保障性住房竣工 7570 套，新增租赁补贴 3603 户。全市累计建成各类保障性住房 2.35 万套，分配入住 1.81 万套，初步建立起以廉租住房、公共租赁住房为重点，经济适用住房“兜底”，其他保障性住房为补充的住房保障体系。年内，桂林市房产管理局被评为全国保障性安居工程建设劳动竞赛先进单位，中隐路廉租住房项目被评为全国保障性安居工程建设劳动竞赛优秀工程。

【推进保障性住房建设】 2012 年，全市继续推进保障性住房建设。年内，开工建设廉租住房 3777 套，加上以改建、购买等方式筹集 27 套，实际新增 3804 套，超额完成自治区下达责任目标任务；累计开工建设廉租住房 14832 套共 66.68 万平方米，竣工 7582 套。开工建设公共租赁住房 5934 套；累计开工建设公共租赁住房 1.24 万套共 58.55 万平方米，竣工 3882 套。开工建设限价商品住房 3041 套，累计开工建设限价商品住房 5415 套共 43.32 万平方米。开工建设经济适用住房 3367 套，累计开工建设经济适用住房 1.72 万套共 120.7 万平方米，建成 8662 套，分配 7889 套。开工建设棚户区改造住房 1780 套，累计开工建设棚户区改造住房 5755 套共 44.6 万平方米，建成 2547 套，分配 2547 套。

【房地产市场稳步发展】 2012 年，全市房地产开发投资总金额 176.07 亿元，增长 11.1%，占全市社会固定资产投资的 12%。商品房新开发面积 416.71 万平方米，增长 14.8%。商品房上市面积 345.66 万平方米，增长 14.5%，其中商品住房上市面积 309.21 万平方米，增长 18.4%。商品房成交面积 238.22 万平方米，增长 1.1%，其中商品住房成交面积 221.83 万平方米，增长 1.4%。商品房成交金额 106.44 亿元，增长 8.9%，其中商品住房成交金额 92.96 亿元，增长 8.5%。商品房成交均价为每平方米 4468 元，上涨 7.7%，其中商品住房成交均价为每平方米 4191 元，上涨 7%。商品房累计可售面积 393.92 万平方米，增长 15.6%，其中商品住房累计可售面积 323.42 万平方米，增长 17.3%。二手房成交面积 118.23 万平方米，增长 10.7%；成交金额 40.88 亿元，增长 30.9%；成交均价为每平方米 3457 元。二手住房成交面积100.30 万平方米，增长 6.4%；成交金额 31.33 亿元，增长 24%；成交均价为每平方米 3124 元。

2012 年，市区房地产开发投资总金额 40.64 亿元，下降 3.8%。商品房新开发面积 142.33 万平方米，增长 8.3%。商品房上市面积 62.44 万平方米，增长 7.3%，其中商品住房上市面积 58.1 万平方米，增长 5.4%。商品房成交面积 55.01 万平方米，下降 9.4%，其中商品住房成交面积 53.34 万平方米，下降 1.4%。商品房成交金额 39.26 亿元，增长 1.9%，其中商品住房成交金额 37.05 亿元，增长 10%。商品房成交均价为每平方米 7136 元，其中商品住房成交均价为每平方米 6946 元。商品房累计可售面积 58.71 万平方米，增长 14.4%，其中商品住房累计可售面积 46.86 万平方米，增长 11.3%。二手房成交面积 46.95 万平方米，增长 13.7%；成交金额 23.39 亿元，增长 33.2%；成交均价为每平方米 4982 元，上涨 17.1%。

【加强房地产市场监管】 2012 年，桂林市成立保障性住房建设和房地产市场调控工作领导小组，下发《关于进一步加强房地产市场监管，完善商品住房预售制度有关问题的通知》，进一步完善商品房预售许可等制度，规范商品房买卖合同签约行为。加强预售方案价格审核控制，凡经审批通过的预售方案，不再受理任何理由的房价上涨变更申请。利用网上签约系统采取限价措施，对预售申报价格实行零涨幅，商品房预售实际成交价格不能高于申报价格。制订《桂林市房地产企业价格自律公约》《桂林市房地产业协会新建商品房价格协商方案》，建立健全以市场为主、开发企业协商为辅的商品房价格机制。完善预售资金监管机制，全市商品房预售资金全部委托金融机构监管，最大限度确保预售资金用于项目工程建设。开展房地产市场整顿，采取现场巡查、专项整治、重点监控、约谈告诫等方式，加强房地产市场行为监管，打击房地产开发、销售和中介服务中的违规预售、捂盘惜售、哄抬房价、虚假交易、发布虚假信息等违法违规行为，处罚违规企业2家，立案调查企业6家。开发建成房屋登记系统、商品房合同网上签约和备案及档案管理等基础系统，完成历史档案资料扫描录入，房地产市场相关信息实现网络即时发布，基础数据支持个人住房信息查询。

【规范房屋产权产籍管理】 2012年1月12日，桂林市房屋登记管理中心挂牌成立，建立和完善《房屋登记补正、退件方案》《房屋登记监督审核暂行办法》等制度，房屋登记审核流程由"三审定案制"普遍调整为"二审定案制"或"一审定案制"，房屋产权产籍管理进一步规范。年内，完成商品房初始登记面积75.64万平方米，下降5.7%；完成商品房转移登记7434件，下降14%；完成商品房预告登记4190户；办理商品房买卖合同备案5351套，下降1.9%；完成二手房转移登记7127件，增长42%；完成新改扩转移、变更、注销等业务3154件；发放房屋权属证书52960本，增长13.6%；完成房屋抵押权登记18000件(宗)，抵押权注销登记8000件(宗)；完成房屋测绘面积233.43万平方米，增长61.6%；完成各类房产测绘成果备案面积321万平方米，增长60.3%。

【保障性住房管理】 2012年，桂林市直管公房住宅以政府定价方式提供给城镇中低收入家庭8311户。开展直管公房租赁改革，租赁经营收入首次突破2500万元，增长9.21%。推进直管公房维修工作，维修面积11万平方米，直接受益群众3715户。强化保障性住房保障资格审查工作，坚持"三级联审"和"两级公示"制度，确保保障性住房资格审查的准确性。强化保障对象动态管理，对已享受保障的家庭做好年度复审和跟踪管理，清退不再符合政策的家庭600多户。采用电脑摇号的方式，完善摇号分批分房，确保困难群众和轮候家庭优先。

【完善小区物业管理】 2012年，桂林市完成房屋租赁合同登记备案13364户，增长31%。制订《桂林市物业服务公示制度》《桂林市物业服务企业信用制度》《桂林市城市住宅物业管理暂行办法》，完善小区物业管理。开展物业企业资质管理工作，为22家物业服务企业办理物业资质，对60家物业服务企业进行资质监督检查。开展物业管理专项检查工作，处理各类物业管理纠纷30余件次，到县(区)及物业小区指导检查80余次，联合全国城建培训中心组织物业业务培训700人次。全年物业维修资金新增归集业主5300户，归集业主突破8万户；年度归集3587万元，归集资金突破5亿元；核拨维修资金352万元，增长39%，惠及业主1.33万户。开展优秀物业小区评比活动，彰泰城小区、湖光山色小区被评为"广西壮族自治区优秀物业小区"，鸣翠新都小区被评为"全国优秀住宅示范小区"。 (鲍文超)

市政公用事业

【概况】 2012年，桂林市市政公用事业管理局(简称市政公用局)推进市政基础设施建设项目，提升市政公用事业管理服务水平，提高局属企业生产经营指标，市政设施项目进一步完善。年内，市政公用事业管理局系统承担的市政基础设施重点项目总投资金额33.92亿元，完成投资金额1.69亿元。桂阳公路DN600输水管道工程提前完工投入使用；福利路新建工程、西二环路与福利路立交新建工程等项目加快推进。道路维修及时率、合格率均达100%；道路完好率97.7%；城市污水集中处理率达91%；路灯亮灯率达98%；供水水质综合合格率稳定保持在99%。

【推进市政基础设施建设】 2012年，市政公用管理系统承担的市政基础设施重点项目12项，项目总投资金额33.92亿元，年内完成投资金额1.69亿元。年内，福利路新建工程完成投资金额4365

万元，三标段道路路基施工基本完成，部分路段达到通车要求；漓江龙门大桥建设工程完成投资金额700万元，完成有关调整后的立项审批等相关工作；东区污水处理厂扩建工程完成投资金额5180万元，厂区所有构筑物全部完工；市人民政府为民办实事项目LED节能路灯改造工程全面完工投入使用；临桂新区污水处理系统工程（污水厂部分）完成投资金额400万元，主体工程及相关附属设施全面完工。

【城市道路桥梁管护】 2012年，市政公用局负责管护的城市道路115条，总长度184千米，总面积527.62万平方米（车行道386.94万平方米，人行道面积140.68万平方米）；管护的城市桥梁48座。年内，市政公用局落实城市主次干道管理养护责任，结合“创建国家文明城市”“城乡清洁工程”和自治区“南珠杯”竞赛，加大对城市道路、桥梁的管理维护力度。组织市政工程管理处对遇龙路、新建路、西山路等道路路面和无障碍设施进行养护和维修，养护和维修车行道面积17544平方米、人行道面积15029平方米，桥梁维护83座次，维修及时率、合格率均达100%，道路完好率97.7%，累计完成产值360.26万元。全年共完成长海路、西凤路等多条道路的大修、中修；完成丽君路立交桥伸缩缝专项维修，南洲大桥栏杆油漆涂装，南洲大桥、丽泽桥、西清桥等5座桥梁的检测和安全评估，保证了路面平整、畅通和桥梁安全。

【城市排水及污水净化】 2012年，全市共有城市排水主管道661.3千米，排水工程管理处管理的城市主排水管网总计508千米，排水管网服务人口71万人，管网覆盖率88.11%。排水管网实现雨水、污水分流，城市污水收集系统完善。全年清捞沙井10.45万个，疏通排水管道27.6万千米，修补沙井274座，更换井盖、雨水篦993块，完成数字化管理系统平台下达的临时应急任务158件。全市生活污水处理量7651.32万吨，完成全年计划105.52%；污水处理厂运行负荷率为80.87%，城市污水集中处理率为91.02%，高于全国44.99%的平均水平。加强节能减排，全年COD削减量1.38万吨，完成全年计划的102.69%；COD排放总量1389.82吨，仅占COD全年允许排放总量的19.88%。每吨污水耗电0.275千瓦小时，处理污泥9813吨，出水BOD 5、COD、SS达标率100%。支持各县污水处理设施建设，为灵川县、灌阳县、龙胜各族自治县污水处理厂提供技术帮扶。

【改善城市照明】 2012年，桂林市城市照明管理处承担着市区38条主干道、74条次干道和129条支路路灯的维修管理任务。至年末，负责管理维护的路灯、景观照明灯达6万余盏，灯杆1.98万基，线路总长658千米，总功率3678千瓦，范围覆盖5个城区70多平方千米。年内，完成了城市照明监控和节能系统第四期升级改造项目，对196座监控基站进行改造升级，完成照明设施节能改造专项投资金额1292万元。新建改建路灯2762盏，涉及城区18条道路，对灯杆、灯具、线路老化现象严重、存在安全隐患的路段进行设施改造。完成了相人山路、巾山路、会仙路、遇龙路的路灯改建或新建工程，使巾山路、遇龙路结束了有路无灯的历史。全面推进市人民政府为民办实事项目，完成了芦笛路、桃花江路、建干路等14条路段及小区共2178盏LED路灯节能改造项目；实施重点路段安全隐患和节能改造，消除安全隐患。将漓江路、翊武路、南环路原路灯改为LED新型环保节能路灯，完成了桂阳路重要节点安装20杆124盏LED补光灯的建设任务。全年更换、修复路灯电线、电缆90.5千米，更换灯泡、镇流器、灯具、灯罩等3.5万只，更换灯杆750套，清洁灯罩2.3万个，检修路灯4000余盏，其他零配件2万余件。确保照明设施完好率达到90%，亮灯率主干道达到98%，次干道和支路达到96%以上，设施保洁及完好率均达到国家行业技术标准。

【完善城市供水服务功能】 2012年，市自来水公司加强供水服务，完善服务功能和手段，拓展服务范围，供水范围东至铁山工业园，南至雁山镇，西至临桂新区，北至八里街，供水管网覆盖面积约120平方千米，拥有供水管道DN 80以上供水干管总长度1049千米，日设计总供水能力44万立方米。配合城区及工业园区做好供水管理的建设迁移工作，新发展客户29660户。全年出厂水压合格率99.99%，管网水水质综合合格率99.99%，客户满意率98.5%。全年完成供水量11426.2万立方米，完成售水量9978万立方米，实现供水销售收入1.63亿元，供水销售收入增长24%。

【确保燃气供应】 2012年，桂林市天然气企业供应管道天然气2443.17万标准方，增长69.9%。28家液化石油气企业供应瓶装液化气5.16万吨，与上年相比基本持平。桂林市区建设管道燃气中压管网256.65千米，庭院管网401千米。新增天然气商业用户141户、居民用户82737户，新增管道燃气用户15764户。市区气化率98%，全市用气人口约180万人。加强对市区内燃气企业所属供应网点年度审核，为123个燃气供应站点核发燃气经营许可证。

【市政工程设计】 2012年，市政综合设计院完成市政工程勘察设计任务50项，工程设计合格率100%，优良率70%，全年实现工程设计产值1250万元。完成的桂林市重点工程设计项目有：桂林市园博园园区9座桥梁和园博大道、桂林市西二环路新建工程、桂林市福利路改扩建工程、福利路与西二环路立交新建工程以及两江四湖3座桥梁等。参与临桂新区建设，承担了山水大道、环西路、平桂西路、凤凰西路、经一路、纬二路等11条市政道路的施工服务，完成了山水大道1号桥、纬二路桥、西城大道1号桥等11座桥梁的工程设计任务。在施工建设阶段，派驻施工代表，提供技术服务保障，确保各项工程进度和质量。（奉海元）

住房公积金管理

【概况】 2012年，桂林市住房公积金管理中心开展公积金征缴工作，调整缴存基数和缴存比，严格执行“控高保低”的缴存政策，确保职工公积金应缴尽缴，杜绝单位个人住房公积金缴存额过高而“非法避税”的情况，维护住房公积金制度公平。至年末，桂林市住房公积金累计收入129.6亿元，增加21.02亿元，增长19.36%；实现住房公积金余额67.43亿元(含个人住房贷款余额42.29亿元)。累计支取公积金62.17亿元。

【住房公积金增值收益】 2012年，桂林市住房公积金业务收入总金额3.05亿元，业务支出总金额1.55亿元(结算利息给职工1.44亿元)。全年实现增值收益1.5亿元，增加0.75亿元，增长99.89%。当年提取廉租住房建设资金1.29亿元，增加0.76亿元，增长145.66%。累计提取廉租住房建设资金2.91亿元。

【推进住房公积金联名卡工作】 2012年，桂林市住房公积金管理中心继续推进联名卡工作，至年末，完成申请单位3866个，申请制卡人数24万人；完成制卡人数20万人，发卡19.7万张。实现了“委托划转”业务的第一次批量划扣，有318个单位、8653户职工成功向中心申请并签订了联名卡委托划转协议。

【深化公积金管理机制】 2012年，桂林市住房公积金管理中心加强了对受委托银行的业务考核和监督，提高归集、个贷、会计核算业务的精准度。做好公积金逾期贷款的催收、起诉工作，确保住房公积金管理中心贷款逾期率低于自治区0.2‰的考核指标(全年贷款逾期率为0.035‰)。积极应对职工反映及上级部门交办的各类业务投诉案件，稳妥处理改制企业职工公积金补缴问题。做好廉政风险防控，防范和打击骗取骗贷公积金行为。

（刘娅丹）

园林绿化

【概况】 2012年，桂林城市园林绿化工作按照建设桂林“现代化国际旅游名城、历史文化名城、生态山水名城”的要求，突出抓好第二届广西(桂林)园林园艺博览会园博园工程建设和园博会承办工作，强化城市园林绿化管护，城市园林绿化水平持续提高，风景名胜保护进一步加强。年末，桂林市建成区绿化覆盖面积2884.95公顷，绿地率39.02%，绿化覆盖率43.72%，人均公园绿地9.9平方米；绿化覆盖率和人均公园绿地分别增加90.3公顷、0.65平方米，绿地率和绿化覆盖率均增长0.88个百分点。

【承办第二届广西(桂林)园林园艺博览会】 2011年8月25日，桂林市获得第二届广西园林园艺博览会承办权。2012年1月6日，桂林市举行桂林园博园建设开工仪式，9月，桂林园博园各项建设按预期目标完成。9月28日，第二届广西(桂林)园林园艺博览会举行开幕式，桂林园博园如期实现开园。第二届广西(桂林)园林园艺博览会举办了城市造园艺术展、大型绿雕展、广西盆景根雕奇石精品展、中国古建筑模型展、桂林鸡血玉石展、园博园建设图片展、山水画精品展、园林园艺主题邮展、桂花展与桂花苗木交易会、石刻拓片精品展等活动,是以“绿色园博、生态园博、人文园博、和谐园博”为特色的现代科技生态园林盛会。园博会期间,桂林园博园接待游人 83 万人次。

桂林园博园的建设主要为“一水、二路、三门、五房、九桥、十四园”,一水指整个园区的水系,二路指园区道路、园博大道,三门指南大门、北门、西大门,五房指山水园林馆、大雁阁、湿地馆、精品街、游客服务中心,九桥指园区内的九座桥梁,十四园即广西 14 个城市展园。共计建筑面积 5 万多平方米,道路 5.6 千米,新开水系 5 万平方米,新种共计 700 多个品种的大树 (乔木)21880 株、灌木 61297 株(丛)、地被植物 186 万株,水生植物 50 多个品种 35 万盆,时花 200 万盆。

桂林园博园占地 90.33 万平方米,是一座融城市文化、山水文化、园林艺术和民族风格于一体,荟萃广西园林园艺精华,充分展示现代广西园林园艺发展水平的大型生态园林公园。广西 14 个市充分挖掘自己的文化底蕴,通过设计、施工,在有限的空间里,汇集广西各地民族文化于园中,充分展现各市不同的亮点和特色。其中桂林园定位为“山水桂林,诗画古城”,通过自然、生态的造园方式把历史文化融于山水之中,呈现独具“桂林特色”的山水园林之美,其整体格局是一个优美、自然的山水庭院。

【城市园林绿化改造】 2012 年,桂林市园林管理部门强化城市园林景观花化、亮化工作,美化人居环境,提升城市品位,彰显城市风貌。加强城市节点绿化、美化和拆墙透绿工作,重点做好 1 条道路(凯风路两侧)、漓东等 7 个社区的拆墙透绿工作和机场路等 6 个城市道路节点的绿化、花化建设,累计拆除并建透绿墙 1000 米,种植景观树木 300 余株。调整城市街头摆花形式,在中山路、桂磨路、万福路、中隐路、机场路、北极广场等道路、节点设置模纹花坛,并根据时节种上“矮牵牛”“金盏菊”“波斯菊”“矮化一品红”等鲜花,改变过去绿地单一颜色,丰富城市色彩。继续开展“新世纪军民绿化行动”,与“绿满八桂”造林绿化活动结合起来,推进漓江城市段绿化工作,春季在漓江市区段、桃花江边等地,共种植桂花、秋枫、樱花、黄葛榕等 10 多个品种的乔灌木 65000 余株。

【市民免费公园园容提升及活动】 2012 年,桂林市园林管理部门按照“生态化、特色化、精细化”要求,实施“花化、彩化、美化”工程,提升向市民免费开放的西山公园、穿山公园等 6 个公园园容景观,新栽种乔木、灌木近 2 万株,提升改造景观 15 处,改造绿地 1.25 万平方米。举办了訾洲公园郁金香花展、穿山公园梅花节、西山公园赏春花会和荷花精品展、南溪山公园樱花节、园林植物园桂花节等活动 20 余场次。 (李腾钊)

市容管理

【概况】 2012 年,全市财政累计投入城乡清洁工程资金 2.8 亿元,用于购置环卫清扫车辆、完善环卫基础设施建设、扩充城市管理、环卫工人队伍和提高工资待遇、改造农贸市场等。动员干部群众 18 万余人次开展多种专项整治活动 8000 余次,清除各类垃圾 375.45 万吨,纠正清理占道经营 5.02 万处,整治农贸市场 2453 处,清理工地乱象 2419 处,新建、翻新公共厕所 179 座,新增泊车位 4123 个,翻新或新划交通标线 7.78 万米,增设或维修果皮箱 5400 个,清理非法小广告 51.95 万条。市区全年转运生活垃圾 26 万吨,无害化填埋处理生活垃圾率 100%;拆除违法广告牌 2.4 万平方米,拆除违法建筑 41 万平方米。

【推进山口填埋场项目建设】 2012 年,山口生活垃圾卫生填埋场项目累计完成投资 2.77 亿元。一期工程项目填埋Ⅰ号库区、渗滤液处理区的土建、防渗工程基本完成;生活管理区、进场道路土建施工均完成工程量的 80%以上;渗滤液处理站设备安装工作完成;场内专用车辆及工具进行了公开招标采购,渗滤液尾水排放工程完成招标采购及合同签订工作。

【引进垃圾沼气发电项目】 2012 年,桂林市引进深圳市信能环保科技有限公司投资的垃圾沼气发电项目,是广西首家利用垃圾场沼气发电的项目,

2012 年,桂林市引进深圳市信能环保科技有限公司投资的垃圾沼气发电项目竣工投产　（市市容局　供稿）

日督查，同时引入“流动红旗”竞赛机制。三是推出临时摊点管理办法,制订《桂林市临时摊点设置管理暂行办法》《桂林市临时摊点疏导整治专项行动工作方案》,指导城区建立流动商贩档案,分门别类在不影响交通和市民生活又有利于销售的地段设立疏导点，共设立便民疏导点 300 多处。四是调整城市管理考评模式，由原来的城市管理考评与“城乡清洁工程”分别考评变更为合并同时进行,调整考核评分细则。

投资金额 1871 万元。利用冲口垃圾填埋场的沼气进行发电,建设了 2 台 500 千瓦的沼气发电机组,年可发电 600 多万千瓦小时,可解决 6000 户家庭用电。年内,累计处理垃圾沼气 166.45 万立方米,并网发电 215.95 万千瓦小时。该项目成为在联合国清洁发展机制中心成功注册的环保项目，对推广低碳建设有积极作用。

【完善环卫设施】 2012 年,桂林市和城区两级财政共投资 1200 万元,为秀峰、叠彩、象山、七星区购买环卫清扫车 20 辆。市区环卫机械化清扫率由 4.6%提高到 20.5%。秀峰区投资 200 多万元建成西环路垃圾中转站，红头岭垃圾中转站和狮子岩垃圾中转站前期设计完成。叠彩区、七星区、雁山区的垃圾中转站在建设中。

【城市管理推出新举措】 2012 年,桂林市城市管理推出新举措。一是实行城市管理队员错时上班制度,将五美路、文明路、民主路等 31 条路和中心广场、甲天下广场等 5 个公共场所作为重点管理区域,实施错时工作制,解决了“城管下班,摊贩上班”的城市管理难题。二是实行城市管理日督查制度,对秀峰、叠彩、象山、七星区的城市管理进行每日督查，同时引入“流动红旗”竞赛机制。

【规范广告管理】 2012 年,桂林市市容管理局完成户外广告管理规划编制,户外广告整治工作成效明显。全年共组织户外广告拆除活动 23 次,拆除大型广告牌 25 块,拆除在建的大型广告牌基座 5 个，拆除违章落地式广告牌 1200 多块，拆除违章墙体式广告牌 540 多块，有效遏制了违法广告泛滥蔓延的势头。

【强化建筑垃圾处置管理】 2012 年,桂林市市容管理局继续对中心城区的建筑垃圾实行强化管理,与市住建局、市交通警察支队等部门组成联合执法组,定期或不定期对市区建设工地进行查处。全年共联合执法 12 次,处理违规车辆 44 台次。将渣土管理纳入建筑工地开工前置审批条件，建设单位必须先到市容管理部门办理建筑垃圾处置许可证才能进行项目开工。

【生活垃圾处置新模式见成效】 2012 年,桂林市市容管理局逐步建立生活垃圾“村收集、镇运转、县处理”模式。各县(区)开展农村垃圾“围村堵河”整治,全市乡村共建有垃圾转运点 49 个,部分乡(镇)、村(屯)周边生活垃圾堆积、村(屯)内外污水横流现象得到有效控制，生活垃圾“村收集、乡(镇)转运、县处理”的模式初见成效。(杨达珍)

环境保护

2012 年 3 月 2 日，桂林市环境保护工作会议召开　　（市环保局　供稿）

概　　述

2012 年，桂林市环境保护局(简称市环保局)以总量减排、污染防治、生态建设等工作为重点，坚持依法行政与强化治理并重，监管与服务并举，环保工作取得新成绩。桂林市国家环境保护模范城市复核通过环境保护部现场核查验收；桂林市总量减排核算和"十二五"规划污染物总量控制目标得到确认；通过了自治区党委、人民政府环境倒逼机制"攻坚战"、环境风险大排查大整治验收；通过了国务院对落实《长江中下游流域水污染防治规划》的核查，并获长江中下游流域污染防治工作考核相关省市第一名成绩；桂林市连续第十七年获"城市环境综合整治定量考核"全自治区第一名；年内，为民办实事的农村环境连片整治项目主体工程全面完成。

2012 年，桂林市环境质量总体维持较高水平，全市环境空气质量达到国家二级标准，市区全年环境空气质量优良率 95.9%，市区环境空气质量一级天数 141 天。地表水、地下水水质良好，饮用水源水质达标率 100%。市区声环境质量保持较好等级。

环境质量

【环境空气】 2012 年，桂林市环境空气质量(二氧化硫、二氧化氮、可吸入颗粒物、总悬浮颗粒物)评价执行《环境空气质量标准》(GB3095-1996)二级标准。

一、市区

二氧化硫：年平均浓度为 0.023 毫克 / 立方米，符合国家环境空气质量二级标准。全年监测日均浓度值范围为 0.005 毫克 / 立方米 ~ 0.089 毫克 / 立方米，未超标。

二氧化氮：年平均浓度为 0.036 毫克 / 立方米，符合国家环境空气质量一级标准。全年监测日均浓度值范围为 0.015 毫克 / 立方米 ~ 0.082 毫克 / 立方米，未超标。

可吸入颗粒物：年平均浓度为 0.070 毫克 / 立方米，符合国家环境空气质量二级标准。全年监测日均浓度值范围为 0.016 毫克 / 立方米 ~ 0.225 毫克 / 立方米，超标率为 5.0%。

降水：降水 pH 值年均值为 4.66，酸雨频率为 78.7%，与上年度相比降水 pH 值年均值下降 0.05，酸雨频率上升 5.9 个百分点。全年 pH 值范围 3.65 ~ 7.20。

环境空气质量日报级别：全年共监测 366 天，其中 141 天空气污染指数(API)为一级，210 天空气污染指数(API)为二级，15 天空气污染指数(API)为三级，全年环境空气质量优良率 95.9%。

二、县城

12 个县县城的环境空气质量主要评价指标年均值符合国家二级标准。

【水环境】 2012 年，桂林市地表水水质保护类别依据《桂林市地表水环境功能区划》确定，各水体按《地表水环境质量标准》(GB 3838-2002)相应的标准进行评价。饮用水源水质按《地表水环境质量标准》(GB 3838-2002)Ⅲ类标准评价，青狮潭水库水质按《地表水环境质量标准》(GB 3838-2002)Ⅱ类标准评价，地下水按《地下水质量标准》(GB/T 14848-94)Ⅲ类标准评价。

一、河流水

2012 年，桂林市地表水水质总体较好。12 条河流(干、支流)的 21 个监测断面的水质类别评价结果见下表，漓江干流水质、资江、灌江、洛清江和浔江水质都保持在Ⅰ~Ⅱ类之间，其余断面水质除乐湾、界首为Ⅱ类外都维持在Ⅲ~Ⅳ类之间。

二、饮用水源水质

2012 年，市区和各县集中式饮用水源均为河流型地表水。全市集中式饮用水源地水质除粪大肠菌群存在不同程度超标外，其他监测评价项目全部达到国家地表水Ⅰ~Ⅲ类水质标准。南方的气候特点使得水体较易滋生各类细菌，粪大肠菌群超标的情况普遍存在于南方城市的水体中。经自来水厂处理后，水源水中粪大肠菌群指标能达到饮用水水质标准要求，不影响饮用水的水质。

三、青狮潭水库

2012 年，青狮潭水库水质良好，为Ⅲ类水质。除部分点位的总氮、溶解氧项目超过Ⅱ类标准外，其余监测项目皆达到保护标准。水库各点位水质营养状态级别为贫营养至中营养，定性评价为良好。

表8　桂林市2012年河流水水质类别评价结果

河流名称	断面名称	保护标准	水质类别
漓江干流	大埠头	Ⅲ	Ⅱ
	大面	Ⅲ	Ⅰ
	大河	Ⅲ	Ⅱ
	磨盘山	Ⅲ	Ⅱ
	阳朔	Ⅱ	Ⅰ
漓江支流小东江	花桥	Ⅳ	Ⅲ
	刘家桥	Ⅳ	Ⅲ
漓江支流桃花江	伍仙桥	Ⅳ	Ⅲ
	胜利桥	Ⅳ	Ⅲ
	南门桥	Ⅳ	Ⅳ
漓江支流相思江	渡槽	Ⅴ	Ⅲ
桂江	浮桥	Ⅲ	Ⅰ
桂江支流荔浦河	扒齿	Ⅲ	Ⅱ
桂江支流恭城河	乐湾	Ⅲ	Ⅱ
湘江	庙头	Ⅲ	Ⅱ
	界首	Ⅲ	Ⅱ
资江	随滩	Ⅲ	Ⅰ
灌江	文市	Ⅲ	Ⅱ
洛清江	广福	Ⅲ	Ⅰ
	潦潭	Ⅲ	Ⅰ
浔江	交洲	Ⅲ	Ⅰ

四、风景湖塘水

2012年，市区风景湖塘水质除总氮和总磷超标外，其他项目均符合水功能区划标准。除芳莲池水质营养状态级别为轻度富营养以外，其余5个湖塘水质营养状态级别为中营养。

五、地下水

2012年，市区地下水水质良好，超标项目呈点状分布，主要污染物是氮化合物。

【声环境】

一、市区

2012年，噪声功能区定期监测：4类区夜间超标，其他功能区均达标。夜间超标率25.0%，最大超标5.5分贝。与上年相比，除1类区昼间、3类区昼间和夜间有所上升外，其他功能区噪声均有所下降。

区域环境噪声监测：区域环境噪声平均等效声级为54.7分贝，按《声环境质量常规监测暂行技术规定》等级划分属于二级。在监测区域中，暴露在60分贝以上的面积占总网格面积的6.3%，与上年相比下降2.4个百分点。噪声源构成比中生活噪声占首位，声源强度施工噪声占首位。

交通干线噪声监测：交通干线噪声平均等效声级为67.9分贝，按《声环境质量常规监测暂行技术规定》等级划分属于一级。大于70分贝的路段长度占监测路段总长度的17.5%，小于70分贝的路段长度占监测路段总长度的82.5%，桂林市大部分监测路段的等效声级低于70分贝国家控制值。

二、县城

2012年，12个县城的噪声功能区定期监测结果显示：阳朔、临桂、灵川、全州、兴安、永福、灌阳、资源、平乐、荔浦、龙胜、恭城等12个县（自治县）县城各功能区监测结果均低于国家标准限值。

环境管理及污染治理

【继续实行环保目标责任制】　2013年3月，桂林市人民政府通报2012年度全市环保目标责任制考评情况。12个县（自治县）考评结果：荔浦、灵川、阳朔、资源县人民政府获一等奖，全州、恭城、灌阳、临桂、永福、兴安、龙胜县（自治县）人民政府获二等奖；5个城区考评结果：秀峰区人民政府获一等奖，七星、象山、叠彩、雁山区人民政府获二等

2012年5月11日，全市重点企业清洁生产推进工作会议召开

（市环保局　供稿）

奖;17个市直部门考评结果:市发展和改革委员会、市环保局、市工业和信息化委员会、市水产畜牧兽医局、市国土资源局、市交通运输局获一等奖,市市政公用事业管理局、市住房和城乡建设局、市规划局、市公安局、市市容管理局、市农业局、市林业局、市安全生产监督管理局、市工商行政管理局、市园林局、市卫生局获二等奖。

【桂林市通过国家环保模范城市复核】 2012年7月3~6日,环境保护部组织国家环境保护模范城市现场复核工作组,对桂林市国家环境保护模范城市持续改进工作进行现场检查。复核组认为,桂林市的创建国家环境保护模范城市持续改进工作重过程、重实效、重惠民,有重点、有特色、有成效,档案资料基本齐全,数据较为可靠,26项指标达到或基本达到国家环境保护模范城市考核要求,一致同意通过桂林市国家环保模范城市工作复核现场检查。

【城市环境综合整治定量考核保持佳绩】 2012年,环境保护部公布的国家环境保护重点城市2011年考核结果,桂林市空气质量全年优良率、城市地表水环境功能区水质达标率、生活垃圾无害化处理率、医疗废物集中处理率等均高于全国城市考核平均水平。在自治区2011年度城市环境综合整治定量考核成绩中,取得98.5分的成绩,居自治区14个地级市的第一位。

【建设项目环境管理】 2012年,桂林市共完成1214个建设项目的环保行政审批工作,其中对环境影响较大的291个项目编制了环境影响报告书(表),其余923个项目填报了建设项目环境影响登记表,建设项目环境影响评价制度执行率100%。桂林市环保部门全过程管理审批的建设项目,做到建设之前有审批、建设过程中有检查、建成运行后有监督,防止和减少环境矛盾纠纷。对建设项目实行分级、分类管理,对项目验收实行联审制度。以对建设项目规划的环境评价促进产业布局合理有序和资源环境优化配置,从决策源头促进资源节约型、环境友好型社会建设。推动建立与市发展和改革委员会、市规划局等部门的联动机制,督促有关规划编制部门依法做好规划环评工作。完成了对《广西灵川八里街工业集中区规划环境影响报告书》《桂林市苏桥经济开发区总体规划(2009~2030)环境影响报告书》《桂林国家高新区铁山园控制性详细规划修改环境影响报告书》的审查,确保桂林市重点工业区可持续发展。配合全市重大项目推进工作,派专人负责重大项目服务,并参加市重大办组织的项目论证会,对桂林市项目建设中的环保问题给予一对一的指导和服务。完成了广西(桂林)园林园艺博览园、雄森熊虎山庄搬迁(扩建)、国电桂林恭城燕子山49.5 MW风电建设项目等一批重大项目的环评审批工作。

年内,全市共对470个建设项目进行了环保设施竣工验收,其中市环保局验收项目31个,12个县环保局验收项目401个,5个城区分局验收项目38个。"三同时"(建设项目中防治污染的措施,必须与主体工程同时设计、同时施工、同时投产使用)执行合格率为100%。

【污染减排成效显著】 2012年,市环保局加强排污申报登记核定工作,共申报登记排污单位219个。年内,市环保局与市发展和改革委员会联合印发了《2012年度桂林市主要污染物总量减排计划》,明确了年度工作目标任务,减排项目全部分解落实至各县(区)。全年全市计划减排项目38个,其中工程减排项目1个、结构减排项目18个、农业源减排项目19个。除1个工程减排项目

2012年10月17日,市环保局领导查看兴安县溶江镇盐铺村生活污水处理设施施工现场
(市环保局 供稿)

延期至2013年完成外，其余项目全部按期完成，共实现减排化学需氧量144.1吨、氨氮2吨、二氧化硫186.3吨、氮氧化物73.2吨，总量减排工作取得预期成效。

2012年2月8日，市环保局领导调研饮用水源地情况　（市环保局　供稿）

【饮用水源环境管理】 2012年年初，市人民政府加强饮用水源保护区重金属风险源排查整治，成立了桂林市饮用水源保护及突发应急事件处置领导小组。颁布了《桂林市2012年饮用水源保护区重金属风险源排查整治工作实施方案》，开展了2012年饮用水源保护区重金属风险源排查整治工作，确保了桂林市饮用水源的环境安全。4月中旬，桂林市通过了国务院对落实《长江中下游流域水污染防治规划》的核查，并获长江中下游流域污染防治工作考核相关省市第一名成绩。组织开展饮用水源的相关调查和评估，市区及各县完成相应的饮用水源环境现状报告及饮用水水源地环境保护规划的编制及评估工作。组织开展全市饮用水源安全专项检查，对敏感县区的饮用水源保护地进行现场督察，确保全体市民都能喝上清洁干净的放心水。

【危险废物管理】 2012年，桂林市危险废物主要有工业危险废物和医疗危险废物。其中：工业危险废物主要来自电镀行业；医疗危险废物来源于各医疗机构在服务中产生的临床废物，包括一次性输液管、手术残余物、化验废物和传染性废物等。年内，全市工业危险废物产生量908吨，综合利用量859吨，处置量49吨，处置利用率100%，对外排放量为零；医疗危险废物收集量和处置量均为2439.64吨。新建的医疗废物处置中心投入试运行，使其无害化处置过程更加可靠。

【放射源管理】 2012年，桂林市放射源被广泛应用于工业、医疗、通讯、科研等领域。放射源核素主要有60 Co、192 Ir、137 Cs、131 I、89 Sr等。全市放射源共计155枚，其中Ⅰ类放射源数41枚、II类39枚、III类3枚、IV类35枚、V类37枚。年内，市环保局、市发展和改革委员会、市工业和信息化委员会、市安全生产监督管理局、市海事局等分别牵头组成5个检查组，对桂林市涉及核辐射安全的单位进行了全面排查，共排查核技术利用单位196个。在检查过程中对发现的安全隐患提出整改措施和要求，规范安全与防护措施。督促完成灵川县远东公司3枚钴60、桂林独秀水泥厂12枚铯-137和全州县洮阳水泥厂1枚铯-137的废源收储工作。全年桂林市没有发生放射源丢失和核辐射安全事故。

【环保专项资金申报】 2012年，市环保局组织申报中央和自治区环保专项资金项目。全年共获得各级财政环保专项资金1.61亿元，其中农村环境连片整治示范资金1.38亿元，重金属污染防治中央专项资金645万元，污染源自动监控设施社会化运行补助资金113万元，生态广西建设引导资金185万元，广西第一季度重点污染源自动监控设施社会化运行补助资金32.25万元，广西第二季度重点污染源自动监控设施社会化运行补助资金32.25万元，第二批重金属污染防治区本级专项资金1320万元，市级监控中心运行维护补助经费17.5万元。全年市本级财政下达环保专项资金528.29万元，受补助项目(单位)49个。

【环保专项行动】 2012年，市环保局继续组织开展全市整治违法排污企业保障群众健康环保专项行动。一是加大重金属排放企业的污染整治力度，市、县两级环保专项行动领导小组，通过调查摸底，全面排查涉铅、镉、汞、铬和类金属砷企业，摸清桂林市企业重金属污染物排放情况，对不符合《广西重金属企业环境整治工作要求》的企业下达限期整改通知书，对存在安全隐患的企业均提出具体整改要求和时限。二是加大对污染减排重点行业企业的监管力度，重点加强对城镇污水处理厂和各类开发区、工业园区污水处理厂的日常监督检查和对造纸、淀粉、酒精等不能稳定达标排放或超过重点水污染物排放总量控制指标的企业的监管，巩固污染减排成效。三是继续加强饮用水水源的保护工作，对全市集中式饮用水源地进行了全面检查，并对在一、二级饮用水源保护区内非法养殖的行为进行专项整治，确保桂林市饮用水源一级保护区内无污水排污口，二级保护区内无新增排污口。四是做好2012年环保专项行动市级挂牌案件工作，将12家存在环境问题的企业列为当年市级挂牌督办案件，有10家企业完成整改工作。

【完善环保法规】 2012年，市环保局规范行政处罚自由裁量权，推进环保行政处罚规范化建设。制订《桂林市环境保护局行政处罚裁量标准（试行）》，该标准分别从建设项目管理、水污染防治、大气污染防治、噪声污染防治、固体废物污染防治、放射性污染防治、污染治理设施管理、农业生态等方面，对违法行为进行了133项的细分，确定相对应的处罚幅度。开展扩权强县（即扩大县级经济管理权限）工作，制订《2012年桂林市环境保护局扩权强县工作推进方案》等8个具体方案。重新修改并制订《桂林市环保局出具环境保护行为证明暂行规定》，完善出具环保核查证明的公平、公正、合法性。全年共对94家企业申请出具环保守法证明进行核查，并出具核查意见。促进环保执法队伍的行为规范，先后制订《桂林市环境保护现场监督检查管理暂行规定》《桂林市环境保护局政府信息公开办法》《桂林市环境保护局突发环境事件应急工作纪律规定（暂行）》等20项有关制度、办法与规定，实现以制度管权、管事、管人，促进环保工作运行的科学化、制度化与规范化。

【环境执法】 2012年，市环保局以解决损害群众健康和影响可持续发展的突出环境问题为重点，综合整治重点行业重金属污染问题，严厉查处违法建设、违法排污、违法倾倒危险废物等环境违法行为，坚决遏制重金属污染事件频发势头。全年共出动1288人次，检查排污企业230多家，查处环境违法行为69件，依法作出行政处罚决定书65件，处罚金额215.6万元；对不履行行政处罚决定的当事人申请人民法院强制执行1件，所作出的行政处罚案件没有被申请行政复议或提起行政诉讼；对12家群众反映强烈、影响社会稳定的重大环境违法行为的企业，作为2012年桂林市环保专项行动市级挂牌督办案件，其中10件年内解决。

【加强排污费征收】 2012年，市环保局按照《桂林市排污费征收使用管理条例》及其配套规章，坚持“依法、全面、足额”征收排污费的原则，按月、按季二种收法核定排污单位排污费。在足额征收2012年排污费的基础上，加大对上年欠缴排污费的征收力度。在建筑噪声超标排污费征收方面，把建筑工地的排污申报工作与排污费征收工作有机结合，依法全面征收建筑施工噪声超标排污费。全年共征收排污单位157个，征收排污费688.31万元，其中建筑工地噪声超标排污费470.68万元。

【建筑施工现场监察】 2012年，市环保局组织召开全市建筑企业关于加强建筑施工噪声管理会议，重申建筑施工噪声排污申报制度。将中午、夜间施工审批改为中午、夜间施工申报并严把审核关，对确因生产工艺需要连续施工作业的中午、夜间施工申报项目，在对申报材料初审的基础上派人到工地进行现场核实，严防施工单位虚报谎报。严厉查处建筑施工违法行为，全年共办理夜间施工申报67次，立案查处建筑施工违法行为39件，建议处罚金额64.48万元；接到建筑施工噪声投诉453件，出动调处人数1028人次，处理率100%。

【噪声达标区监测】 2012年，市环保局制订了《2012年桂林市噪声达标区调整工作计划》，并下达到各个部门，以排污申报、排污许可证为手段，加强监控力度，掌握监测数据，实行动态管理。对噪声排放超标单位，采取限期整改或治理、行政处罚等措施督促其噪声达标排放。年内，桂林市噪声达标区扩展调整，噪声达标区总面积为54.94平方千米，噪声达标区覆盖率占市区建成区面积63.5平方千米的86.52%。

【烟尘控制区建设】 2012年，市环保局加强烟尘控制区巩固工作，将计划任务下达到各城区。对烟尘控制区范围内的炉窑灶实施严格的环境监察制度，做好环境现场监管记录，督促排污者按规定运行。全年全市烟尘控制区覆盖率保持100%，已建成的69.60平方千米烟尘控制区内的锅炉、窑炉、茶炉达标率均达到大气功能区划的标准，复测率100%。

2012年11月2日，市督查组对市环保局落实开展以环境倒逼机制推动产业转型升级任务完成情况进行督察　（市环保局　供稿）

【高考、中考期间环境管理】 2012年，市环保局通过多项措施确保做好高考、中考期间噪声防控工作。一是在桂林电视台、《桂林日报》《桂林晚报》等新闻媒体播出、刊登中考、高考噪声控制通告。二是在考试前召集各个建筑企业举行中考、高考噪声控制会议。三是中考、高考噪声控制期间成立中考、高考噪声执法组，24小时值班，接到举报电话立即出动，及时制止违反市人民政府《关于在中考、高考复习考试期间加强噪声监督管理的通告》要求的行为。

【加强第三产业环保管理】 2012年，市环保局城区各环保分局全年共出动713人次对134家第三产业重点企业进行专项检查，重点检查经营项目是否与审批相符、污染防治设施是否正常运转、地沟油排放去向、排污口是否规范化等，对污染防治设施不正常使用的下达限期改正通知书。全年共下达限期改正通知书81份，对情节严重的80家第三产业企业予以行政处罚；出动260人次对73个新建第三产业企业进行环评审批，其中68个准予行政许可，5个未予行政许可。

【环境在线监控】 2012年，市环保局设立的与市污染源监控中心联网正常运行的监控点49个。全市国控重点污染源企业各月的自动监控设施联网运转率均达95%以上，符合自治区环境保护厅和环境保护部的联网要求。全年完成对桂林市各季度的污染源自动监控设施社会化运行考核和发放补助资金124.49万元，新建氨氮污染物自动监控设施24套、氮氧化物污染物自动监控设施13套。全市各季度自动监测数据有效性审核通过率均超过90%。

【生态环境建设】 2012年，市人民政府通过签订环保目标责任状的形式将生态县创建任务分解落实到各县人民政府，全年完成315个市级生态村的创建，34个自治区级生态村获命名。至年末，全市126个乡（镇）环境规划全面通过专家论证。年内，桂林市获得自治区生态引导资金项目7个，获补助资金330万元。漓江流域7个县36个乡（镇）178个建制村获农村环境连片整治项目支持，共获中央、自治区环保专项补助资金1.38亿元，开展农村污水垃圾治理项目213个，重点治理农村生活污水，并对生活垃圾进行综合处置。

【环境保护建议和投诉处置】 2012年，市环保局共接群众环境污染投诉来信、来电、来访652件次，其中建筑施工噪声382件次，市辖区厂矿企业及其他213件次，专办上级部门转来的各类投诉57件次。共出动1548人次调处各类环境污染投诉，处理率达100%。年内，桂林市人大代表和政协委员共提出环境保护相关建议1件、提案6件，涉及城市环境综合治理和大气、水和固体废物污染防治等多方面。

环境监测与科研

【环境监测】 2012年，桂林市环境监测中心站全年共获取各类原始监测数据约250万个，报出监测数据79437个。完成环境质量监测数据49317个,其中饮用水、地表水监测数据16550个,降水监测数据2073个,环境空气质量监测数据3482个,水质自动监测数据22750个,环境噪声监测数据4462个;完成重点污染源监测数据7267个;完成污染源监测数据21541个,其中废水监测数据16227个,废气监测数据3129个,油烟监测数据778个,煤质监测数据35个,土壤及固体废物监测数据1372个;完成室内环境监测数据3187个;完成辐射放射监测数据175个。

【环保科研】 2012年11月,桂林市环境监测中心站完成的《漓江流域典型农村环境质量调查及监测指标体系研究》(市环保专项资金项目)通过市环保局组织的专家组验收。12月,桂林市环境保护科学研究所承担的《漓江风景区沿岸城镇污水排放方案研究》(市科技局科技项目)通过市科技局组织的专家组鉴定。年内,桂林市环境监测中心站在市级声环境功能区划技术方案的基础上,应用3S技术,以航空遥感为基础,完成了《永福县声环境功能区划》的技术文本和图集,使GPS技术、遥感技术和GIS技术等新技术方法应用到县级监测工作。

环境保护宣传教育

【环境保护宣传报道】 2012年,全市环境保护宣传教育工作重点围绕着污染减排、控制空气质量、环保模范城复检、农村环境连片综合整治等环保中心工作开展。年内,市环保局与市教育局联合举办桂林市2012年"绿色学校·幼儿园"创建培训班,3次对全市各中小学校环境教育进行检查,共发放问卷调查表5000余份。与中华环境保护基金会、桂林市大专院校环保协会在新州花园及彰泰城组织"广西千名青年环境友好使者社区环保宣传行"宣传活动。全年在桂林环境保护网发布环保工作动态信息1351条,在自治区环境保护厅网站上公开发布环保政务信息104条。全年共召开环保新闻发布会4次,在桂林电视台发布环境空气质量周报电视节目52期。

【世界环境日宣传】 2012年"六五"世界环境日期间,市环保局组织开展形式多样的纪念活动。发动桂林市环境保护委员会24个成员单位,围绕桂林市2012年迎接国家环保模范城市复核工作在市中心广场进行展览宣传;召开了发布《2011年桂林市环境状况公报》、介绍2012年桂林市环境保护主要工作及上半年工作情况的新闻发布会及查处违法行为新闻通报会;举办"桂林市环保开放日"活动,邀请新闻媒体记者、大学生和市民环保志愿者、街道干部、社区居民等共150多人,走进市环保大楼现场参观环保设施和工作程序等;在《桂林日报》发布"2011年桂林市环境质量公报",在桂林电视台专题播放副市长周卫纪念"六五"世界环境日的电视讲话等。

【开展绿色环保系列创建活动】 2012年,桂林市继续开展绿色环保系列创建活动。桂林市阳朔县白沙镇凉水井村被命名为自治区第六批绿色环保教育基地,阳朔县白沙镇人民政府蓝雪海被评为自治区第六批绿色环保教育基地创建先进工作者,桂林市七星区师大育才社区、宏达物业春江苑小区等5个小区通过自治区第二批绿色环保小区复查,广西师范大学、桂林电子科技大学、桂林理工大学通过自治区第一批绿色大学复查。

(潘广南)

2012年6年5日,市环保局开展"六五"世界环境日宣传活动

(市环保局　供稿)

交通运输业

2012年12月12日，市委常委、副市长、宣传部部长陈丽华(中)在桂林公路局调研

(何平江　摄)

概　　述

【概况】 2012年年末，桂林市公路总里程11422.72千米，公路密度41.08千米每百平方千米，其中二级以上公路1558.84千米。市、县(区)交通运输局管养里程9281.88千米。全市133个乡(镇)全部通沥青(水泥)路;1654个建制村全部通公路。年内,新增通水泥路的建制村135个,全市通沥青(水泥)路的建制村达1127个,全市建制村沥青(水泥)路通畅率68.1%,(比上年,下同)提高8.2个百分点。完成村(屯)连通公路108.8千米。全市客运站79个,总建筑面积10.62万平方米,其中一级站3个,二级站13个,三级站13个,四级站24个,五级站20个,等外站6个。全市拥有营运车辆38092辆，其中营运客车9852辆,营运货车28240辆。全市开通客运班线775条,其中农村客运班线374条。全市共有港口码头247个,其中旅游码头17个，货运码头5个，便民码头225个。全市有营运船舶549艘,其中客船482艘(含旅游船舶327艘),货船67艘。

年内,全市完成道路交通运输业(含水运)固定资产投资104.73亿元,完成道路水路运输换算周转量157.75亿吨千米,(比上年，下同）增长33.97%,拉动全市地区生产总值增长0.68个百分点。其中:完成道路运输换算周转量156.94亿吨千米,增长34.07%;完成水路运输换算周转量0.8亿吨千米,增长17.51%。全市建制村客车通达率90.1%，提高1.9个百分点；城市公交分担率17.73%,提高2.37个百分点。

【交通基础设施建设】 2012年,全市公路、水路交通基础设施建设完成投资55.07亿元，增长4.8%,占年度责任目标51.57亿元的106.79%。加大高速公路项目建设，全市高速公路项目建设完成投资20.52亿元，桂林至三江高速公路实现开工,兴安至桂林高速公路主体工程完工。路网项目完成投资8.93亿元,占年度责任目标8.86亿元的100.83%,增长5.8%。灵川绕城线开工建设,临桂至苏桥一级公路主体工程基本完工，资源至龙胜(资源—河口段)公路进入路面铺装。农村公路完成投资完成投资7.41亿元,增长24.8%,创历史最高纪录。全年建设农村公路1160.4千米、桥梁2236.2延米,新增135个建制村通水泥路,完成村(屯)连通公路108.8千米。加快运输站场和港口码头建设，完成运输站场建设投资5240万元,建成便民候车亭117个；港口码头建设完成投资1248万元，建成便民码头9个，便民候船亭15个;磨盘山客运港客运大楼完成投资790万元,建成投入使用。

【交通建设项目资金筹措】 2012年,全市共安排交通建设资金3.64亿元,增长26%。年内,各县(区)政府加大对通畅工程财政投入力度,平乐县、灌阳县、资源县等政府分别出台农村公路建设管理办法或实施方案，平乐县每千米农村公路建设财政投入从3万元提高至20万元，灌阳县每千米从无提高到10万元,资源县每千米从10万元提高至15万元，全州县每千米从5万元提高至8万元。临桂县、龙胜各族自治县、荔浦县2012年财政预算投入农村公路建设资金分别为8407万元、4400万元、3700万元。争取上级项目个数和补助资金大幅增加,全

2012年10月2日,游客在新建成的磨盘山客运中心通行

（桂林市交通运输局　供稿）

年共争取到农村公路建设项目215个，增长106.73%，其中争取县乡道联网路项目5个；争取中央和自治区补助资金6.43亿元，增长63.20%，创历史新高。永福县以该县交通投资公司作为融资平台，争取到国际农业发展基金贷款4257万元，为农村公路建设融资开辟新渠道。年内，桂林市鼓励民间资本投入交通项目建设，荔浦物流园区、桂南客运站等项目通过市场化运作，建设进展顺利。

【交通工程质量监督】 2012年，桂林市交通运输局制订印发《农村公路建设市场施工及监理企业信用评价规则实施细则》《整顿和规范桂林市农村公路市场秩序若干意见》《桂林市农村公路工程质量监督管理办法》，从源头上抓好项目建设各个环节、领域的质量监管，严把准入关，拒绝信用评价差的企业进入桂林市交通基础设施建设市场。年内，有4家施工企业被列入黑名单。各县(区)均成立质量监督小组，全面开展质量监督工作，全市在建的186个公路桥梁建设项目全部处于受控状态，工程监督覆盖率和质量评定合格率均达100%，为农村公路标准化管理打好了坚实基础。永福县、荔浦县、灵川县农村公路中心试验室投入使用，监管能力得到提升。

【交通运输执法支队组建】 2012年8月29日，桂林市交通运输执法支队正式挂牌。各县(区)交通运输执法机构组建工作加快推进，恭城、灵川、荔浦、全州、临桂、资源6个县(自治县)及雁山区的交通执法大队挂牌运转，永福、灌阳、龙胜3个县(自治县)获准组建执法大队，综合执法体系初步建立。9～12月，全市交通运输执法共查处违法违章687起，增长141.07%。交通运输依法行政工作得到有效推进，桂林市交通运输局被确定为2012年全市首批“市级依法行政示范点”。

【交通行政审批制度改革】 2012年，桂林市交通运输局开展扩权强县工作，做好43个行政审批事项下放和业务培训工作。规范政务服务交通运输窗口建设，共清理行政审批事项47个，完善操作规范和办理流程。签发行政审批服务事项授权承诺书，办结时限提速50%以上。全年共受理办结行政审批事项21792个，办结率、准确率、满意率均达100%。

【平安交通态势平稳】 2012年，桂林市交通运输局加强交通运输安全生产监管、应急管理工作，全年排查道路客运、桥梁隧道和船舶等安全隐患356处，整改率达100%。全年发生道路运输行车责任事故13起，事故死亡21人，事故受伤8人。年内，组建道路运输、水路运输、农村公路建管养等行业应急管理队伍4支，组建道路运输保障车队2支，提高了应急保障能力。全市交通运输行业安全生产工作态势平稳，水运、消防、工程质量安全责任事故为零，在低温凝冻、洪涝灾害中实现零事故、零伤亡，道路运输各项指标均未超出上级部门下达的控制范围。

【推进交通运输节能减排工作】 2012年，桂林市交通运输局印发《桂林市公路水路交通运输行业“十二五”节能减排行动方案》，制订工作目标，完善工作机制，形成了上下联动的良好工作局面。年内，引导交通运输企事业单位申报节能减排示范项目12个，其中2个项目获得交通运输部和自治区专项资金补助。开展“千家企业低碳交通运输专项行动”“万家企业节能低碳行动”，推动液化天然气燃料动力船舶改造试点工作。 （刘静）

公路运输

【概况】 2012年，全市完成道路客运量1.74亿人次、旅客周转量112.02亿人千米，分别增长10.54%和11.13%；完成道路货运量8239万吨、货物周转量145.74亿吨千米，分别增长34.8%和36.23%。全市建制村客车通达率提高1.9个百分点，达90.1%；城市公交分担率提高2.37个百分点，达17.73%。全市拥有营运车辆38092辆，其中营运客车9852辆，营运货车28240辆；开辟客运班线775条，其中农村客运班线374条。市区营运客车公司化经营比例提高8.6个百分点，达到46.1%；市区营运货车公司化经营比例提高3个百分点，达到9.7%；全市高、中级客车达到3915辆，提高2.1个百分点。

年内，桂林公路管理局管养国道3条、省道6条、县道30条、乡道9条、专用道3条，总里程1781.8千米，其中二级及以上公路1135.2千米，占管养公路总里程的63.7%。有高级、次高级路面里程1769.3千米，占管养公路总里程的99.3%。国、省干线公路里程1010.8千米，其中二级及以上公路比例达88.2%，高级、次高级路面里程比例达100%。全部路线的晴雨通车里程、已绿化里程均达100%。管养公路桥梁384座共16795延米，其中大、中桥124座共11931延米，占桥梁总数的32.29%；管养公路隧道2道共320延米。

（刘静　杨福凤）

【公路管养质量稳步提高】 2012年，桂林公路管理局制订“十二五”公路养护技术对策，公路养护质量稳步提高，应急物资仓库、物资储备管理水平不断提高，公路保障能力和服务水平全面提升。年内管养全部路线优良率49.9%，其中国道、省道干线优良率66.7%。全部路线差路率控制在7.5%，其中国道、省道干线差路率控制在3%，各项指标均符合自治区公路管理局下达的任务指标要求。全年完成养护工程投资1.05亿元，工程质量合格率100%，优良品率95.3%；完成安保工程投资460万元；完成危险路段改造工程投资208.8万元；完成10座桥梁改建加固工程投资1142万元。积极响应“绿满八桂”号召，完成绿化投资206万元，公路宜林地绿化率99.1%。

【路网工程建设】 2012年，桂林公路管理局在建路网工程建设项目为梅溪经资源至龙胜公路（资源至河口段之资源境）工程、兴安至阳朔公路工程，提级改造工程项目为临桂五通至两江二级公路。在建3个项目建设里程为191千米，工程项目总投资金额9.76亿元，全年完成投资3.11亿元，完成年度投资任务103%。年内，临桂五通至两江二级公路提级改造工程项目完成交工验收并交付试营运，全州至石塘公路续建工程项目完成竣工验收。

【临桂五通至两江二级公路工程交付使用】 2012年5月30日，受自治区公路管理局委托，桂林公路管理局组织有关单位对临桂五通至两江二级公路工程进行交工验收，评定工程项目质量等级合格。该工程位于临桂县境内，起点位于两江镇，终点位于国道321线与五通镇市政路交叉处，2011年5月开工建设，全线采用二级公路标准设计，全长20.3千米，工程总投资4200万元，计算行车速度60千米每小时，局部困难路段为40千米每小时。K 0+000–K 1+000路段路基宽为12米，K 1+000–K 1+030路段路基宽由12米渐变为8.5米，K 1+030–K 20+341.2路段路基宽为8.5米，全段采用沥青混凝土路面。桥梁设计荷载为公路–II级。

【公路应急保障】 2012年，桂林公路管理局积极应对年初冰冻灾害和5～8月汛期的水毁抢险工作。购置了广西公路系统第一台破冰除雪机械，全年共投入抗冰保通抢险资金48万元，清理上边坡塌方6.1万立方米，修复水毁路基坍塌较大缺口25处，完成砌体5500余立方米。8月21日，在国道323线临桂宛田段水毁路段，配合自治区公路管理局完成自治区2012年专业公路水毁抢险应急演练。年内，配合科研单位完成ZB–450型钢桥在国道322线灵川县三街桥上游的架设及通载使用试验任务。

【路政养护】 2012年，桂林公路管理局加强路政行政许可的年审制度管理，制订《桂林公路管理局路政许可内部审核工作流程》《路政养护联勤联动工作暂行管理规定》，建立路政与养护部门联勤联动公路巡查机制，实现公路巡查信息互通，路政与养护共同发展的双赢局面。年内，用路政执法财政补助经费安排路面维修项目近2000万元，保护了公路桥梁的安全畅通。全年共发生路政案件2536件，查处率100%，追回路产赔（补）偿款787.9万元，增长27.2%。办理路政许可项目154件，路产路权得到有效维护。

【超限运输源头治理】 2012年，桂林公路管理局针对“两铁一高”（两铁：贵广铁路、湘桂铁路扩能改造；一高：桂兴高速公路）建设的超限运输车辆对公路损坏严重、查处难度大的情况进行重点整治，重点对五通至潭下、恭城至富川、百里至枫木等公路开展治超专项行动，到高铁建设项目部、沙石料场和运输公司开展宣传工作，对超限车辆实行不间断监控，有效地保护了公路桥梁的安全。抓好治超工作，全年累计检测车辆211.1万台次，查处超限超载运输车辆9.87万台次，卸载货物5.17万吨。

【通行费征收】 2012年，桂林公路管理局加强内部监督管理，全面提高收费管理水平，确保收费队伍及收费秩序的稳定；严格票证和财务管理，严格月票审批程序，从制度和管理上预防违法违纪现象发生,通行费征收工作有较大提高。全年共征收车辆通行费1.02亿元，完成全年目标任务100.3%,居自治区前列。

【公路绿化美化】 2012年,桂林公路管理局对G 321线荔浦蒙山界至阳朔、S 305线二塘至阳朔段共100.2千米公路进行绿化美化，建设绿化景观节点11处共8500平方米,全线每25～50米点缀种植开花乔木栾树、羊蹄甲6000多株,成片种植花叶艳丽的灌木(双荚槐、木芙蓉)3.2万株,修剪内弯路绿化带19处共2500平方米，完成公路绿化投资206万元。11月8日,该路段通过自治区交通运输厅绿化美化领导小组办公室组织的检查验收,质量等级为优良。

【路桥安全保障工作】 2012年,桂林公路管理局对龙胜至资源公路、资源北门坳至白石公路共26千米公路实施安全保障工程,共完成投资460万元，设置B级波形梁护栏16424米、A级钢筋混凝土护栏1416米。对S 201线全州至沙子公路K 114+250-K 114+900、K 136+400-K 136+800两个交通事故多发路段进行改善,通过改弯、降坡和增设安全防护设施等措施消除安全隐患，完成投资208.83万元。对东岸桥、黄沙桥、龙江口桥、桐木桥、白石桥、三街桥、里陂桥、干江桥、茶江大桥、樟峡大桥等危桥(含跨年项目)进行改造,完成投资1142万元。年内,东岸桥、黄沙桥、龙江口桥、桐木桥、白石桥和里陂桥项目已完工。 (杨福凤)

【农村公路管理养护】 2012年,桂林市交通运输局完善标准化管理工作方案，增强农村公路标准化管理意识。启用《桂林市公路管理信息系统》,建立科学、规范的管理和考评体系;召开农村公路标准化管理现场会，在全市范围内全面深入推进农村公路标准化管理。公路建设质量明显提高,路况明显好转。桂林市农村公路建设养护管理综合目标考核实现自治区5连冠。

【城乡公交一体化发展】 2012年,桂林市构建市区到近郊、县城到乡(镇)、乡(镇)到村(屯)3级城乡公交网络体系,全市完成城乡公交线路改造25条,新增投入运营车辆132辆。至年末,全市共拥有城乡公交线路57条,城乡公交车266辆,受益

2012年投入使用的标准化建设的农村公路

(桂林市交通运输局　供稿)

群众145万人。兴安县率先在自治区各县中实施城市公共交通智能化建设；灵川县开通县城至定江镇的302路公交车，实现与市区公交网络的无缝衔接;全州县拓展“镇村公交”的发展模式,新增2条镇村公交线路；荔浦县开通5条镇村公交线路,并建立政府牵头、部门参与、社会监督的城乡公交的安全监管机制。

【道路货运】 2012年,桂林市交通运输局贯彻落实《桂林市道路货运行业发展指导意见》,引导3家货运企业合并重组为1家。优化道路货运业结构,市区营运货车公车公营比例9.7%,提高3个百分点。年内,指导荔浦县新达物流园区建设,指导小麻雀物流公司与市百货商品协会合作，开展商品配送。 (刘静)

水路运输

【概况】 2012年,桂林市港口码头建设完成投资1248万元,占年度计划994万元的125.56%,建成便民码头9个、便民候船亭15个。完成水路运输

客运量 253.4 万人次，增长 9.98%；完成旅客运输周转量 12692 万人千米，增长 18.86%。漓江旅游客运量完成 159.3 万人次，下降 4.15%；漓江客运周转量完成 9143 万人千米，下降 3.48%。水路货物运输量完成 40.5 万吨，下降 29.07%；货物运输周转量完成 3840 万吨千米，增长 16.05%。年内，《漓江旅游品牌建设与旅游格局优化研究》项目通过专家评审，《桂林市沿江经济带发展规划》获市人民政府常务会议通过。

【船舶监督管理】 2012 年，桂林辖区有在册船舶 1006 艘，办理船舶登记 675 艘次，安全发送旅客 715.03 万人次。年内，桂林海事局以漓江旅游客船和乡（镇）渡船为监管重点，通过漓江景区综合整治、打击“三无”船舶（无船名船号、无船舶证书、无船籍港）、“野马船”（不具备旅游经营资质却从事旅游经营的竹排、渡船、渔船等）等，强化巡航和现场监督检查，对辖区船舶进行有效监管。开展桂江砂石船专项整治，与桂林交通、船检、航道等单位协调联动，辖区 108 艘运砂船整治全部达标。开展船舶安全检查 719 艘次，实行船舶吨位丈量复核 85 艘；检查航运公司 39 家，发现隐患 199 项，并督促航运公司进行整改纠正。

【通航秩序管理】 2012 年，桂林海事局开展“安全生产年”“打非治违”“打非治违回头看”等专项活动，配合市人民政府整治漓江国家 5 A 级旅游景区，与公安、交通、旅游等职能部门联合执法 30 余次，打击漓江无证船经营、“野马船”非法载客、旅游船超载等违法行为，净化通航环境。全年共开展巡航 2004 次，巡航时间 8500 小时，巡航里程 15.34 万公里，发布航行警告 57 条、航行通告 4 次，未发生一般等级以上水上交通事故和船舶污染事故。年内，桂林海事局加强水上、水下活动安全监管，对平乐过江管道水工项目、漓江第十六届漂流活动、全州县万乡河龙舟赛活动等进行审批，参加对平乐印山、黑山和阳朔龙头山 3 个码头水工项目的通航安全影响论证和印山码头的通航安全评估，指导并督促桂林市环城水系建设开发有限公司完成对两江四湖二期工程的通航安全评审。

漓江排筏航行安全监督管理办法（暂行）》 2012 年 3 月 1 日，广西海事局公布实施江排筏航行安全监督管理办法（暂行）》。该办法是首个漓江排筏监督管理规范性文件，共五章二十八条，主要针对漓江水域从事载客和货物运输的排筏、排筏操作员、排筏所有人和经营人及相关的活动进行约束规范，内容包括排筏航行、停泊规定、事故调查处理、险情救助等。年内，桂林海事局召开宣传贯彻会议和新闻发布会，对办法制订的背景、必要性和出台过程作了说明，对其中的具体条款进行宣传贯彻。4 月，桂林海事局印发《关于开展漓江排筏登记工作的通知》《关于漓江排筏操作员培训、考试和发证的通知》，并协调船检部门出台《漓江游览排筏检验暂行规定》，排筏规范化管理取得突破性进展。全年完成排筏操作员培训考核发证 742 人次。

【渡口渡船监管】 2012 年，桂林海事局对辖区 95 处渡口、117 艘客渡船舶进行安全专项检查，排查隐患 138 项，整改落实 98 项。全年召开水上交通安全形势分析会 2 次，渡口安全管理员培训会 2 次。在清明节、五一、十一等重大节假日，对重点渡口进行现场监管。全年共组织开展水上突发事件应急演习 4 次，参加演习客圩船 44 艘。开展渡船船员安全培训及安全承诺活动，辖区 95 处渡口渡船的船员均向社会作出渡运安全承诺。年内，桂林海事局利用渡口渡船管理系统，完善辖区渡口渡船管理“一渡一档”“一船一档”，并建立了海事、当地政府部门、渡工的三级联动机制。

【船员管理】 2012 年，桂林海事局开展船舶配员专项检查，在乡（镇）船舶船员中开展每年不少于 4 小时的培训活动，并与柳州市兴华船员专业培训中心合作，采用异地办班的形式为辖区船员提供技术培训服务。全年签发、核发船员证书 2632 本，开展船员培训考试 36 期 1532 人。至年末，桂林辖区在册船员 6771 人，其中技术船员 3408 人，普通船员 3363 人。

【水上应急搜救工作】 2012 年，桂林水上搜救中心完成漓江 GPS 监管系统改造升级，丰富了该系统地图内容，提高了地图精度，修改了系统服务器及通信服务器应用程序，减少了系统死机频率。中国交通通信信息中心专家组完成了对漓江 VHF 系统工程、CCTV 项目的前期调研和工程可行性研究报告，构筑了漓江信息化监管的框架。

年内，桂林水上搜救中心组织开展漓江旅游船舶水上突发事件应急演练、船舶溢油和辖区渡口渡船应急演练，首次把偏远渡口渡船应急演习纳入演练范围，提升辖区各类船舶应急反应能力。全年共发布水文、气象信息750条，各类预警信息40条；接到船舶报警5次，组织搜救行动5次；协调参与搜救船舶16艘次，救助遇险船舶12艘；救助遇险人员423人，搜救成功率达100%。

【漓江船舶防污管理】 2012年3月1日，桂林海事局组织修订的《桂林漓江旅游客船污染物监督管理规定》开始施行。该规定共五章二十四条，主要是对漓江旅游客船船舶生活污水、含油污水、废油、垃圾的收集和排放处理进行规范，并规定船舶污染物接收站的资质条件、备案管理，以及对污染物的后续处理。年内，桂林海事局开展"以环境倒逼机制推动产业转型升级攻坚战"专项活动，重点对漓江游船在航行中随意排放生活污水及洗涤桌布污水等违规行为进行查处，全年辖区船舶污染物接收处理作业37898艘次，增长61.8%。支持漓江游船LNG（液化天然气）动力改造试点，指导桂林旅游股份有限公司编制完成《桂林漓江游船LNG燃料动力改造项目试点方案》，完成《桂林漓江LNG燃料动力船舶安全监督管理规定》初稿的编写。（杨茂良）

【漓江国家5A级旅游景区整改】 2012年，漓江国家5A级旅游景区围绕码头设施、游船设施、游船服务等内容进行了一系列软硬件升级和规范工作。投资790万元建成磨盘山客运港客运大楼并投入使用，引导社会投资620万元，对游船服务设施设备更新、完善，使漓江航区123艘在运船舶全部达到国家5A级旅游景区整改标准。出台并实施《漓江游船服务质量和星级服务标准》《漓江游船服务质量管理办法》等多个管理办法和服务标准。组织培训导游员196名，规范导游服务，提升服务水平。开展游船检查，排除事故隐患，全年共检查游船1200艘次。

【乡（镇）渡口全部实现渡船标准化】 2012年，桂林市在自治区率先实现乡（镇）渡船标准化率100%的目标，提前三年超额完成自治区下达的"十二五"乡（镇）渡船改造任务。全面实施渡口标准化管理，率先在自治区实施标准化便民码头、便民候船亭的建设，树立起桂林水运特色品牌。平乐县率先在全市开展便民码头、候船亭标准化建设，资源县自筹资金20多万元建设5个便民候船亭。

【水路运输安全管理】 2012年，市交通运输局航务管理处深化专项整治，抓好安全检查、隐患排查工作。开展安全生产年、打非治违等专项行动，共组织检查组301个，出动执法人员860人次，检查企业300余家次。落实乡（镇）船舶四级管理责任制，督促各县（区）交通主管部门和有船乡（镇）签订水上安全管理责任状，责任状签订率100%。促成自治区交通厅下发《关于加强乡镇船舶安全管理的意见》，全市各县（区）公益、义务性渡口渡工工资全部纳入县（区）政府财政预算，率先在全自治区破解了渡工工资难题。（刘静）

【漓江航道航标维护管理】 2012年，桂林航道管理局加强对出浅险滩的维护和疏浚，分3个航道维护小组驻滩守点保障航道的安全畅通。全年按计划完成56条次浅滩疏浚维护，共完成抢通疏浚

2012年，桂林市乡（镇）渡船标准化改造后的渡船　（桂林市交通运输局　供稿）

49304 立方米，航道维护挖砂 29989 立方米，维护扒砂 10632 立方米；完成 3.2 平方千米的出浅险滩的航道维护测量，完成大爽、沙湾等滩的补筑坝 4965.6 立方米。加强对航标的日常维护管理，抓好重大节假日和重要外事活动的航标维护工作，对航标进行全面检查保养，全年共完成航标维护 66460 座天，标灯维护 34706 盏天，标志维护正常率 100%，标灯维护正常率 99.8%，全年辖区无航标责任事故。

【航道行政管理】 2012 年，桂林航道管理局航道行政执法大队利用船(车)对桂江段航道进行每月不少于 1 次的巡查，漓江河段重点巡查每月不少于 2 次。年内，在辖区开展采砂专项整治，全年共制止、处理漓江段沿岸村民零星挖砂 17 起，处罚 1 起，遏制了零星挖砂或机械化挖砂现象蔓延的势头，扩大了航道执法队伍的影响，航道行政管理服务质量评议群众满意度达 100%。

【航道船闸管理】 2012 年，桂林航道管理局加强船闸运行监管，要求船闸单位每日通过短信平台向该局发送水位数据，并督促及时报送每月船闸运行情况，确保船闸按规定开闸通航。做好因维修停航造成船闸单位与船舶企业等利益纠纷的协调工作，维护船闸通航次序，避免造成群体事件。年内，桂林航道管理局组织市海事局、市交通运输局、船闸单位以及部分船舶企业代表召开巴江口船闸管理区划定座谈会，确定船闸管理区域，并督促船闸单位形成材料报桂林市人民政府审批。全年全市航道开闸共 2632 闸，安全过闸船舶 8834 艘次，双向过闸船舶校核载货 93.5 万吨，双向过闸船舶实际载货运量 30.8 万吨。 (李茜楠)

铁路运输

【桂林车站】 桂林车站位于桂林市叠彩区群众路北二里 1-1 号，中心里程为湘桂线 352+100 千米处，下辖桂林站、桂林北站(Ⅰ场、Ⅱ场)、桂林南站(平山)、桂林东站 5 个站区。2012 年，行政职能机构设办公室(保卫科、武装部)、计划财务科、劳动人事科(职工教育科)、安全科、技术科、客货运业务科(统计科、路风监察科)和信息技术科，下属客运、运转、货运一、货运二(桂林南)4 个车间。党群组织机构设党委、纪委、工会、团委，内设党群工作办公室。全站在册职工 721 人，其中干部 87 人，工人 634 人；有专业技术职称 77 人，其中高级专业技术职称 3 人，中级专业技术职称 25 人，初级专业技术职称 49 人。

全年发送货物 127.3 万吨，(比上年，下同)下降 11.3%；发送旅客 441.2 万人，下降 5.1%；运输收入 7.28 亿元，下降 3.2%，其中客运收入 5.65 亿元，货运收入 1.63 亿元。中时 4.1 小时，增加 1.3 小时；停时 23.9 小时，增加 1.0 小时。

2012 年，桂林车站全力保障湘桂复线及车站站场改造施工进度，加强施工安全监控，确保施工安全。年内，组织 41 名干部职工参加高铁客运、行车工种资格培训班，为实现从普速车站管理向高铁车站管理的有效转变储备技能人才。截至 12 月 31 日，桂林车站实现安全生产 741 天、劳动安全 6883 天。年内，桂林车站被评为全国铁路体育先进单位。 (李治杰)

【桂林车务段】 桂林车务段位于桂林市叠彩区水塔路南巷 2 号。2012 年，行政职能机构设办公室(保卫科、人民武装部)、劳动人事科(职工教育科)、计划财务科、客货业务科、技术科、安全科、信息技术科。党群组织机构设党委、纪委、工会、团委，内设党群工作办公室。全段共有职工 1275 人，其中干部 104 人，工人 1171 人；有专业技术职称 82 人，其中高级专业技术职称 1 人，中级专业技术职称 26 人，初级专业技术职称 55 人；工人中有技师 49 人。

桂林车务段管辖湘桂线蓝家村站—鹧鸪江站间 45 个车站，衡阳至柳州铁路(简称衡柳线)东安东—柳州西站间(不含桂林、桂林北)11 个车站，共 56 个车站和 1 个乘务车间，管内里程湘桂线 348.15 千米，衡柳线 346.87 千米(衡柳线至年底只开通灵川至东安东 180.574 千米线路及东安东等 6 个车站)。56 个车站分布于广西壮族自治区、湖南省 3 个市 7 个县，其中广西壮族自治区内 2 个市 6 个县 51 个车站，湖南省内 1 个市 1 个县 5 个车站。湘桂线车站按技术作业性质分：中间站 45 个；按业务性质分：客货运站 5 个，货运站 11 个，会让站 29 个；按等级分：一等站 1 个(鹧鸪江)，三等站 5 个，四等站 35 个，五等站 4 个。衡柳线各站等级尚未进行划分。

全年发送旅客101万人，增长9%；发送货物452.2万吨，下降11.2%；运输收入5.28亿元，下降3.6%，其中客运收入0.80亿元，货运收入4.48亿元；装车数7.2万辆，下降11.1%；卸车数43.9万辆，增长7.3%；静载重63.1吨，增加0.3吨。停时20.1小时，增加1.2个小时。截至12月31日，全段实现行车无特别重大、重大、较大事故23010天，无一般A类事故12229天，无一般B类事故13950天，无一般C类事故6972天，无一般D类事故2117天。

2012年12月30日，新建的衡柳线永州至灵川段、灵二环线灵川至二塘段开通普速货物列车运输。年内，桂林车务段的鹧鸪江站获中华铁路总工会火车头奖杯，鹧鸪江站管理现代化成果获铁道部优秀奖励，鹧鸪江站货运QC小组被评为全国优秀质量管理小组。（黄志馨）

【贵广铁路建设与湘桂铁路扩能改造工程】 贵广铁路（贵阳到广州铁路）是西南地区通达华南沿海地区的重要区际铁路通道，跨越黔、桂、粤三省区。设计正线长度857千米，建设标准为Ⅰ级双线电气化客运专线，日开行客车100对，设计行车速度300千米，预留行车速度350千米。建设工期预计6年，计划2014年建成通车。贵广铁路桂林段计划总投资约200亿元，正线长度190千米，经过龙胜各族自治县、临桂县、灵川县、阳朔县和恭城瑶族自治县，新设桂林西站、阳朔站、恭城站。线路从柳州三江县进入龙胜各族自治县三门镇大罗村，穿天平山隧道（长14千米）至临桂县五通镇，进入灵川县定江镇桂林西站，通过联络线到桂林北站，出桂林北站向东跨越漓江，经灵川县灵田乡、大圩镇到阳朔县兴坪镇阳朔站，穿宝峰山隧道（13.85千米）至恭城瑶族自治县李家恭城站，而后通往贺州市。2008年10月13日，贵广铁路开工动员大会在桂林市灵川县举行，国务院副总理张德江宣布开工并为工程奠基。桂林段境内桥隧工程全长合计150.2千米，占桂林段全长87.5%。其中：隧道全长97.8千米，（至2012年底，下同）已完成80.7千米；桥梁全长52.4千米，已完成44.2千米。累计完成土石方开挖、填筑1479万立方米。

湘桂铁路是华中、华东和华北等地区与广西、海南以及东南亚地区联系的重要铁路运输通道。湘桂铁路扩能改造工程设计客车行车速度每小时200千米，日开行客车120对，年运输能力为货运量4000万吨，建设工期3年半。湘桂铁路扩能改造桂林段，计划总投资约150亿元，正线长度245千米，经过全州县、兴安县、灵川县、临桂县和永福县。扩能改造沿既有湘桂铁路线新建双线，部分路段截弯取直。市区段沿既有线增建一条新线，新建从灵川县绕猴山西侧至临桂县的双线货车外绕线。原有28个客站取消18小站，保留10个客站。2008年12月11日，湘桂铁路扩能改造工程开工动员大会在南宁市举行，中共中央政治局常委、政法委书记周永康宣布开工。至2012年年末，湘桂铁路扩能改造工程桂林以北开通，试运行普速货车。

投资与征地拆迁 2012年，桂林市完成贵广铁路与湘桂铁路扩能改造工程建设（简称“两铁”建设）投资69.1亿元，完成年度计划65亿元的106.3%，其中贵广铁路桂林段完成投资27.78亿元，湘桂铁路扩能改造完成投资41.32亿元。

年内，桂林市铁路建设办公室（简称市铁建办）共向铁路项目业主争取资金4.77亿元，保证了铁路征地拆迁工作的开展。铁路征地拆迁工作取得较大突破，拆迁重点、难点中的灵川镇白桥村73户、象山区西环二路40号商住楼、秀峰区甲山双绕段60多户已全部拆除。至年末，贵广铁路建设共完成永久性征地501.87公顷，完成计划的97%；临时用地634.27公顷，完成计划的100%；房屋拆迁15.47万平方米，完成计划的100%；支付征地拆迁补偿资金6.97亿元。湘桂铁路扩能改造工程共完成永久性征地996.4公顷，完成计划的100%；临时用地617.4公顷，完成计划的100%；房屋拆迁53.17万平方米，完成计划拆迁的100%；支付征地拆迁补偿资金13.5亿元。全市“两铁”建设临时耕地占用税共缴纳1.5亿元。

化解矛盾 2012年，市铁建办组织各县（区）铁建办、项目业主、施工单位对辖区内因受铁路影响需要改建的水源、排洪、灌溉、道路进行排查，对排查出来的问题，要求项目业主协调设计单位完善设计，落实好建设资金，组织、督促施工单位实施。全年召开协调会30多次，共同处理好铁路建设施工中损坏道路、水利设施，打桩、爆破产生噪音、振动引发扰民等问题。全年共协调解决群众阻工事件10起，接待群众上访8起。

（农全兴）

民用航空

【概况】 2012 年,桂林两江国际机场(简称桂林机场)共完成旅客吞吐量 568.7 万人次,增加 19.8 万人次,增长 3.6%,其中实现国际及中国港澳台航线吞吐量 38.4 万人次,增加 3.75 万人次,增长 10.8%。完成货邮吞吐量 3.38 万吨,增加 151 吨,增长 0.4%。全年保障航班起降 48531 架次,增加 1099 架次,增长 2.3%。至年末,桂林机场在飞航线 57 条,其中国际(地区)航线 7 条,实现国内外通航城市 43 个。年内,完成春节和国庆等重大节假日及党的十八大、第三届桂林国际旅游博览会、第七届全国城市发展与规划大会等重要活动的服务保障工作;完成国家领导人及外国政要重要专机、公务机的航空运输保障任务。2012 年,桂林机场获评为自治区军(警)民共建精神文明先进单位、民航中南地区春运工作先进集体。桂林机场安全检查站获"民航中南地区安全保卫先进集体"称号。

【安全管理取得成果】 2012 年,桂林机场共保障航班安全起降 48531 架次, 完成专机及重要飞行 8 架次,地面安全行车 459 万千米,排除飞机故障 36 起,查获违禁物品 6.48 万件,实现第 29 个安全年。年内,桂林机场开展安全对标管理活动,并参加在北戴河举行的全国综合行业对标高端交流论坛,是唯一一家在论坛上进行经验介绍的企业。年内,桂林机场加大安全投入,更换两座登机桥,加固飞行区围界,提升机场的安全保障能力。加强安全检查,重点对飞行区、机坪运行、空防安全保卫、通导设备等方面进行监督检查,消除安全隐患。加强不停航施工管理,明确安全责任,细化和完善相关协议, 对施工过程实施全程监督, 确保施工安全。开展各项安全专项活动,全年共开展安全大整顿、安全生产大排查、锂电池航空运输专项治理等各类专项活动 17 项。加大外来物(FOD)防范和鸟害防治力度,新增驱鸟设备,并与广西师范大学生命科学学院联合开展鸟类生态环境专项调研。开展各类演练 20 余次,与桂林市人民政府、南方航空股份有限公司广西分公司联合举办"桂林两江国际机场反劫机综合演练"。

【运输生产】 2012 年,桂林机场全面开展航空市场营销活动,先后派员走访天津、昆明、祥鹏等多家航空公司及温州、常州、西宁等多个机场,拓展桂林航空市场,争取航线航班。为增强航空公司信心,桂林机场挖掘客源市场潜力,协助各航空公司制订市场需求的中转联程、低价优惠的"机 + 酒 + 景"航空旅游产品,与桂林市旅游局及相关旅游企业到外省、市及周边地区开展新航线宣传, 并与 80 多家旅行社召开桂林航空旅游推介会,签订相关合作协议。年内, 桂林机场开通桂林—呼和浩特、桂林—西安—石家庄等 8 条新航线, 恢复桂林—温州、桂林—常州等 4 条航线,稳定了桂林—泰国曼谷航线,开通了桂林—韩国釜山、桂林—韩国大邱 2 条包机航线,加密了广州、深圳、杭州、昆明和中国香港等市场需求较大的航线航班。恢复贺州至桂林机场地面客运专线, 并加密了柳州地面客运专线。

年内, 桂林机场配合桂林市向国家争取机场建设发展资金、政策倾斜和申请第五航权等扶持航空市场发展的政策, 桂林市政府专门成立了航线培育工作领导小组。全年,自治区、桂林市两级人民政府组织航线补贴资金分别对南方航空公司、四川航空公司等 5 家航空公司的桂林—香港、桂林—台北等 9 条航线进行补贴。

【基础设施建设】 2012 年,桂林机场共完成固定资产投资 4350 万元,完成建设项目 10 个,在建项目 5 个。组织完成飞行区土面区平整、标志整改、办公及值班业务用房新建等工程。4 月,新航站楼扩建项目召开预可研报告评审会。6 月,预可研评估报告上报国家发展和改革委员会。12 月,A 380 停机坪项目工程完工,新航站楼扩建工程启动。

(秦良成)

信息产业

2012 年 1 月 7 日，中国移动广西桂林分公司举办青年员工才艺大赛

（中国移动广西公司桂林分公司　供稿）

概　　述

2012年,桂林市规模以上电子信息产业完成工业总产值169.56亿元,(比上年,下同)增长59.68%;完成工业销售收入159.46亿元,增长70.02%。年末,全市固定电话用户数82.39万部,增长7.12%;移动电话用户数445.74万户,增长17.86%;互联网宽带用户74万户,增长45.72%;全市互联网出口带宽达到320G,增长54.58%。全年完成电信主营业务收入27.3亿元,增长9.10%。全年新增认定软件企业3家,新增登记软件产品27款。

信息产品制造业和信息化建设

【桂林市“两化融合”工作取得成绩】 2012年5月25~29日,工业和信息化部派出以中国电子报社副总编辑胡春民带队的“两化融合深度行”报道组对桂林市“两化融合”(信息化与工业化融合)工作开展情况进行专题采访。报道组对桂林市副市长徐锋进行了专题采访,了解桂林市“两化融合”的具体措施和工作成效,报道组还到燕京啤酒(桂林漓泉)股份有限公司、桂林市海威科技有限公司、桂林三金药业股份有限公司等9家企业进行现场采访,了解企业“两化融合”的具体做法和工作经验。报道组对桂林市“两化融合”工作取得的成绩给予高度评价。

【《桂林市信息化项目管理暂行办法》颁布实施】 2012年8月,《桂林市信息化项目管理暂行办法》颁布实施。该暂行办法适用于桂林市行政区域内各行政事业单位利用财政性资金、自筹资金、政府性融资资金建设的信息化项目,暂行办法要求项目建设要遵循“统筹规划、统一标准、集中管理、协同建设、注重绩效”的原则,并明确了信息化项目建设的组织、建设程序等有关规范和要求。

【《影像档案传输、处理系统软件技术规范》国家标准编制工作启动会在桂林召开】 2012年11月16日,《影像档案传输、处理系统软件技术规范》国家标准(计划号:20080556-T-469)编制工作启动会在桂林召开。卫生部、中国电子技术标准化研究院、自治区工业和信息化委员会、桂林市工业和信息化委员会、桂林五星网络有限公司等单位、企业的20多位代表参加了会议,会议对编制工作进行了部署。

【桂林市信息产业发展三项规划通过评审】 2012年12月8日,桂林市工业和信息化委员会牵头组织制订的《“智慧桂林”总体规划(2013~2015)》通过专家组评审。该规划对桂林市未来3年的智慧城市建设目标任务、基础设施、应用推进、产业带动等进行了全面、系统的科学规划,提出要把握桂林国际旅游胜地建设的重大机遇,以“智慧旅游”作为突破口,推进全市信息化建设,着力打造“绿色桂林、生态桂林、和谐桂林、魅力桂林”。12月26日,桂林市工业和信息化委员会牵头组织制订的《桂林市旅游信息化服务产业发展规划(2013~2017)》在北京通过专家评审。该规划对桂林市旅游信息化服务产业的发展现状、面临形势及发展机遇等进行了全面分析,阐述了桂林市旅游信息化服务产业的发展重点以及产业布局与园区规划。同月,桂林市商务局牵头组织制订的《桂林市电子商务发展规划(2012~2020)》通过专家组评审。该规划全面、细致地分析了桂林市电子商务发展现状,分析了桂林市电子商务发展面临的机遇,提出了桂林市电子商务发展的重点区域、重点领域和重点任务。

【桂林市云计算公共服务平台建设取得突破】 2012年,桂林市加快云计算公共服务平台建设,创新中小企业信息化应用服务模式。4月,桂林市工业和信息化委员会与桂林电子科技大学签署协议,双方同意联合共建桂林市云计算公共服务平台(数据服务中心),依托桂林电子科技大学电子资源,新增部分软、硬件设备,搭建云计算基础平台。11月,市中小企业服务中心与中国民航信息网络股份公司签署设立广西桂云数据服务有限公司协议,合作成立广西桂云数据服务有限公司,运营和管理桂林市云计算公共服务平台(云平台)。

【“天网”工程主体建设基本完成】 2012年年末,桂林“天网”工程主体建设基本完成。该工程从

2008年开始建设,至2012年累计投入资金1.2亿元,初步构建起一个由街面社区监控、内部单位防控、治安卡口堵控等各类视频监控系统组成的相互结合、相互补充的立体式视频监控防控网络,基本形成了一个覆盖全市重点区域和主要部位,自治区、市、县三级互通的视频监控体系。

【加快城市信息化基础设施建设】 2012年,桂林市三大基础电信运营商共完成信息基础设施建设投资11.66亿元,重点投入移动基站、宽带网络及传输网络等项目建设,实现全市出口带宽达320 G,增加113 G,全市信息基础设施进一步完善。年内,中国电信股份有限公司桂林分公司重点推进了光网城市建设建设,中国移动通信集团广西有限公司桂林分公司加快推动了无线城市建设发展,中国联合网络通信有限公司桂林市分公司加强了移动网、传输网、宽带网的建设。

【多个项目获资金扶持】 2012年,桂林市信息服务业多个项目获国家或自治区资金支持。4月,桂林力港网络科技有限公司、广西瀚特信息产业股份有限公司、桂林五星网络有限公司和桂林市中小企业服务中心4家企业(单位)的4个项目获2012年自治区信息服务业发展专项资金扶持。8月,桂林市思奇通信设备有限公司"数字电视和数字音频地面广播通信系统产业化"项目通过自治区组织的专家评审,获2012年国家战略性新兴产业发展专项资金扶持。

【软件和旅游信息化服务产业快速发展】 2012年,桂林市共有广西小草信息产业有限责任公司等3家企业取得软件企业认定,广西瀚特信息产业股份有限公司变电站视频及环境监控系统等27款软件产品获得软件产品登记。至年末,桂林市取得软件企业认定21家,获软件产品登记100余款。年内,以桂林力港网络科技有限公司、桂林中国国际旅行社有限责任公司为代表的桂林市软件和信息业企业得到快速发展。桂林力港网络科技有限公司新推出10款游戏,新增用户1200万人,销售收入突破1.6亿元,上缴税收1170万元;桂林中国国际旅行社有限责任公司启动旅游电子商务服务平台项目,创新性地提出了旅游行业直销模式,全年通过互联网共成团6999批次,互联网线上旅游交易额超1亿元。

【广西立晶光电项目开工奠基】 2012年3月27日,广西立晶光电有限公司"高效LED照明灯具及照明用光学透镜生产制造研发基地"在桂林市秧塘工业园开工奠基。该项目预计总投资6000万美元,实现年产值约5亿元,新增就业人数1300人。该项目是桂林市引进的投资金额最大的电子信息类项目,是自治区唯一一个涵盖上下游产业链的光电项目。

【瀚特物联网产业基地竣工】 2012年10月19日,由广西瀚特信息产业股份有限公司投资建设的瀚特物联网产业基地竣工。该基地位于桂林市桂磨路创意产业园内,占地面积0.67公顷,建筑面积1.5万平方米,一期投资3000万元,建设研发大楼和生产技术服务大楼。基地主营业务为物联网技术研究与产品开发,包括物联网通用数据采集器、RFID产品及应用系统和一卡通行等。

(周大勇　钟毅)

无线电管理

【加强频率台站管理】 2012年,桂林市无线电管理处按照行政许可的规定和要求,受理用户的用频和设台申请,为申请单位办理频率、台站审批手续。对新批复的频率和台站,及时整理资料归档入库,做到数据库真实、完整。成立台站核查领导小组,制订台站核查实施方案,对核查工作的范围、时间、工作要求作详细的安排和部署。重点走访广播电视、民航、公安、铁路、气象、水利等设台单位,重点核查广播电台、卫星地球站、雷达、多路微波分布系统、公众移动通信网络中用于链路传输的频率和台站等。对核查中发现擅自变更台站地址、增大发射功率、改变发射频率和发射参数、频率使用逾期、违法使用频率、违法设台的行为,予以纠正和处理,有效地维护全市无线电通讯安全。年内,桂林市无线电管理处分别对16个设台单位的设台和用频进行监督检查,对设台单位的违规行为及时予以纠正。对今华通等6家通信设备生产企业的"型号核准证"进行了有效的监管。制订监测计划,采用固定监测和移动监测相结合的方法,实时对航空频段、通讯频段、集群通信、调频广播、无线电视、公安武警、公众移动通信等频段的无线

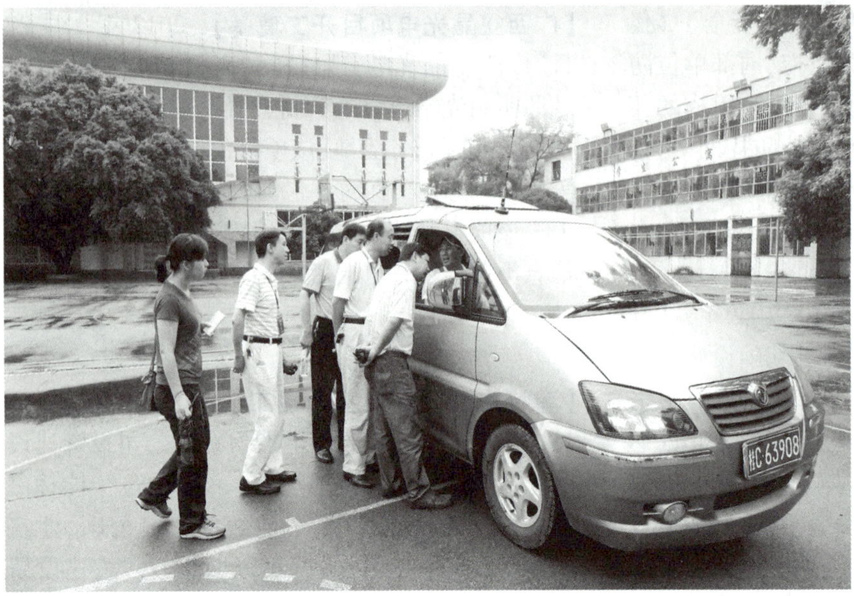

2012 年桂林市高考期间，市高考巡查组领导视察市无线电管理处设备及准备情况
（桂林市无线电管理处　供稿）

电频率监测工作，每月按时完成各频段监测任务及报表。全年累计监测时间约 3500 小时，全面掌握本地无线电频谱资源占用情况。

【参加业务技能比赛成绩优异】 2012 年 4 月，桂林市无线电管理处组织人员参加自治区第一期无线电管理技术演练，完成 2 个科目的演练，获得演练总分第一名。10 月，组队参加自治区无线电管理局组织的“党的十八大”无线电安全保障暨第九届自治区无线电监测技术演练比赛，参赛队员完成了 3 个科目演练，获得自治区第九届无线电监测技术演练总分第一名。

【无线电安全保障】 2012 年，桂林市无线电管理处受理了 95285 部队、民航空中交通管理站、桂林市公安消防支队等单位的干扰投诉 5 件，查明不明干扰信号 2 件，帮助桂林市公安消防支队、桂林市人民政府保卫科排查设备故障。维护社会的和谐与稳定，桂林市无线电管理处先后在元旦、春节、党的十八大等节假日、重大会议期间进行无线电安全保障工作。年内，桂林市无线电管理处先后实施了全国研究生入学考试、同等学力考试、公务员考试、高考、成人高考等各类重大考试保障 13 次，累计保障天数 19 天，出动车辆 37 部，使用无线电监测、侧向设备 47 套，派出保障人员 94 人次，查处利用无线电通讯设备进行非法作弊案件 2 件。其中：在 1 月 7～9 日的全国硕士研究生招生考试保障工作中，发现作弊信号 3 起，破获语音作弊案件 1 件，阻断作弊信号 2 个，现场抓获场外作弊嫌疑人 1 名，扣留作弊对讲机 1 部、笔记本电脑 1 台；在 9 月 8～9 日的全国医师资格考试保障工作中，破获数字传输作弊案件 1 件，扣留作弊发射设备 1 台、手提电脑 2 台、发射天线 1 副。

（郑建萍）

邮　　政

【概况】 2012 年，桂林市邮政局下辖 12 个县邮政局。全市共设邮政营业网点 190 个、报刊亭 209 个、储蓄网点 73 个、ATM 机 70 台、CRS 机 16 台。桂林邮区中心局共自办汽车邮路 5 条、委托办汽车邮路 1 条。年内，桂林市邮政局立足桂林特点，

2012 年 6 月 1 日，工作人员在高考场地架设无线电监控设备
（桂林市无线电管理处　供稿）

深化改革，强化经营，增强能力，改善服务，推进精神文明建设和企业文化建设，实现桂林邮政事业又好又快发展。

【提高服务质量和水平】 2012年，桂林市邮政局抓好邮政服务水平和质量的提升，开展了邮政营业投递系列规范标准执行年活动和邮件全程时限达标创先活动。全市参加营业投递系列规范标准执行年活动的营业、投递网点341个。邮件全程时限达标创先活动的开展取得实效，邮件全程时限准时率达95%以上。

【邮件投递速度提升】 2012年，桂林市邮政局开通火车邮路。5月24日开通桂林北至昆明K393次单程火车邮路，6月1日开通桂林至北京西K22次单程火车邮路，有效缓解出口华北、西北、东北方向出口邮件运能压力，减少邮件经转次数，邮件普遍提速一天。调整和优化市内转趟，当日收寄的标准特快邮件（除北京、广州方向）传递时限提前一天。包单分投流程优化，对进口包裹在分拣环节实行包裹邮件与包裹单分开投递，投递时限提前两天。普邮网与速递物流专网资源互补，综合调配运力，加快部分区域邮件的传递时限。

【《民间传说——刘三姐》特种邮票首发】 2012年8月23日，《民间传说——刘三姐》特种邮票首发仪式暨集邮、雁山“同心工程”书画作品展活动在桂林市中心广场举行。桂林市人民政府、各企事业单位有关领导和代表约300人出席当天活动。活动现场还设立了临时邮局，众多书画艺术爱好者和市民纷纷购买《民间传说——刘三姐》邮品，加盖纪念邮戳收藏。（黄昱）

中国电信股份有限公司桂林分公司

【概况】 2012年，中国电信股份有限公司桂林分公司（简称中国电信桂林分公司）下辖12个县分公司，年末在职职工1970人。年内，中国电信桂林分公司以“智能管道的主导者、综合平台的提供者、内容和应用的参与者”为目标，以“创新和服务双领先带动规模发展”为工作主线，深入推进“外抓市场规模化，内强管理标准化”，通过拓展移动业务市场，全面稳定宽带市场，重点拓展行业应用，加快推进农村市场，确保公司业务发展量质并重，经营管理持续优化。中国电信桂林分公司2012年获中国通信企业协会颁发的“通信行业用户满意企业”称号，获自治区通信管理局授予“‘人民邮电为人民’先进集体”称号。

【智能手机移动业务规模增长】 2012年，中国电信桂林分公司以用户需求为切入点，通过终端体验营销、算账法营销方式，实现智能机用户规模快速增长。年内，举办了“天翼智能手机节”，精心组织iPhone 4 S等明星机型、卖场和精品店等进行营销活动，实现智能机用户规模可持续发展。优先推荐合并使用多项服务的“集约化”套餐，确保用户入网质量。针对智能机用户，加强入网用户软件预装使用和流量免费体验的宣传，后续通过电话二次回访加强引导智能机用户的使用，保持智能机用户活跃率高于95%。

2012年5月，中国电信桂林分公司开展智能机体验活动场景

（中国电信桂林分公司　供稿）

【拓展农村市场】 2012年，中国电信桂林分公司针对县分公司农村支局收入规模过小、业务发展不足、自有渠道与代理渠道利益冲突明显及自有人力资源配置不足等情况，调整考核机制，落实农村支局承包制，

2012 年 10 月 14 日，中国电信桂林分公司 iPhone 5 首发日场景

（中国电信桂林分公司　供稿）

提升支局员工发展业务的积极性及业务能力，促成自有渠道以及代理渠道合力发展，达到支局整体业务量上升的目标。同时，分公司加强对农村社会代理渠道的扶持力度，提高代理商话费提成比例，支撑代理商开展圩日摆摊营销及进村营销，实现农村代理商的业务量规模增长。

【增强网络提供能力】 2012 年，中国电信桂林分公司加速 FTTH 建设，支撑业务发展。年内，FTTH 建设项目 968 个，端口能力提供、覆盖住户数得到提升。为解决农村接入点宽带上行不足，对 131 个宽带 2 M 上行自然村（屯）进行改造，改造后接入点上行带宽从 2 M 扩展到 100 M。完成农村光进铜退项目，共开工 53 个单项，共计退铜 3.5 万线对千米，通过平移宽带用户，缓解了传统 ADSL 区域端口紧张问题。继续加大对桂林的高速路、国道、省道及重要县道开展专项网络规划优化工作。开展居民小区优化项目，深度评估 37 个，累计完成 110 个大型密集居民区域“逐门逐户”的深度网络覆盖。（蒋芸）

中国移动通信集团广西有限公司桂林分公司

【概况】 2012 年，中国移动通信集团广西有限公司桂林分公司（简称中国移动广西公司桂林分公司）下辖西城、东城区域分公司和 12 个县分公司。至年末，有员工 1640 人，营业服务网点分布市、县、乡（镇）共 4274 个。年内，中国移动广西公司桂林分公司抓好“战略转型、改革创新、反腐倡廉”工作，量质并重拓展市场，探索并初步建立了四网协同发展模式（GSM、WLAN、TD、LTE 四网协同），持续提升客户服务满意度水平，锻造和巩固了移动传统市场优势和互联网业务规模发展新优势，提高管理精细化水平，求真务实推动公司经营转型。中国移动广西公司桂林分公司获“创建全国文明城市工作先进集体”“中国移动广西公司 2010～2012 年为民服务先进窗口单位”称号共 20 项。

【开展系列服务提升活动】 2012 年，中国移动广西公司桂林分公司以“10 分满意”为工作主线，加强素质提炼，提升服务水平及网络质量，开展了“为民服务创先争优”系列服务提升活动。聚焦客户在办理业务和服务便捷等方面反映的热点、难点问题，开展常态化服务明星及营业厅优秀管理人员评选活动，全面推广电子渠道服务模式，完善营业厅内自助终端的配置，丰富电子渠道服务界面功能，提升便捷服务感知。开展“消费提醒服务更贴心”主题服务活动、“啄木鸟行动，打造精品网络”网络盲点大搜索等活动，对多方收集到的网络疑问进行测试、排查和解决，客户对网络感知度持续提升。开展总经理接待日及社会监督员活动，倾听客户心声。在全市范围内开展“走得近、做得更好”主题客户座谈会共 14 场，近 200 名来自各行各业的客户代表分期参加座谈会。年内，中国移动广西公司桂林分公司整体满意度较上年提升了 3.01 个百分点，服务质量居自治区第三。

【提高网络质量】 2012 年，中国移动广西公司桂林分公司紧紧围绕“四网协同”发展战略，开展网络建设，提升 2 G 网络优势，打造 3 G 网络精品，聚合中国铁通桂林分公司及合作伙伴的能量，发挥网络建设与维护的协同效能。组建本地网络监控中心，实现各项本地网的监控运行维护。实施啄木鸟计划，加大网络黑点查找及弱覆盖整治，降低网络干扰，全年最差小区整治5532个，家庭宽带故障修复及时率提升至97.5%。开展网络建设维护大会战，开展“降低配线层ODF端口占用率”的QC活动，解决县城传输的瓶颈问题，增加传输的业务承载能力。加强网络抢修维护和防灾应急等实战演练，提升网络维护队伍的现场抢修能力和通信恢复能力。年内，支撑应急移动通信保障达62次，全年保障了3000万人次国内外游客的通信需求。

2012年9月6日，中国移动广西桂林分公司举办桂林移动无线城市系列应用参展展会
（中国移动广西公司桂林分公司　供稿）

【信息化助力地方经济腾飞】 2012年，中国移动广西公司桂林分公司以桂林旅游重点企业为窗口，着力于视频监控、M 2 M车船定位、集团专线、移动400、移动外勤、集团彩铃等标准信息化产品的推广，提升标准化产品在旅游行业的普及应用，并针对旅游行业链（旅游监管部门、旅行社等）不断开发新的应用产品。深入发掘重点旅游企业M 2 M应用，实现桂林旅游车、船定位的M 2 M业务100%覆盖。打造旅游电子票务平台、旅游电子商盟平台，开发手机客户端及落地终端应用，带动流量规模应用。聚焦地方工业园区，构建桂林“数字园区”信息化网络。“无线抄表”信息化在电力、水力部门深入应用，大力发展旅游车务信息管理，使用GPRS定位流量卡、数据传输专线，实现对车辆有效的监控调度及防盗防劫。完成无线城市广度应用49项、深度应用16项，涵盖政务、旅游、公共事业、交通、医疗、教育、生活服务、民生服务八大类信息源。高清交通视频信息化和旅游电子票务两项应用为自治区首创。

【创新工作向效益转化】 2012年，中国移动广西公司桂林分公司落实“创新驱动发展战略”，以总经理课题项目和创新研发两大项目为抓手，围绕运营、管理、业务和技术等创新课题开展专项研究和QC活动，深化创新成果推广应用，组织开展极地创新大赛及成果引入活动，通过引入成果在客户满意度方面比上年提升4.3个百分点，TD码资源利用率比上年提升3.2个百分点，用户对TD业务的话音感知度明显提升，实现创新向效益的转化。年内，公司共形成管理、业务及科技创新成果22项，其中共有8项成果获集团级、自治区级荣誉。

（王琳）

中国联合网络通信集团有限公司桂林市分公司

【概况】 2012年，中国联合网络通信集团有限公司桂林市分公司（简称桂林联通）以“加快转型，提升能力，融合发展”为工作主线，提升渠道运营能力，推进业务融合发展。加大行业应用拓展力度，加快全业务电子商务营销体系建设，加快支撑融合发展的网络建设，在用户发展、利润、网络建设、管理等方面取得一定成绩。至年末，公司下设12个支撑部门、5个城区销售部门及12个县分公司，营业服务网点2800余个，全体员工760余人，全年实现收入3.75亿元。

【提高管理效能】 2012年，桂林联通为进一步提高管理效能，全面实施乡（镇）营销中心的经营扁平化管理，推动集团客户事业部1+N的营销中心模式，加快业务发展。坚持以人为本的管理模式，健全绩效考核激励机制。制订并下发了各类激励方案，使分公司不同用工形式员工统一了岗位工资薪酬标准；绩效分配遵循向一线倾斜的原则，采取灵活有效的阶梯式部门系数调节制度，实现按劳分配、奖勤罚懒的分配制度。加强人才培养和干部选拔，明确中层干部回炉再造工程，通过培训体系的建设和完善，强化干部员工"责任与态度"的核心理念，提升管理团队的素质能力。

【推动3G业务发展】 2012年，桂林联通借助全球应用最广、技术最成熟的WCDMA 3G优势，持续完善3G资费与产品体系，发挥终端产业链优势，增强各类渠道的销售能力，率先提出"经营转型完善化、店面销售规范化、团队服务专属化、培训支撑常态化、整机上柜普及化、体验营销持续化、产品销售能力化、渠道利益共赢化"的3G转型要求，坚持"天天有体验、周周有促销、月月有竞赛"的营销工作，3G用户规模和收入实现翻番，3G用户增长161%，收入增长103.52%。全年新增3G用户1万余户，至年末，全市3G用户达16万余户。

【以服务促发展】 2012年，桂林联通以服务促发展。实施全程全网维系体系，维系工作中将服务和营销相结合。通过3G俱乐部、3G手机评鉴会等活动的开展，3G客户户均流量明显提升，户均流量达到395 M。同时，VIP客户户均AUPR值由年初的118元提升到137元，月度VIP总体收入较年初提升219万元。3G单卡VIP客户办理合约比率达30.54%。通过对客户投诉信息的收集、分析，强化售前解释、售中预警、售后跟进、总结改进，推动公司内部流程优化和改造，降低投诉率，有效扼制投诉升级。

【网络整体指标稳步提升】 2012年，桂林联通网络建设以市场为导向，全年新增3G基站150个、2G基站70个，完成135个室内分布系统和70个WLAN站点的建设，乡（镇）的广度覆盖，城市密集区域的深度覆盖和热点地区的覆盖有明显的改善。根据市场需求，在集团单位和高速、高铁施工区域开展定点网络支撑服务。借助宽带普及提速工程，提高网络的光点覆盖率，全年新增宽带端口8万个。 （常玲）

中国铁通集团有限公司桂林分公司

【概况】 2012年，中国铁通集团有限公司桂林分公司（简称中国铁通桂林分公司），贯彻落实铁通广西分公司的总体工作要求，规范管理，稳步推进分公司改革发展步伐，较好地完成了全年经营任务，市场收入超过4500万元。

【强化客户服务】 2012年，中国铁通桂林分公司围绕服务质量年，制订全年的客服工作实施计划，坚持以绩效为引导，树立服务促经营的理念。继续开展金牌技术员及微笑之星的评比。全年服务质量稳步提高，装移机平均时限11.10小时，故障处理平均时长6.99小时，故障处理及时率99.75%，客户满意度98%，各项指标均优于去年，实现1小时内预约，72小时装移机，24小时故障处理的服务承诺。

【开展劳动竞赛】 2012年，中国铁通桂林分公司相继开展"网厅运营劳动竞赛""光改倒网劳动竞赛""集团客户营销劳动竞赛""暑期营销劳动竞赛""应收账款催收劳动竞赛""中秋国庆'双节'促销竞赛""集团客户综合V网营销竞赛""四季度攻坚劳动竞赛"等活动，在分公司内部形成了良好的竞争态势，极大地激发员工的工作热情。

【开展岗位练兵】 2012年，中国铁通桂林分公司举办培训班23期，参加培训631人次。选派36人次中层及以上管理人员参加名仕领袖学院讲座。组织进行星级考试，28名技术人员获星级技术津贴，18名营业员获星级服务津贴。

（蒋秀成）

工　业

2012年12月3日，市委常委、副市长、宣传部部长陈丽华（左一）到桂林天和药业股份有限公司调研　（市人民政府　供稿）

概　　述

【概况】 2012年，桂林市抓住建设桂林国家级"两化"（信息化和工业化）融合试验区的机遇，围绕"加快发展与转型升级"总体要求，实现全市工业经济持续快速发展、信息化建设全面推进的良好业绩。全年工业总产值1821.6亿元，其中规模工业总产值1587.4亿元；全部工业增加值583亿元，其中规模工业增加值494.8亿元。规模工业总产值和增加值增速均居自治区第二位。按不变价计，工业增加值占全市生产总值比重42.4%，工业对全市生产总值增长的贡献率58.3%。装备工业成为全市首个总产值突破400亿元产业，电子信息产业总产值突破200亿元。新增建材、包装与竹木加工2个百亿元产业，全市总产值超百亿元产业6个。

【调整优化产业结构】 2012年，桂林市电子信息、生物医药、食品饮料等优势产业加快发展，增速分别为58%、30.2%、26.7%。新一代信息技术、新能源、先进装备制造、新材料等新兴产业加快培育，其中新一代信息技术、新能源等8个战略性新兴产业全年完成总产值440.2亿元，（比上年，下同）增长27.1%，占全部工业总产值的24.2%，上升3.8个百分点。高新技术产业快速发展，全年高新技术产业总产值突破600亿元，占全部工业总产值的32.9%，上升1.9个百分点。全市规模以上万元工业增加值能耗下降13.3%，39家重点能耗企业单位产品能耗节约标准煤6.6万吨。全年淘汰落后铁合金产能17.6万吨，淘汰落后水泥产能135万吨，冶金工业等高耗能行业发展得到有效调控。

【工业投资及项目建设快速增长】 2012年，桂林市工业固定资产投资完成538.3亿元，增长45.3%；对全社会固定资产投资增长的贡献率52.1%；技术改造投资完成414.5亿元，增长42.7%。全年共实施技术改造项目1905项，其中新开工项目1651项，竣工项目1573项。实施中国化工橡胶桂林有限公司高等级子午线轮胎产业化一期工程、桂林君泰福绿色能源·智能电网一期工程、桂林福达10万吨精密锻件技改项目等科技含量高的超亿元重点项目178个。

【企业创新能力提升】 2012年，桂林市实施技术创新项目580项，完成技术创新投资12.2亿元；6家企业获批为自治区企业技术中心，25家企业被列入自治区100家研发中心培育计划，19家企业被列入自治区100家产学研用一体化培育企业计划。工业企业拥有发明专利数327个，占全市拥有发明专利数的40.37%。实施"质量兴市"战略，品牌建设成效明显，燕京啤酒（桂林漓泉）股份有限公司获首届自治区"主席质量奖"，桂林三金药业股份有限公司中药成药、桂林市啄木鸟医疗器械有限公司牙科设备等32个产品获2012年广西著名商标。

【工业园区经济拉动工业发展】 2012年，桂林市工业园区经济成为拉动全市工业经济快速发展的重要引擎。全年完成园区工业总产值956亿元，增长27.1%，占全部工业总产值比重首次突破50%。桂林高新技术产业开发区技工贸总收入突破600亿元，增长24.3%；兴安工业集中区新增为百亿元园区，恭城、灌阳工业集中区新增为50亿元园区。雁山工业集中区被自治区确认为B类工业园区，恭城工业集中区由B类工业园区升级为A类工业园区。重点推进桂林高新技术产业开发区创意动漫产业园、苏桥经济开发区客车产业园、西城经济开发区先进装备制造园等特色产业园发展，其中桂林高新技术产业开发区创意动漫产业园集聚企业近60家，产值突破1.5亿元。启动旅游信息化服务产业园建设，培育工业设计产业园、力港动漫产业园等城区特色产业园。加快临苏路建设和宝山工业园开发，构筑临苏产业带雏形，启动秀峰、苏桥飞地工业园建设，拓展了城区经济发展空间。

【拓展"两化"融合工作】 2012年，桂林国家级"两化"融合试验区建设全面推进，编制完成《桂林市"两化"融合工作指南》，信息技术向行业深度应用发展，新培育120家企业成为自治区信息化应用试点企业。通信基础设施投入持续加大，全年完成基础设施投入11.7亿元，出口带宽300G。移动用户数446万户，增加68万户；宽带用户74万户。颁布实施《桂林市信息化项目管理暂行办法》，信息化项目管理纳入制度化轨道。全市电子政务网络框架基本形成，政府内网延伸到300多个乡（镇）、社区。建成使用桂林市城市智能交通控制系统，启动建设桂林云计算公共服务平台、桂林世界旅游城基础设施地理信息共享平台和视频资源管理三大平台，信息化资源得到有效集约利用。网络与信息安全工作进一步加强，全年无重大信息安全事故。

【提升服务企业能力】 2012年，桂林市深入开展"抓大壮小扶微"工程，出台了落实自治区"抓大壮小扶微"工程实施意见。组织开展6期"市长企业接待日"活动，为30余家企业协调解决问题60多个。7月上旬至8月上旬，组织"中小企业服务月"活动，开展融资、科技、项目、信息化、管理服务等5个方面的23项服务活动。加强中小企业服务体系建设，搭建桂林市云计算公共服务平台，促进中小企业信息化发展，市中小企业服务中心成为全国第二批中小企业公共服务示范平台。开展银行企业对接活动，开展各类银行企业对接活动5场，创建市中小企业信贷引导资金。全年全市制造业贷款123.1亿元，增长31.1%，为中小企业发展提供资金支持。全年主营业务收入1亿元以上企业361家，新增107家，其中10亿元以上企业19家，新增5家。全市规模企业626家，新增47家；新办工业企业722家。 （黎慧）

电力生产

【概况】 桂林市电力生产包括火力发电、水力发电和风力发电。国电永福发电有限公司为桂林市唯一的火力发电企业，水力发电以各县中、小型水电站为主。2012年，全市发电量共78.23亿千瓦小时，其中火力发电36.22亿千瓦小时，下降9.52%；水力发电41.24亿千瓦小时，增长31.76%；风力发电0.77亿千瓦小时。

【火力发电】 2012年，国电永福发电有限公司发电量累计完成36.22亿千瓦小时，减少3.81亿千瓦小时，下降9.52%。为落实国家关停小火电政策，国电永福发电公司一期2台142兆瓦机组关停。三期"上大压小"2×300兆瓦级热电冷联产项目获国家发展和改革委员会批准。

【水力发电】 2012年，桂林市拥有水能资源理论蕴藏量约270万千瓦，可开发量150万千瓦。全年发电量41.24亿千瓦小时，增长31.76%。年内，全市新增水电站5座，新增装机6.82万千瓦，全市水电总装机130.06万千瓦，中小型水电站801座。桂林市水电站大都偏小，装机5万千瓦以上的中型电站有平乐县巴江口水电站（装机9万千瓦）、龙胜各族自治县南山梯级水电站（装机7.2万千瓦）。较大的电站有全州县的天湖水电站（装机3万千瓦）、龙胜各族自治县的银河水电站（装机2.4万千瓦）、青狮潭水电厂（装机4×0.32万千瓦）等。

【风力发电】 2012年，桂林市利用丰富的风能资源，开发绿色能源，风电基地项目建设取得突破性进展。全年全市风力发电0.77亿千瓦小时，增加0.69亿千瓦小时。年内，资源县金紫山发电场二期工程建成投产，建设规模49.5兆瓦，安装33台国内生产制造的单机容量1500千瓦的风力发电机组，该项目被国家发展和改革委员会批准为清洁发展机制项目。9月，恭城瑶族自治县燕子山风电项目和全州县天湖风电项目分别举行开工仪式。其中：燕子山风电项目总投资金额约5亿元，装机容量4.95万千瓦，被列入自治区2012年统筹推进的重大项目，并列入国家能源局2012年第二批投资计划；天湖风电项目一期总投资金额4.78亿元。兴安县源江、兴安县唐家冲风电工程项目也于年内开工建设。 （吴冠文）

供电与电网建设

【概况】 2012年，广西电网公司桂林供电局（简称桂林供电局）供电面积2.78万平方千米，城区供电客户26万户。全局共有500千伏变电站1座，变电容量1500兆伏安；220千伏变电站14座，变电容量3380兆伏安，线路34条，长度1575千米；110千伏变电站53座，变电容量3753兆伏安，线路66条，长度1500千米。实现了220千伏环网及110千伏手拉手城市电网结构，110千伏变电站双电源、双主变供电。全年完成供、售电量分别为67.16亿千瓦小时和64.18亿千瓦小时，分别增长1.56%和1.74%；主营业务收入（不含税）

30.65亿元，增长11.03%。完成电网建设6.94亿元，投资完成率98.30%；进度计划完成率、开工计划完成率、投产计划完成率均为100%。至年末，桂林供电局实现连续无责任安全生产周期366天，未发生人身、设备事故、电力安全事故。

【夯实安全生产风险体系建设】 2012年，桂林供电局围绕安全生产风险体系建设，夯实安全生产基础，强化人身、电网、设备风险管控，通过了第三方体系审核，获得“三钻”（安全生产管理绩效等级认证）等级认证。落实电网风险预警机制，化解电网风险174项。开展防止县城全黑的联合反事故演习，提高了联合处理事故能力。落实抗冰防雷、防风防汛措施，将220千伏桂南线、桂湘线位于高寒山区的13千米线路、37基杆塔迁移至较低海拔地区。建立气象信息合作机制和详细的线路易覆冰区段交叉跨越台账，提高电网应对雨雪冰冻天气的能力。实施输电线路差异化防雷改造，组织开展防风防汛联合应急演练，汛期加强易受灾段和新建线路山区段的巡视，提升了桂林电网抵御自然灾害的能力。

【提升供电服务水平】 2012年，桂林供电局完成客户服务体系架构建设，对客户问题解决中心的9大类14条服务链流程进行梳理，供电服务水平明显提升。提前部署并做好居民阶梯电价推行前风险评估和预控，编制、演练应急预案，并充分做好宣传解释工作。新增邮政便民收电费点120家、华荣超市收电费点45家，让市民就近享受缴费服务。建立每月定期开发票的客户档案，提供预约开票服务。营业厅综合业务平均等待时间10.44分钟，减少4.35分钟。建立多方联动故障抢修快速复电机制，滚动修编10千伏线路故障处理预案，配电网故障抢修平均复电时间23.86分钟，减少16.24分钟。推行配电带电作业，减少停电时户数888个。开通“快通电”用电报装服务，满足客户报装用电的需求。组织编制相关保供电工作方案及应急预案，完成中国桂林国际旅游博览会、第三届广西名特优农产品交易会等重要保供电任务29项。

【推进电网规划和项目建设】 2012年，桂林供电局完成桂林“十二五”配电网规划细化工作，完成桂林市城市电力专项规划修编及桂林市临桂新区等四个工业园区的电力专项规划编制，确保城市电力基础设施合理布局。依靠政府部门协调工程建设，合理安排自治区重点工程配套项目——湘桂铁路牵引站110千伏外部电源配套工程，施工取得突破性进展。严格开展基建日常项目督导检查，“五个严禁”（严禁非法转包、违规分包，严禁以包代管，严禁“皮包公司”、挂靠和假借资质施工队伍承包工程和入网施工，严禁未落实安全风险控制措施开工作业，严禁未经安全生产培训并合格人员上岗作业）清理整顿取得成效，并通过发布停工整改令、约谈等形式，有效杜绝了施工现场违章作业，确保项目按进度推进。

2012年1月11日，桂林供电局党员突击队进行防冰特巡　　（陈海棠　摄）

【加强农电管理】 2012年，桂林供电局深入开展农电专业化延伸，按照“双推进”（系统化推进专业管理延伸工作，常态化推进县级供电企业日常管理工作的规范与提升）模式，推动县级供电企业各项工作科学发展。首次举办部门全网区农电工轮训与实操考核，提高农村电工的

2012年3月27日，桂林供电局一线员工进行变压器检查　（陈海棠　摄）

安全意识与基本技能。扎实开展农电安全管理，直管各县供电公司完成变电站设备、线路杆塔号及线路设备标志牌整改。强化农网工程项目管理，采取红绿灯制度、滞后约谈制度，稳步推进农网改造升级工程，超额完成广西电网公司指标。指导各县供电公司同步开展安全生产风险体系建设，全年共开展体系基础知识、作业风险评估技术等专题培训班24期，参加人员1472人次。指导县级供电企业开展规范化建设，并确定标杆示范点3个，以点带面推动规范化建设工作。　（车诒慧）

医药工业

【概况】　2012年，桂林市医药产业克服欧美经济持续低迷等不利影响，产业产值、对外贸易、经济效益、完成投资额保持稳定增长，总体呈平稳发展态势。至年末，桂林市规模以上医药企业共有29家，完成工业总产值72.67亿元，主营业务收入65.2亿元，实现利税总金额19.11亿元，利润总金额14.3亿元。产值超1亿元的企业18家，其中桂林三金药业股份有限公司实现产值13.1亿元，桂林天和药业股份有限公司临桂分公司实现产值9.79亿元，桂林裕民制药有限公司实现产值8.01亿元。

【5家医药企业进入中国医药企业500强】　2012年，工业和信息化部消费品工业司根据资产总金额、主营业务收入、利润总金额3项主要指标，对全国1996家医药行业工业企业进行综合排名，桂林市有桂林三金药业有限公司、广西桂林中族中药股份有限公司、桂林南药股份有限公司、桂林天和药业股份有限公司、桂林优利特电子集团有限公司5家企业进入主营收入、利润总金额前500名。桂林三金药业有限公司凭借主营业务收入11.39亿元、利润4.36亿元、利税总金额6.05亿元的成绩，进入全国医药行业工业企业前50强。

【医药企业纳税创佳绩】　2012年，桂林市有7家医药企业纳税金额居市区企业纳税金额前100名，分别是：桂林三金药业股份有限公司、桂林天和药业股份有限公司、桂林优利特医疗电子有限公司、桂林南药股份有限公司、桂林市啄木鸟医疗器械有限公司、桂林澳林制药有限责任公司、桂林乳胶厂。桂林三金药业股份有限公司全年实现销售产值13.1亿元，上缴利税1.69亿元。年内，第五届“健康中国·2012中国药品品牌榜”评选结果揭晓，桂林三金药业股份有限公司桂林西瓜霜喷剂

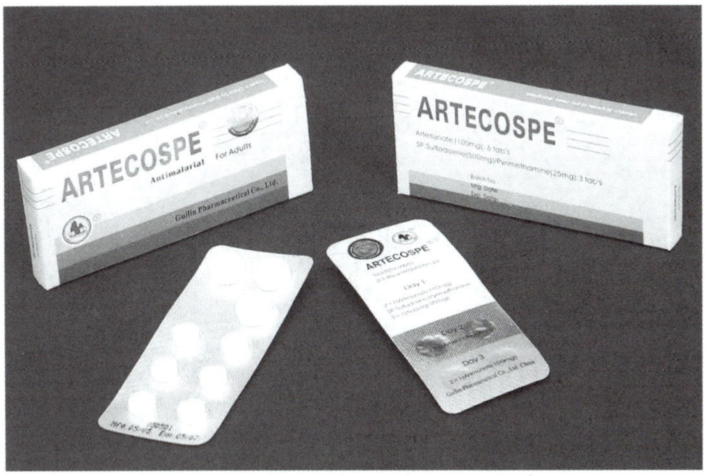

2012年，桂林南药股份有限公司生产的抗疟药青蒿琥酯片＋磺胺多辛片　（伍耿鸿　摄）

和桂林天和药业股份有限公司的天和骨通贴膏榜上有名。

【桂林南药股份有限公司抗疟药品通过世界卫生组织认证】 2012年,桂林南药股份有限公司青蒿琥酯片(50 mg)+磺胺多辛/乙胺嘧啶片(500 mg/25 mg)联合用药通过世界卫生组织药品供应商资格预认证。该公司通过认证的抗疟药品种有5个:青蒿琥酯片剂、阿莫地喹片剂、青蒿琥酯片+阿莫地喹片联合用药、青蒿琥酯注射剂、青蒿琥酯片+磺胺多辛/乙胺嘧啶片联合用药。桂林南药股份有限公司自主研发的青蒿琥脂片及系列产品是国际抗疟领域的首选产品,是商务部、外交部指定的援外药品。青蒿琥酯片+磺胺多辛/乙胺嘧啶片联合用药是世界卫生组织推荐治疗恶性疟疾的联合用药(ACT疗法)治疗方案之一。世界卫生组织、无国界医生组织、国际红十字会等国际组织均采购该药。

2012年,中国化工橡胶桂林有限公司生产的40/65-39-42 PR(L-5)巨型工程机械轮胎 (伍耿鸿 摄)

【桂林华诺威基因药业有限公司快速发展】 桂林华诺威基因药业有限公司成立于1999年,是一家专业从事基因工程药品研发与生产的现代高科技企业。该公司是国内唯一一家应用真核生物——酵母表达体系生产重组人表皮生长因子的专业厂家。2012年,该公司实现工业总产值4.27亿元,实现主营业务收入3.38亿元,利税总金额395万元。年内,该公司的重组人表皮生长因子滴眼液、重组人表皮生长因子凝胶销售量分别为200万支、100万支,市场覆盖全国大中城市的三甲医院1000多家。 (邓云)

橡胶·石化工业

【概况】 桂林市橡胶、石化工业是以橡胶制品业、化学原料及化学制品制造业、塑料、化肥、农药、石油加工为主的产业。2012年,全市有规模以上橡胶、石化工业企业36家,增加8家;骨干企业有中国化工橡胶桂林有限公司、桂林橡胶机械厂、桂林紫竹乳胶制品有限公司等。全年实现工业总产值82.91亿元、工业销售产值78.96亿元。

【中国化工橡胶桂林有限公司】 2012年,中国化工橡胶桂林有限公司围绕“降本增效,大幅减亏”的中心工作,以“强管理、调结构、降费用”的管理理念,提升各项工作的质量和水平,取得明显成效。全年实现营业收入3.55亿元,增加1.63亿元。实现利润总金额1552万元(含贴牌),增加1.09亿元(总公司减免利息及债务4612万元)。从6月至年末,连续7个月实现单月盈利。

完善营销体系 年内,在国内货车市场低迷、工程胎需求大幅度下滑的情况下,该公司调整产品结构,减少普通工程胎产量,推进全钢巨胎和斜交巨胎的产能提升,同时推进“4+4”(4个产品带+4个销售支撑)工作方式,开拓销售市场。全年累计完成全钢巨胎出口销售收入1.69亿元,增长441%;国内全钢巨胎销售收入7100万元。坚持国内国外市场并重,拓展全钢巨胎销售渠道,国内外业务部门共新增合作客户20多家。

提产扩能及科技创新 年内,该公司为适应全钢巨胎销售需要,采取多种措施提高巨胎产能。新增两副40.00R57模具,产能由原来的每月不足

50 条提升到 150 条。苏桥经济开发区年产 100 万条全钢载重子午线轮胎项目列入自治区统筹推进重大项目，获得国家和地方政府 6364 万元的资金支持，其中中央投资重点产业振兴和技术改造专项资金 1814 万元。9 月 19 日，全钢载重子午线轮胎项目完成建设，并生产出第一条轮胎。推进技术进步，科技创新取得新成果。年内，获授权专利 12 个，申请专利 4 项，完成“全钢巨胎耐切割胎面胶配方研究”等项目申报 4 项。完成科技兴贸项目——“40.00 R 57 全钢巨胎高新技术产品创新及出口示范化”等项目验收 3 项，获自治区科技拨款 130 万元。完成“全钢巨胎环保材料的使用”“17.5-25-12 PR 小轮廓设计”等新产品、新技术、新工艺研发 12 项。

强化降本增效工作　2012 年，该公司围绕经营目标，从生产、成本、管理等多方面降本增效，各项工作取得成效。全年完成技术改造提质降耗项目 6 项，累计创造效益 189 万元。采取集中招标采购，全年降低采购成本 795 万元。加强工艺过程质量控制，减少废、次品及质量事故发生。推行预算管理，加强成本费用管理，完善分析制度，降低成本费用。重新核定薪酬体系，做好减员增效工作。通过分离企业办社会职能，剥离辅业。通过辞退劳务派遣工、解除或终止劳动合同、办理退休等途径，全年完成减员 214 人，减员率 13.25%。清偿职工养老保险等和支付辞退员工经济补偿金 1200 多万元。

【桂林橡胶机械厂】 2012 年，桂林橡胶机械厂以“市场·创新·改进”为工作主题，抓好订单、回款、产品力、供应链等核心工作，转变经济发展方式，保持了稳定良好的发展势头。

加强营销体系建设　2012 年，该厂开展“拼抢订单、紧盯回款、健全体系、促进发展”的百日竞赛活动，深入开展营销体系建设，加大市场开拓力度。结合产品技术特点及国内外销售形势，建立以落袋利润和销售量为主的客户结构与产品结构实时跟踪体系，对产品和客户进行相关分析，制订了 17 家大客户的营销策略。梳理完善企业的销售流程，强调售前服务、售中服务和售后服务一体化。修订售后服务中心的管理制度，加强服务人员的技术和技能培训。在每个客户现场都设现场主管，负责项目的进度控制、质量检查和安全保障。

开拓国际市场　2012 年，该厂扩大自主经营出口，不断拓展代理渠道，出口销售突破 2000 万美元。产品主要出口到欧洲、美国、印度、日本、土耳其等地区和国家，备件主要出口埃及、泰国、马来西亚、印尼、斯里兰卡等国家。年内，共签订出口订单 1575 万美元，实现出口创汇 2007.5 万美元。

坚持科技创新　2012 年，该厂通过开展技术研究、课题攻关，解决设计、加工难题，开发完成 48″高效率机械式硫化机、150″～210″巨胎硫化机系列化、57″全钢巨胎成型机、2.5 米输送带成型线、24B 冷镦机等 6 种新机型产品。拓展成型机市场，新开发客户 3 个，新签订单 5818 万元。储备了 48″单立柱锁环式液压硫化机、48″米其林赛尔维亚液压机机型、48″费尔斯通液压机机型、51″板式单模液压机等 4 种新产品技术。完成机械手稳定优化设计、薄壁零部件加工、新型刀具应用、密封圈检测与选型等 5 项工艺攻关。牵头制订强制性国家标准《轮胎定型硫化机安全要求》，参与制订《胶囊硫化机》《橡胶硫化罐检测方法》《翻新轮胎打磨机》《子午线轮胎成型机系列》等 7 项国家标准。编制了《1250(48″)电动螺旋式硫化机》《1640 机械液压混合式硫化机》等 13 项企业技术标准或规范。年内，共申报专利 25 项，其中发明专利 5 项。获授权专利 19 项，其中发明专利 2 项。完成“轮辋直径 51″及以上的全钢巨胎关键装备产业化项目”“技术中心创新能力建设项目”“5000 硫化机厂房建设技改项目”等 8 个项目的验收。被评为广西创新型企业、自治区级研发中心、广西信息化和工业化融合示范企业。

提升产品质量　2012 年，该厂持续开展质量提升工作，实施了“提高中心机构质量”等 5 个绿带项目，举办黄带培训班 9 期，考试合格 136 人。聘请日本专家指导开展“铸钢曲柄齿轮留量优化”等 10 个项目，提升班组长发现问题、查找原因及处理问题的能力。完成改善专题项目立项 72 个，并分步推广应用。全年持续改进项目共收益 233 万元。完善并执行《产品质量奖罚制度》《进货检验制度》《外委件检测流程》等一系列制度。围绕技术、质量难点，完成 15 个 QC(质量控制)项目。年内，该厂获“2012 年全国石油和化学工业协会及广西质量协会优秀企业”称号，该厂产品管理部 QC 小组获“2012 年全国优秀质量管理小组”称号。

【桂林紫竹乳胶制品有限公司】 2012 年，桂林乳胶厂改制与国有产权整体转让顺利完成，成为华

2012年,桂林大宇客车有限公司的装饰生产线　（伍耿鸿　摄）

润医药北京紫竹药业的下属企业。11月26日,桂林乳胶厂变更为桂林紫竹乳胶制品有限公司。12月19日,桂林紫竹乳胶制品有限公司揭牌。全年桂林紫竹乳胶制品有限公司实现工业总产值2.74亿元,主营业务收入2.60亿元,利润总金额514万元,利税1356.44万元;生产安全避孕套5.69亿只、医用手套7242万副、检查手套1.43亿只。

加强基础建设　2012年,该公司科学组织生产,细化考核手段。提高自动化程度,有效缓解生产缺员难题。开展对外委托加工业务,节约资金300万元。推行全面预算及降低成本策略,控制运行成本。研究市场变化,把握好胶乳采购的最佳时机,保证生产有一定的停放期。增加原材料供应商,保证采购"对标"的常态化,以数据指导采购,确保生产需求原材料的正常供应。抓好节能减排工作,实现废水、烟气、噪声达标排放,工业污水并入城市污水处理管网,首次实现工业污水江河零排放。

调整营销策略　2012年,该公司调整营销策略,减缩亏本订单。在巩固现有客户市场的同时,培育中小客户市场。优化产品销售结构,加强供货协调。以"重点市场重点投入"为经营策略,加大投入预算管理,集中优势资源强化"高邦"品牌销售。在减少亏损产品订单的同时,尝试产品与乳胶、汇率弹性价格的联动机制,将销售成本风险向市场转移,实现了自2007年以来的首次盈利。不断推进与利洁时公司的合作,全年实现安全套销量5000万只。

完善质量体系建设　2012年,该公司完善并论证医用手套和避孕套针孔质量过程控制的抽样方案,使检测结果更具真实性,降低了抽样风险。针对避孕套产品老化后性能不稳定的难题,改进避孕套产品老化后的质量控制方法。通过导尿管生产质量规范检查,11月获得硅胶导尿管医疗器械注册证。强化体系管理,制订了体系管理细则。强化认证审核,通过7项三方体系认证审核。开展对外项目申报、专利申报与管理工作,年内申报专利6项,其中3项国防发明专利获国家国防专利受理。年内,科技投入748.7万元,被评为广西创新技术型企业。　（张腾蛟）

汽车及零部件工业

【概况】　2012年,随着苏桥工业园客车基地的建成、生产企业的搬迁改造以及产品转型升级,桂林市汽车制造业实现逆势增长。全年生产汽车10362辆,销售10097辆,产销双双突破万辆大关。生产客车4568辆,增加723辆;生产低速汽车5794辆,增加30辆。销售客车4275辆,增加487辆;销售低速汽车5822辆,增加44辆。全年汽车制造业累计完成规模工业总产值63.1亿元,实现规模工业销售收入62.8亿元。其中:桂林福达集团有限公司实现工业总产值45.2亿元，生产低速汽车5794辆，销售5822辆；桂林客车工业集团有限公司实现客车整车生产4568辆，销售4275辆，全年经营总收入8.28亿元，增加4549万元。桂林客车工业集团有限公司子公司中，桂林客车发展有限责任公司实现产值1.72亿元，销售收入1.58亿元，分别增长71.5%和56.8%；桂林大宇客车有限公司一次性交付巴基斯坦拉合尔市100辆城市客车，是近年来完成最大的出口订单，全年实现工业总产值3.66亿元。汽车零部件及配件制造企业中，桂林锚盾汽车保险箱科技有限公司、桂林百坚汽车附件有限公司等增长较快，增长率都在80%以上，桂林福达集团受全球市场影响增长有所下降。

【桂林客车工业集团有限公司加大产品推广力度】2012年，桂林客车工业集团有限公司加大产品宣传推广力度，参加第九届中国国际中小企业博览会，参展产品为B 6"嘟嘟"校车、A 12 GD纯电动城市客车。作为国内第一批公告发布的符合新标准的专业幼儿校车，B 6"嘟嘟"校车使用了新的专用校车安全技术条件，车型活泼可爱，吸引了不少客商；A 12 GD纯电动城市客车一次充电续驶里程可达350千米，在国内同行领域处于领先地位，整车外形美观大方，乘客区环境优雅宽敞，采用全封闭式司机区。组织校车B 6 X和校车B 85 X参加山东省教育博览会，该两款校车车型的外观造型和安全性能获得了专家和客商的好评。展览会后，该公司校车等产品需求量不断递增。

2012年，桂林客车工业集团有限公司生产车间　（黄泳云　供稿）

【桂林福达集团有限公司提升竞争力】2012年，桂林福达集团有限公司不断强化与世界先进企业的合作，提升企业竞争力。年内，该公司1.25万吨全自动生产线正式投产。该生产线是"10万吨精密锻造建设项目"的子项目，总投资金额2.2亿元，生产线主机引进德国欧姆克公司的世界先进设计技术制造，并采用了世界最先进的快速换模技术，提高了生产线的生产效率。与日本日野汽车公司签署了开发WO 4 D发动机曲轴以及P 11 C发动机曲轴毛坯国产化的合作项目。年内，精密锻钢发动机曲轴毛坯、精密转向节毛坯等32个系列产品获得自治区"国家鼓励类产业产品技术项目目录"确认，被列入首批建设100家自治区级研发中心名录。　（黄泳云）

机械·电器工业

【概况】2012年，面对复杂多变的国内外形势，桂林市机械电器行业坚持调结构、转方式、促融合，缓解外需萎缩和经济下行的不利影响，全行业保持平稳较快发展。至年末，全市机械电器工业实现工业总产值260.16亿元。全行业拥有中国名牌产品1个、国家免检产品2个、广西名牌产品16个、广西著名商标5件、国家地方联合工程实验室1个、国家认定的企业技术中心1家、自治区认定的企业技术中心16家。

【桂林电力电容器有限责任公司坚持技术兴厂】桂林电力电容器有限责任公司是国家主输电网架1000千伏及以下交流、直流输电设备制造及研发基地，是国家电力重点工程装备的核心制造企业。2012年，该公司坚持技术兴厂的发展思路，持续加大科技开发的投入力度，企业创新能力和核心竞争力不断增强。全年实现工业总产值14.84亿元，增长30.0%。完成直流输电工程电容器及装置研发攻关，其中±800千伏悬式直流滤波器为首次研制，完成特高压交流输电工程CVT研发攻关，并且通过

23千牛抗弯试验验证。年内，该公司获批成立“广西电能治理产业工程院”；通过“高新企业”复审；获省、市级新产品或新工艺一、二等奖6项；申请国家专利授权7项，其中直流极线PLC电容器的新结构，解决了±800千伏直流极线PLC电容器爬距和抗震问题，属国际首创。

【桂林广陆数字测控股份有限公司强化技术改造】 桂林广陆数字测控股份有限公司是自治区高新技术企业，是国家数显行业龙头企业和机电产品出口生产基地。该公司拥有55项国家专利，其中数显量具技术为国际同步、国内领先水平；绝对原点技术为国内领先、国际先进水平；电涡流位移传感器技术和IP 67防水数显卡尺制造技术达到国际先进水平，填补了国内空白。2012年，该公司实现工业总产值2.21亿元，增长16.1%。成功开发单臂坐标综合测量机，该测量机申请国家发明专利获受理并初审合格。在上年“绝对位置测量容栅位移测量方法、传感器及其运行方法”申请欧美等国家的专利获得受理后，2012年又成功开发六大类绝对原点系列精密数显量具系列新产品，并已实现批量生产。

【桂林机床股份有限公司加强自主创新】 桂林机床股份有限公司是国家数控机床生产基地、广西出口商品生产基地和广西“千亿”元产业数控机床研发中心，产品畅销国内外。2012年，实现工业总产值1.83亿元，增长6.3%。推进科技创新和自主创新，构建了CAD/CAE/CAPP/CAM/CAT综合研发平台，并为企业ERP系统提供相关技术数据源，初步建立了国内机床行业先进的测试平台。完成新产品设计19种、新产品试制12种。年内，获发明专利授权5项。《数控自动万能铣头》项目列入国家政策引导类计划专项。《铣车复合中心》《摆动式AC轴联动铣头开发》等5个项目列入广西“千亿”元产业重大科技攻关项目。《XK 2645 S/18动梁动柱双龙门移动数控铣床》项目已装配完成，通过广西科技厅鉴定验收，并获桂林市科技进步奖二等奖。《桂林机床行业三维CAD深化应用》《广西数控铣床及加工中心工程技术研究中心》项目通过广西科学技术厅验收。

【桂林电器科学研究院推进科技创新】 桂林电器科学研究院是一所集电工材料及其元器件、电机及成套装备、薄膜产品研发、生产、行业中介服务为一体的科技型企业。拥有经中国国家认证认可监督管理委员会认证的“机械工业电工材料产品质量监督检测中心”，经人力资源和社会保障部批准成立的博士后工作站，经广西科技厅认定的“广西电器产业工程院”“广西电工材料工程技术研究中心”。承担着编辑出版《模具工业》《绝缘材料》《电工材料》3种中文核心刊物的工作。2012年，该院主持的《大型双轴定向薄膜生产线关键技术的研究》项目获桂林市科技进步奖一等奖和广西科技进步奖二等奖，填补了多项空白，达到国际领先水平，打破了欧洲国家在该行业的垄断地位。经过多年研发的环保触头材料开始小批量供货，低压电触头产业链向下游延伸。自主研发的峰—峰值6千伏（五路）重复脉冲放电老化评定系统、蠕动泵控制斜板式漏电起痕仪等8种新型高端检测仪器先后上市销售。年内，“广西电器产业工程院”落户该院。

【桂林鸿程矿山设备制造有限责任公司取得新发展】 桂林鸿程矿山设备制造有限责任公司是专业开发、设计、生产辗磨、破碎及超细粉碎设备、选矿设备的专业生产公司。该公司致力于磨粉设备的技术改进和创新，先后引进美国、德国、日本、澳大利亚等国家的先进技术和工艺，建立了具有国际先进水平的生产线和一流的现代化检测基地，并成立了磨粉设备研究中心。2012年，通过技术创新实现销售额及利润快速增长，销售金额1.2亿元，增加0.34亿元。拥有18项专利，其中授权发明专利1项、申请发明专利1项。年内，“HC 1700大型纵摆磨粉机”获2012年桂林市科技进步奖二等奖，国家创新基金项目“HCM双盘旋风微粉冲击磨”通过验收，获“广西企业技术中心、广西制造业信息化示范企业”称号。

（唐椿炎）

铁合金工业

【概况】 2012年，桂林市铁合金行业（原称锰业行业）克服电价调整、市场不景气等不利因素带来的影响，推动产业转型升级，一批矿热炉经技术改造投入生产，全行业实现平稳发展。全年行业规模以上企业工业总产值 71.09 亿元，工业销售收入 70.11 亿元。

【铁合金工业实现平稳发展】 2012 年，桂林市淘汰铁合金企业 13 家，淘汰落后铁合金产能 17.55 万吨。全州县连升铁合金有限责任公司、灌阳县文市富泉铁合金有限公司、荔浦丰鑫铁合金有限责任公司 3 家企业通过行业准入，成为国家第四批行业准入的铁合金生产企业。开展循环经济建设，推进矿热炉余热发电项目。年内，大唐时代节能科技有限公司签约投资灌阳县文市冶炼园余热发电项目。该项目依托冶炼园区内已建成的 6 台 12.5 兆伏安硅锰合金矿热炉及计划新建的 2 台 12.5 兆伏安矿热炉尾气余热，开发建设 10 兆伏安余热发电机组。项目计划分两期建设，第一期工程装机容量为 6 兆伏安，第二期装机容量 4 兆伏安。推进桂林康密劳铁合金有限公司锰系合金搬迁及产品升级项目，年内，该项目进入试生产阶段。

【全州县永鑫铁合金有限公司】 该公司拥有 12500 千伏安和 16500 千伏安矮烟罩半封闭矿热电炉各 1 台，年可生产硅锰合金 5.4 万吨，环保设施采用先进的副压布袋除尘器。年内，进行清洁生产技术改造，提出可行的中高 / 低费方案 19 项，实施 19 项，投资 96.6 万元，产生税后利润 86.6 万元，节约用电量约 20 万度，节约用水量约 8000 吨，减少二氧化硫、二氧化碳和粉尘的排放量。开展安全生产标准化工作，采用策划、实施、检查、改进的动态循环模式，建立并保持安全生产标准化系统。

【全州县连升铁合金有限责任公司】 该公司拥有 1 台 12500 千伏安矮烟罩半封闭型矿热电炉，年生产硅锰合金 2.5 万吨。主要产品有 FeMn68 Si 18、FeMn 65 Si 17、FeMn 60 Si 14 硅锰合金，主要销往邯钢、鞍钢、柳钢等大中型钢厂。环保设施采用先进的布袋除尘器，9 月获得国家第四批铁合金准入。年内，更换 1 台电炉节能变压器，达到预期节能目标量。

【广西灌阳县华兴冶炼有限公司】 广西灌阳县华兴冶炼有限公司有员工 150 人，装机容量为 2×12500 千伏安，并配套有余热发电。2012 年，在龙胜各族自治县出资收购“桂林全龙铁合金有限公司”，装机容量为 1×12500 千伏安。年内，在龙胜各族自治县新建 12500 千伏安矿热炉 2 台及配套 3600 千伏安精炼炉 1 台。年产 FeMn 68 Si 18、FeMn 64 Si 16硅锰合金 10 万吨，全年产值 6 亿元，利税 3800 万元。（张腾蛟）

轻纺工业

【概况】 2012 年，桂林市轻纺工业有规模以上轻纺企业 247 家，新增规模企业 18 家，产值超 1 亿元企业 159 家，增加 45 家；从业人员 90675 人，增加 14182 人，增长 18.5%。全年行业规模以上企业完成工业总产值 618.9 亿元，占全市规模工业总产值的 39%；完成工业增加值(可比价格)198.7 亿元。年内，规模以上食品饮料工业完成工业总产值 295.8 亿元，规模以上包装与竹木加工业完成工业总产值 135.7 亿元，规模以上纺织工业完成工业总产值 7.5 亿元。桂林娃哈哈食品有限公司实现主营收入 49.1 亿元，居食品饮料行业首位。燕京啤酒(桂林漓泉)股份有限公司实现主营收入 39.4 亿元，实现利润 5.2 亿元，税金总金额 5.7 亿元，经济效益位居全市工业企业之首。

【主营业务收入稳定】 2012 年，桂林市轻纺工业生产运行平稳，经济效益稳中有升。全年规模以上轻纺工业主营业务收入 577.7 亿元，占全市规模工业主营业务收入的 38.8%；实现利润 69.7 亿元，占全市规模工业的 41.8%；税金总额 25.6 亿元，占全市规模工业的 37.6%；亏损企业 18 家。其中：规模以上食品工业主营业务收入 288.1 亿元，占轻纺工业主营业务收入的 49.8%，实现利润 34.76 亿元；包装与竹木加工业主营业务收入 125.5 亿元；纺织业主营业务收入 5.86 亿元。

【重点行业增长加速】 2012 年，桂林市轻纺工业加快产业结构调整步伐，支柱产业增长较快。农副食品加工业、食品制造业、服饰业、木材加工业、家具制造业、造纸及纸制品业等行业增速均超过 30%。凭借技术、成本、原料等优势，具有核心竞争力的企业呈良好发展态势。燕京啤酒(桂林漓泉)股份有限公司啤酒年产能 80 万吨，加上控股的燕京啤酒(玉林)有限公司、燕京啤酒(昆明)有限公司，公司整体年生产能力150万吨。桂林鸿瑞科技发展有限公司通过产品升级换代，生产的DV光盘价格比普通CD价格增加1.5倍。桂林西麦生物技术开发有限公司由分厂采购改为集中采购，降低生产成本，在全国燕麦片市场上保持了行业销量第一的位置。桂林娃哈哈食品有限公司、桂林市力源粮油食品有限公司、桂林立白日化有限公司等企业工业产值的高速增长，带动了大米加工、玻璃制造、包装材料、建筑建材装饰、交通运输等相关企业的发展，成为拉动轻工行业经济增长的主要动力。

【加大新产品开发力度】 2012年，桂林市轻纺工业针对市场需求，加大科研投入，积极开发新产品，丰富产品类型，增强企业发展后劲。燕京啤酒（桂林漓泉）有限公司坚持采用“燕京＋漓泉”的双品牌运作模式，依托现代化的生产设备和先进工艺，采用澳大利亚优质原料，酿造出新鲜优质的全生态啤酒，已形成以高档类纯生、冰豹、小支产品及中档类冰爽、精品双滤爽等系列产品为塔顶，大众类10°清爽、8°双滤爽等普通啤酒为塔身，专供农村市场消费的劲爽产品为塔底的金字塔形产品结构，产品在广西市场占有率达85%。桂林三花股份有限公司在传承桂林三花酒传统文化的基础上，梳理整合产品结构，开发了39°蓝玻三花酒、48°政府接待用酒、46°青花瓷老桂林、750毫升和3升60周年庆典酒、1升和3升60周年典藏纪念酒、象藏酒等。年内，在第四届中国酒类品牌价值评议活动中，桂林三花股份有限公司以31.16亿元的品牌价值居中国白酒品牌价值第44位。

【加大技术改造投入】 2012年，桂林市轻纺工业行业加大技术改造投入，提高企业市场竞争力。全年开工的技术改造项目共92项，总投资金额135亿元。1月，桂林溢达纺织有限公司年产100万件高级男装生产线正式生产，新增就业岗位1000个。6月，桂林立白日化有限公司年新增11万吨洗洁精洗衣液等系列产品技术改造项目正式动工。12月，桂林湘山酒业有限公司整体异地搬迁，建设中高档湘山系列2万吨生产项目（二期）投产。年内，桂林奇峰纸业有限公司“退二进三”（在产业结构调整中，缩小第二产业，发展第三产业）整厂搬迁项目在苏桥工业园投产，桂林晶盛玻璃有限责任公司的年产5万吨普白色高档啤酒瓶生产线技术改造项目、桂林娃哈哈饮料有限公司的含乳蛋白饮料项目、桂林莱茵生物技术有限公司的自动化标准植物提取物生产基地建设、广西桂林天然食品有限公司的年产20万吨系列营养米加工扩建等项目动工。

【节能减排成效显著】 2012年，桂林市轻纺工业节能减排工作与清洁生产相结合，成为企业生产、改造的常态化工作。桂林三花股份有限公司完成了白酒蒸酒冷凝水回收至锅炉软水罐的管路、设备安装，对白酒酿造车间发酵、蒸酒冷却水管道进行了局部调整，可大部分时间启用小深井泵，每月可节约井水6000立方米。在白酒酿造车间6个蒸酒锅安装了温控装置，通过检测酒温来控制冷却水用量，用水量从每秒0.8立方米降至每秒0.4立方米～0.5立方米，可节水40%～50%。燕京啤酒（桂林漓泉）股份有限公司遵循“减量化、再利用、资源化”原则，在生产流程中建成固、液、气等22个循环大圈，涵盖了生产、废弃物处理、污水处理等啤酒酿造全过程。累计投入1.2亿元专项资金用于循环经济（包括环境保护）的技术改造，各种污染物排放均低于总量控制要求，成为广西首批10家工业循环经济试点示范企业之一。桂林立白日化有限公司推进信息化促进节能减排工作，对设备进行信息化改造，提高生产工艺控制精确性，强化原料、产品计量的精确度，设备操作自动控制、自动调整，减少原材料及能源浪费。

【桂林市工艺美术行业获多项荣誉】 2012年7月，桂林市工艺美术协会组织会员参加首届广西工艺美术作品展暨广西工艺美术大师精品展，全市参评作品97件，获金奖14个、银奖15个、铜奖15个，获特别成就奖2个。10月，组织根雕企业参加第十三届中国工艺美术大师作品暨国际艺术精品博览会，桂林市获得金奖3个、银奖2个、铜奖3个。在广西第五届工艺美术大师评选工作中，帅立功、张利梓、黄心健等12名工艺美术工作者获评为广西工艺美术大师，占全自治区的22.2%。12月，在人力资源和社会保障部、中国轻工业联合会、中华全国手工业合作总社联合评选的全国轻工行业先进集体、先进工作者和劳动模范活动中，燕京啤酒（桂林漓泉）股份有限公司、市工业和信息化委员会轻工医药科科长任建忠、桂林湘山酒业有限公司王勇分别被评为全国轻工行业先进集体、先进工作者和劳动模范。5月,桂林市力源粮油食品有限公司、桂林月桂面业有限责任公司等6家食品生产企业被广西粮食协会授予"广西首批放心粮油生产企业"称号。桂林市红星化工有限责任公司、桂林卓瑞食品原料有限公司通过国家诚信体系评审认证。（任建忠）

建材工业

【概况】 桂林市建材工业以水泥工业为主，其他有预拌混凝土、滑石及加工、石材、墙体材料等。2012年,桂林市建材行业有规模以上企业52家,工业总产值113.77亿元、工业销售收入111.92亿元,分别增长33.7%和31.8%。

2012年，全市有水泥生产企业17家，产能524.5万吨;粉磨站9家,在建粉磨站3家,产能750万吨。年内,关闭灌阳县水泥厂等8家水泥企业,共淘汰落后水泥产能135万吨,关闭机立窑4台,磨机9台。全年生产散装水泥345万吨,增加26万吨,增长8.2%,水泥散装率56.7%;预拌混凝土供应量265万立方米,增加62万立方米,增长30.5%。全市滑石工业总产值15.92亿元，增长46.32%;工业销售收入11.49亿元。全市新型墙材产量(含12个县)14.8亿块标砖,其中页岩多孔砖占70%，混凝土空心砌块占10%，加气混凝土砌块占17%,粘土多孔砖占3%。实现节约生产能耗5.7万吨标准煤，节约土地73.33公顷(以挖深2米计)，利用工业废渣35万吨。市区征收墙改专项基金1378万元,核退墙改基金755万元。

【加强散装水泥管理】 2012年，桂林市散装水泥办公室对各水泥生产企业、预拌混凝土搅拌公司进行跟踪指导，全年共召开有关企业的工作协调会6次，确保全年工作任务的完成。贯彻执行《广西壮族自治区散装水泥管理办法》,对水泥生产企业、预拌混凝土企业上报的统计报表及散装水泥专项资金上缴等情况进行执法检查,全年共进行执法检查82人次。

【改进建筑墙体材料】 2012年,桂林市墙改办与桂林电子科技大学合作，开展新墙体材料的科研开发工作，促进桂林新型墙体材料产业发展。年内，对桂林地区的主要建筑墙体材料——页岩多孔砖的原材料,从资源总量、材料理化性能等方面进行调查分析,并形成《桂林市建筑墙体材料资源分布与开发利用监测研究报告》。市墙改办利用墙改政策和相关资金,帮助扶持企业进行技术改造,淘汰落后产品和产能,引进企业资金。年内,桂林宏科新型建材有限公司投资3000多万元,将年产不足1000万块标准砖的华兴轮窑砖厂扩建成年产8000万块标准砖的现代化隧道窑企业。桂林高锋新型建材有限公司投资1.6亿元，分别在桂林市和贺州市建设年产30万立方米和年产50万立方米粉煤灰蒸压加气混凝土砌块生产工厂，组成墙材集团企业。市墙改办采取以奖代补的办法,引导农民使用新型墙材,全年共向72户农户推广应用新型墙材,补助资金47万元。

【兴安海螺水泥有限责任公司】 2012年,兴安海螺水泥责任有限公司面对市场需求低迷、价格大幅回落等不利局面,调整管理思路,强化经营风险管控,取得了较好的经济效益。全年生产熟料338

2012年,兴安海螺水泥有限责任公司厂区 （张腾蛟 供稿）

万吨，生产水泥 328.2 万吨，分别增长 0.4%、17.8%；销售水泥、熟料 422.6 万吨，增长 9.5%；完成利润目标 166.8%；上缴税收 1.21 亿元。

加强市场销售　2012 年，该公司突出袋装市场拓展，地销（本地销售员的销售）销量增加 45 万吨，增长 12.6%。加强市场分析研判，结合供求形势，制订个性化销售政策，先后取得灌凤高速（广西灌阳县永安关至全州县凤凰乡高速公路工程）、三柳高速（广西三江县至柳州市高速公路工程）等高速公路工程项目约 15 万吨的水泥订单，实现了高端水泥销量的平稳过渡。

优化供货渠道　2012 年，该公司利用集团煤炭直供渠道，开拓自采渠道，紧贴市场价格走势，选择优质煤炭进厂，降低自采渠道采购价格。根据市场形势变化，组织原材料市场调研，降低各种原材料采购价格。开展铁矿石资源调研，培养潜在供货渠道，引入竞争机制，优化采购价格的控制及供货渠道。

提高产品市场适应性　2012 年，该公司开发使用新的黏土矿点，基本解决了原矿点黏土资源少、出矿难的问题，减少了铁矿石用量，年铁矿石消耗量下降 0.43%。开发混合材新品种和当地的廉价资源，成功使用碱含量低的转炉渣替代钢渣用于低碱水泥生产。为满足市场需求，成功试生产中热水泥，拓展了水泥品种。

【桂林南方水泥有限公司】　2012 年，桂林南方水泥有限公司共生产熟料 161.8 万吨，生产水泥 113.73 万吨，其中“32.5”水泥 43.31 万吨，“42.5”水泥 70.42 万吨。销售熟料 78.58 万吨，销售水泥 113.36 万吨，其中“32.5”水泥 43.1 万吨，“42.5”水泥 70.25 万吨。

市场开发建设　2012 年，该公司针对各细分市场的具体情况，多次举办客户座谈活动，增强客户对南方水泥企业文化的认同感，激发核心区域内客户销售该公司产品的积极性。加强产品销售布局，阳朔县、平乐县等核心区域水泥销售网点布局至每个乡（镇）。产品销售覆盖 3 个省 6 个地级市共 23 个县域市场。加强同区域内重点水泥生产企业的沟通协调，稳定并提升市场价格。

提高产品质量　2012 年，该公司严格按照南方水泥产品内控标准及内部水泥产品质量内控指标，对产品过程质量指标进行优化和提高。年内，公司出厂水泥的富裕强度、均匀性等重要参数合格率均为 100%。针对石灰石矿山品位低、夹隙土多等特点，通过炮孔取样、进厂取样等方式，合理调整搭配，优化混合材配料方案，利用工业石膏、天然石膏进行复掺，确保产品质量，提高资源利用效率。

加强内部管理　2012 年，该公司按照“管理提升，降本增效”的总体要求，深入推进精细化管理。年内，公司熟料生产成本每吨减少 1.04 元，“32.5”水泥制造成本每吨减少 4.03 元，“42.5”水泥制造成本每吨减少 4.89 元。加强采购基础管理工作，降低采购成本，全年节约煤炭采购资金 2500 多万元。调整各种原材料进厂价格，节约采购成本 60 余万元。调整了备品备件的采购管理思路，选择就近加工，节约资金 100 多万元。继续推行《非计划停机考核管理制度》，对故障停机均进行责任界定与考核，有效降低事故停机次数，提高运行质量与预检修工作质量。持续推进安全清洁工作，年内，通过自治区环境保护厅清洁生产审核验收，成为桂林市水泥行业第一家通过验收达标的企业。

【广西桂林滑石发展有限公司】　2012 年，广西桂林滑石发展有限公司销售滑石块、滑石粉共 15.10 万吨，减少 2.16 万吨；产品销售收入 2.17 亿元，减少 0.12 亿元，下降 5%；出口创汇 2481.79 万美元，减少 349.20 万美元，下降 12.3%；实现利税 5283.35 万元，减少 227.40 万元，下降 4.1%；实现利润 5861.79 万元，增加 445.59 万元，增长 8.2%。

合理生产经营　2012 年，该公司面对矿山开采难度大、滑石粉品种多、原料相对供应不足等各种问题，采取多项措施积极应对。全年生产滑石块 15.10 万吨，减少 2.16 万吨；生产滑石粉 9.79 万吨，加工纸袋 258 万只。年内，该公司综合利用现有原料，优化品种结构，增加高档产品比例。在自身产能不足的情况下，采取委托加工的方式，保证滑石粉销售的需求。加大滑石回收力度，全年回收滑石 8553 吨，保证滑石出口和滑石粉生产需求。利用尾矿尾碴生产加工低档滑石粉，提高资源利用率。

加强销售管理　2012 年，该公司针对市场需求变化较大的新形势，不断优化产品结构，确保优先出口，确保内销高附加值产品，新增低档滑石粉销售量，开创了产品销售新局面。全年累计销售滑石块、滑石粉总量 15.10 万吨，其中内销滑石粉

6.40万吨，增长17.00%；出口滑石粉3.39万吨，下降3.4%；出口滑石块4.41万吨，减少35.5%。采取以产定销措施，为外销产品和内销高档产品提供充足货源。掌握市场动态，及时调整产品价位，提高产品销售收入，因价格上浮增加销售收入2770.99万元。拓展内销、出口滑石粉销售渠道，内销滑石粉销售有较大增幅。利用废石开发新品种取得成效，成为公司新的经济增长点。

完善内部管理　2012年，该公司不断完善、落实经济责任制和各项管理制度，在滑石产量下降的情况下，利润增加445.59万元，增长8.23%。年内，该公司加大原料管理力度，通过提高选矿质量、合理调配原料、回收利用尾矿等，保证生产原料的正常供给，提高矿产资源利用率。完善内部审计和生产成本管理，促进内部经济责任制良性运行。加强内部核算和成本管理，有效控制生产成本。严格贯彻执行ISO 9001质量管理体系标准和ISO 22000食品安全管理体系标准，建立健全滑石粉食品添加剂质量管理体系。年内，取得中国方圆认证中心颁发的食品安全质量管理体系认证证书，成为中国滑石行业首家获得ISO 22000认证的企业。

【广西龙广滑石开发股份有限公司】　2012年，广西龙广滑石开发股份有限公司完成工业产值6.15亿元，增加1.59亿元；完成增加值3.5亿元，增加0.86亿元。生产滑石块14.48万吨(不含粉矿)，减少2.94万吨；加工生产滑石粉15.23万吨，减少1.08万吨；生产纸袋440.87万只，减少20.13万只。销售滑石块5.63万吨(含粉矿)、滑石粉15.40万吨，其中出口滑石块2.59万吨、滑石粉5.17万吨。实现销售收入2.07亿元，减少0.19亿元，其中出口收入1.07亿元。实现利润4680万元，增加257万元；实现利税9112万元，减少8万元；为国家创汇1972万美元。

年内，该公司完成改制工作。9月9日，广西龙广滑石开发股份有限公司创立大会和第一次股东大会召开。11月8日，举行广西龙广滑石开发股份有限公司成立庆典和揭牌仪式。年内，面对欧洲主权债务危机所带来的影响，及时调整产品结构、价格及相关方案和指标，新设产品市场开发部，进一步开发国内市场。与外商沟通协商，出口产品每吨价格平均上涨50美元。加强与国内外客户联系，邀请国外主要客户到公司实地考察，稳定客户和价格。加强企业内部管理，严格控制非生产成本开支及各个环节的生产成本，最大限度地降低成本消耗。

【广西龙胜华美滑石开发有限公司】　2012年，广西龙胜华美滑石开发有限公司生产滑石块10.51万吨，滑石粉10.57万吨，滑石笔1414.78吨，粉末矿、石头、石渣共7.42万吨。销售滑石块5.36万吨；滑石粉10.61万吨，其中出口滑石粉9372吨，内销滑石粉9.67万吨；滑石笔1376.72吨，其中出口滑石笔15.1吨，内销滑石笔1361.62吨。全年实现工业总产值5.24亿元(含龙胜鑫兴滑石开发有限公司400万元，华美国际大酒店500万元)，增加1.67亿元，增长46.8%。产品销售收入2亿元(含龙胜鑫兴滑石开发有限公司400万元)，增加1900万元，增长10.5%，其中出口销售收入5759.9万元，内销收入1.42亿元。为国家创汇861.5万美元，减少195.9万美元，下降18.5%。完成利税6401.18万元，增加858.91万元，增长15.5%；实现利润3012.48万元(含龙胜鑫兴滑石开发有限公司186.48万元)，增加395.85万元，增长15.1%。

年内，该公司固定资产设备投入共计216.48万元；基建改造维修项目51项，投入资金356.92万元；投入技术改造资金2553.56万元(含三门滑石矿、团包岭矿区)。加强食品添加剂生产的管理工作，年内，该公司通过国家食品添加剂生产许可审查，取得了全国工业产品生产许可。

（张腾蛟）

二轻城镇集体工业

【概况】　2012年，桂林市工业合作联社(简称市工业联社)有市属二轻城镇集体工业企业13家，县属二轻城镇集体工业企业31家。全年完成工业总产值6.05亿元，销售产值5.77亿元，产销率95.4%，完成利税1160万元，实现利润998万元。非生产型企业3家，实现经营收入6012万元，实现利润36万元。主要产品产量：油漆1523吨，塑料制品3832吨，木衣架1.52亿支，金属衣架1070万支，塑料衣架1.40亿支，金属配件1516吨，瓦楞纸板4589吨，食品饮料1.45万吨。

【荔浦县特色衣架产业创新发展】 2012年,“中国衣架之都”荔浦县衣架产业向多品种、多功能高端化转型升级,原材料向多元化及创新型方向发展,成为荔浦县具有地方特色和优势的重要工业支柱产业。至年末,荔浦县拥有各类衣架系列及配套产品生产企业130家,从业人员3.5万人,其中规模以上企业26家,拥有企业自营出口权28家。全年完成工业产值50亿元,利税2亿元。衣架产品80%以上出口国外,销售网络遍布欧美及东南亚市场,出口金额6亿美元,出口量占全国同类产品出口总量的50%。年内,荔浦县与中国轻工工艺品进出口商会共建的“中国衣架出口基地”正式挂牌,并被商务部认定为第二批“国家外贸转型升级专业型示范基地”。12月,首届“中国衣架产业发展高峰论坛”在荔浦县举行,专家学者围绕衣架产品市场拓展、品牌创新与培育、衣架标准制定及衣架产业文化发展等问题展开了讨论。

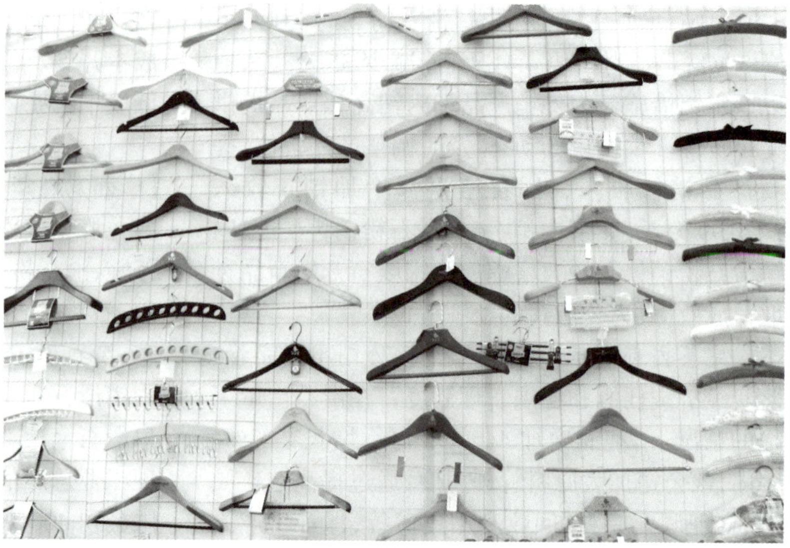

2012年,荔浦县衣架企业生产的衣架 (廖斌 摄)

【制定轻工行业标准】 2012年,市工业联社、荔浦县轻工总会组织、参与衣架产品轻工行业标准制定工作。11月,由相关部门参与、以荔浦县衣架企业为主制订的《竹制衣架》《布艺衣架》《浸塑衣架》国家轻工行业标准由工业和信息化部颁布实施。12月,《橡塑衣架》《铝合金衣架》《植绒衣架》国家轻工行业标准通过工业和信息化部评审。

【促进城镇集体企业改革改制】 2012年,市城镇集体企业改革领导小组办公室接待全州县工业联社及所属企业、阳朔县航运公司、桂林市米制品厂、桂林市第五塑料厂、桂林市七星区建筑工程公司等企业的政策咨询,帮助企业、职工增强对改革改制工作的认识,为推动企业改革改制工作打好政策理论基础。协助桂林市红星印刷厂、桂林市玛钢厂处理改制后在土地处置、职工安置等方面存在的遗留问题,消除改制企业的不稳定因素,维护企业职工、退休人员和改制企业的正当权益。指导并推进桂林市建昌建筑工程公司、桂林市工艺美术研究所的改革改制工作。

【强化质量管理和安全生产】 2012年,市工业联社协助企业做好ISO 9000质量管理体系认证的复评换证工作和国家强制性产品认证年检复查工作。至年末,桂林市德隆股份有限公司通过ISO 9001标准质量体系认证的年度监督审核,桂林市威迈壁纸有限公司通过ISO 9002标准质量体系认证的年度监督审核;桂林市德隆股份有限公司涂料系列产品、安全玻璃通过国家强制性产品认证年检复查。年内,市工业联社加强易燃易爆危险化学品管理,全年共查出事故隐患33处,发出整改通知15份,企业上报自查隐患报告3份。

(文小毛)

农业·水利

2012年12月，川江水库大坝工地　　（市水利局　供稿）

概　　述

【概况】 2012年，桂林市农林牧渔业总产值432.74亿元，按可比价格计算（比上年，下同）增长6.8%。其中：农业产值260.44亿元，增长8.2%；林业产值26.18亿元，增长2.5%；牧业产值125.12亿元，增长5.3%；渔业产值9.75亿元，增长6.0%；农林牧渔服务业产值11.25亿元，增长6.2%。实现农林牧渔业增加值274.51亿元，增长6.6%，增幅高于全自治区1.1个百分点。农民人均纯收入7328元，增加1003元，增长15.9%，增幅创12年来新高。

【农业"提质增效"成果显著】 2012年，桂林市特色农业效益显现。全年全市粮食总产量199.47万吨，实现连续9年增产。粮食、水果、蔬菜、食用菌、毛竹、生猪、家禽等十大优势特色农产品产值占全市农牧渔业总产值的80%以上，优势特色产业规模效应凸现。食用菌栽培面积达3930公顷，总产量33.91万吨，占全自治区总量的三分之一以上。阳朔县的金橘种植、荔浦县的马蹄种植分别成为当地农业的优势产业和农民增收致富的支柱产业；恭城瑶族自治县农民人均水果面积、水果产量、水果收入均居自治区第一。高效循环农业生产模式进一步推广，全市有10个县成为自治区无公害农产品生产示范基地县，已建成无公害农产品生产基地44个、面积25.8万公顷。年内，新增市级农业产业化龙头企业36家、农民专业合作经济组织133个。探索休闲农业与乡村旅游相结合的发展之路。全市已建成国家级农业旅游示范点11个，自治区级农业旅游示范点31个，农业休闲游年接待量786万人次，经营收入近9亿元。"桂林休闲农业四季游"线路入选2012年中国休闲农业与乡村旅游十大精品线路。阳朔县、恭城瑶族自治县、灌阳县分别获"全国休闲农业与乡村旅游示范县"称号；恭城瑶族自治县莲花镇竹山村获"2012年十个中国最有魅力休闲乡村"称号，成为广西唯一获此荣誉的自然村。

【规模特色养殖成效明显】 2012年，桂林市肉类总产量52.29万吨，增长4.80%；家禽出笼1.16亿只，增长4.09%。生猪、家禽产量均居全自治区前列，畜禽规模化养殖程度进一步提高。100头以上生猪规模养殖比重为49.1%，10000只以上肉鸡规模养殖比重为80.5%，全市已建成畜禽规模养殖场（小区）近8000个。竹鼠、冷水鱼等特色养殖品种发展迅速，成为养殖业发展和农民增收的新亮点。

【生态林业建设再创佳绩】 2012年，桂林市完成造林面积2.88万公顷，通道绿化232.8千米，城镇绿化面积216.5万平方米，绿化村（屯）148个，全民义务植树1201万株。珠江流域防护林工程、退耕还林工程、漓江两岸绿化美化工程、石漠化综合治理工程等重点林业生态工程完成造林面积1.37万公顷。林业产业发展实现大跨越，林业产业总产值263.49亿元，提前3年实现"十二五"规划预期目标。年内，桂林市实施沼气建池惠农政策，调动广大农民修建沼气池的积极性，全市共修建农村户用沼气池1.26万座，完成率100%。

【水利建设扎实推进】 2012年，桂林市共争取上级水利投资27.11亿元，完成水利、水电固定资产投资25.69亿元，争取投资和完成投资两项指标均居自治区第一。桂林市防洪及漓江补水枢纽工程稳步推进，川江水库大坝实现封顶，具备下闸蓄水条件；小溶江水库大坝浇筑至225米高程，完成砼浇筑总量的70.4%；斧子口水库导流隧洞全线贯通，具备大江截流条件。加快实施水利基础设施建设，全市病险水库除险加固建设项目开工97个，完工42个；中小河流治理项目建设完工33个；农村饮水安全项目完成投资1.88亿元，解决了23.57万农村人口的饮水不安全问题；完成中央财政小型农田水利项目县建设投资1.09亿元，新增和恢复灌溉面积1706.67公顷，改善灌溉面积3006.67公顷。

【扶贫攻坚取得新成绩】 2012年，桂林市专项扶贫、行业扶贫和社会扶贫"三位一体"的大扶贫格局基本形成。全市筹集各类农村扶贫资金20.51亿元，增长超过300%；修建村（屯）道路601条、941千米，132个贫困村村委会所在地全部通四级道路，解决了10万人行路难问题；新建人饮工程61处，小水利建设13处，解决了1.5万人的饮水难问题；帮扶贫困村发展特色优势产业种植面积3200公顷。全年全市农村贫困人口减少7.1万人，贫困村人均纯收入 3936 元,增长 20.1%,高于全市农民人均纯收入增长率 4.2 个百分点。

【农业服务体系深入拓展】 2012 年,桂林市加快农业科研成果转化,完善农业技术推广服务体系。全市实施市级以上农业科技项目 34 项,推广新品种 300 多个、新技术 30 多项。增强粮油市场储备供应和跟踪监测,保障粮油市场供应和价格基本稳定。实施农机购置补贴全额购机直接补贴试点工作,完成国家农机购置补贴资金 5036 万元,补贴机具 5.57 万台,受益农户 3.65 万户。加快农村现代流通网络体系建设,农业物资、农副产品、日用消费品、再生资源等购销实现快速增长。提高农业气象灾害防御服务实效性,桂林市出台实施自治区首部市级气象灾害防御规划,在自治区率先将气象灾害应急预案延伸至乡(镇),对农业防灾减灾和稳定农业生产起到积极作用。加强中小河流水文监测系统建设,争取到各级项目资金 6611.42 万元,新建、改建水文站 9 个、中心水文站 4 个,水位站 52 个,雨量站 238 个。

【新农村建设稳步推进】 2012 年,桂林市新农村建设完成道路硬化自然村(屯)1566 个,总长 2319 千米,受益农户 9.23 万户、37.73 万人;完成建设“普惠制”新农村 400 个,受益农户 1.91 万户、11.06 万人。年内,秀峰区鲁家村、灵川县大境铁坑村等 15 个自然村被评为“桂林市 2012 年度最佳魅力新农村”。

【移民安置扶持成效显著】 2012 年,桂林市小溶江、川江和斧子口水库移民安置工作与桂林市防洪及漓江补水枢纽工程建设同步推进。灵川县、兴安县移民安置点完成库区移民临时搬迁 4008 人,占规划搬迁的 51.5%。全年投入后期扶持资金 1.56 亿元,受益群众 7.2 万人;实施水库移民新村建设及基础设施建设工程项目 165 个,总投资 5926.79 万元,受益群众 10.02 万人。 (刘伟)

粮油生产

【概况】 2012 年,桂林市的天气为粮食生产提供了诸多有利条件。7～9 月上旬,全市未出现连续强降雨天气,光照条件较好,35℃以上的极端高温天气利于中稻抽穗扬花和灌浆结实,利于晚稻禾苗生长。晚稻种植时期,插秧进度快、病虫危害较轻、寒露风天气影响轻微等因素为粮食丰产提供了保障。全年全市完成粮食播种面积 37.79 万公顷,增长 1.2%;粮食总产量 199.47 万吨,增长 4.9%;粮食平均每公顷产量 5278 千克,增长 3.7%。全市实现了粮食增产、农民增收。年内,全州县获全国粮食生产先进县称号,桂林市获自治区粮食生产先进市称号,全州县和灌阳县分别获自治区粮食生产先进县称号;桂林市农业技术推广站蒋德赏获全国粮食生产突出贡献农业科技人员称号,临桂县农业局李全德获全国粮食生产先进个人称号,灌阳县农户邓根新、兴安县农户唐新全分别获全国种粮大户称号,灌阳县周景镇、兴安县唐新全等 10 位农户获广西种粮大户称号。

【粮食高产创建示范片】 2012 年,桂林市开展粮食高产创建示范片的地区由 2011 年的 10 个县(区)14 个片发展到 13 个县(区)32 个片,面积达 1.71 万公顷。全州县龙水镇、灌阳县新街乡继续被列为全国整乡推进粮食高产示范创建乡。年内,灌阳县粮食高产创建示范片水稻高产攻关项目再次刷新广西超级稻单产最高纪录,实现每 667 平方米产量 865.89 千克,最高产量实现每 667 平方米产量 900.65 千克。

【早稻集中育秧示范推广】 2012 年,桂林市实施早稻集中育秧示范。灵川、灌阳、全州、阳朔、永福、荔浦、临桂、兴安 8 个县组织种粮大户、农村能人和专业合作社开展早稻集中育秧试点,共育秧面积 193 公顷,移栽大田 0.37 万公顷以上。集中育秧节约了育秧成本,提高了秧苗素质,促进了品种统一和规模连片种植。

【粮食作物良种补贴有序发放】 2012 年,桂林市做好粮食作物良种补贴工作,确保强农惠农政策的落实,农民真正得到实惠。全年全市实施粮食作物良种补贴面积共计 32.35 万公顷,其中早稻良种补贴面积 13.40 万公顷,中稻良种补贴面积 3.76 万公顷,晚稻良种补贴面积 12.46 万公顷,玉米良种补贴面积 2.73 万公顷;发放补贴资金 7075.7 万元。

【晚稻寒露风危害防范】 2012年，桂林市针对2010～2011年各县遭受晚稻寒露风灾害，粮食生产受到不同程度影响的情况，市农业部门从2011年秋季开始组织晚稻寒露风危害防治研究，制订有效防范措施。一是梳理全市所有水稻栽培品种，重新提出推广适宜区域，提交自治区品种审定委员会调整确认；对生育期长，不适合晚稻种植的品种组合，不予准入。二是对种子经营户进行培训。三是加强种子市场管理，对不适合桂北晚稻种植气候的品种组合进行查处。四是做好早、晚稻组合合理搭配，为农民提供种植方案。

【开展水稻“多播一斤种，增收百斤粮”示范工程活动】 2012年，桂林市推进“多播一斤种，增收百斤粮”示范工程活动。全市建立早稻示范片140个，面积总计1.31万公顷，辐射带动12.40万公顷；建立晚稻示范片136个，面积总计0.67万公顷，辐射带动10.73万公顷。年内，全市整合粮食项目资金1000多万元，用于开展示范工程活动，示范工程实现每667平方米稻田增产44.9千克，共增收稻谷1.33万吨。

【超级稻新品种推广】 2012年，桂林市推广超级稻新品种种植。全市超级稻种植面积14.07万公顷，增加1.91万公顷，增长15.7%。其中：早稻超级稻6.49万公顷，增加0.65万公顷；中稻超级稻2.84万公顷，增加0.16万公顷；晚稻超级稻4.74万公顷，增加1.10万公顷。主要推广的新品种有：“株两优819”“淦鑫203”“中浙优1号”“Y两优1号”“Y两优302”“丰源优299”“五优308”。

【优质稻发展】 2012年，桂林市完成优质稻种植面积26.26万公顷，其中早稻优质稻12.24万公顷，中稻优质稻3.04万公顷，晚稻优质稻10.98万公顷。主要的优质稻品种有：优质杂交稻“浙优1号”“岳优9113”“T优207”“早优11号”“岳优华四”“里优6602”“淦鑫699”“丰源优299”等；常规优质稻“美香粘”“桂宝粘”“力源粘”“广东油粘”“玉香粘”等。

【免耕栽培技术推广】 2012年，桂林市水稻免耕栽培面积13.33万公顷，增加0.21万公顷，其中早稻面积5.11万公顷，中稻面积1.39万公顷，晚稻面积6.83万公顷。玉米免耕栽培面积0.73万公顷，其中春玉米面积0.46万公顷，中、晚玉米面积0.27万公顷。春收马铃薯应用稻草覆盖免耕栽培面积0.26万公顷，增加0.04万公顷。临桂县是全市推广马铃薯种植面积最大的县。

【农业技术推广】 2012年，桂林市完成测土配方施肥技术示范推广面积49.04万公顷，其中粮食作物面积29.71万公顷。完成冬种绿肥面积5.98万公顷，其中专用绿肥面积4.39万公顷，兼用绿肥面积1.59万公顷。完成秸秆还田技术示范推广面积29.04万公顷。完成中低产田改造1.92万公顷。完成以推广应用生物有机肥和土壤诊断施肥，以种植绿肥、秸秆还田、深耕改土、增施有机肥的沃土工程示范面积6.7万公顷。完成以实施坡地改梯地、聚土深耕，以及秸秆覆盖还地保水、水肥一体化设施灌溉、推广使用保水剂等节水技术的推广面积8.57万公顷。

【病虫防治】 2012年，桂林市植物保护部门积极推广频振式杀虫灯，果蝇、斜纹夜蛾、二化螟性诱剂等绿色植物保护防治技术，做好农作物病虫测报和防控工作。全年全市病虫草鼠发生面积291.4万公顷，防治面积335.4万公顷，防治挽回粮食损失49.58万吨。 （阳美秀）

【马铃薯生产】 2012年，桂林市冬种马铃薯面积0.97万公顷，增加0.15万公顷，增长18.3%；总产量22.36万吨。全市秋种马铃薯面积2933公顷，总产量6.8万吨，主要集中在临桂县、兴安县等地区。年内，兴安县、永福县、雁山区被列为全国粮油（马铃薯）高产创建示范地区。 （唐茂军）

经济作物生产

【概况】 2012年，桂林市经济作物（不含蔬菜、水果）播种面积7.06万公顷，其中中药材种植面积4.14万公顷，甘蔗种植面积0.69万公顷，桑园面积0.14万公顷，其他2.09万公顷。

【中药材产业稳步提升】 2012年，桂林市中药材产业快速发展。全市中药材种植面积4.14万公顷（当年新种植面积1.12万公顷），其中“三木”种植药材面积1.96万公顷（杜仲0.50万公顷、厚朴1.20万公顷、黄柏0.26万公顷），罗汉果种植面积0.53万公顷，银杏种植面积0.16万公顷，金银花种植面积0.58万公顷，槐米种植面积0.24万公顷。中药材产量达10.64万吨。罗汉果仍是桂林市中药材产业最具地域优势的品种，种植区域主要集中分布于永福县、临桂县和龙胜各族自治县以及推广种植的兴安县、荔浦县等地区。受上年市场价格波动影响，全市罗汉果种植面积5290.30公顷，减少270公顷；总产量4.47亿个，减少0.69亿个。各县(区)完善罗汉果产业链建设，各罗汉果生产区建立起罗汉果种植专业合作社、农产品购销合作社等合作组织，为果农提供生产、供给、销售一条龙服务。研究罗汉果烘烤技术改革创新，进行罗汉果电烘烤试验示范，减少薪材消耗，保护生态环境，降低焦果概率。年内，永福县百寿镇建成罗汉果电烘烤场，提高了罗汉果烘烤效率和成品品质。

【甘蔗高产栽培示范建设】 2012年，桂林市甘蔗种植面积6854.50公顷，增加288.97公顷，其中糖蔗种植面积4610.80公顷，果蔗种植面积2243.70公顷；甘蔗平均公顷单产67.5吨。抓好甘蔗产业发展，加强甘蔗高产栽培示范点建设。年内，市农业部门在永福县分别进行甘蔗新品种比较试验、甘蔗地膜覆盖栽培技术与露地栽培技术对比试验，研究提高甘蔗单产和总产量的新技术。做好甘蔗生产技术宣传、培训和指导工作，给予蔗农种植资金扶持，通过新种蔗补贴、贷款贴息等多种方式，调动蔗农种蔗积极性。

【多项举措保护桑蚕生产】 2012年，桂林市农业部门积极应对桑蚕产业受生产成本增长、市场价格波动较大的影响，采取措施，保护蚕农种养积极性。继续普及“桂蚕1号”“桂蚕2号”优良蚕种，以及“桂桑优12”“桂桑优62”“桑特优2号”等桑树优良品种，实现蚕桑品种更新换代。淘汰桑树根结线虫病严重、桑叶小的桑树品种，引进优质嫁接蚕苗，建立桑园新品种示范园。示范桑园平均每公顷产叶5.25吨，比常规品种增产1.13吨，解决了桑蚕生产供给难题。推广省力化养蚕技术，发展自动上簇应用示范户，养蚕成本得到降低，蚕病综合防治显著提高。年内，全市桑园面积1355公顷，发放蚕种20544张，收烘蚕茧65.76万千克，蚕茧价格平均每千克33.4元。（蒋玉梅）

【食用菌产业稳步发展】 2012年，桂林市食用菌栽培面积3930公顷，增加315公顷，增长8.7%；食用菌鲜品总产量33.91万吨；总产值21亿元。形成以全州县、荔浦县、兴安县、临桂县、灵川县为主产区的发展格局。主要品种有蘑菇、香菇、黑木耳、金针菇、平菇、凤尾菇、秀珍菇、草菇、鸡腿菇、茶树菇、灵芝等，其中栽培面积达100公顷以上的品种有6个(蘑菇2162公顷，产量18.31万吨；香菇731公顷，产量6.84万吨；金针菇281公顷，产量1.64万吨；黑木耳209公顷，产量1.77万吨；毛木耳191公顷，产量1.62万吨；平菇133公顷，产量1.63万吨)。全市种菇农户59328户，食用菌从业人员70179人，加工企业19家，年加工能力约4万吨，实际加工量2.5万吨，销售金额2.5亿元。

继续推广食用菌生产示范建设，实施双孢蘑菇和香菇2个品种的标准化生产示范。全州县绍水镇建成以稻草为栽培主料的蘑菇高产栽培示范基地，栽培蘑菇面积3.2公顷，辐射带动周边农户栽培蘑菇200多公顷，形成了一定生产规模。兴安县严关镇建成香菇标准化生产基地，栽培香菇面积3公顷，辐射带动周边农户栽培香菇100多公顷。食用菌产业链初步形成，抵抗风险能力得到增强。2012年春季，桂林受超过100天的低温和低空暖湿气流共同影响，食用菌生产受到不同程度的影响，导致出菇少，产量低，食用菌价格一直维持在较高的水平，平均价格达到每千克8.0元~8.5元。年内，全州县、兴安县、荔浦县获自治区农业厅广西食用菌产业发展十强县称号。

（徐春荣）

水果生产

【概况】 2012年，桂林市水果产业围绕“四大”流域(漓江、湘江、桂江、资江)和西部山区特色效益农业产业发展规划，深化农业产业结构调整，水果面积逐步增长，水果产量保持快速增长。全市水果栽培面积18.07万公顷(不含白果、板栗，下同)，增加0.84万公顷，增长4.9%；水果总产量307.37万吨，增加24.29万吨，增长8.6%。全市水果栽培面积、总产量、单产、产值、人均有果量、农民人均水果收入等各项指标居自治区第一。在桂林市水果主导品种中，柑橘产量183.71万吨，增长6.6%，约占自治区总产量的三分之一；柿产量52.75万吨，增长10.6%，约占自治区总产量的三分之二；葡萄产量21.53万吨，增长18.7%，约占自治区总产量的三分之二。年内，桂林市水果生产办公室获2012年度自治区"优果工程"升级行动完成目标任务一等奖。

【实施水果产业品牌战略】 2012年，桂林市实施农业产业化发展战略，通过推进"接二连三"（即连接第二产业，延伸第三产业）活动，加快现代农业发展。全市建成水果生产加工龙头企业18个，"红岩柿子""阳朔古板金橘""莲塘葡萄""秦岸提子""米竹山黑李"成为国家或自治区知名品牌。开发"采摘园""风情园""农家乐""休闲游" 等休闲项目，建成一批休闲观光果园，休闲旅游成为农民增收的新增长点。开展现场对接、网上交易、水果节庆等多种促销活动，拓宽果品销售渠道。

表9 2012年桂林市各县（区）水果生产情况统计表

县（区）	总面积（万公顷）	总产量（万吨）
市辖区（不含雁山区）	0.03	0.08
雁山区	0.13	2.45
阳朔县	1.63	27.80
临桂县	0.77	8.21
灵川县	1.64	18.19
全州县	2.21	22.84
兴安县	1.55	27.19
永福县	1.05	9.83
灌阳县	1.42	25.26
资源县	0.34	4.75
平乐县	2.62	59.03
荔浦县	1.03	18.10
龙胜各族自治县	0.48	6.11
恭城瑶族自治县	3.17	77.53
合计	18.07	307.37

【促进水果改园扩种】 2012年，桂林市通过实施水果苗木补贴政策，促进水果改园扩种。引导新种水果向山上发展、向优势区域发展、向早晚熟品种发展，避免了无组织、无计划、杂乱无章的种植现象，确保全市水果种植面积稳步健康扩展。年内，全市完成水果改园扩种面积1.49万公顷，完成计划任务的111.5%。全市已建成连片3.33公顷以上的新种果园128个，连片6.67公顷以上的新种果园58个，主要以种植柑橘类水果以及葡萄、柿、桃、李等优势水果。

【推广水果栽培技术】 2012年，市水果生产管理部门围绕柑橘、葡萄、月柿、桃、李、梨等主栽品种，实行分类指导，层层开展技术培训，宣传推广柑橘健康无病苗木、水肥一体化、省力化栽培、黄龙病防治、"三避三诱"（避寒、避雨、避晒，性诱、光诱、色诱）、间套种、葡萄一年两熟等水果良种良法。全年全市培育柑橘健康无病苗木600多万株，柑橘无病毒苗木覆盖率达95%，有效控制了柑橘黄龙病；推广"三避"技术面积6.27万公顷，葡萄一年两熟面积0.4万公顷，果园间套种5万公顷；建成柑橘健康无病苗木繁育基地12个，水果"万元片区"示范园1万公顷，高标准水果生产基地50多个；实现水果良种覆盖率94%，优质果品率达64%。

【提升果品质量安全】 2012年，桂林市围绕标准果园创建，加强出境水果果园注册登记以及水果"三品一标"（无公害农产品、绿色食品、有机农产品和农产品地理标志）认证工作，全面提升果品的质量安全和市场竞争力。全市已创建面积"千亩"国家级标准果园7个，面积"百亩"自治区级标准果园5个。开展出境水果果园注册登记面积0.31万公顷，水果无公害认证面积11.11万公顷，绿色果品认证面积2.78万公顷。培育出灵川县柏林芳果蔬种植专业合作社、荔浦县亮靓果园种植专业合作社、全州县天福联妇女葡萄协会、灌阳县千家峒水果产销专业合作社等一批规范的水果产销专业组织。年内，在广西鲜食葡萄果品评比中，桂林市选送的果品囊括了全部的15个金奖。

【打造特色果业基地】 2012年，桂林市继续深入实施漓江、湘江、桂江、资江四大流域及西部山区现代农业发展规划，推进水果产业向优势区域集中，重点打造灌江黑李、桂江月柿、海洋山脉优质桃、西部山区猕猴桃等特色水果产业示范带，"桂阳公路百里金橘""湘江资江流域百里葡萄长廊"等"水果万元增收"示范带。逐步形成每个县都有1～2个主导果品或者"一乡一品""一村一品"的产业格局。推动西部山区猕猴桃产业发展，建成高标准红阳猕猴桃示范带面积33.33公顷，带动山区猕猴桃种植面积666.67公顷，为山区农民致富培育了新的经济增长点。 （张建梅）

蔬菜生产

【概况】 2012年，桂林市蔬菜复种面积17.54万公顷（其中秋冬蔬菜面积10.87万公顷），增长3.0%；总产量356.05万吨，增长4.7%，蔬菜总产量居自治区第二。全市无公害蔬菜建设面积13.56万公顷，反季节蔬菜面积4.72万公顷。至年末，全市获无公害农产品产地认定的蔬菜生产基地15个，认证面积6.09万公顷；获无公害标识使用权的蔬菜类产品70个。

【“菜篮子”工程基地建设】 2012年，市财政局、市商务局、市农业局等部门按照《桂林市“菜篮子”工程基地“十二五”发展规划》要求，开展桂林市建设3条“万亩常年蔬菜种植带”的专题调研。组织到临桂县、灵川县和秀峰区、叠彩区、象山区、七星区、雁山区实地考察，指导各县（区）开展蔬菜种植基地建设工作。市农业局组织开展常年蔬菜基地面积统计到户普查工作，了解全市蔬菜基地生产能力、供给能力。年内，临桂县、灵川县、七星区、雁山区基本完成“万亩常年蔬菜种植带”核心示范区年度建设任务。

【间套种模式和“三避”技术的推广应用】 2012年，桂林市继续推广应用农作物间套种模式和“三避”技术。全年全市间套种模式推广应用面积8.43万公顷，完成计划目标的102.4%；“三避”技术推广应用面积21.47万公顷，完成计划目标的101.9%。市农业科技部门探索研究出“果树套种瓜类蔬菜”“果树套种茄果类蔬菜”“玉米套种黄豆及花生”“木薯套种西瓜”等一批成熟的作物套种模式，通过种植基地示范作用，以点带面，带动了全市农作物间套种技术的推广应用。“三避”技术的推广应用促进了农作物的优质、高产，全市有5.38万公顷粮食、6.59万公顷水果、8.45万公顷蔬菜、0.21万公顷甘蔗使用了“三避”技术。全年全市累计举办农作物间套种及“三避”技术培训班146期，培训农民9.3万人次。

【优良品种引进和培育】 2012年，桂林市引进莴苣、香葱、番茄、茄子、辣椒、豇豆、椰花菜、莲藕等新优品种48个，集中分配到临桂县、灵川县、荔浦县和雁山区试种，市、县、乡三级农业技术人员对新品种的物候期、生长习性、抗逆性、丰产性、果实品质等进行综合对比试验，筛选出产量高、品质好、适应能力强、抗病性好、经济效益高、深受广大蔬菜种植户欢迎的新品种11个，进行适度规模种植。推广应用营养盘（杯）基质育苗、滴灌、土壤配方施肥、病虫害综合防控等先进栽培技术，蔬菜品质和效益大幅度提高，成为发展高效农业的新亮点。

【蔬菜质量安全】 2012年，桂林市加强“三品一标”基地建设，全市无公害农产品产地认定蔬菜面积累计达6.09万公顷。加强对蔬菜农药残留检测，全市共设立固定农产品检测室35个（市区22个）、流动监测站104个，全年完成蔬菜例行监测抽样检测总数22965个，合格样品22893个，不合格样品72个，合格率99.7%，全市未发生因蔬菜农药残留超标而引发的安全事故。 （蒋玉梅）

农业科技

【概况】 2012年，桂林市农业科技部门开展农业科技培训、农村劳动力培训和农业科技干部知识更新培训，争取农业科技项目97个、资金3120万元。组织实施乡（镇）农业科技推广机构建设项目，推进基层农业科技推广体系建设，提高农业科技推广服务能力。全年全市开展农民科技培训101.13万人次，完成年度任务的101.1%；开展农村劳动力转移培训10.59万人，完成全年培训任务的110.3%。

【农业科技项目申报】 2012年，桂林市农业科技项目资金呈平稳增长趋势。全年争取各类农业科技项目共计97个，项目资金3120万元。其中：农业部项目81个，项目资金2952万元（基层农技推广补助项目12个，项目资金935万元；乡镇农技推广站基础设施建设项目56个，项目资金1428万元；农村劳动力培训阳光工程项目13个，项目资金589万元）；自治区农业厅农民科技培训项目4个，项目资金36万元（农业科技入户示范工程项目2个，项目资金20万元；新型农民现代农业实用技术培训项目 2 个,项目资金 16 万元);桂林市农业科学研究与技术开发计划项目 12 个,项目资金 132 万元。

【农业科技培训取得成效】 2012 年,桂林市农业部门邀请国家级农业专家学者到桂林开展产业发展讲座,为桂林农业发展出谋划策。年内,全市推行农业科技指导员包村联户责任制,组织市、县、乡(镇)三级农技干部规范有序开展农民科技培训。采取县委党校—乡(镇)党校—村级科技夜校—屯级农家课堂的四级联动培训体系,构建直观教学、菜单选学、专家讲学、远程教学的农村党员立体培训大平台,结合农事季节开展全方位拉网式的"一技一训"实用技术培训。围绕优质稻、水果、蔬菜、食用菌、罗汉果等优势产业和新兴产业,有针对性地开展技术培训。在粮食、蔬菜、水果主产区,重点开展蔬菜、果园园艺、病虫害防治等专业项目培训。推进培训转型,引导农民从第一产业向第二、三产业转移就业,发展壮大农村劳务经济。

【推进农业科技推广体系建设】 2012 年,桂林市灵川县、永福县、灌阳县、平乐县、荔浦县、恭城瑶族自治县开展实施基层农技推广补助项目。6 个项目县共建成农业科技实验示范基地 47 个、面积 24.73 公顷;培育农业科技示范户 5355 户;培训农业科技指导员 558 名;组织农业科技人员进村入户开展农业科技培训 5021 期次、指导农民 46.16 万人次。加快基层农业科技推广站硬件建设。至年末,全市确立实施的乡(镇)农业科技推广站基础设施建设项目 54 个,开工建设的项目 48 个,其中完成建设的项目 20 个,建设完成率 41.7%;完成投资 1148.92 万元。 (曾沛繁)

农业执法

【概况】 2012 年,桂林市农业执法部门强化农资质量监管渠道,重点开展对种子、农药和复混肥料等农业投入品的监管,做好农产品质量安全执法检查。组织开展农资打假专项治理、放心农资下乡进村宣传、农村市场重点商品专项整治、打击食品非法添加剂等活动,规范农资市场秩序,维护农民利益。开展农业法律法规和农资打假宣传活动,全年共接受现场咨询培训的农民 2 万多人次。

【维护农资市场秩序】 2012 年,桂林市农业执法部门开展农资打假专项治理行动,全市共出动执法人员 8594 人次,执法车辆 2600 台次,检查农资生产经营单位 3111 家次,查获违法违规农资产品 976 吨,货物价值 264 万元;整顿农资市场 865 个次,受理举报投诉案件 113 件,共立案查处 842 件,增长 18.26%。立案查处中,检查种子市场 176 个次,生产经营单位 695 家,立案查处 80 件,查获种子数量 5 吨,货值 20 万元;检查农药市场 378 个次,生产经营单位 1406 家次,立案查处 514 件,查获农药数量 31 吨,货值 73 万元;检查肥料市场 311 个次,生产经营单位 1010 家次,立案查处 248 件,查获肥料数量 940 吨,货值 171 万元。年内,共抽检样品 65 个。其中:种子样品 36 个,合格率 91.6%;农药样品 15 个,合格率 86.6%;肥料样品 14 个,合格率 85.7%。总体合格率比上年略有下降。

【农产品质量安全专项整治】 2012 年,桂林市农业执法部门开展以食品安全宣传周为主题的农产品质量安全法律、政策和科技下乡宣教活动。组织干部、农业专家进企业、进农村进行政策讲解和法制宣传。加大对蔬菜质量安全监测,全年全市各监测单位共抽检各类蔬菜样品 15286 个,其中合格样品 15232 个,不合格样品 54 个,合格率 99.65%;色谱法检测共检测样品 345 个,其中合格样品 345 个,合格率 100%,未检出高毒、高残留的农药产品。 (莫秋军)

林　业

【概况】 2012 年,桂林市林业管理部门加快实施生态惠民、漓江流域生态保护和修复、珍贵树种造林、基础设施建设、品牌创建和文化引领 6 大林业工程建设,推进集体林权制度改革,促进林业产业跨越式发展。全市林业产业总产值 263.49 亿元,完成造林面积 2.88 万公顷,建设农村沼气池 1.26 万座。桂林市、雁山区分别被评为自治区 2012 年度"绿满八桂"造林绿化工程先进单位,桂林市森林防火指挥部获自治区 2012 年度森林防火目标管理一等奖。荔浦县获“自治区林业十强县”称号，灌阳县、兴安县、恭城瑶族自治县分别获“自治区林业进步县”称号。

【造林绿化成效明显】 2012年，桂林市完成造林面积2.88万公顷，义务植树1201万株，通道绿化232.8千米，城镇绿化面积216.5万平方米，村（屯）绿化148个，“千万珍贵树种送农家”活动种植树种433.76万株。开展“漓江绿化、彩化、花化、果化”三期工程建设，漓江沿岸绿化美化改变成效明显。实施林业重点生态工程，珠江流域防护林工程完成造林面积0.17万公顷，退耕还林工程完成造林面积0.23万公顷，漓江两岸绿化美化工程完成造林0.95万公顷，石漠化综合治理工程完成造林面积0.02万公顷。加强森林经营，发展速生丰产林、珍贵树种林和经济树种林种植。全市完成速生丰产林造林面积1.48万公顷，低效林改造面积0.18万公顷，迹地更新面积0.31万公顷；完成珍贵树种造林面积0.12万公顷，油茶造林面积0.35万公顷，杉木造林面积1.00万公顷，松树造林面积0.18万公顷，桉树造林面积858.3公顷，毛竹造林面积55.7公顷。

【推进集体林权制度改革】 2012年，桂林市组织开展集体林权制度主体改革查缺补漏整改工作，全市共完成主体改革查缺补漏面积1.21万公顷，发放林权证10199本。推进集体林权制度配套改革，开展林权流转试点工作，全市林地流转登记面积2.81万公顷，流转金额2.39亿元。启动林权流转变更登记试点工作，为部分林农办理林权变更手续。引导林权抵押贷款工作，全州、灌阳、兴安、永福、龙胜、恭城等县（自治县）抵押登记林地面积1.16万公顷，林权抵押贷款1.89亿元。加快推进林业专业合作社建设，全市已注册的林业专业合作社27家。组织开展森林保险试点工作，兴安县和临桂县开展政策性森林保险试点，龙胜各族自治县探索森林火灾保险工作，均取得初步进展。

【林业产业发展】 2012年，桂林市林业产业总产值263.49亿元，增长10%。其中：第一产业产值107.93亿元，增长20%；第二产业产值145.07亿元，增长2%；第三产业产值10.49亿元，增长65%。林业产业总产值提前3年实现桂林市“十二五”规划预期目标。年内，桂林市加大林业产业招商引资力度。全市共开展招商引资项目5个，达成意向合同金额13.48亿元。培育扶持林业加工龙头企业。全市林产加工企业2600多家，其中年产值500万～2000万元的企业127家，年产值2000万～1亿元的企业27家，年产值1亿元以上的企业7家。全市木材加工和造纸业产值达127.05亿元，占林业产业总产值的48%。打造林业产业集群，桂林市以产业园区为依托，重点发展四大林业产业集群：以桂林市区为中心的竹木加工贸易产业集群，年加工交易木材190多万立方米；以临桂县、灵川县、全州县、永福县为中心的人造板产业集群，人造板产量突破163万立方米；以兴安县为中心的竹制品加工产业集群，年产值4亿多元；以荔浦县为中心的木衣架产业集群，年产各类竹木衣架10.2亿个。推进名牌创建，全市新增市级农业产业化重点龙头企业4家、自治区级重点龙头企业1家，获自治区林业产业化龙头企业13家。发展油茶、花卉、林下经济和野生动植物驯养繁殖等新兴产业，至年末，全市实现花卉产值11.44亿元，森林旅游收入13.58亿元；以竹鼠养殖为重点的野生动物驯养繁殖经营产值2亿多元，经营单位200多家；新增林下经济面积6.82万公顷，全市林下经济面积36.82万公顷，林下经济产值32.76亿元，惠及林农96.54万人。

【林业基础设施建设】 2012年，桂林市24个乡（镇）林业工作站基础设施建设动工20个，40个木材检查站基础设施建设建成12个，18个森林公安派出所基础设施建设建成8个，816户国有林场危旧房改造竣工460户。桂林市森林消防应急指挥中心项目取得实质性进展，已完成项目建设用地摘牌工作。

【森林资源管理】 2012年，桂林市各级政府部门落实保护发展森林资源目标责任制，市与县（区）、县（区）与乡（镇）均签订了林业生态保护和管理目标责任状。年内，市委、市人民政府出台《中共桂林市委、桂林市人民政府关于进一步加强生态环境保护建设的决定》，为促进桂林经济社会绿色生态环境发展提供制度保障。全市县级林地保护利用规划编制工作完成，12个县5个城区全部通过自治区林业厅的检查验收，《桂林市县级林地保护利用规划（2010～2020）》通过专家组初审。推进湿地保护、自然保护区建设，2月，国家林业局正式批复同意桂林会仙喀斯特国家湿地公园进行试点建设，建设期为2012～2020年。12月5日，联合国教科文组织中国人与生物圈国家委员会在北京人民大会堂举行“世界生物圈保护区”颁证仪式，广西猫儿山国家级自然保护区正式加入“世界生物圈保护区”。至年末，桂林市已完成大部分的自治区级自然保护区面积和边界确定工作，并获得自治区林业厅批复。强化野生动物疫源疫病的监测防控，新增自治区级野生动物疫源疫病监测站2个；组织开展野生动植物专项执法检查行动4次，结合“爱鸟周”“世界湿地日”“野生动植物保护宣传月”集中开展野生动植物保护专题宣传活动。改进林业行政审批管理，制订理顺行政审批流程和操作规范，将14个行政审批事项下放至县林业主管部门实施审批。依法做好征占用林地审核工作。全年全市共办理建设项目征占用林地项目52起，审核征占用林地面积684.64公顷，上缴森林植被恢复费4243.76万元。加强森林防火工作。森林防火综合治理一期和二期项目通过自治区的检查验收，完成三期项目的申报，获批项目建设资金6828万元。打击破坏森林资源违法犯罪行为，全市森林公安破获森林刑事案件243件，逮捕137人；查处行政案件114件，行政处罚119人次。有效调处山林纠纷，全市共受理山林权属纠纷1470起，有效调解1350起，调解率91%。

【推进“科技兴林”发展】 2012年，桂林市承担的“雨雪冰冻灾害后毛竹复壮技术推广示范”“毛竹良种选育及高产栽培关键技术研究与示范”等8项科研推广项目进展顺利。毛竹种子防虫高产技术、毛竹生态化液体药肥研制、轻型基质配方研究、无纺布营养杯生产和育苗技术、杉木组培育苗技术、阴生植物组培育苗技术等科技研究项目取得突破。年内，全市组织林业技术人员开展送科技下乡活动，免费发放林业科技资料5000多份，促进林业科技成果示范推广。（易春林）

畜牧业

【概况】 2012年，桂林市畜牧产业在原材料价格上涨、养殖成本增加等不利因素影响下，生猪、家禽价格全年处于低位。在获得国家各项政策的扶持以及规模化养殖企业的支撑下，全市畜牧业保持快速增长，实现畜牧业产值125.70亿元。年内，桂林美冠原种猪育种有限责任公司成为全国56家国家级生猪核心育种场之一。全州东山猪通过自治区农产品地理标志产品品质鉴评，成为广西生猪养殖的品牌。全市409家兽药经营企业全部通过兽药经营质量管理规范评审，获得兽药经营许可。

【畜禽规模化生产】 2012年，全市共出栏生猪424.72万头，增长4.9%；牛17.28万头，增长5.9%；羊20.18万只，增长6.9%；家禽1.16亿只，增长4.1%；兔89.75万只，增长13.7%。肉类总产量52.29万吨，增长4.8%；禽蛋产量5.39万吨，增长6.4%；奶类产量1589吨，下降22.8%。全市规模化养殖程度进一步提高，100头以上生猪规模养殖比重为49.1%，增加5.4个百分点；10000只以上肉鸡规模养殖比重为80.5%，增加1.3个百分点。继全州县、兴安县之后，荔浦县成为桂林市第三个国家生猪调出大县，获得国家专项资金，用以发展生猪生产。

2012年桂林市畜牧业生产情况表

表10 单位：万头（只）

项目	猪	牛	羊	家禽	其中			兔
					鸡	鸭	鹅	
当年出栏	424.72	17.28	20.18	11640.30	9608.40	1877.42	154.48	89.75
上年同期	404.82	16.32	18.88	11182.69	9234.72	1818.56	129.41	78.94
增减（%）	4.92	5.88	6.89	4.09	4.05	3.24	19.37	13.69
年末存栏	285.56	49.65	18.46	3653.08	2906.79	686.76	59.53	33.41
上年同期	278.13	49.33	16.01	4124.02	3315.39	745.39	63.24	31.42
增减（%）	2.67	0.65	15.30	-11.42	-12.32	-7.87	-5.87	6.33

2012年桂林市畜牧业产品产量表

表11 单位:吨

项目	肉类总产量	禽蛋产量	奶类产量	蜂蜜产量
当年产量	522924	53946	1589	619
上年同期	498966	50723	2059	495
增减(%)	4.80	6.35	-22.83	25.05

【饲料生产】 2012年,全市获生产许可饲料生产企业增至22家。有配合饲料、单一饲料生产企业18家,饲料添加剂和添加剂预混合饲料生产企业6家,以上企业有2家为交叉获生产许可企业。全年共生产饲料产品111.46万吨，增长14.6%。其中:配合饲料108.58万吨,增长14.0%;浓缩饲料0.79万吨,增长12.2%;饲料添加剂0.64万吨,下降51.3%;添加剂预混合饲料1.45万吨。饲料产品总产值31.31亿元。

【推进畜禽养殖标准化示范创建活动】 2012年,桂林市继续开展畜禽养殖标准化示范创建活动,全市参与创建活动的畜禽养殖场26家,居自治区第二位。至年末,全市通过自治区专家组验收的畜禽养殖标准化示范场16家,其中灵川县发旺养殖有限公司(肉猪)、桂林市威昂佳果农业新技术开发有限公司(肉猪)、桂林新勤业农牧有限公司珠山村鸡场(肉鸡)等7家养殖企业获农业部畜禽标准化示范场;广西绿园农产品加工有限公司(生猪)、荔浦县福祥生态农业发展有限公司(生猪)、桂林恭城瑶香家禽养殖有限公司蛋鸡场(蛋鸡)等9家养殖企业获自治区级畜禽标准化示范场。

【生猪规模养殖场标准化改造】 2012年,桂林市获国家扶持资金1200万元，对43个生猪规模养殖场进行标准化改扩建。项目主要涉及生猪养殖场粪污处理、猪舍标准化改造、防疫消毒设施等配套设施建设,共建成沼气池3566立方米,化粪池2530立方米，排污沟6080米，消毒池670平方米,兽医室40平方米;改造猪舍建筑面积17195平方米,新修围墙600米,场内道路硬化3800平方米,铺设水管920米,电线改造1100米;购置仪器22台。

【无公害农产品认证】 2012年,桂林市共组织15家养殖场申报无公害农产品产地认定与产品认证,其中生猪养殖场13家、肉牛养殖场1家、蜂蜜生产场1家。桂林市瑞丰养殖有限公司、桂林天凤生态养殖有限公司、永福县松林种猪专业合作社等15家企业获无公害农产品产地认定和产品认证。

【牛品种改良】 2012年,桂林市共完成牛杂交改良配种6.59万头,下降17.1%,其中人工授精5.49万头(黄牛3.24万头、水牛2.25万头),本交1.10万头(黄牛0.94万头、水牛0.16万头);产仔3.74万头(水牛0.97万头、黄牛2.77万头)。全年发放液氮20673升,牛冻精53034支(黄牛冻精39631支、水牛冻精13403支)。

【畜禽养殖产业化发展】 2012年,桂林同发禽业有限公司、桂林聚德苑食品有限公司、桂林百香苑农业发展有限公司和桂林天桂畜牧养殖有限公司4家企业获批成为第九批广西水产畜牧行业重点龙头企业。桂林温氏畜牧有限公司(肉猪)、龙胜宏胜禽业有限责任公司、广西农垦源头农场畜牧有限责任公司等10家企业获批成为桂林市第五批农业产业化重点龙头企业。桂林广东温氏家禽有限公司(肉鸡)、灵川县发旺养殖有限公司、桂林市威昂佳果农业新技术开发有限公司3家养殖企业获2012年广西林下生态养殖示范点。

【行业质量安全监管】 2012年,桂林市水产畜牧兽医局开展饲料、畜禽产品质量安全监管专项行动,分别对饲料产品、瘦肉精等违禁添加物进行检测。全市共出动执法人员4733人次,检查兽药经营企业2117家次，兽医诊疗机构8家,查处假劣兽药22批次，没收假劣兽药141包,罚没款项9737元。取缔无证经营企业6家,整治重点区域203个。完成饲料产品抽检102批,合格率99.02%;猪尿样抽检505批,合格率100%。

【加强动物防疫检疫工作】 2012年,全市高致病性禽流感应免疫鸡8814.84万只,实免疫8812.75万只,免疫密度99.98%;应免疫鸭1903.08万只,实免疫1852.43万只,免疫密度97.34%;应免疫鹅74.12万只,实免疫74.07万只,免疫密度99.93%。口蹄疫应免疫猪530.56万头,实免疫530.40万头,免疫密度99.97%;应免疫牛57.09万头,实免疫57.06万头,免疫密度99.95%;应免疫羊32.39万头,实免疫32.38万头,免疫密度99.97%。猪瘟应免疫猪549.95万头,实免疫549.75万头,免疫密度99.96%。高致病性猪蓝耳病应免疫猪481.14万头，实免疫480.96万头，免疫密度99.96%。全年全市生猪产地检疫338.18万头，牛产地检疫12.51万头，羊产地检疫10.15万头，禽类产地检疫6384.54万只；生猪屠宰检疫133.07万头，牛、羊屠宰检疫14.01万头；检出并无害化处理病猪8894头，处理肉类65.62吨。（唐宁）

水产业

【概况】 2012年，桂林市水产管理部门通过开展水产品质量安全管理、加大特色渔业发展力度、加强漓江渔业科学保护等重点工作，全市水产业平稳发展。全年全市水产养殖面积1.44万公顷，增加207公顷，增长1.5%；水产品产量10.16万吨，增加5754吨，增长6.0%；生产鱼苗9.75亿尾，增加0.58亿尾，增长6.3%；投放鱼种10368吨，增加614吨，增长6.3%；鱼种产量1.09万吨，增加757吨，增长7.5%；渔业产值97558万元，增加456万元，增长0.5%。

【水产品质量安全管理】 2012年，桂林市将养殖产品质量安全工作列入各县(区)的目标管理责任状，强化各级政府部门的监管力度。全市组织开展水产品质量安全监管行动、水产苗种专项整治行动、水产品质量安全监测行动、鲜河鲀安全隐患排查、元旦春节水产品安全监管行动、重大节日产品质量安全监管行动等专项行动，确保群众水产品消费安全。年内，农业部组织专家对临桂县、灵川县和秀峰区水产养殖单位进行检查，检查结果全部达到质量安全标准。继续做好无公害健康养殖示范工作，临桂县鱼种场、临桂县会仙镇九头山养殖场、永福县板峡湖养鱼专业合作社、平乐县平口水库工程管理站(养殖基地)、灵川县鱼种场青狮潭基地、临桂县北欧玛养殖有限公司6个养殖单位通过农业部组织的复核验收。加强水产品质量例行监测。全年全市分4批次，抽取124个水产品样本(其中苗种样本12个)送检，检测结果全部符合安全要求，没有检出违禁药品。

【亚冷水渔业养殖】 2012年，桂林市亚冷水渔业养殖成为渔业投资热点。全市鲑鳟鱼类养殖面积4.1万平方米、产量242吨，产值1694万元；鲟鱼养殖面积50.7万平方米，产量655吨，产值2620万元。大鲵养殖户128户，增加40户，养殖数量3.2万尾，价值3700多万元。临桂县、全州县、资源县、灌阳县、龙胜各族自治县均发展了新的养殖点。全州县天湖水库开展冷水鱼生态养殖和网箱养殖；永福县进行鲟鱼网箱养殖；资源县依托境内水域资源优势，发展山区特色渔业，中峰乡社岭村毛竹山农民肖章息创建的冷水鱼养殖场成为广西最大的冷水鱼养殖基地。

【特色渔业养殖】 2012年，桂林市特色渔业禾花鱼养殖面积3.84万公顷，增加267公顷，养殖产量1.45万吨，增长2.8%，产值1.71亿元，增长4.2%。全州县、兴安县、灌阳县将发展稻田生态养殖禾花鱼作为当地渔业发展的重点，全州县稻田养殖禾花鱼面积2.7万公顷，在5个乡(镇)建立了9个连片13.5公顷以上稻田禾花鱼生态养殖示范点；兴安县筹建一座禾花鱼加工厂，年加工能力超过1000吨，通过加工企业、养殖协会带动禾花鱼产业发展；灌阳县加强禾花鱼亲本培育工作，提高禾花鱼苗种质量，满足养殖户对优良苗种的需求。

【庭院甲鱼发展态势良好】 2012年，桂林市庭院甲鱼养殖状况良好，在灌阳县文市镇、兴安县兴安镇、平乐县青龙乡和桥亭乡、雁山区雁山镇等规模甲鱼养殖示范基地的带动下，养殖规模不断扩大。全市甲鱼养殖户有1149户，增加71户，增长6.6%；产量722吨，增长6.0%。

【经济鱼类和特色水产品种养殖】 2012年，桂林市经济鱼类养殖平稳发展，光倒刺鲃、倒刺鲃等品种成为养殖重点。全市光倒刺鲃养殖面积384公顷，增长7.9%；倒刺鲃养殖面积231公顷，增长6.8%。蛙类养殖、山区小窝流水养蛙得到较快增长，永福县龙江乡、秀峰区新立村等地已形成一定规模的山蛙养殖示范点。阳朔县开展的泥鳅人工繁殖试验，取得一定效果。

【渔政管理】 2012年，桂林市渔政部门做好漓江流域休渔工作，人工增殖放流鱼种35万尾，加强禁渔期间政策、思想宣传工作。加大对漓江水域网箱养殖、垂钓、地笼网等的清理力度。强化渔业船舶监管，对全市的838艘渔船进行复核检验和资格审查。实施渔业燃油补贴发放工作,全年补贴渔船777艘,补助金额1170.41万元。加强渔政执法检查,全年出动渔政执法人员850人次,出航渔政船(艇)310航次,检查渔业船舶1340艘次,处罚违法违规案件127件，查处非法经营利用水生野生动物案件12件。（侯德恩）

农业机械化

【概况】 2012年，桂林市农业机械总动力432.8万千瓦,增加29.3万千瓦,增长7.3%;拥有各类拖拉机24.2万台,增长13.2%;联合收割机、插秧机械、大中型拖拉机总量达到4800台,增长8.7%;农机原值29.86亿元,增加2.45亿元,增长8.9%。加快农业机械化技术推广，全年培训农机职业技术人员1.44万人次,开展各种农机化技术推广活动217次,推广各类新机具2.67万台。年内,桂林市农业机械化管理局获“自治区农机化工作先进集体”称号。

【农机购置补贴全额购机直接补贴试点工作成效显著】 2012年3月，桂林市成为广西第一批农机购置补贴全额购机直接补贴试点城市，农民购置农机补贴方式由差价补贴转变为全额直补。年内，全市争取国家农机购置补贴资金5036万元,实际完成国家农机购置补贴资金5036万元,补贴机具5.57万台(各类拖拉机0.26万台、耕作机械2.24万台、植保机械0.14万台、联合收割机0.04万台、喷灌设备1.79万台、果蔬滴灌设备1.1万台),受益农户3.65万户,拉动农民购机投入自有资金1.7亿元。年内,市农机局获自治区农机购置补贴工作先进单位称号。

【农业机械化作业水平提升】 2012年,桂林市共组织各类农机投入农业生产55.30万台次。完成机耕面积45.86万公顷,增长7.7%,其中水稻机耕面积25.23万公顷，增长4.5%。完成机收面积18.06万公顷，增长23.2%，其中水稻机收面积15.97万公顷,增长23.0%。完成农机化作业总值42.87亿元,增长9.1%;农机耕种收综合机械化水平达37.3%,提高2.6个百分点。水稻耕种收综合机械化水平达56.7%,提高5.9个百分点,其中水稻机耕水平达90.4%,机械化插秧水平达11.2%,机械化收割水平达57.2%。

【农机社会化服务体系稳步发展】 2012年,桂林市拥有农机专业合作社266个，合作社资产总金额9327.05万元,成员3053人。合作社共有各类农业机械8287台（套)，其中拥有大中型拖拉机284台,配套农具677台(套),联合收获机械912台,水稻插秧机880台,其他农机具5534台;农业机械原值8825.25万元。配套设施面积1.79万平方米。合作社经营土地面积5013.33公顷。全市70%以上的乡(镇)建立了农机专业服务组织。

【农机安全生产持续稳定】 2012年,桂林市年检拖拉机15312台,完成目标任务的124.4%,参加拖拉机驾驶员考试2838人，办理新机入户2731台,与农机手签订农机安全生产责任状26882份。全市农机安全形势稳定，全年无重大农机事故发生。年内,灵川县通过国家级“平安农机”示范县验收,恭城瑶族自治县获“自治区‘平安农机’示范县”称号。（王滋敬）

农村扶贫

【概况】 2012年,桂林市进一步巩固完善专项扶贫、行业扶贫和社会扶贫“三位一体”大扶贫工作格局,实行“领导挂点、单位包村、干部包户”工作责任制度,落实党政机关、企事业单位及驻军部队承担定点扶贫任务。全市筹集各类农村扶贫资金20.5亿元,增长300%以上,其中中央和自治区财政专项扶贫资金1.34亿元,市财政配套资金1770万元,县财政配套资金2200万元,行业部门投入资金15.44亿元,后盾单位投入资金2.59亿元,群众自筹资金7360万元。实现农村贫困人口减少7.1万人，贫困村人均纯收入3936元，增长20.1%,高于全市农民人均纯收入增长率4.2个百分点。年内,资源县和龙胜各族自治县被列入滇桂黔石漠化片区,获国家重点扶持。

【“整村推进”扶贫项目富有成效】 2012年,桂林市“十二五”规划第一批132个贫困村实施“整村推进”扶贫建设，项目进展顺利，基本解决了贫困村行路难、饮水难、上学难、看病难的问题。全市投入贫困村建设资金6.55亿元，完成建设项目787个。修建、续建、修复扶贫道路601条共941千米，建独立桥梁47座共667.5延米，132个贫困村村委会所在地全部通四级道路(其中35%的村通水泥路或柏油路)，解决了10万人的行路难问题。新建人饮工程61处，小水利建设13处，解决了1.5万人的饮水难问题。发展特色优势产业3200公顷，“十百千”示范产业75公顷，竹鼠养殖10000对。开展扶贫培训400多期，培训贫困群众3.6万人次。组织农民实用技术培训2.5万人次，劳动力转移就业培训1万人次。

【农村扶贫对象建档立卡工作全面完成】 2012年6月，桂林市全面完成农村扶贫对象识别和建档立卡工作。组织对全市12个县和雁山区的1638个建制村、383.73万农村户籍人口进行逐户调查摸底，共识别出贫困农户231208户，贫困人口629205人，其中扶贫户121134户共368558人，五保户14631户共15829人，低保户69509户共164070人，扶贫低保户25934户共80748人。

【开展市县扶贫帮扶活动】 2012年8月，桂林市与河池市巴马瑶族自治县结成扶贫帮扶对子，并签订帮扶协议。根据对口帮扶协议，桂林市从2012年起至2015年，每年无偿援助巴马瑶族自治县200万元，主要实施8个自然屯基础设施建设及产业开发、实用技术培训和干部培训等项目，结成桂林—巴马旅游联盟，共享桂林大旅游圈资源。 （邓岩松）

国有农场

【广西农垦国有良丰农场】 2012年，广西农垦国有良丰农场(简称良丰农场)推进固定资产投资和招商引资力度，抓好柑橘生产、良丰产业园区建设及农场危房改造3项重点工作。全年实现生产总值8.86亿元，经营总收入22.57亿元；完成固定资产投资22.82亿元，招商引资签约金额21.14亿元。年内，良丰农场加快发展柑橘产业，推广和应用柑橘种植新技术，推进现代农业园、无公害果园建设。全年柑橘总产量2.10万吨，实现丰产丰收。

年内，良丰农场管理体制发生重大改革。8月，广西农垦桂林良丰产业园管理委员会筹备处挂牌成立，形成了广西农垦桂林良丰产业园管理委员会筹备处、广西农垦桂林良丰投资开发有限公司和良丰农场3个实体单位。加快桂林文化印刷园招商引资建设，实现入园意向企业20多家，到位资金3000余万元。

年内，良丰农场稳妥解决土地征收和搬迁安置工作。至年末，共完成良丰产业园区、广西第二届园林园艺博览园部分农场场地和良丰农场危房改造等200多公顷用地的土地征收和150多户职工的拆迁安置工作。

（周喆）

2012年11月，客户在源头农场柑橘物流中心交易场订购柑橘 （王燕荣 摄）

【广西农垦国有源头农场】 2012年，广西农垦国有源头农场(简称源头农场)创新经营管理体制改革，加快柑橘生产基地标准化建设，拓展市场销售渠道，农场经济效益显著提高。全年实现社会经营总收入5.34亿元，增长19.9%；完成固定资产投资7876万元；招商引资签约725万元。实现柑橘总产量3.88万吨，出栏生猪1.43万头，加工马蹄粉1840吨。年内，源头农场获全国农业标准化示范县（农场）、自治区出口水果质量安全示范区，注册生产的源头牌蜜柑获2011年度广西优质农产品。

年内，源头农场探索柑橘果园经营权转让改革，在广西农垦系统率先推行以“身份园”和“经营园”为主的“双园制”改革，完善土地承包关系，理顺农户与农场的责权利关系，加快国有农场职能转变，推动农场经济和柑橘产业可持续发展。至年末，该农场有95%的职工签订了“双园制”改革新合同。

年内，源头农场加快柑橘生产基地标准化建设，创建水果质量安全示范区，建立起“政府主导、部门联动、企业主体、市场运作”的示范区工作机制，采取以企业为龙头、基地为依托、标准为核心、品牌为引领、市场为导向“五位一体”的出口水果质量安全示范区发展模式，实现对出口水果各环节、全过程质量安全监管，达到“源头无隐患，投入无违禁、管理无盲区、出口无障碍”的示范效果。加大柑橘生产科技投入，依托测土配方施肥中心站技术平台优势，完成全场果园土壤采样987个，田间肥试验48个，田间校正对比试验47个，田间监测试验13个；推广测土配方施肥技术10040公顷，推广配方肥500多万吨。延伸柑橘产业链，优化水果加工销售服务环境。7月，该农场投资兴建年产量30万个的水果加工包装塑料果筐厂投入使用，提升产品产后加工销售服务条件。至年末，源头农场加工、销售水果6615吨，水果销售价格创历史新高。（李美莲）

水　　利

【概况】 2012年，桂林市水利管理部门积极防御强降雨，全面部署防汛抗灾抢险。加快实施水利基础设施建设，桂林市防洪及漓江补水枢纽工程、病险水库除险加固、中小河流治理、农村饮水安全等一批水利基础设施建设稳步推进。《桂林市水功能区划》获批准实施，桂林市水资源保护与管理日趋规范。全年全市共争取上级水利投资27.11亿元，完成水利水电固定资产投资25.69亿元，其中中央投资12.14亿元，自治区投资3.58亿元，市县配套及群众自筹资金9.97亿元，争取投资和完成投资两项指标均居自治区第一。

【桂林市防洪及漓江补水枢纽工程建设】 2012年，桂林市防洪及漓江补水枢纽工程稳步推进。全年枢纽工程累计完成投资7.81亿元，其中川江水库0.77亿元，小溶江水库2.09亿元，斧子口水库4.95亿元。7月26日，川江水库大坝封顶，具备下闸蓄水条件。至年末，小溶江水库大坝浇筑至225米高程，完成砼浇筑量33.06万立方米，左岸上坝公路建成通车，右岸进厂公路隧洞完成衬砌砼；斧子口水库导流隧洞全线贯通，具备大江截流条件。

【水利基础设施建设】 2012年，全市水利建设实施病险水库除险加固建设项目116个（重点小一型19个、重点小二型97个），完成建设任务42个，完成投资1.99亿元。开展中小河流治理建设项目33个，建设堤防护岸88.8千米。建成农村饮水安全项目460个，完成投资1.88亿元，解决23.57万农村人口的饮水安全问题。完成中央财政小型农田水利项目县建设投资1.09亿元，新增和恢复灌溉面积1706.67公顷，改善灌溉面积3006.67公顷。实施小流域水土流失综合治理项目7个，完成投资1171万元，治理水土流失面积50.51平方千米。2月，桂林市永福县板峡灌区末级渠系改造工程顺利完工，该工程于2011年11月11日开工，总投资金额2004.12万元。工程完工后，受益人口3.3万人，恢复灌溉面积666.67公顷，改善灌溉面积3200公顷。年内，兴安县、荔浦县分别被评为自治区农田水利基本建设先进单位。

【防汛抗旱取得成效】 2012年，桂林市平均降雨达1846毫米，降雨量比上年偏多。5月9～13日和6月22～27日两个时间段，全市出现强降雨过程，部分河段出现超警戒水位洪水，部分县（区）出现洪涝灾害。市、县各级防汛部门部署防汛减灾工作，成功防御两次强降雨袭击，降低洪涝灾害损失。年内汛期，全市各类型水库拦蓄洪水4.74亿立方米，减少农田受灾面积4066.67公顷、受灾人口82.35万人，减免直接经济损失2.46亿元。全年全市降雨分布均匀，江河来水、水库蓄水正常，农业生产用水、人畜饮水得到基本保证，未出现明显干旱现象。

2012年2月，斧子口水库工程移民工作顺利开展，确保了水库建设工程进度

（市水利局　供稿）

【水利综合服务与管理】 2012年，桂林市水利管理部门组织开展非法取水、非法采砂、开发建设项目水土保持等执法检查活动，查处各类违法案件47件，征收水土保持补偿费87万元，维护了正常的水事秩序。贯彻落实《中华人民共和国水法》《城市节约用水管理规定》等法律法规，依法加强对城市供水、节水和地下水资源的管理，全年节水1160万立方米，工业用水重复利用率81%，节水企业覆盖率44.2%，再生水回用率25%，征收水资源费和超计划加价水费共计620.46万元。

【《桂林市水功能区划》获批准实施】 2012年11月30日，《桂林市水功能区划》获批准实施，标志着桂林市水功能区管理进入规范化管理阶段。《桂林市水功能区划》对全市集水面积在100平方千米~1000平方千米范围内的71条河流的水体功能和水质目标进行了确定，共划分出一级水功能区120个（保护区16个、开发利用区42个、保留区62个）；二级水功能区53个（按干流统计，桂江26个、湘江9个、洛清江9个、浔江8个、资江1个）。《桂林市水功能区划》的批准实施，将有效协调境内重要干支河流之间的自然功能、社会服务功能和生态环境功能之间的关系，有利于科学、合理地监督管理河流取水和排水，为实行最严格水资源管理制度、划定水资源开发利用、水功能区限制纳污及用水效率控制等方面提供必要的科学依据。 （钟显文）

水库移民

【概况】 2012年，桂林市健全水库移民工作机制，建立促进库区和移民安置区经济社会发展工作联席会议制度，构建"阳光库区"工作长效机制。全年全市共投入各类移民资金1.56亿元。水库移民新村建设扎实开展，市防洪及漓江补水枢纽工程进展顺利，移民安置工作同步推进。

【水库移民新村建设稳步推进】 2012年，全市水库移民新村建设工程项目63个，总投资金额2556.2万元。加快水库移民基础设施建设，规划道路建设47条共47.09千米，改善移民生产生活条件，为库区移民群众的出行及发展经济、增加收入提供基础保障。继续实施水库移民增收工程，组织开展灌阳县移民工贸创业园项目试点建设。创新培训方式，丰富培训内容，依托桂林农业学校和柳州畜牧兽医学校开展农业实用技术和职业技能培训，提高移民创业就业能力。化解移民矛盾纠纷，维护库区和谐稳定的社会环境。至年末，全市未发生移民重大群体性事件和非法越级上访事件，移民信（上）访量比上年大幅下降。

【加强水库移民资金监督管理】 2012年，桂林市构建"阳光库区"工作长效机制，加强对移民前期补偿、移民后期扶持等各个环节的监督，规范项目和资金的申报、分配和管理，确保移民资金安全高效运行。一是规范各县使用水库移民资金的计划及方案审批，加强对各县水库移民资金使用计划及方案的稽核审查工作。二是对各县水库移民资金的使用管理情况进行检查，掌握各县移民资金在使用过程中存在的问题，针对问题采取相应措施并及时整改。三是对各县资金使用管理及财务、统计业务工作进行指导。 （潘燕华）

商业·会展业

2012年3月5日，全市商务工作会议召开　　（市商务局　供稿）

商务贸易

【概况】 2012年,桂林市社会消费品市场平稳增长,实现社会消费品零售总金额536.36亿元,(比上年,下同)增长16%。年内城乡消费同步增长,其中城镇社会消费品零售总金额增长15.93%,乡村社会消费品零售总金额增长16.35%,乡村增速高于城镇。批发、零售、住宿、餐饮四大行业发展平稳,其中批发零售业实现零售总金额448.7亿元;住宿餐饮业实现零售总金额87.6亿元。年内,受国内外多重因素影响,食品、烟酒、衣着等八大类商品和服务价格全面上涨,食品类价格上涨尤为明显,全年桂林市居民消费价格上涨3.5%。2012年是国家惠民工程家电下乡政策实施最后一年,桂林市全年家电下乡产品销售39.31万台(件),销售金额9.9亿元。

【加强市场运行调控和监测】 2012年,市商务局加强对重点流通企业监测,抓好以保障节日市场供应为重点的商品供应工作。在节日期间启动重点流通企业的生活必需品日报制,及时掌握节日市场商品供应状况和生活必需品价格情况,同时做好春节、中秋、国庆等节日消费品市场运行分析,组织重点流通企业市场供应。筛选上报酒类流通、安全玻璃生产、家政服务等行业的5家监测样本企业。牵头组织平价猪肉、食用油市场供应工作,配合物价行政管理部门完成价格调控目标。制定相关预案,应对年内低温雨雪冰冻天气对市场供应产生的影响。做好特定人群的商品供应工作。12月1日,市商务局启动实施市政府批准的《桂林市清真牛肉供应实施方案》,对居住城区的回族、维吾尔族等10个有清真饮食习惯的少数民族实行清真牛肉限量补贴供应,并在重大节日前加大清真牛肉市场供应量。

【家政服务体系建设亮点突出】 2012年,市商务局全面推进家政服务业健康发展,完成自治区商务厅、财政厅下达的家政服务体系培训项目。针对原来培训的家政服务员素质低,培训与使用脱节、培训与企业脱节、培训与就业脱节的实际,开展了针对性培训,全年共培训家政服务员1300名。开展业务培训,5个城区商务主管部门分管领导、家政培训机构和家政服务企业负责人及会计共60人参加。年内,完成家政服务体系建设试点项目的初审工作。

【桂林首届地方美食评选活动举办】 2012年11月20日,桂林首届地方美食评选活动启动,该活动由市政府、市政协主办,桂林地方美食评选指导委员会和市商务局联合承办。活动旨在通过遴选和挖掘地方美食,为市民们寻找老桂林的味蕾记忆,为游客们提供舌尖上的桂林美食地图。活动评选和比赛期间,共有40家企业、196道菜肴、81道小吃、17席宴席、53位大厨展示的各式桂林美食参赛。参赛美食中既有荔浦芋扣肉、马蹄丸子等传统桂林美食,也有罗汉果酿、薄荷漓江虾等利用桂林特色食材做的创新桂林菜,更有勾起老桂林记忆的桂林特色小吃宴、特色米粉宴、油茶宴等宴席。整个美食评选和烹饪比赛洋溢着较浓的桂林家乡味道。桂林首届地方美食评选活动共评选出“桂林餐饮名店”20家、“桂林烹饪名师”20名、“桂林名菜”50道、“桂林名小吃”20种、“桂林名宴”10席及“桂林十佳餐饮企业”。

2012年11月20日,桂林首届地方美食评选活动暨烹饪大赛启动

(市商务局　供稿)

【再生资源回收利用体系建设启动】 2012年,市商务局启动再生资源回收利用体系建设。制订《编制桂林市再生资源回收体系建设规划方案》,落实了编制经费,同时,市商务局报请市政府批准同意桂林申报全国再生资源回收体系建设试点城市,全年争取到再生资源回收体系建设规划资金15万元。

【启动商贸流通业统计工作】 2012年,市商务局启动商贸流通业统计工作,深入研究筛选,确认批发、零售、餐饮、住宿等28个行业75家商贸流通企业成为网上统计填报企业。组织75家典型企业利用桂林市网上商贸流通业统计信息平台进行网上企业经营信息录入和30种年报填报。撰写了全市流通业发展报告,牵头编写《桂林市城市商业网点规划(2011~2020)》《桂林市现代商贸物流发展专项规划(2011~2020)》《桂林市二手车流通行业发展规划(2011~2020)》,规划了商贸经济对全市社会经济、促进就业的贡献比率。年内,实现了流通业增加值增长10%的目标。

【打击生猪私屠滥宰取得成效】 2012年,市商务局积极开展打击私屠滥宰专项整治行动和生猪定点屠宰企业资格审核清理工作。全年全市共出动执法人员16520人次,执法3029次,查处案件146件,收缴私宰肉4971千克,罚没款88930元,生猪屠宰定点率县城达98.5%,乡(镇)达97.3%。全市审核清理工作基本完成,17家县城以上定点屠宰企业合格15家,搬迁改造2家;110家乡(镇)定点屠宰点合格96家,整改以及撤销14家。

【整顿和规范市场经济秩序】 2012年,市商务局组织开展食品安全专项整治、建材市场专项整治、烟草市场专项整治、打击侵犯知识产权和制售假冒伪劣商品等专项行动。全年全市共出动执法人员2万多人次,出动车辆4000多台次,查处了一批假冒伪劣商品,端掉一批非法制售假冒伪劣窝点,规范了市场经济秩序。

【联合缉私工作成效显著】 2012年3月,市商务局配合桂林海关开展国门之盾打击走私行动,坚持"联合缉私、统一处理、综合治理"的缉私体制,以打击走私冻品、濒危动物、成品油、汽车、橡胶、洋酒等为重点商品,在市区、全州县、兴安县、永福县、荔浦县、平乐县、龙胜各族自治县等途经广东省、湖南省必经之路的重点区域组织海关缉私局、工商行政管理部门等开展联合缉私行动。全年共联合查缉涉嫌走私冻品13车,涉嫌走私橡胶1车,查获各类走私案件15件,涉案金额共300多万元。

【"万村千乡市场工程"建设】 2012年,市商务局继续推进"万村千乡市场工程"建设。组织企业申报2012年"万村千乡市场工程"及服务业专项资金项目,共有3家配送中心、5家乡(镇)商贸中心获得批准,项目批准资金1120万元。推进农家店的建设和改造,农家店建设覆盖率达到国家要求。年内,市商务局组织各县(区)商务主管部门及"万村千乡市场工程"承办企业,帮助指导有意向的农户建设和改造村级农家店,全市新增农家店330家,完成乡(镇)农贸市场升级改造4个,2个乡(镇)连锁超市项目、11家配送中心和1个二手车市场升级改造项目通过自治区验收小组验收。

【家电下乡惠农活动】 2012年,市商务局抓好家电下乡工作,确保惠民工程圆满完成。召开全市家电下乡管理工作会议,对年度家电下乡工作进行部署,对各县(区)反映的问题,与市有关部门进行协商与沟通。同时加强对家电下乡工作的监管,全年家电下乡产品销售39.31万台(件),销售金额9.9亿元,增长6.45%。

【抓好国家"南菜北运"项目建设】 2012年,市商务局抓好2011年国家"南菜北运"试点项目的跟踪管理,指导企业按照商务部的要求开展项目建设工作,至6月底项目建设单位共投入建设资金1200多万元,基本完成项目固定资产投资。开展2012年"南菜北运"试点项目摸底工作,组织企业申报"南菜北运"试点项目3个,上报项目全部获商务部审批通过,获项目资金1450万元。

【生活必需品供应和储备】 2012年,市商务局进一步健全生活必需品保障供应和储备管理制度。争取市人民政府落实蔬菜应急调运专项资金,市人民政府办公室印发了《桂林市蔬菜应急采购调运专项补贴资金使用管理制度》,每年从市价格调节基金中安排资金用于蔬菜价格波动紧急调运时的专项补贴。向市人民政府上报重要生活必需品储备方案,5月29日,市人民政府第十二次常务会议同意实施。

【扩大城乡居民消费】 2012年,市商务局组织开展城乡居民促消费活动,对全市促消费活动情况进行摸底,落实市、县促消费活动具体项目20个,其中在4月消费促进月中,实施促消费项目5个。全年市、县商务主管部门牵头实施或参与组织的促消费项目超过20个。年内,向自治区商务厅上报扩大城乡居民消费促消费活动项目6个,上报项目全部获得自治区商务厅资金支持,共获得项目资金80万元,同时争取市人民政府促消费配套资金15万元。

2012年,桂林市烟草专卖局举办职工技能大赛 (市烟草专卖局 供稿)

【推动"放心肉"工程活动】 2012年,市商务局向自治区商务厅争取"放心肉"工程项目3个,分别是江东肉食品有限公司、全州县城屠宰场的升级改造和资源县城屠宰场的搬迁项目,3家企业各获资金补贴50万元。协调兴安县人民政府帮助县城屠宰场规划出3公顷土地作为屠宰异地搬迁用地。协调物价行政管理部门提高企业生猪屠宰服务费,至年末,全市有兴安县、全州县、临桂县、灌阳县、平乐县、永福县提高了企业生猪屠宰服务费,为企业发展提供保证。

【拍卖行业迅猛发展】 2012年,全市共举行拍卖场次216场次,增长24.2%;拍卖成交总金额12.23亿元,增长40.2%。拍卖成交总金额按委托对象划分:人民法院委托1.24亿元,政府部门委托8.37亿元,破产清算组织委员会委托0.06亿元,个人委托0.64亿元,金融机构委托0.07亿元,其他机构委托1.85亿元。

【典当行业经营实现较大增长】 2012年,桂林市典当行业全年实现典当总金额1.2亿元,增长35.1%;营业收入667.86万元,增长0.67%;利润总金额141.09万元,下降12.14%。从业务结构看,房地产抵押典当业务占66.4%,动产质押典当业务占22.1%,财产权利质押典当业务占11.5%。

(蔡俊)

【烟草营销】 2012年,桂林市烟草专卖局(公司)围绕"卷烟上水平"基本方针和战略任务,加强重点卷烟品牌培育,推进现代卷烟零售终端建设,加强对卷烟零售户的服务和管理,提高卷烟营销网建设水平。全年共销售卷烟97.5亿支,增长3%;卷烟单箱销售金额2.11万元(含税),增长13.3%。全年实现税利8.09亿元,增长19.25%。桂林市烟草专卖局(公司)获2012年自治区烟草行业先进单位、全国烟草行业现代卷烟物流配送中心示范单位。

【打击违法经营烟草专卖品行为】 2012年,桂林市烟草专卖局(公司)保持卷烟打假高压态势,打击违法经营烟草专卖品行为,提高卷烟市场控制力和净化率。全年共查获立案涉烟案件900件,其中案值1万元至5万元的案件50件、案值5万元以上至50万元以下的案件32件、查处50万元以上至100万元以下网络案件1件、100万元以上网络案件2件。全年共查获各类非法卷烟1221.59万支,其中非渠道卷烟392.18万支、走私卷烟10.59万支、假冒商标卷烟818.82万支,查获烟叶、烟丝60.37吨。全年司法机关刑事拘留53人、逮捕21人、判刑19人,维护了卷烟市场的正常秩序。桂林市烟草专卖局(公司)获"自治区卷烟打假工作先进集体"称号。

(常婷婷)

【盐业专营】 2012年,自治区盐业公司桂林分公司(桂林盐务管理局)合理安排盐品的购进和生产计划,做好元旦、春节和中秋、国庆等节假日期间的盐品供应和配送,确保旺季盐品销售上升势头,盐品供应有序,满足市场需求。全年购进盐品3.88

万吨，完成年度计划110.87%。销售盐品3.63万吨，完成年度计划的116.39%。其中：直接食用盐销售2.01万吨，完成年度计划的93.46%；品种盐销售1.37万吨，完成年度计划的190.35%。库存盐品1.08万吨，其中自治区储备盐库存3025吨。全年实现销售收入6897万元，实现利润2138万元，增加400万元，实现吨盐毛利690元。碘盐合格率和碘盐覆盖率均达96%以上，资金回笼率100%，安全经营率100%。

年内，该分公司加强与客户的沟通和联系，各片区业务员逐点逐片进行沟通和新品种盐的宣传。有重点地召集重要客户和大客户进行座谈，建立良好的合作关系。进行盐种结构调整，实现了良性循环。通过LED屏滚动字幕等各种广告手段，向老百姓宣传盐品知识，宣传推广新产品，提高“桂山”牌食盐的知名度，提升企业形象。（李荣珍）

【石油供应】 2012年，市商务局加强成品油流通市场的监管工作。年内，完成全市2012年成品油流通企业经营资格年度审查。针对2月出现的“问题汽油”，下发《关于加强加油站成品油质量管理的紧急通知》，开展全市加油站大检查活动，保障了成品油供应，妥善处置了桂林市“问题汽油”消费者群体上访事件。年内，市商务局上报的《2011～2020桂林市加油站行业发展规划》，通过了自治区商务厅、建设厅和国土资源厅审核并发布。

年内，市商务局加强油站行业管理，全年验收并上报自治区商务厅批准开业的加油站7座，年审换证加油站260余座。做好成品油市场供应监管，中国石油化工股份有限公司广西桂林石油分公司成品油总销量67万吨，非油品销售金额4000万元；中国石油天然气股份有限公司广西桂林销售分公司成品油总销量19万吨，增长5%。开展成品油市场专项整治督查行动，通过摸底调查、现场督查等形式，突击检查8个县(区)成品油市场经营状况，整改一批证件不全、涉及非法经营的成品油企业。（蔡俊）

物资流通

【概况】 2012年，桂林市物资流通产业发展保持良好发展势头。全市社会消费品零售总金额实现536.35亿元，增长16%。其中：城市消费品零售金额实现446.53亿元，增长15.93%；农村消费品零售金额实现89.82亿元，增长16.36%。完成家电下乡产品销售9.9亿元，增长15.5%，超额完成自治区下达的8.4亿元目标计划。

2012年，全市物流总量大幅增加，全社会货物周转量完成157.75亿吨千米，增长33.97%。其中：道路运输周转量完成156.94亿吨千米，增长34.07%；水路运输周转量完成0.81亿吨千米，增长17.51%。交通运输、仓储和邮政业增加值70.12亿元，增长12.1%。

【加强现代物流发展规划体系建设】 2012年，桂林市出台《桂林市城市商业网点发展规划(2011～2020)》《桂林市现代商贸物流发展规划（2011～2020)》《桂林市二手车流通行业发展规划(2011～2020)》，完成《桂林市供销“十二五”规划》《桂林市粮食储备“十二五”规划》的编制评审工作。组织开展《桂林市临桂新区商贸物流规划》编制工作，完善行业发展规划体系构架。

【物资流通网络建设】 2012年，桂林市经贸物流领域固定资产投资持续增长，统筹推进重点物流园区建设14个。建立了总投资金额182亿元的经贸流通领域项目库，重点推进物资流通行业项目建设59个，完成投资26.57亿元，其中新开工物资流通行业项目完成投资6.74亿元，续建物资流通行业项目完成投资19.83亿元。年内，发展和完善市场流通体系建设，全市新增农家店330家、乡(镇)农贸市场4个、物流配送中心12个和二手车市场1个，并全部投入运营。6个乡(镇)农贸市场升级改造、125家农家店建设项目和3个国家“南菜北运”试点工程获批准，争取资金1645万元。

【桂林市物流与采购联合会成立】 2012年3月，桂林市物流与采购联合会正式批准成立，是桂林市唯一一家物流行业综合性社团组织。7月5日，桂林市物流与采购联合会成立大会暨第一届第一次会员大会召开，共吸纳入会企业40家，桂林储运公司为会长单位，入会企业包括桂林骏达运输有限公司、桂林市邮政速递物流有限公司、桂林市五里店果蔬批发市场、广西金源信息产业股份有限公司等物流企业和信息服务企业等。年内，桂林市物流与采购联合会门户网站建成。

【重大项目建设】 2012年，全市物资流通重大项目建设取得新进展。中央储备粮全州直属库新建储备仓（兴安仓储物流中心）等一批项目开工建设，平乐县南州新区农产品交易中心、桂林红街商业广场等项目投入运营。年内，继续在建的物资流通项目主要有：广西桂林汇通药业有限公司药品物流配送中心建项目总投资1.12亿元，全年完成投资1.5亿元，完成年度投资计划的125%，已完成分拣车间、办公楼及配套设施土建工程建设和部分设备采购、安装与调试；桂林市城北现代物流配送中心总投资7.38亿元，全年完成投资6300万元，完成征地34.67公顷、土地平整50%以上和6.85万平方米道路建设；桂林临桂新区物流配送中心建设项目总投资10.92亿元，全年完成投资4.26亿元；广西桂果食品有限公司冷鲜牛肉鲜甜玉米冷链物流项目总投资5903万元，全年完成投资2070万元，完成项目建设进度51.67%；桂林福慧达生态农业有限公司平乐果蔬冷链物流建设项目总投资3030元，全年完成投资430万元，完成项目建设进度的70.96%；桂林五里店商品交易服务平台项目，项目总投资5.56亿元，全年完成投资1亿元，已建成交易固定仓位331个，流动交易摊位566个、冷库6000立方米；桂林物流公共信息服务平台项目总投资2155万元，全年完成投资369万元，已建成叠彩区小麻雀物流基地信息发布中心和车辆运输状态GPS+GSM管理系统；资源县大利有机农产品冷储有限公司冷链物流中心项目总投资3123.11万元，已建成4座高温冷库、1座低温冷库、2座仓库及配套路通、电通、水通建设。

（潘建兰）

集市贸易

【概况】 2012年，桂林市市场开发服务中心下辖北门、芦笛、保惠、铁路（股份制）、乐群、信义、东江、东环、雁山、草坪共10个集贸市场和桂林国际旅游商品批发城、金地球电动车专业市场。桂林市市场开发服务中心所辖各市场蔬菜类价格基本与上年持平；禽蛋、鱼、肉类价格略有上涨，但涨幅不大；粮食类和水果类涨幅稍高一些，但总体均趋于平稳。年内，桂林市市场开发服务中心加强对市场管理力度，改造升级布局落后市场，改善市场周边环境。

【加强市场环境卫生整治】 2012年，桂林市市场开发服务中心督促指导所辖各市场制订和完善市场管理模式，定期对市场的清洁卫生进行检查、督查，对农贸市场外围的环境卫生、市场秩序等方面进行整治，改变了市场存在的“脏、乱、差”问题。年内，加大力度整治广告乱贴、垃圾乱扔、摊位乱摆、车辆乱停等现象，落实责任，建立长效机制，减少经营户垃圾乱扔等现象。抓好农贸市场周边环境综合治理，消除卫生死角和管理盲点。对设施老化、布局落后的市场进行升级改造，投入资金改善所辖各大市场的硬件环境，使各集贸市场健康、稳定、繁荣地发展。年内，信义市场经全国、自治区、桂林市联合检查组的多次检查验收，获桂林市“样板市场”称号和“城乡清洁工程示范市场”称号。

【做好市场管理工作】 2012年，桂林市市场开发服务中心所辖各大市场协同有关部门，加强对上市商品质量安全监察，坚决打击农药超标和过期霉变商品销售。结合食品安全卫生清查工作，市场各项管理制度上墙，经营者证照齐全，实行亮证照经营；严格执行食品卫生法和市场食品卫生规范管理规定，熟食、豆制品行业经营者统一着装，直接入口的食品摊位设有防尘、防蝇、防鼠设施，做到生熟分开、货款分开，保洁设备设施齐全，符合卫生标准要求。各市场设有专职卫生管理和市场保洁人员；市场产生垃圾及时清扫保洁，垃圾日产日清，地面定时冲洗保洁；排水设施完善，下水道保持畅通，无积水淤物；做到销售与宰杀隔离，污物（水）处置及消毒设施完善。

【市场消防安全】 2012年，桂林市市场开发服务中心落实市场消防安全工作，要求市场全部配备消防灭火器，并改造市场线路，改进消防措施，杜绝各类火灾隐患事件发生，为市场创造良好的消防安全工作环境。对市场安全用火、用电等项目进行细致的安全法律法规宣传，从根本上增强群众的安全防范意识。在重大节假日和秋、冬两季火险灾情高发期，桂林市市场开发服务中心均组织人员进行安全生产专项检查，从根本上消除各市场的安全隐患。 （桂林市市场开发服务中心）

供销合作

【概况】 2012年,桂林市供销部门改革发展取得明显成效,全年实现综合经营总金额114.1亿元,增长22.96%。全年商品购进总金额51.68亿元,增长21.12%;商品销售总金额60.28亿元,增长26.9%,其中销售农业生产资料20.78亿元,增长32.46%。完成年度项目投资1.63亿元,增长34%。全年实现利润总金额1010万元,增长64%。

【优化供销合作改革发展环境】 2012年,市人民政府出台《关于加快供销合作社改革发展的实施意见》,为全市供销合作部门改革发展提供政策支持。市机构编制委员会同意桂林市供销合作社(简称市供销社)设立监事会机构,并增设监事会主任1名(正处级)、监事会办公室主任1名(正科级),另外增加2名人员编制。筹集资金660多万元,解决了市供销社直属企业、基层供销社改制企业退休职工医疗保险和养老保险以及困难企业离休老干部医疗、生活等遗留问题。年内,临桂县、兴安县、恭城瑶族自治县、资源县供销社土地确权工作全部完成,至年末,全部门共完成土地确权113.47万平方米,临桂县、灵川县、全州县、永福县、灌阳县、资源县、平乐县、荔浦县、龙胜各族自治县供销社获得全部返还土地出让金共计4360万元。

【争取项目支持】 2012年,市供销社争取各部门在项目立项、规划、用地、资金等方面的支持,各项工作发展势头良好,市供销社再生资源回收利用市场项目列入《广西循环经济十二五发展规划》重点项目库,"桂林网上供销社" 项目列入全市信息化项目扶持计划。年内,全部门争取到"新网工程"建设项目9个,财政扶持资金655万元。其中:中央财政扶持项目2个,扶持资金440万元;自治区财政扶持项目7个,扶持资金215万元。龙胜各族自治县供销社获农资配送中心项目扶持资金140万元,获新农村现代流通服务网络项目扶持资金50万元。全州县供销社再生资源回收交易市场二期项目获中央财政再生资源专项扶持资金130万元,是广西唯一获得中央财政再生资源专项扶持项目。

【加强在建项目检查督促】 2012年,市供销社坚持以项目建设作为突破口,建立完善重点项目库,建立分管领导联系县供销社、联系企业、联系项目制度,并成立项目建设领导小组,完善了"一个项目、一名领导、一套班子、一个计划、一抓到底"的项目推进工作机制,制订了直属企业重点项目建设实施方案,实行市供销社直属企业项目进度每月一汇报、每季度一通报制度,集中研究解决项目实施困难。建立完善项目建设激励机制,出台项目建设奖惩办法,对项目建设工作进行考核。

【项目投资创历史新高】 2012年,市供销社各部门新建续建项目40个,累计完成投资金额1.63亿元,完成投资计划189%,项目建设数量、投资总金额均创历史新高。其中:市土产总公司供机仓改造项目7月开工建设;临桂县供销社的"桂福国际时代广场",至年末项目工程的50%已通过质量验收并交付使用;阳朔县供销社金鑫住宅小区二期工程项目建设,全年投入资金1100万元;永福县万通农资配送公司通过与柳州满地宝集团公司合作兴建樟峡村农资配送仓库,6月末已建成配送仓库5栋,建筑面积8000平方米;兴安县供销社与广西富满地农资公司合作,共同注资500万元以股份合作的方式成立兴安富满地农资公司。

【农资供应保障有力有效】 2012年,市供销社农资部门全年销售化肥57.2万吨,增长30.6%,其中:尿素16.6万吨,增长30.2%;复合肥14.7万吨,增长30.8%。各县供销社为全市农业生产用药用肥提供保障,其中全州县农资公司配送中心销售的农资占全县销量的75%以上,平乐县绿鑫农资公司市场份额达80%,龙胜各族自治县农资供应实行电脑联网管理,覆盖了全县全部乡(镇)和绝大部分村(屯)。

【农民专业合作社规范发展】 2012年,市供销社组织4家农民专业合作社向中华全国供销合作总社(简称全国供销总社)申报农民专业合作示范社,其中灌阳千家峒水果产销专业合作社获批全国供销总社示范社。全年新增市级以上示范性农民专业合作社6家。组织全州县才湾红丰葡萄专业合作社越洋牌商标参加全国供销总社标准化农产品知名品牌评比，该商标成为自治区供销部门推荐参加评比的2个知名品牌之一。年内，市、县供销社依托农民专业合作社举办各类培训班共78期，培训农民2万多人次。

【促进农副产品流通】 2012年，市供销社各部门依托实施“新网工程”项目，通过整合资源、开放办社等有效措施，改造升级和新建了一批农产品市场；积极组织专业合作社、专业大户、种养大户等经营主体，发展多种形式产销对接，促进农产品顺畅销售。全年实现农副产品收购总金额11.25亿元，增长35.34%。（谭祥树）

2012年7月，灌阳千家洞水果产销专业合作社种植的黑李
（市供销社　供稿）

粮油商业

【概况】 2012年，全市国有粮食企业粮食（贸易粮，下同）总购进18.48万吨，销售16万吨，（比上年，下同）分别减少4.78万吨、3.56万吨，下降20.6%、18.2%。全年实现销售收入5.76亿元，减少1.49亿元，其中市直国有粮食企业实现销售1.79亿元，减少0.37亿元；实现利润607万元，增加165万元。全市粮油饲料工业累计完成主要业务收入58.3亿元，减少2.1亿元，下降3.5%；实现利税1.64亿元，减少0.64亿元，下降28.7%。全市粮油饲料工业加工大米45.5万吨，增加1.9万吨，增长4.4%；加工面粉4.6万吨，增加1.02万吨，增长28.4%；加工饲料100.5万吨，减少15.1万吨，下降13.1%。年内，桂林市粮油质量检验中心被核定为全额拨款的事业单位。

【完成粮食直补与储备粮订单收购计划】 2012年，桂林市粮食直补与储备粮订单收购计划17.05万吨（含1.1万吨新增计划），直补资金4092万元，计划收购量占自治区计划总量的21.3%，是自治区粮食直补与储备粮订单收购任务最大的市，全市12个县均纳入粮食直补范围。年内，累计完成粮食直补与储备粮订单收购17.05万吨，兑付直补资金4092万元，全面完成粮食直补与储备粮订单收购计划。

【粮油清仓查库】 2012年，桂林市市、县成立由粮食局、发展和改革委员会、财政局、农业发展银行等部门组成的粮油库存检查领导机构和工作机构，并抽调业务骨干301人，按照“有仓必到，有粮必查，有账必核，查必彻底”的原则，对全市库存粮油进行全面检查，重点检查辖区内所有中央储备粮油、国家临时存储粮油（含地方临时储备粮油）、国有及国有控股粮食企业储存的商品粮和政策性油脂承储企业的商品油库存。同时，对纳入粮食流通统计范围，但未存储政策性油脂的其他企业的商品油库存进行摸底调查核实。全市列入检查范围的库存粮油数量真实，质量良好，账实相符，管理规范，储存安全，自查和复查中未发现涉粮违法违规案件。

【粮食宏观调控取得成果】 2012年，针对国际市场粮油价格高企，国内通胀预期较强，粮油市场波动性比较大的情况，全市粮食行政管理部门采取相应的应对措施：一是地方储备粮和市本级应急成品粮油储备足额落实到位，数量真实，质量合格，随时可以调动。二是粮食应急网点建设不断完善，重新确定了粮食应急加工供应企业和应急供应企业，全市建成了“放心粮油”示范店21家，加盟店、专柜92家。三是应急救灾物资落实到位，确保抗洪救灾专用麻袋、编织袋等应急救灾物资落到实处。四是加强对粮油市场的分析和监测，开展2011年度社会粮油供需平衡调查，为桂林市全社会粮食综合平衡和宏观调控提供决策依据。五是军粮供应保障有力，保质保量完成军粮供应任务，实现了零投诉。

2012年，桂林力源粮油食品有限公司大米仓库　（市粮食局　供稿）

【全市国有粮食企业改革基本完成】　2012年，市粮食局全力协助全州县推进国有粮食企业改革，加强调查研究，加大指导力度。全州县采取全县统筹安排，整体推进的方式，做好国有粮食企业改革改制工作。至年末，全州县国有粮食企业改革第一阶段人员分流安置任务基本完成，至此，桂林市12个县的国有粮食企业改革改制工作基本完成。

【开展粮食流通监督检查】　2012年，桂林市粮食部门认真开展粮食流通监督检查活动。依法开展粮食收购资格许可和核查，对已不具备条件的8家经营单位注销粮食收购许可证，对6家无经营台账的企业责令限期改正。对粮食企业执行粮食流通统计制度情况进行专项检查，对1家企业漏报、错报、不及时上报统计报表等违反粮食统计制度行为给予警告；对辖区内从事粮食收购活动的各类粮食收购主体，包括中央企业、当地企业和跨区域收购的外地企业以及个体经营户和粮食经纪人在执行粮食收购政策方面的情况进行检查。抓好食品安全监管，结合粮食库存检查，重点对全市粮食（油）收购、储存质量和原粮卫生情况进行检查，全年全市粮食行政管理部门共组织粮食收购检查423次，出动检查人员2616人次，检查单位1175家（次），查出违规违纪案件15例，分别作出了责令改正或警告处理。

【粮食产业化发展】　2012年，桂林市粮食行政主管部门加强对龙头企业的培育和扶持，引导企业发展订单农业，发展粮食产业化经营，取得较好的社会效益和经济效益。农业产业化国家重点龙头企业——桂林力源粮油食品有限公司，向饲料工业、粮油工业、畜禽养殖及育种、连锁绿色食品店、生物科技发展，在全国各地开办分公司35家，2012年年产值突破80亿元，利税2.23亿元；自治区农业产业化龙头企业——永福福寿米业公司狠抓优质谷基地建设，生产优质大米、绿色大米、富硒大米、有机大米，“永福香”大米品牌的市场影响力不断扩大，呈现出良好的发展势头；自治区农业产业化重点龙头企业——桂林绿苑米业有限公司投资兴建的年产9万吨的自动化大米生产线及其2.3万平方米的厂房、仓库配套设施已竣工验收投入使用，企业成为“全国大米加工企业50强”。

【粮食仓储设施建设】　2012年，桂林市多方筹措资金，加大粮食仓储设施建设力度，取得明显成效。全年全市共上报粮食流通基础设施建设项目16个，计划投资总金额3.34亿元，建设仓容29.09万吨，至年末，累计完成投资1765万元。全年全市共投入872.95万元，对275间、总仓容13.6万吨的仓库进行维修改造，确保了储粮安全。

（张咸忠）

会展业

【概况】　2012年，市政府相继出台有关加快会展业发展的意见，设立会展发展扶持资金，明确扶持办法，为会展业科学创新发展提供良好的政策环境。中国桂林国际旅游博览会、世界旅游趋势与展望国际论坛、桂林国际山水文化旅游节等品牌展会影响力进一步扩大,“中国桂林国际旅游”系列品牌初步形成。一批具有浓郁地方特色和民族风情的节庆品牌得到培育，形成一县一品和一县多品的良好格局。年内,第二届广西园林园艺博览会和第三届广西名优农产品展销会等大型展会相继在桂林举办。在上海举行的2012中国会展产业论坛暨第九届“中国会展之星”颁奖盛典上,桂林市获“2011~2012年度中国十大魅力会展城市”称号和“第九届中国会展之星”大奖。

【第三届中国桂林国际旅游博览会举行】 2012年9月6~8日,第三届中国桂林国际旅游博览会在桂林国际会展中心举行，展会总面积2.2万平方米,参展商800家,参展参会国家和地区60个,专业观众人数7000人次，公众参观人数16万人次。中国桂林国际旅游博览会在旅游业影响逐年增大,被评为“2010~2012年度中国十大最具发展潜力展会”、2012年度中国节庆产业金手指奖“十大经贸类节庆”、2012年度中国会展产业大奖“中国会展经济产业贡献奖”。

【出台政策加快会展业发展】 2012年,市政府出台《桂林市会展业发展“十二五”规划》,是桂林第一部会展业规划;出台了《关于加快发展桂林会展业的意见》《桂林市会展业发展资金使用管理暂行办法》，明确了桂林打造国际会展名城的发展目标。市政府每年落实1000万元用于会展奖励扶持，加快桂林国际会展名城建设步伐。

【培育节庆品牌】 2012年，全市会展业在中国桂林国际旅游博览会等品牌展会的辐射带动下,市、县节庆会展业获得进一步发展。年内举办的市、县节庆有2012第四届中国(桂林)创新创意文化节暨国际动漫节、2012桂林房车节、鲁家村“三月三”民族歌圩节暨新村开村仪式、桂林灌阳“二月八”农具文化节、阳朔渔火节、恭城桃花节、资源河灯歌节、临桂名人文化节、兴安米粉节、全州湘山文化节、永福养生旅游福寿节等，各种节庆依托各自独特资源举办,各种会展品牌影响日益扩大。

【积极引展办会】 2012年，桂林市采取多方式、多渠道引进大型会展活动到桂林举办。9月28日~11月13日，第二届广西园林园艺博览会在桂林举办,该届园博会以“山水园林,秀甲天下”为主题,汇集了广西14个城市最具代表性的园林艺术精品,展览规模大、质量高、内容丰富,具有浓郁的地方特色，展示了广西城市园林绿化的发展水平,受到各级领导和专家的广泛好评。12月6~12日，第三届广西名优农产品展销会在桂林国际会展中心举办，交易会集中展示广西现代农业发展和新农村建设的成就，汇集了广西农业高新技术成果,荟萃了广西各地的粮、油、果、蔬、畜、禽、蛋、奶、水产等名特优新农产品3610种。

【大力宣传桂林会展业】 2012年,桂林市先后参加2012年第八届中国国际会展经济合作论坛、中国节庆文化节、2012中国会展行业年会、全国会展业高峰论坛大会、2012会展风尚大典,受邀在第八届中国会展经济合作论坛作主旨演讲,首次在国际性会展论坛上进行推介。各种宣传提升了桂林在会展业界的知名度和影响力。

（梁代辉）

2012年9月6日,第三届中国桂林国际旅游博览会开幕　（桂林市博览局　供稿）

非公有制经济

2012年7月10日，桂林市工商行政管理局领导到市非公有制经济企业调研党建工作（王建明　摄）

概　　述

2012年，桂林市非公有制经济增加值811.68亿元，占全市地区生产总值54.4%；全市规模以上非公有制企业完成工业总产值1196.6亿元，（比上年，下同）增长30.3%，占全市规模以上工业总产值75.4%；非公有制经济实现社会消费品零售总金额496.48亿元，增长14.6%，占全市实现社会消费品零售总金额的92.6%；全市非公有制经济完成税收达103.49亿元，占全市税收收入的83.42%。（徐莹波）

个体私营经济

【概况】 2012年，市工商行政管理部门加强服务平台建设，促进市场主体稳步健康发展。年末，全市有个体工商户114386户，从业人员188547人，注册资金64.30亿元，分别增长10.00%、11.90%、36.09%；有私营企业27597家（含分支机构，下同），从业人员279029人，注册资金428.76亿元，分别增长26.08%、19.99%、19.28%；农民专业合作社2211户，成员总数31699人，出资总金额7.92亿元，分别增长12.35%、36.63%、20.07%。年内，全市新开业个体工商户17359户，新增从业人员29744人，新增注册资金16.55亿元；新开业私营企业5916家，新增从业人员61854人，新增注册资金60.29亿元；新登记农民专业合作社237户，新增成员1554人，新增出资总金额1.54亿元。

【无照经营查处】 2012年，市工商行政管理局按照"政府统一领导、工商积极协调、相关部门各司其职、齐抓共管"的长效工作机制，加强对无营业执照经营行为的查处取缔工作。全市工商行政管理部门通过对相关重点区域、重点行业、重点时段采取措施，依法查处取缔部分违法情况严重、屡查不改的无营业执照经营户；开展查处取缔住宿、生

表12　2012年桂林市个体工商户分类统计表

行业分类	数量（户）	从业人员（人）	注册资金（万元）
农、林、牧、渔业	1388	3758	64955.95
采矿业	179	1097	7087.90
制造业	6460	21827	59902.49
电力、燃气及水的生产和供应业	50	167	4151.50
建筑业	378	816	1779.40
交通运输、仓储和邮政业	22365	28782	180520.76
信息传输、计算机服务和软件业	1231	2344	12183.10
批发和零售业	63949	90407	200359.27
住宿和餐饮业	7793	19018	71531.15
金融业	13	20	61.00
房地产业	66	103	177.00
租赁和商业服务业	979	1566	5791.80
广告业	27	54	100.00
科学研究、技术服务和地质勘查业	412	751	1443.00
水利、环境和公共设施管理业	5	29	178.00
居民服务和其他服务业	8610	16061	25688.42
教育	12	29	215.00
卫生、社会保障和社会福利业	100	262	379.90
文化、体育和娱乐业	341	1411	6413.70
其他行业	28	45	53.00
合计	114386	188547	642972.34

表13　2012年桂林市私营企业分类统计表

行业分类	数量（家）	从业人员（人）	注册资金（万元）
农、林、牧、渔业	2174	20283	187311.00
采矿业	491	6141	69756.00
制造业	3650	56917	569762.50
电力、燃气及水的生产和供应业	644	8310	118123.00
建筑业	1363	14076	214825.90
交通运输、仓储和邮政业	4295	40640	538160.00
信息传输、计算机服务和软件业	686	5322	40872.50
批发和零售业	6725	51495	312098.00
住宿和餐饮业	699	6496	67792.50
金融业	49	463	56927.00
房地产业	1063	10121	581969.00
租赁和商业服务业	3434	34320	953636.00
广告业	234	2761	14505.00
科学研究、技术服务和地质勘查业	683	7517	81587.00
水利、环境和公共设施管理业	122	1409	33133.00
居民服务和其他服务业	865	7893	42895.00
教育	27	272	1844.00
卫生、社会保障和社会福利业	17	495	3547.00
文化、体育和娱乐业	354	3941	397969.00
其他行业	22	157	841.00
合计	27597	279029	4287554.40

2012 年 8 月 10 日，桂林市微型企业发展工作领导小组办公室、中国银行桂林分行举办“携手搭建融资平台战略合作”签约仪式　　（王建明　摄）

产经营和储存为一体“三合一”无营业执照经营场所专项整治行动。年内，共查处无营业执照经营案件 1323 件，案值 979.16 万元，罚没款金额 140.54 万元；移送司法机关案件 2 件，取缔无营业执照经营 321 户，引导办理营业执照 1582 户。

【扶持微型企业发展】 2012 年，市工商行政管理部门落实自治区“抓大壮小扶微”工程及加快推进微型企业发展工作的决策部署，扶持微型企业发展。年末，全市实有微型企业 3220 家，注册资金 3.04 亿元，累计带动就业人数 29778 人，其中年内新发展微型企业 2085 家，新增注册资金 1.98 亿元，新增从业人员 20017 人，分别提高 80.05%、83.33%、103.83%。全年微型企业资本金补助资金发放 1338 户，共计 3723 万元，补助金发放额居自治区前列，微型企业的存活率达 99.66%。以扶持微型企业孵化园为着力点，与银行构建合作框架，为创业者提供优质便捷、资源共享、信息互通的园区发展环境，帮助企业搭建融资平台。全市拥有文化创意、信息技术、高新技术等成长型产业的微型企业 163 家，年内，桂林市有 2 家微型企业转型升级为中小企业。

【指导非公有制经济组织开展党建工作】 2012 年，市工商行政管理局加大对非公有制经济组织党建工作的宣传力度，在具备条件的非公有制经济企业中采取“独建、联合、挂靠”等形式，抓好非公有制经济企业党支部组建工作，指导非公有制经济企业规范组建，按照组织程序，建立健全各项制度。全市累计组建非公有制经济企业党组织

2012 年 7 月 10 日，桂林市举办“中小企业服务月”活动启动仪式暨“抓大壮小扶微工程”融资对接大会　　（王建明　摄）

194个，非公有制经济企业职工党员8700多名。

（韦冬宜）

外商与中国港澳台地区商人投资企业

【概况】 2012年，桂林市新登记外商和中国港澳台地区商人投资企业8家，其中中外合资企业3家、外国自然人独资企业1家、中国港澳台地区合资企业1家、中国港澳台地区与境内合资企业1家、中国港澳台地区自然人独资企业2家。新登记企业投资总金额2910.21万美元；注册资本1693.90万美元，其中外方认缴1122.11万美元；实收资本702.26万美元，其中外方实缴624.24万美元。至年末，桂林市外商和中国港澳台地区商人投资企业共有270家，比上年减少21家。其中中外合资企业55家、中外合作企业6家、外商合资企业7家、外国法人独资企业25家、外国自然人独资企业23家、中国港澳台地区与外国投资者合资企业5家、中国港澳台地区与境内合资企业56家、中国港澳台地区与境内合作企业8家、中国港澳台地区合资企业17家、中国港澳台地区法人独资企业31家、中国港澳台地区自然人独资企业35家、中外合资未上市股份有限公司1家、中国港澳台地区与境内合资未上市股份有限公司1家。外商和中国港澳台地区商人投资企业投资总金额21.89亿美元；注册资金14.17亿美元，其中外商和中国港澳台地区商人认缴9.28亿美元；实收资金13.16亿美元，其中外商和中国港澳台地区商人实缴资金8.50亿美元。全年外商和中国港澳台地区商人投资的总体发展趋势为企业规模以中小型居多，企业数量、投资总金额、注册资本、外方认缴呈下降趋势，主要因素是人力资本和要素价格上涨等导致运营成本高，外资预期中国成本长期的上涨趋势，即中国已步入粗放式经济增长成本消化阶段，这一判断促使部分外资重新考虑在中国投资，从而导致桂林市外商投资企业各项数据下降。

【加强企业出资监管】 2012年，市工商行政管理局通过建立企业出资台账、企业出资催缴台账、延期出资期限台账、黑名单管理台账，加强对企业的出资管理。对新成立的外商投资企业首期未出资的，在企业出资时间到期之日后10天之内发《限期出资通知书》，督促企业在限期内到企业登记注册分局办理变更登记手续，并在红盾系统中对该企业加锁列为黑名单。年内，有桂林港华燃气有限公司、阳朔瑞盛旅游开发有限公司、桂林市涵碧楼酒店有限责任公司等21家企业办理了实收资本变更登记手续，比上年增加16家，增长320%。实际到位外资3314.28万美元，增加2855.15万美元，增长621.86%。为桂林西麦生物技术开发有限公司、桂林愚自乐园等7家企业办理增资手续，增加注册资本1362.32万美元，实际到位1362.32万美元。

【扶持外资企业发展】 2012年，市工商行政管理局在加强监管的同时，落实自治区工商行政管理局出台的《支持广西北部湾经济区建设的实施意见》等文件精神，扶持外资企业发展。对于企业首期注册资本到位，因资金周转出现困难，后期注册资本未能按期交付的广西兴安县丽木木业有限公司、桂林孔雀山庄度假村有限公司等5家外商投资企业办理了延长出资期限手续。对因资金不到位，并在延长出资期限内的桂林山水高尔夫度假酒店有限公司、桂林市涵碧楼酒店有限责任公司等3家外商投资企业免于处罚，予以补办年检手续。

（韦冬宜）

2012年5月7日，桂林市工商行政管理局工作人员开展为企业营业执照年检上门服务

（王建明 摄）

对外开放

2012年5月10日，市长李志刚（前排右二）陪同中国保利集团董事长陈洪生（前排右一）在项目地进行考察　　（黄克　摄）

招商引资

【概况】 2012年，桂林市投资促进局继续加大“央企入桂”“百企入桂”工作力度，深化“大兑现，大服务”活动，提高项目履约率、开竣工率、资金到位率。年内，全市新签市外境内项目415个，新签项目总投资486.47亿元，(比上年，下同)增长4.25%，其中自治区外投资472.82亿元，增长8.14%。实施市外境内到位资金的项目812个，其中自治区外项目759个；市外到位资金542.18亿元，增长10.3%，其中自治区外到位资金518亿元，增长14.39%。项目主要来自广东、湖南、北京、福建、浙江等地。项目中第一产业项目37个，占总实施项目数4.56%；第二产业项目411个，占总实施项目数50.62%；第三产业项目364个，占总实施项目数44.83%。年内，全市实际利用外资34936.76万美元，其中经批准的外商投资项目实际利用外资19552.59万美元，外商其他方式投资项目实际利用外资11879.01万美元，外商以注册内资企业方式投资项目实际利用外资3505.16万美元。年内，新签并实施的内资亿元以上项目127个，总投资10亿元以上项目6个，5亿(含)~10亿元项目10个，1亿(含)~5亿元项目111个，其中农业项目主要有灵川的海澳思生态农业开发项目，工业项目主要有灵川的高端数显量具量仪产业化和特种数控机床与自动化设备产业化项目、雁山的万向钱潮(桂林)汽车底盘部件有限公司扩大生产线投入项目等，文化旅游服务业项目主要有资源的大福空间旅游项目、秀峰的王城景区二期深度保护利用开发项目等。年内，桂林市被评为2011年度广西招商引资工作先进市，临桂县、灵川县、兴安县、荔浦县、秀峰区被评为2011年度广西招商引资工作先进县(市、区)，桂林国家高新技术产业开发区被评为2011年度广西招商引资工作先进开发区。

【招商引资项目大兑现取得成果】 2012年，桂林市在全市组织投资服务大回访，对列入各级大兑现项目和企业进行走访调查，针对企业面临的困难，对项目建设、投资投诉等进行回访，为投资者和企业解决实际问题。市招商引资项目大兑现领导小组办公室对19个单位的大兑现工作进行综合考评，促进全市大兑现工作，全年全市内资大兑现项目281个，投资总金额854.78亿元，累计到位资金665.43亿元，合同履约率98%、开竣工率78%、资金到位率77.8%；外资大兑现项目14个，合同外资总金额3.32亿美元，累计到位资金2.1亿美元，合同履约率100%、开竣工率79%、资金到位率63.3%。年内，灵川县、临桂县、灌阳县、荔浦县、兴安县被评为2012年自治区招商引资项目大兑现工作示范县，桂林国家高新技术产业开发区、恭城瑶族自治县工业集中区被评为2012年自治区招商引资项目大兑现工作示范园区，桂林东亿纸品有限公司、香格里拉大酒店(桂林)有限公司被评为2012年自治区招商引资项目大兑现工作示范企业。

【多形式开展招商活动】 2012年，桂林市加强招商引资工作，多次赴外地进行招商引资活动，推介桂林重大招商项目和投资环境，加强与国内大型企业的互访、洽谈。各县(区)、工业园区积极组织外出招商，组团参加各种商贸洽谈会，推进项目实施，促进招商引资工作，全市形成大招商、招大商的局面。推进“央企入桂”活动，成立桂林与中

2012年5月10日，常务副市长黄俊华(前排左一)陪同中国保利集团董事长陈洪生(中)在项目地进行考察 (黄克 摄)

央企业合作工作协调小组，强力推进中央企业项目的引进，与中国保利集团、中国中材股份集团等10家中央企业签约，签约总金额300.2亿元。年内，组织参加第九届中国—东盟博览会，全市内外资签约项目62个，签约总金额948.37亿元。其中：外资项目9个，签约总金额20.2亿美元；内资项目53个，签约总金额821亿元。桂林市获自治区颁发的第九届中国—东盟博览会最佳组织工作奖。

【区域合作取得实效】 2012年，桂林市把区域经济技术协作与对外开放和招商引资工作有机结合，参加了中国东西部合作与投资贸易洽谈会、中国青海结构调整暨投资贸易洽谈会、中国国际投资贸易洽谈会等，组织县（区）、市直部门和企业参会，宣传桂林的区位、资源、产业和政策优势，加强与各地的经贸合作，扩大招商引资成果。在海南省举办的第八届泛珠三角区域合作与发展论坛暨经贸洽谈会上，平乐县人民政府与中国电力投资集团公司南方分公司签约风力发电项目，项目金额7亿元；灵川县人民政府与广州市弘晟投资有限公司签约桃花岛旅游酒店及休闲养生中心项目，项目金额6亿元。

【服务非公有制企业】 2012年，桂林市加强对非公有制企业高级管理人员培训。1月，召开全市投资促进工作与文化产业发展座谈暨非公有制企业家迎新春联谊会，参加人员300余人，搭建了市委、市政府及政府有关部门与全市非公有制企业家、商（协）会代表交流平台。6月，举办2012年（总第13期）桂林市非公有制企业家培训班，参加培训人员400多人。加强指导和管理桂林异地商会，指导桂林南京商会、桂林武汉商会按要求更名为省级商会，审核桂林安徽商会、桂林四川商会申请筹备材料。 （王海帆）

对外贸易与经济技术合作

【概况】 2012年，桂林市对外贸易进出口总金额9.75亿美元，增长1.91%。其中：出口总金额7.89亿美元，增长9.98%；进口总金额1.86亿美元，下降22.23%。新批准外商投资企业11家，合同外资总金额3244万美元（含已批企业增、减资），其中新批项目的合同外资1474万美元、全口径实际利用外资1.33亿美元。完成境外投资项目3个，中方投资总金额5310万美元。外派劳务84名建筑工人至阿尔及利亚。

【出口贸易实现稳步增长】 2012年，桂林市出口总金额7.89亿美元，增长9.98%。全市有出口业绩企业228家，出口超1000万美元的企业有19家。其中：桂林国际电线电缆集团有限责任公司超1亿美元，桂林漓佳金属有限责任公司超5000万美元，中国化工橡胶桂林有限公司超3000万美元，桂林莱茵生物制品有限公司、广西桂广滑石开发有限公司等5家超2000万美元。主要出口商品及出口金额为：电线电缆16673万美元，木制衣架8748万美元，铜管5610万美元，滑石5364万美元，轮胎3828万美元，甘草酸粉3571万美元，安全玻璃2193万美元，车辆及其零附件2078万美元，挤出机2006万美元，钢铁制品1665万美元，重晶石1648万美元，药品1405万美元，钢板1253万美元，清水马蹄罐头1008万美元，液体泵946万美元，牙科仪器及器具794万美元，竹制一次性筷子759万美元，珠宝、贵金属601万美元，表带及其零件588万美元。年内，桂林市贸易出口国别（地区）有161个，其中主要出口国家及出口金额分别为：美国17971万美元，澳大利亚17497万美元，日本4408万美元，泰国3401万美元，德国3000万美元，缅甸2399万美元，俄罗斯2049万美元，英国1847万美元，荷兰1837万美元，意大利1484万美元，法国1268万美元，韩国1268万美元，印度尼西亚1252万美元，印度1102万美元，智利1023万美元。

【进口贸易明显下降】 2012年，桂林市进口总金额1.86亿美元，下降22.23%。全市有进口业绩企业79家，进口超1000万美元的企业有4家，分别为桂林NEC无线通信有限公司3926万美元，桂林漓佳金属有限责任公司2819万美元，桂林康密劳铁合金有限公司1800万美元，桂林金利化工新材料有限公司1067万美元。年内主要进口商品有：通信设备3834万美元，铜及其制品2880万美元，锰矿砂及其精矿2686万美元，橡胶1439万美元，锡矿砂及其精矿968万美元，医疗设备798万美元，谷物572万美元，燕麦445万美元。桂林市

2012 年 9 月 22 日，第九届中国—东盟博览会桂林市经济合作项目签约仪式举行　　（黄克　摄）

贸易进口国别（地区）有 59 个，其中主要进口国家及进口金额分别为：日本 5330 万美元，韩国 1836 万美元，马来西亚 1104 万美元，坦桑尼亚 1068 万美元，澳大利亚 985 万美元，美国 975 万美元。

【利用外资】 2012 年，桂林市新批外商投资企业 11 家，下降 15.4%；合同外资总金额 3244 万美元，增长 5218%；实际利用外资为 1.33 亿美元，下降 25.2%。在新批外商投资企业中，中外合资企业 5 家，外商独资企业 6 家。实际利用外资金额超过 100 万美元的县（区）有：象山区 2997 万美元，桂林国家高新技术产业开发区 476 万美元，龙胜各族自治县 325 万美元，临桂县 252 万美元。

【参加第九届中国—东盟博览会】 2012 年 9 月，桂林市组团参加第九届中国—东盟博览会，全市参展企业 14 家，9 家企业以实物形式参展，共展出实物 425 种；5 家企业以新技术图片形式参展，室内展位面积 126 平方米，户外展位面积 72 平方米。参展的产品科技含量较高，均以新能源、新材料和新技术为主。参展企业包括桂林大宇客车有限公司、桂林国际电线电缆集团公司、桂林健评环保节能产品开发有限公司等。参展的商品涉及汽车、工程机械、能源环保产品等领域。桂林大宇客车厂展出的 GL 6128 HK 型客车，整车具有自主知识产权，组织参加 13 场东盟国家投资推介活动。博览会上达成的意向及协议总金额 5000 万美元。

【扶持进出口企业】 2012 年，桂林市商务局加大政策扶持力度，为企业提供发展资金支持，全市进出口呈现回升趋势。年内，桂林国际电线电缆集团有限责任公司、桂林澳华贸易有限公司等 24 家企业的 40 个项目获国家外经贸区域协调发展促进资金 1364.6 万元。有 113 家进出口企业获中小企业国际市场开拓资金项目 308 个，获批资金 662.7 万元。

【境外投资开办企业投资金额增加】 2012 年，桂林市实现境外投资项目 3 个，中方总投资金额 5310 万美元。一是中国有色桂林矿产地质研究院有限公司在缅甸投资有色金属矿勘探，项目投资金额 810 万美元。二是由中国有色桂林矿产地质研究院有限公司在赞比亚独资设立中色赞比亚地质勘查有限公司，项目投资金额 900 万美元。三是桂林市国际经济技术合作有限公司在印度尼西亚独资成立印度尼西亚双狮有限责任公司，项目投资金额 1200 万美元。完成“走出去”项目增资 1 个，桂林国际电线电缆集团有限责任公司对澳大利亚电线电缆有限公司增资 2400 万美元。

（蔡俊）

财政·税务

2012 年 3 月 15 日，桂林市国家税务局举行"全国文明单位"揭牌仪式

（市国税局　供稿）

财　　政

【概况】 2012年，全年组织财政收入163.56亿元，(比上年，下同)增长15.2%。其中：地方公共财政预算收入106.01亿元，增长31.3%；上划中央收入42.72亿元，下降6.8%；上划自治区分享“四税”(增值税、营业税、企业所得税、个人所得税)收入14.83亿元。市级财政收入80.75亿元，县级财政收入82.91亿元。

全市财政总收入中公共预算收入106.01亿元(税收收入59.33亿元，增长12.5%；非税收入46.68亿元，增长66.6%)，增长31.3%；上级补助收入171.74亿元，增长17.5%；债券转贷收入3.98亿元；调入资金1.31亿元；上年结余27.73亿元。

全市财政总支出中公共预算支出261.33亿元，增长12.3%；上解上级支出4.99亿元，增长9.7%；债务还本支出6亿元；调出资金0.31亿元；安排预算稳定调节基金4.1亿元。

【积极组织征收】 2012年，桂林市财政局(简称市财政局)落实财政收入目标责任制，按财政收入增长等考核激励办法考核各县(区)和征收部门收入工作绩效，兑现对县(区)政府、税务部门和收入责任人的奖励。加强收入预测分析，抓好组织收入工作的关键和重点；协调市级税务部门、县(区)政府、企业、银行等抓好组织收入；落实非税收入“收支两条线”管理办法，完善规章制度，规范单位收缴行为，加强国有资源有偿使用收入、国有资本经营收入等非税收入征管，挖掘非税收入收缴潜力。

【优化支出结构】 2012年，市财政局针对地方可支配财力不足，按照“统筹兼顾、有保有压、量力而行、尽力而为、收支平衡、集中财力办大事”原则，编制下达财政支出预算。合理调度资金，确保政权机关运转，确保农业、科技、教育等部门法定增长以及社会保障的资金需要。严格执行预算，落实政府采购、部门预算、国库集中支付、公务卡结算等支出改革，实现对财政资金支付全过程的监控。配合市纪委贯彻落实厉行节约，确保“三公”经费零增长，严格控制一般性支出要求。

【保障重点项目建设】 2012年，市财政局支持临桂新区建设，涉及的建设审批项目优先办理，在政府采购、投资评审、财务总监的派驻上给予支持。做好2012年中央代地方政府发行债券的申报工作，全市承接由财政部代理发行2012年地方政府债券2.52亿元，支持第二届广西(桂林)园林园艺博览会及市人民政府2012年为民办实事项目的实施。配合市发展和改革委员会发行10亿元第二期企业债券，配合桂林市经济建设投资总公司完成工商银行桂林分行9亿元贷款解包还原为5个项目工作。统筹综合财力，履行政府性债务还款责任。

2012年10月，市财政局领导在临桂新区金融大厦建设现场指导工作
(市财政局　供稿)

【保障民生支出】 2012年，市财政局筹措资金支持市人民政府为民办实事工程，确保医疗卫生保障、社会保障、文化计生、生态建设等为民办实事工作的实施。下达农村危房改造项目，在市本级预算内基本建设支出中，安排市级补助资金800万元，配合桂林市社会主义新农村建设暨“三农”工作指导委员会办公室完成普惠制新村建设400个。市本级财政安排社保资金预算5.39亿元，确保全市社会保险参保人员待遇落实。完善基本医疗保障制度建

设，新型农村合作医疗制度筹资标准由每人每年230元提高到290元。实施国家基本药物制度，落实国家医改补助资金和基本公共卫生服务财政专项补助资金1.04亿元。关心弱势群体基本生活，安排社会保障资金6050万元，做好特困人员子女学费补助、困难企业军转干部生活补助、困难企业职工基本生活费、市区环卫工人待遇改善等工作。预算安排5783万元，确保5个城区在册城市低保对象9551人、农村低保对象7321人低保补助，城市低保月人均发放185元，农村低保月人均发放74元。投入水库移民资金1552万元，支持新建和续建水库移民新村、道路建设、扶贫示范等项目建设。核拨保障性住房中央补助资金、市本级国有土地出让收入、住房公积金增值净收益共2.14亿元，用于迎宾路口、中隐路、桂磨路、雁发路等保障性住房建设项目。拨付1200万元用于市本级7540户低收入、住房困难家庭廉租住房租赁补贴的发放。下达自治区财政对公共汽车、城市出租车、农村客运车辆、岛际和农村水路客运补贴资金8682万元。

2012年3月，自治区财政厅调研组到桂林调研财政收入情况

（市财政局　供稿）

【支持工业发展】 2012年，兑现在桂林市经济工作中做出突出贡献燕京啤酒(桂林漓泉)股份有限公司等97家纳税贡献企业、纳税增幅前10名企业、对在桂林市工业经济工作中作出重大贡献的县(区)和企业及优秀企业家给予奖励。安排6000万元用于支持企业技术改造贴息和中小企业发展、工业化和信息化融合、工业园区基础设施建设。安排1000万元中小企业信用引导专项资金，用于鼓励金融机构加大对中小企业的信贷支持，改善中小企业融资环境。安排“退二进三”(20世纪90年代，为加快经济结构调整，鼓励一些产品没有市场，或者濒于破产的中小型国有企业从第二产业中退出来，从事第三产业的一种做法)搬迁改造资金1.14亿元，优化桂林市工业布局，促进产业升级。

【支持“三农”建设】 2012年，桂林市争取各类农业资金11.25亿元，支持桂林市农业和农村经济可持续发展。加大农业综合开发力度，争取农业综合开发土地治理、中型灌区节水改造及产业化财政补助等项目资金1.9亿元。推进农村“一事一议”财政奖补工作，财政奖补范围综合比例由上年的71.30%增加到84.24%。年内，全市累计完成农业项目投资总金额5.03亿元，累计完成“一事一议”财政奖补项目3132个，直接受益183.42万人。落实各项支农惠农政策，拨付种粮农民农作物良种补贴、农机补贴、农资综合补贴等涉农补贴共1.28亿元。

【推进财政改革管理】 2012年，桂林市纳入国库集中支付改革的单位达400多个，实现了预算单位的全覆盖，国库集中支付的资金范围包括预算内资金、政府性基金、非税收入支出等。推行公务卡结算制度，制订《关于实行桂林市本级公务卡强制结算目录的通知》，对公务卡强制使用范围、金额作出具体规定，实行强制目录，推动公务卡的办理和使用。全面建立财政国库动态监控体系，在财政信息平台系统上启用国库动态监控系统，对预算单位通过零余额账户向本单位实有账户转账、现金超比例提取和大额提现进行监控，规范预算单位的支付行为。在自治区内率先完成2012年市本级国有资本经营预算编制并获市人民政府批准。年内，桂林市被确定为自治区本级同步开展预算绩效管理试点工作的首批城市，完成了企业技术改造资金、保障性住房建设等8个试点项目的绩效目标和评价指标体系制订。加大市本级

2012年桂林市财政收支执行情况表

表14　　单位:万元

科目	全市	市级			县级
		合计	市本级	城区	
组织财政收入	1635601	806526	509283	297243	829075
公共财政预算收入	1060087	494657	308673	185984	565430
税收收入	593283	259908	156556	103352	333375
增值税	51196	23218	14037	9181	27978
营业税	140657	59798	32497	27301	80859
企业所得税	58090	36019	20413	15605	22071
个人所得税	18492	11829	7934	3895	6663
其他各项税收	324848	129044	81675	47370	195804
非税收入	466804	234749	152117	82632	232055
专项收入	23011	10984	10984		12027
行政性收费收入	84736	27516	20045	7471	57220
罚没收入	26024	9552	5996	3556	16472
国有资本经营收入	125489	82035	78977	3058	43454
国有资源(资产)有偿使用收入	128261	54640	21061	33579	73621
其他收入	79283	50022	15054	34968	29261
上划自治区收入	148322	69896	39837	30059	78426
增值税	24092	10925	6606	4319	13167
营业税	93772	39868	21666	18202	53904
企业所得税	19363	12006	6804	5202	7357
个人所得税	11095	7097	4761	2336	3998
上划中央收入	427192	241973	160773	81200	185219
增值税75%部分	225864	102432	61934	40498	123432
消费税	40281	38632	38632		1649
企业所得税60%部分	116665	72521	41167	31354	44144
个人所得税60%部分	44382	28388	19040	9348	15994
公共财政预算支出	2613324	751713	519266	232447	1861611
一般公共服务	492207	131204	61974	69230	361003
国防	4880	3569	3086	483	1311
公共安全	130279	58486	48107	10379	71793
教育	469804	112919	73983	38936	356885
科学技术	31508	14996	11908	3088	16512
文化体育与传媒	34694	15495	14540	955	19199
社会保障和就业	226267	65717	52807	12910	160550
医疗卫生	263722	56926	43607	13319	206796
节能环保	86834	16668	13219	3449	70166
城乡社区事务	128052	68738	28769	39969	59314
农林水事务	378174	72017	62277	9740	306157
交通运输	66750	19863	18854	1009	46887
资源勘探电力信息等等事务	82090	49125	31231	17894	32965
商业服务业等事务	38574	17721	13554	4167	20853
金融监管等事务支出	7485	658	658		6827
国土资源气象等事务	24134	4665	3933	732	19469
住房保障支出	117467	33937	29204	4733	83530
粮油物资储备事务	7872	1269	1269		6603
国债还本付息支出	9084	7574	6253	1321	1510
其他支出	13447	166	33	133	13281

的政府采购力度，全年市本级采购预算金额31.25亿元，实际采购金额23.9亿元，节约7.37亿元，平均节约率23.6%。

【加强财政监督】 2012年，桂林市加强外国政府贷款和世界银行贷款项目的管理监督，编制了2012～2022年全市政府债务偿还计划表，加强政府债务监控，防范财政风险。加强行政事业单位国有资产管理，共批复72家行政事业单位国有资产处置业务，处置行政事业单位国有资产4526件，资产价值（账面价值）7050.89万元，各行政事业单位处置资产残值（固定资产报废时回收的残料价值）收入，按要求规定上缴非税收入管理局，实行“收支两条线”管理。完善财政性投资评审管理制度，做好重点工程项目竣工财务决算批复，全年共评审各类项目805个，项目送审造价108.36亿元，审定造价97.16亿元，审减不合理资金11.2亿元；推动县级评审机构建设，临桂县、灵川县、兴安县、阳朔县、恭城瑶族自治县相继成立评审机构。加大对财务总监的派驻和管理力度，加强培训、考核，全面提高财务总监的综合素质。全年全市共派驻财务总监的新建财政性投资项目45个，其中临桂新区项目21个。 （万晓晴）

2012年11月，市财政局工作人员参加桂林市政风行风热线活动

（市财政局　供稿）

国家税务

【概况】 2012年，桂林市国家税务局（简称市国税局）内设15个行政机构、4个直属机构和3个事业单位，下辖12个县国税局和5个城区国税局。全市国税部门有在职干部职工1479人，管辖全市纳税登记户68823户（家）。其中：一般纳税人户数5889户，占全市纳税人总户数8.56%；小规模企业12368家，占全市纳税人总户数17.97%；个体工商户46533户，占全市纳税人总户数67.61%；其他纳税人户数4033户，占全市纳税人总户数5.86%。年内，共为企业办理减免退税6.67亿元，其中办理出口退税、先征后退、减免退税等3.43亿元；办理高新技术企业、残疾人就业、其他减免税3.24亿元。

年内，全市国税系统共组织自治区国税局口径税收收入49.96亿元，下降4.53%；宏观税负3.35%，下降0.57个百分点；税收弹性系数为–0.39。增值税、企业所得税、消费税的发展呈现年初深度下滑，之后降幅逐步缩小的趋势。全年增值税、企业所得税、消费税三大税种所占比例为60.87∶22.56∶8.07。增值税完成30.41亿元，下降2.16%；企业所得税完成11.27亿元，下降14.83%；消费税完成4.03亿元，下降2.9%；车辆购置税完成4.24亿元，增长10.38%。市国税局获全国文明单位，21个创建单位全部获自治区级文明单位，6个单位获全国巾帼文明示范岗。

【加强税收执法风险管理】 2012年，市国税局加强税收执法风险管理，共废止、修订本级不切实际或失效的税收规范性文件及涉税管理制度269件。对11件涉税重大案件进行审理，涉案税款1286万元。加强对中央和国家税务总局、自治区国税局重大决策部署执行情况的监督检查，督查面达40%以上。加强风险排查，共查出并整改税收执法风险点18个，运用税收执法信息管理系统发出风险提示，督促、指导相关单位及时进行纠错，全年税收执法准确率达99.87%。创建桂林市级依法行政示范点工作通过检查、考评，获首批市级依法行政示范点单位。

【加大税务稽查力度】 2012年,市国税局开展税收专项检查和打击发票违法犯罪活动,全年共检查各类纳税人759户,其中立案检查纳税人147户。查处发票违法案件106件,违法企业71家,其中公安部门立案20件。打掉犯罪团伙2个,抓获犯罪嫌疑人15人,移送司法机关处理5件,查处涉嫌问题发票5764份。健全监督管理机制,加强税务稽查防控。全年稽查查补入库收入总金额9457万元,与上年基本持平,稽查查补入库率100%,选案准确率100%,结案率100%,立案查补入库收入占入库总金额的31%。

表15 2012年桂林市国家税收收入统计表

地区别	税收合计(万元)	比上年增减额(万元)	比上年增减(%)
全市	499596	-23718	-4.53
市区	281059	-32146	-10.26
各县	218537	8428	4.01
阳朔县	8180	1242	17.90
临桂县	38857	2387	6.55
灵川县	26331	-45	-0.17
全州县	16585	-2754	-14.24
兴安县	28480	-516	-1.78
永福县	17377	2570	17.36
灌阳县	17203	2595	17.76
资源县	6631	1212	22.37
平乐县	8796	382	4.54
荔浦县	23847	660	2.85
龙胜各族自治县	16863	1538	10.04
恭城瑶族自治县	9387	-843	-8.24

【纳税服务】 2012年,市国税局为跨辖区的纳税人办理"通办"涉税业务17773项。自助办税服务在5个城区国税局及3个县国税局办税服务厅推广,纳税人通过自助办税终端办理一般纳税人抄报税14302次,认证发票38925份。加强社会协作,税银合作范围从农业银行桂林分行延伸到交通银行桂林分行、桂林漓江农村合作银行。深入开展"和谐税收联万企"主题活动,采取税企座谈、开门纳谏、上门辅导、专题服务、稽查回访等方式方法,为纳税人排忧解难,全年走访纳税人3954户,收集、解决意见建议432条,辅导纳税人3516户;开展支持小型微利企业和个体工商户科学发展专题服务活动,走访1900户纳税人。运行自治区短信服务平台,为15269户纳税人开通短信提醒服务。全面推行纳税人凭密码领购发票,全年办理纳税人购票密码设置20888户次。全市举办纳税人培训班103期,培训4991户次。

【提高税收征管能力】 2012年,市国税部门落实新增值税起征点调整政策,新增享受国家税收优惠纳税人4.1万户。开展"强征管、挖税源、堵漏洞、保增长"活动,共增加税收收入1.71亿元。加强数据监控,按月定期发布数据预警,共发布征管数据质量预警信息60多次。年内,市国税局准期申报率99.78%,当月入库率99%,增值税税负3.18%,滞纳金加收率100%,年度新增欠税为零。

2012年5月16日,市长李志刚(中)到市国税局调研 (市国税局 供稿)

【完善信息化建设】 2012年,市国税局自主研发发票验旧信息数据采集系统、增值税一般纳税人数据预警监控平台,完成自行开发的企业所得税税源管理系统在自治区国税部门上线推广。做好在自治区国税系统推广的稽查选案系统的开发和完善工作,实现了自治区、市、县三级选案指标的比对,提高了选案效率。升级、完善税收征管数据应用管理平台、病毒监控平台,对廉政风险防范系统、纳税服务工作管理系统等进行整合。完善广西国税网站

2012 年 8 月 22 日，自治区人民政府副秘书长黄胜杰（前排左二）到市国税局调研　（市国税局　供稿）

桂林子站和 17 个县（区）国税网站子站以及市国税局政务内网建设。年内，市国税局共通过门户网站发布各类信息 4000 多条，网站访问量 47 万多次。（黄凯）

地方税务

【概况】 2012 年，桂林市地方税务局（简称市地税局）机关共设 13 个科室，管理 4 个直属单位。下辖 12 个县地方税务局和 5 个城区地方税务局。全市地税部门在职干部职工 1273 人，管辖地方税纳税户 27835 户（家）。其中：国有企业 475 家，集体企业 432 家，股份合作企业 140 家，联营企业 38 家，股份公司 1557 家，私营企业 1979 家，其他企业 2542 家，个体工商户 20561 户；外商投资企业 62 家，中国港澳台投资企业 49 家。

2012 年，市地税部门共组织各项收入 79.88 亿元，增加 6.84 亿元，增长 9.37%。实现市（县）级收入（不含金融保险营业税、文化事业建设费、防洪保安费、地方教育附加、工会经费和残疾基金）73.40 亿元，增加 5.82 亿元，增长 8.61%。实现一般性预算收入（不含文化事业建设费、防洪保安费、地方教育附加、工会经费和残疾基金）77.24 亿元，增加 6.55 亿元，增长 9.26%。代收教育附加收入 18248 万元，增加 341 万元，增长 1.90%；地方教育附加收入 12126 万元，减少 540 万元，下降 4.26%。文化事业建设费收入 1226 万元，增加 160 万元，增长 15.01%。防洪保安费收入 2087 万元，增加 1238 万元，增长 159.58%。残疾人就业保障金 1359 万元，增加 138 万元，增长 11.30%。工会经费 9590 万元，增加 1945 万元，增长 25.44%。

【实行重点行业税收预警管理】 2012 年，市地税局推广重点税源监控范围，强化数据统计与相关性分析，建立以数字模型为核心的多维滚动税收预测机制，实行重点行业税收预警管理，推行风险管理，健全重点税源企业信息交换、个性化纳税服务、问题提醒制度和快速有效应对机制。全年重点监控的 1469 户重点税源户入库税收收入 36.01 亿元，占全市地方税收收入的 46.62%。市级以上层面重大工程项目入库税收 10.31 亿元。

2012 年 7 月 23 日，市地税局组织学习《廉政准则》主题教育廉政党课　（市地税局　供稿）

【加强税务稽查】 2012年，桂林市以资本交易项目、房地产与建筑安装等行业为重点，组织开展税收专项检查。实施全市分片稽查，检查企业1127家，查处发票违法企业79家，查出非法发票3381份，涉及金额2394.21万元，查补入库税款、滞纳金和罚款557.74万元，移送公安机关立案侦查3家，曝光8家。加大稽查力度，全年全市地税稽查部门共检查纳税人490户(家)，其中立案检查企业108家，查补入库税款、滞纳金和罚款2.34亿元。

【做好纳税服务】 2012年，市地税局完成对14个县地税局乡（镇）办税服务厅的标准化建设改造。在12个征收单位推广应用自助办税服务终端。优化网上办税平台建设，推行多元化办税方式。推进办税服务厅视频监控系统建设。组织开展纳税服务需求和质量调查，抽取了县(区)3297户纳税人样本，整理收集13个方面意见进行整改与落实。以叠彩、恭城、兴安地税局为试点单位，开展“免填单”服务试点，简化办税程序。开展纳税信用等级评定，评出A级企业100家。

【更新信息设备】 2012年，市地税局完成多媒体电教室的标准化改造。开展陈旧计算机等设备更新，更新电脑287台、打印机57台、不间断电源60台。对全市地税系统四级网络的改造，改造四级网络线路58条。开展征管信息数据审计、更正、更新。做好信息系统、网络的运维工作，完善应急预案，提高信息安全事件应对处置能力。

2012年桂林市地方税收收入统计表

表16　　单位：万元

指标	全市	市区	阳朔	临桂	灵川	全州	兴安	永福	灌阳	资源	平乐	荔浦	龙胜	恭城
收入总计	798809	374677	29093	108355	66454	29935	54039	22454	12995	8798	17404	34259	18046	22300
税收收入	754143	349040	28037	104108	63939	28542	52290	20818	12015	8214	16629	32317	16799	21395
营业税	272828	124452	11197	42996	24238	9252	14219	9249	3602	3931	5269	11411	6730	6282
企业所得税	82544	48239	2674	8878	4141	1666	3006	2014	1352	1200	1502	4211	2133	1528
个人所得税	73964	47310	2602	3942	3027	1821	3073	1028	1290	924	1474	3343	2445	1685
资源税	6280		113	106	673	204	2439	159	182	92	232	310	1029	741
城镇土地使用税	20034	12296	229	2981	1138	477	727	1123	201	9	61	527	120	145
固定资产投资方向调节税														
城市维护建设税	34591	20864	697	3371	1880	1294	1324	1116	848	332	461	1248	664	492
印花税	7040	4115	85	866	457	122	288	279	137	54	85	363	105	84
土地增值税	52422	29800	1402	5905	3400	5821	1416	481	320	177	444	2325	422	509
房产和城市房地产税	24025	16823	1510	1638	738	472	659	370	140	90	346	646	257	336
车船税	7793	4848	278	277	576	300	295	146	110	97	233	306	104	223
烟叶税														
耕地占用税	122086	18839	6637	21290	19058	6098	22555	3951	2826	683	4945	4505	2037	8662
契税	50536	21454	613	11858	4613	1015	2289	902	1007	625	1577	3122	753	708
教育费附加收入	18248	9072	447	2099	1226	778	913	739	526	272	328	891	570	387
文化事业建设费收入	1226	1035	51	16	10	3	14	9	3	6	22	31	13	13
地方教育附加	12126	6187	279	1384	800	433	595	489	350	183	217	573	379	257
工会经费	9590	7055	198	403	294	126	170	303	68	75	159	289	246	204
残疾人就业保障金	1359	907	34	114	71	20	15	58	17	19	20	32	24	28
防洪保安费收入	2087	1369	47	222	114	33	40	38	16	28	23	126	15	16
其他收入	30	12		9			2			1	6			

（王军）

银行·证券·保险

2012年3月31日，桂林银行业小微企业金融服务宣传月活动动员会召开

（石宇寰　摄）

概　　述

【概况】 2012年,桂林市辖区金融业贯彻国家稳健货币政策,深化金融改革,推进经济结构调整,优化资源配置,扩建县域网点渠道,完善农村支付环境,全力推进桂林世界旅游城建设,辖区金融业规模不断扩大,服务地方能力增强,对经济社会发展的支撑作用突现。

银行业　2012年,桂林辖区金融机构网点698个,从业人员10314人。至年末,桂林辖区银行业金融机构本外币存款余额1829.93亿元,(比年初,下同)增加275.04亿元,增长17.7%。其中:人民币存款余额1817.69亿元,增加271.36亿元,增长17.6%;外汇存款余额1.95亿美元,增加0.59亿美元,增长43.3%。本外币贷款余额1053.15亿元,增加145.93亿元,增长16.1%。其中:人民币贷款余额1048.98亿元,增加145.42亿元,增长16.1%;外汇贷款余额6622.65万美元,增加835.89万美元,增长14.4%。累计实现税后净利润28.65亿元,增加1.79亿元,增长6.7%。不良贷款余额14.89亿元,不良贷款率1.4%,分别减少4.05亿元和减少0.7个百分点,实现不良贷款与不良贷款率均下降。

保险业　2012年,桂林市保险主体增加2家,总数25家,其中财产保险公司14家,人寿保险公司11家。营业网点233个,拥有从业人员7300人,减少2600人。全年保险公司总资产76.85亿元,增长16.2%;实现保费收入30.11亿元;保险深度2.0%,减少0.22个百分点;保险密度每人576.5元,增加38.5元。市场运行总体较为平稳,保费收入继续保持稳步上涨势头。

证券期货业　2012年年末,桂林市共有9家证券公司分支机构、1家期货公司营业部。有证券从业人员415人,资产合计11.2亿元;证券交易金额998.53亿元,下降19.4%;证券投资者28.6万户,增长36.5%;实现营业收入1.16亿元,下降34.8%;营业支出0.74亿元;实现利润0.59亿元,下降43.3%。有期货从业人员10人,投资者929户,共完成期货交易额561.5亿元,下降22.8%;实现营业收入290万元,增长25.2%;营业支出289.9万元,实现净利润1000元。

【调整金融扶持结构】 2012年,中国人民银行桂林市中心支行(简称人行桂林市中支)引导辖区金融机构执行稳健货币政策,按照“总量合理、结构优化、节奏均衡”的总体要求,严格控制“两高一剩”(高污染、高耗能的资源性行业及产能过剩行业)和房地产行业新增贷款和授信,重点支持经济结构调整、节能减排以及传统产业改造和提升。指导各银行业金融机构主动贴近市场和企业,把握金融需求,将资金投向实体经济。引导和鼓励各银行业金融机构加大对中小微企业、“三农”(农业、农村、农民)等薄弱环节的金融服务。通过联席会议、窗口指导、金融扶贫信贷政策评估及支农再贷款等货币政策工具运用,建立健全金融扶贫工作机制,为金融扶贫工作提供制度及信贷资金保障。

【推进社会信用体系建设】 2012年,桂林辖区共有1498家企业办理贷款卡,增加285家,增长23.5%。全年共受理企业信用报告查询308次,减少151次,下降32.9%;受理个人信用报告查询8133人次,增加5096人次,增长167.8%。年内,桂林辖区企业征信系统共采集企业信息1.8万家,入库信贷余额407亿元;个人征信系统收录自然人数251万人。152家诚信中小企业获银行信贷支持23亿元,缓解了中小企业贷款难问题。至年末,辖区新增信用镇4个、信用村(屯)46个,全辖共创建信用乡(镇)8个、信用村(屯)114个,农户的信用信息进入农户数据库54万户,信息入

2012年桂林金融机构本外币存贷款情况表

表17　　单位:亿元人民币

项目	余额
各项存款	1829.93
住户存款	1109.20
非金融企业存款	421.16
机关团体存款	278.13
财政性存款	9.39
其他存款	9.32
非居民存款	2.73
各项贷款	1053.15
境内贷款	1052.98
住户贷款	414.99
非金融企业及其他部门贷款	637.99
短期贷款及票据融资	204.96
中长期贷款	432.60
其他贷款	0.43
境外贷款	0.17

2012 年 8 月 3 日，桂林市举行金融业诚信建设共同宣言签订仪式　（李思遐　摄）

库率 100%。年内，人行桂林市中支推进桂林辖区金融业诚信大环境建设，建立桂林市社会信用体系建设联席会议制度，会同桂林市金融办、银监局、保险行业协会，组织辖内银行、证券、保险等金融机构 48 家，签订《桂林市金融业诚信建设共同宣言》。

【规范支付业务管理】 2012 年，人行桂林市中支指导、受理非金融支付机构办理备案手续，相继受理桂林市旅游局与北京商服通网络科技有限公司联合发行的桂林旅游预付卡、渤海易生商务服务有限公司桂林分公司的登记备案申请，督促其依法开展业务。加强对辖区银行在银行卡上加载商业预付卡功能的监管力度，严格控制银行卡加载的应用功能。年内共有 5 家银行发行加载商业预付卡功能的银行卡，涉及医保、公积金、商场积分等功能。

【加强风险防控】 2012 年，人行桂林市中支做好辖区内各银行业金融机构的风险监测工作，掌握各机构整体运行情况，创新风险监测模式和方式方法，识别可能出现的金融风险隐患。开展对桂林辖区内支付清算系统、ABS 系统（中央银行会计集中核算系统）网络环境、软硬件设施、业务管理、运行维护和应急处置等方面的风险评估和隐患排查，梳理系统主备服务器、前置机、闲置会计密押卡、系统功能不足等方面存在的风险隐患，并提出相关改进建议，防范系统、业务和资金风险。建立农业银行“三农金融事业部”改革试点工作进展监测制度，对临桂农村合作银行实施稳健性现场评估。将村镇银行纳入利率监测体系，开展对桂林黄金等金融产品交易场所清理整顿工作。建立对融资性担保公司、小额贷款公司和典当行等非银行机构监测制度，引导和规范民间借贷，有效防控非银行业机构风险。关注房地产等重点业务领域和环节中可能存在的风险隐患，及时跟踪和监测高利贷、非法集资、企业资金链断裂等风险事件。发挥与公安部门协调合作机制作用，配合公安机关侦破可疑交易案件。年内，桂林市江涌五金经营部利用信用卡非法套现案成功破获，涉案金额 3500 万元。

（刘丽兰）

中国人民银行桂林市中心支行

【概况】 2012 年，人行桂林市中支引导辖区金融机构严格执行稳健货币政策，信贷投放平稳增长，期限结构趋好，资产质量进一步提高，风险防范能力增强。调动金融机构发放扶贫贴息贷款积极性，形成共同扶持贫困农户、扶持龙头企业发展的政策合力。全年全市再贷款限额 25.19 亿元。其中：支持中小金融机构专项再贷款限额 3 亿元，用于支持桂林银行发放中小企业贷款，共发放专项再贷款 3 亿元；支农再贷款限额 21.69 亿元（各县支行 19.59 亿元），用于支持辖区农业合作银行机构和村镇银行发放涉农贷款，共发放支农再贷款 18.65 亿元。年内，人行桂林市中支做好发行基金投放、回笼工作，发行基金总量供应充足，券别结构合理，全年现金投放 164.87 亿元，回笼 232.62 亿元，净回笼 67.76 亿元。

2012年7月17日，桂林市金融IC卡宣传工作会议召开（李思遐 摄）

【加强信贷政策指导】 2012年，人行桂林市中支下发《2012年桂林信贷指导意见》《桂林金融支持实体经济发展指导意见》，引导各银行业金融机构支持“三农”、小企业等重点领域和薄弱环节。实施差额存款准备金率，使银行业金融机构增加可用信贷资金35亿元。加强再贷款管理，重点加大对中小微企业的信贷支持，年内累计向桂林市银行业金融机构发放再贷款7亿元。举办桂林市区域集优直接债务融资业务宣传推介会，向各银行业金融机构、担保机构、中小微企业介绍区域集优直接债务融资业务。联合市金融工作办公室、市工业和信息化委员会及辖区各银行业金融机构开展桂林市实施万家成长型小企业信贷扶持工程，联合制订《2012年度桂林成长型小企业信贷扶持工程实施方案》，向自治区上报首批桂林市实施万家成长型小企业信贷扶持工程企业118家。

【推广银行卡助农取款】 2012年，人行桂林市中支加大推广实施银行卡力度，改善农村地区支付结算服务环境，规范农村地区银行结算账户管理，非现金支付工具普及应用效果显著。年内，辖区12个县域银行卡发卡量561.45万张，全辖农村地区人均持有银行卡1张；银行卡助农取款服务点1176个，覆盖建制村1128个，建制村覆盖率75.9%。改善农村地区银行卡受理环境，ATM机布放量实现农村地区每万人拥有1台的目标；每万人拥有31台POS机（销售机），突破了每万人8台的指标值。至年末，辖内农村地区金融机构网点全部实现农信银支付清算系统覆盖率100%目标，现代化支付系统实现全覆盖的有8个县，覆盖率90%以上的有2个县，全辖总体覆盖率94.8%。基本实现资金汇划“乡乡通”。

【开展金融消费权益保护试点工作】 2012年，人行桂林市中支推进金融消费权益保试点工作，提高金融消费者维权意识及自我保护能力，提升金融行业社会形象。自治区首批唯一的县域试点——人行阳朔县支行成立金融消费权益保护中心，制订《阳朔县金融消费权益保护试行办法》《阳朔县金融消费权益保护中心投诉处理制度》《阳朔县金融消费权益保护工作联席会议制度》等9项制度及相关工作流程。9月25日，阳朔县金融消费者权益保护试点工作启动仪式举行，阳朔县17家银行业、证券业、保险业金融机构主要负责人签订了《阳朔县金融业保护金融消费者权益公约》。年内，阳朔县金融消费权益保护中心共受理消费纠纷投诉案件19件。

【开展旅游信用体系建设】 2012年，人行桂林市中支推动政府各职能部门创建信用信息共享机

2012年4月19日，中国人民银行桂林市中心支行举行加大残损人民币回收力度试点工作总结会议（李思遐 摄）

2012 年 9 月 19 日,桂林地方法人金融机构存款准备金管理工作会议召开　　（李思遐　摄）

制,建立跨行业、跨地域的信用共享和信用信息交换制度，为失信行为的联合惩戒和守信行为的联合激励创造有利条件。推动建立桂林市社会信用体系建设联席会议制度，与市旅游局联合开展旅游信用体系建设，研究推进诚信旅游建设及支持加快旅游业发展的措施，签订诚信旅游建设合作框架并达成初步合作方案。成立诚信旅游工作协调小组,研讨诚信旅游建设工作方案,向金融机构推荐诚信旅游企业,建立信息共享长效机制,桂林诚信旅游建设成为自治区示范点。

【开展爱护人民币宣传活动】 2012 年,人行桂林市中支加强流通中的人民币管理，开展爱护人民币、反假货币宣传活动。全年共收缴假人民币 442.5 万元;为公安部门鉴定假币 58 笔,为个人鉴定假币 30 笔,处理假币投诉 2 笔;发放反假宣传折页 26.99 万份,反假宣传扑克 5.84 万副。在辖区金融机构内全面开展对外误付假币专项治理,增强了各银行业金融机构反假币工作力度。

（刘丽兰）

国家外汇管理局桂林市中心支局

【概况】 2012 年,国家外汇管理局桂林市中心支局(简称外汇局桂林市支局)落实综合执法检查、综合评价和开业管理、营业管理工作机制,密切监测跨境资金异常流动,以贸易投资便利化为重点,推进资本项目可兑换,提高外汇管理的有效性。年内,桂林辖区跨境收支总金额 14.42 亿美元,增长 5.2%;国际收支顺差 7.3 亿美元,国际收支顺差进一步扩大。银行结售汇总金额 11.82 亿美元,下降 4.5%,顺差规模为 6.28 亿美元,比上年有所下降;资本与金融项目结售汇顺差 0.59 亿美元，下降 19.4%。经常项目主导桂林市外汇业务量的变动,经常项目占收支总量的 83.7%，占结售汇总量的 92.6%，其中货物贸易在经常项目中占收支总量的 80.5%,占经常项目结售汇总量的 76.5%。

2012 年桂林辖区结售汇统计表

表 18　　单位:万美元

项目	金额	增长(%)
结汇		
货物贸易	69193	0.38
服务贸易	6436	-11.03
收益和经常转移	7495	-18.72
资本与金融项目	7343	-13.58
售汇		
货物贸易	14769	-19.02
服务贸易	11268	13.23
收益和经常转移	258	-51.41
资本与金融项目	1399	24.25

【实施货物贸易外汇管理制度改革】 2012 年,外汇局桂林市支局实施货物贸易外汇管理制度改革政策,举办出口退税与外汇管理业务培训班、货物

2012 年 3 月 30 日，桂林辖区外汇指定银行外汇管理工作联席会议召开

（李思遐　摄）

贸易外汇管理制度改革培训班，共有 10 家银行、250 多家企业 300 余人参加。完成贸易项下进出口收付汇管理由逐笔核销向总量核查、由现场核销向非现场核查、由行为审核向主体监管的转变，降低企业及银行的收付汇管理成本，最大程度实现贸易便利化。

【跨境人民币结算规模扩大】 2012 年，外汇局桂林市支局引导和鼓励出口企业实施人民币跨境结算，建立健全跨境人民币业务规章制度，制订《桂林市跨境人民币业务内控管理制度》《桂林市商业银行跨境人民币结算工作评比暂行办法》等。全年辖区出口货物贸易人民币结算 0.88 亿元，实现了出口货物贸易人民币结算零的突破。跨境人民币结算业务 146 笔，总金额 4.83 亿元，增长 11.3%。辖区内有 5 家银行和 62 家企业开办了跨境人民币结算业务。

【资本项目外汇管理简政放权】 2012 年，外汇局桂林市支局落实直接投资外汇管理简政放权改革措施，简化直接投资撤资、减资购付汇、再投资程序，规范操作规程，做好银行、企业的政策宣传，确保政策实施。排查存在资本金超限额入账、资本金分拆结汇、大额外债逾期、未提款等问题企业 10 多家，并对银行、企业实施动态监控。完成对桂林银行的银行账户信息、账户内结售汇数据、资本项目数据有关程序和自身业务系统的修改验收工作。改进外商投资企业外汇年检工作方式，提高年检数据质量。至年末，桂林辖区内通过直接投资系统提交年检信息的外资企业 196 家，通过年检 196 家。

【加大国际收支核查力度】 2012 年，外汇局桂林市支局增加国际收支核查频度，扩大核查范围。非现场核查方面由每周两次核查调整为每周四次，并规定银行及时改正，有效降低差错率。年内，对中国银行股份有限公司桂林分行、浦东发展银行桂林支行、交通银行股份有限公司桂林分行开展国际收支现场核查，提高了银行及网点的申报质量。做好对新开办外汇业务银行网点的指导工作。完成对桂林银行国际收支网上申报系统银行数据接口程序的验收工作及新凭证备案工作。完成对中国银行股份有限公司临桂县支行和兴业银行桂林分行等新设机构外汇业务准入的资格验收工作。

【防范跨境资金流动风险】 2012 年，外汇局桂林市支局加强对跨境资金流出入的双向监测及分析预警，保持对违规资金的打击态势，探索新系统非现场核查及检查的方法，对异常主体和异常资本交易进行跟踪和排查，实施主体监管。加强对外商直接投资及个人项下跨境资金流动的监测分析。利用现有外汇业务信息系统，综合数据信息，完成外汇检查辅助系统、外汇案件系统的安装和运行工作。利用非现场检查系统开展了 3 期非现场检查分析，为查实辖内企业违规行为提供有效线索。加强银行合规办理业务情况的监督检查，强化银行一线审批职能，防范可能出现的跨境资金流动风险。（刘丽兰）

中国银行业监督管理委员会桂林监管分局

【概况】 2012 年，中国银行业监督管理委员会桂林监管分局（简称桂林银监分局）结合桂林辖区内经济金融形势，改进金融服务，支持实体经济发展，防范重点领域风险，推进地方中小法人机构改革与发展。年内，辖区银行业总体运行平稳，结构优化，资产质量持续向好，抗风险能力持续增强。至年末，辖区银行业金融机构资产总金额2209亿元，增加243.72亿元；各项存款余额1829.93亿元，增长17.7%；各项贷款余额1053.17亿元，增长16.1%；不良贷款余额14.88亿元，减少4.05亿元；不良贷款率1.4%，下降0.7个百分点；全年累计实现利润28.73亿元。

2012年2月17日，桂林银监分局整治银行业不规范经营专题会议召开

（石宇寰　摄）

【强化日常监管】 2012年，桂林银监分局坚持加强日常监管，做好金融服务，规范市场准入，前移风险防范关口。全年共组织182位拟任高级管理人员进行任前考试，核准高级管理人员158人，批复机构网点开业30家，批复机构变更58项。强化非现场监管，通过年度监管走访、异常数据监测、审慎监管会谈、派员列席地方法人机构董事会和风险提示等手段，提高各银行机构数据质量。强化现场检查针对性，全年共派出检查组30个，开展"退出类"平台贷款、贷款五级分类真实性及"不规范经营"专项治理等现场检查项目，涉及机构37家，提出整改意见71条。

【支持实体经济发展】 2012年，桂林银监分局开展不规范经营专项整治，推进支农服务竞赛、支农服务承诺等活动，督促和引导辖区各银行调整和优化信贷结构，促进实体经济的科学发展。年末，辖区小企业贷款余额345.16亿元，增加95.73亿元，增长38.4%；涉农贷款余额495.91亿元，增加94.83亿元，增长23.6%。

【防控重点领域风险】 2012年，桂林银监分局严格防控重点领域风险。推进地方政府融资平台公司贷款风险缓释。至年末，辖区地方政府融资平台贷款余额166.23亿元，减少2.95亿元；地方政府融资平台公司29家(其中2家无贷款余额)，减少3家；地方政府融资平台公司现金流"全覆盖"占比由年初的30.5%提高到69.4%。严格管控房地产贷款风险，至年末，全辖房地产贷款余额214.62亿元，其中个人购房贷款159.98亿元，个人购房不良贷款率0.5%。抓好流动性风险防范，17家地方法人机构流动性比例为25%以上。督促化解不良贷款，实现不良贷款和不良贷款率均下降。保持案件防控高压态势，年内，辖区无一案件发生。

2012年5月28日，广西银监局地方政府融资平台贷款清理规范工作座谈会召开

（石宇寰　摄）

【促进地方中小法人机构改革】 2012年，桂林银监分局促进地方中小法人机构改革和发展，农村合作金融机构主要监管指标持续改善，46家农村合作金融机构超比例存量贷款全部压回到规定比例。督促桂林银行改进公司治理和发展战略，遏制票据业务迅猛

增长，稳步提升桂林银行监管评级，年内，桂林银行监管评级为二类行。引导村镇银行下延网点，至年末，桂林市有3家村镇银行，网点25个，其中市区1个、县级14个、乡（镇）10个，覆盖桂林市区和12个县城及部分乡（镇）。（李德胜）

中国农业发展银行桂林分行

【概况】 2012年，中国农业发展银行桂林分行（简称农发行桂林分行）把握“稳中求进”的总基调，各项工作取得新进展。年末，各项存款余额8.73亿元；各项贷款余额48.83亿元，减少0.72亿元，其中粮食短期贷款17.88亿元，增加2.63亿元，增长17.3%；实现账面盈利1.27亿元，人均利润100万元。年内，被评为全国金融部门“五一”劳动奖、中国农业发展银行企业文化建设先进单位。

【推进“两轮驱动”发展战略】 2012年，农发行桂林分行推进“两轮驱动”（发展以粮棉油收储、加工、流通为重点的全产业链信贷业务，发展以支持新农村建设和水利建设为重点的农业农村基础设施中长期信贷业务）战略，加快银行业务发展。支持粮食收购，发放政策性粮食购销贷款8.65亿元。坚持好中选优，发展粮油全产业链业务，全年营销粮油全产业链新增客户12家，新增贷款3家，贷款金额4.37亿元。年内，发放自治区首笔农业科技贷款5000万元。支持新农村建设和水利建设，发展政府融资平台贷款，共上报土地储备、江河治理项目6个，金额12.8亿元。以保续贷为重点，投放政府融资平台贷款2.21亿元。年末，支持政府融资平台贷款项目29个，贷款余额27.86亿元，其中土地整理项目14个、水环境治理项目1个、农村路网建设项目9个，项目覆盖全市9个县、4个城区。

【稳步拓展业务】 2012年，农发行桂林分行稳步拓展业务，发展经营稳定的商业性贷款客户，并落实抵押担保。加快政府融资平台账户滞留资金使用，账户滞留资金从年初的10.31亿元下降到年末的0.67亿元，推动了项目的合规运营。抓好平台收贷收息，督促各支行签定收贷收息责任书，设立收贷收息台账并加强监测，建立三阶段约谈制度。全年收回到期政府融资平台贷款5.02亿元、利息2.03亿元，实现无逾期、无欠息。大力清收不良贷款，现金清收不良贷款18.3万元，按政策核销839.4万元，年末不良贷款为零，无新增不良贷款。加强与地方政府合作，积极争取地方财政存款。年末，市、县（区）地方财政存款2.7亿元，增加1.25亿元。

【风险防控及内部管理】 2012年，农发行桂林分行全面查找风险点，加强风险管理。下发《农发行桂林分行推进全面风险管理的意见》，以操作风险为重点，在自治区率先查找岗位风险点，共查找风险点549个，制订防范措施425条。建立统筹检查制度，设立风险统筹检查办公室，每季度组织检查。全年共开展检查4次，检查内容6项，发现问题144个，现场整改21个，督促整改109个。推进二级分行经营管理基础平台建设。实行“三个直接”（督办直接到县支行，会议直接到县支行，考核直接到县支行），强化二级分行直接参与经营和管理的职能。

【创建学习型银行】 2012年，农发行桂林分行开展创建学习型组织评比，形成推动学习型银行建设的长效机制。抓好银行从业资格考试。完善奖励办法，考试成绩与干部晋升挂钩，二门、三门必考科目和五门科目通过人数及通过率均居全自治区农发行系统二级分行第一位。落实每周学习例会制度和主讲人制度，把新制度、新办法作为学习重点，增强学习效果。开展“读书增智”活动，在全行营造勤奋读书的良好风尚。（秦聪）

中国工商银行股份有限公司桂林分行

【概况】 2012年，中国工商银行股份有限公司桂林分行（简称工行桂林分行）围绕国家宏观经济政策和金融政策，结合地方政府经济发展规划，以“资产业务、零售业务、县域市场”为重点，优化客户结构，整合营销资源，创新金融产品，加快渠道建设，各项业务实现快速稳健发展。年末，各项存

2012 年 2 月 3 日，工行桂林分行向桂林市人民政府作桂林旅游产业投资基金专题介绍　　（李铁英　摄）

款余额 210.88 亿元，增加 19.73 亿元；各项贷款余额 106.88 亿元，增加 16.47 亿元。

【贷款余额突破 100 亿元大关】　2012 年，工行桂林分行围绕四大新兴产业及桂林市旅游文化产业资源，探索资产业务发展新方式，开展“一行一项目”营销活动，支持桂林地方经济建设。全年累计发放实体企业流动资金贷款 12.16 亿元，小企业贷款 16.21 亿元，小企业贷款余额首次突破 10 亿元大关；累计发放个人经营消费类贷款（不含个人住房按揭贷款）5.25 亿元。全年共新增各类贷款 16.46 亿元，全行贷款余额突破 100 亿元大关。

【夯实存款业务基础】　2012 年，工行桂林分行实施“扩户优户”工程，开展组合式产品营销，深挖市场资源和客户资金流信息。加快县域网点渠道优化建设和客户分层维护体系建设，打造多元增存渠道，提升市场竞争力。全年各项存款规模突破 200 亿元大关，增加 19.73 亿元，继续保持了存款增量市场领先地位。

【加快业务创新】　2012 年，工行桂林分行继续实施“一行一品、以产品带整体”营销策略，发挥产品创新引领创收途径。以固定资产支持融资为重点的投资银行业务实现重大突破，全年共发放经营性物业支持项目贷款 5.4 亿元。年内，完成全自治区首笔出口可收汇额度项下发票融资业务，办理出口订单融资业务；创新“产业基金 + 表内贷款”等投贷联动的新型融资投行产品；依托先进的电子银行技术，在同业中率先成功投产上线银企互联项目；重点创新的百货大楼电子消费卡项目投产使用。

【强化风险防控管理】　2012 年，工行桂林分行开展“风险防控强化年”活动，开展“走基层、讲案防、促发展”主题教育，内部整治民间借贷和非法集资工作，开展业务运营风险专项整治与全面风险管理，提高风险预防掌控能力。通过创新风险化解和不良贷款处置方式，抓好重点业务领域和重要风险点防控治理，排除了案件隐患，提升了信贷资产质量，全行内控管理成效显著，连续 6 年实现“零案件”目标。

2012 年 9 月 7 日，工行桂林分行组织开展“打击非法集资，维护金融稳定，共创和谐社会“主题宣传活动　　（李铁英　摄）

2012 年 8 月 23 日，工行桂林分行开展“树行业新风，创服务品牌”户外宣传活动　（李铁英　摄）

【全面提升服务能力】 2012 年，工行桂林分行提高服务质量和工作效率，推进业务运营改革，加快业务流程综合改造，柜面业务可分流率下降 7.64%。结合渠道优化建设，推进“标杆网点”创建与体验活动，改进服务管理，提升客户的满意度。全年共新开业营业网点 3 家，新建营业网点 1 家，优化调整网点 7 家，新增离行式自助银行 28 家，缓解了客户排队难问题。年末，营业网点柜面服务满意率 99.72%，工行服务监测系统客户评价满意率排名居自治区第一。（冯颂武）

中国农业银行股份有限公司桂林分行

【概况】 2012 年，中国农业银行股份有限公司桂林分行（简称农行桂林分行）加强市场营销，深化业务转型，强化风险防控，夯实业务基础，全行业务保持较好发展势头。年末，人民币各项存款（不含同业存款）余额 291.51 亿元，增加 30 亿元；各项贷款余额 150.61 亿元，增加 17.95 亿元；实现拨备前利润 6.28 亿元，增加 1.59 亿元；实现拨备后利润 6.48 亿元，增加 1.15 亿元。

【资本管理得到改善】 2012 年，农行桂林分行由资产负债管理向经济资本管理转型，实施“五控四优先”（“五控”：控制中长期法人类资产增长，控制低评级、低回报的资本占用，控制高资本占用业务，控制无效的非信贷资产增长，控制无评级客户的资本占用；“四优先”：优先发展经济资本占用低的个人资产业务，优先发展资本回报率高的重点项目，优先发展贸易融资、买入返售等高回报、低风险的重点业务，优先压降不良资产）经济资本管理，资本管理持续得到改善。年末，信贷类经济资本占用 11.03 亿元（含表外承诺类），增长 0.6%；信贷类资产净额 154.78 亿元，增加 9.63 亿元，增长 6.6%。信贷类经济资本占用的加权平均系数为 7.1%，下降 0.4 个百分点；新增贷款经济资本占用的加权平均系数为 2.3%，经济资本的增长持续向低。贷款承诺余额 3.64 亿元，下降 73.5%，比农行广西分行控制任务少 7.96 亿元，直接减少经济资本占用 4000 多万元。

【优化贷款结构】 2012 年，农行桂林分行按计划、频次发放贷款。贷款增量增长 56.0%，贷款增量、存量控制在农行广西分行下达的贷款限额内。“三农”本外币贷款余额 83.22 亿元，增加 8.70 亿元，增长 11.7%。调整和优化信贷结构，优质客户贷款占法人总投放的 100%；个人贷款品种结构不断改善，低经济资本系数的个人贷款占总增量的 99.74%。贷款期限结构持续优化，中长期贷款余额占比下降 2.2 个百分点；贷款承诺余额下降 73.1%。年末，信贷资产减值拨备覆盖率 122.4%，上升 57.5 个百分点。

【业务拓展成绩显著】 2012 年，农行桂林分行不断创新产品，相继推出国际贸易融资、专项资金托管、保理、跨境人民币结算、存放同业等多项新产品。推进国际卡货币转换 DCC（动态货币转换）新业务，国际卡收单和国际卡商户数跻身全国农行前 5 名。推进岗位管理体系落地和薪酬制度改革，为业务发展提供组织保障。12 月 19 日，举行“金穗中国旅游卡”发卡揭牌仪式，标志独家发行的中国旅游卡正式启动。加大政策和资源倾斜力度，鼓励城市业务优先发展。年末,在城区的农业银行支行对全行各项存款增量、各项贷款增量、中间业务收入、拨备后利润贡献度的占比分别增长 31.7%、5.5%、1.4%和 4.4%。

【运营保障能力提升】 2012 年,农行桂林分行 BoEing 系统一期顺利上线,完成了运营模块、基金模块和国债模块的上线工作。对 ABIS 系统(中国农业银行综合应用系统)进行更新和扩充,完成中国农业银行 IC 卡 2012 年改造工作项目。完成集中作业平台、远程集中授权系统和事后集中监督系统的推广目标,三大系统覆盖率 100%。

2012 年 12 月 19 日,农行桂林分行举行金穗中国旅游卡发卡揭牌仪式

(伍文悄 摄)

【风险防控】 2012 年,农行桂林分行开展了争创全行内控评价一类行、不规范经营专项治理等活动,逐步形成教育、制度、执行、监督、整改、奖惩"六位一体"的合规文化建设新格局。年内,共对 17 个支行、15 个机关部门开展非现场评价,对 5 个支行开展现场评价,实现全行 2012 年内控评价保持一类行的目标。完成贷款到期收回率、潜在信贷风险客户退出任务。资产处置成效显著,信贷风险防控和基础工作得到加强。全年实现安全营运,无刑事、经济案件,无重大违纪违法案件,无重大安全事故。

(伍文悄)

中国银行股份有限公司桂林分行

2012 年 9 月 7 日,农行桂林分行新一代核心系统("波音"系统)上线

(伍文悄 摄)

【概况】 2012 年,中国银行股份有限公司桂林分行(简称中行桂林分行)以"调结构、扩规模、防风险、上水平"的工作方针为指引,落实"创新发展、转型发展、跨境发展"的总体要求,推进中国银行广西分行"一二三四"(一个方向:城市化、国际化;两个市场:国内和海外;三个领域:公司、零售、投资银行;四个重点:重点地区、重点行业、重点客户、重点产品)工程,各项战略经营指标稳健发展。至年末,本外币各项存款余额 86.5 亿元,本外币各项贷款余额 50 亿元,实现净收入 3.42 亿元。

【开发金融新产品】 2012年,中行桂林分行调整业务结构,创新金融产品,加大对创新金融产品的拓展力度。3月,开办保管箱业务,成为中国银行广西分行辖内第一家开办保管箱业务的分行。5月,发放首笔个人营运汽车贷款,为市财政局系统办理现金管理平台业务,成为中国银行广西分行辖内开办首笔个人营运汽车贷款业务和首家开办现金管理平台业务的分行。

【外汇业务持续增长】 2012年,中行桂林分行发挥传统国际结算和外汇服务优势,加大对进出口企业的支持力度,并提供资本金、远期结售汇、外币理财等多品种产品,为桂林多家重点进出口企业提供持续稳定的外汇、外币金融产品服务。外币各项存款增加973万美元,增长14.6%,其中外币储蓄存款增加474万美元,外币公司存款增加499万美元。中行桂林分行营业部成立的桂林市首家出国金融中心业务快速增长,对公、对私结算业务量1.1亿美元,增长81%,出国金融服务业务占桂林市市场份额的75%。

【加强风险内控能力】 2012年,中行桂林分行履行风险管理的各项职能,提升风险管理能力。对授信档案实行集中化、规范化管理,强化内控和制约。开展"风险管理促发展、合规经营创价值"合规主题竞赛活动,加强合规文化建设,提升全行员工的合规意识。全面部署各基层机构"案防工作达标年活动",对全辖网点负责人进行专题培训,明确基层机构负责人、派驻经理、一线员工的案件防控职责。结合员工风险意识状况,制作"双十禁"(《中国银行营业柜员十个严禁》《中国银行营业机构负责人十个严禁》)、《员工违规行为处理办法》培训方案,提高一线员工的风险责任意识。

【打造优质服务】 2012年,中行桂林分行采取多项措施强化文明优质服务考核机制,在全行组织文明优质服务提升训练营活动,聘请专业培训公司分8期对全行网点、业务部门全体员工及保安进行培训,员工精神面貌和文明优质服务意识得到加强。10月,中行桂林分行营业部获"2012年度中国银行业文明规范服务千佳示范单位"称号。

(岳明龙)

中国建设银行股份有限公司桂林分行

【概况】 2012年,中国建设银行股份有限公司桂林分行(简称建行桂林分行)加强组织,强化执行,确保各项业务的持续健康发展。年末,本外币全口径存款余额192.56亿元;各项贷款余额94.08亿元,不良贷款率0.1%;实现考核税前利润3.5亿元,增长14%;实现中间业务收入1.35亿元。

【资产质量持续向好】 2012年,建行桂林分行各项贷款余额94.08亿元,增加10.44亿元。其中:对公非贴贷款余额67.62亿元,增加13.8亿元;个人贷款余额23.82亿元,增加3.14亿元;不良贷款额819万元,减少1263万元,不良贷款率0.1%,下降0.16个百分点,实现不良贷款额和不良贷款率均下降。

【支持地方建设】 2012年,建行桂林分行支持地方经济建设,全年累计投放贷款81.07亿元,其中对公非贴贷款累计投放38.96亿元,个人类贷款累计投放6.17亿元。参与桂林两江国际机场、桂林思安江水库、桂磨公路等多项市政工程完善建设,投入近15亿元贷款用于桂林机场路及阳江路、战前路等5条市内道路的建设。支持桂林市工业经济结构调整,加大对桂林福达集团有限公司、桂林电力电容器有限责任公司、中国化工橡胶桂林轮胎有限公司等企业的技术改造项目投放力度,全年累计向大中型工业企业投放贷款21.47亿元。重点支持桂林经济重点支柱产业旅游业的发展,加大对旅游企业的授信额度。年末,共为桂林旅游发展总公司、桂林旅游股份有限公司等旅游企业及旅游行业客户贷款4.8亿元。

【服务水平再上台阶】 2012年,建行桂林分行加强服务检查和督导,在建行广西分行神秘人检查中连续两个季度排名第一。开展优质服务"随手拍"及服务创新"金点子"征集活动,提升服务水平。开展服务礼仪大赛,服务流程得到规范,服务意识得到增强。开展服务明星示范活动和网点服务交流活动，营造优质服务的良好氛围。继续推出机场贵宾服务、VIP客户环保行、VIP客户电影周等高端客户服务活动，彰显建行优质服务品牌形象。 （黎张发 陆屹）

交通银行股份有限公司桂林分行

【概况】 2012年，交通银行股份有限公司桂林分行（简称交行桂林分行）强化业务及内部管理，积极拓展市场，各项业务持续健康发展。至年末，人民币各项存款余额103.95亿元，增长11.93亿元，增长13%；各项贷款余额72.50亿元，增加8.05亿元，增长12%。不良贷款控制在计划目标之内，不良贷款占比与年初持平。年内，交行桂林分行营业部获“2012年度中国银行业文明规范服务千佳示范单位”称号。

【加大市场拓展力度】 2012年，交行桂林分行重新调整组织架构，提高项目储备效率，中支授信业务和小企业营销进一步提高。保持市场营销态势，成为财政社保资金专户5家开户银行之一。推动深度合作，与桂林市各城区和主要行政管理部门、重要企业达成战略合作19项；与同业和其他非银行金融机构合作，实现了信托、租赁、银团、企业债券等各项新型融资业务的快速增长。

【提升资产质量】 2012年，交行桂林分行加快信贷客户加固力度，完成对平台贷款的抵质押及担保加固工作，获得全额覆盖15.84亿元贷款的股权质押、应收账款质押、企业法人担保等保证。加强对政府投融资平台、房地产贷款等重点行业、重点客户的监控和管理力度，完成风险排查。

【提高服务水平】 2012年，交行桂林分行更新并规范全行服务标准和标识。通过测试、培训、专业考试、实战演练等形式，提高营销、管理各层次对市场、产品、政策等的理解及熟悉程度，提升全员的服务水平。优化对服务管理的人员配置和考核激励，提升服务管理能力。优化网点布局，改善网点环境，完成银锭路支行、西城区支行搬迁改造。新增了七星路、桂林理工大学博文学院、环城西二路、芦笛路等离行式自助银行。 （黄开贤）

中国邮政储蓄银行股份有限公司桂林市分行

【概况】 2012年1月21日，中国邮政储蓄银行有限责任公司依法整体变更为中国邮政储蓄银行股份有限公司，中国邮政储蓄银行桂林市分行经批准更名为中国邮政储蓄银行股份有限公司桂林市分行（简称邮储银行桂林市分行），全行有市级管理机构1个，县级管理机构12个，网点107个，其中城市网点20个，县城网点40个，县以下网点47个。年内，邮储银行桂林市分行转变经营机制，发挥网点遍布城乡优势，优化金融服务平台，各项业务实现健康稳定发展。年末，全行各项存款余额95.28亿元，各项贷款余额9.41亿元，收入2.23亿元，全年无重大资金案件和安全责任事故发生。

2012年4月11日，中国邮政储蓄银行灌阳县灌江北路支行开业

（邮储银行桂林市分行 供稿）

【加强“三农”金融服务】 2012年，邮储银行桂林市分行开展“三农”金融服务站建设，共建立“三农”金融服务站12个，覆盖桂林

辖区各县。服务站的全面推广增加了涉农贷款的发放渠道，全年共发放涉农贷款4.03亿元，占全部发放贷款的43.28%，涉农贷款结余2.29亿元，增加1.11亿元，增长93.8%。加大对农村金融知识普及的推广，推进银行卡助农取款服务，帮助和改善农村地区金融支付环境。至年末，设立助农取款服务点59个，覆盖建制村42个；发展“绿卡村”26个，共发放绿卡65481张。

【全面推进网点建设】 2012年，邮储银行桂林市分行加大网点建设资金投入，全年共新建全功能网点9个，新增自助银行12个，新增自助机具78台，改造、扩建旧网点62个。至年末，在桂林下辖12个县均设立支行，城市、乡(镇)的网点布局趋于完善。扩大网上银行、电话银行、手机银行、电视银行等电子银行业务服务领域和范围。开展“示范网点”建设并在全行所有网点铺开。

【风险防控】 2012年，邮储银行桂林市分行开展“风险管控年”“内控和案防制度执行年” 活动，内容涵盖网点合规性自查活动、公司业务专项审计、中间业务、反洗钱专项审计、个人信贷、小企业信贷、不规范经营专项整治活动等。开展企业文化建设，组织业务培训，完善内控管理制度，筑牢企业基础管理根基。11月，在全行内颁布68个“严禁”，建立了68项严格的管理制度，规范员工各项业务行为，促进整体服务质量提升，确保企业实现稳健、合规经营。 （黄胜玲）

2012年8月7日，邮储银行桂林市分行信贷人员预防职务犯罪警示教育大会召开 （邮储银行桂林市分行 供稿）

桂林银行股份有限公司

【概况】 2012年，桂林银行股份有限公司(简称桂林银行)丰富“中小企业伙伴银行、市民银行”品牌内涵，各项业务继续实现稳健增长。年末，桂林银行资产总金额680.57亿元，增长64.3%；各项存款余额430.25亿元，增长44.8%；各项贷款余额166.3亿元，增加35.22亿元，增长26.9%；实现总收入29.48亿元，增长53.7%；利润总额8.81亿元，增长46.3%；上缴各类税金2.67亿元，居桂林市纳税大户前列。各项监管指标达到良好银行标准。不良贷款率0.58%，较年初下降0.02个百分点；资本充足率12.0%，拨备覆盖率、贷款损失准备充足率分别为360.1%、206.3%。年内，桂林银行居“广西百强企业”第76名，在英国《银行家》杂志公布的“2012全球银行1000强”榜单中，名列第854位；桂林银行董事长王能获“桂林市十大杰出创业人才”称号。

【助力中小企业发展】 2012年，桂林银行支持中小企业发展和地方经济建设，全年累计投放贷款260亿元，年末贷款余额166.3亿元。年内，保持了较高的中小企业贷款占比，中小企业贷款、小微企业贷款、单笔500万元以下贷款分别占全部贷款的87.3%、70.8%、48.0%。加强与外部机构合作，为企业提供多种融资解决方案。7月，桂林银行成立小微企业信贷中心。年末，小微企业信贷中心拥有机构21家，专职信贷人员177人，贷款余额26.83亿元，实现利息收入2.81亿元，不良贷款率0.3%。

【“走出去”战略取得成效】 2012年，桂林银行在南宁市、梧州市、贺州市的三家异地分支机构的存款总金额为142.36亿元，贷款总金额46.21亿元，分别占全行的32.7%和27.8%，其中桂林银行南宁分行各项存款突破100亿元大关。发起设立的7家村镇银行支持当地“三农”经济发展，合计资产总金额

54.45 亿元，存款金额 41.86 亿元，各项贷款金额 29.15 亿元，实现利润 6370 万元。年内，兴安民兴村镇银行获“全国农村金融服务先进单位”称号。

2012 年 11 月 16 日，桂林漓江农村合作银行与雁山区人民政府举行业务对接会
（阳林茂　摄）

【产品创新及服务】 2012 年，桂林银行开发了游船贷、代售汽车票、联合商家打折等新业务，推出了 POS 收单、百货大楼联名卡、公务卡现金分期、随贷通、如意宝等一系列创新产品，为客户提供便捷、实惠的金融服务。优化营业网点布局，加大电子银行等自助渠道建设，搭建服务高端客户的财富中心，重点加强贵宾体系和积分体系建设，发展社区银行。储蓄存款占全部存款的 31%，漓江卡发卡量 108 万张，市场份额居市区第一位。年内，桂林银行七星支行获“2012 年度中国银行业文明规范服务千佳示范单位”称号。

【组建桂林银行学院】 2012 年，桂林银行组建桂林银行学院，强化员工的“两个能力”（专业修养和职业素养）建设，为全行打造人才摇篮提供坚实保障。完成涵盖各业务条线的教材编撰工作，培养一批具备较好专业知识和实践经验的内部讲师，并启动了对在职员工的轮训工作。（邓荣）

广西壮族自治区农村信用社联合社桂林办事处

【概况】 2012 年，广西壮族自治区农村信用社联合社桂林办事处（简称农信社桂林办事处）实现了规模、速度、质量和效益协调发展，综合实力持续增强。年末，桂林辖区农村合作（商业）银行（9 家农村合作银行和 4 家农村商业银行）各项存款余额 461.84 亿元，增加 68.98 亿元，增长 17.6%；各项贷款余额 323.93 亿元，增加 47.53 亿元，增长 17.2%，其中涉农贷款余额 272.33 亿元，增加 42.89 亿元。全年实现各项收入 28.29 亿元，实现利润 10.52 亿元。

【支持“三农”与中小企业发展】 2012 年，农信社桂林办事处实施“金融服务进村入社区”“阳光信贷”和“富民惠农金融创新”工程，优先支持“三农”发展，开辟“三农”贷款绿色通道，简化贷款审批程序，提高办贷效率，提高信用贷款额度，满足“三农”资金需求。推进“抓大壮小扶微”，优化中小企业信贷产品，推出小企业信用贷款、小企业联保贷款、中小企业担保贷款、最高额循环贷款、林权抵（质）押贷款、经营权质押贷款、收费权质权贷款等一系列信贷产品，将小微企业“一个重点，两个不低于”（以服务实体经济为重点，涉农和小微企业贷款增量不低于上年、增速不低于各项贷款平均增速）纳入年终绩效考评，支持千亿元产业、战略性新兴产业和重点建设项目，促进实体经济发展和经济转型升级。年末，涉农贷款余额、小微企业贷款余额分别增长 18.69%、35.26%，分别高于各项贷款平均增速 1.49 个百分点、18.06 个百分点，总体上实现“两个不低于”目标。

【提高金融服务能力】 2012 年，农信社桂林办事处坚持抓管理、强服务，增设了一大批 ATM 机、存取款一体机、补登折及业务查询机等自助设备。至年末，安装“桂盛通”终端机 900 余台，将服务延伸至边远山区交通不便的村（屯）。推介网上银行、电话银行、短信银行等电子产品，提升金融服务能力，实现了“足不出村存取款、田间地头能转账”的金融服务目标。拓宽清算渠道，同城支付业务系统正式上线运行，跨行支付业务笔数居同业前列。加大技术支撑，对 ATM 视频监控网络线路进行

2012年，广西全州农村合作银行布放在绍水镇松川村的助农取款服务点

（张敏 摄）

技术改造，同城应用级灾备体系按预定计划稳步推进。重新对营业网点进行改造、装修、美化，提高营业网点舒适度。年内，阳朔农村合作银行阳朔镇支行等4个营业网点获“广西银行业百佳服务示范单位”称号。

【内控管理】 2012年，农信社桂林办事处加大稽核审计的频率、深度和广度，发挥“审计促发展”的作用。优化审计队伍，增强稽核审计的独立性和权威性。开展操作风险13条、案防措施落实、高级管理人员离任等方面的稽核工作。抓好“四项制度”（高级管理人员交流制度、重要岗位人员轮岗制度、强制休假和离岗审计制度、近亲属回避制度）的实施，开展信贷、财务、安全保卫、案件专项等方面的检查，强化对员工日常行为的管理排查，严格执行问责制度，全年经济案件实现零发案。

（蒋群清）

证　券

【国海证券股份有限公司桂林中山中路证券营业部】 2012年，该营业部实现证券交易总金额400.36亿元，金融产品销售1.90亿元，营业收入4938.39万元。年内，该营业部获“广西证券期货业协会优秀营业部”称号，获“中国人民银行南宁中心支行反洗钱工作先进集体”称号。

业务拓展　2012年，该营业部提升客户分类分级服务和投资顾问水平，拓展融资融券、证券约定购回等创新业务，推进营业部各项业务升级转型，提高盈利水平。年内，促成国海证券股份有限公司与桂林广陆数字测控股份有限公司的非公开发行项目合作。

开展保护投资者宣传活动　2012年，该营业部开展证券期货法律法规宣传、投资理财咨询、投资者警示教育等，并通过发放宣传资料、股民学校培训、短信提醒等形式，引导投资者树立理性、健康的投资理念，提高风险防范意识，促进桂林金融投资市场形成健康的投资文化。

强化内部管理　2012年，该营业部发挥营业部内控小组作用，定期对各项业务进行规范性检查，做好完备、准确的检查记录，保证营业部各项业务正常、合规、健康发展。深化培训机制，通过视频培训、内部培训、实践等多种方式，对营业部全体员工进行持续性的专业培训和考核，提高员工的专业化素质。

（唐倡梅）

【东方证券股份有限公司桂林中山中路证券营业部】 2012年，该营业部坚持高素质、专业化营销咨询队伍的发展目标，发展咨询服务、投资顾问业务。利用公司“东方赢家”咨询产品，争取东方证券研究所的支持，并在咨询服务创新和考核细化方面下工夫，扩大咨询服务覆盖面，咨询服务工作取得较好效果。期货IB(介绍经纪商)、融资融券、约定式购回、中间产品销售等各项业务发展良好。年内，该营业部结合客户分类、分级服务，提供相应的投资者教育活动，对新开户客户提供证券投资基础培训，对理财产品偏好型客户提供基金、券商集合理财产品咨询等投资者教育活动。在营业大厅内以橱窗、公告栏等形式设立投资者园地，在交易委托系统中设置风险提示，为有业务需求的投资者开通95503短信服务，在营业场所举办投资者教育讲座、培训等。联系企业、社区、机关、学校

2012 年，东方证券股份有限公司桂林中山中路证券营业部业务柜台　（赵艳　摄）

等，举办包括理财知识讲座、理财产品介绍及新业务说明会等内容的投资者教育活动。（赵艳）

保　　险

【概况】 2012 年，桂林保险业推进政策性保险，发展项目保险，服务基础设施建设；发展“三农”保险，服务社会主义新农村建设；发展商业健康、养老保险，支持完善社会保障体系；发展出口信用保险，支持和扩大出口；发展责任保险，服务构建和谐社会。年末，全市 25 家保险企业累计实现保费收入 30.12 亿元，增长 9.0%。其中：财产险保费收入 8.94 亿元，增长 14.8%，占全市总保费的 29.7%；人身险保费收入 21.18 亿元，增长 6.7%，占全市总保费的 70.3%。

年内，桂林保险业发挥保险功能作用，服务桂林市经济社会发展，全行业累计向企业和市民提供财产保险保障和人身意外伤害保险保障 5239.13 亿元，在防灾防损、分散风险、服务地方经济发展等方面发挥重要作用。

年内，桂林保险行业协会提升保险服务质量和水平，改善保险行业形象，营造良好的行业发展环境。引领保险业参与社会保障体系建设，配合相关部门建立完善医疗责任保险承保理赔工作机制及医患纠纷调处机制；加强道路交通事故纠纷一站式调处机制建设，协调配合相关部门做好道路交通事故纠纷调处工作，推进桂林市交通事故损害赔偿纠纷调解工作。规范市场秩序，促进行业和谐发展，开展车险自律工作，规范非车险市场秩序，防范化解市场风险；规范人身保险市场销售，加强风险隐患的防范工作；采用建筑行业自保和保险行业多家企业共保的方式，推进建筑工程意外险改革与良性发展；组织开展机动车辆保险理赔服务测评工作，促进各保险公司理顺理赔流程，提高理赔服务水平。加强维权、宣传工作，提升行业整体形象，年内，桂林保险行业协会完善保险消费投诉处理机制，保护消费者权益。（黎露燕）

【中国人民财产保险股份有限公司桂林市分公司】 2012 年，该公司推进改革转型，发展效益持续向好，业务快速发展。至年末，实现保费收入 3.72 亿元，累计赔付金额 2.25 亿元，综合成本率 95.4%，未决赔款准备净额 1.04 亿元。年内获桂林市企业纳税贡献奖。

服务“三农” 2012 年，该公司制订并完善《桂林市销售队伍改革人力资源方案》，施行分渠道绩效考核办法，“三农”基层服务销售体系基本建立。至年末，灵川县、灌阳县、恭城瑶族自治县、阳朔县等县完成 400 个服务点的建设工作。年内，灵川县海洋乡、潮田乡、大境乡等乡（镇）遭到狂风暴雨及冰雹袭击，350 多户农户不同程度受灾。该公司立即成立专项工作组，启动查勘核损标准预案，采取查勘分片包干，边查勘边定损的方法，并落实责任，以最快的速度理赔核算确定后将赔款送到受灾群众手中。

优化服务 2012 年，该公司整合服务资源，推出便民服务措施，以全方位服务客户。灵川支公司推出的“午间出单”服务，实现白天客户办理索赔时间无缝连接，受到广大投保客户的欢迎。年内，人保财险桂林分公司的1名员工获“广西保险业双十佳优秀服务标兵”称号。 （蒋权）

【中国人寿保险股份有限公司桂林分公司】 2012年，该公司全年保费收入11.68亿元，占桂林寿险市场份额的55.1%。实现长期险首年保费3.84亿元，首年期交保费1.84亿元，首年期交占比长期险首年48%，业务结构持续优化。

业务创新 年内，该公司夯实原有业务发展基础，开拓新业务领域。配合健全社会保障体系，推进农村小额保险、计划生育家庭爱心保险、小额信贷保险等惠民业务。全年共实现农村小额保费收入198万元，实现独生子女爱心保险278万元，为9万多户独生子女家庭实施保险保障。拓展企业年金业务，健全企业的商业养老保障体系，年内，共实现企业年金基金规模1819.8万元。

客服理赔 2012年，该公司加强柜面服务标准化建设，开展“岗位大练兵”“柜面之星”评选等活动，提升柜面运营效能和服务质量。推进“国寿1+N”（一个客户或一张保单，多种服务）品牌建设，开展特约商家签约和鹤卡发卡工作，组织“牵手”系列客户服务活动，以服务促发展。坚持“快速、主动、优质”理赔，全年共支付各类赔款总金额3亿多元，案均处理时效为4天以内。

风险防范 2012年，该公司坚持依法合规经营，提升风险防范能力。开展并落实依法合规和案件防范工作，组织开展“三一五”诚信教育、3 A营销员评比等活动，开展销售误导综合治理工作，严防销售误导，提高销售人员诚信合规意识及公司的风险防范能力。

队伍建设 2012年，该公司推行常态增员模式，加大销售队伍的培训力度，提升销售队伍的销售技能和诚信合规意识。全年共举办各类培训班78期，开展诚信展业、理赔服务、风险防范等内容的培训，培训销售人员1129人次，提升了队伍素质以及客户服务能力。 （石琳）

【中国太平洋财产保险股份有限公司桂林中心支公司】 2012年，该公司坚持“以客户需求为导向”的战略转型，以“保增长、促合规”的经营理念，促进公司持续稳健发展。全年实现保费收入2.01亿元，承保金额2045.92亿元，累计支付赔款金额1.01亿元。

承保业务 2012年，该公司加强内控管理和行业自律，利用电子营销、机动车销售企业代理保险、银行代理保险等多种销售渠道发展公司业务，巩固客户关系，挖掘客户资源。承保业务范围涉及金融、电力、工程建设、汽车制造、水陆路客货运输、航空航天、国内外旅游等各行业。

提升服务 2012年，该公司增设车行代理网点41个，11个县域机构建立完善的支公司服务体系，为客户提供优质的承保理赔服务。坚持中国太平洋财产保险股份有限公司的《理赔服务六项承诺》，化解车险理赔难和治理销售误导问题。依托3 G（第三代移动通信技术）快速理赔系统的技术优势，推广车险“零单证”（由保险公司完成理赔单证等资料收集，客户无需到保险公司递交索赔单证，即可获取赔偿）理赔服务，缩减结案周期，提高服务效率。继续推进理赔队伍建设，加强理赔人员的岗位技能与专业素质，在全自治区查勘定损岗的理赔服务现场考试中，该公司理赔人员通过率100%。 （何晶晶）

【中国太平洋人寿保险股份有限公司桂林中心支公司】 2012年，该公司实现保费收入1.9亿元，增长5.6%。全年赔款总金额789.45万元，长期险赔付总金额596.48万元，短期险赔付总金额192.96万元。年内，该公司贯彻“以客户需求为导向”的战略转型，围绕“关注客户需求，改善客户界面，提升客户体验”，为客户提供全生命周期需求的专业关注与整体解决方案。推行“神行太保”智能移动保险平台，通过平板电脑终端应用程序功能，满足客户随时随地咨询保险信息、购置保险产品的需求，解决了传统纸质签名模式的安全性、时效性问题，为客户带来“投保全程无纸化”的体验，让客户感觉便捷、安全。实施神行太保、保全GPS、承保理赔透明化三大营运战略转型项目，通过各专业技术手段支持业务发展，让客户直观了解涉及自身权益的重要信息。开展服务窗口标准化建设，规范柜面服务标准并制订考核方案，提升窗口服务的工作效率及服务质量。 （陈媛）

开发区建设

2012 年 7 月 8 日，自治区党委书记、自治区人大常委会主任郭声琨（前排右三）在苏桥经济开发区桂林客车工业集团有限公司考察　　（唐侃　摄）

桂林国家高新技术产业开发区

【概况】 2012年,桂林国家高新技术产业开发区(简称桂林高新区)实现技工贸总收入575.98亿元,(比上年,下同)增长24.8%;工业总产值596.2亿元,增长16.9%;上缴税款29.1亿元,增长3.9%,实现利润41.6亿元;出口创汇6.08亿美元,下降3.5%。全年引进外资1.06亿美元。年内,桂林高新区有高新技术企业63家,其中新增12家,高新技术企业实现工业总产值162.69亿元。

【科技创新效果显著】 2012年,桂林高新区启动互联网产业和新材料产业专业孵化器的规划建设。获得国家、自治区和市三级科技项目立项98项,科技项目资金5015万元。其中,获得国家科技型中小企业技术创新基金项目立项7项,资金350万元;获得自治区科学技术厅科技项目立项38项,资金3643万元;获得市科学技术局科技项目立项53项,资金634万元。受理专利资助和奖励申请299件,发放资助和奖励15.3万元。申请专利1249件,其中发明专利718件,实用新型专利441件,外观设计专利90件;获得专利授权653件,其中发明专利215件,实用新型专利361件,外观设计专利77件。建成自治区第一个由地方政府主导的科技金融中心,桂林高新区产权交易所升格为广西(桂林)知识产权交易中心,完成知识产权交易和转让11件,金额2200万元。

【加强人才建设】 2012年,桂林高新区成立人才工作协调领导小组,制订桂林高新区《2010~2020年中长期人才发展规划》,在高新人才资源网的基础上,建设桂林高新区"甲天下人才特区网",重点建好"四库"(人力资源、人才需求、招商项目、科技成果)。年内,桂林高新区共申报各类人才奖项26人(家),其中申报国家"千人计划"2人,自治区"十百千人才工程"2人、自治区"特聘专家"设岗申请企业1家、"漓江学者"设岗企业申请4家、申报桂林市"双十杰人才评选"17人。7月,组织桂林医学院20名归国留学人员、博士等生物医药技术领域专家考察团与辖内7家生物医药类的明星企业召开"产学研"对接座谈会;12月,组织桂林电子科技大学、广西师范大学、桂林理工大学、桂林航天工业学院、桂林高级技工学校和辖区内15家电子信息类明星企业召开"产学研"对接座谈会,分别从人才、项目、资源、创业、就业、政策等方面进行对接。邀请清华大学、北京大学、中国人民大学等国内外著名专家学者为辖区内的企业高级管理人员和高层次人才进行专题讲座,参加培训269人。

【园区建设全面铺开】 2012年,桂林高新区扩区概念性规划、片区规划和农村集体经济发展规划全面展开,总部经济带、总部经济园规划、华侨旅游经济区规划全面启动,新增建设用地200公顷,为园区可持续发展奠定基础。采取市场融资模式启动了湖塘路、综合产业园H型道路、英才科技园二期主干道等9条园区道路建设。总面积3.4万平方米的大学科技园2号、3号楼及创意产业园7号、8号楼全面建成并交付使用。落实17个农村集体经济发展项目用地。争取园区基础设施建设资金3075万

2012年10月19日,星光大道冠军走进桂林高新区大型晚会在市体育中心举行
(符霞光 摄)

2012 年,桂林创意产业园外景 （符霞光 摄）

元。清理园区企业违法用地 23 家,完成土地指标申报 83.66 公顷,征收土地 84 公顷。全年累计完成土地平整 54.78 公顷,道路建设 3250 米,排水管网铺设 8480 米,供电线路 21905 米,围墙修砌 1000 多米,挡土墙砌筑 400 米,完成园区基础设施总投资 1.55 亿元, 完成固定资产投资指标数 21.03 亿元。

【招商引资取得新成绩】 2012 年,桂林高新区引进外资 1.06 亿美元,完成年度任务的 100.1%;引进自治区外内资 59.97 亿元, 完成年度任务的 101.6%。成功引进投资 7 亿元的宏宇·华润万家、投资 5 亿元的中国航信桂林数据中心、投资 3000 万美元的西麦总部基地和中华桂林航天城科技旅游等项目。第九届中国—东盟博览会期间,成功签约项目 12 个,其中内资项目 9 个,签约金额 82 亿元;外资项目 3 个,签约金额 1.35 亿美元。在第四届中国·桂林创新创意文化节暨桂林国际动漫节期间,成功签约项目13 个,签约金额 68.41 亿元。10 月, 中国动漫集团中娱文化股份有限公司、桂林坤鹤文化传播有限公司、广西瀚特信息产业股份公司、桂林市萃发科技有限公司等 15 家企业入驻创意产业园。

【招商引资项目实现大兑现】 2012 年,桂林高新区实现招商引资大兑现项目 39 个,项目投资总金额 79 亿元。其中:自治区级项目 9 个(含 1 个外资), 自治区级内资 25.68 亿元, 自治区级外资 1.53 亿美元;市级项目 30 个(含 1 个外资),市级内资 43.50 亿元,市级外资 286 万美元。大兑现项目履约率为 100%,年度资金到位率 51%,项目开工率为 82%。年内,桂林高新区获自治区招商引资项目大兑现工作示范园区; 桂林东亿纸品有限公司、香格里拉大酒店(桂林)有限公司获自治区项目大兑现工作示范企业。

（林耀平 黄健 莫凤仙 伍斌元 蒋彦秀）

临桂新区

【概况】 2012 年, 临桂新区以科学发展观为统领,深入实施“保护漓江,发展临桂,再造一个新桂林”的发展战略,新区建设成效显著。年内完成固定资产投资 46.87 亿元,增长 43%。

【推进项目建设】 2012 年,临桂新区推进项目建设,创业大厦进入了玻璃幕墙、消防及右辅楼、会议中心等建设阶段;“一院两馆”的桂林大剧院、博物馆和图书馆顺利封顶并全面开展内部精装修工程;桂林日报社传媒中心主楼封顶。原住民安置点建设进展顺利, 岩塘安置小区、大律三组安置小区、崴陂村安置小区部分主体结构封顶;旅游景观水系各主要交通路段的景观绿化带逐步建成,水系景观功能初步展现。桂林医学院、桂林市职教中心学校多栋教学楼封顶,桂林中学临桂校区、临桂新区综合医院完成项目定点。商业配套项目发展势头良好,新城商务酒店、时代枫林特色美食街;

澳门恒和国际中心、博道商贸中心项目加快推进；花样年·花样城城市综合体、汇荣·桂林桂林、兴汇城等一批旅游商业房地产项目形成规模，品牌企业陆续入驻新区。

【基础设施建设进展顺利】 2012年，临桂新区进入重大基础设施建设项目集中实施阶段，核心区主要的主干路和次干路均已完成前期工作并开工建设。年内，临桂大道、环西路、公园北路竣工验收；西城大道提升改造工程、世纪西路桥、西城大道一号桥、西城大道三号桥、万平路桥、纬二路桥、山水大道一号桥、山水大道二号桥工程开工建设；平桂西路、凤凰西路等道路如期推进；平桂西路一号桥、平桂西路二号桥完成主体工程建设；凤凰西路桥完成桥面铺装及装饰工程。临桂新区的管网、绿化、亮化等基础配套设施逐步完善，新区的城市辐射带动能力不断增强。

【招商引资实现新突破】 2012年，临桂新区推行多边灵活的融资方式和全新的招商引资模式，实现自我积累、自我平衡、自我增值、自我发展。引进保利(桂林)文化产业园和凤凰体育运动休闲旅游区项目，并在第九届中国—东盟博览会上签订合作框架协议。年内，临桂新区自治区外实际到位资金22.56亿元，完成全年任务的112.8%，增长23%；实际利用外资3112.41万美元，完成全年任务的111.2%。创新和拓宽融资渠道，吸纳社会各方面的资金建设新区，全年融资9.2亿元。

2012年12月7日，正在建设中的临桂新区公园北路

（临桂新区管委会　供稿）

【临桂新区道路命名工作启动】 2012年，临桂新区为方便人民群众生产生活，提升地名文化品位，展示城市形象，优化发展环境，联合桂林市及临桂县民政部门共同成立临桂新区道路命名工作领导小组，启动临桂新区首批34条道路命名工作，所有道路名称面向社会广泛征集。　（蓝方）

苏桥经济开发区

【概况】 2012年，苏桥经济开发区完成固定资产投资32.2亿元，增长40%；完成工业产值76亿元，增长48.5%；招商引资内资到位资金25.6亿元，完成全年任务的102%，外资到位资金2002万美元，完成全年任务的100%。储备投资1000万元以上项目57个。

【橡胶及汽车等特色产业初具雏形】 2012年，苏桥经济开发区根据获自治区批准的《橡胶产业园和汽车及零部件产业园发展规划》，实施橡胶产业和汽车及零部件产业规划。年内，规划区内的中橡集团轮胎苏桥基地年产100万套全钢子午胎项目建成并投入试生产，连接中橡的配套道路以及银杏南环路、银杏东环南路基本建成，为橡胶产业园发展打下基础；桂林客车集团公司年产8000辆大中型客车的项目建成投产；桂林客车发展有限公司年产2.5万辆中轻型客车的项目投产；景韩汽配、康派斯汽车配件、明理线束、西安鹭江线束等一批上下游产业链项目落户苏桥汽车及零配件产业园。

【土地清理盘活有成效】 2012年，苏桥经济开发区新增建设用地609.02公顷，完成征地600.49公顷，已供土地587.62公顷，正在办理供地手续21.4公顷，土地征地率达98.6%。年内，对园区内土地使用情况进行清理整顿。一是强化规划管理，合理配置项目用地，引导入园项目进入规划产业区，形成产业集聚。二是严格控制用地规模，在项目入园审查中，严格按照《桂林市工业园区企业（项目）入园管理试行办法》（市政办〔2010〕212 号）执行，并探索试行分期供地管理办法。三是对用地进行全面清理，对用地标准、合同投资强度和税收要求等达不到的项目，或者供而未用的项目提出解决和处理方案。全年共收回了桂林速丰木业有限公司甲醛项目土地 8 公顷，并重新挂牌出让给桂林桂广滑石开发有限公司深加工项目；重新处置苏桥园名下的 B18、19 地块土地 23.30 公顷，分别安排广西科伦制药公司抗生素基地等项目建设；中国化工橡胶桂林有限公司名下的 B20 地块土地 28.80 公顷，安排了桂林恒保健康用品有限公司生活乳胶医疗用品、桂林实力天然物科技有限公司罗汉果饮料生产等项目，并已签署入园协议；苏桥园名下的 B26 地块土地 18.67 公顷，安排给永福高峰新型建材有限公司加气砼项目和北京加隆工程机械有限公司筑路机械等项目，签署入园协议并已动工。

2012 年 7 月 13 日，桂林苏桥经济开发区政银企统合作座谈会举行

（文衍坤　摄）

【协调服务显著】 2012 年，苏桥经济开发区推进项目建设，做好企业服务，取得较好效果。加快工业项目建设，中国化工橡胶桂林有限公司高等级子午线轮胎产业化一期、桂林奇峰纸业等项目建成投产，广西科伦制药公司抗生素基地项目、桂林客车发展有限公司喷涂项目、桂林澳林制药有限责任公司青霉素生产项目二期、西安鹭江线束等项目开工建设。推进基础设施建设，抓好项目的征地、拆迁、处遗等工作，确保各重点项目顺利建设。土榕路东段全面开工建设，银杏东路和高速路入口段基本建成，银杏南环路完成路基建设，临苏路苏桥段建成通车，供水管网全面改造升级，污水处理厂建设实质性开工。

【做好征地农民安置工作】 2012 年，苏桥经济开发区做好被征地农民和被拆迁群众的安置生产生活，保障园区持续平稳发展。一是为所有被征地后人均水田面积不足 0.02 公顷的农民办理最低生活保障。二是为符合条件的被征地农民办理城镇居民养老保险，解决失地农民后顾之忧。三是加大被征地农民的培训力度，提高被征地农民再就业能力。四是启动树桥等失地农民安置小区建设。

【第三产业发展提速】 2012 年，苏桥经济开发区加大商住区等第三产业建设力度。至年末，苏桥经济开发区已完成近 2 万平方米商住区建设，在建或拟建商住项目 8 个，总面积超过 20 万平方米。项目建设完善和提升苏桥经济开发区的居住、购物、娱乐、办公等综合服务功能。　　（文衍坤）

桂林市西城经济开发区

【概况】 2012 年，桂林市西城经济开发区完成工业总产值 260.8 亿元，增长 28.9%，工业增加值 81.3 亿元，增长 22.6%；完成规模上工业总产值 222.5 亿元，增长 37.8%，规模上工业增加值 65.9 亿元，增长 20.5%；完成固定资产投资 28.2 亿元，增长 41%。

【招商引资】 2012 年，桂林市西城经济开发区根据产业发展定位，转变招商理念，从招商向选商转变，招商引资取得显著成效。秧塘山水科技园新引进项目 8 个，合同投资总金额 30 多亿元。其中投资较大的项目有：华能分布式能源投资 13 亿元，

2012 年 3 月 27 日，广西立晶光电有限公司在桂林市西城经济开发区举行奠基仪式　（桂林市西城经济开发区管委会　供稿）

深圳市伟天星半导体设备有限公司投资 10.5 亿元，桂林东南汽配有限责任公司投资 6 亿元。年内，获各类扶持资金 1420 万元，其中自治区产业园区建设专项扶持资金 1000 万元，桂林市工业发展扶持资金 420 万元。

【基础建设】 2012 年，临桂县财政累计投入园区基础设施建设资金 1.5 亿元，加快推进园区人民路延长线、秧十八路、秧二十四路以及临苏路园区段建设，加快推进项目用电、供水、通讯等基础网络建设，使项目进得来、落得下。加大征地拆迁力度，新征土地 333.33 公顷，拆除违章建筑近 4 万平方米，迁坟 1000 多座，清理地面附作物 133.33 公顷，确保入园项目早日开工。年内，完成第三次园区修编，秧塘山水科技园区面积由 9.8 平方千米扩大到 16.6 平方千米，两江宝山工业园总规划面积达 5.33 平方千米，乐和工业园总规划面积达 1.33 平方千米。

【项目推进】 2012 年，秧塘山水科技园有入园工业项目 66 个，合同投资总金额近 160 亿元，1 亿元以上项目 27 个，上市公司 5 家，其中建成投产项目 26 个，在建项目 30 个。年内，桂林市西城经济开发区加快推进项目建设。桂林众阳光能科技、桂林鑫友光伏、桂冶实业、广西汇通药业等 15 个项目建成。加大对重大项目包装上报工作力度，桂林福达锻造、桂林亚科新材料、桂林国际电线电缆二期、桂林天和药业等入园项目的土地指标得到落实。桂林啄木鸟医疗器械有限公司、深圳伟天星半导体设备有限公司、广西立晶光电有限公司 3 个项目列入 2012 年自治区重点统筹推进项目。

【服务管理】 2012 年，桂林市西城经济开发区协调临桂县国土、建设等行政管理部门开辟工业园区项目审批绿色通道，优化办事流程，推进建设项目提速。出台激励政策，引导辖区内金融机构支持园区经济发展，搭建银企合作平台。成立秧塘园治安巡防队，共设 3 名干警，10 名队员，建有福达重工锻造、花样年房地产等警务执勤室 5 个，采取全天分组轮班巡逻制，加强日常巡查及警企配合，打击各类违法违规现象，为园区项目建设创造优良环境。　（马键斌）

2012 年，秧塘山水科技园一角　（桂林市西城经济开发区管委会　供稿）

行政管理

2012 年，桂林市中隐路廉租住房项目安居小区　　（市发展和改革委员会　供稿）

宏观经济管理

【概况】 2012年，桂林市全面实施项目建设、改革创新、生态建设、民生建设和文化建设“五大工程”，巩固和扩大全市经济社会发展的良好势头。全年全市地区生产总值1492.05亿元，（比上年，下同）增长13.3%，高于预期目标2.3个百分点。其中：第一产业增加值274.51亿元，增长6.6%；第二产业增加值694.94亿元，增长18.9%；第三产业增加值522.60亿元，增长9.2%。三次产业增加值占地区生产总值的比重分别为18.4%、46.6%、35.0%。完成全社会固定资产投资1462.40亿元，增长28.2%。组织财政收入163.56亿元，增长15.2%。城镇居民人均可支配收入22300元，增长12.2%；农民人均纯收入7328元，增长15.9%；城乡居民收入差距继续缩小。全市地区生产总值、第一产业总产值和增加值、规模以上工业总产值和增加值等多项指标增幅居自治区前列。

【投资和项目建设保持快速增长】 2012年，桂林市面对国际金融复杂多变的环境和国家宏观经济政策大幅调整的形势，深入开展“项目建设年”活动，确保全市投资及项目建设保持良好增长势头，投资结构进一步优化。全年投资总金额新增322.20亿元，增长28.2%。年内，桂林市创新工作机制，重大项目建设扎实推进，形成抓投资和项目工作“一办两站”（即市重大项目建设管理办公室、市重大项目前期攻坚工作站和市实体经济前期工作服务站）新模式，强化重大项目管理，加大项目催批力度，定期开展联合审批活动，提高项目审批速度。全市跟踪推进的724项重点项目，完成投资636.10亿元，增加122.10亿元，完成投资额占全社会固定资产投资43.5%。资源紫金山风电基地、桂林两江国际机场航站楼等一批重大项目前期工作取得新突破。全市投资1000万元以上的储备项目达1636项，计划投资规模超过2900亿元。创新融资渠道，保障项目建设顺利推进，全年共争取上级预算资金29.16亿元，增长45.0%；在全国信贷资金趋紧的情况下，新增贷款145.94亿元，增长18.6%。成功发行第二期企业债券10亿元。争取外国政府和世界银行贷款额度1.32亿美元。吸收民间投资金额792.00亿元，增长37.0%。创新投资理念，优化投资结构，加大实体经济项目投资力度，全年实施产业类项目359项，完成投资金额332亿元，超过全部重点项目投资比重的50%。

2012年9月29日，桂林市迎宾路廉租房建设项目开工
（市发展和改革委员会 供稿）

【“两区”建设推动服务业快速发展】 2012年，《桂林国际旅游胜地建设发展规划纲要》获国家发展和改革委员会批复，桂林发展上升为国家战略。自治区原则性通过《加快推进桂林国家服务业综合改革试点工作的意见》。桂林世界旅游城建设取得重大进展，规划体系基本形成，全年实施项目276项，完成投资金额197.36亿元。旅游精品和旅游通道建设加快。漓江国家5A级旅游景区完成整改，独秀峰·王城景区进入国家5A级旅游景区行列，新增国家4A级旅游景区3家。阳朔县、桂林乐满地旅游开发有限公司分别通过全国旅游标准化示范县、示范单位验收。新开通境内外航线9条。全市接待游客突破3000万人次，达3292.65万人次，增长18.1%；旅游总收入276.87亿元，增长26.8%。国家服务业综合改革试点区域建设扎实推进。年内启动服务业统计、社会化养老等相关配套改革，逐步破解服务业发展中的体制机制问题。加快服务业改革发展载体建设。琴潭“栖息式”社会化养老示范项目、阳朔乡村生态休闲旅游示范项目、服

务业信息平台建设项目、旅游与会展资源整合及产业协同项目等4个国家级服务业试点示范项目扎实推进。在示范区域带动下,全年实施的214项服务业重点项目共完成投资204.55亿元,投资金额和进度首次超过工业投资。出台《关于加快发展桂林会展业的意见》,安排1000万元专项资金培育发展会展企业,打造了中国桂林国际旅游博览会等会展品牌。启动服务业重点企业培优扶强工程,扶持企业43家。桂林国家高新技术开发区创意产业园、桂林云尚动画制作有限公司、桂林阳朔山水旅游开发有限公司、桂林国悦灵渠旅游开发有限公司等4家单位被列为自治区文化产业示范基地。

【桂林市成为自治区首个国家级低碳试点城市】2012年1月,桂林市成为自治区首个国家级低碳试点城市。年内,桂林市组织开展以环境倒逼机制推动产业转型升级攻坚活动,淘汰、关停落后产能企业21家,纳入自治区考核的39家年耗能万吨以上重点耗能企业节能7.33万吨标准煤。全市实施水污染结构减排项目2个、大气污染物结构减排项目16个、规模化养殖场减排项目19个,全面完成年度节能减排目标任务。推进循环经济和综合利用、节能新技术推广等8大类73个节能减排项目建设,冲口垃圾填埋场沼气发电项目并网投产,桂林市成为自治区首个实现垃圾填埋场沼气发电循环利用的城市。

【重点领域改革取得新成绩】 2012年,桂林市重点领域改革成效明显。医药卫生体制改革不断深化,全民医疗保障体系进一步健全。全市城镇职工、居民参加医疗保障比率96.9%,农民参加新型农村合作(简称新农合)医疗保障比率98.3%,新农合和城镇居民医保政府补助标准提高到每人每年240元,人均筹资达290元。八类重特大疾病保障全部纳入新型农村合作医疗大病保障统筹,基本药物制度进一步巩固。兴安县、永福县县级公立医院改革试点工作以及永福县乡(镇)卫生院绩效工资制度改革经验在全自治区推广。全面完成扩权强县工作任务,市本级接收行政审批事项336项,下放至县级实施行政审批事项421项。推动县域经济发展,一批经济发展较快的县进入广西科学发展十佳县、进步县行列。集体林权制度主体改革全面完成,林地流转试点顺利实施。统筹城乡综合配套改革试点工作有序开展。国有企业改革稳步推进,桂林鲁山水泥厂、市内燃机配件厂等国有企业完成改制重组。文化体制改革实现重大突破,在自治区率先完成市、县两级国有文艺院团改制,组建桂林市文艺演出有限责任公司、桂林市戏剧创作研究院(兼桂林市非物质文化遗产保护传承中心)。市新华书店、市歌舞团、市杂技团、桂林漓江剧院完成从事业单位到企业的改革改制。实施事业单位绩效工资,企业职工工资正常增长和支付保障机制不断完善。

【专项规划编制基本完成】 2012年,桂林市发展改革委员会(简称市发改委)牵头,逐步完善桂林市"十二五"规划体系,39项重点专项规划基本编制完成,35项规划经市政府审定批准实施。落实"十二五"规划各项指标责任主体,强化规划的指导和约束作用,开展首次年度规划实施监测评估,对规划纲要提出的目标指标实现程度、主要任务完成情况等进行系统评估,分析提出对策建议。启动《桂林国际空港经济区发展规划》编制前期工作。

【加强经济运行监管】 2012年,市发改委建立健全经济运行分析制度,构建以总量指标和行业指标互支撑、全市分析和县(区)分析相结合、经济指标与社会指标共管理的监测分析体系,研究桂林市经济发展规律,引导经济平稳较快增长。针对国家密集出台一系列资源性价格改革措施,市发改委在稳妥推进价格改革的同时,抓好日常监测管理,确保全市物价水平整体平稳。建立12县主要居民消费品价格变动情况报告制度,实行价格干预措施,运用价格调节基金设立桂林市生活必需品商品储备制度,运用价格调节基金补贴储备费用115万元。适时启动低收入居民临时价格补贴联动机制,保障低收入人群的基本生活。全年居民消费价格指数涨幅控制在3.5%,实现自治区下达的调控目标。 (刘芳)

国有资产管理

【概况】 2012年,桂林市人民政府国有资产监督管理委员会(简称市国资委)稳步推进国有企业改

2012 年 5 月 18 日，广西北部湾产权交易所桂林办事处举行揭牌仪式

（市国资委　供稿）

革改制，强化对国有资产监督管理，加大国有企业人才培养，维护企业良好的安全稳定环境，保障企业职工基本权益。全年全市实现国有资本收益 2.13 亿元，完成国有企业改制 5 家，安置职工 3000 多人。5 月 18 日，由广西北部湾产权交易所与桂林市国有资产投资经营有限公司合作设立的广西北部湾产权交易所桂林办事处成立，为桂林各类国有企业提供规范、便利的产权交易、改制策划和投融资服务。

【国有企业改革改制取得新进展】 2012 年，市国资委加大国有企业调整重组力度，引导国有企业产业发展。年内，浙江众阳集团有限公司以承债方式收购桂林鲁山水泥厂，解决该厂职工安置问题，同时在临桂县投资兴建众阳光伏、众阳水泥等项目，桂林市国有资产实现以存量引增量，以增量促发展的目的。桂林广运实业投资有限责任公司通过在广西北部湾产权交易所摘牌方式，收购桂林内燃机配件厂。通过挂牌公开交易，引入桂林龙禹有限投资公司重组桂林矿山机械厂项目，双方完成收购协议签订。引入桂林优利特集团有限公司重组桂林市无线电一厂项目，双方开展合作协商。韩国衣恋世界株式会社收购桂林大宇大饭店国有股权。市国资委推动桂林市公共交通集团公司与桂林市交通投资有限公司重组合并，实现强强联合，优化产业结构，增强企业造血功能；支持桂林桂广滑石开发有限公司与美国申巴粉体材料芒特费农有限责任公司合作，双方合资 1.1 亿元成立桂林桂广申巴粉体材料有限责任公司。

【加强国有企业运营监管】 2012 年，市国资委将工作重心逐步转向国有企业运营监管，有效维护国有资产保值增值。科学制定国有企业经营目标，落实国有资产保值增值责任，按照“不低于上年同期数和不低于前三年平均数”原则，确定各企业年度考核指标。完善业绩考核和薪酬管理办法，出台《桂林市国资委履行出资人职责企业负责人经营业绩考核暂行办法》《桂林市国资委履行出资人职责企业负责人薪酬管理暂行办法》等配套文件 6 个。做好财务快报编制和经济运行分析工作，将生产经营状况正常的 28 家企业纳入财务快报统计范围，对其经营状况进行跟踪监控和统计分析，及时发现并解决企业在经营管理中存在的矛盾和问题，提高企业的经营管理水平。做好企业工资管理，按照“工资总金额的增长幅度低于企业效益增长幅度，职工平均工资的增长幅度低于劳动生产率的增长幅度”的原则审核国有企业工资总金额。对实行工资与效益挂钩的企业坚持“完成国有资产保值增值指标才能提取新增效益工资”的前提条件审核企业工资总金额，调整工资发放。加强对所监管企业领导班子及成员的管理，出台《企业领导人员管理暂行办法》等有关规定，调整充实企业领导班子，任免国有企业领导人员 51 人次，其中提拔使用 10 人次。

（莫小海）

价格管理

【概况】 2012 年，桂林市物价管理部门稳妥推进全市物价改革，疏导化解价格矛盾，强化价格监管和反垄断执法，建立健全稳价安民的长效机制，完善生活必需品商品储备制度，保持物价总水平基本稳定，为全市经济社会发展创造良好价格环境。至年末，桂林市全年居民消费价格指数（CPI）累计涨幅为3.5%，完成自治区政府下达的CPI涨幅控制在4.0%以内的目标任务。

【物价调控】 2012年，桂林市受食品类价格上涨、工业品及服务类涨价等因素影响，全年消费价格指数走势呈现低开高走态势，市价格主管部门采取多种措施进行物价调控。一是继续完善价格调控工作联席会议制度和会商会议制度，桂林市物价局、桂林市统计局和国家统计局桂林调查队采取不定期的形式，召开分析会商会议，分析价格形势、影响因素及预测后期价格走势，研究抑制价格总水平上涨的措施和建议。二是保供稳价，建立生活必需品商品储备制度，桂林市运用价格调节基金设立全市生活必需品商品储备制度，将猪肉、方便面、饮用水、蜡烛等纳入第一批储备范围，运用价格调节基金补贴储备费用115万元。三是及时启动低收入居民临时价格补贴联动机制，全年向低收入群众发放临时价格补贴290多万元，惠及群众17万人次，保障低收入群众基本生活不因物价上涨而降低。四是强化价格调节基金征收管理，全年全市征收价格调节基金（含鱼塘、菜地开发基金）5586万元，增长75%。

【推进价格改革】 2012年，市价格主管部门推进价格改革，缓和供需矛盾。2月1日，桂林市开始实行城市供水阶梯水价政策；6月1日，桂林市开始实行民用管道天然气阶梯气价，基础价由4元每立方米调整至4.6元每立方米；7月1日，桂林市开始推行阶梯电价，提高用电效率。规范行业收费标准，组织开展农副产品流通领域收费情况专题调研，了解集贸市场、批发市场、生猪屠宰场等流通领域的收费情况。规范行政事业性收费行为，年内全市取消卫生检测检验费、机动车安全检验费、交通安全设施维护费、机动车入户过户费、特殊检验费等收费项目。核定城市绿化补偿收费标准，开展收费许可证年审工作，全年共审核收费许可证500余个，审验收费金额5亿多元。

【启动临时价格干预措施】 2012年，桂林市针对市场物价不断走高，特别是食品类价格持续高位运行的情况，市价格主管部门出台一系列的保障市场供应、加强市场监管、实施价格补贴等临时价格干预措施。一是延长猪肉、部分食用油、平价大米和罐装液化石油气实行临时价格干预措施的时间，元旦、春节期间，全市延长猪肉、部分食用油、平价大米和罐装液化石油气实行临时价格干预措施的时间，全市增加各类临时价格补贴470多万元；11月，全市出台瓶装液化石油气最高限价115元每瓶的临时价格干预措施，每瓶运用价格调节基金补贴5元，共补贴168万元。二是落实民族政策，向回族市民供应清真牛肉，12月，全市开始采取定点定时定量供应的办法，每月以每千克低于市场价16元～20元的价格，向回族市民提供2.5千克每人的清真牛肉，该项政策持续实施至2013年3月，价格补贴约280万元。

【开展价格监督检查】 2012年，桂林市物价局加强节日市场价格监管，保持市场物价的基本稳定。元旦、春节期间全市集中开展对大米、食用油、猪肉、牛肉、羊肉等群众基本生活必需品和成品油、液化石油气等价格的市场检查，并进行日常监测，及时发现和制止部分商品串通涨价的苗头。“五一”节、中秋节、东盟博览会和国庆节期间，重点对农产品、成品油、液化石油气价格和景区景点、酒店业价格，以及客运票价、停车场收费等进行检查。全年全市共组织68个检查组1594人次，检查各类经营户及经营企业5038户（家）。继续开展教育收费专项检查工作，对13所学校的价格违法行为进行惩处，共查处价格违法金额527.07万元。继续开展医疗收费专项检查工作，采取属地自查、联合检查及交叉下查一级等多种检查形式，对市区及12个县的34家大型医院、46家乡（镇）医院、5家疾病控制中心和1家药品生产企业进行监督检查；协助自治区价格监督检查组对市区3家自治区直属医院、3家市级三甲医院进行专项检查。年内，市物价部门对存在价格违法行为的30家医院进行立案调查，收缴违法金额244.95万元。

【发挥价格服务职能】 2012年，市价格认证中心全面启动纪检监察查办案件涉案财物价格认定工作、涉税财物价格认定工作以及丙级价格评估机构资质认定、价格评估人员执业资格认定预受理和预初审工作。全年共完成各项鉴定、认证、认定标的1090件，鉴定金额3050万元。市价格部门强化价格成本监审，开展价格监审和价格调节基金补贴审核工作，年内完成对教育收费、旅游票价、上网电价、管道燃气价格、污水处理费、经济适用住房价格等价格成本监审项目 19 个，共计监审单位 70 家，监审成本总金额 9.66 亿元，核减成本 8465 万元。做好价格举报工作，全年全市共受理价格举报、价格咨询 639 件，办结 627 件，办结率 98.1%。加强价格日常监测工作，全年出版《桂林市市场价格动态》33 期，其中价格监测预警预报信息 9 期；建立 12 县主要居民消费品价格变动情况报告制度，加强对县级商品监测的工作指导。开展价格诚信单位评选工作。年内新增“桂林市价格诚信单位”14 家，全市价格诚信单位达 73 家。

（付承宁　宁顺金）

2012 年 6 月 11 日，桂林市举办“食品安全宣传周”启动仪式

（王建明　摄）

工商行政管理

【概况】 2012 年，桂林市工商行政管理局（简称市工商局）完善准入服务体系建设，优化投资创业环境，帮助企业提升竞争力。推进诚信市场建设，维护公平公正的交易环境，全市有 3 个市场被评为自治区诚信示范市场。防范和遏制非法传销，全年共取缔传销窝点 325 个，立案查处 63 件，罚没款 85.76 万元，教育遣散传销人员 7982 人。开展“食品安全宣传周”等各类宣传活动，帮助群众识别假冒伪劣产品。年内，市工商局获国家工商总局

表 19　2012 年桂林市内资企业行业分类统计表

行业分类	企业总数（家）	注册资本（万元）
农、林、牧、渔业	202	49298.00
采矿业	83	56748.46
制造业	1053	1042038.00
电力、燃气及水的生产和供应业	264	302744.00
建筑业	497	361508.00
交通运输、仓储和邮政业	977	178440.00
信息传输、计算机服务和软件业	458	55839.00
批发和零售业	2908	211652.00
住宿和餐饮业	307	35389.00
金融业	929	724528.00
房地产业	426	448508.00
租赁和商业服务业	815	753958.41
广告业	23	4109.00
科学研究、技术服务和地质勘查业	316	71462.00
水利、环境和公共设施管理业	79	26141.00
居民服务和其他服务业	237	22063.00
教育业	7	181.00
卫生、社会保障和社会福利业	7	4200.00
文化、体育和娱乐业	97	40969.00
其他行业	74	10218.00
合计	9759	4399993.87

表 20　2012 年桂林市外资企业行业分类统计表

行业分类	企业总数（家）	注册资本（万美元）
农、林、牧、渔业	22	3622.69
采矿业	7	3289.40
制造业	115	30874.43
电力、燃气及水的生产和供应业	12	2326.83
建筑业	6	2051.23
交通运输、仓储和邮政业	2	181.60
信息传输、计算机服务和软件业	1	12.30
批发和零售业	9	6280.22
住宿和餐饮业	33	15396.67
房地产业	19	12648.56
租赁和商业服务业	13	50521.02
科学研究、技术服务和地质勘查业	7	1044.48
水利、环境和公共设施管理业	4	409.89
居民服务和其他服务业	5	1085.70
教育业	1	10.00
卫生、社会保障和社会福利业	0	0
文化、体育和娱乐业	14	11911.67
合计	270	141666.69

授予“2012 年度全国个体私营经济监督管理调研工作先进联系单位”称号。

【企业登记管理】 2012 年年末，全市内资企业（不含私营企业，下同）9759 家，注册资本（金）440.00 亿元。其中：新登记内资企业 570 家，增长 4.2%；新增注册资本（金）13.87 亿元，降低 43.8%。全市外商投资企业实有数 270 家，投资总金额 21.89 亿美元，注册资本 14.17 亿美元。

【助推企业发展】 2012 年，桂林市工商管理部门发挥政策引导作用，帮助企业解决融资困难，实现企业资金积累快速增长。全年共办理股权出质登记 237 家，出质股权数额金额约 49 亿元，分别增长 43%和 260%；办理动产抵押登记 591 件，实现融资金额 19.11 亿元，增长 30%。参与桂林市文化产业改革，帮助推进服务型文化事业单位改组改制。年内，在自治区内率先完成新华书店整体改制工作，完成市歌舞团、市杂技团、桂林漓江剧院整合组建桂林市文艺演出有限责任公司，市桂剧团、市彩调剧团、市曲艺团整合组建桂林市戏剧创作研究院的改制工作。

【扶持农民专业合作社】 2012 年，市工商行政管理部门为农民专业合作社的设立提供高效审核、快捷办理的注册登记服务，指导农民专业合作社顺应市场发展要求，组织开展农副产品商标注册申报，提升市场竞争力。广泛宣传《中华人民共和国合同法》，提高农民专业合作社社员的合同法律意识，全年全市共指导农村专业合作社、涉农龙头企业签订合同 668 份，为农资经营户审核农资购销合同 227 份。开展农村经纪人培训工作，组织培训农村党员经纪人 1000 名，培训村党支部委员会、村民委员会干部经纪人 200 名。

【注册商标管理】 2012 年年末，桂林市注册商标共 8993 件，其中有效注册商标 7889 件。全市已拥有“三金”“漓泉”“天和”“印象·刘三姐”等中国驰名商标 4 件，有广西著名商标 73 件、地理标志证明商标 8 件，80%以上百强工业重点企业拥有自主注册商标。市工商行政管理部门通过建立完善商标侵权保护机制，加强商标保护工作，指导企业维权，促进经济健康发展。市工商局对“两江四湖”旅游商标异议案件予以跟踪服务。2012 年 10 月 29 日，国家工商行政管理总局商标评审委员会裁定“两江四湖”商标归桂林环城水系建设开发有限公司注册并享有专用权，代表桂林市旅游形象的“两江四湖”旅游商标落户桂林；指导桂林三金药业股份有限公司提请国家工商行政管理总局商标评审委员会，加快对四川欣福康医药有限责任公司第 10 类“三金”商标争议案的审理；指导桂林市金龙寨饮业有限公司通过驳回再申报，最终赢得“八桂金龙寨”商标；指导桂林银行办理被抢注的图形商标异议案。全年查处商标侵权案件 113 件，收缴销毁侵权商标标识 1.3 万件(套)。

【加强市场监管】 2012 年，全市工商管理部门加强对各类市场监督管理。组织开展虚假违法广告专项整治活动，全年共立案查处各类广告违法案件 83 件，责令停止发布违法广告 58 则，撤除未经登记擅自发布的户外广告 45 处。继续完善农资企业信用分类监管，建立农资经营户数据库，实施农资数据记录备案，开展农资示范店创建活动，加强农资商品抽样检查力度，年内共进行农资专项抽检行动 2 次，抽检化肥 63 批次、农药 26 批次，商品合格率 93%。查处各类农资违法案件 245 件，查获不合格农资商品价值 121 万元。严把食品经营主体准入关，打击销售假冒伪劣食品等违法行为；推进食品经营者诚信自律体系建设，探索建立食品安全监管长效机制；引导食品批发商建立电

2012 年 3 月 15 日，市工商局在中心广场举行消费维权识假辨假宣传咨询活动 （王建明　摄）

子台账，实现食品的进货和销售可追踪溯源。加强食品流通环节的安全监管，共组织开展食品快速检测41991 批次，检测合格率 99.92%；查处各类食品违法案件 181 件。

2012 年 11 月 20 日，桂林市雁山区农村消费教育基地举行授牌仪式

（市工商局　供稿）

【消费维权取得实效】 2012 年，全市工商局（所）共处理消费者申诉 968 件，为消费者挽回经济损失 196 万余元；全市消费者协会共处理消费者投诉 991 件，为消费者挽回经济损失 257 万元。年内，桂林市圆满处理一起成品油质量群体性消费投诉，为 151 名消费者挽回经济损失 52 万元。扩大基层消费维权网络覆盖，加快“一会两站”（消费者协会分会、消费者投诉站和“12315”联络站）进乡入村建设，加强对农村消费群体消费维权的教育引领作用。11 月 20 日，自治区首个农村消费教育基地 “桂林市雁山区农村消费教育基地”在桂林市雁山镇揭牌，首批 40 余名村官接受消费维权教育培训。年内，市工商局联合市消费者协会组织开展消费工作研析、预判和引导专题活动，指导企业加强自我管理和防范；开展以食品安全消费体验为主题的大规模社会调研活动，发出调查问卷 4000 份，收集整理出市场上存在的食品安全公共管理问题共 5 类 11 项。

【公平交易监督管理】 2012 年，桂林市工商行政管理部门加强对陈化粮、儿童玩具、房地产、中介、劳动力、成品油、物流运输、二手车交易等市场的监管，推进长效机制建设。年内，市工商局查处电子商务违法案件 4 件，在自治区率先实现市级工商管理部门查办电子商务违法案件，为网络监管执法提供经验。强化对网络团购市场的规范和维权力度，组织对桂林当地网络交易平台、团购网站经营者进行摸底登记。至年末，全市工商行政管理部门共查处各类经济违法案件 2461 件，案值 509 万元。

（韦冬宜）

审　　计

【概况】 2012 年，全市审计机关共审计（调查）单位 263 个，查出各类违规金额 2.52 亿元、管理不规范金额 27.81 亿元，为全市财政增收节支 3.31 亿元。出具审计报告和报送审计调查报告 352 篇，提出审计建议 185 条，挽回（避免）损失 7 万元。年内，市审计局、全州县审计局、灌阳县审计局、恭城瑶族自治县审计局获“自治区和谐单位”称号；市审计局、全州县审计局获“自治区文明单位”称号。

【财政审计】 2012 年，桂林市抓好“财政同级审”工作，推进和完善财政审计大格局建设。全年全市有 119 个单位接受预算执行审计，查出违规及管理不规范金额 23.82 亿元，其中市审计局审计的单位 19 个，金额 4.24 亿元。接受财政决算审计单位 38 个，查出违规及管理不规范金额 2.39 亿元，其中市审计局审计的单位 5 个，金额 1.82 亿元。深化市本级预算执行审计，重点关注上年度市本级预算执行情况、民生支出、市本级土地出让金收缴和使用，并对部分财政预算中安排专项资金的项目实施单位进行延伸审计，全面检查、把握财政资金分配、管理及使用情况。突出财政安全主题，重点关注政府性债务审计整改工作，出台《桂林市本级政府性债务管理暂行办法》，规范地方政府性债务的审批、管理、偿还及风险预防。

【专项资金审计】 2012 年，全市审计机关对 30 个单位开展专项资金审计，审计专项资金 13.49 亿元，查出违规及管理不规范金额 7169 万元，其中市审计局审计的单位 8 个，金额 12.45 亿元，查出违规及管理不规范金额 6353 万元。年内，组织开展农村中小学布局调整情况专项审计、2012 年城镇保障性安居工程跟踪审计、全市基层医疗卫生机构债务清核认定等项目工作。监督惠民工程建设,审计发现:市某医院存在医疗服务项目重复收费及超标准收费等问题;灵川、平乐、龙胜 3 个县(自治县)的农村中小学义务教育经费使用及国家助学政策落实存在违规问题;阳朔、临桂、荔浦、兴安、龙胜 5 个县(自治县)在 2010～2011 年农村危房改造资金政策执行中存在超面积建房、危房改造资金补助标准不符合规定、资金有结余等问题;中小学校舍安全工程存在部分项目进展缓慢、工程建设管理不规范等问题。审计部门针对审计发现的问题,督促相关单位进行整改,保障惠民政策的执行真正惠及于民。

【行政事业审计】 2012 年,全市审计机关对 7 个行政事业单位进行审计调查,查出违规及管理不规范金额 632 万元(其中市审计局审计单位 1 个,金额 302 万元)。分析研究单位在资产管理、经费使用管理、绩效管理等方面存在的问题,对规范行政权力运行、堵塞内部管理漏洞、降低产生职务犯罪几率等方面提出科学化建议。

【社会保障资金审计】 2012 年 2～4 月,全市审计机关对 12 个县 5 个城区的 3 大系列 12 类 19 项社会保障资金(包含社会保险基金、社会救助资金和社会福利资金)进行审计。共审计调查行政部门(单位)1780 个、企业 156 家、村(居)委会 36 个、医院 20 家,查出违规及管理不规范金额 2.60 亿元。针对发现的问题,审计机关督促有关部门、单位及时整改,确保社会保障资金惠及群众。年内,市审计局获国家审计署全国社会保障资金审计先进公务员集体嘉奖。

【企业审计】 2012 年,全市审计机关共审计(调查)企业 10 家,查出违规及管理不规范金额 1352 万元。审计发现:某国有资产投资经营有限公司 2011 年度财务收支存在应缴未缴问题;某橡胶厂原处置成本偏高,重新审核后比原处置成本降低 1164 万元;有 3 个公司在“退二进三”搬迁改造项目专项审计报告中存在相关证据不充分、部分事项不明确问题,要求对项目重新审计;某公司在组建过程中,市本级和 12 个县相关单位的清理财产、核定资金工作存在违规核减资产损失、少计企业所得税等问题。企业审计达到节约国家财政资金、确保国有资产不流失的目的。年内,对 72 家工业企业技术改造资金项目绩效评价专项审计报告进行审核,促使相关部门优化企业技术改造资金拨付方式,提高技术改造项目遴选、审批的管理水平。

【重点项目投资审计】 2012 年,市审计局采取提前介入、跟踪监督方式,对全市重点资金项目、重点建设项目进行投资审计。全年完成中隐路、西二环路、滨江北路、迎宾路等道路改造项目,彭家岭、清风小区廉租房建设项目,第二届广西(桂林)园林园艺博览会工程,桂林公安交通管理指挥中心等投资项目的跟踪审计。审计总金额 25.60 亿元,查出违规金额 0.60 亿元、管理不规范金额 0.24 亿元,核减工程投资 0.34 亿元、概算投资 1.76 亿元。

【经济责任审计】 2012 年,全市审计机关加强对关键人员及关键岗位的监督,采取“查财务”和“问绩效”相结合的方式,重点揭露管理不善造成的损失浪费问题,促进党风廉政建设和反腐倡廉工作的开展。全年全市共审计单位 95 个、经济责任人 102 人,查出违规金额 7895 万元,管理不规范金额 32216 万元(其中市审计局审计单位 19 个、经济责任人 19 人,查出违规金额 2065 万元,管理不规范金额 14030 万元)。规范经济责任审计操作规程,印发《关于修改〈桂林市经济责任审计文书格式(试行)〉部分内容的通知》,使经济责任审计更趋于制度化、规范化、法制化。

【“审计整改年”活动成效显著】 2012 年,市审计局按照自治区审计厅“审计整改年”工作安排和部署,采取“边审计、边整改、边规范”的工作思路,排查问题,审计回访,及时整改。全年全市审计机关对 2008～2011 年审计署及自治区各级审计机关审计发现、应整改尚未整改的问题进行集中督促整改,查出问题 2059 个,涉及金额 117.31 亿元;完成整改 1971 个,整改率 95.73%。对 2012 年审计发现的问题,边整改边规范,查出主要问题 286 个,涉及金额 26.12 亿元;完成整改 252 个,整改率 88.11%。

【推进审计信息化建设】 2012 年,市审计局推进审计信息化建设。及时更新审计管理系统(AO)、腾讯通(RTX)等系统人员信息数据,提升审计专网应用效率。完成系统机房的环境智能检测、信息安全过滤及供电线路的升级改造,确保信息和设备安全。以考代训,全年共组织2期180人参加现场审计实施系统培训和审计署认证考试。编写《桂林市审计局计算机辅助审计推广方案》,提升审计项目信息化运用水平。年内,市审计局有6项AO应用实例获国家审计署表彰,2个项目分别获自治区AO成果演示一、二等奖。

【审计学会工作】 2012年,桂林市审计学会组织专项课题研究,促进审计成果的转换。参与全国审计青年论坛以及自治区审计学会、市内审协会、市社科联组织的课题研究,《浅谈当代中国青年审计人审计核心价值观的培育与践行》等多篇优秀论文在全国审计青年论坛、《广西审计》杂志等媒介平台上发表、交流。开展年度课题研究计划,收到研讨论文47篇,汇编印制《2010~2011年理论研究成果论文集》。 (黄艳霞)

统　　计

【概况】 2012年,桂林市统计"四大工程"(基本单位名录库、数据采集处理软件系统、联网直报系统和企业"一套表"制度)建设取得初步成效,企业"一套表"数据实现向国家统计局联网直报。统计部门创新开展服务业统计改革,推行统计分析信息目标管理,发挥统计调查职能作用,为政府决策提供科学依据。年内,桂林市统计局(简称市统计局)获评为全国企业"一套表"联网直报先进集体。

【加强统计数据质量控制】 2012年,桂林市统计部门完成经济核算、农业、工业、能源、财贸、投资、社会科技、城乡居民收入调查等共39个专业268种报表的收集、审核、上报及数据评审监管工作,各专业统计数据质量明显提高。完成第6次全国人口普查后续工作,组织开展全市规模以上工业成本费用调查工作。加强统计数据质量控制,强化对基层数据的审核工作,准确把握统计数据的结构和比例关系。重点对100多家工业企业单位的数据进行质量检查,上报数据顺利通过国家统计局工业数据核查。开展基本单位名录库核查,对没有进入基本单位名录库的企业,均不能作为企业"一套表"年报和定期统计报表统计的被调查单位。

【统计"四大工程"建设取得阶段性成果】 2012年,桂林市统计"四大工程"建设取得阶段性成果。企业"一套表"建设实现由企业直接向国家统计局报送数据,减少中间环节,提高了统计数据质量,全市"三上"(规模以上工业、资质以上建筑业、限额以上批发零售贸易业)企业联网直报率和上报率均高于全国、全自治区水平。完善基本单位名录库建设,清理临时代码,比对核实,消重补漏,保证了名录库企业信息的统一、完整和准确。指导"三上"企业入库申报工作,严把审核关,全年全市向国家统计局申报并成功入库企业163家。

【提高统计信息服务水平】 2012年,市统计局创新统计服务方式,实行统计分析信息目标管理。改版《桂林统计信息月报》,增加版面和内容,增强月报的时效性、可观性和实用性。强化统计信息服务,将撰写统计信息、统计分析报告列入各科室年度目标管理,鼓励多写切合实际、针对性强、分析深入的优秀统计分析报告。推动统计数字宣传,利用网络、电视、广播、报刊等载体向全社会及时公布统计信息。全年编印《桂林统计》36期、《统计专报》24期、《桂林统计信息月报》12期;撰写统计分析报告42篇、统计信息86篇、统计工作动态165篇。

【增强经济运行监测预警能力】 2012年,市统计局跟踪经济运行走势,建立健全统计监测预警体系。关注全市各部门、各专业统计数据变化情况,对全市地区生产总值走势进行预研预判。加强对主要经济指标统计监测工作,按月度编发主要经济指标统计监测表。会同有关部门对统计监测情况进行专题研究,制订相应对策。

【统计基础建设】 2012年,市统计局协调有关部门解决基层统计机构编制问题,各县(区)统计局均增设普查中心机构,增加人员、经费配置。推进统计信息化建设,全面实施核心机房升级改造。制定统计行政执法责任制,与各县(区)统计局签订统计行政执法责任书,正确履行执法职能。树立统计先进典型，推动统计事业发展。年内，恭城瑶族自治县统计局获“全国统计系统先进集体”称号。

（黄将）

国土资源管理

【概况】 2012年，桂林市利用作为国家旅游产业用地改革试点城市的机遇，探索土地使用和管理工作机制。全年全市保障性安居工程供地41.62公顷，农村集体土地所有权确权登记发证基本覆盖全市，耕地保护责任目标管理考核成绩居自治区前列，土地矿产卫片执法检查实现零约谈、零问责。年内，市国土资源局承办“自治区国土资源系统第二届文化周”活动，并获特别贡献奖、优秀节目创作奖等多个奖项。

【桂林市被列为全国旅游产业用地改革试点城市】 2012年3月，桂林市被国土资源部列为全国旅游产业用地改革试点城市。年内，桂林市组织相关职能部门集中对桂林地域内，特别是阳朔县、兴安县、龙胜各族自治县等旅游大县的旅游项目用地情况进行调研，先后赴海南、云南、广东等省进行考察，修改完善《桂林旅游产业用地改革试点方案》并上报国土资源部批复。

【土地利用取得显著成效】 2012年，桂林市通过统筹运用先行用地、区位调整、增减挂钩、盘活存量、征转分离、只征不转等报批方式，落实项目用地指标4024.22公顷，保障了贵广铁路建设、湘桂铁路扩能改造、市漓江防洪及补水枢纽工程、第二届广西（桂林）园林园艺博览会建设、市西二环路建设等一批重点项目实施。6月，桂林市在自治区率先启动土地清理整治专项行动，对2007～2011年批而未征、征而未供、供而未用的土地进行清理核查。整治行动完成征收土地503.15公顷，征地率由原来的86.09%提高到91.3%；完成土地供应1455.39公顷，供地率由63.78%提高到78.85%。征地率和供地率实现双提升，盘活了一批闲置土地。

【耕地保护超额完成目标任务】 2012年，桂林市在自治区率先完成永久基本农田划定工作，国土资源“一张图”工程通过验收。土地整治工程稳步实施，土地开垦加快，新增确认耕地面积1143.7公顷，连续12年实现耕地占补平衡目标。市国土资源局坚持“堵疏结合”，加强土地执法监察，查处违法违规占地；制订《农村村民建房奖励办法》，鼓励农村建房不占或少占耕地，遏制农村违法占地建房的趋势。年内，桂林市耕地保有量保持在38.65万公顷，基本农田保有量稳定在36.50万公顷，全市耕地保护超额完成自治区下达的目标任务。

【土地矿产卫片执法检查实现“双零”目标】 2012年，桂林市2011年度土地矿产卫片执法检查工作围绕“零约谈、零问责”目标（简称“双零”目标），打击土地矿产违法违规行为。卫星遥感监测显示，2011年度全市共有401个违法用地图斑、21个矿产违法图斑。通过排查巡查、查处整改、各级督办等多种方式，全市违法用地面积占新增建设用地面积比例下降至3.4%，整改到位率超过60%，顺利通过自治区级和国家级的检查验收，实现“双零”目标。

【矿产资源保护与开发利用取得新成效】 2012年，桂林市引导矿山企业向规范化、集约化和生态化方向发展。广西桂林滑石发展有限公司龙胜矿区、广西龙胜各族自治县三门滑石矿（上郎矿区）被确定为第三批国家级绿色矿山试点单位；桂林桂广滑石开发有限公司滑石矿获2012年广西大规模地质矿产勘查项目立项；桂林恭城龙星矿业责任有限公司川江铅锌矿获得2012年自治区矿产资源节约与综合利用试点项目。年内，全市矿山企业年工业总产值19.2亿元，矿产品加工工业总产值近50亿元，上缴利税5.6亿元。

【地质灾害防治水平提升】 2012年，全市地质灾害发生的数量、因灾造成的人员伤亡和财产损失等均创十年最低。成功组织资源县两水苗族乡凤水村对门山重大山体滑坡应急避险，疏散撤离受威胁群众125户455人。地质灾害群测群防“十有县”建设覆盖全市12个县，并拓展至秀峰区和雁山区。年内，平乐县、龙胜各族自治县获广西先进地质灾害群测群防“十有县”；1人获广西优秀国土防灾卫士；6人获广西优秀地质灾害群测群防员。

（李刚）

质量技术监督

【概况】 2012 年,桂林市质量技术监督局(简称市质监局)服务全市经济建设,推进"质量兴市"和名牌创建战略实施。提高产品质量技术监督服务水平,组织开展专项整治和质监服务活动。加强食品本地风险监测,依法进行食品生产加工小作坊登记备案。全年全市未发生重特大食品和特种设备安全事故。年内,燕京啤酒(桂林漓泉)股份有限公司获自治区首届"主席质量奖"。

【"质量兴市"战略取得新成效】 2012 年,桂林市"质量兴市"战略持续稳步开展,全市"四大质量"指标(产品质量、工程质量、服务质量、生态和环境质量)的提升超过自治区考核指标,全年未发生重大工业品、食品、农产品及药品、工程、生态环境等质量事故。市质监部门落实政府质量奖励制度,推荐和帮助企业参加自治区"主席质量奖"评选,燕京啤酒(桂林漓泉)股份有限公司获自治区首届"主席质量奖"。推动《桂林市市长质量奖评审及管理办法》出台,12 月 25 日,市人民政府颁发并实施该办法,该办法规定"市长质量奖"每年评审一次,每次评奖不超过 2 家,每家奖励 50 万元。实施打造名牌战略,全年全市共获得广西名牌产品和优质农产品称号 17 个、地理标志农产品 3 个,广西著名商标认定 18 件,广西优质工程奖 21 个,国家 4 A 级以上旅游景区 2 个。

【加强基础建设质量检测】 2012 年,桂林市质量检测部门加大质量检测基础建设投入,一批重大基础建设项目进展顺利。8 月,国家橡胶及橡胶制品质量监督检验中心(简称国家橡胶质检中心)通过国家质量监督检验检疫总局的能力建设验收,获准正式开展有关产品检测以及出具国家权威性质量检测报告。12 月 9 日,广西饮料产品质量监督检验中心通过验收审核,成为广西首个以固体饮料检测为主的专业性检验机构。新项目申报获得阶段性成果,自治区质监局批准在灌阳县设立广西选矿机械质检中心,自治区发改委批准在国家橡胶质检中心筹建国家汽车质量监督检验中心橡胶制品实验室,桂林市计量测试研究所获批建立机动车雷达测速仪等 3 项计量标准检定装置,成为广西第三家取得动态公路汽车衡检定资质的机构。年内,加大县级技术机构检测平台投入和整合力度,全年安排在实验室改造、维修和技术装备的经费 902.96 万元,全市质检中心新增检测用房面积 2700 平方米。各县质量检测技术机构整合工作有序进行,灵川县、荔浦县、灌阳县和全州县的技术机构取得自治区质监局资质认定证书。

【项目研究】 2012 年,桂林市产品质量监督检验所参与完成的项目中有省部级科技项目 1 项,获省部级科技奖励 3 项,获得专利保护 3 项。桂林市特种设备监督检验所与企业共同承担的"'清垢灵'在工业锅炉节能降耗中的研究推广"项目通过桂林市科学技术局的鉴定评审,"工业锅炉补给水中的节能型膜处理设备研制"项目列入桂林市第二批科学研究与技术开发计划项目。

【推进标准化体系建设】 2012 年,桂林市标准化建设成效显著,企业采用国际标准生产比率达 84.4%;主导或参与制(修)订国际标准及行业标准 32 项;制订发布地方标准 4 项。全市备案企业产品标准 103 个,完成代码颁证 7947 套,代码数据质量自查合格率 100%;年检企业 15491 家,年检率 69.1%。获得批准成为国家级或自治区级"标准化良好行为"试点企业 8 家。年内,阳朔县、桂林乐满地旅游开发有限公司通过全国旅游标准化建设考核验收,分别成为全国首批旅游标准化示范县和示范单位。

【民生计量工作】 2012 年,市质监局组织有关企业进行计量诚信培训,与 3 个集贸市场、8 家超市签订计量诚信承诺书。年内,开展燃油加油机、集贸市场贸易结算用小型衡器、出租车计价器、汽车衡等计量器具专项监督检查。对 6 类重点民生计量器具实施强制检定,共检定集贸市场固定摊位衡器 7710 台、燃油加油机 852 台、出租汽车计价器 2208 台、医用"三源"(辐射源、超声源和激光源)310 台、农产品收购用汽车衡 27 台,强制检定率达 98%。

【加强特种设备安全监察】 2012 年,市质监部门做好特种设备定期检验和监督管理工作。组织开展电梯、起重机械、气瓶充装站、游乐设施、索道等专项整治行动,排查出一批安全隐患,有效防范特种设备安全事故发生。全年共出动特种设备执法人员4106人次,检查特种设备1825台;发现隐患595处,整改合格574处;下发安全监察指令书132份,立案查处案件11件。落实中、小学校特种设备安全工作,免费开展中、小学校锅炉作业人员培训,提供在用锅炉检验及技术服务。对桂林市的64家电梯维护保养公司、41家气瓶充装站进行分类监管,有效杜绝重特大事故发生。

【开展打假治劣专项治理】 2012年,市质监部门重点对农资、食品、絮用纤维制品、家电下乡产品、烟花爆竹产品等开展执法打假专项治理。全年共出动执法人员8795人次,出动执法车辆3823台次,检查生产销售企业2029家;查处各类案件520件,立案481件,结案449件,结案率93.3%,涉案货值364万元;受理质量投诉120起,为消费者挽回经济损失450万元。全年无行政复议和行政诉讼案件。 （邹敏）

食品药品监管

【概况】 2012年,桂林市食品药品监管部门推进食品药品安全责任体系的全面落实,完成市、县两级食品安全办公室实体化设置,基本建成基层食品安全监管网。打击食品药品违法犯罪行为,提升专项整治成果,妥善处理突发事件。继续开展食品药品安全示范工程创建,发挥典型引领作用。深化行政审批改革,提高办事效率。年内,所有行政审批项目办结率94.4%,评议率99.8%,满意率100%。

【基层食品安全监管网基本形成】 2012年2月24日,桂林市食品安全委员会办公室正式成立,桂林市食品安全综合协调工作完成关键性改革。至年末,市、县两级全部完成食品安全委员会办公室实体化设置。完善食品安全执法机构设置,市、县两级均成立了本级食品药品监督所。推进农村食品安全监管“一专三员”(乡镇设食品安全监管专干,建制村设食品安全协管员、信息员和联络员)工作机制,全市有食品安全监管专干202人,食品安全监管“三员”4652人,基层食品安全监管网基本形成。

【食品药品安全示范工程建设】 2012年,桂林市共创建餐饮服务食品安全示范街16条,示范店22个。桂林市食品药品监督管理局(简称市食品药品监管局)继续开展药品安全示范工程创建,灵川县成为自治区级药品安全示范县,15家药品零售企业成为县级“安康工程”示范药店。在自治区率先推行创建化妆品经营企业诚信示范单位试点工作,有4家化妆品经营企业成为诚信示范试点单位。年内,市食品药品监管局获国家食品药品监督管理局保健食品、化妆品监管制度创新工作先进单位,获自治区2012年开展餐饮服务食品安全监管工作先进单位。

【强化食品药品质量安全日常监管】 2012年,市食品药品监管局组织开展全市餐饮服务单位监督抽验工作,共抽检产品184批次,合格率89.1%。对全市53家药品及辅料生产企业进行全覆盖检查,对使用问题铬胶囊的4家药品生产企业进行药品生产质量管理规范(GMP)跟踪检查,完成49家药品零售企业药品经营质量管理规范(GSP)跟踪检查。实现基本药物全品种电子监管、全覆盖抽验,全年共完成基本药物抽样179种、药品日常监督抽样208批。开展医疗机构使用药品情况的监督检查,组织医疗器械生产经营企业安全信用等级评定工作。规范保健食品经营备案和现场核查。加大药品、医疗器械、保健食品违法广告监测力度,全年发现违法药品广告45个,违法医疗器械广告3个。

【深化专项整治成果】 2012年,市食品药品监管局联合各职能部门开展食品药品安全隐患大排查、大治理、大整改的专项整治活动。以学校食堂、旅游景区餐饮单位为重点,强化乳制品、食用油、肉类、酒类、食品添加剂、调味品等重点品种的综合治理。以药品、医疗器械生产环节为重点,开展保健食品违法添加化学药物成分和化妆品违法使用禁限用物质专项整治。以网络监测为重点,及时发现非法销售药品、制假售假等违法行为,规范药品经营和使用单位药品购入程序。全年共立案查处违法药械案件43件,涉案金额达50多万元。

【完善食品药品安全突发事件应急机制】 2012年,市食品药品监管局修订《桂林市食品安全事故应急预案》，完善食品药品安全事故预警和风险沟通机制。建立食品药品安全事故应急处置专家库，组建市、县两级食品药品安全应急队伍，开展应急演练培训，提高快速反应能力。加强对餐饮服务食品、保健食品和化妆品监督抽验，实施风险监测和评估。加强对药品、医疗器械不良事件的监测，全年共收到药品不良反应2008例，医疗器械不良事件报告499例。妥善处置阳朔县多起疑似食物中毒、药用胶囊铬超标等突发事件，正确引导舆论，维护社会稳定。年内，市、县两级12331投诉举报中心建成并运作。（张素琴）

安全生产监督管理

【概况】 2012年，桂林市以环境倒逼机制推动产业转型升级，市安全生产监督管理部门全面开展安全生产大检查、事故隐患排查治理和重点行业领域专项整治，打击非法违法生产、经营、建设行为，全市安全生产、食品药品监管取得明显成效。全年全市发生各类事故447起，死亡248人，受伤315人，直接经济损失585.57万元，各项指标比上年分别下降30.6%、3.88%、27.59%、47.12%。

【安全生产控制指标数持续下降】 2012年，桂林市安全生产控制指标数连续8年呈下降趋势，安全生产形势稳定好转。全年全市安全生产控制死亡指标数为254人，实际死亡248人，其中道路交通事故死亡187人，城乡火灾事故死亡1人，工矿事故死亡33人，铁路路外事故死亡27人。农机全年无事故。共发生一次性死亡3人以上事故12起，死亡46人。全市连续11年未发生一次死亡10人以上重大、特大安全生产事故。

【加大安全隐患排查整改】 2012年，桂林市深入开展安全隐患排查整改治理活动。加强对重大、特大安全生产事故隐患的综合治理，从源头防范遏制重、特大事故和减少一般性事故。将排查出的永福县三皇乡桐木桥安全隐患、秀峰区益民小学安全隐患等10项重大、特大安全事故隐患列入2012年市级重点监督整改对象。全年全市共确立自治区、市、县、乡、村五级重点监督整改的重大、特大事故隐患1741项，其中自治区级1项，市级10项，县级130项，乡级310项，村级1290项。至年末，所有隐患整改完毕，整改率100%。

【安全生产专项整治】 2012年，桂林市安全生产监督管理局加强联合执法，依法严厉打击非法生产、经营、建设行为。年内，全市集中开展煤矿、非煤矿山、烟花爆竹、危险化学品、交通运输、建筑施工、民用爆破器材等方面的专项整治和专项执法活动，集中开展安全生产领域“打非治违”专项行动。全年共排查治理事故隐患生产经营单位24801个，落实隐患治理资金1772.6万元，出动执法人员26175人次，受检单位22098个。对非法违法行为实施处罚警告1459次，责令改正、限期整改、停止违法行为23327起，没收违法非法所得、非法设备211起，责令停产、停止建设单位574个，关闭非法违法企业213家。

【安全生产监管培训教育】 2012年，桂林市注重提高企业管理者安全生产意识，加强全民安全宣传教育。强化企业人员安全生产责任意识，广泛开展以企业法人代表、非煤矿山矿长、安全生产管理人员以及特种作业人员为重点的安全生产教育培训，全年共举办各类培训班127期，培训人员11457人次，高危行业从业人员资格证持证率超过90%。开展“安全生产月”活动，向全民宣传安全生产法律法规和安全技能知识，分发安全宣传册5000余份，张贴标语12870张。（王俊华）

口　　岸

【概况】 2012年，桂林航空口岸有国际（地区）定期航线7条，分别为：桂林—泰国曼谷、桂林—马来西亚吉隆坡、桂林—韩国首尔、桂林—新加坡、桂林—中国台北、桂林—中国高雄和桂林—中国香港；有国际（地区）临时航线4条，分别为：桂林—韩国大邱、桂林—韩国釜山、桂林—韩国仁川和桂林—泰国廊曼。12家中外航空公司在桂林设立办事处，通航国际城市（地区）有11个。5月1日，香港港龙航空公司恢复中国香港—桂林定期航班。桂林航空口岸全年共监管进出口货物4.64万吨，货值8535.92万美元，分别下降52.6%和6.2%；检验检疫出入境货物17720批次，货值5.35

亿美元，分别增长13.1%和7.0%；检查出入境人员41.19万人次，出入境航班2707架次，分别增长10.9%和8.1%。客运吞吐量在全国沿边地区18个航空口岸排名第四。年内，桂林航空口岸通过国家质量监督检验检疫总局组织的口岸核心能力建设考核验收，获世界卫生组织口岸核心能力建设达标单位，是自治区首个获评该称号的空港。

（何俊）

【海关】 2012年，桂林海关共监管进出口货物4.64万吨，货值8535.92万美元，分别下降52.6%和6.2%；征收税款7782万元，下降3.6%；监管进出境航班3434架次，进出境人员41.14万人；审批减免税货值2608.85万美元，实际减免税3105.83万元。查获走私毒品海洛因入境案件2件，抓获涉毒走私犯罪嫌疑人2人，缴获毒品海洛因2926.4克；查获违禁印制品662份；查获违禁动植物产品403千克。

税收监管 2012年，桂林海关完善综合治税大格局，全面推进分类通关改革。加强对一般贸易综合价格水平、重点税源商品价格水平、加工贸易内销价格水平以及减免税审批等指标的监控和考核，改进税收征管质量。完善运输工具、舱单、监管场所、查验“四位一体”物流监控体系，落实综合监管，提升监管效能。强化保税监管工作，推广综合业务管理平台，执行稽查绩效考核管理和企业分类管理。全年稽查企业22家，新增A类管理企业6家，追补税款39.4万元。

打击走私 2012年，桂林海关开展“国门之盾”行动，重点打击桂林空港旅检渠道毒品走私。落实“人、犬、情、机”四位一体的查缉工作模式，对重点国家（地区）、重点航线、重点航班入境旅客及携带物品加强监控。加大反走私宣传力度，引导辖区企业守法自律，营造良好的社会舆论氛围和执法环境。全年刑事受案、立案2件，逮捕1人，移送审查起诉2件2人；行政立案18件，结案23件，案值1.33亿元，涉税金额101.9万元，没收汽车3辆，罚款913万元。

服务地方经济 2012年，桂林海关服务桂林外向型经济发展和桂林国家旅游综合改革试验区建设。改善旅检现场硬件设施，创新进出境旅客监管模式，支持航空公司拓展国际航线，做好第三届桂林国际旅游博览会等重点涉外活动的监管服务工作。实施“属地报关、口岸验放”以及网上支付等通关便利措施，提高服务水平，减少企业通关成本。全年全市对外贸易进出口总金额9.7亿美元，增长1.8%，进出口规模居自治区第八位。

（唐亚丽）

【边防检查】 2012年，桂林边防检查站共检查出入境人员41.19万人次，出入境航班2707架次，分别增长10.9%和8.1%；查处违法违规案件6件7人，偷渡案件7件9人；查获毒品案件5件，缴获毒品海洛因8.54千克，确保口岸安全通畅。年内，桂林边防检查站开展“大走访”开门评警活动，采取多种形式打造桂林边检特色服务品牌。继续推广证件研究成果，证件研究成果被公安部边防管理局采用19份；被采用并发表的证件研究文章40余篇，发表率增长69.5%。年末，全站共有13人被评为优秀士兵，16人被评为优秀警官；1人立二等功，13人立三等功，49人受到嘉奖。

执勤训练 2012年，桂林边防检查站加强应对突发事件处置能力训练，提高执勤业务能力。增强口岸管控，组织有针对性的各类实战演练12次。依托广西边防总队证件研究中心，完善桂林边检证件研究中心建设，逐步将该中心打造成集“证件研究、业务培训、保障勤务”为一体的综合平台。加快口岸现场硬件设施升级改造，筹措经费90余万元，更换出入境通道验证台18个，并更新验证台电脑；升级口岸监控系统，口岸限定区域实现24小时全方位监控。年内，该站圆满完成全国政协副主席何厚铧、美军太平洋总部司令洛克利尔的礼遇通关以及“两会一节”（中国东盟博览会、中国东盟商务与投资峰会、南宁国际民歌艺术节）等一系列重要活动执勤任务。面对口岸边检形势变化特点，组织开展针对性训练。构建执勤现场证件研究学习室，即时进行现场证件采样、鉴定、出具鉴定书等业务训练，开展培训教学，促进一线检查员识别伪假证件技能水平，提升边检执勤执法整体水平。

部队管理和基层建设 2012年，桂林边防检查站开展以监护中队和执勤业务一科为分类标准示范点，推进全站部队正规化管理建设。加快基础保障建设，年内，该站基层干部公寓楼建设纳入桂林市2012年保障性住房建设项目；投入资金完成口岸执勤现场休息室改造项目建设。8月1日，该站新营区落成并正式启用。

拥政爱民 2012年8月19日，桂林边防检

查站举办的“中国边检服务品牌”推介活动启动仪式在市中心广场举行。该站官兵通过展示、宣传、介绍等方式，向广大市民群众及出入境旅客提供业务咨询服务。服务“桂林世界旅游城”建设，创新细化各项服务举措，确保旅客享受优质、高效的通关服务，提升桂林城市形象。坚持开展“情系福利院”特殊党日活动，组织官兵慰问福利院孤儿和敬老院老人。

（林程）

2012 年 8 月 19 日，桂林边防检查人员向市民宣传边检知识

（桂林边防检查站 供稿）

【出入境检验检疫】 2012 年，桂林出入境检验检疫局（简称桂林检验检疫局）共检验检疫出入境货物 17720 批次，货值 5.35 亿美元，分别增长 13.1%和 7.0%，其中检出不合格入境货物 1 批次，货值 147 万美元。签发出入境货物单证 1.9 万份，增长 5.1%。签发产地证书 3118 份，金额 9282.3 万美元，分别下降 18.9%和 16.0%。检疫出入境交通工具 3268 架次，增长 14.7%。检疫出入境人员 38.16 万人次，其中检出发热病人 19 例，检出传染病及病毒携带者 83 例，进行传染病检测健康体检 2552 人次，预防接种 243 人次。截获出入境旅客携带动植物及其产品 171 批次，其中从入境旅客携带的水果中检出活体害虫 31 批次。年内，桂林检验检疫局通过中国合格评定国家认可委员会（CNAS）组织的“三合一”（实验室资质认可、实验室计量认证、食品检测机构资质认定）评审，通过国家质量监督检验检疫总局口岸核心能力建设考核验收组对桂林机场口岸核心能力建设的考核验收。

提升检验检疫综合实力　2012 年，桂林检验检疫局开展质量安全风险排查活动，排查出质量风险方面存在的问题 38 条。开展打击侵犯知识产权和制售假冒伪劣商品的“双打”工作，共出动执法人员 134 人次，检查出口服装 68 批；抽查木制品、食品、工业品等生产企业 49 家，未发现侵犯知识产权和制售假冒伪劣商品情况。推进检验监管模式改革，对辖区内 6 家出口罐头食品生产企业、5 家工业品生产企业、57 家竹木制品生产企业全部实施分类管理。年内，该局对辖区所有工业产品、木制品、食品、食用农产品生产企业实施电子监管，并试行集中审单模式。全年共受理试点企业报检 2441 批次，使企业足不出户就可以报检，缩短通关时间。实现资源整合，桂林检验检疫局综合实验室全面完成与广西检验检疫局技术中心的信息联网，检测能力涵盖商品 18 类、检测项目 126 个。全年共完成各类商品检测业务 718 批次。

加强口岸检验检疫能力建设　2012 年，桂林检验检疫局狠抓“三个建设一完善”工作开展，严防疫病疫情传入传出，确保国门安全。一是加强队伍建设，调整人员专业结构，加快队伍年轻化，在机场办事处配置 10 名协检员，使人员结构和数量趋于合理。二是加强硬件设施建设，先后投入 150 余万元，建成入境通道负压隔离室、300 多平方米的病媒生物标本室和配套实验室、现场昆虫饲养室，并在入境通道安装放射性检测仪等探测仪器。三是加强合作机制建设，落实联防联控机制，加强与卫生、环保、海关、边防检查、疾病控制、医疗急救等行政管理部门的协作，签署有关合作备忘录 20 份。四是完善各种应急预案，定期组织开展口岸突发事件应急处置培训和演练。年内，桂林检验检疫局机场办事处通过国家质量监督检验检疫总局口岸核心能力建设考核验收。开展新开航线的检验检疫监管报备工作，完成对港龙航空公司、南航广西分公司和大韩航空公司新开航线的检验检疫监管报备工作。发挥口岸卫生监管职能，接管桂林两江国际机场红线范围内 38 家 77 个点的生产经营企业卫生监管工作。

（闫谨）

教　　育

2012 年 2 月，桂林电子科技大学组队参加全国第三届大学生艺术展演活动

（潘海涛　摄）

基础教育

【概况】 2012年，全市普通中小学共有专任教师34582人，其中35岁以下专任教师12120人，占教师总数35.05%。专任教师中，小学教师18958人，专科及以上学历占79.83%，学历合格率99.83%；初中教师10547人，本科及以上学历占74.86%，学历合格率99.37%；高中教师5077人，学历合格率97.26%。幼儿园有专任教师5026人，特殊教育学校有专任教师108人，工读学校有专任教师8人。全市有小学高级职称专任教师13551人，中学高级职称专任教师2651人。年内，平乐县中学、荔浦县中学、广西师范大学附属外国语学校通过自治区示范性普通高中复查验收，桂林市中山中学、桂林市逸仙中学成为自治区示范性普通高中立项建设学校，桂林市第一中学、桂林市第五中学、广西师范大学附属中学成为自治区第一批特色普通高中立项建设学校，资源县中等职业学校成为自治区第一批示范性综合高中立项建设学校；全市获评自治区八桂优秀乡村教师31人，自治区特级教师13人，桂林市优秀教师400人，桂林市优秀教育工作者100人，桂林市中小学优秀班主任200人。

年内，市教育局公布《桂林市教育局关于直接下放民办学校筹设同意和设立、合并、分立、变更、终止审批的方案》《桂林市教育局关于直接下放民办学校聘任校长审批的方案》《桂林市教育局关于直接下放民办学校招生简章和广告备案的方案》《桂林市教育局关于直接下放教师资格认定的方案》，并将以上四项审批权下放至各县(区)教育行政管理部门。

表21　2012年桂林市基础教育学校及学生情况表

类别	数量(所、个)	在校生(人)	毛入学率(%)	每万人有在校生(人)
幼儿园	664	151805	—	291.93
小学	1168	303836	105.26	584.30
小学教学点	550			
九年一贯制学校	13			
普通初中	147	128945	114.94	247.97
普通高中(含高完中)	56	69899	—	134.42
特殊教育学校	6	1116	—	—
特教班	39			
工读学校	1	12	—	—

注：数据中的学校包括民办学校；幼儿园的在校生人数包括学前班幼儿人数

【"两基"工作获国务院表彰】 2012年9月7日，在全国教师工作暨"两基"(基本普及九年义务教育和基本扫除青壮年文盲)工作总结表彰大会上，桂林市获"全国'两基'工作先进地区"称号，受到国务院通报表彰。2007年，桂林"两基"攻坚达标，桂林市以城乡义务教育均衡发展为目标，创新工作机制，加大政府统筹，多方筹措资金，重点抓"两基"工作的常态管理，通过开展"义务教育巩固提高年""义务教育学校标准化建设年""学校常规管理建设年""师德师风建设年"等活动，提高"两基"工作水平。2009～2011年，桂林市小学学龄儿童入学率、初中阶段入学率、15周岁人口文盲率、15周岁人口初级中等教育完成率、17周岁人口初级中等教育完成率等，普及程度的各项指标均超过国家和自治区平均水平。2011年，全市义务教育巩固率为98.03%，高于自治区12.03个百分点；2012年，全市义务教育巩固率为95%，高于自治区7个百分点。

【规划教育布局】 2012年，桂林市在中小学布局调整工作中审慎对待学校的撤并，做好规划，遵循"先建后拆"原则，防止学校撤并带来新的"上学难"问题。年内，市教育局与市规划局牵头组织编制《桂林市教育布局调整规划(2011～2020)——市城区新建中小学用地选址图则》，作为规划新建中小学的选址依据，保障教育用地。该图则对市秀峰、叠彩、象山、七星、雁山区和临桂新区规划新建的62所中小学校用地与各片区控制性详细规划衔接。2012年10月，桂林中学临桂校区项目选址确定，校区位于临桂新区机场路立交桥北侧，项目规划用地为21.20公顷，其中校园占地17.33公顷，总建筑面积10.62万平方米，投资总金额4.5亿元；工程分2期建设，近期目标开办60个班，远期目标开办105个班(含国际高中部6个班)。

【推进校舍安全工程】 2012年，桂林市中小学校舍安全建设结合农村中小学校舍维修改造工程、农村义务教育薄弱学校改造工程、义务教育学校布局调整和寄宿制学校建设专项工程、农村初中工程、扩大农村学前教育资源工程、农村义务教育学校食堂专项建设工程实施。全年全市通过多渠道筹措教育建设经费，投入校舍建设资金 4.21 亿元，其中中央资金 2.63 亿元，自治区资金 1.03 亿元，市、县级资金 0.55 亿元。单体建设项目共 724 个，新建(维修)校舍 31 万平方米。

2012 年 8 月 20 日，桂林市农村义务教育学生营养改善工程工作会议召开

(莫珏　摄)

【加快教育信息化建设步伐】 2012 年 5 月，市教育局制订《桂林市中小学教育信息化建设标准(试行)》，并下发《关于推进中小学校教育信息化建设的指导意见》，从“信息化基础设施”“信息化教学资源”和“信息化管理与服务”三个方面，列出 15 个项目来设计和规范全市中小学校的教育信息化建设标准。2011 ~ 2012 年，市教育局从教育附加费中安排资金 4612 万元，用于桂林市直属学校教育信息化基础设施建设。2010 ~ 2012 年，自治区实施《农村义务教育薄弱学校改造计划》(多媒体项目)，国家、自治区和项目县按照 5 : 3 : 2 的比例，共投入 3300 多万元，在龙胜各族自治县等 10 个县的 110 所项目学校 2310 个班级配置投影、电子白板和电脑，并为每所学校配置 1 间有 1 台服务器、5 ~ 10 台电脑的电子备课室，使 6 万多名学生受益。2012 年 10 月，桂林市举行全市信息技术与学科教学整合观摩展示活动，共展示了小学、初中、高中阶段的电子白板现场课 29 节，说课 35 节，推动了全市中小学信息技术普及和发展。年内，全市完成 35 所学校创建“标准化实验室”评估验收，全市标准化实验室达标学校达 159 所；启动并完成第五批示范图书馆创建工作，18 所学校通过验收。

【实施农村义务教育学生营养改善计划试点】 2012 年，市人民政府成立农村义务教育学生营养改善计划工作领导小组，统一组织和协调全市农村义务教育学生营养改善计划工作的实施。6 月，市人民政府下发《关于实施我市农村义务教育学生营养改善计划的意见》。龙胜各族自治县、资源县被确定为国家试点县，并于春季学期启动；恭城瑶族自治县被确定为自治区试点县，雁山区被确定为桂林市试点区，并于秋季学期启动。试点地区农村义务教育学生营养膳食补助标准为：每名学生每天 3 元（全年按照学生在校时间 200 天计算）。龙胜各族自治县、资源县所需资金全部由中央财政承担；恭城瑶族自治县所需资金，除中央给予的奖励性补助外，其余由自治区和县按 8 : 2 的比例分摊。雁山区所需资金全部由市本级和城区按 8 : 2 的比例分摊。年内，龙胜各族自治县、资源县和恭城瑶族自治县实施的学生营养改善计划试点工作，新建和改建食堂(伙房)143 个(其中新建食堂 50 个)，完成投资 2074 万元，使 309 所学校 42781 名学生受益。

【补助义务教育经费】 2012 年，全市农村义务教育阶段中小学公用经费 2.38 亿元，其中中央补助资金 1.86 亿元，自治区补助资金 0.47 亿元，县(区)配套资金 0.05 亿元。全市农村享受国家免费教科书 36.12 万人次，书本费金额 4350.5 万元，其中中央补助资金 3858.5 万元，自治区补助资金 492 万元；共补助小学生 25.04 万人次，补助初中学生 10.98 万人次。2012 年春季学期，市政府再次提高农村义务教育阶段中小学贫困寄宿生生活费补助资金基本标准：小学生每名学生每天从 3 元提高到 4 元，初中学生每名学生每天从 4 元提高到 5 元。全年共补助贫困寄宿生生活补助金 1.08 亿元，其中中央补助资金 0.52 亿元，自治区补助资金 0.45 亿元，县(区)配套资金 0.11 亿元；补助贫困寄宿学生 18.14 万人次，其中小学生 6.68 万人次，初中生11.46万人次。年内，城市学校免杂费补助资金3589.6万元，其中中央补助资金794.5万元，自治区补助资金1677.1万元，城区配套1118万元。

【推进学前教育三年行动计划】 2012年，市教育局贯彻自治区“乡（镇）中心幼儿园建设促进年”工作要求，印发《桂林市幼儿园常规管理规定（试行）》《桂林市幼儿园保教工作基本操作提示》，组织示范幼儿园园长赴中国台湾考察学习。开展2个批次的学前师资培训，举办广西幼儿园教师教学技能比赛桂林市选拔赛、桂林市第五届幼儿园中青年教师优质课竞赛、桂林市第二届幼儿园教育环境创设评比等活动。开展桂林市民办幼儿园发展现状调研并形成《桂林市民办幼儿园发展现状调研报告》。年内，全市新增自治区示范幼儿园4所，学前教育三年毛入园率80.2%，比上年提高4.6个百分点，超过自治区5个百分点。

【提高义务教育巩固率】 2012年，市教育局开展“义务教育巩固率提高年”活动，建立“控辍保学”监测制度，在全市开展“控辍保学月”和“千名教师进万家”等活动，并组织对兴安县、灵川县和秀峰区“两基”工作进行复查，对灵川县、灌阳县和恭城瑶族自治县义务教育均衡发展情况进行检查和调研。6月，全市小学入学形势严峻，进城务工人员随迁子女入学矛盾突出，市教育局展开专项调研，形成《2012年桂林市中小学入学情况调研报告》《2013年桂林市中小学新生入学预测调研报告》。同时，通过扩大班级人员和增加班级数等方式，做好秋季小学新生入学工作，共接收43370名进城务工人员随迁子女接受义务教育。9月，中共中央政治局委员、国务委员刘延东到桂林市培智学校考察，对该校的办学理念和水平给予赞誉。10月，龙胜各族自治县通过自治区级评估验收，率先在自治区实现义务教育基本均衡发展。年内，全市九年义务教育巩固率达95%，居自治区前列。市人民政府教育督导室被评为“全国教育督导先进集体”。

【标准化考场投入使用】 2012年1月，桂林市启动标准化考点第一期建设。5月，完成1个市级国家教育考务指挥中心的建设和9个县16个考点747个试场的视频监控及网上巡查系统建设，可实现市级、自治区级、教育部三级网上巡考。6月，除临桂县、灌阳县、永福县外，其余9个县（自治县）的标准化考场均在高考中投入使用。

【中考招生】 2012年，全市初中毕业升学考试比上年有6项主要变化。一是普通高中指令性招生计划比例扩大，指令性计划数和指导性计划数的比例，由77∶23调整为84∶16；特长生计划不超过该校当年招生计划总数的2%。二是示范性普通高中的学区生比例提高，全市各自治区示范性普通高中招生的指令性计划中的学区生比例，由上年的35%提高到38%，这些指标根据各中学承担学区生源的数量定向分配；由于指令性计划比例增加和学区生比例增加，2012年学区生指标数量是提高幅度最大的一年。三是学区生申报条件中的最低总成绩等级降低，在学区生申报条件中关于总成绩等级控制线方面由在（本人）所报的自治区示范性普通高中指令性招生最低录取总成绩线“下一个等级之内”改为“下两个等级之内”。四是对具备学区生资格考生的选择取向限制进行调整，对自动放弃示范性普通高中学区生资格的考生，取消“所有普通高中都不能报名”的限制，该考生仍可以报名非示范性普通高中。五是增设物理、化学的实验操作技能测试，物理、化学2个学科的实验操作均为合格时，实验技能测试成绩方为合格，实验技能测试成绩不合格者不能被示范性高中录取。六是在有关照顾加分的条款中，由原来的军警烈士子女可加20分、非军警烈士子女只能加10分，统一调整为烈士子女加分20分。

2012年，全市共有初中应届毕业生43194人，中考报名32876人（其中市区报名7267人），实际参加考试32626人。自治区下达桂林市2012年普通高中招生任务为22051人，实际招生23849人（含保送生、学区生、特长生），完成计划招生数108.15%。市区计划招生3931人，实际招生5242人，完成计划招生数133.35%。中考享受加分政策的考生14961人。

【普通高考】 2012年，全市普通高考报名28681人，实际参加统考27907人，其中报考文科综合12063人，报考理科综合15844人。市区考生报名6277人，参加统考5824人，其中报考文科综合2144人，报考理科综合3680人。参加体育术科考试452人，体优统测21人，自治区内艺术术科

2363人，自治区外艺术术科2346人。全市普通高考享受照顾政策的考生8395人，其中计划生育加分2907人，占全部报考考生总数10%。全市高考本科上线人数18177人，上线率65.13%。其中“一本”（第一批录取的本科大学）上线3095人，上线率11.09%；“二本”（第二批录取的本科大学）以上上线10985人，上线率39.36%；“三本”（第三批录取的本科大学）以上上线18177人，上线率65.13%。全市本、专科合计录取21447人，录取率76.8%，其中“一本”录取2699人，“二本”录取5619人，“三本”录取2609人，高职高专录取10520人。本科共录取10927人，录取率60.11%。全市达到北京大学、清华大学录取线的考生共25人，占自治区两校上线人数的三分之一，居自治区第一。全市考生被清华大学录取17人、北京大学录取8人、香港中文大学录取3人、空军院校录取飞行员4人。

【自学考试】 2012年，全市自学考试报考8616科次，开考3次，实考6243科次，及格3210科次，及格实考率51.4%。共办理专科毕业65人，本科毕业149人。自学考试比上年报考科次减少4625科次，下降35.1%。全市自学考试报考人数持续下降，毕业生人数也相应减少，并由专科为主转向本科为主。

【全面启动普通高中课程改革】 2012年，桂林市全面启动实施普通高中课程改革工作。10月，市人民政府出台《桂林市普通高中课程改革实施方案》，从秋季学期开始，全市普通高中起始年级全部进入普通高中课程改革实验。语文、数学、英语、物理、化学、生物、地理7个学科的高中教研员，作为广西高中课改专家组成员先后参加《广西高中课改学科指导意见》的撰写（修改）及“广西高中课改学科集体备课”项目活动。年内，市教育局启动新一轮高中新课程培训，参加集中培训的高中学科教研员和各学科骨干教师746人。全市普通高中高一各学科教师全员参加高中新课程远程培训，各学科教研员牵头成立大集体备课中心组，并举行2012年普通高中大集体备课成果评比活动。

【推进德育工作】 2012年，市教育局对25所学校进行德育工作评估，其中11所学校获桂林市中小学德育工作评估示范学校（第三批），13所学校获桂林市中小学德育工作评估达标学校（第三批）。开展以“让爱传出去，感恩我先行”为主题的感恩教育活动，举办公益性感恩教育巡回报告200余场次。开展“做一个有道德的人”主题德育实践活动和迎接党的十八大创建“书香校园”主题活动。举行第五届桂林市中小学校园读书月、第九届中小学弘扬和培育民族精神月。制订《桂林市中小学心理健康教育示范学校评估细则》，在全市开展首批中小学心理健康教育示范学校创建活动，通过评估的学校15所。组织桂林市中小学心理健康教育讲学团赴阳朔县、灵川县、龙胜各族自治县、恭城瑶族自治县开展第五期送教下县活动。开展桂林市首届心理辅导优秀案例评比活动，241篇案例参加评比，共评选出一等奖6篇、二等奖11篇、三等奖23篇。开展桂林市中小学心理健康教育师资培训，培训中小学专兼职心理教师和德育工作者500余名。开展“扫黄打非”工作，教育广大师生自觉抵制黄、赌、毒，拒绝非法出版物进入校园。

年内，市教育局为953名连续12年担任班主任工作且无违反“师德规范”的教师授予荣誉证书。开展中小学德育工作评优评先活动，共评出桂

2012年6月，广西普通高中新课程教材培训会在桂林举行　　（莫珏　摄）

林市优秀学生 20 人，桂林市三好学生 5184 人，桂林市优秀学生干部 2613 人，桂林市先进班集体 1051 个。在自治区评选活动中，桂林市获自治区优秀学生 11 人，自治区三好学生 102 人，自治区优秀学生干部 52 人，自治区先进班集体 25 个。

【教师培训】 2012 年，市教育局通过骨干教师培训、校长培训等推进教师队伍建设。年内，市教育局与广西师范大学、桂林师范高等专科学校联合举办桂林市中小学校长任职资格(提高)培训班 4 期，共培训中学校长 132 人，小学校长 206 人。与北京师范大学继续教育学院合作，举办中学校长高级研修班 2 期，共培训中学校长 32 人。举办桂林市中小学领导干部教育信息化应用与领导能力培训班，共培训中小学校级领导 100 人。组织选送农村骨干初中校长 15 人参加广西教育学院组织的初中骨干校长培训，组织农村幼儿园教师 300 人参加国家级培训计划——农村幼儿园“转岗教师”远程和集中培训，组织幼儿园骨干教师 96 人参加置换脱产研修，选派中小学骨干教师 71 人参加“国家培训(2012)”——示范性集中培训项目，组织中小学校校长 11 人参加广西基础教育名校长培养工程培训，利用远程培训共培训农村骨干教师 3600 人。2012 年 5 月，召开桂林市“名师工程”启动会，对从各中小学、幼儿园一线教师中层层遴选的培养对象 200 人进行集中培训。至年末，全市在职特级教师共成立特级教师工作室(坊)29 个。

【教师资格认定及录用】 2012 年，市教育局共接受 4242 人(含广西师范大学师范生)教师资格认定申请，通过认定 3977 人，其中取得幼儿园教师资格 630 人，小学教师资格 276 人，初级中学教师资格 554 人，高级中学教师资格 2252 人，中等职业学校教师资格 259 人，中等职业学校指导实习教师资格 6 人。考核选拔录用国家免费师范毕业生 23 人，硕士研究生 8 人，社会考生 32 人。同时，落实农村学校“特岗教师”政策，公开考试招聘 598 名普通高校毕业生到农村学校任教。年内，市教育局所有直属事业单位完成岗位设置管理首次聘用工作，并按新聘用岗位落实岗位工资。

【教育科研取得新成绩】 2012 年，全市共组织学科教研活动 527 次，开设各类专题理论讲座 205 场次，开展教学技能、教学设计、教学课件、说课 987 次，开展中青年教师优质课等竞赛活动 78 人次。年内，完成广西教育科研专项课题《桂林市学校教学常规管理调研》《桂林市农村中小学教师工作生活现状调查》《桂林市农村中小学教师工作生活现状调研》。完成自治区 2012 年中等职业教育教改项目立项的申报工作，获自治区级立项 12 个。完成自治区 2012 年中等职业教育教改成果的筛选和申报工作，获自治区中等职业教育教改成果二等奖 1 项，获自治区中等职业教育教改成果三等奖 3 项。组织桂林市教育科研“十二五”规划 2012 年多项教师个人课题的评审立项、开题指导、结题鉴定及研讨交流会，参加个人课题申报教师 600 名。完成桂林市普通高中新课程改革专项课题评审、立项工作 77 项。对 30 所桂林市教育科研示范学校进行复查评估，通过复评学校 29 所，取消科研示范学校资格 1 所，新增科研示范学校 1 所。

【加强中小学校车安全管理】 2012 年，市教育局将校车安全管理作为重要内容提上议程，各级教育行政部门、公安机关交通管理部门建立校车安全管理信息通报制度，完善校车及驾驶人管理制度，学校加强对学生及家长的教育，劝导家长不租用黑校车、非法营运车辆和农用车接送学生，并通过报刊、电视、网络等媒体公布教育、公安部门的校车违法违规举报电话。年内，联合市公安局交通警察支队、市安全生产监督管理局等部门开展校车集中整治工作，其中校车安全检查 55 次，检查校车 863 架次，对校车驾驶人进行安全教育 500 人次，消除交通隐患 36 处。市教育局在龙胜各族自治县、恭城瑶族自治县开展校车工作试点，探索校车安全管理机制。

【抓好中小学安全工作】 2012 年，全市各学校重点抓好防溺水、防交通事故、防校园暴力事件、防火、防盗、食品及饮用水安全、校舍和设施安全等教育，并开展以安全疏散、防火、防溺水、防校园暴力、交通安全等为主要内容的自护自救技能演练，增强师生处置突发事件和自护自救能力。全市 1970 多所中小学校，近 60 万名学生参与各项安全教育活动，各学校至少举行 2 次以上的安全演练。年内，市人民政府提高了直属学校安全协管员的聘请经费和待遇，并投入近 20 万元资金为直属

2012年8月23日，桂林市中小学应急救护技能知识培训班举办

（莫珏　摄）

学校配备电棒、防爆钢叉等多种安保器械，投入385万元资金为直属学校安装高清视频监控系统的工作；全市中小学、幼儿园共聘请保安及安全协管员3186名，安装视频监控探头3114个；市属29所、各县（区）385所中小学、幼儿园分别通过市、县（区）的考评审核，被评为平安校园。桂林德智外国语学校和桂林市第十八中学分别被评为全国和谐校园先进学校。

【家庭经济困难学生资助体系建成】 2012年11月，市教育局与市财政局联合出台《桂林市学前教育资助管理办法》，并启动实施学前教育资助工作，桂林市从学前教育到高等教育无缝链接的家庭经济困难学生资助体系建成。年内，桂林市全面推行国家助学资金的统发工作，破解助学资金管理难题。市、县学生资助管理机构具体负责辖区内中等职业、普通高中学校国家助学金、资助大学新生上学资助金、学前教育资助资金的统一发放工作，禁止代领、代保管受助学生银行卡，禁止现金发放，从源头上杜绝冒领、套取国家助学金现象的发生。同时，（大学）生源地信用助学贷款贷风险防控县、乡（镇）、村三级联动管理机制逐步推广，秀峰区、象山区、兴安县、荔浦县、恭城瑶族自治县，将生源地信用助学贷款贷后管理逐步提升为政府行为。

2012年，全市共发放各类助学资金2.61亿元，惠及学生13.20万人次。其中，发放学前教育资助金260.56万元，惠及学生5222人；发放普通高中国家助学金2967.20万元，惠及学生39800人次；发放普通高中免学费补助资金298.40万元，惠及学生5693人次；发放中央专项彩票公益金“滋蕙计划”教育助学项目168万元，惠及学生840人；发放中等职业免学费补助资金2590.13万元，惠及学生29431人次；发放中等职业国家助学金1425.48万元，惠及学生19222人次；发放资助家庭经济困难大学新生路费、短期生活费578.62万元，惠及学生6311人（其中国家路费补助69.05万元，惠及学生1075人；广西路费补助509.57万元，惠及学生5236人）；签订生源地信用助学贷款合同25526份，合同金额1.78亿元，2012年度本息回收率100%，无一人违约。

【提高学生综合素质】 2012年，市教育局推进“学生阳光体育运动”的开展。举行中小学生乒乓球、篮球、排球、羽毛球、足球、游泳、象棋、围棋等单项比赛活动，举办桂林市中小学生首届民族传统体育运动会、桂林市第二届幼儿趣味体育运动会、桂林市第十四届重点中学学生篮球赛、桂林市中小学生田径运动会。举行全市阳光体育优秀案例和体育教学优质课评选活动。推进“中小学生身心健康工程”，全面实施《国家学生体质健康标准》，开展跳绳项目测试标准的研究工作，将跳绳列入2013年初中毕业升学考试体育测试抽测项目。举行桂林市第八届童声合唱节、书画比赛、钢琴演奏比赛、中小学生曲艺大赛、中小学生电脑制作作品评选等活动，开展艺术教育测评和督查。在开展全市书画、摄影大赛的基础上，选送110幅书画作品、50篇艺术论文、19个艺术节目参加自治区第四届中小学生艺术展演活动。组织参加自治区中小学机器人大赛，获小学足球、FLL（食品安全）、高中足球3个项目的冠军。

【重视食品卫生安全】 2012年，市教育局组织开展全市中小学幼儿园食堂食品安全专项整治行动，联合市食品药品监督管理局对阳朔县、资源县、龙胜各族自治县、恭城瑶族自治县及市区共30所学校食堂食品安全工作进行抽查，指导20所学校食堂进行改造。做好学校卫生防疫和传染病的防控工作，举办防控基本知识培训班，开展麻疹、流行性腮腺炎、风疹疫苗接种工作，并联合市疾控中心进行督促检查。巩固“卫生制度建设年”成果，开展规范化卫生室建设活动，评出中小学规范化卫生室13所。做好预防艾滋病攻坚、碘缺乏病和饮水型地方性氟中毒健康教育和中西部地区儿童口腔疾病综合干预项目实施试点等工作。做好突发食品卫生事件处置工作，举办校医应急救护技能知识培训班。全市继续开展“卫生优秀学校”创建活动，年内共创建市级“卫生优秀学校”21所，使全市市级“卫生优秀学校”达136所、自治区级“卫生优秀学校”达112所。

2012年10月26日，桂林市第八届童声合唱比赛举行　（莫珏　摄）

【规范语言文字工作】 2012年，市语言文字工作委员会（简称市语委）组织完成对全州县、灌阳县、平乐县、荔浦县的评估，至此，桂林市全面完成国家三类城市语言文字工作评估。年内，市教育局与市文明办、市书法家协会联合开展书法教育“十百千万”工程，即在全市各中小学校中评出书法教育特色学校10所，培训专（兼）职书法教师100名，评出规范汉字书写学生1000名。组织中小学生参加国家语言文字报刊社主办的以“学会感恩”为主题的全国书信大赛，收到参赛作品近万份。举办桂林市第五届中华经典诵读大赛，并推荐优秀选手参加自治区中华经典诵读大赛，获三等奖5人。年内，市语委办公室组织开展普通话水平测试6次，共测试3484人次；举办普通话培训班3期，培训566人次。

【启动有声数据库建设】 2012年5月，中国语言资源有声数据库广西库建设启动，全市设调查点110个，计划用5年时间完成。桂林市区及12个县聚居着多个少数民族，语言资源丰富多样，被确定为数据采集区域。年内，桂林市区作为首批调查试点完成调查并开始采录有声数据。

2012年9月17日，桂林市第五届中华经典诵读大赛举行　（莫珏　摄）

【民办中小学教育】 2012年，桂林市区的民办中、小学校有35所，其中经由市教育局审批的民办中小学校13所，在校学生13672人；由城区教育局审批的民办中小学校22所，在校学生9227人。经市教育局审批的13所民办中小学校分别是广西师范大学附属外国语学校、首都师范大学附属桂林实验中学、桂林市奎光学校、桂林市宝贤中学、桂林市桂电中学、桂林阳光学校、桂林智谷东方外国语学校、桂林德智外国语学校、桂林市阳光中学、桂林任远中学、桂林市桂花初中、桂林市新世纪高级中学、桂林凌风高级中学。13所中小学有完全中学7所、初中3所、小学1所、小学至初中九年制学校2所，小学在校生1312人，初中在校生9358人，高中在校生3002人。桂林市新世纪高级中学和桂林凌风高级中学因办学场地存在安全隐患，市教育局从2011年开始停止对这2所学校下达招生计划。

（莫珏）

中等职业教育和成人教育

【概况】 2012年，全市有各类中等职业学校46所，其中自治区直属中等专科学校4所、自治区直属技工学校1所、市人力资源和社会保障部门办技工学校4所、市教育部门办学校16所、市行业办学校8所、市民办中等职业学校13所。拥有国家中等职业教育改革发展示范学校2所、全国重点中等职业学校6所、自治区级重点中等职业学校12所、自治区示范性中等职业学校10所。开设有14大类225个专业，基本覆盖全市主要行业和产业，有14个新专业获自治区教育厅批准招生。市属中等职业学校招生24230人，其中技工学校招生4102人。中等职业学历教育在校学生78410人（含非全日制学历生），毕业11857人，毕业学生就业率97.6%。另有成人文化学校139所，全年共为城镇人员开展各类培训44万人次。市属成人高等教育学校有桂林市职工大学和桂林市广播电视大学，承担成人高等学历教育和职工文化技能培训等任务。在桂林市的7所公办普通高校中，有6所（广西师范大学、桂林电子科技大学、桂林理工大学、桂林医学院、桂林航天工业学院、桂林旅游高等专科学校）开设有成人高等学历教育，年内共毕业成人高等教育生13036人，招收22035人；年末成人高等教育在校生共47605人。

【启动新一轮职业教育攻坚】 2012年，市人民政府印发《桂林市新时期深化职业教育攻坚五年计划的实施方案》，明确职业教育攻坚工作的目标、任务和工作措施。实施职业教育基础能力强化工程，重点做好市职业教育中心临桂分校、农村职业教育基础能力建设和三所特色示范学校的项目规划及建设。年内，市职业教育中心学校临桂分校建设完成投资8651万元，全州县职业学校塑胶运动场建设项目、灵川县职业学校实训基地建设、龙胜各族自治县职业学校购置设备项目列入2012年市人民政府为民办实事项目。

【中等职业师生参加技能竞赛获好成绩】 2012年，市教育局举办全市中等职业学生技能大赛暨广西选拔赛、中等职业学校“文明风采”竞赛、职业教育新时代“刘三姐”评选活动以及中等职业学校教师教学技能竞赛、基本功竞赛、说课比赛等系列活动，以提高学生专业技能、职业能力和教师实践教学能力。年内，桂林市学生参加2012年广西中等职业教育技能比赛暨全国赛广西赛区中等职业选拔赛，获一等奖17项、二等奖20项、三等奖37项，名列自治区第三，其中14名学生入选代表广西参加全国技能大赛，获全国赛银牌1枚、铜牌4枚。12月27日，桂林市的中等职业学校参加第四

2012年12月27日，第四届广西职业教育新时代刘三姐桂林市评选活动举行

（莫珏 摄）

2012 年 11 月,桂林市"全民终身学习活动周"开幕式举行　　　（胡阳　摄）

届广西职业教育新时代刘三姐评选活动,有 12 名学生获"广西新时代刘三姐"称号。市教育局组织开展全市中等职业学校"文明风采"竞赛活动,并选送作品参加全国赛和广西赛, 全国赛获一等奖 12 项、二等奖 45 项、三等奖 50 项,广西赛获奖 316 项。桂林市的职业学校教师参加全国职教学校基础课、学前教育专业、医药卫生类、农林类教师说课比赛,获一等奖 5 个、二等奖 8 个。

【成人教育】 2012 年, 全市成人高考报名 19124 人,比上年增加 6969 人,增长率 57.33%,增幅为自治区第一。成人高考报名的考生中,高中起点升专科 11977 人,高中起点升本科 80 人,专科起点升本科 7067 人。市区报名考生 11078 人,比上年增加 3369 人,增长率 43.7%。市区报名考生中,高中起点升专科 6787 人,高中起点升本科 80 人,专科起点升本科 4211 人。驻桂林市的 6 所普通高校(广西师范大学、桂林电子科技大学、桂林理工大学、桂林医学院、桂林航天工业学院、桂林旅游高等专科学校)开设有成人高等学历教育,年内共毕业成人高等教育生 13036 人,招生 22035 人;年末在校成人高等教育学生共 47605 人。全市共开展农民科技实用技术培训 28.71 万人次, 农村劳动力转移培训 6.74 万人次,农村致富骨干培训 2.59 万人次,绿证培训 2.39 万人次。

【社区教育开局良好】 2012 年年初,市五城区政府成立城区社区教育工作指导委员会办公室,并初步建成"市—城区—街道—社区"四级社区教育工作体系。5 月,桂林市制订社区教育示范社区建设标准。10 月,市社区教育指导委员会办公室组织试点社区管理干部培训,参加 "全民终身学习活动周"全国总开幕式,考察学习国家社区教育示范区。当月,全市建成七星区的毛塘路社区、穿山社区,叠彩区的清秀社区、铁路社区,象山区的西城社区、同心社区,秀峰区的丽君社区、东华社区等 8 个市级社区教育示范社区。11 月,市机构编制委员会印发《桂林市广播电视大学增挂桂林市社区大学牌子的批复》, 市社区大学正式成立。年内,市社区教育指导委员会办公室组织示范社区开展"一社区,一堂课"的社区文化教育交流学习活动,宣传全民学习、终身学习的理念;开展"漂流图书馆"、广场文化节、夕阳红晚会、老年诗歌朗诵会、"楼道文化""书香小巷""邻里节"等社区文化教育活动,形成社区文化品牌。

【规范民办职业教育】 2012 年,桂林市区的民办培训机构(职业学校)有 98 所,其中市教育局审批 72 所、秀峰区审批 4 所、叠彩区审批 2 所、象山区审批 5 所、七星区审批 15 所。年内,市教育局组织专家组对桂林市 15 所民办中等职业学校和 69 所民办培训学校(培训机构)进行两年一度办学资质条件评估。评估结果为:15 所民办中等职业学校中,合格 5 所,不合格需整改 4 所,不合格停止办学 6 所;69 所民办培训学校(培训机构)中,合格 55 所, 不合格需整改 10 所, 不合格停止办学 4 所。年内,市教育行政管理部门在民办学校(培训机构)中开展"诚信学校"创建活动,组织专家组对 19 所申报学校(培训机构)进行评估审查,共评出张艺谋漓江艺术学校、桂林市兴华中等职业学校、桂林市工人文化宫教育培训部、桂林市狮王教育培训学校等诚信学校 13 所。　　（莫珏）

【桂林市职工大学】 2012 年,该校占地面积 2.45 公顷,校舍建筑面积 1.69 万平方米。图书馆藏书 5.64 万册。有教职工 35 人,其中副高级以上职称 7 人。年内,该校开设有大专、本科两个层次学历教育,其中大专学历教育有经济管理、法律、计算机信息管理、文秘、房屋建筑工程、机电一体化、财务管理、市场营销、工商管理、电子商务、旅游管理等11个专业250门课程。该校与广西大学联合办学，设立本科函授教学点，有专业7个，在校班级30个，共有学生682人。年内，该校毕业学生277人，其中本科71人，专科206人；招收新生661人，其中本科315人，专科346人。年末在校班级50个，共有学生1195人。

年内，该校履行公益性教育职能，承担成人高等学历教育和职工文化技能培训等教育培训任务。针对困难职工、下岗职工、农民工等群体的职业技能帮扶培训，开办美发美甲班、家政服务（育婴师）班、建筑行业塔吊工、砌筑工班和计算机软件应用短训班，共完成帮扶培训400人，其中346人通过岗位资格考试，就业人数338人。全年，该校向市内具有工会会员、农民工等身份的386名学员，共发放学费补贴10多万元。

2012年9月，该校法律教学实践教学基地在桂林市人民检察院正式挂牌。年内，该校与桂林市最大的人才求职网站——桂聘人才网签订联合设立推进职工素质教育工作合作友好协议，搭建校企联办就业援助服务平台，通过学历提升、职业技能培训、创业培训及联合举办人才招聘会等形式，拓展职工教育培训和就业服务领域。（龙云枝）

【桂林市广播电视大学】 2012年，该校有市翠竹路北巷7号和市环城北一路16号2个校区，总占地面积1.31万平方米，建筑面积1.09万平方米，固定资产3860多万元。年内有在职教职工46人，其中专任教师31人。专任教师中副高级以上职称7人。年内，该校开设的学历教育有法学、汉语言教育、MBA工商管理硕士等3个研究生专业；有汉语言文学、网络工程、机械设计及其自动化、工程管理、行政管理、汽车服务工程等27个本科专业；有汉语言文学、教育管理、工商管理、财务管理、建筑工程技术、计算机网络技术等20个专科专业。该校网院开设的专业有交通运输（民航管理工程）、电子商务、旅游管理、土木工程、网络工程、工程管理、行政管理、护理学、药学、汽车服务工程等33个。全年共招生573人，其中研究生招生21人（含MBA），开放教育本科招生124人，开放教育专科招生339人，开放教育"一村一"专业（即：由教育部启动，中央广播电视大学组织实施，依托全国广播电视大学系统，通过现代远程开放教育形式开展的"一村一名大学生计划"项目）招生47人，网院招生42人。全年毕业340人，其中研究生36人，试点本科生77人，开放教育专科生213人，"一村一"专业专科生14人。年末，该校在校生610人，其中研究生95人，试点本科生121人，开放教育专科生330人，"一村一" 专科生22人，网院生42人。（胡阳）

普通高等教育

【概况】 2012年，在桂林市的普通高等教育学校主要有广西师范大学、桂林电子科技大学、桂林理工大学、桂林医学院、桂林旅游高等专科学校、桂林航天工业学院、桂林师范高等专科学校和桂林山水职业学院，除桂林山水职业学院外的7所普通高等教育学校共有专任教师6407人；年内，共招收学生62436人，毕业学生44179人；年末，在校学生166621人。桂林山水职业学院位于临桂县县城，为民办的全日制普通高等专科学校，主要招收3年或5年一贯制大学专科学生。此外，在桂林市的普通高等教育学校还有中国人民解放军空军空降兵学院和广西艺术学院桂林分院，其中中国人民解放军空军空降兵学院位于桂林市凯风路，除培训部队学员外，设置有地方生院，招收部分普通高考考生；广西艺术学院桂林分院位于桂林市雁山区。（帆子）

【广西师范大学】 2012年，该校有育才、王城、雁山3个校区，其中王城校区（王城景区）于11月6日被全国旅游景区质量评定委员会评为国家5A级旅游景区。校园面积277.26万平方米，总建筑面积103.45万平方米，其中产权建筑面积85.22万平方米。建有球类馆、武术体操馆、塑胶田径场等各类现代体育设施，总面积10多万平方米。拥有教学用计算机9368台，多媒体教室25647个；图书馆馆藏纸质图书287.46万册。年末固定资产总值8.35亿元，其中教学仪器设备总值2.77亿元。设有二级学院27个，独立学院1个，校属研究所28个，附属中学2所，附属小学1所，附属幼儿园1所。开设普通高等教育本科专业67个。有广西（高校）重点学科18个，涵盖哲学、经济学、法学、教育学、文学、历史学、理学、工学、农学、管理

表 22　　2012 年桂林市主要普通高等教育学校学生情况表

类别		学校	广西师范大学	桂林电子科技大学	桂林理工大学	桂林医学院	桂林航天工业学院	桂林旅游高等专科学校	桂林师范高等专科学校
普通高等教育	博士生	毕业	15	0	0	0			
		招生	30	2	0	0			
		年末在校	87	22	0	0			
	硕士生	毕业	1861	622	615	128			
		招生	1961	720	651	150			
		年末在校	5286	2097	1775	431			
	研究生班	毕业	758	115	221	68			
		招生	1640	194	883	73			
		年末在校	3285	962	1906	467			
	本科生	毕业	3804	4011	3532	1103			
		招生	5398	4776	4684	1504	802		
		年末在校	18539	18751	17467	6208	734		
	高职高专	毕业	0	2367	1249	741	3784	2961	2020
		招生	0	2218	3374	891	3050	3370	2487
		年末在校	0	7327	7070	2726	10559	9415	5634
留学生		毕业	191	72	195	0	0	0	0
		招生	170	140	228	3	0	11	0
		年末在校	522	238	355	68	0	3	0
成人高等学历教育		毕业	4396	3332	2550	1637	966	155	0
		招生	6684	5765	5049	3890	441	206	0
		年末在校	10722	13897	9209	9400	3739	639	0
其他		毕业	710	0	0	0	0	0	0
		招生	991	0	0	0	0	0	0
		年末在校	1581	0	0	0	0	0	0
合计		毕业	11735	10519	8362	3677	4750	3116	2020
		招生	16874	13815	14869	6511	4293	3587	2487
		年末在校	40022	43294	37782	19300	10532	10057	5634

（覃丰展）

学、艺术学等 11 大门类。有博士后科研流动站 3 个，博士学位授权一级学科 2 个，博士学位授权二级学科 12 个，一级学科硕士学位授权点 22 个，二级学科硕士学位授权点 150 个，专业学位授权点 11 个。有省部共建国家重点实验室培育基地 1 个，教育部重点实验室 1 个，省部共建教育部重点实验室 1 个，广西重点实验室 2 个，广西重点实验室培育基地 2 个，广西高校重点实验室(基地)20 个；国家级实验教学示范中心 1 个，自治区级实验教学示范中心 8 个，自治区人才培养模式创新实验区 3 个，校级实习实训基地 200 多个。有国家文科基础学科人才培养与研究基地（汉语言文学）、中小学骨干教师国家级培训基地、国家大学生文化素质教育基地、教育部基础教育课程研究中心、教育部高校辅导员培训和研究基地、国家社会体育指导员培训基地、国家体育总局体育文化发展中心研究基地、国务院侨办广西华文教育基地、国家语委语言文字应用培训基地及广西人文社会科学发展研究中心、广西廉政文化研究中心、广西高校师资培训中心、广西高校政工干部培训中心、广西马克思主义理论研究与建设工程研究基地等一批国家级和省级人才培养与研究基地。

2012年,该校有教职工2326人,其中专任教师1417人。专任教师中具有高级职称763人,具有硕士(含)以上学位1110人。年内,共引进教授、博士28人,硕士83人;送培博士毕业回校17人,博士后6人,接收具有海外学缘背景的高层次人才14人。有1个研究团队入选教育部"创新团队发展计划",实现该校在教育部创新人才团队上零的突破,成为广西第二个入选团队;1人入选教育部"全国高校优秀中青年思想政治理论课教师择优资助计划",1人获"全国语文学习学科建设终身成就奖",2人获"广西'新世纪十百千'第二层次人才"称号,5人入选"广西高校优秀人才资助计划",10人获广西财政资助出国留学项目。

年内,该校招收学生16874人,毕业学生11735人;年末,在校学生40022人,其中全日制本科生18539人,全日制硕士研究生4555人,博士生87人。本科毕业生初次就业率93.26%,硕士研究生毕业生初次就业率88.68%。

该校优化人才培养模式,推进学科建设。开展"促进教育质量全面提高大调研大讨论"活动,推进"独秀本科生培养计划"项目,初步建立以应用型人才培养为基础和主导、以复合型人才培养为拓展和延伸、以创新型人才培养为核心和担当的多层次、多类别、立体式本科人才培养体系。2012年12月2日,全国重点建设职业教育师资培养培训基地在该校揭牌。"女大学生素养"系列课程入选教育部2012年度精品视频公开课建设计划。年内,该校新增中国语言文学与化学学科2个博士后科研流动站;在硕士研究生阶段自主设置"少年儿童组织与思想意识教育"(目录外)二级学科,应用经济学等17个学科通过全国第三轮学科评估。

2012年,该校获各级各类科技项目343项,科技经费9678.16万元,(比上年,下同)增加1502.01万元,(比上年,下同)增长18.3%。其中:获国家自然科学基金项目42项,研究经费2072万元,项目总数和经费总金额分别增长32.3%和38.3%;获国家社会科学基金项目24项,研究经费430余万元,项目总数和经费总金额分别增长60%和114%。全年各类科研成果1868项,其中有广西自然科学奖二等奖1项、三等奖4项,广西技术发明奖二等奖1项;广西第十二次社会科学优秀成果奖一等奖1项、二等奖23项、三等奖41项;国家民族事务委员会第二届民族问题研究优秀成果奖著作类二等奖3项;教育部《高校社科文库》出版资助学术著作1项。该校教师全年共出版著作115部,发表学术论文1626篇,获专利授权29项。

年内,该校承担了3个层次、16个子项目的教育部"国培计划",有600人承担"国培计划"示范项目5个;承接重庆市农村义务教育初中语文教学名师异地置换脱产研修培训项目、广西基础教育名师名校长培养工程、广西中职校骨干教师和校级领导培训等多个自治区内外培训任务,培训上万人次。2012年首届广西发明创造成果展览交易会上,该校的"罗汉果蛋白酶及其提取方法""发酵型罗汉果酒及其酿造方法"等5项专利技术成功签约,签约总金额100万元。该校承担自治区卫生厅"广西临桂等四县域中药资源试点普查"课题,获资助经费190万元,组建的野生葡萄种植技术服务团队、月柿种植与管理服务团队等4个科技服务团队入选"三下乡"社会实践全国重点团队,5位教授被自治区科技厅聘为2012年广西农村科技特派员。年内该校共承担各类横向课题110项,获项目经费3099.64万元,产生了较好的经济和社会效益。

年内,该校继续加强与国外高校和科研机构的交流合作,与11个国家和地区的20所高校、教育机构签署22份合作交流协议及招生代理协议,接待20个国家和地区的60多批到访团组共1200多人次。做好汉语国际推广和文化交流工作,选派60多名师生到泰国宋卡王子大学孔子学院担任汉语教师和汉语志愿者;接收100多名泰国教育官员、中小学校长、泰国本土汉语教师及泰国中小学生到该校开展各种语言文化及业务培训项目;选派2名专任教师和3名汉语志愿者到印度尼西亚玛琅国立大学孔子学院任教;选派220余名师生到20多个国家和地区进行交流访问、研修学习、参加国际会议及进行海外实习;接收外国留学生到校学习,2012年有各类长短期留学生1800多人。加强越南学校纪念馆建设,筹建了越南研究中心,举办第二届中国—东盟教育合作研讨会。

年内,该校加强校园文化建设,品牌集群效应日益明显。在原有"希望教师""金凤计划"等志愿公益品牌的基础上，整合培育了“小雨滴义教社”“爱心教室”“一点点阳光”“万众守望爱心灵成长营”等一批有影响的志愿服务项目，“爱心教室”“万众守望爱心灵成长营”等项目获自治区教育厅和中国红十字总会资助。该校学生全年在各类竞技比赛中共获得国家级奖励 83 项，其中一等奖 25 项，二等奖 26 项；自治区级奖励 858 项，其中特等奖 2 项，一等奖 40 项；各级各类竞赛获奖人数 1084 人。

2012 年是该校建校 80 周年“校庆年”。该校组织开展学术论坛、报告会、文艺演出、焰火晚会和办学成就展及伍纯道铜像、林焕平铜像揭幕仪式等 50 多场学术文化活动，举行由 6000 多名学生参加的庆典大型文艺演出《风华独秀》，推出《民国师范》《校长纪事》《英烈书生》《越南学子》《往事今说》《图映岁月》6 本构成广西师范大学校史叙事研究丛书，修订续编《广西师范大学史》，出版《背景——独秀女作家作品集》《月牙——独秀作家校报作品选》，举办系列主题征文征集活动、教职工书画摄影作品展、百名杰出校友报告会等校庆文化活动。9 月 13 日，中共中央政治局委员、国务院委员刘延东视察该校。12 月 2 日，该校在雁山校区举办建校 80 周年庆典大会，全国人大常委会委员长吴邦国，中共中央政治局委员、国务院委员刘延东，全国人大常委会副委员长、民革中央主席周铁农，越南副总理阮善仁等为该校题词或发来贺信。自治区党委书记、自治区人大常委会主任郭声琨等领导与来自海内外的 1 万多名校友以及各高校代表参加庆典活动。 （谢婷婷）

【桂林电子科技大学】 2012 年，该校有桂林的金鸡岭、花江校区和北海市的北海校区 3 个校区，校园占地面积共 340 公顷，教学科研与行政用房面积 47 万平方米，学生宿舍面积 27 万平方米；图书馆总面积 5 万多平方米，馆藏纸质图书 174 万册、电子图书 123 万种、外文核心数据库 26 个、中文数据库 45 个、中外文期刊（含电子期刊）1.9 万种。年末固定资产总值 16 亿元，其中教学科研设备总值 3.13 亿元。设有学院 18 个，直属教学部 3 个，研究所 18 个，附属中学 1 所。开设普通高等教育本科专业 55 个，高职专科专业 31 个。有联合培养博士点 1 个，一级学科硕士学位授权点 11 个，有工商管理硕士（MBA）、工程硕士 2 种专业学位类别授予权，11 个工程硕士专业领域。有省部级重点学科 15 个，省部共建教育部重点实验室 1 个，广西重点实验室 4 个，广西重点实验室培育基地 1 个，原信息产业部重点实验室 3 个，广西高校重点实验室 7 个，广西工程技术研究中心 1 个，广西信息科学实验中心 1 个，广西人文社会科学重点研究基地 1 个。有国家级人才培养模式创新实验区 1 个，国家级大学生校外实践教育基地 3 个，国家级特色专业 5 个，国家级精品课程 3 门，国家级双语教学示范课程 1 门，自治区级人才培养模式创新实验区 3 个，自治区级特色专业及课程一体化项目 11 个，自治区级实验教学示范中心 8 个，自治区级精品课程 26 门，大学科技园 1 个，全国唯一依托高校建设的“国家软件与集成电路公共服务平台”广西平台 1 个。有广西人才小高地 2 个，广西高校人才小高地 7 个。

2012 年，该校有专任教师 1509 人，其中教授 192 人、副教授 496 人，具有博士、硕士学位教师 1174 人，博士生导师 30 人。年内引进博士（后）、教授等高层次人才 13 人，培养返校博士 10 人。该校教职工中，有享受国务院颁发政府特殊津贴人员 39 人，长江学者特聘教授 1 人，国家杰出青年基金获得者 3 人，中国科学院“百人计划”人选 3 人，“国家百千万人才工程”人选 3 人，全国杰出专业技术人才 1 人，教育部“新世纪优秀人才支持计划”人选 2 人；广西“八桂学者”5 人，广西“特聘专家”2 人，广西优秀专家 5 人，广西高等学校教学名师奖获得者 9 人。年内，新增“广西高校优秀人才支资助计划”人选 5 人、广西财政资助出国人选 5 人、“西部之光”访问学者入选 1 人、“广西高校骨干教师培养计划”人选 4 人、第十五批广西“新世纪十百千人才工程”推荐人选 2 人、2012 年度留学人员科技活动项目择优资助人选 1 人、广西“四批青年千人计划”推荐人选 1 人、“全国高校辅导员年度人物 200 强”人选 2 人。

年内，该校招收全日制学生 8050 人，毕业学生 7187 人；年末，在校学生 43294 人（含注册的非全日制学生）。全日制本科毕业生初次就业率 93.36%。

全年，该校获得广西教育科学规划专项课题 3 项，自治区级教改项目 21 项，其中重大教改项目 1 项、重点项目 4 项。项目研究获自治区教学成果奖 29 项，其中：由该校主持完成 26 项，分别获自治区级特等奖 2 项、一等奖 4 项、二等奖 4 项、三等奖 16 项；由该校参与完成 3 项，分别获二等奖1项、三等奖2项。有2部教材入选首批“十二五”普通高等教育本科国家级规划教材，入选数量居广西高校首位；该校教师全年出版教材共27部；该校教师在第十二届全国多媒体课件大赛中获一等奖3个。

该校是国防生培养单位、全军边防军人子女预科生培养单位，国防生连续第五年在广州军区9所国防生院校暑期军事训练比赛中成绩位居第一。该校是广西唯一长期从事国防科研的高校，也是解放军总装备部通信装备预研项目定向发布的30所高校及北斗ICD(卫星导航)授权高校之一。2012年，新增科研经费0.89亿元，新增科研项目581项，其中国家自然科学基金46项、国家社会科学基金2项、国防科研项目24项。获专利授权82项，其中发明专利14项，实用新型专利18项。科研项目获广西科技奖励12项，广西社科优秀成果奖11项，自治区自然科学优秀论文奖6项。

2012年，该校投入3747.5万元支持学科建设，重点加强博士点学科建设。材料科学与工程等6个学科被自治区列为2012年财政专项资助的学位授权点学科。年内，该校有8088名学生获得国家助学贷款和生源地信用助学贷款，共发放助学贷款4852.8万元，2052名家庭经济困难新生通过绿色通道入学。全年该校安排学生参与勤工助学7000多人次，累计发放勤工助学劳务报酬130多万元；给8085名学生发放各类奖、助学金2607万元；发放特殊困难学生临时补贴228.53万元。奖、助、贷覆盖面超过该校在校学生人数的45%。

（杨剑）

【桂林理工大学】 2012年，该校有桂林屏风、桂林雁山及南宁安吉、南宁空港4个校区，占地面积266公顷，校舍建筑面积104万平方米。图书馆馆藏纸质图书155.5万册，电子图书1.09万GB。年末固定资产8.56亿元，其中教学科研设备总价值2.47亿元。设有二级学院19个，独立学院1个，校级研究所30个，附属小学1所。开设普通高等教育本科专业64个，专科(高职)专业46个，成人高等教育本科和专科专业69个。有一级学科硕士学位授权点16个，二级学科硕士学位授权点56个，有工商管理硕士(MBA)、旅游管理硕士(MTA)两个专业学位授权点和11个工程硕士授权领域。有省部级重点学科7个，国家重点实验室培育基地1个，自治区级重点实验室6个，教育部重点实验室1个，教育部工程研究中心1个。有国家级教学团队2个，国家级本科精品课程4门，国家级双语教学示范课程1门，国家级精品视频公开课程1门，国家级实验教学示范中心2个，国家级人才培养模式创新实验区1个，国家特色专业建设点5个；有自治区级教学质量工程项目67项。

2012年末，该校有教职工1816人，其中专任教师1237人。教师中正高级职称169人、副高级职称426人，博士学位264人、硕士学位537人，享受国务院颁发政府特殊津贴人员13人，博士生导师26人，国家“千人计划”人选1人、中国科学院“百人计划”人选1人、国家“十二五”863计划主题专家组成员1人，全国优秀教师、广西“八桂学者”“八桂名师”和桂林“漓江学者”等各类高层次人才135人。年内，新增广西“八桂学者”“特聘专家”岗位4个，高级职称教师73人，博士生导师4人，博士31人，西部地区人才培养特别项目课题团队2个，广西高校优秀人才资助计划资助人选5人，自治区教学名师、“漓江学者”、广西“新世纪十百千人才工程”第二层次人选等各1人。

年内，该校招收各类学生14869人，毕(结)业各类学生8362人；年末，在校学生37782人。应届毕业的硕士研究生初次就业率98.5%，本、专科毕业生初次就业率91.5%。

2012年，该校4个本科专业首次实现自治区“一本”批次招生，1门课程成为广西高校唯一的国家级精品视频公开课，2个选题成为自治区级精品视频公开课。全年出版教材23部，其中入选“十二五”国家级规划教材1部。全年获25个国家级、180个自治区级大学生创新创业训练计划项目。有26项成果获得自治区教学成果奖，其中获特等奖3项，一等奖4项。该校学生在全国、自治区各类竞赛中成绩优异，首次获得全国大学生数学建模竞赛的最高奖“Matlab创新奖”。

年内，该校新增国家自然科学基金项目47项，国家社会科学基金项目4项，科技部科技支撑计划和“863”项目各1项，省部级科研项目71项。项目研究获广西科学技术奖10项，其中二等奖6项；获广西社科奖12项，其中一等奖1项。新获各类重点学科、重点实验室建设经费1920万元。全年到位科研经费8300多万元。新增广西国际科技合作基地1个。全年申请专利186项，获得授权101项。论文被SCI(科学引文索引)、EI(工程索

2012 年 10 月 24 日，自治区副主席李康（前排左三）视察桂林理工大学　　（王英强　摄）

引）、ISTP（科技会议录索引）收录 400 余篇。年内，该校与英国伯明翰城市大学合作举办市场营销本科专业项目获得教育部批准，与日本爱媛大学、巴基斯坦工商大学、昆明理工大学等高校互派校际交流生。成功承办第十五届海峡两岸环境保护研讨会、第八届可持续水环境国际研讨会、全国高校土木工程专业评估经验交流与工作会等大型学术会议 10 多场次。

年内，该校共为 3136 名新生办理“绿色通道”，缓交学费金额 1860 多万元；为 7102 人办理生源地国家助学贷款，为 224 名学生办理校园地国家助学贷款，贷款总金额 4102 万元。全年该校学生获国家级先进集体 4 个，国家级先进个人 17 人次，自治区级先进集体 12 个，自治区先进个人 174 人次。该校被评为全国教科文卫体工会模范职工之家。（黄敬秀）

【桂林医学院】 2012 年，该校有乐群、东城、临桂 3 个校区，其中临桂新校区在建设中。占地总面积 70.53 万平方米，教学行政用房面积 13.49 万平方米，学生宿舍面积 4.59 万平方米。拥有教学用计算机 2263 台，多媒体教室和语音实验室座位 7286 个。图书馆馆藏纸质图书 64.88 万册，电子图书 23 万册，中、外文期刊 2062 种，各类中外文数据库 25 个。年末资产总值 7.41 亿元，其中货币资金 1.01 亿元；固定资产总值 5.47 亿元，其中教学科研仪器设备总值 1.07 亿元。设有二级学院 12 个，教学系（部）5 个，直属附属医院 1 所，非直属附属医院 4 所，临床教学医院 22 所，实践教学基地 88 家。开设本科专业 15 个，专科专业 8 个。拥有一级学科硕士点 2 个，国家级特色专业建设点 2 个，广西重点专业 1 个，广西高校重点学科 5 个；国家中医药科研三级实验室 1 个，国家中医药科研二级实验室 2 个，广西高校重点实验室 5 个，医学人文技能培训基地 1 个。

2012 年，该校有教职工及医务人员共 3200 余人，其中专任教师 714 人。有研究生导师 200 人，并从北京、西安、昆明、南宁等地知名医院和科学研究机构聘请兼职指导教师。教师中，具有博士学位 103 人，具有硕士学位 308 人；具有正高级职称 123 人，副高级职称 251 人，专职辅导员 43 人。年内，新引进博士、教授 47 名。该校有享受国务院颁发政府特殊津贴人员 7 人，全国优秀教师、优秀教育工作者 5 人，自治区优秀专家 1 人，自治区有突出贡献科技人员 1 人，“八桂名师”1 人，自治区优秀教师 4 人，广西“新世纪十百千人才工程”第二层次人选 3 人，广西高校教学名师 4 人，广西人才小高地创新团队带头人 2 人，广西高校百名中青年学科带头人 4 人。年内，新增自治区教育厅财政资助出国项目资助 2 人、“广西高等学校优秀人才资助计划”项目资助 3 人。

年内，该校招收学生 6511 人，毕业学生 3677

人；年末，该校有各类在校学生1.93万人。本、专科毕业生初次就业率90.11%。研究生毕业生初次就业率95.31%。

2012年，该校被教育部、卫生部确定为首批卓越医生教育培养计划项目试点高校。该校“五年制临床医学人才培养模式改革试点”项目获批立项。社区医学实践教学基地拓展至6家。获广西高等教育自治区级教学成果奖8项，其中特等奖1项，一等奖1项，二等奖1项，三等奖5项；教师参加第九届广西高校教育教学多媒体软件大赛，获一等奖1项，二等奖3项，优秀奖2项。教师主编或参编教材共15部。学生参加各类知识技能大赛，共获国家和自治区级奖222项（人次）。其中：第三届全国高等医学院校大学生临床技能大赛，获华南赛区分区赛一等奖，全国总决赛三等奖；广西高校大学生第13届化学化工类论文及设计竞赛获一等奖2项；全国大学生英语比赛获特等奖1名，一等奖3名。

该校全年获科研项目188项，其中国家自然科学基金项目21项，国家社会科学基金项目1项，省级30项，厅级136项，经费1523万元。发表学术论文493篇，其中SCI（科学引文索引）收录26篇，核心期刊275篇。获得各级科技奖励10项，其中广西自然科学二等奖1项，广西科技进步奖三等奖1项，广西自然科学优秀论文一等奖1项。获国家发明专利授权3项，实用新型专利授权11项。

年内，该校设立学生工作专项科研基金，学生工作专项课题立项10项，评选出广西高校优秀辅导员2人。有6篇学生工作论文获全国高校学生工作优秀学术成果奖，其中一等奖1项，二等奖5项。协助银行和生源地，办理发放各类助学贷款1775.93万元。2922名学生获得国家、自治区和企业或校友各类奖助学金542.68万元。设立学生勤工助学岗位333个，1182名贫困新生通过“绿色通道”，缓交费用695.06万元。

全年完成基建投资1亿余元，一期主体工程项目进入竣工前收尾阶段。完成各类审计项目760项，审计金额2.18亿元，产生审计效益1455.23万元。

2012年，该校直属附属医院（乐群、临桂两个院区）共有职工2600多人，开放病床1361张，年门诊量125万余人次，住院患者6.3万余人次，手术量1.8万台次，医疗业务收入8.61亿元。年内，成功开展肝肾移植技术、人工耳蜗植入新技术、夫精人工授精技术等新技术，推行“视听见证”谈话，建立了广西第一家微创技术培训基地。

（陈志娟）

【桂林航天工业学院】 2012年3月29日，教育部同意在桂林航天工业高等专科学校的基础上设立桂林航天工业学院。4月27日，自治区人民政府批准该校升格为桂林航天工业学院。5月28日，自治区党委常委、宣传部部长沈北海，中国科协副主席、教育部原副部长赵沁平，自治区人大常委会副主任覃瑞祥，自治区副主席李康等领导，共同为“桂林航天工业学院”揭牌。

2012年，该院总占地面积74.87公顷，建筑面积35.21万平方米，其中教学行政用房面积23.96万平方米，学生宿舍面积7.28万平方米。拥有教学用计算机2452台，多媒体教室和语音实验室座位7535个；图书馆馆藏纸质图书97万册，电子图书3072 GB。年末固定资产总值3.39亿元，其中教学仪器设备总值8483万元。设有系、部等教学教辅机构19个，研究室、研究所、研究中心、应用中心等研究机构16个。开设本科专业6个、高职高专专业47个，其中省部级优质专业、教学改革试点专业、特色与优势专业19个。有国家精品课程、省级精品课程及特色课程23门。建有各类实验室和实训基地73个，其中中央财政支持的职业教育实训基地1个、自治区示范性高等职业教育实训基地7个、中央财政支持地方高校发展专项资金实验室8个、中央与地方共建高校专项资金特色优势学科实验室10个；校外实习基地146个。该院是教育部“承担数控技术及应用专业领域技能型紧缺人才培训任务”的院校，民政部“国家减灾中心无人机生产基地无人机项目研发中心”和“国家减灾中心无人机生产基地遥感遥测人才培养中心”，中国航天科技集团公司和中国航天科工集团公司“人才培养基地”、人力资源和社会保障部全国人才交流中心在广西的唯一代理机构、广西壮族自治区动漫人才培养基地。

2012年，该院有教职工770人，其中专任教师637人。专任教师中，具有研究生学历教师375人（其中博士5人）；有教授47人，副教授166人。年内，该院有1名教师获“广西高等学校教学名师项目”立项，2名教师入选“广西高校优秀人才计划”，2名教师入选“广西高校骨干教师培养计划”。全年共引进各类人才38人。选送2名中青年教师攻读博士研究生，选派143人次中青年教师参加各级各类培训。

年内，该院毕业学生4750人，面向全国22个省（自治区、直辖市）招收学生4293人。年末，在校学生10532人。该院与368家单位共建就业基地，毕业学生初次就业率96.38%。

2012年，该院获批承担新世纪广西高等教育教学改革工程项目共13项，其中重点项目1项，A类项目6项，B类项目6项。获自治区级教学成果奖5项，其中一等奖1项，二等奖2项，三等奖2项。全年共开展中央财政支持专项项目4项，争取中央支持资金825万元。经桂林市人力资源和社会保障局、桂林市财政局确定，该院共有计算机维修工、数控车工、汽车维修电工、中央空调操作工等17个职业（工种）的技能培训资格，成为桂林市首家获批职业技能定点培训机构的高校。全年共申请获批省部级以上课题42项，获批专利12项，公开发表学术论文523篇，被三大检索（科学引文索引、工程索引、科技会议录索引）收录23篇。年内，该院与湖南、四川、贵州、江西、云南、河南、河北等地的航天企业签署联合办学框架协议，与桂林太阳能光伏产业园区、桂林高新技术产业开发区科丰机械有限公司、桂林市兴安县签订产学研合作协议，为桂林市多家企业开发数据库系统。

年内，该院教师在第十二届全国多媒体课件大赛中，报送的《机械设计基础（网络版）》获高职组一等奖，《液压与气动（网络版）》获高教工科组二等奖。参加第十二届广西高等教育教学软件应用大赛决赛，作品获一等奖2项，二等奖1项。学生参加第五届全国大学生机械创新设计大赛，获广西赛区二等奖1项，三等奖2项。学生参加第三届“蓝桥杯”全国软件专业人才设计与创业大赛，获C程序设计高职高专组全国总决赛二等奖2项，广西赛区Java软件开发高职高专组一等奖1项，广西赛区C程序设计高职高专组一等奖2项。学生参加2012年全国大学生企业经营管理沙盘模拟大赛，获广西赛区二等奖。

2012年，该院认定贫困生5266名，其中有3111人获得国家助学金、天华助学金、CASC公益助学金等，资助总金额超过900万元。年内，该院教育国际化取得新突破，与澳大利亚北墨尔本高等技术学院合作开办中澳会计国际班，首届招生55人；与美国中央华盛顿大学、芬兰屈米拉克索技术学院签署了合作协议，与中国台湾创艺技术学院签署了合作协议。（李雨思）

【桂林旅游高等专科学校】 2012年，该校有骖鸾、雁山两个校区。校园总占地面积125.67公顷，校舍建筑面积28.6万平方米。图书馆馆藏量纸质图书96.06万册，电子图书3111 GB。教学仪器设备总值0.36亿元。该校设有8个系、3个部、2个学院，开设高等教育专科专业（含方向）53个，其中：国家教改试点专业1个，自治区精品专业1个，自治区教改试点专业2个，自治区优质专业12个。拥有国家精品课程1门，自治区精品课程13门；中央财政支持的实训基地2个，自治区级示范性职业教育实训基地5个。该校主办的《旅游论坛》评为广西高校十佳学报，并入选2012中国国际影响力优秀学术期刊，是唯一入选该名单的全

2012年9月，第二届大湄公河次区域高级旅游管理人才培训班结业典礼在桂林旅游高等专科学校举行（刘金菊 摄）

国高职高专学报，也是唯一入选该名单的广西高校学报。

2012 年，该校有教职工 636 人，其中专任教师 521 人。专任教师中，正高级职称 26 人，副高级职称 138 人；研究生以上学历 277 人，外籍教师 12 人。有自治区级教学团队 3 个，自治区级教学名师 3 人。年内，共引进各类人员 34 人，其中博士 1 人，硕士 30 人，高级职称 2 人。

年内，该校招收学生 3587 人，毕业学生 3116 人；年末，在校学生 10057 人。毕业学生初次就业率 96.31%。

2012 年，该校旅游管理、会展策划与管理、涉外旅游(处境领队)、酒店管理、装饰艺术设计、旅游英语等 6 个专业成为广西高等学校特色专业及课程一体化建设项目；“国际旅游教育质量认证体系视阈下的教学管理研究与实践”等 11 个项目获广西高等教育教学改革工程立项；“高职酒店管理专业人才培养模式创新的研究与实践”“旅游休闲管理特色专业建设创新与实践”2 个项目获广西高校教学名师项目立项；“高职院校的人文教育研究”等 7 个项目通过新世纪广西高等教育改革工程立项结题；“高职高专旅游管理专业实训指导教师队伍建设研究与实践”等 6 个项目获自治区教学成果奖。

该校组织教师参加第十二届广西高校教育教学软件应用大赛，获一等奖 2 项，二等奖 1 项，三等奖 1 项；参加广西高校首届辅导员职业技能大赛获总决赛，获二等奖。组织学生参加全国第二届“远华杯”会展技能大赛，获会展演讲组特等奖，会展策划管理组二等奖。该校棒垒球队参加第八届中国大学生棒垒球联赛，获男子棒球队亚军、女子垒球队季军。

该校全年共获各类科研项目 36 项、科研经费 145.5 万元。“基于长尾理论的广西智慧旅游网络营销体系及营销平台研究与开发”和“广西旅游人才信息集成管理与决策支持系统的研发及应用研究”获自治区科技厅 2012 年“千亿”元产业重大科技攻关工程项目立项。年内，该校为桂林市旅游局、忻城县旅游局等企事业单位提供《桂林漓江游船服务质量要求与星级评定标准》《忻城县旅游发展总体规划》《田林县旅游发展总体规划》等多项技术支持和服务；分别与贺州市旅游局、防城港市江山半岛旅游度假区管理委员会、广西世纪经典投资有限公司签订校政企合作战略协议，与贺州风光国旅国际旅行社有限责任公司、桂林啄木鸟医疗器械有限公司签订校政企合作框架协议。年内，该校科学研究获厅局级成果奖(政府奖)2 项，获广西第十二次社会科学优秀成果奖二等奖 1 项、三等奖 1 项。

年内，该校为 711 名新生办理入学“绿色通道”，缓交学费 426.6 万元。发放春季助学金及秋季国家奖、助学金共 949 万元，获助学生 5587 人次；发放博达、王冠川、王进轩等三项社会助学金学 8 万元，获助学生 80 人。全年新增勤工助学岗位 40 个，参与校内勤工助学学生 1989 人次，累计发放勤工补贴 39.82 万元。

2012 年，该校当选为广西旅游协会教育分会会长单位，并成为分会会址所在单位，成为中国—东盟旅游人才教育培训基地。全年共举办东盟旅游人才、全国旅游饭店总经理岗位职务、全国旅行社总经理岗位职务、自治区旅游局长(骨干)等各类培训班 21 个，培训人员 1500 多人次。年内，该校被吸纳为亚太旅游协会教育类会员单位，成为亚洲开发银行高端旅游人才培训合作院校。

（肖利庆　李伟华）

【桂林师范高等专科学校】 2012 年，该校有信义、甲山 2 个校区，占地面积 28.69 公顷，教学行政用房面积 9.85 万平方米，学生宿舍面积 4.15 万平方米。图书馆馆藏纸质图书 60.26 万册，电子图书 1.3 万 GB。年末，固定资产总值 1.44 亿元，其中教学科研仪器设备总值 0.45 亿元。设有 9 个教学系、1 个教学部，开设 42 个专业。

2012 年，该校教职员工 573 人，其中专任教师 372 人。教职工中，具有高级职称 139 人，具有研究生学历或硕士及以上学位 183 人。年内，招收学生 2487 人，毕业学生 2020 人；年末，有全日制专科在校学生 5634 人。毕业学生初次就业率 96.32%。

全年，该校获国家社科基金项目 1 项，自治区教育厅科研资助项目 4 项、教育厅科研立项项目 15 项、广西思政课题 3 项、广西新世纪教改项目 9 项，桂林市科技局科研项目立项及横向课题 7 项。年内，该校被自治区教育厅确定为全国高校师范专业办学能力提升计划项目首批重点培育教师教育基地，获专项建设经费 400 万元；被列入自治区高等职业教育示范性实训基地 1 项，获专项建设经费 100 万元；生化制药、初等教育、美术教育、音乐表演、数学教育 5 个专业立项为广西特色专业

2012 年 6 月 18 日，桂林师范高等专科学校原创大型民族音乐剧“心中的刘三姐”首演式在市少年宫春天剧场举行

（桂林师范高等专科学校　供稿）

及课程一体化建设项目；首次获得国培计划（2012）——农村幼儿园骨干教师脱产置换研修项目，首批 8 名学员的研修与 87 名学前教育专业学生的顶岗实习工作完成。

该校坚持“艺术兴学”办学特色，6 月 18 日在市少年宫演出原创大型音乐剧“心中的刘三姐”，受到自治区内外媒体关注和报道。年内，该校投入资金 448.92 万元，购置仪器设备 900 余台（件）；投入 80 万元购纸质图书 5.56 万册，订购报纸 120 多种、期刊 1100 多种，购买知网数据库，提高文献信息保障能力。

年内，该校共发表科研论文 327 篇，其中全国中文核心期刊 95 篇，SCI（科学引文索引）、EI（工程索引）11 篇；出版著作、教材 14 部。研究成果获桂林市社会科学优秀成果三等奖 2 项。该校组织参加教育部举办的全国多媒体课件大赛，获二等奖 1 个，三等奖 1 个；参加自治区高校教学软件大赛，获一等奖 1 个，二等奖 2 个；参加广西第四届中华经典诵读大赛暨 2012 年广西校园中华经典诵读大赛决赛，获一等奖 1 个，二等奖 1 个；参加 2012 全国啦啦操全国万人健美操（南宁站）大赛，获一等奖 2 个，第一名 2 个。（欧阳钦）

科学技术

2012年3月13日，桂林市科技工作暨发明创造大会召开（市科学技术局　供稿）

科研机构

【中国地质科学院岩溶地质研究所】 2012年,该所有在职人员194人。其中:中国科学院院士1人,研究员31人,副研究员及高级工程师43人,中级专业技术职称64人;博士生导师5人;博士23人,硕士74人。全年该所在研项目116项。实现货币工作总量1.36亿元,其中财政拨款1.16亿元、事业收入和其他收入0.2亿元。年末,资产总量达1.65亿元,其中固定资产0.95亿元,比上年增加0.16亿元;净资产1.21亿元。全年该所发表论文119篇,其中第一作者86篇,SCI(科学引文索引)8篇,EI(中文核心期刊)3篇,中文核心期刊66篇。年内,中国地质调查局全球变化研究中心落户该所。该所的岩溶生态系统与石漠化治理重点实验室获批为国土资源部重点实验室,岩溶塌陷防治重点实验室获批为中国地质调查局和中国地质科学院重点实验室。该所与中国地质环境监测院联合申报的"生态环境变化地质指标体系研究"获国土资源部科技成果二等奖。研究员曹建华获第一届中国地质科学院新华联突出贡献奖,副研究员李强获批准为中国地质调查局青年地质英才。该所的国际岩溶研究中心申报国家国际科技合作基地通过初审。

年内,该所科研项目取得新成果。岩溶动力系统与全球变化研究方面,利用氢氧同位素的研究方法进行了云冈石窟区地下水来源的判断,证实地下水来源为大气降水,首次使用无损检测方法,研究洞窟岩石的湿度(水分)特征,揭示水分的来源;首次采用硫同位素研究来判断云冈石窟区硫的来源;水中的碳酸离子受到水生植物光合作用的影响,部分转化为DOC或POC,构成了另一条天然的碳汇途径,进一步论证碳汇的稳定性。岩溶资源与环境研究方面,掌握了古岩溶形成条件、影响控制因素及其与油气富集关系,识别出多种成因类型,建立古岩溶发育演化模式,实现对油气聚集有利发育区的预测,在岩溶型油气储层成因机理和空间分布规律研究方面取得新进展。岩溶生态学研究方面,完善试验区与观测站点的建设,实施水土保持和表层岩溶水生态调蓄试验,对示范区气象、水文、水土流失以及生态效益等生态环境指标进行动态监测;马山石漠化调查成果表明,石漠化对土壤、植被的水、土、养分涵养效应明显。岩溶地质灾害研究方面,通过岩溶塌陷主要影响因素分析,建立典型区岩溶塌陷形成演化地质模式;开展岩溶塌陷分布式光电传感监测的室内试验研究。岩溶景观与洞穴研究方面,组织和参加了中外联合贵州绥阳双河洞洞穴探险科学考察和中央电视台直播活动。岩溶探测与测试技术方法方面,研制的有机碳碳同位素制样装置获国家知识产权局授予的实用新型专利。岩溶水文地质调查与示范方面,全年该所承担地质调查计划项目3个、工作项目20个,总经费6360万元,其中完成1:5万水文地质、环境地质调查21.17万平方千米,1:25万水文地质、环境地质调查5.87万平方千米,线路调查2609千米,物探15891点,钻探5568米,遥感解译5146平方千米,建立地下河观测站5处,地下水监测站84处,样品分析5196件,图幅数据库51 G。

该所进行的西南岩溶区水文地质环境地质调查项目,对西南岩溶地区地下水资源量进行重新评价论证,并核实岩溶地下水可供有效开发利用的潜力。查清岩溶石漠化的分布状况及其发展趋势,掌握岩溶石漠化形成的主要机制,为开展石漠化治理提供依据。针对不同类型区开发条件,采取堵洞蓄水、暗河截流、大泉壅水、钻井、大口井、斜井等方式,开展岩溶地下水开发利用与生态环境综合治理示范,解决了110多万人饮用水、3.67万公顷耕地的灌溉用水问题。中国地质碳汇潜力研究项目,建立了植物—土壤—岩石体系岩溶碳汇过程模型,地质碳汇监测网络初步形成。研究揭示岩溶作用是可以小时计量的快速地质过程,岩溶作用产生的溶解无机碳,可通过被河流带入海洋、被海水及海洋生物固定,被陆域水体生物所固定,被土壤生物转化形成土壤有机碳。重点地区岩溶塌陷调查项目,查明岩溶塌陷的类型及分布规律、工作区的岩溶塌陷地质灾害的分布,查明人类工程活动是工作区诱发触发岩溶塌陷的主要原因。该项目系统剖析工作区典型岩溶塌陷,建立了岩溶塌陷发育地质模式和动力学模式。探索开展岩溶塌陷发育判据研究,初步建立岩溶塌陷发育的水力学判据的室内测定方法,设计制作了原状土样渗透变形试验装置,可测定原状土样在地下水渗流作用下发生渗透破坏的临界水力坡度,作为工作区岩溶塌陷发育的临界判据。

年内，该所发挥专业优势，服务地方经济发展。1月，派出专家组参加龙江河镉污染源调查，提出针对岩溶地下水特点的调查思路。2月，组织抗旱突击队，在云南省文山壮族苗族自治州、昭通市对67个干旱村屯展开详细调查，选定41处靶区开展物探工作，确定井位23处，施工钻孔17口，成功出水9口。5月10日，派出专家组参加柳州严重岩溶塌陷灾害应急指导。9月，承担中国南方喀斯特申报世界自然遗产（第二期）中的桂林喀斯特、重庆南川喀斯特技术支撑任务。

2012年1月11日，德国教育科研部部长沙万（中）一行访问岩溶地质研究所

（苏穞萱　摄）

该所加强对外交流，年内参加岩溶水文地质研讨会暨第十八届全国洞穴学术研讨会，接待德国教育科研部部长沙万等外宾到所访问。

（杨初长）

【桂林电器科学研究院】 2012年，该院在职人员824人，其中专业技术人员396人（高级专业技术职称71人、中级专业技术职称97人、初级专业技术职称228人）。全年科研立项31项，组织申报各级政府科技项目13项；组织制订、修订标准78项，组织申报制订、修订标准计划36项；提交专利申请36项，获专利授权17项。

年内，该院主持的“大型双轴定向薄膜生产线关键技术的研究”项目，填补了多项空白，达到国际领先水平，打破了欧洲国家在该行业的垄断地位，并获桂林市科技进步一等奖和广西科技进步奖二等奖。研发的环保触头材料化学共沉积法$AgSnO_2$产品，通过用户试验并小批量供货。低压电触头产业链向下游延伸，先后试制了多种规格的$AgSnO_2/Ag$片材和AgNi（15）T 1/Cu片材，供用户进行电性能试验验证，其中部分规格的片材开始批量生产、供货。建立粉末片材生产线，通过自动化成型设备的引进及工艺完善，原手工成型的AgNiC片材基本实现自动压机成型，其生产效率提高超过3倍。研发的峰—峰6千伏（五路）重复脉冲放电老化评定系统、蠕动泵控制斜板式漏电起痕仪等8种新型高端检测仪器先后上市销售。试制的12.5微米电子膜的各项性能测试均达到国家标准要求。电工电子新材料产业基地建设项目累计完成投资8800万元，2012年9月，第一期3万平方米低压元件厂房开工建设。年内，广西电器产业工程院落户该院，并获得自治区支持经费400万元。

年内，该院制订《桂林电器科学研究院发展战略》，明确5年内的战略思想、方向、目标、措施及事业定位。根据中国机械工业集团有限公司的部署，该院完成整体改制工作，引进机械工业第六设计研究院有限公司、中国重型机械研究院股份公司为战略投资者。2012年12月13日，召开桂林电器科学研究院有限公司第一次股东会议、第一届董事会第一次会议、第一届监事会第一次会议，会议通过了《桂林电器科学研究院有限公司章程》，选举产生新公司董事会、监事会人员。

年内，该院着力防控经营风险和法律风险，修订《经营合同管理办法》，定期组织经营情况分析，对重大经营合同、大额投资进行审查、备案和监控；做好保密资格认证工作，通过自治区三级保密资格认证；组织申报自治区企业技术中心、国家火炬计划重点高新技术企业并获批准。

年内，该院获自治区“和谐企业”及自治区级文明单位；下属金格公司获2010～2011年度中国机械工业集团有限公司文明单位；该院院长陈仲获评为广西优秀企业家、桂林市十大杰出创业人才。

（全啸林）

2012 年 12 月 13 日，桂林电器科学研究院有限公司第一次股东会议召开　　　　（全啸林　摄）

【中国电子科学技术集团公司第三十四研究所】 2012 年，该所有职工 801 人，其中专业技术人员 551 人（副高级及以上职称 72 人，中级职称 309 人）；享受政府特殊津贴专家 20 人，部级优秀专家和优秀科技青年专家 9 人，自治区优秀专家 3 人。全年该所共承担科研项目 37 项，其中军事预研项目 6 项，军事型号项目 7 项，横向科研项目 7 项，重大科学技术专项项目 1 项，技术基础项目 3 项，电子支撑项目 3 项，集团创新基金项目 4 项，地方项目 3 项，所控项目 3 项。全年，该所科研生产经营总收入 5.33 亿元，其中民品产业收入 3.72 亿元。申请专利 15 项（发明专利 7 项、实用新型专利 8 项），获专利授权 11 项（发明专利 4 项、实用新型专利 7 项），有效专利 29 项（发明专利 5 项、实用新型专利 24 项）。

年内，该所开展型号项目的研制总要求论证及总参某部预研项目的技术论证，通信预研背景项目开题论证的各项工作按计划推进；争取到近 30 个项目列入"十二五"规划军工科研任务计划；"十二五"规划军事预研任务开展顺利，通过了阶段检查及部分项目验收。军工定制任务增加的主要项目有：为航天集团研制的 SDH 冗余系统、为空军某型新型导弹研制的通信指控系统及为海军某部研制的海训通信系统。

年内，该所首次融入广西地方经济建设的大型项目"桂海高速公路全程监控系统一期光数字传输网络及电力设备安装工程"项目，实施并进入验收阶段。最新研制的光端机产品进入杭甬客运专线（杭州东至宁波高铁）铁路应用系统。下属公司中，桂林大为通信技术公司被认定为自治区级企业技术中心和自治区级研发中心；桂林信通科技有限公司从单一产品经销商转向综合信息系统服务供应商。

（秦实）

【广西壮族自治区中国科学院广西植物研究所】 2012 年，该所在职职工 192 人，其中科技人员 160 人（高级专业技术职称 61 人，中级专业技术职称 76 人）；享受国务院颁发政府特殊津贴人员和有突出贡献科技人员 10 人，广西优秀专家 2 人，广西"新世纪十百千人才工程"人选 6 人。该所内设植物资源与植物地理学、生态与环境、天然产物化学、特色经济植物、园林园艺、生物技术与野生珍稀植物保育研究中心 6 个，重点实验室 1 个（广西植物功能物质研究与利用重点实验室）；拥有馆藏标本近 50 万份，为全国十大植物标本馆之一、华南第二大标本馆（国际代码：IBK）；拥有大型仪器 60 余台（套），仪器设备价值 4000 万元。

2012 年，该所共获新科研项目 62 项，科技经费 1701.5 万元。年内，承担的科研项目通过结题、验收或鉴定 67 项，获自治区、桂林市成果奖 8 项，其中罗汉果成分化学、活性及质量控制研究获广西科技进步奖二等奖，华南苦苣苔科植物研究获广西自然科学奖三等奖。共申请发明专利 11 项，获授权发明专利 4 项。全年发表科技论文 119 篇，其中 SCI（科学引文索引）25 篇，EI（中文核心期刊）1 篇；出版《广西靖西县端午药市常见药用植物》《黄花蒿（青蒿）高产栽培技术的理论与实践》《罗汉果栽培实用技术百问百答》等专著 3 部。主办的《广西植物》获"广西期刊奖"，年内，首次成为中国科学院科技期刊开放获取平台（CAS-OAJ）收录期刊，访问用户涉及 70 多个国家和地区。

年内，该所的秸秆清洁炼制项目被鉴定为国际先进，完成 20 吨的中试试验。蔗渣木聚糖的清洁生产、秸秆水解生产糠醛等研究项目均取得重要技术突破，进入中试试验阶段。罗汉果成分化学、活性及质量控制研究项目研究成果达到国际领先水平，项目研究部分成果被桂林莱茵生物科技股份有限公司、桂林吉福思生物技术有限公司等企业实际应用。建成广西首座人工林生态学效应综合科研野外观测塔、广西喀斯特生物多样性保育与恢复生态学自治区级国际科技合作基地、广西热带亚热带森林生态系统与生物多样性监测网络等3个科研基地(台站)。

该所的桂林园林植物园共引种1076种,其中年内新引种749种。新建喀斯特岩溶植物专类园、秋海棠展示区、苦苣苔展示区,完成珍稀濒危植物区叠水景观。

年内,该所承办了第四届中国热带森林生态学学术研讨会、第六届海峡两岸森林动态样区研讨会和2012年中国科学院昆明分院战略研讨会等学术会议。并与世界苦苣苔协会签订《广西植物研究所与世界苦苣苔协会合作谅解备忘录》,全年共有来自美国、新西兰、澳大利亚、匈牙利、日本等5个国家约30名外籍专家学者到该所进行学术交流。 (郑凯文)

【中橡集团曙光橡胶工业研究设计院】 2012年,该院共有职工354人,其中技术人员83人。有高级工程技术人员25人,教授级高级工程师10人;享受国务院颁发政府特殊津贴人员8人。年末拥有资产2.40亿元,完成营业收入1.13亿元,实现利润473万元。全年申请专利10项,其中发明专利7项,实用新型3项;获专利授权8项,其中发明3项,实用新型5项。

年内,该院加强科研管理体系建设,聘请北京航空航天大学博士生导师作为科技总监;完善科技激励机制,制订新的研发人员薪酬考核方案;调整院专家技术委员会成员,重视科研项目管理工作;组织召开项目评审会和技术交流会,督促各项科研课题按时间节点稳步推进。

年内,该院完成国家国防科技工业局3个科研项目任务总要求及科技规划材料上报,完成科学技术部2013~2015年科技发展规划及2013年度技术开发专项资金项目申报;与北京航空航天大学联合申报2013年度自治区科学技术厅科技项目。年内,该院新立科研专题34项,在研课题45项,其中国家国防科技工业局配套科研项目3项,科技部专项资金项目1项,自治区科学技术厅科技项目2项。全年该院累计投入科研课题研发经费1036万元,增加404万元。

全年共完成4项科研成果鉴定和验收。其中:1月,某型号飞机高原轮胎研制项目通过空军装备部科研订货部(简称空装科订部)组织的技术鉴定;8月,“航空和汽车用轮胎动态模拟试验机研制”与“大型运输机49×19.0–20高性能无内胎航空轮胎研发”项目通过自治区科学技术厅委托桂林市科学技术局组织的专家验收;12月,某型号飞机前、主轮胎研制项目通过空军驻广州地区军事代表局组织的设计鉴定审查。

年内,该院研制的四型现役飞机高原适应性改进高原轮胎在北京通过空军装备部科研订货部组织的技术鉴定;某型号歼击机前轮胎设计鉴定试验大纲在成都通过海军装备飞机办和中国航天工业重大项目部联合组织的审查;某型号飞机器前、主轮胎技术方案和详细设计分别通过中国航天工业起落架公司主持的评审;申报的“空客A 319/A 320型飞机子午线主轮胎研制”项目通过科技部评审,并获批准立项,获得专项资金95万元;某型号教练机前、主轮胎技术方案在北京通过空军装备部科研订货部主持的评审;072工程主轮胎工艺稳定性试验大纲及换装评审在桂林通过主机单位中航工业第一飞机设计研究院主持的评审;718工程前、主轮胎F转C及某型号无人机前、

2012年4月19日,空军副司令员景文春(右一)视察中橡集团曙光橡胶工业研究设计院航空轮胎研发生产情况 (姚江雄 摄)

主轮胎C转S阶段在桂林通过主机单位中航工业611所主持的评审；研制的某型号橡胶密封套通过解放军总装备部陆军装备科研订货部科研订购局在北京组织的产品鉴定会，产品通过鉴定。

（姚江雄）

【中国有色桂林矿产地质研究院有限公司】 2012年2月，桂林矿产地质研究院更名为中国有色桂林矿产地质研究院有限公司。年末，该公司有职工380人，其中工程师115人，高级工程师50人，教授级高级工程师29人；国家级"中青年有突出贡献专家"1人，享受国务院颁发政府特殊津贴人员5人，广西优秀专家4人，"中国有色金属系统跨世纪学术和技术带头人"6人，广西"十百千"拔尖人才第二层次人才5人，广西八桂学者1人。该公司全年综合收入3.6亿元，实现利润总金额1098万元。

2012年，该公司共实施科研项目242项（含咨询评估项目53项），签订合同经费1.14亿元。申请专利7项，其中发明专利5项，实用新型专利2项。科研项目获广西科技进步奖三等奖2项，获中国有色协会科学技术奖4项，获中国有色协会科学技术奖5项。参与组建国家重金属污染防治技术创新战略联盟，任联盟副理事长单位。年内，该公司的海外地质找矿风险勘查基金项目和自治区国土资源厅稀土找矿项目获得批准；广西河池五圩箭猪坡铅锌锑矿深边部找矿勘查项目，是自治区2012年唯一申报国家第二批危机矿山深边部找矿项目，通过国土资源部组织的专家评审。

年内，该公司全力开拓赞比亚等非洲市场，在赞比亚与谦比希湿法冶炼公司签订地质勘查合作协议，中国有色金属鹏威公司股权转让工作稳步推进；成立了地质勘查专门机构，统筹推进赞比亚以及中国西藏、新疆、内蒙古及广西四大区域为主的技术勘查及地质科研工作；成立专门机构统筹推进加拿大、澳大利亚、东南亚和国内市场的矿权经营、矿业开发工作。推进矿权经营和矿业开发工作，派出30多人次分别赴国内外进行矿业权考察。

年内，该公司进行串珠、绳锯、钻头、机加工等产品产能提升改造，改造项目投资总金额1450万元，改造或购入设备75台。完成湿法冶金实验室、选矿实验室建设。以工艺矿物、选矿、湿法冶金为研究重点，开展包括国家科技支撑计划课题"低品位钼、铌资源低能耗强化综合回收技术研究"在内的11个项目的研究，项目进度、质量达到合同要求，项目到款金额711.5万元，并作为主要依托部门组建了广西矿业工程院。完成自治区科学技术厅发酵工业高浓度有机废水治理设备研究、生态混凝土研制、河流两岸面源污染治理等2项科技攻关及1项科学基金项目验收工作。（蒋卉）

科技活动

【概况】 2012年，桂林市科学技术工作落实《桂林市"十二五"科学技术发展规划》，按照"强基础、提能力、促发展、惠民生"的总体思路，夯实科学技术创新基础，推进产学研结合，科学技术对全市经济社会发展的支撑和引领作用不断增强。桂林电力电容器有限责任公司、桂林电子科技大学参与的"特高压交流输电关键技术、成套设备及工程应用"获2012年度国家科学技术进步奖特等奖；广西柑橘研究所参与的"柑橘良种无病毒三级繁育体系构建与应用"获2012年度国家科学技术进步奖二等奖。

【全面推进第五轮创新计划】 2012年，桂林市按照第五轮《桂林创新计划（2011～2015）》要求，整合全市创新资源，实施"企业自主创新能力提升"等7大科技工程。全市共争取到自治区科学技术创新平台和能力建设项目15项，获经费资助2225万元。分别在中药、矿业、电器、电能治理、罗汉果等产业领域，建设了5家自治区级工程院。

【科技服务平台建设】 2012年，桂林电子科技大学科技园科技企业孵化器建设等4个服务平台建设项目获自治区立项支持，经费资助230万元；漓东科技孵化器、桂林大学科技园等科技企业孵化器建设加快推进；雁山大学科技园建设的前期调研稳步开展。全市在孵企业达450家，在孵项目超过650项。桂林国家高新技术产业开发区技术交易所有限公司和桂林市生产力促进中心成功申报广西技术转移示范机构，使全市自治区级技术转移示范机构总数达到3家。年内，自治区首家由政府引导的科技金融中心——桂林国家高新技术产业开发区科技金融中心正式投入运营，带动和促进了科学技术与金融的结合。

【开展工业科学技术创新】 2012年，桂林市新增高新技术企业13家，总数达86家。基于移动互联网的旅游服务平台研发及示范应用获国家支撑计划项目立项，获经费资助248万元；漓江游船动力改造项目成功列入科技部与广西"部区会商"议题；数控加工装备及其专用数控系统开发等35个项目获自治区立项支持，获资助经费1643万元。年内，全市共有自治区创新型企业12家，创新型试点企业22家。桂林精成生物科技有限公司的高产率、耐高温饲用β-甘露聚糖酶的开发与研究等13个项目获科学技术部中小企业创新基金资助，经费700万元。

【市属科研所创新及服务能力提高】 2012年，桂林市属科研院所通过实施项目带动，科学技术创新及服务能力得到提高。市科学技术情报研究所承担的桂林市科技进步奖励网评系统研发与应用项目和市自动化研究所承担的数控精密卧轴距台平面磨床数控系统国产化项目获2012年度桂林市科学技术进步三等奖；市农业科研所被共青团中央、农业部批准为全国农业青少年科普教育基地，被农业部批准为国家级农作物品种区域试验站，被中国科学技术协会认定为全国农业科普教育基地，被自治区科学技术厅认定为广西水稻、葡萄良种培育中心；市林业科研所良种油茶、桉树、杉木、花卉组培等效益初显；市蔬菜研究所以示范园为载体，引进蔬菜新品种及新技术，为农业增效、农民增收发挥重要作用；市水产研究所全年共引进培育美国斑点叉尾鮰、光倒刺鲃等11个优良品种，向社会提供优质鱼苗种3300万尾，促进桂林市水产养殖业向优质、高效方向发展。

【农业科技创新工作】 2012年，资源县申报的毛竹低产林改造及产业化技术开发与示范和灵川县申报的漓江流域灵川县水稻综合开发技术应用与示范项目入选科技部富民强县专项行动计划，分别获科技部190万元和185万元资金支持。平乐县出口蔬菜产业化开发与示范项目通过科技部验收；永福罗汉果产业化开发与示范等34个农业科技项目(课题)获自治区立项支持，共获科技经费861万元。兴安县、灵川县、龙胜各族自治县获自治区第一批科技进步示范县。年内，桂林市国家级农业科技园区筹建工作领导小组成立。

【开展科技合作与交流】 2012年，桂林市共获广西科技合作与交流计划项目14项，科技经费385万元。市人民政府加强与国外政府间科学技术合作与交流，"社区康复医疗人才培养"等中日政府间JICA基层友好技术合作项目取得良好实效；德国、巴西、瑞典等国的政府科学技术代表团访问桂林，开展科学技术交流。年内，科学技术合作载体建设取得新突破，广西壮族自治区中国科学院广西植物研究所的生物多样性保育与生态恢复、桂林理工大学的矿产资源开发与环境保护、桂林市啄木鸟医疗器械有限公司的口腔医疗器械及高分子材料等3个基地被认定为广西国际科技合作基地。桂林市借助广西科学技术活动周、中国北京国际科技产业博览会、中国国际高新技术成果交易会、中国—东盟博览会等科技合作与交流平台，组织全市100多家企业参展，促进技术交易与技术转移。中橡集团桂林曙光橡胶及工业设计院与北京航空航天大学成功签订直升飞机轮胎研究与开发合作项目。 (李斐)

科技成果

【概况】 2012年，全市共登记科学技术成果63项，其中国际领先成果3项，国际先进成果11项，国内领先成果22项，国内先进成果23项，自治区领先成果2项，自治区先进成果2项。共获自治区科学技术方面的奖项38项，其中广西自然科学奖12项(二等奖5项、三等奖7项)，广西技术发明奖4项(二等奖3项、三等奖1项)，广西科学技术进步奖22项(一等奖1项、二等奖10项、三等奖11项)。共获桂林市科学技术进步奖项目30项，其中一等奖5项，二等奖8项，三等奖17项。

【大型双轴定向薄膜生产线关键技术的研究项目】 该项目由桂林电器科学研究院于2012年1月完成，获2012年广西科技进步奖二等奖、桂林市科技进步奖一等奖。塑料薄膜生产线是塑料加工机械中复杂和庞大的薄膜生产装备，涵盖机械设计与制造、自控技术、热力学、流体力学、塑料加工、静电应用等技术领域。"大型线"指产能万吨以上(幅宽6米、速度大于每分钟250米)的双轴定向薄膜生产线，大条庞大的薄膜生产线占用车间总长可达240多米、宽30米、电气控制柜60多个、重量超过550吨,与小型线相比具有产品收率高、生产效率高、节能等优点。双轴定向薄膜生产线的水平代表一个国家塑料加工机械设计制造的最高水平,世界上仅德国、法国、美国、日本和中国能设计制造。该项目立项时,国产双轴定向聚丙烯(简称BOPP)生产线幅宽仅4.2米,运行速度每分钟180米,产能5000吨。为打破国外垄断,该项目针对大型线的关键技术展开研究,突破了大型线附片系统、导轨及链铗系统、链条润滑系统、热风横向分布均匀性、收卷张力及压力控制、生产线集成协调、远程维护和诊断系统等技术瓶颈,应用本项目成果设计制造的生产线(实际幅宽达8.2米、运行速度每分钟450米、产能超过25000吨)整体技术水平国内领先,主要技术指标达到国际先进水平,打破了国外公司在中国大型双轴定向薄膜生产线领域的垄断,填补了国内空白。

该项目成果转化程度高,研究成果已整体成功应用于5条大型生产线上,部分单项成果如导轨、链铗和热风系统等还应用于BOPET(双向拉伸聚酯薄膜)、BOPA(双向拉伸尼龙薄膜)、动力电池和锂电池隔膜等多条生产线上。该项目提供的大型线可使薄膜产品收率提高5%,节能效果达15%~20%。

【1000千伏特高压交流试验示范工程 110千伏并联电容器装置研制项目】 该项目由桂林电力电容器有限责任公司、桂林电子科技大学于2012年2月完成,获2012年广西科学技术进步奖二等奖、桂林市科学技术进步奖一等奖。为满足国家特高压电力电容器国产化的需要,桂林电力电容器有限责任公司依托1000千伏晋东南—南阳—荆门特高压交流试验示范工程(该工程是世界上第一条商业运行空中高速路,全长640千米,是世界上正在运行的电压最高、输电能力最强、技术水平最先进、唯一成功的交流输电工程,是国家能源基础研究和建设领域取得的世界级重大创新成果)成功研究开发了110千伏并联电容器成套装置,运行情况良好,并通过国家能源局新产品鉴定。

【罗汉果成分化学、活性及质量控制研究项目】 该项目由广西壮族自治区中国科学院广西植物研究所于2012年2月完成。项目通过自治区科学技术厅组织的成果鉴定,研究成果达到国际领先水平。项目采用大孔树脂、硅胶、Sephadex LH-20凝胶、反相C 18等分离材料,综合运用薄层、中压液相、高压液相制备等技术,系统分离罗汉果果实(成熟与未成熟)、根、花中化学成分;采用高分辨质谱,核磁共振谱,特别是二维核磁共振谱鉴定其新化合物结构。共分离鉴定化合物27个,其中发现新化合物10个。采用大、小鼠灌胃,MTT(噻唑兰)及ORAC(抗氧化能力)法对提取部位和单体化合物进行体内外降血糖、抗肿瘤、抗氧化活性研究。项目阐明罗汉果果实、根、花的化学物质基础,研究不同生长日龄罗汉果苷类成分的积累规律,对比分析成熟与未成熟罗汉果的化学成分异同,找出成熟罗汉果味甜和未熟罗汉果味苦的化学证据,阐明苦味成分形成甜味成分的过程及机理。采用高压液相色谱技术,建立可广泛应用质量控制的罗汉果原料和产品的指纹图谱以及同时测定罗汉果六种苷类成分的定量分析方法。开发出了罗汉果根抗肿瘤标准提取物。该项目成果应用于多家罗汉果生产企业的罗汉果产品的生产和质量控制中,创造了显著的经济和社会效益,推动了罗汉果产业的发展。

表23 **2012年桂林市科学技术成果登记一览表**

项目名称	完成单位	技术水平
罗汉果成分化学、活性及质量控制研究	广西壮族自治区中国科学院广西植物研究所	国际领先
特长隧道快速施工机械化配套技术研究	中铁十二局集团第二工程有限公司、桂林理工大学、中铁十二局集团有限公司	国际领先
1000千伏电容式电压互感器研制	桂林电力电容器有限责任公司	国际领先
绝对型圆容栅编码传感器	桂林市晶瑞传感技术有限公司	国际先进
专用光收发模块研制	中国电子科技集团公司第三十四研究所	国际先进

续表

项目名称	完成单位	技术水平
全光纤喇曼级联光纤激光器研制	中国电子科技集团公司第三十四研究所	国际先进
Toll 样受体在哮喘气道重构中作用及靶向性治疗的研究	桂林医学院附属医院	国际先进
依托咪酯对体外循环心脏手术血流动力学影响的研究	桂林医学院	国际先进
联合用药治疗外伤性增生性玻璃体视网膜病变的试验研究	桂林医学院	国际先进
高速渗透润滑剂避孕套的开发	桂林乳胶厂	国际先进
华南苦苣苔科植物研究	广西壮族自治区中国科学院广西植物研究所	国际先进
典型重金属的植物修复机理与环境行为	中国科学院地理科学与资源研究所、桂林理工大学	国际先进
TCB 46.2-138432/412-1 QW 型串联电容器及成套装置研制	桂林电力电容器有限责任公司	国际先进
牵引递布式钢丝帘布裁断机	桂林中昊力创机电设备有限公司	国际先进
新型汽车同步齿环生产的关键技术	桂林星火机械制造有限公司	国内领先
大型双轴定向薄膜生产线关键技术研究	桂林电器科学研究院	国内领先
有无气腹腹腔镜手术在妇科手术中应用的比较	中国人民解放军第一八一医院	国内领先
吴茱萸良种繁育及规模化生产关键技术集成应用示范	广西壮族自治区中国科学院广西植物研究所、灵川县科学技术情报研究所	国内领先
柑橘新品种“桂橙一号”选育及优质高效栽培关键技术研究与示范	广西壮族自治区柑桔(橘)研究所、鹿寨县生产力促进中心、华中农业大学、鹿寨县水果生产技术指导站	国内领先
红茶发酵适度检测方法的研究	广西桂林茶叶科学研究所、桂林市漓江茶叶加工厂	国内领先
广西地区壮族 2 型糖尿病家系脂联素、抵抗素与胰岛素抵抗	桂林医学院附属医院	国内领先
急救护理人员采用模拟人进行急救技能培训效果比较	桂林医学院附属医院	国内领先
睡眠干预对妊娠糖尿病患者代谢指标的效果研究	桂林医学院附属医院	国内领先
瘦素与心肌缺血再灌注损伤的基础与临床研究	桂林医学院	国内领先
主动内循环(TAIC)高效厌氧处理养殖污水沼气生态系统工程技术研究	桂林旺隆达环保能源开发有限公司	国内领先
终末期肾病免疫紊乱的基础与临床研究	中国人民解放军第一八一医院	国内领先
胶东金华山—洼孙家断裂南段前孙家金矿和金华山金矿构造控矿规律与成矿预测	桂林理工大学	国内领先
大规模智能化视频数据分析和检索的核心技术及关键性设备的研究与应用	桂林电子科技大学、桂林长海发展有限责任公司、桂林远望智能通信科技有限公司	国内领先
冷喂料排气挤出机大规格系列产品	桂林泓成橡塑科技有限公司	国内领先
具备焊缝磁偏移示教寻迹功能的电子束焊机	桂林狮达机电技术工程有限公司、桂林电子科技大学	国内领先
垃圾环保再生煤终极处理城市生活垃圾	桂林恒泰环保科技发展有限公司、桂林电子科技大学机电工程学院、广西亚太科技职业学院	国内领先
壮医药线点灸对斑秃患者微循环影响的研究	桂林市中西医结合医院	国内领先
双轴定向薄膜同步拉伸机的研制	桂林电器科学研究院	国内领先
斜直两用全自动纤维帘布裁断机	桂林中昊力创机电设备有限公司	国内领先
石灰回转电窑技术	桂林灵川县金山思达新型材料厂	国内领先

续表

项目名称	完成单位	技术水平
具有防冲突功能的超高频 RFID 标签读写器研究开发	广西瀚特信息产业股份有限公司	国内领先
桂林市科技进步奖励网评系统研发与应用	桂林市科学技术情报研究所、桂林市科学技术局	国内先进
柿顶腐病发生规律及防治技术研究	广西壮族自治区柑桔(橘)研究所	国内先进
数控精密卧轴矩台平面磨床数控系统国产化	桂林市自动化技术研究所、桂林桂北机器有限责任公司、桂林新全数控有限公司、桂林市科学技术局	国内先进
金槐病虫害无公害综合防治技术研究与示范	广西壮族自治区中国科学院广西植物研究所、全州县科学技术情报研究所	国内先进
新型清洁醇基燃料及其配套节能环保燃烧炉研制	桂林市淦隆环保科技有限公司、桂林市计量测试研究所	国内先进
金柑避雨避寒高效优质栽培技术示范推广	广西壮族自治区柑桔(橘)研究所、阳朔县科学技术情报研究所	国内先进
潘塞缇(Ponseti)疗法治疗先天性马蹄内翻足(僵硬型)的临床应用和推广	桂林市人民医院	国内先进
茄子嫁接技术研究及嫁接苗的种植推广	桂林市蔬菜研究所	国内先进
趋化性细胞因子 Fractalkine 及受体 CX 3 CR 1 与心肌缺血再灌注关系研究	桂林市人民医院	国内先进
3.1 类新药氟氯西林钠的研发及产业化	桂林南药股份有限公司	国内先进
门诊输液患者药学服务需求的质性研究	桂林医学院附属医院	国内先进
柔红霉素血管外渗早期局部封闭疗法的实验研究	桂林医学院附属医院	国内先进
橘小实蝇性诱剂田间应用技术研究与示范推广	桂林市植物保护站	国内先进
桂北地区 β 地贫杂合子合并缺铁与 HbA 2 的关系及其临床意义	桂林医学院附属医院	国内先进
优良水稻新品种引进展示及示范	桂林市种子站	国内先进
环保型电工材料成果推广应用	桂林智龙电工器材有限公司、桂林中科技术开发服务有限公司	国内先进
香根草生物工程技术防治金橘种植区水土流失试验研究	桂林市农业环境保护监测站(桂林市农产品质量安全检验检测中心)中国科学院	国内先进
十二指肠乳头切开治疗急性胆源性胰腺炎的基础及临床研究	桂林市第二人民医院	国内先进
南方优质鲜食葡萄标准化栽培技术推广应用	兴安县生产力促进中心、兴安县溶江镇农业服务中心、广西壮族自治区柑桔(橘)研究所	国内先进
广西特有植物种质资源收集保存繁育研究	广西壮族自治区中国科学院广西植物研究所	国内先进
“清垢灵”在工业锅炉节能降耗中的研究推广	桂林市特种设备监督检验所、桂林市乐贝尔化工有限责任公司	国内先进
双氯芬酸二乙胺凝胶外擦预防化疗性静脉炎的实验研究	桂林市中西医结合医院	国内先进
桂林市精神病流行病学抽样调查	桂林市社会福利医院	国内先进
加工型超甜玉米品种的引进、选育与推广	桂林市农业科学研究所	自治区内领先
抑郁症与糖尿病的相关性研究成果	桂林市社会福利医院	自治区内领先
房间隔缺损封堵术的时间选择	广西壮族自治区南溪山医院	自治区内先进
桂林市可持续发展实验区建设规划研究	桂林市人民政府发展研究中心	自治区内先进

表 24　　2012 年桂林市科学技术奖成果一览表

项目名称	获奖等级	完成单位
1000 千伏特高压交流试验示范工程 110 千伏并联电容器装置研制	一等奖	桂林电力电容器有限责任公司
大型双轴定向薄膜生产线关键技术的研究	一等奖	桂林电器科学研究院
大规模智能化视频数据分析和检索的核心技术及关键性设备的研究与应用	一等奖	桂林电子科技大学、桂林长海发展有限责任公司、桂林远望智能通信科技有限公司
柑橘新品种“桂橙一号”选育及优质高效栽培关键技术研究与示范	一等奖	广西壮族自治区柑桔(橘)研究所、鹿寨县生产力促进中心、华中农业大学、鹿寨县水果生产技术指导站
罗汉果成分化学、活性及质量控制研究	一等奖	广西壮族自治区中国科学院广西植物研究所
桔(橘)小实蝇性诱剂田间应用技术研究与示范推广	二等奖	桂林市植物保护站
终末期肾病免疫紊乱的基础与临床研究	二等奖	中国人民解放军第一八一医院
高速渗透润滑剂避孕套的开发	二等奖	桂林乳胶厂
专用光收发模块研制	二等奖	中国电子科技集团公司第三十四研究所
起动型胶体密封铅蓄电池	二等奖	桂林百辰蓄电池工业有限公司
新型汽车同步器齿环生产的关键技术	二等奖	桂林星火机械制造有限公司、湖北工业大学、桂林电子科技大学
基于窗格视觉的非对称直读式无线抄表系统	二等奖	桂林市利通电子科技有限责任公司
优良水稻新品种引进展示及示范	二等奖	桂林市种子站
胶东金华山—洼孙家断裂南段前孙家金矿和金华山金矿构造控矿规律与成矿预测	三等奖	桂林理工大学
主动内循环(TAIC)高效厌氧处理养殖污水沼气生态系统工程技术研究	三等奖	桂林旺隆达环保能源开发有限公司
3.1 类新药氟氯西林钠的研发及产业化	三等奖	桂林南药股份有限公司
桂林市科技进步奖励网评系统研发与应用	三等奖	桂林市科学技术情报研究所、桂林市科学技术局
金槐病虫害无公害综合防治技术研究与示范	三等奖	广西壮族自治区中国科学院广西植物研究所、全州县科学技术情报研究所
香根草生物工程技术防治金橘种植区水土流失试验研究	三等奖	桂林市农业环境保护监测站(桂林市农产品质量安全检验检测中心)、中国科学院南京土壤研究所
有无气腹腹腔镜手术在妇科手术中应用的比较	三等奖	中国人民解放军第一八一医院
茄子嫁接技术研究及嫁接苗的种植推广	三等奖	桂林市蔬菜研究所
依托咪酯对体外循环心脏手术血流动力学影响的研究	三等奖	桂林医学院
数控精密卧轴矩台平面磨床数控系统国产化	三等奖	桂林市自动化技术研究所、桂林桂北机器有限责任公司、桂林新全数控有限公司、桂林市科学技术局
吴茱萸良种繁育及规模化生产关键技术集成应用示范	三等奖	广西壮族自治区中国科学院广西植物研究所、灵川县科学技术情报研究所
Toll 样受体在哮喘气道重构中作用及靶向性治疗的研究	三等奖	桂林医学院附属医院
红茶发酵适度检测方法的研究	三等奖	广西壮族自治区桂林茶叶科学研究所、桂林市漓江茶叶加工厂
房间隔缺损封堵术的时间选择	三等奖	广西壮族自治区南溪山医院
联合用药治疗外伤性增生性玻璃体视网膜病变的试验研究	三等奖	桂林医学院
潘塞缇(Ponseti)疗法治疗先天性马蹄内翻足(僵硬型)的临床应用和推广	三等奖	桂林市人民医院
气象因素对水稻两迁害虫影响研究	三等奖	桂林市气象局、桂林市农业局

表 25

2012 年桂林市获自治区自然科学技术奖成果一览表

项目名称	获奖等级	完成单位
毛细管电泳联用技术的建立及其在元素形态分析和药物分析中的应用	二等奖	广西师范大学
新型(La,Mg)-Ni 储氢合金结构及电化学性能研究	二等奖	桂林电子科技大学、中国科学院大连化学物理研究所
利用剑麻纤维和纳米材料制备高性能的摩擦复合材料的应用基础研究	二等奖	桂林理工大学、中山大学、广西剑麻集团有限公司
典型重金属的植物修复机理与环境行为	二等奖	中国科学院地理科学与资源研究所、桂林理工大学
肝脏缺血再灌注损伤与再生的机制及调控	二等奖	桂林医学院、华中科技大学同济医学院附属同济医院
中子引发核反应理论研究及其核数据库建立	三等奖	广西师范大学、中国原子能科学研究院
特色桂药抑制活性氧自由基损伤功效物质基础及作用机制的研究与应用	三等奖	广西师范大学
若干含 N,O 配体的金属配合物的合成、结构与性能研究	三等奖	广西师范大学
华南苦苣苔科植物研究	三等奖	广西壮族自治区中国科学院广西植物研究所
高活性氢氧化镍电极材料的结构设计及性能研究	三等奖	桂林理工大学
新型特种导电陶瓷及薄膜的掺杂机理与性能研究	三等奖	桂林电子科技大学
不完全信息挖掘的关键理论和技术	三等奖	广西师范大学

表 26

2012 年桂林市获自治区科学技术发明奖成果一览表

项目名称	获奖等级	完成单位
铝电解碳素阳极抗氧化涂层技术	二等奖	广西师范大学、广西来宾银海铝业有限责任公司
高精度 GNSS 闭环校验关键技术与应用	二等奖	桂林电子科技大学、深圳市中冀联合通讯技术有限公司、中国科学院国家天文台
锰渣制备绿色混凝土掺合料的工业化生产成套技术研究与工程应用	二等奖	桂林理工大学、广西鱼峰水泥股份有限公司、桂林宝利新技术开发有限公司
红茶发酵适度检测方法的研究	三等奖	广西壮族自治区桂林茶叶科学研究所、桂林市漓江茶叶加工厂

表 27

2012 年桂林市获自治区科学技术进步奖成果一览表

项目名称	获奖等级	完成单位
通信电小天线关键技术研究及应用	一等奖	桂林电子科技大学、桂林安德立通信技术有限公司
柑橘新品种‘桂橙一号’选育及优质高效栽培关键技术研究与示范	二等奖	广西壮族自治区柑桔(橘)研究所、鹿寨县生产力促进中心、华中农业大学、鹿寨县水果生产技术指导站
广西柑橘黄龙病疫情普查、防控技术研究与推广	二等奖	广西壮族自治区植保总站、广西壮族自治区水果生产技术指导总站、广西壮族自治区柑桔(橘)研究所
液压挖掘机回转与行走驱动器研制及技术的延伸应用	二等奖	桂林电子科技大学、桂林禾田建筑机械有限公司
大型双轴定向薄膜生产线关键技术的研究	二等奖	桂林电器科学研究院
1000 千伏特高压交流试验示范工程 110 千伏并联电容器装置研制	二等奖	桂林电力电容器有限责任公司、桂林电子科技大学
发动机嵌入式智能控制器研制	二等奖	桂林理工大学、桂林金铭和智控科技有限公司
特长隧道快速施工机械化配套技术研究	二等奖	中铁十二局集团第二工程有限公司、桂林理工大学、中铁十二局集团有限公司
钢筋混凝土结构损伤的声发射检测及加固技术	二等奖	桂林理工大学、广西大学

续表

项目名称	获奖等级	完成单位
广西季风暴雨及强对流天气多普勒雷达临近预报研究与应用	二等奖	广西壮族自治区气象减灾研究所、桂林市气象局、广西壮族自治区气象台
罗汉果成分化学、活性及质量控制研究	二等奖	广西壮族自治区中国科学院广西植物研究所
金柑避雨避寒高效优质栽培技术示范推广	三等奖	广西壮族自治区柑桔(橘)研究所、阳朔县科学技术情报研究所
杨梅共生固氮与丰产栽培技术研究	三等奖	广西大学、广西壮族自治区水果生产技术指导总站、浙江大学、桂林市水果生产办公室
甘蔗糖蜜酒精废液资源化利用技术研究及应用	三等奖	桂林理工大学、广西贵糖(集团)股份有限公司
用于综合信息传输的卫星 MODEM 研制	三等奖	桂林电子科技大学、桂林市今华通通信设备有限公司
大规模智能化视频数据分析和检索的核心技术及关键性设备的研究与应用	三等奖	桂林电子科技大学、桂林长海发展有限责任公司、桂林远望智能通信科技有限公司
系列生物传感器制备及其检测微系统	三等奖	桂林电子科技大学、中南大学
基于软硬件协同的综合网络管理系统	三等奖	桂林电子科技大学、桂林高德科技有限责任公司
房屋建筑大跨度预应力混凝土梁板关键技术研究及应用	三等奖	桂林理工大学、广西壮族自治区建筑科学研究设计院
胶东金华山—洼孙家断裂南段前孙家金矿和金华山金矿构造控矿规律和成矿预测	三等奖	桂林理工大学
瘦素在治疗心肌缺血再灌注损伤性疾病中的研究与应用	三等奖	桂林医学院
常见中药假劣品种的近红外光谱鉴定研究	三等奖	广西壮族自治区桂林食品药品检验所

（李斐）

科技普及

【概况】 2012年,桂林市以“五月科学技术活动周”“十月科普大行动”、科技下乡、科技进校园、科技进社区等活动为载体,开展形式多样、内容丰富的科普主题活动。市科学技术协会(简称市科协)联合市漓江管理局、市教育局、市漓江公安分局、共青团桂林市委、市渔政站等单位组织开展第三届“保护漓江生态环境我行动”科普宣传活动,参与活动的各界人士1000多人,向漓江投放各类鱼苗5万多尾。市科协和市科学技术局开展“五月科学技术活动周”等大型主题宣传活动15场次;开展科学技术进农村、入校园等科技宣传活动126场次,参加人数11万人次。各级科协及有关单位组织2012年全国科普日活动暨桂林市“十月科普大行动”活动,在活动期间共举办各类科技培训1425期,受益人数12.68万人次;发放各类科普资料39.73万份、科技书籍11.75万册。市科协发挥科普大篷车“流动科技馆”的作用,全年出动24次,深入市城区、12县的40多个乡(镇)、学校、街道,传播科普知识。年内,市科学技术局发挥科技服务“三农”专家服务团的人才优势,全年在灌阳、平乐、恭城、资源、龙胜、阳朔等县(自治县)组织开展内容丰富、形式多样的农业科技宣传培训活动,累计举办各类科技培训、讲座236期,参加培训人员21万人次。年末,全市拥有国家级、自治区级和市级青少年科技教育基地分别为1个、2个和25个。（石峰　李斐）

【实施基层科普行动计划】 2012年,市、县(区)科协实施“基层科普行动计划”,争取项目资金348万元,加强科普基础设施建设,逐步提高基层科普能力。年内,桂林榕湖社区获全国科普示范社区,桂林市秀峰区榕湖社区、桂林市象山区金竹社区获自治区科协第一批广西科普示范社区。全州县桂北三木药材科普种植协会、平乐县宏源粉马蹄种植协会、灵川县潭下镇黄柏村柑橘协会、资源县养猪协会、龙胜各族自治县罗汉果协会、临桂县食用菌协会、叠彩区大河乡花卉协会、永福县龙江乡龙山村罗汉果协会、兴安县宏旺食用菌协会等9个农村专业技术协会,桂林市三通牲猪养殖有限公司科普繁育基地(象山区)、龙胜各族自治县翠鸭养殖科普示范基地、阳朔县夏橙示范基地、资源县车田苗族乡永桦西红柿示范基地等4个农村科普示范基地,灌阳县灌阳镇排埠江村的吕小伟、全州县蕉江瑶族乡绕湾村的黄天军等2名农村科普带头人,获中国科协、财政部表彰,并给予奖补资助。兴安县溶江镇瘦肉型良种猪养殖协会、灌阳县洞井乡脐橙协会、资源县资源镇金银花种植协会、雁山区马铃薯产销协会、龙胜各族自治县龙脊辣椒协会等5个农村专业技术协会,荔浦县发酵床生态养猪科技示范场、灵川县海洋乡"万亩"优质桃种植科普示范基地等2个农村科普示范基地及灵川县大圩镇秦岸村的农村科普带头人熊向荣,获自治区科协和自治区财政厅表彰。

【青少年科普教育】 2012年,桂林市共有青少年科普教育基地26个,灵川县古东瀑布景区被批准为全国青少年科普教育基地。年内,组织市区中小学开展"航天科技连着你和我——科技专家校园行"航天科普知识教育活动,来自北京的6名科学技术专家分别到12所中小学作科普报告12场。桂林市组队参加自治区青少年科技创新大赛,有7个作品获一等奖,13个作品获二等奖,24个作品获三等奖;参加第二十届全国青少年科技创新大赛,有2个作品获全国一等奖,2个作品获全国二等奖,4个作品获全国三等奖。

【搭建科技工作者沟通交流平台】 2012年,市科协搭建科技工作者沟通交流平台。一是发动市属各学会参加各类学术交流活动,推荐报送5篇优秀论文参加广西自然科学优秀论文评选活动,获一等奖1篇、二等奖1篇、三等奖3篇;组织开展桂林市第三届自然科学优秀学术论文评审工作,共评出一等奖7篇、二等奖17篇、三等奖23篇。二是组织实施建言献策活动,桂林市老科学技术工作者协会围绕城中村改造向市人民政府提交《桂林市城中村改造调研报告》《关于尽快启动我市城中村改造试点工作的建议》《关于对桂林城北区乌石街、星华城中村改造工作的建议》,受到市委、市人民政府的肯定。三是加强科技工作者调查站点工作,通过规范、固定的调查平台建设,建立与科技工作者通畅、稳定的沟通渠道,反映科技工作者的意见和要求,加强对所属站点进行工作指导、协调和监督,指导4个城区科技工作者调查站点做好信息报送工作。四是组织企业参加2011~2012年度全国"讲理想、比贡献"评比活动,桂林南药股份有限公司获得全国先进集体,曙光橡胶工业研究设计院总工韦进明获得全国科技标兵。

(石峰)

科技管理与服务

【概况】 2012年,全市共获国家和自治区级科技项目551个,经费2.22亿元;市本级安排项目41个,经费2195万元。全社会科学研究投入21亿元。各县(区)科学技术管理与服务进一步提高,科学技术部门地位进一步凸显。象山区的王友盛、平乐县的刘桂斌、灌阳县的蒋春、全州县的杨艳军、荔浦县的秦炳春、兴安县的秦三顺、永福县的黄学礼等7人获自治区"科技种养能手"。年内,全市新认定新农村科技示范乡(镇)13个、示范村13个,其中阳朔县金宝乡、灌阳县灌阳镇、全州县才湾镇等3个为自治区级科技示范乡(镇),恭城瑶族自治县莲花镇红岩村、资源县中峰乡八坊村、荔浦县修仁镇大榕村、平乐县沙子镇治平村、永福县龙江乡龙山村等5个为自治区级科技示范村。年末,全市登记在册的专业技术人员共71502人,其中正高级专业技术人员122人、副高级专业技术人员4100人、中级专业技术人员38194人、初级专业技术人员29086人;入选国家"千人计划"人才3人,获自治区"八桂学者"16人、获自治区"特聘专家"9人。

【产业技术创新战略联盟建设】 2012年,桂林市发挥科教资源优势,积极推进产学研协同创新,产业技术创新战略联盟等合作载体建设不断加强。市科学技术局全年安排产业技术创新战略联盟建设专项经费215万元,推进产学研结合,促进产业链建设发展。加强产业技术创新战略联盟建设,开展联合科技攻关,解决制约产业发展的关键、共性技术瓶颈,有效提升产业的整体技术水平。年内新组建桂林创意产业技术创新战略联盟,使全市产业技术创新战略联盟达7家。

【高层次创新人才引进及培养】 2012年,桂林市开展首届"十大杰出创新人才"的评选活动,评选出邹节明、陈平、刘福文、邓文忠、王昌明、周泰武、张师超、张延惠、孙保燕、伍浩成等10人为桂林市“十大杰出创新人才”，由市委、市政府授予称号，并给予每人一次性奖励10万元；同时表彰5名“十大杰出创新人才”优秀提名奖。年内，市委组织部启动首批“漓江学者”岗位设置及学者招聘。经过单位申报、专家评审、组织审批等程序，在燕京啤酒（桂林漓泉）股份有限公司等5个单位设立桂林市首批漓江学者岗位，通过答辩评审，经市委、市人民政府批准，选聘王德良、孙保燕、吴勋贤、何松青、熊彬等5人为漓江学者。

2012年，桂林市首批“漓江学者”招聘评审答辩会现场

（市科学技术局 供稿）

【科学技术管理规范化】 2012年，桂林市加强科学技术计划项目的申报、评估、立项、追踪管理、验收鉴定及绩效考评。重点结合自治区科学技术厅开展的项目执行情况调查及项目清查验收工作，开展对2006～2010年市科学技术局下达的科学技术计划项目的清查验收工作；进一步规范和加强市科学技术局计划项目的管理工作，完善“桂林市科学研究与技术开发计划课题信息管理系统”，建设包括项目申报、项目评估、项目合同、项目执行、结题验收及信用评级等内容的数据库，提高了项目管理的信息化水平。（李斐）

知识产权工作

【概况】 2012年，桂林市制订并实施《桂林市发明专利倍增计划》，修订并颁发《桂林市专利申请资助及奖励暂行办法》，调动企事业单位及个人开展发明创造活动的积极性。全年全市专利申请2386件，授权1252件。在专利申请中属发明专利申请1236件，增长74.3%。桂林市每万人拥有有效发明专利1.71件，居自治区首位。全市有9个县发明专利申请数量实现倍增，临桂县每万人拥有有效发明专利1.27件，在各县中率先超过1件。

【发明创造成果参展获奖】 2012年，桂林市组织106个项目、300多件科学技术产品参加自治区首届发明创造成果展览交易会、专利推介与洽谈会、专利拍卖会及专利项目签约等活动。在自治区首届发明创造成果展览交易会上，桂林市获得自治区人民政府授予的最佳组织奖，并有14件专利成果获自治区奖励。（李斐）

【知识产权宣传】 2012年4月21日，桂林市“知识产权宣传周暨广场日”活动启动。全市各知识产权职能部门、知识产权中介服务机构及专利代理事务所的工作人员，在市中心广场为市民传授识别盗版的窍门，举办有奖知识竞猜，开展专利知识咨询，组织文艺表演等。启动当天，近1000名大学生和桂林市民在市中心广场举行“拒绝盗版，从我做起”保护知识产权签名活动。4月26日，市科学技术局开展“培育知识产权文化，促进全民发明创造”世界知识产权日活动，加强面向大专院校、中小学的知识产权宣传教育工作，开展面向企业、学校、社区等基层的知识产权宣传培训活动，在全社会营造鼓励发明创造、保护知识产权的氛围。

（帆子）

防震减灾

【概况】 2012年，桂林市防震减灾事业稳步发展，各级防震减灾组织机构逐步健全。“十二五”规划项目开始启动建设，监测预报设施进一步完善；防震应急能力有所提高，应急演练有效落实；科普示范学校、示范社区建设稳步推进；科普教育、防

震减灾宣传深入开展，市民对地震灾害预防及抗震设防的法制意识有所增强；建设工程抗震设防管理进一步规范。

【加强建设工程抗震设防管理】 2012年，桂林市地震局(简称市地震局)依法加强建设工程抗震设防管理工作，开展扩权强县业务，将建设工程抗震设防要求确定权限下放到12个县地震局，有10个县人民政府印发了《建设工程抗震设防要求管理办法》。各县将建设工程纳入基本建设管理程序，进驻当地政务服务中心，成为窗口服务单位。全年全市完成重大建设工程地震安全性评价22项，建设工程抗震设防要求确定404项；对9个风力发电项目进行了地质断层探测。项目受理及时，办结迅速，按时办结率保持100%。

【地震应急建设有新突破】 2012年，桂林市地震应急机制和应急预案逐步完善，应急避难设施建设有新突破。全年共处置地震应急情况10起(地陷5起、房塌陷3起、异常自然现象2起)。在出现异常情况时，市、县(区)地震部门及时到现场勘察，提出处置建议，向群众进行解释，避免群众恐慌。年内，桂林园林植物园Ⅱ类地震应急避难场所建设完成选址、立项、可行性调研和设计等工作；临桂新区第三中学Ⅲ类地震应急避难场完成选址、立项和建设工程可行性研究报告评审、设计等工作。

【地震监测工作】 2012年，全市地震监测网络设施的建设不断加强，地震监测工作取得明显成效。年内，数字地震应急指挥中心日常管理维护和运行正常，应急数据库更新及时，管理高效。6月14日，市数字地震观测指挥中心项目档案通过自治区地震局验收。6月，桂林市在中国地震局组织的省级地震应急指挥中心质量考核中，获市级应急指挥中心单项考核先进单位。年内，市地震局加强与自治区桂林地震台的联系，双方技术资源共享。针对复杂而严峻的震情形势，制订《桂林市地震短临跟踪工作方案》，加强对震情的跟踪监视，加强"三网二员"(地震宏观测网、地震灾情速报网、防震减灾知识宣传网及防震减灾助理员、观测点联络员)建设。各县(区)组织乡(镇)、村防震减灾助理员及观测点联络员进行业务培训，完善群测群防网络体系。各群测群防点在地震短临预报、灾情信息报告、普及地震知识和开展农村民居防震保安工作中发挥重要作用。全年全市投入专项经费110万元购置流动测震设备1套，新建了全州县、兴安县、龙胜各族自治县3个国家地震探测背景场地震台站。

【开展防震减灾宣传教育】 2012年，市地震局利用电视、广播、报刊、宣传板报开展防震减灾宣传教育，提高人民群众的防震减灾意识及自救互救能力。召开防震减灾宣传工作会议，成立宣传工作领导小组，制订宣传工作方案，明确工作责任，确保宣传工作落到实处。编印《桂林市2012年防震减灾宣传教育工作要点》，编印《居安思危　防震减灾》手册6000册、《桂林市农村民居抗震知识读本》5000册、《农村民居防震保安工程建设知识挂图》1000册（每册10张）、《防震减灾法律法规汇编》3000本。11月，建立桂林市防震减灾网，为防震减灾宣传工作提供新平台。在"五一二""七二八"纪念日、圩日及重大节日期间，围绕"弘扬防灾减灾文化，提高防灾减灾意识"为主题，在市、县(区)、乡(镇)及社区开展防震减灾知识有奖问答、现场咨询、资料发放等活动；在全市中小学校进行科普知识展览、地震知识讲座，组织防震减灾知识板报、手抄报比赛和地震应急避险演练，参加学生20万余人。推动科普示范学校建设，全市共建立市级防震减灾科普示范学校7所。　（胡池养）

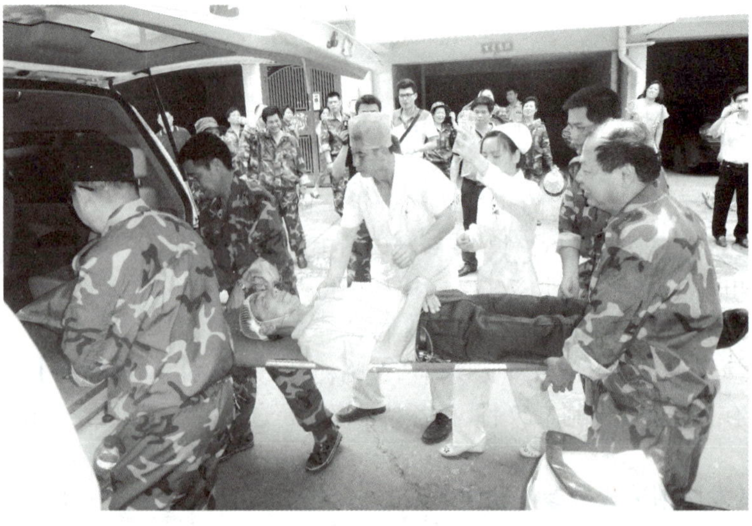

2012年5月29日，七星区举行地震应急综合演练　（曹正阳　摄）

社会科学

2012年12月4日，桂林市社科联召开“桂林市社科界贯彻落实十八大精神，打造桂林国际旅游胜地，建设美丽桂林学习会”（市社科联 供稿）

概　　述

2012 年年末，桂林市社会科学界联合会(以下简称市社科联)所属学会、协会、研究会、促进会共 50 个，会员总数 10867 人。在职在岗从事社会科学研究 300 多人，其中具有高级专业技术职务资格 48 人、中级专业技术职务资格 286 人。年内，桂林市社会科学界共发表论文 320 余篇，完成研究课题 60 余项；市级重点社会科学规划研究课题结集成书《一个城市的发展探索——桂林市哲学社会科学规划研究课题文集（2010～2011)》公开出版。

年内，市审计学会被评为全国大中城市社科联标兵学会，市思想政治工作研究会、市旅游学会、市钱币学会被评为全国大中城市社科联先进学会。　（蒙启恒）

社科活动

【概况】 2012 年，桂林市社会科学界各学会、协会、研究会、促进会发挥自身优势和专长，开展促进桂林经济社会发展的系列活动。年内，市社科联组织召开“桂林文化与文化产业发展战略”研讨会、“桂林市社科界学习贯彻党的十八大精神，打造桂林国际旅游胜地，建设美丽桂林”学习会，与市茶文化研究会联合举办桂林市首届茶文化周活动，与市儒学学会联合举办“学习党的十八大，繁荣社会主义文化——儒学与桂林文化事业的发展”学术研讨会，与自治区社科联、广西桂林图书馆在资源县河口乡葱坪村联合举办自治区“十月科普大行动”之“社科知识进十村”暨图书捐赠活动，与自治区社科联、中共象山区委、象山区人民政府等单位在象山区联达广场举办以“科学发展富民强桂”为主题的社科普及宣传活动。年内，市教育学会举办赏识教育文化专题报告会，市旅游饭店协会举办桂林首届米粉文化研讨会，市民族研究会举办桂林民族团结进步摄影展、民族文化进校园活动，市党的建设研究会召开“学习贯彻宣传党的十八大精神”座谈会，市思想政治工作研究会举办“企业干部学习党的十八大精神”培训班，市抗战文化研究会举办“桂林抗战艺术与钓鱼岛是中国固有领土”学术研讨会、“抗战文化精神传承”研讨会，市企业家协会举办“创新转型，跨越发展”学术讲座，市经济学学会举办“新经济形势下企业转型突破”学术论坛，市审计学会举办“内部审计质量管理”学术研讨会，市检察学会举办“第十二届全区检察理论研究”学术年会；市钱币学会举办外国钱币展，市图书读者协会举办“阅读沙龙——谷雨诗会”读书活动。

2012 年，市级重点社科规划研究课题结集成书《一个城市的发展探索——桂林市哲学社会科学规划研究课题文集(2010～2011)》公开出版　（市社科联　供稿）

【桂林市第二次社会科学优秀成果奖颁奖】 2012 年 12 月 4 日，桂林市第二次社会科学优秀成果奖颁奖。该奖项评选工作由市社科联组织实施，评选活动于 2010 年 4 月启动，评选作品范围为在桂林工作(含驻桂林单位)的社会科学工作者在 2005 年 6 月至 2009 年 12 月 31 日内发表、出版、鉴定的社会科学研究成果。评选出桂林市第二次社会科学优秀成果一、二、三等奖共 48 项。其中：著作《乡土中国的仪式性少数民族体育》、论文《“两江四湖”公共决策与公共产品专题研究》、调研报告

《整合资源谋发展，凝聚民心建家园》等6项成果获一等奖；著作《环境法的文化洞察》、论文《生态和谐视野中的国家法与民间法——基于古代漓江流域生态保护法律机制的分析》、调研报告《广西县域特色产业发展对策研究》等12项成果获二等奖；著作《从底线伦理到终极价值——社会主义和谐价值观研究》、论文《网络德育在高校校园网上的操作化应用研究》、调研报告《桂林生态市建设规划》等30项成果获三等奖。

2012 广西"社科知识进十村"桂林资源县葱坪村图书捐赠仪式

（市社科联　供稿）

【公开征集立项重点课题选题】 2012年，桂林市哲学社会科学发展规划领导小组办公室向社会公开征集桂林市哲学社会科学2012年立项重点课题选题。专家评审组从征集到的46个课题中确定《加快推进桂林国家现代服务业综合改革新举措研究》《桂林城区经济发展路径研究》《桂林节庆文化与文化旅游产业互动机制研究》等9个课题为桂林市2012～2013年度哲学社会科学规划研究重点课题选题。

【市社科联三届二次全会召开】 2012年12月28日，市社科联三届二次全体委员会在市委第一会议室召开。会议听取和审议主席团2012年工作报告；调整了第三届委员会部分委员；选举廖润平为市社科联第三届委员会秘书长。

【开展科普宣传活动】 2012年11月1日，自治区社科联、市社科联、中共象山区委、象山区人民政府等单位在象山区联达广场举办"科学发展，富民强桂"为主题的社科普及宣传活动。采取展板宣传、发放资料、知识问答和设置咨询点、现场指导等形式，向社区居民宣传法律、教育、心理健康、家庭理财、社会保障、食品安全、劳动者权益等方面知识。该次活动共接待咨询群众1000余人次。市人大常委会副主任石春莲、市政协副主席容作信参加活动并致辞。

2012年12月28日，市社科联第三届委员会第二次全体会议召开

（市社科联　供稿）

【桂林文化与文化产业发展战略研讨会召开】 2012年6月26日，市社科联组织召开桂林文化与文化产业发展战略研讨会。市委常委、副市长、宣传部部长陈丽华，自治区政协常委、广西西大旅游科学研究院院长、广西大学党委原书记、研究员阳国亮，市人大常委会副主任石春莲，市政协副主席袁绪祥以及市社科联、驻桂林各高校、市属各社科学会、各县（区）

社科联等单位的领导、专家学者 80 多人参加会议。与会人员围绕如何推动桂林文化与文化产业发展进行深入探讨，为桂林文化的大发展大繁荣献计献策。 （蒙启恒）

社科成果

【《桂林“百姓大舞台”文化惠民模式创新研究》课题】 该课题是桂林市哲学社会科学规划研究重点课题，由桂林市人民政府发展研究中心副研究员孟祥凤等完成，2012 年 11 月通过专家组评审。课题系统地总结桂林“百姓大舞台”作为桂林“文化立市”的一项文化惠民工程的模式，以桂林“百姓大舞台”文化惠民实践为切入点，重点探讨以桂林“百姓大舞台”为核心的公共服务文化体系建设在国内外新的形势和文化背景下创新路径及可持续发展问题，对桂林市在公共文化服务载体创新、运行机制创新、服务方式创新方面具有一定的参考价值。

【《桂林文明城市持续建设对策研究》课题】 该课题是桂林市哲学社会科学规划研究重点课题，由桂林电子科技大学教授杜文忠等完成，2012 年 11 月通过专家组评审。课题以科学发展为主题，以加强城市综合竞争力与软实力建设为主线，在借鉴国内外典型文明城市建设经验的基础上，分析桂林建设文明城市的进展与成效、存在问题和面临形势，明确桂林文明城市持续建设的指导思想、基本原则和发展目标，结合桂林实际情况，提出桂林文明城市持续建设的重点领域、核心任务和对策措施，对桂林文明城市持续建设具有较强的理论指导与决策参考作用。

【《桂林特大城市空间结构研究》课题】 该课题是桂林市哲学社会科学规划研究重点课题，由广西师范大学教授刘俊杰等完成，2012 年 12 月通过专家组评审。课题在大量的文献研究和实地考察的基础上，分析桂林城市空间结构的现状、城市空间结构优化面临的空间制约和问题，阐述桂林特大城市建设空间结构优化的总体构想、基本原则、空间职能结构定位和产业空间布局的优化，并提出建设桂林特大城市的政策措施。课题分析切合桂林实际，提出的对策建议具有较强的操作性和可行性，对桂林特大城市建设具有较强的指导意义和应用价值。

【《桂林旅游产品创新开发研究》课题】 该课题是桂林市哲学社会科学规划研究重点课题，由广西师范大学教授黄松等完成，2012 年 11 月通过专家组评审。课题利用 ARCGIS 软件分析桂林旅游产品空间布局，通过构建综合评价指标体系分析桂林旅游产品质量，综合应用 GIS 空间分析法、市场调查法、德尔菲法、层次分析法和灰色系统理论等方法，完成课题主要问题的研究。课题阐述桂林旅游产品创新开发研究的背景与意义，分析桂林旅游产品的空间布局，对桂林旅游产品质量进行综合评价，探讨旅游者对桂林旅游产品的认知度和满意度。课题提出的桂林旅游产品空间布局调整方案和旅游产品类型创新开发意见，符合桂林的实际，对提高桂林旅游经济效益，促进桂林旅游业发展具有一定的意义。

2012 年 11 月 1 日，象山区在联达广场举办社科普及宣传活动

（市社科联 供稿）

【《桂林漓江风景名胜区管理体制研究》课题】 该课题是桂林市哲学社会科学规划研究重点课题，由广西师范大学教授陆

奇岸等完成，2012 年 12 月通过专家组评审。课题在客观全面分析桂林漓江风景名胜区管理体制现状特点、存在问题和面临形势的基础上，比较借鉴国内外典型风景名胜区管理的经验与做法，明确未来风景名胜区管理的指导思想和目标。结合桂林国家旅游改革试验区建设的实际要求，运用利益相关者分析方法，提出漓江风景名胜区管理体制构架的驱动机制和保障措施。

【《加快桂林千亿元光伏产业发展对策研究》课题】 该课题是桂林市哲学社会科学规划研究重点课题，由广西师范大学教授陆奇岸等完成，2012 年 12 月通过专家组评审。课题在文献研究和实地考察的基础上，从战略高度分析桂林发展光伏产业的重要性，分析桂林发展光伏产业的背景、发展现状，深入研究桂林发展光伏产业的优势和存在的突出问题，提出桂林发展光伏产业的指导思想、基础原则、发展方向、目标、主要任务和对策。课题资料翔实，分析符合桂林实际，提出的对策和建议对桂林光伏产业发展具有一定的指导意义和应用价值。 （蒙启恒）

社科期刊

【《社会科学家》】 该刊是中共桂林市委主管、市社科联主办的社会科学学术理论月刊，是全国中文核心期刊、中国人文社会科学核心期刊、《中文社会学引文索引》(CSSCI)扩展版来源期刊。2012 年出版 12 期，发表论文 420 余篇，约 290 万字，主要栏目有：《名家访谈》《名家特稿》《博导新论》《本期专题》《哲学与当今世界》《文艺论丛》《历史纵横》《法学与法制建设》《旅游时空》《政治文明构建和谐社会》《经济新视野》《管理学与企业发展》《教育新探索》《人文家园》《语言与文化研究》《区域发展与战略》。其中：《名家访谈》栏目推出中国人民大学郑杭生教授的《社会管理与社会建设：历史、战略、未来》、上海交通大学教授徐新建的《“表述”问题：文学人类学的理论核心》、北京大学教授凌建侯的《回望巴别塔：巴赫金的诗学与文化理论》、北京师范大学教授童庆炳的《从“文化诗学”到“文化研究”》、兰州大学教授王学俭的《马克思主义理论研究的实践维度管窥》等；《名家特稿》《博导新论》栏目推出陆扬的《论后现代女性主义》、叶青的《得与失：刑事诉讼法再修改若干议题述评》、沈国兵的《美元走弱对中美双边行业 4 分位产品贸易的影响：经验研究》、邱格屏的《论恐怖犯罪的政治相关性》等一批国际国内知名博导、学者的文章。年内，新推出的专题栏目有：《回顾与探索：大传统与小传统之再定义》《中国少数民族发展探讨》《现代海洋法研究的拓展与延伸》《“十二五”规划时期出生性别比综合治理的困境与出路》。

（蒙启恒）

【《广西师范大学学报(哲学社会科学版)》】 该刊由广西师范大学主办，是全国中文核心期刊、中国人文社科学报核心期刊、全国百强社科学报、广西十佳社科期刊、中国学术期刊综合评价数据库来源期刊、中国学术期刊(光盘版)全文收录期刊。2012 年出版 6 期，发表论文 177 篇、书评 3 篇、学术动态综述 1 篇。《哲学》栏目的论文主要有：张立达的《主体性：在内在性和外在性的张力中》(第 1 期)，伍志燕的《元伦理学视阈下“正当”与“善”之辩》(第 1 期)，林春逸的《马克思的发展伦理思想及其当代价值》(第 5 期)，朱耀平的《空间本性问题上的虚实之辩及其后现代转向》(第 6 期)；《政治学研究》栏目产生较大影响的论文有：靳书君、潘沁的《从现实基础看马克思主义中国化的问题视阈》(第 2 期)，刘建华的《论网络社会的政治权力转移》(第 3 期)，喻包庆的《论当代中国的政治认同危机及其解决路径》(第 3 期)，谭培文的《基于马克思利益概念视域的邓小平南方讲话实质探索》(第 4 期)；《法学研究》栏目引起广泛注意的论文有：蒋琼的《电子政务的法律现状、困境与出路》(第 2 期)，邓崇专的《刑事归责要素的找寻与确立》(第 2 期)，黄竹胜的《行政法解释的特征探究》(第 5 期)；《文学研究》栏目发表的产生较大影响的论文有：周苇风的《论楚辞、楚歌的判断标准》(第 1 期)，王伟的《屈原自沉说之缘起与质疑及其可能终于疾病考》(第 1 期)，阙真的《论广西彩调发展与心理诉求的关系》(第 3 期)，胡大雷的《〈尚书〉“笔”体考述——最早的书面文字与“文笔之辨”溯源》(第 3 期)；《语言研究》栏目有创见的论文有：黎良军的《谨慎认定同音同形词》(第 4 期)，贺卫国的《〈现代汉语词典〉ABB 式状态词收录考察》(第 4 期)，陈洁、谢世坚的《明喻成语中的双喻体概念整合》(第 6 期)；《教育学研究》栏目独创性较强的论文有：于青、彭松林、易丽丽的《基于缄默知识理论的教育叙事与教学对话研究》（第 1 期），刘德林的《留守儿童怨恨的滋生、危害及其教育干预策略》（第 1 期），周剑清的《固守与创新：高考改革的必然抉择》（第 1 期），孙杰远的《当代教师道德养成特征与发展策略》（第 5 期），高金岭的《教育领域现代产权理论应用的几个基础问题考察》；《历史学研究》栏目观点新颖的论文有：陈淑荣的《英国退还庚款余额动因分析》（第 2 期），汪爱平的《美国南海政策的演变及其影响研究》（第 2 期），董恩强的《胡适“大胆的假设，小心的求证”再认识》（第 3 期）。

2012 年 6 月 26 日，市社科联组织召开桂林文化与文化产业发展战略研讨会

（市社科联　供稿）

2012 年新设《民俗学研究》栏目，主要论文有：董晓萍《猫鼠型故事的跨文化研究——兼论钟敬文与季羡林先生关于同型故事的研究方法》（第 6 期），向柏松《兄妹婚神话的文化人类学分析》（第 6 期），梅东伟《秩序的坚守与理想的追求——论“三言”“二拍”中的婚俗书写》（第 6 期）。

（刘文俊）

【《桂林发展研究》】 该刊是桂林市人民政府的机关刊物，由桂林市人民政府发展研究中心主办，为双月刊内部资料。该刊紧密围绕全市中心工作，每期有侧重，为中共桂林市委、市人民政府领导决策服务。2012 年，该刊围绕“农业稳市、文化立市、旅游兴市、工业强市”，刊发有关专题文章；充分利用桂林历史文化名城资源，宣传桂林深厚的历史文化积淀。全年刊发 6 期，刊登各类理论研究、调研报告和重大课题研究等文章 130 篇，计 75 万字。刊登的主要特色文章有：桂林市人民政府发展研究中心课题组的《桂林市融入广西西江经济带发展研究》，张菊生的《西部百强县发展县域经济的经验借鉴》，邓康康的《坚持经济发展战略，促进经济跨越发展》，黄婷的《桂林市会展旅游 SWOT 分析及发展策略研究》，蒋桂珍、张建祥的《桂林市建设可持续发展实验区研究》，卢全喜的《美国加税对我国光伏产业影响分析》，孟祥凤的《关于文化与旅游融合发展的思考》，市委宣传部、市政策研究室联合课题组的《桂林市创新打造“百姓大舞台”的调查与启示》等。

（陈捷）

文　化

2012年9月19日，市文联文艺服务队在荔浦县茶城乡对农民进行艺术辅导

（何志琏　摄）

概　　述

【概况】 2012年11月，市委、市人民政府印发《关于深化文化体制改革推动文化大发展大繁荣的决定》。年内，桂林市相继实施《桂林市文化发展"十二五"规划》《桂林市文化产业发展规划》，为桂林市文化事业和文化产业的繁荣发展提供战略支撑和政策保障。启动"千村万户文艺惠民工程"，促进农村基层文艺活动开展。在自治区率先完成市、县两级国有文艺院团改制。农家书屋覆盖所有建制村，文化场馆全面免费开放。"百姓大舞台""百姓文化大讲坛""漓江之声"等公益性文化活动品牌受到群众欢迎。一批非物质文化遗产项目列入第四批自治区级保护名录，灵渠申报世界文化遗产工作正式启动。131个村级公共服务中心全部竣工。开展桂林市第十届文艺创作"金桂奖"评选活动，颁发首届桂林市青年文艺奖，激励文艺工作者创作更多更好的文艺精品。组织作品参加第九届广西文联文艺评论奖，有3件作品获奖。

（阳引　何志琏）

【首届桂林市青年文艺奖举行】 2012年2月，市文学艺术界联合会(简称市文联)设立的首届桂林青年文艺奖获奖作品揭晓，共有12件作品获奖，作品范围涵盖文学、戏曲、音乐、舞蹈、美术、摄影、魔术、电视艺术等文艺类别，获奖作品的创作者年龄均为45岁以下。12件获奖作品为：广西大鼓《寒梅凝香》，表演叶春桃；电视系列片《桂林石刻》，编导秦冬发，摄像秦冬发，编辑傅昱、黄少锋；散文《抖草》，作者张谦；双人舞《步枪》，编导颜聪、刘小标、高雄，表演龙丹丹、马安宏；漆画《山涧云梦》，作者蒲江；文艺理论《桂林文化城散文研究》，作者刘铁群；摄影《墨荷》，作者陆晓波；魔术《排练正在进行中》，表演者刘俊、郭忠伟、农克硬；书法论文《观念—技法—工具—清代书法"运心"与"动身"实践之剖析》，作者颜以琳；影像《瑶族婚礼》，作者邓力洪；钢琴教材《"老汤"简谱钢琴教程》，作者许乐飞；诗集《是蓝，是一切》，作者黄芳。

【"千村万户文艺惠民工程"启动】 2012年年初，市文联制订桂林市"千村万户文艺惠民工程"实施规划。6月，"千村万户文艺惠民工程"启动，市文联组织文艺家分别到临桂县五通农民画基地、永福县罗锦镇、荔浦县茶城乡，对农民义务进行美术和彩调等辅导，受到当地群众的欢迎。

【特聘首批文学艺术研究员】 2012年3月19日，市文联、市文学艺术研究室为首批特聘研究员举行颁证仪式。首批特聘研究员共10人，都是在桂林市文学艺术领域有着相当造诣的学者、研究人员、专业工作者。桂林市文学艺术创作与文学艺术研究在自治区有较大影响力，除文学和文化产业研究外，其他艺术门类的研究力量相对较弱，特聘市文学艺术研究室研究人员，旨在进一步加强文学艺术研究，在催生文艺精品的同时承担起用社会主义先进文化引领社会进步的历史责任。

（何志琏）

【国有文艺院团体制改革完成】 2012年，桂林市、县文化局下属17个国有文艺院团和单位全部完成体制改革，涉及978人。市文化局直属的国有文艺院团和单位分别组建市文艺演出有限责任公司和市戏剧创作研究院（市非物质文化遗产保护传承中心）。各县根据实际，通过将文艺院团并入文化馆，成立非物质文化遗产保护传承中心等形式，完成改制任务。桂林市文化体制改革工作居自治区前列，获文化部通报表彰。　（阳引）

【与中国台湾进行文化交流】 2012年10月12～15日，以中国台湾花莲县文化局局长陈淑美为团长的花莲县文学艺术工作者一行36人在桂林市进行参观访问和文化交流。11月19～26日，以桂林市文联主席刘纪春为团长的桂林市文联民间民俗考察团一行6人在中国台湾进行友好访问。访问期间，桂林民间民俗考察团参观台北故宫博物院、安平古堡等历史文化景点，考察其他文化旅游资源，并与花莲县文化局进行友好交流。

（何志琏）

文　　学

【文学活动异彩纷呈】 2012年，桂林市举行了形式多样的文学活动。4月22日，桂林文学院组织签约作家参加在市解放西路“广西省立艺术馆”举办的张炜文学讲座。张炜是第八届茅盾文学奖获得者，其以“文学创作与文化建设”为主题，对文学创作的使命和当下文化建设等问题作演讲，并与听众进行交流。5月12日，桂林文学院特邀女作家叶倾城与该院签约作家进行座谈交流。叶倾城为杂志《读者》签约作家，以散文、随笔著称。6月初，市文联、中共灌阳县委、灌阳县人民政府主办的“唐景崧与桂剧研讨会”在灌阳召开，研讨会就唐景崧的生平以及其桂剧人生进行交流、探讨。6月10日，由桂林文学院、南宁市图书馆联合举办的黄友公益励志演讲暨《点亮人生》新书发布会在南宁举行。《点亮人生》是桂林文学院签约作家童团结与女作家张严方共同创作的励志传记文学，以残疾人黄友的人生经历和先进事迹为创作题材。10月13日，桂林文学院特邀作家王祥夫举办文学讲座，并与签约作家进行座谈交流。

【文学取得丰硕成果】 2012年11月，在广西文联、广西文艺理论家协会主办的广西文艺论坛上，市文艺理论家协会会员张利群获第九届广西文联文艺评论奖文章类一等奖，黄伟林获著作类二等奖，颜以琳获文章类三等奖。12月，桂林市作家协会的刘春获广西作家协会主办的第十届广西青年文学独秀奖。年内，市作家协会的马玉成创作的长篇纪实文学《桂林抗战文化城纪实》由接力出版社出版，龚桂华创作的长篇小说《红船》由人民文学出版社出版，盘文波创作的小说集《广西当代作家丛书·光盘卷》由广西人民出版社出版。市作家协会的徐强创作的长篇小说《华南虎行动》获准立项，为2012年度中国作家协会重点扶持作品。

（何志琏）

美术·摄影

【美术活动】 2012年，在桂林市举办的美术展览，既有专业美术工作者创作的作品，也有业余美术爱好者的作品。年内，由市文联主办或参与主办的美术展有：4月15日，当代艺术大家刘绍荟欧洲风情专题画展在桂林市维也纳酒店举行，展出刘绍荟画作20多幅，作品用东方人特有的情思和表达方式描绘了欧洲的风土人情；5月10～15日，南北水墨（第三回）当代中国画名家邀请展在桂林美术馆开展，展出60位画家的画作92幅，作品风格各异，北派气势，南派清韵，呈现和而不同的艺术格局；9月1～3日，走向晋唐——周样书法艺术展在桂林展览馆开展，展出广西硬笔书法协会主席周样毛笔和硬笔书法作品70多幅；9月15～17日，桂林青年美术书法作品展览在桂林美术馆开展，展出作品160幅，其中美术、书法各80幅，并评选出优秀作品30幅；11月24～30日，刘克嘉篆刻艺术展在市博物馆开展，展出作品56幅、印章100多枚。

2012年10月13日，台湾花莲县文艺工作者到桂林访问　　（何志琏　摄）

年内，市美术家协会、书法家协会会员在美术展览中获多项奖，其中有：7月，在广西书法家协会、广西魅力榜书艺术研究院主办的广西首届榜书展中，有3幅作品分别获一、二、三等奖；9月，在广西书法家协会主办的首届广西行草书法作品展中，有2幅作品分别获二等奖、三等奖。在广西第十六届“八桂群星奖”美术摄影类决赛中，桂林市有5幅作品获金奖，9幅作品获银奖，18幅作品获铜奖。

2012年5月10日，“南北水墨”当代中国画名家邀请展开幕　（何志琏　摄）

【摄影活动】 2012年，桂林市摄影家协会共主办感动东岸摄影大赛、魅力华江摄影大赛、山水凤凰城摄影大赛、荔浦安和堂瑶族摄影大赛、竹江乌桕红叶摄影大赛、桂林市首届环保摄影大赛、芦笛景区开岩50周年大庆摄影大赛等活动，并承办资源丹霞之魂摄影大展、美在恭城摄影擂台赛，协办第三届穿山梅花摄影赛、秀峰第二届三月三摄影赛、第四届桂林市体育摄影赛。年内，市摄影家协会分别邀请连续三届“中国摄影金像奖”获得者石广智，摄影撰稿人、摄影家刘国兴，摄影理论家、批评家林路，摄影理论家、广西大学传媒学院教授李念平等，为会员讲授摄影理论知识。在中国摄影家协会主办的2012年第二十四届全国摄影艺术展中，滕彬的作品《相对无言》与阎天际的作品《漓江源头》一同入选纪录类优秀作品，林洁皓的作品《双舟会双峰》入选艺术类优秀作品。在武夷山全国丹霞地貌摄影大赛中，陆晓波的作品获金奖。在中国摄影家协会等主办的首届“千年古镇魅力瑶乡”桂林恭城全国摄影大展中，黄煜的作品《瑶族羊角舞》获“金质收藏作品”奖、陈健的作品《山沟沟里的女人》获“银质收藏作品”奖、诸葛全生的作品《千年古韵》获“铜质收藏作品”奖。　（何志琏）

【广西近现代重大历史题材美术创作工程专题创作结题】 2012年年初，广西近现代重大历史题材美术创作工程专题创作结题。该工程于2009年10月启动，桂林画院画家参与专题创作。5月13日，广西近现代重大历史题材美术创作工程成果在广西博物馆展出。在展览中展出的专题作品国画《云山晨岚——广西龙滩电站》，为桂林画院画家张复兴、韦广寿完成，作品以宏大的艺术视野和高超的表现力，展示出广西人民在波澜壮阔的历史进程中的伟大创造和精神风貌。

（石维佳）

【追逐的舞台——莫庭金天鹅、白鹭生态摄影展】 2012年8月28～30日，广西水利摄影协会、桂林市摄影家协会在桂林市展览馆联合主办“追逐的舞台——莫庭金天鹅、白鹭生态摄影展”，展出广西水利摄影协会副会长莫庭金摄影作品70多幅。莫庭金是广西水利专家，多年来致力于水生态环境保护工作，并通过摄影表现对水的挚爱。在展出的作品中，表现白鹭觅食哺幼、共筑爱巢的作品有《爱的传递》《我爱我家》，表现天鹅戏水狂舞、比翼竞翔、引吭高歌的作品有《出征》《去远方》等。作品具有视觉冲击力，透出人性之光。

【艺术作品捐赠扶贫】 2012年7月8～12日，中国民主建国会桂林市委员会与政协桂林市雁山区委员会、中共雁山区委统战部、桂林市艺术摄影学会在桂林市展览馆联合主办“同心爱国·关于风景——八人摄影绘画艺术展”，展出广西师范大学漓江学院艺术设计系教师8人100件摄影美术作品。展览首日，前往参观的桂林各界市民2000余人。8位教师向雁山区“同心爱心基金”捐赠了部分展览作品，用于扶贫帮困、捐资助学等慈善事业。　（黄琼）

【艺术作品外展交流】 2012年3月，桂林市有30名书画家的作品参加在日本东京神奈川县举办的第十四届“中日桂林艺术家作品交流展”。6月21日～7月10日，市文联、市文学艺术研究室、市书法家协会在杭州西泠印社中国印学博物馆联合主办“刘克嘉篆刻艺术展”，展出刘克嘉篆刻作品

100余方。7月,市文联、桂林市文学艺术研究室、深圳宝安区文体旅游局、桂林师范高等专科学校美术系在深圳宝安画院美术馆联合主办"漓水情韵——桂林五人油画展",展出作品40余幅,作品描绘桂林山水间的田园诗情,展现出作者对自然、文化、社会的理解。9月6日,市文联在北京宋庄的桂林漓江画院美术馆主办"漓江墨象·桂林中国画名家学术提名展",展出白晓军、戴延兴等26位桂林画家的作品52幅。11月1~4日,桂林市群众艺术馆与深圳市宝安区群众文化艺术馆在深圳市联合承办"桂北印象·中国画展览",展出桂林市18位画家反映桂北大地山色和民族风情作品80余幅。2012年12月18日~2013年1月5日,桂林市文联、深圳市龙华新区公共事业局、桂林市文学艺术研究室、深圳市龙华新区观澜办事处在深圳观澜美术馆联合主办"漓江翰墨——桂林中国画院美术作品展",展出作品70幅。

(何志琏　陶佳　孙小良　黄琼)

表演艺术

【表演艺术活动及成果】 2012年2月3日,市文联与市委宣传部等组织举办桂林市文艺界元宵晚会暨市二胡协会成立专场演出。2月,市舞蹈家协会会员韦金玲、何永琳创作的瑶族舞蹈《白白的裤子黑黑的哥》和王朵朵等创作的舞蹈《水淋淋》参加教育部等单位主办的全国第三届大学生艺术展,获节目一等奖。5月19日,市委宣传部、市文明办、市文化局、市文联在市中心广场共同主办合唱音乐会,来自桂林市11个民间合唱团体的声乐爱好者520多人,激情澎湃地演唱《黄河大合唱》,纪念毛泽东《在延安文艺座谈会上的讲话》发表70周年。5月,黄硕夫的苗绣团扇、工笔书画团扇在中国文联、中国民间文艺家协会等单位主办的中国民间工艺品博览会上获得金奖。6~10月,桂林组队参加自治区文化厅主办的广西第十六届"八桂群星奖"。在决赛中,市音乐家协会会员靳英智、梁政华、马尔曼、卢思名创作的音乐剧小品《红雨伞》获小品类金奖,卢思名演唱的《民族团结之歌》获音乐类金奖,韦金玲、何永琳创作的苗族舞蹈《花腰带,长哟长》获舞蹈类金奖,钟士聪创作的广西文场《文兰汇》获曲艺类金奖。7月,市民间文艺家协会组织平乐船家歌手参加中国民间文艺家协会等主办的中国首届水上民歌大赛,获银奖。11月,市曲艺家协会会员李侃创作的京族弹唱《独弦情》参加文化部艺术服务中心和中国戏剧家协会艺术发展中心等单位主办的第四届全国小戏小品曲艺大赛,获一等奖。11~12月,桂林市戏剧创作研究院创作、编排和演出的节目参加自治区文化厅主办的第八届广西剧展大型剧目展演,获得"桂花金奖"2个,"桂花银奖"3个,"桂花铜奖"1个。永福县文体局创作演出的彩调剧《凤山竹》也在第八届广西剧展中获得"桂花铜奖"。

(何志琏)

【第三届广西彩调艺术节在桂林举行】 2012年10月11~14日,桂林市人民政府与自治区文化厅、自治区文联在永福县联合主办第三届广西彩调艺术节,参加展演的剧目达48个。该届彩调艺术节的一大亮点是坚持"传承彩调、还戏于民",除在永福县城设两个专业组比赛会场、一个业余组展演会场外,还在罗锦、百寿、堡里等乡(镇)设立分会场,让更多群众分享到艺术节的快乐。经过4天展演,组委会分别按专业组和业余组评出了优秀大型彩调剧奖、优秀表演奖、优秀导演奖、优秀编剧奖等多个奖项,其中桂林市戏剧创作研究院创作的《凉水井》、永福县文体局组织创作的《凤山竹》获优秀大型彩调剧奖,桂林市戏剧创作研究院创作的《三看亲》获彩调小戏一等奖、《访鼠测字》获二等奖、《背娃进府》《姐妹进城》获三等奖。

【参加第八届广西剧展成绩斐然】 2012年10月末,桂林市组团参加自治区文化厅在南宁市举办的第八届广西剧展大型剧目展演。由市戏剧创作研究院创作、编排和演出的7个剧目(小戏)中,新编大型彩调剧《一品油茶七品官》以生动诙谐的艺术形式,再现北宋年间出生于恭城的清官周渭的真实形象。该剧以油茶为引,把油茶的风味与周渭的清官风骨巧妙结合,人物新颖,形象突出,成为地域文化鲜明的反腐倡廉大戏;桂剧《月影斩》借剧中"关羽"和"貂蝉"的一段情感,在古装、古乐中以现代人的语言讲述了现代人的爱恨纠结。两剧从参加剧目展演的20台大型剧目、72个小戏小品中脱颖而出,同获剧展"桂花金奖"。此外,市戏剧创作研究院创作、编排和演出的新编历史桂剧

《何香凝》、彩调剧《留守妻子》、文场音乐剧《漓江情话》获剧展的"桂花银奖"，现代彩调剧《凉水井》获剧展的"桂花铜奖"，新编现代桂剧《全家福》获多个单项奖。（石维佳）

社会文化

【概况】 2012年，桂林图书馆、市群众艺术馆分别开展共享工程骨干培训和基层文化骨干培训，提高他们的业务水平，培养基层文艺骨干。继续实施市政府"文化惠民"为民办实事工程——村级公共服务中心建设，全年全市建设村级服务中心131个，累计完成投资金额5200多万元，全部通过自治区村级公共服务中心建设工作验收组验收并投入使用。年末，全市群众文化机构有市群众艺术馆1个、县（城区）文化馆17个、乡（镇）综合文化站133个、村级公共服务中心280个；有村（屯）文艺队825支，其中获自治区优秀村（屯）文艺队13支。（阳引）

【开展春节群众文化活动】 2012年大年初一，市群众艺术馆组织桂林南药股份有限公司的雄狮队在市中心广场为市民和游客拜年；组织市老年文化艺术团广场舞蹈队进行表演；举办第二十五届迎春漫画展和民俗风情摄影展，近200幅漫画作品和摄影作品展出。元宵节，在百花剧场举办庆元宵诗歌音乐朗诵会，营造全市春节喜庆祥和的文化氛围。

【群文干部业务技能比赛】 为提升群众文化业务干部队伍整体业务素质，市群众艺术馆于3月15日举办桂林市第三届群艺馆、文化馆（站）业务干部专业技能比赛。比赛门类包括声乐（器乐）、舞蹈、戏剧、曲艺、小品、美术、书法、摄影共8个。在比赛中脱颖而出的9名群众文化业务骨干，代表桂林市参加3月26日在南宁举办的自治区第三届群文干部业务技能比赛，获得一等奖2个、二等奖5个、三等奖9个以及团体优胜奖和优秀组织奖，获奖数量在自治区名列第一。

【举办广场舞蹈比赛】 2012年6月28日，由市委宣传部、市文化局主办，市群众艺术馆承办的"庆七一、喜迎十八大"桂林市广场舞蹈比赛在市中心广场举行，全市17个县（区）的32支队伍参加比赛，演职人员700余人。参赛队伍大多是活跃在基层的广场舞队，通过民族广场舞、广场健身操、踢踏舞、彩调秧歌、现代民族舞、健身操、拉丁舞、桑巴舞等节目，展示出桂林市各族群众蓬勃向上的健康活力。

【促进农民美术创作】 2012年4月13～16日，市文化局、永福县人民政府在市美术馆举办第二届"福寿文化·永福杯"中国画大赛优秀作品展，特设永福县堡里乡农民书画院专题展厅，促进农民美术创作。该届大赛共收到参赛作品300多幅，展出优秀作品120幅。经专家评审，评出获奖作品20幅，永福县堡里乡农民书画院展厅另评出优秀作品奖10幅。大赛期间，市群众艺术馆专家为永福县堡里乡书画院农民书画人员举办了创作讲座。

【第三十三届"漓江之声"举办】 2012年10月30日，第三十三届"漓江之声"颁奖暨优秀节目汇报演出在春天剧场里举行，该届"漓江之声"，在12个县5个城区的17个预赛片共举办各门类预选赛39场，参加演出群众2万余人次，选拔出147个节目参加"激情新农村幸福新农民"村级公共服务中心村（屯、社区）文艺队优秀节目展演、"锦绣桂林·拥抱明天"文艺创作节目比赛和"金色童年·美好未来"少儿文艺节目比赛，评出一等奖29个，二等奖50个，三等奖68个。

【"八桂群星奖"获佳绩】 2012年，桂林市在第十六届"八桂群星奖"决赛中取得好成绩。桂林市共有5个节目参加6月举行的"八桂群星奖"音乐、舞蹈类决赛，32幅作品参加9月举行的"八桂群星奖"美术书法摄影类决赛，9个节目参加10月举行的"八桂群星奖"戏剧、小品、曲艺类决赛。共获金奖10个、银奖13个、铜奖23个，获奖总数居自治区第一。其中：音乐、舞蹈类决赛金奖2个，铜奖3个；戏剧、小品、曲艺类决赛金奖3个，银奖4个，铜奖2个；美术书法摄影类决赛金奖5个，银奖9个，铜奖18个。由市群众艺术馆创作演出的女声独唱《民族团结之歌》获得声乐类节目最高分，评为金奖，并被选送文化部参加全国群星奖的初选。（陶佳）

【桂林展览馆举办各类展览】 2012年，桂林市展览馆组织举办各类群众文化艺术展览30个，巡回展览46场，接待国内外观众20万人次。在这些展览中，美术书法展有18个，摄影展有4个，交流展有2个，未成年人科普展览有3个。其中主要有：1月31日～2月3日，市展览馆邀请桂林市知名画家吕玉林、蓝凡武、陈文瑛、韦冰山举办“八桂画风·四人中国画作品邀请展”，共展出作品82幅；6月9日，市展览馆在市中心广场举办非物质文化遗产展览，展示桂林的民间手工艺、民间文学、民间舞蹈、民间信仰、人生礼俗、民间戏曲等珍贵非物质文化遗产100多个，展出宣传作品80余幅；6月30日～7月4日，市展览馆邀请桂林知名画家王可大、郑发生、尹建华、陈曲举办“意·境·悟”美术作品邀请展，共展出作品67幅。

【群众美术摄影创作活跃】 2012年，桂林市各界群众美术摄影创作积极性高涨。1～2月，市委宣传部、市文化局、市展览馆举办第五届桂林市新春摄影艺术展，活动历时一个多月，共征得作品2000多幅，评选出优秀作品128幅，并于1月25～29日展出。展出的作品题材丰富，不仅有风光美景，花鸟虫鱼，还有百姓生活的千姿百态。4月29日～5月3日，市总工会在市展览馆主办“桂林市总工会2012年职工书法美术摄影大赛获奖作品展”，展出获奖作品197幅，风格各异，反映桂林市职工的精神面貌，展示劳动者的时代风采。7月14～16日，市文化局在桂林市展览馆主办“桂林市‘群星奖’美术、书法、摄影作品展暨桂林古窑地写生作品及陶瓷瓷片展”，展出的作品是从300多幅送展作品中选出来的精品，参展作品风格各异，题材广泛，展示了桂林市群众文化艺术创作的水平。8月18～20日，市委宣传部、市文联、市书法家协会与市属12个县在桂林市展览馆联合举办“桂林十二县书法作品联展”，展出桂林市12个县100多名作者书法作品136幅。

【举办社区巡展活动】 2012年，桂林市展览馆共组织举办社区巡展活动46场，展览内容包括艺术摄影展、非物质文化遗产宣传作品展两大部分，近300幅作品。巡展深入象山区西门街道、竹林社区、翠竹路和七星区五通社区等，受到社区、街道的市民关注。 （黄琼）

【广西桂林图书馆启用自助借还系统】 2012年9月1日，广西桂林图书馆开放使用图书自助借还服务及24小时还书服务。自助借还系统实现了读者自助借还、自助办证、24小时读者自助还书及对即将过期的图书进行续借处理等功能。此外，在自助借还机上可查询图书归还期限、欠费信息、借阅权限等相关信息。自助借还系统方便快捷，节省读者等待时间，保护读者阅读隐私，同时提高了图书馆业务处理效率，系统使用后读者量和书刊外借量明显上升。

【全国传拓技术培训班在桂林举行】 2012年8月4～17日，第一期全国传拓技术培训班在广西桂林图书馆举行。广西桂林图书馆作为全国古籍重点保护单位，古籍藏量居广西首位，其中石刻拓片有2000多件，是最早开展古籍修复工作的图书馆。培训班由国家古籍保护中心主办，广西桂林图书馆、广西古籍保护中心桂林分中心承办。来自全国各省、市图书馆及相关单位的40名学员参加培训。培训班邀请山东大学教授、上海图书馆拓片专家给学员传授拓片整理、拓片鉴定理论、传拓技术及碑帖整理实践等相关内容。

【学生作品获全国“像雷锋那样”电脑小报设计比赛奖】 2012年“六一”儿童节前夕，由文化部全国文化信息资源建设管理中心主办、全国文化信息资源共享工程各省级分中心和全国文化信息资源共享工程各少儿支中心承办的“像雷锋那样”电脑小报设计比赛结果揭晓。广西桂林分中心选送的作品，在全国3200多幅作品中脱颖而出，有3幅获得小学组二等奖，1幅获小学组三等奖；有2幅获中学组二等奖。提交的作品和获奖作品分别在全国文化信息资源共享工程网站和《中国文化报》上进行展示。

【图书馆课题研究工作取得新进展】 2012年，广西桂林图书馆申请到国家级课题1项，省部级课题1项、项目1项。其中：与高校联合申报的“桂学研究”课题，参加国家社会科学基金招投标，获得“重大项目”；桂林图书馆承担其子课题“桂学文献研究”，是广西第一个人文社会科学基础研究类的国家重大招标项目，标志着桂学研究进入了国家社会科学发展战略范围，桂学研究从区域文化行为上升为国家文化行动。年内，广西桂林图书馆参与文化部文化共享工程国家中心承担的国家知识产权局课题“文化信息共享资源中的知识产权管理”项目，承担其中的“原创文化资源的知识产权管理研究”；并获得文化部文化共享工程数字资源建设项目“广西红色历史文化多媒体数据库建设”，进行自主拍摄制作专题视频资源片尝试，提升数字资源建设能力。

【开展文化志愿者服务活动】 2012年，广西桂林图书馆以读者协会、英语角、馆外流通点、大中学校等作为文化志愿者基础阵地，拓展志愿者服务队伍，建立相应的管理体系，引导志愿者以桂海讲坛和桂林百姓大讲坛为平台，开展形式多样的文化志愿者服务活动。全年参与文化服务的志愿者近2000人，参加活动1万多人次。文化志愿者参与的活动主要有“走读桂林历史文化”“谷雨诗会”“中华传统文化讲座”“最美的山水，最美的阅读”“英语学习专题报告会”“故事会”等，产生良好社会效果。12月，该馆开展了7年的文化志愿者活动项目“桂林英语角——崛起中的民间阅读推广力量”被文化部评为全国基础文化志愿服务优秀项目。

【举办各类读者活动】 2012年，广西桂林图书馆继续与市科技局、市教育局联合开展“悦动·科学”青少年科普大挑战品牌活动。该活动的内容包括举办少儿计算机技能竞赛、青少年Flash科普作品创作大赛、“快乐探索”中小学生科普项目探索成果大赛等项目，并首次将中小学生发明创造比赛列入。活动从4月开始至12月结束，参与中小学校67个，各项目活动参与总人数2万多人次，取得良好的社会效果。

【公益文化活动走进监狱】 2012年9月27日，广西桂林图书馆走进桂林监狱，开展以“关注特殊人群文化权益”为主题的“阳光普照，幸福共享”公益文化进监狱服务活动。该馆与桂林监狱签订了图书外借流通点协议，并为“文化共享工程广西桂林分中心桂林监狱服务点”揭牌，向桂林监狱赠送法律知识、服务技能、道德建设、知识讲座等方面的图书和光盘，并赠送给服刑人员一批中秋贺卡。10月20日，该馆人员再次走进桂林监狱，参与公益性文化活动，主要内容有：迎接中共十八大优秀影视展播，市道德教育宣讲团作的“忘记过去，调整心态，走向阳光”教育讲座等。

（曹旻　谢秋发　周碧蓉）

文化产业

【加强文化产业示范基地建设】 2012年，市文化局加强文化产业示范基地建设，并组织企业申报第五批国家级文化产业示范基地和第四批自治区级文化产业示范基地，组织县（区）、乡（镇）参加首批自治区特色文化产业示范县（区、乡、镇）和特色文化产业项目示范县评选。年内，桂林云尚动画制作有限公司、桂林阳朔山水旅游开发有限公司世外桃源景区、桂林国悦灵渠旅游开发有限公司、桂林高新技术产业开发区创意产业园被自治区文化厅批准为第四批自治区文化产业示范基地，临桂县、恭城瑶族自治县和龙胜各族自治县被批准为自治区首批特色文化产业项目示范县。至2012年年末，桂林市有桂林广维文华旅游产业有限公司、桂林愚自乐园、临桂县五通镇3个全国文化产业示范基地，12个广西文化产业示范基地。

【第四届中国·桂林创新创意文化节暨桂林国际动漫节举行】 2012年10月19～21日，桂林市人民政府、自治区科技厅、自治区文化厅联合在桂林市举办第四届中国·桂林创新创意文化节暨桂林国际动漫节。该节活动内容丰富，有系列创意展、动漫展，动漫大赛、软件设计大赛、微电影大赛，项目推介会、对接会、动漫高峰论坛，以及山水音乐节系列活动等。12月，在2012中国会展行业年会上，桂林创新创意文化节被评为2012中国十佳节庆活动。

【“一院两馆”项目继续推进】 2012年，“一院两馆”（桂林大剧院、桂林博物馆、桂林图书馆）工程从主体建设转为室内装修。桂林博物馆、桂林图书馆主体验收工作完毕，开始进入精装修阶段；桂林大剧院混凝土结构域钢架结构均已封顶。至12月末，项目完成总投资金额10.33亿元，其中桂林大剧院投资2.81亿元，桂林博物馆投资3.35亿元，桂林图书馆投资2.43亿元，配套设施文化广场投资1.74亿元。

（唐荣林）

文化市场管理

【概况】 2012年，桂林市健全文化市场综合执法机构，完善文化市场管理制度，提升文化市场监管能力，实现从注重事前静态审批向注重事中和事后动态监管转变，从注重市场主体、产品和服务准入向注重市场交易机制和规范建设转变，从注重刚性管制方式向寓监管于服务的刚柔相济方式转变，从主要依靠人工巡查向人工巡查与技术监管相结合转变。组织开展优秀动漫产品知识产权保护专项行动，组织监管系统基础数据库数据录入工作；加强娱乐演出及艺术品市场管理，规范外籍演员、专业场馆、剧院联盟等涉外营业性演出等方面的审批；联合有关部门开展游艺娱乐场所治理整顿行动，重点打击无照经营和赌博等违规行为；落实艺术品备案管理制度，开展第四批诚信画廊推选及画廊复核；落实完善网络游戏虚拟货币相关规定；组建网络文化市场执法协作机制。按照“控制总量、合理布局、规模经营、优化结构”原则，确定并下达全市网吧和游艺娱乐场所的总量控制指标。全年共完成304项文化市场行政审批项目，并启用文化市场综合执法办公系统。规范文化市场执法自由裁量39类138项处罚标准，行政审批及备案2大类19项办事流程。各级文化市场综合执法机构全年共出动执法人员2.6万人次，检查各类文化经营场所1.5万家次，立案调查100件，责令停业整顿20家次。

【文化市场保持良好发展势头】 2012年，桂林市规范文化市场准入制度，推进娱乐行业连锁、联合经营，吸引各种非公有制经济参与文化市场建设，培育多元的文化市场主体。全年在册文化市场经营机构1138家，从业人员5148人，资产规模3.52亿元，年营业收入2.73亿元，营业利润7989万元。市区完成网吧连锁整合，整合后形成的5家企业直接控股和管理的网吧约占总数的85%。推动市场监管方式和工作手段创新，落实网吧技术监管措施和推广适用文化市场综合执法办公系统，初步实现以信息技术进行远程监控与现场监督相结合的新型监管方式，达成各执法单位系统共建、信息互通和共享的工作机制。2008～2012年5年间累计出动文化市场执法人员6.8万人次，检查各类文化经营场所3.23万家次，受理举报案件292件，立案调查143件；对违规经营场所处以警告387家次，责令改正478家次，责令停业整顿226家次；与公安、工商行政、消防等多部门开展专项执法大检查24次，组织全市性市、县(区)文化市场专项执法检查11次，保障了文化市场的平稳健康发展。

【加强民营表演团体管理】 2012年，桂林市具有营业性演出许可证的民营表演团体共20家，占全市民营演出团体总数的2%。民营文艺表演团体全年演出约4000场，其中办理营业性演出许可证的团体占20%。全市民营文艺表演团体全年演出总收入约3亿元，其中办理营业性演出许可证的团体占80%。民营文艺表演团体的类型分布为：歌舞类，较有代表性3个；戏曲类，较有代表性4个；综合性艺术表演类，较有代表性13个。全市民营文艺表演团体中，发展情况良好的有3～5家，发展情况不够稳定的约占60%，因各种原因长年不开展或很少开展演出业务，经常处于停演状态的约占20%。除部分自有场地的旅游相关演出团体外，大部分民营表演团体都难进或不敢进剧场。针对民营表演团体具体情况，桂林市落实国家出台的相关支持、鼓励民营文艺表演团体发展的政策，在行政审批、备案方面改进和简化流程及要求，加强在政策和法规方面的培训与服务，定期举办培训班、研讨会，有针对性地帮助业主解读或解答政策；创新监管措施，严厉打击非法经营行为，规范市场秩序，为民营文艺表演团体创造良好发展环境。

【优化文化市场投资环境】 2012年，市文化局采取措施改进和优化文化市场投资环境。一是在经营准入、审批、监管和处罚裁量等方面制订出规范和细则，依法保护投资者、生产者和经营者的合法权益。二是培育新型市场业态。完成经营性文化单位、艺术表演团体的改制，建立现代企业制度，培育和重塑市场主体；提供政策法规平台，通过在桂林市文化市场网、政府门户网站、执法简报等各种媒体上刊载资讯和组织广场宣传等方式，加强对当地资本和外来投资文化企业的改造升级，以及对创办新的文化企业行为的引导和监管。三是明确区域文化产业布局，出台系列指导性文件，引导各类经营项目向规模化、连锁化、特色化、品牌化方向发展。四是创新管理模式,推动组建网吧、文化娱乐等行业组织协会,成立市、县(区)文化市场管理工作领导小组,强化联席联合制度,统筹规划与协调文化市场监管职责,提高监管效能。五是加强政务窗口建设,梳理审批流程,健全执法制度,规范执法程序,细化档案管理、行政处罚和自由裁量标准。

【文化市场综合执法改革完成】 2012年年末,桂林市全面完成市、县两级文化市场综合执法机构改革,市场管理执法体制基本理顺。市级和县级共13个文化市场综合执法机构全部按自治区文化市场管理工作领导小组办公室要求完成组建。文化市场综合执法机构均为参照公务员管理单位,共核定综合执法人员编制120名。年内,市、县分别成立了文化市场管理工作领导小组,文化、广播电视和新闻出版各行政执法责任主体建立了常态化的协作工作机制。

【打击网络侵权盗版】 2012年,市文化局加强网络环境下的版权行政执法和监管工作,保护权利人的合法权益,打击网络环境下的各类侵权盗版行为。7~10月,开展整治互联网、手机媒体专项知识产权维权行动,共出动执法人员437人次,检查文化经营场所1380家次,受理举报37件,责令改正30件,立案调查31件,警告261家次。

【开展文化市场专项保障行动】 2012年7~11月,桂林市开展"迎接党的十八大文化市场专项保障行动",重点解决文化市场管理工作中存在的突出问题。行动期间,共召开联席会议2次,研究部署和组织集中整治行动5次。市文化局牵头或参加的联合行动3次,总计出动检查人员9842人次,检查经营单位5044家次,受理举报26件次;对违规经营场所处以警告56家次,责令改正66家次,责令停业整顿4家次,立案调查35件,结案26件,罚款5.34万元。

【网吧整治管理】 2012年,市文化局加强网吧管理,发现违规行为,及时到第一现场取证处理,决不姑息迁就;每天收集网吧巡查记录情况,向网吧管理员进行法律法规宣传教育;在文化市场网及时公布整治最新进展情况;采取"一宣传、二巡查、三教育、四惩罚"的办法,对重点地段、重点时段和重点区域,实行重点巡查。全年共出动执法人员15670人次,组织联合行动(含县、区)23次,检查网吧经营场所8000家次,立案调查54件,对违规经营场所处以警告275家次,责令改正216家次,责令停业整顿19家次,取缔5家。

【开展艺术品市场法制宣传周活动】 2012年5月24~31日,在首届全国艺术品市场法制宣传周活动期间,桂林市、县文化管理部门同步组织开展艺术品市场法制宣传周活动,集中宣传消费者权益保护法、拍卖法、文物保护法、著作权法、美术品经营管理办法、美术品进出口管理暂行规定等法律法规。其间出动执法人员400余人次,检查各类艺术品经营场所150余家,走访座谈4家,回答群众咨询300余人次,发放各种宣传资料1000余份。

【整治互联网和手机媒体传播不良信息】 2012年,桂林市成立深入整治互联网和手机媒体淫秽色情及低俗信息专项行动领导小组,制订整治互联网和手机媒体淫秽色情及低俗信息专项行动方案,部署落实和抓好督查。联合市公安局、市工业和信息化委员会、市广播电视局等单位对涉及网络下载和浏览业务的网站、贴吧、论坛和手机销售、维修单位进行摸底调查,加强对网络运营商、接入服务商、域名服务商的日常监管力度,强化网上场所和互动模块等互联网基本要素的现实化管理。协调有关部门开展网站备案和管理员审核工作,在文化行政部门精选业务骨干组成网络巡查小组,逐步建立和规范日常网上巡查制度和监控报告制度。配合"扫黄打非"各协作单位,重点对全市手机通讯经营场所、电子科技市场、电脑软件市场以及繁华街区、无证"黑"网吧、"黑"游戏厅等易发地带进行密集巡查,查办了一批违规违法经营场所和行为,遏制网络和手机淫秽色情及低俗信息的传播。

【净化文化市场百日专项行动】 2012年1~3月,市文化局在全市部署和开展净化文化市场百日专项行动。重点强化对营业性演出活动特别是流动棚车、促销、展销以及涉外、涉港澳台等大型组合演出活动的监管,严格行政报批手续和备案制度,打击网吧、游戏厅和歌舞娱乐场所违规接纳未成年人、逃避技术监管措施等违规经营行为，整治查禁互联网和手机媒体淫秽色情及低俗信息，加大执法检查次数，实施重点监控，发现问题依法从重从快处罚。同时，指导和推动文化生产经营单位落实安全责任制，督促各种事故隐患和安全问题及时整改到位，防止火灾、踩踏等安全事故的发生。

【文化市场安全生产大排查】 2012年5月下旬至8月，市、县文化管理部门对全市文化市场开展安全生产大排查活动。为确保各类安全隐患能及时发现，检查人员巡查辖区所有文化经营场所，向业主和负责人重申工作要求，指导场所负责人将有关安全保障措施、制度演示一遍。全市共出动执法人员1487人次，执法车辆50余台次，检查各类持证文化经营场所1000余家，发现和处理各类安全隐患21家(起)，现场责令整改47家次，停业整顿1家，约谈8家次，通报消防部门1家。

（张执雪）

非物质文化遗产

【概况】 2012年年末，桂林市累计公布非物质文化遗产保护名录项目县级365项、市级138项。申报的非物质文化遗产项目有51项列入自治区级保护名录，1项(即“广西文场”)列入国家级保护名录。全市有市级以上非物质文化遗产项目代表性传承人75人，其中国家级5人，自治区级29人。全市已建成非物质文化遗产传习基地10个。桂林市非物质文化遗产的保护工作从2006年开始全面开展，当年，市人民政府下发《桂林市人民政府关于加强我市非物质文化遗产保护工作的意见》，要求对各种以非物质形态存在的与群众生活密切相关、世代相承的传统文化表现形式，包括口头传承、传统表演艺术、民俗活动和礼仪与节庆、有关自然界和宇宙的民间传统知识和实践、传统手工艺技能等以及与上述传统文化表现形式相关的文化空间实施保护。2007～2008年，全市开展非物质文化遗产普查，共收集到非物质文化遗产线索1.85万条，调查项目1.42万项，整理卷宗220卷。调查项目涵盖17个门类近100个种类，其中民间文学4822个，传统音乐1252个，传统舞蹈203个，传统戏曲3204个，曲艺53个，杂技57个，传统美术211个，传统技艺2324个，生产商贸习俗296个，消费习俗1575个，人生礼仪1131个，岁时节令430个，民间信仰745个，民间知识690个，游艺、传统体育与竞技711个，传统医药724个，其他90个。2007年、2010年、2012年开展了三次市级非物质文化遗产保护项目名录申报工作。

【自治区非物质文化遗产工作会议在桂林市召开】2012年2月29日～3月2日，自治区非物质文化遗产工作会议在桂林市召开。会上，桂林市作经验发言。桂林市在开展非物质文化遗产工作中，根据非物质文化遗产的自身规律、特性和生存状况，探索出文场、戏曲传承保护基地与专业剧团相结合，传统表演艺术传承保护基地与村级公共服务中心相结合，黄昌典毛笔传统技艺保护与生产性保护示范基地建设相结合，民族服饰传统技艺保护与文化旅游相结合的“四个结合”的非遗传承基地建设模式，并取得良好的效果。会议期间，与会代表实地考察了桂林市的广西文场、黄昌典毛笔、永福林村彩调3个非物质文化遗产传承基地。

【新增自治区级非物质文化遗产代表性项目10个】 2012年5月30日，自治区人民政府公布第四批自治区级非物质文化遗产代表性项目名录名单，桂林市上报的17个项目中有10个名列其中。分别为：恭城瑶族自治县申报的“恭城瑶族八音”(民间音乐类别)，龙胜各族自治县申报的“龙胜侗族疱颈龙舞”(民间舞蹈类别)、“龙胜北壮服饰制作技艺”(传统手工技艺类别)、“龙胜瑶族药浴疗法”(传统医药类别)和“龙胜瑶族长发习俗”(民俗类别)，临桂县申报的“临桂彩调”(传统戏剧类别)和“临桂回族板鸭制作技艺”(传统手工技艺类别)，全州县申报的“全州渔鼓”(曲艺类别)和“全州红油米粉制作技艺”(传统手工技艺类别)，灵川县申报的“灵川姑娘节”(民俗类别)。

【4人成为国家级非物质文化遗产代表性传承人】2012年12月20日，文化部公布第四批国家级非物质文化遗产项目代表性传承人名单，桂林市有4人入选。分别为：桂剧传承人罗桂霞，彩调传承人覃明德，广西文场传承人何红玉和陈秀芬。4位传承人分别代表行业水平且从业50年以上，需要履行传承和培养后继人才等义务。

2012 年，国家级非物质文化遗产——广西文场《偷秋》演出场景
（市文化局　供稿）

【评选第三批市级非物质文化遗产项目】 2012年11月，市文化局开展第三批市级非物质文化遗产代表性名录项目申报工作。经过专家评审，共评出第三批市级非物质文化遗产代表性名录26项，涉及民俗、民间舞蹈、传统手工技艺、民间文学、传统医药等门类。（邓力洪）

文物·博物

【桂林市文物局揭牌成立】 2012年5月17日，桂林市文物局成立揭牌仪式在市文化局举行。市委常委、副市长、宣传部部长陈丽华，市人大常委会副主任石春莲，市政协副主席刘明昱出席揭牌仪式。市直文博基层单位、各县文化局、文物管理所（博物馆）相关人员，市文化系统各基层单位的代表共100余人参加仪式。桂林市文物局由桂林市文物管理委员会办公室和桂林市文化局文物科整合而成，职能亦相应整合。

【《桂林文物古迹览胜》出版】 2012年3月，由市文化局组织、市文物管理委员会办公室编纂的《桂林文物古迹览胜》出版。该书编纂于2010年启动，至2011年共进行了为期2年的野外调查、资料整理、核实和编纂工作。该书全面介绍桂林市12个县5个城区范围内不可移动文物，涵盖各级文物保护单位374处，其中全国重点文物保护单位11处，自治区文物保护单位72处，县（市）级文物保护单位291处。按古文化遗址、古墓葬、古建筑、石窟寺石刻、近现代文物5个部分，图文并茂，分类系统全面介绍。可为桂林地方文化研究者提供科学、准确、客观第一手研究资料。（李曦）

【靖江王陵考古调查、勘探与测绘项目启动】 2012年10月18日，全国重点文物保护单位桂林靖江王陵的考古调查、勘探与测绘项目在靖江温裕王陵遗址举行启动仪式。靖江王陵保护项目已列为国家大遗址保护重点项目，是首批国家考古遗址公园立项名单项目。靖江王陵考古调查、勘探与测绘是靖江王陵大遗址保护和考古遗址公园建设项目中一项基础性工作，目标是通过传统考古方法，结合GIS地理测绘，利用数字虚拟现实技术，通过立体影像数据采集等高科技手段准确理清靖江王陵陵园遗址的范围和内涵，复原王陵总体布局、礼制建筑的位置及结构，为靖江王陵考古遗址公园规划提供充分的实物证据及技术支撑，为文物保护和环境整治工程施工方案提供科学依据，为遗址保护展示利用提出科学建议。承担该项目工作的考古队，由广西文物考古研究所、广西地图院、广西师范大学、桂林市文物工作队和靖江王陵文物管理处等单位联合组成。（张阳江）

【两个文物保护工程完工】 2012年7月19日，蒋翊武就义处纪念碑迁移、马君武陵园保护工程完成验收。该工程从2011年11月动工，至2012年6月结束。蒋翊武就义处纪念碑原址在翊武路，迁移的新址位于桂湖景区内，环境安静优美，氛围庄重肃穆，并保持了历史原貌。马君武陵园大门高大醒目，大门和围墙在设计上采用了马君武墓碑的一些特有元素，使整体风貌更加谐调统一。（刘琦）

【制作馆藏明清书画精品电视节目】 2012年，桂林博物馆与桂林电视台《板路》节目组联合制作《笔墨丹青润名城——桂林博物馆馆藏明清书画精品的“板路”》电视系列节目，节目以桂林博物馆1000多件馆藏明清作品为题材，涉及山水、花鸟、人物等。4月2日，第1集节目正式开播。至年末，共播出19集。（唐春松）

广播·影视·新闻·出版

2012年4月28日，桂林晚报小记者团开展“以劳动成果感恩回报”系列活动

（梁敏力　摄）

广播·影视

【概况】 2012年,桂林市广播影视系统围绕“迎接、宣传、贯彻党的十八大”工作主线及市委、市人民政府中心工作,把握正确舆论导向,各项工作取得良好业绩。继续整合全市乡(镇)广播电视网络,推进临桂新区新建广播影视中心建设的各项前期工作。全年共组织放映农村公益电影20231场,超额完成年度19860场放映任务。加强技术维护,落实保障措施,定期检查演练,确保广播电视安全优质播出,全年共完成重要播出保障期值班66天,广播电视安全播出总计时长377410小时。加强广播电视广告节目制作播放管理,重点对虚假违法广告进行清理整治。牵头组织开展全市性广播电视联合执法检查,收缴了一批“电视棒”“影音盒”等网络共享设施,确保全市广播电视传播秩序安全。加强管理,调整结构,促进创收,桂林广播电台、桂林电视台、桂林广播电视报社、桂林电影公司全年经济创收均较上年有所增加。年内,桂林市广播电视局获国家广播电影电视总局授予全国广播电视村村通工作先进集体,获自治区人力资源和社会保障厅、自治区广播电影电视局记集体二等功。

【做好党的十八大精神舆论宣传】 2012年,桂林市广播影视系统所属媒体围绕“迎接、宣传、贯彻党的十八大”工作主线,根据“把握基调、突出重点、展示成就、生动有效”原则,制订宣传报道方案,以新闻、专题、系列报道、访谈、电话连线等形式,在党的十八大会前、会中、会后三个阶段展开报道,营造浓厚的迎接、宣传、贯彻党的十八大舆论宣传氛围。其间,桂林广播电台、桂林电视台在新闻节目中专门开设《深入贯彻学习党的十七届六中全会精神》《凝心聚力肩负重任实行新跨越》《创佳绩喜迎十八大》《十八大代表风采》《我心目中的十八大》等专栏,全面反映党的十七大期间桂林经济社会等各方面取得的突出成就,及时报道全市各级各部门在学习贯彻党的十八大精神过程中取得的新成效、新进展,把党的十八大精神的舆论宣传推向高潮。

2012年1月31日,中央电视台《新闻联播》主持人欧阳夏丹与桂林市广播电视局同行进行业务交流
(市广播电视局 供稿)

【开展系列主题宣传活动】 2012年,市广播影视媒体围绕市委、市人民政府的中心工作和自治区开展的“解放思想、赶超跨越”大讨论、“学习践行广西精神”等活动,结合各自优势和特色,开展多项主题宣传活动。先后开设《解放思想赶超跨越》《学习践行广西精神》《新桂林新跨越》等专栏,启动多个媒体系列大型新闻报道活动;开展“学习雷锋”“感恩教育”主题宣传活动,弘扬社会主义核心价值和道德典范,重点做好“全国道德模范和身边好人桂林现场交流活动”及“感动中国最美女孩何玥”等重大宣传活动的组织和策划。深化“走基层转作风改文风”活动,推出采编人员深入基层采写的报道,增强广播电视宣传报道贴近生活的亲和力。加强与市文明办、市教育局、共青团桂林市委、市妇联等部门的联系合作,强化对未成年人思想道德建设及未成年人成长文化环境舆论氛围的营造。

【创新广电媒体宣传形式】 2012年,市广播电视局所属新闻媒体创新宣传报道方法和形式,提升宣传质量和媒体影响力、传播力，取得良好社会效果。桂林广播电台立足公益活动，FM 883 旅游音乐广播开展“一个椪柑一份爱”为龙胜各族自治县果农公益销售、“关注学子爱在路上” 爱心送考等活动，通过线上节目短信参与、线下微博互动等新型传播方式，凸显出广播频面的多样化和媒体的社会责任感；FM 977 新闻综合广播对广播节目进行全面改版，全新打造新闻综合广播新形象。桂林电视台加大资金投入和频道改版力度，先后完成对《午间道》《身边》新闻栏目及科教旅游频道的改版、扩版工作，并首次实现《身边》栏目的新闻直播，使新闻节目更具时效和贴近大众。桂林广播电视报社改进《桂林广播电视报》版面设计和内容编排，聚焦百姓关注的社会热点和物价等民生问题，开办《物价·民生》专刊，取得良好社会反响。

【对外宣传保持自治区内领先】 2012 年，桂林广播电台、桂林电视台在中央、自治区媒体稿件的采用量继续保持自治区内城市广播电台、电视台领先。全年，桂林广播电台在广西广播电台发稿 527 篇（主要新闻栏目 170 多篇，头条 8 篇），在中央广播电台发稿 71 篇（《新闻和报纸摘要》《全国新闻联播》栏目 4 篇）。桂林电视台在广西电视台播出 662 篇（头条 9 篇），在中央电视台播出 124 篇（《新闻联播》栏目 14 篇），桂林电视台在中央电视台上稿工作获自治区广播电影电视局通报表彰。年内，桂林电视台与中央电视台合作组织、策划的“感动中国·最美女孩何玥”“桂林四兄弟寻母”系列跟踪报道，在中央电视台《新闻联播》及各频道节目播出后，产生强烈的社会反响。

【提升广播电视节目质量水平】 2012 年，市广播电视局通过“走出去、请进来”等形式，加强采编人员的业务学习和培训。年初，邀请中央电视台《新闻联播》栏目主持人欧阳夏丹与桂林广播电台、桂林电视台播音员、主持人和采编人员进行座谈和业务交流。年中，组织全系统 60 多名骨干人员参加自治区纪录片培训班学习，组织人员参加广西广播电视奖播音主持作品评审会聆听专家点评。年末，邀请广西广播电台和广西电视台、广西广播电视学会 5 位专家到桂林对局属两台自办节目进行评判分析，并为 150 多名采编人员进行点评授课。下半年，开展为期半年的全市广播电视质量提升活动，通过建章立制、自查自纠、专家点评、受众反馈、评比验收等各种措施，使广播电视节目质量水平得到较大幅度提升。

【节目创作生产精品迭出】 2012 年，市广播电视局扶持和奖励一大批广播电视精品项目和优秀作品，促进精品节目创作生产不断取得新成绩。年内，桂林广播电视系统作品获 2011 年度“广西广播电视奖”77 件，其中一等奖 10 件、二等奖 29 件、三等奖 38 件。另有一批作品获得由广西新闻工作者协会、广西新闻学会主办的“广西新闻奖”，以及中国广播电视协会、中国电视艺术家协会的专项奖：由桂林电视台拍摄创作的纪录片《月岭》，在中国电视艺术家协会主办的 “人文中国——世居系列”全国电视纪录片、专题片推选活动中，获得二等奖；《桂林石刻》《山与水》入选国家广播电影电视总局优秀纪录片推选名录；《山与水》获 2012 年度自治区纪录片创作评比活动优秀作品奖、优秀摄影奖。桂林电视台《身边》栏目、桂林广播电台《政风行风热线》栏目分别获广西首届广播电视优质栏目评比金奖和银奖。

【“十二五”村村通广播电视任务完成】 2012 年 8 月 31 日，桂林市“十二五”村村通广播电视任务全面完成。桂林市“十二五”村村通广播电视工程于 2012 年 2 月启动，主要任务是在 2012 年 12 月末，完成全市 20 户以下 5986 个村（点）的通电自然村村村通广播电视，受益用户 106035 户。全市 20 户以下已通电自然村是广播电视的“盲村”，绝大部分分布在贫困边远地区，居住分散，交通不通畅，建设难度较大。市各级广播电视部门从实际出发，坚持“技术先进，安全可靠，经济可行，保证长效”的原则，克服种种困难，于 2012 年 8 月末全部完成建设任务。

【更新设备提升数字化率】 2012 年，市广播电视系统筹措资金 1800 多万元，用于技术设备的改造升级，使全市广播电视设备的数字化率得到明显提高。其中：桂林广播电台投入 105 万元，建成桂林广播电台交管中心直播室，调试安装了一套中控值班监控系统；桂林电视台投入 1545 万元，购置新闻直播车，对电视演播室、视频编辑非编系统、播出系统进行数字化高标清改造，为重大新闻事件和重要活动的现场直播提供现代化的技术保障；桂林广播电视发射台投入资金 155 万元，在尧山台区修建防火隔离带，更新设备完善安全播出体系，使市区广播电视信号的无线覆盖面进一步扩大。年内，桂视国际网站加强与通信运营商的融资和合作，至年末，与中国电信桂林分公司合作开发的手机电视平台已进入测试阶段。（罗宗昌）

新闻·出版

【概况】 2012年，桂林市直属部门办的公开发行报纸有《桂林日报》《桂林晚报》《体坛导报》《桂林广播电视报》；公开发行期刊有《南方文学》《社会科学家》。在桂林市办的学报有25种，内部资料性出版物65种。驻桂林市的中央和自治区新闻单位记者站有5家。在桂林市的出版单位有广西师范大学出版社有限责任公司、漓江出版社有限公司，出版单位全年出版新书2000多种，发行码洋8.71亿元，实现利税4438万元。全市有国有及民营出版物发行网点540多家，发行销售总金额2.15亿元，实现利税1700多万元。全市有印刷企业239家（国有企业12家，集体企业21家，个体私营企业94家，股份制企业111家，外资企业1家），从业人员6364人。印刷企业全年工业总产值19.75亿元，利润总金额5800万元，资产总金额11.57亿元。全市有复印、影印、打印企业315家，其中市区159家，12个县156家；有复制企业1家，年工业产值3600万元，从业人员198人；有音像制品经营单位243家，其中市区70家，12个县173家；有电子出版物经营单位14家。全市新闻出版行业全年总产值32亿元，实现利税2.5亿元。

年内，桂林艺宇印刷包装公司投资1.5亿元的二期工程正式投产。桂林文化印刷园一期工程招拍挂成功摘牌，土地投入7500万元，面积5万平方米，入园意向企业20多家，到位资金3000多万元。市新闻出版局建立新闻出版项目库，入库项目25个（已正式投产建设项目2个），大部分是数字出版、网络发行、数字印刷、绿色环保印刷等方面的产业升级项目。全年共办理行政审批事项105件，办结率100%。

【查堵各类违禁及非法出版物】 2012年，市新闻出版局对各类违禁及非法出版物进行查堵。主要是查堵非法宗教宣传品、非法传销类书籍、政治性非法出版物、淫秽色情出版物和侵权盗版出版物。年内，查堵的政治性非法出版物内容有臆测中共十八大人事安排、编造党内斗争谣言、炒作政治体制改革、鼓吹“藏独”和新疆分裂等。查堵方式主要是禁止境外流入、禁止境内出版、禁止非法印制、禁止市场销售、禁止网上传播、禁止媒体炒作。6月12日，灵川县查缴传销类书籍4000多册，音像制品2000多张。全市全年共收缴各类违禁及非法出版物18.57万件，其中有违禁出版物9044件。

2012年10月16日，市新闻出版局组织人员检查桂林市出版物市场

（王善库 摄）

【遏制侵权盗版行为】 2012年，市新闻出版局加强对侵权盗版行为打击力度，重点查缴盗版畅销书、工具书、教材教辅出版物、影视和音乐音像制品、计算机软件。全年共收缴侵权盗版出版物16.3万件，其中盗版音像制品11.07万件、图书2.36万件、电子出版物2.87万件。盗版图书中有教材教辅读物3765件。全年共出动检查人员9619人次，检查出版物市场、店档摊点1.17万个次，检查印刷复制企业1139家次，取缔关闭出版物市场、店档摊点303个，查办各类案件12起。在世界知

识产权日，共销毁各类非法图书1万多册、光盘10万余张。

2012年10月18日，市新闻出版局、市工商行政管理局等部门联合执法人员检查音像制品市场 （王善库 摄）

【严格网络信息管理】 2012年，市新闻出版局加强对博客、微博、论坛、网络社区、网络硬盘、即时通讯群组等信息平台的管理，加强对移动智能终端、手机多媒体卡、网络电视棒等硬件销售的管理，加强对医疗保健信息服务网站的监管，加强对手机代缴费、广告经营、第三方支付平台的规范和监管，清除互联网和手机淫秽色情信息。全年共删除网络各种有害信息2586条，屏蔽各种有害信息1730多条。

【推进企业软件正版化工作】 2012年，桂林市使用正版软件工作领导小组办公室强力推进企业软件正版化工作。年内，桂林市第五批推进企业软件正版化工作任务是108家，其中勘察设计企业、三星级及其以上酒店企业各54家。各相关企业根据实际情况，做好落实软件正版化工作。至10月末，勘察设计企业和四星级、五星级酒店全部完成软件正版化工作，部分三星级酒店完成软件正版化工作。

【全市建制村全部建立农家书屋】 2012年，全市完成农家书屋工程建设151家，解决配套资金104.66万元，其中自治区新闻出版局下拨的配套资金15.1万元；为农家书屋配送各类优秀图书33.68万册，配备标牌、制度牌、灭火器等附属设备资金近5万元，配备书桌、书柜、板凳等近2000张。至年末，全市累计完成农家书屋建设1714家，每个建制村至少有农家书屋1家，大的建制村有2家。桂林市超额完成自治区下达的建设任务。

【自治区新闻出版局下放桂林市部分事权】 2012年，自治区新闻出版局给桂林市下放4项行政许可事项和5项非行政审批事项管理。4项行政许可事项为：出版物发行单位的设立及变更，内部资料性出版物、宗教用品准印证核发，音像制品零售单位设立及变更的审批，出版物发行单位变更法定代表人等登记事项备案。桂林市新闻出版局做好事权的接收和下放方案、操作规范以及审批流程图。组织业务培训，明确新闻出版县级审批事项有关问题，发放行政审批事项目录、下放方案、操作规范、审批流程图等文书材料，规范行政审批。

【开展文化惠民活动】 2012年1月11日，市新闻出版局组织市新华书店等9家发行单位，参加桂林市在雁山区雁山镇、平乐县沙子镇举办的文化、科技、卫生“三下乡”活动，共捐赠图书1.6万元码洋。4月23日“世界读书日”，市新闻出版局开展以“阅读，让我们的世界更丰富”为主题的全民阅读系列活动，组织桂林图书市场多家业主，在市中心广场举办“优秀图书展销”活动。并组织市新华书店及5家民营书店的“图书大篷车”进行巡售，分别到企业、学校、机关、军营、社区等上门服务，满足不同层次读者的阅读需求。在“世界读书日”期间，桂林新宇图书有限公司等发行单位捐赠图书8000元码洋。各乡（镇）依托农家书屋开展读书活动，在农村组织当地农民读书，开展科技培训，举办妇女保健讲座，播放音像资料等。

【新华书店改制重组完成】 2012年，桂林市新华书店及12个县新华书店的资产、人员进行重新整合，按照政府引导、市场化运作的方式，改制组建桂林市新华书店有限公司。改制组建实行“人随资产走、整体接收在册人员”的方案，市新闻出版局除接收安置市新华书店员工，并接收12个县新华书店在职在册200多名员工人事档案。6月26日，桂林市新华书店有限公司挂牌成立，成为广西各地市级新华书店中第一个完成整合改制重组工作的公司。8月6日，12个县新华书店全部完成公司改制，并进行工商注册登记。市财政局以持有的12家县级新华书店公司股权评估值为出资额，投资到桂林市新华书店有限公司。10月11日，股权增资重组之后的桂林市新华书店有限公司完成注册，建立起以产权为纽带的市、县新华书店"母子"公司。桂林市新华书店有限公司注册资本从改制前的374万元，增加至1.06亿元；桂林市新华书店有限公司及12个县新华书店公司净资产评估值共计2.2亿元。10月30日，按照"1+13"模式组建的广西新华书店集团股份有限公司在南宁市挂牌成立，桂林市新华书店有限公司以国有股权2.2亿元、占股11.98%的比例进入广西新华书店集团股份有限公司。

【桂林市新华书店有限公司经营效益显著】 2012年，桂林市新华书店有限公司（含市公司本级和12个县子公司）出版物总销售1830万册1.33亿元，总销售金额增长（比上年，下同）4.3%；主营业务职工年人均劳动生产率37万元，人均增加1.8万元；实现营业收入1.15亿元，增长3%；实现税利707万元。其中：桂林市新华书店有限公司本级出版物总销售523万册5244万元，码洋销售增长5%；主营业务年人均劳动生产率33.6万元，增加1.1万元；实现税利324万元，增长16.5%。12个县新华书店公司出版物总销售1307万册8066万元，码洋销售增长4.1%；实现年税利383万元。年内，桂林市新华书店有限公司本级非出版物商品及其他销售稳步提高，卖场复合式经营能力稳中有升，其中文体用品销售增长11%、文化艺术活动中心经营收入增长8.3%、资产开发物业场地租赁收益增长5.7%。12个县新华书店公司非出版物商品及其他销售总金额20万元，比上年略有下降；资产开发物业场地出租收入总金额766万元，增长28.5%。代发站全年完成教材发货2022万册1.14亿元码洋，实现税利21.4万元。（王善库）

【桂林日报社】 2012年，桂林日报社围绕市委、市政府的中心工作，精心组织桂林国家旅游综合改革试验区推进和建设成就报道，第三届桂林国际旅游博览会、第二届广西桂林园艺博览会、全市经济工作推进会、第六届联合国世界旅游组织/亚太旅游协会旅游趋势与展望国际论坛、"打造桂林旅游胜地、建设美丽桂林"等重大活动的宣传报道。

该社主办的《桂林日报》《桂林晚报》《体坛导报》和桂林生活网（以下简称"三报一网"）年内相继推出系列重要宣传活动。一是对党的十八大的宣传报道。开辟系列专栏、专版，推出展现党的十六大，特别是党的十七大以来各行各业成就的报道；在党的十八大召开期间，用重要的版面对党的十八大进行全方位的宣传报道和深入解读。二是对伦敦奥运会的报道。该社派出3名记者组成采访团到伦敦采访奥运会，同时"三报一网"从报道内容和版面均积极策划，安排重要版面，推出《奥运特刊》《2012奥运专刊》，开辟5个栏目，重点报道中国运动员在赛场上勇于拼搏、为国争光和弘扬奥运精神的情景。三是组织策划"3元计划"大型公益活动。由该社发起、市教育局协办的此项活动，利用《桂林晚报》传播平台，向社会各界募集爱心善款，帮助桂林市部分贫困山区孩子解决营养午餐问题，提供给他们每人每天3元钱的伙食费补助，让孩子们能在学校吃上一顿热气腾腾、富有营养的免费午餐。"3元计划"活动

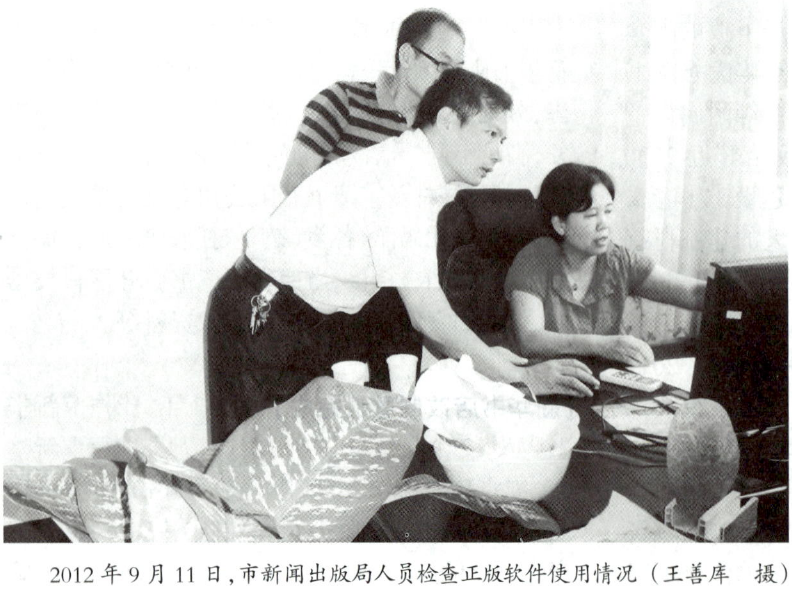

2012年9月11日，市新闻出版局人员检查正版软件使用情况（王善库　摄）

从2012年秋季开学正式启动，至年末，收到各界人士和企业爱心捐款计120余万元，共为9个县的21所贫困山区学校和9个教学点的共1400多名学生提供为期1年的免费午餐。四是推出“感动中国”2012年度人物候选人——何玥的事迹报道。何玥是阳朔县的12岁女孩，2012年11月因患恶性脑肿瘤去世，生前留下捐献器官遗嘱。她的器官挽救了3个生命，事迹感动了千千万万的人，被评为中央电视台推出的“感动中国”2012年度人物，被自治区追记为“广西青少年道德模范”，获中华儿女报刊社、人民网、中青网、中国周刊杂志社等机构评选为“2012中华儿女年度人物”。五是策划春节、春耕、高考、“发现桃花江”“以劳动成果感恩回报”和彰显中华孝道美德的系列报道，其中《四兄弟开“寻母车”满城找妈》引起中央电视台关注，分别在中央电视台的《新闻联播》《特别关注》和《朝闻天下》栏目播出，在全国引起强烈反响。

年内，该社策划组织了“桂林人游桂林”“桂林晚报社区服务直通车”“2012桂林房·车节”和“亲子联盟”等活动，其中“2012桂林房·车节”共接待参观者16万人次，现场成交金额2.95亿元，全年广告突破8000万元，增长6.9%。8月8日，由该社筹建，占地181.13公顷的桂林国际足球旅游文化产业园正式开工建设。12月24日，该社位于临桂新区的17层传媒中心大楼顺利封顶，概算总投资金额10378.41万元，累计完成投资金额4775万元。

2012年，该社获中国报业协会评选的“2012中国报业广告年度创新奖”、自治区总工会授予的广西“五一”劳动奖状。《桂林日报》《桂林晚报》连续三年获中国信息化推进联盟、中国国际经济技术合作促进会、中国国际名牌协会等机构评选的“中国报业创新奖”。《桂林晚报》被第五届中国品牌高峰论坛专家评委会评为2011～2012中国地市晚报品牌10强，被中国广告协会评为2011～2012年度中国报刊广告投放价值排行榜晚报20强。桂林生活网在第三届中国互联网品牌大奖评选活动中被评为全国地方网站最具创新力品牌和全国地方网站最具广告效力品牌。（吴文）

【广西师范大学出版社有限责任公司】 2012年，该公司经济规模有较大增长，经济效益稳步提升。在国家新闻出版总署于年内发布的《2011年新闻出版产业分析报告》中，该公司在大学出版社总体经济规模综合评价中排名第七。全年出版新书1458种，比上年翻了一番；再版图书739种；重印图书1054种，其中100多种图书为多次重印。全年书刊造货码洋9.58亿元，增长24.4%；书刊发行码洋7.08亿元，增长17.4%。全年销售收入3.82亿元，增加1200万元；税前利润3298万元。全年引进图书版权111种，输出13种。至年末，该公司共引进外版图书900多种，向海外和中国港澳台地区输出版权110多种。

2012年，该公司出版的图书受到社会好评，屡屡获奖。其中：弗朗西斯·福山著的《政治秩序的起源》，在深圳读书月“2012年度十大好书”评选活动中位列第二，在新华网和中国图书商报社联合举办的“2012年度中国影响力图书”评选活动中被评为“年度图书”，被《中华读书报》评为2012年度“十佳好书”；杨奎松著作集《革命》，在《出版人》杂志和凤凰网读书频道联合主办的“2012中国书业年度评选”中被评为“年度图书”；《革命》《大数据》入围“2012年度新浪中国好书榜”30本好书候选书目；《只是孩子》《蒙马特遗书》《大数据》入围《新京报》“2012年度好书评选”100本好书候选书目；《辨象：行走于建造与艺术之间》《地书》《天工开物古今图说》《火车印象》4种图书入选“2012创意两岸城市设计双年展”作品展览，被评为2012年“两岸最美的书”。《白崇禧将军身影集》《大数据》分别获《出版商务周报》“2012年度风云传记图书奖”“2012年度风云社科图书奖”。《窗里窗外》入选国家新闻出版总署出版管理司全民阅读活动组织协调办公室组织评选的“2011年度大众喜爱的50种图书”；《八〇年代：中国经济学人的光荣与梦想》《笑谈大先生》《辛亥：摇晃的中国》《访问》入选第七届文津图书奖推荐图书；《中国科学考古学的兴起：1928～1949年历史语言研究所考古史》获评中国文物报社主办的2011年度“全国文化遗产十佳图书”；《英国国家图书馆藏敦煌遗书》在中国出版协会古籍出版工作委员会主办的“全国优秀古籍”评选中获一等奖；《社会主义核心价值体系通俗读本》入选由中共中央宣传部、中央文明办、国家新闻出版总署等多个部门联合组织评选的“百种优秀思想道德读物”；《广西壮族自治区国民经济与社会发展第十二个五年规划前期研究》《清代广西生态研究》分别获广西优秀社会科学研究成果一、二等奖；《男生万岁》《女生万岁》《你一定爱读的极简欧洲史》获中国出版协会等多个部门联合主办的2011年度优秀引进图书奖。

2012年11月，该公司成立集团有限公司获国家新闻出版总署批准，进入更名申报程序。年内，该公司实施多元化发展战略，桂林阅秀文化旅游有限责任公司、广西状元红艺术馆有限公司、广西教育手机报社、广西广大教育文化有限公司、广西鼎力文化传播有限公司等相继成立，使该公司拥有的全资、控股、参股公司等独立法人实体达21个，非独立法人经营实体达6个。这些实体分别位于北京、上海、广州、南京、南宁、桂林等地，业务涉及图书、期刊、电子音像及数字出版，文化产品的设计制作、印制、销售，以及教育培训、会展、咨询、旅游、艺术品、地产经营等。 （莫曲波）

【漓江出版社有限公司】 2012年，该公司取得良好社会效益和经济效益。全年共生产图书1184种，其中出版新书683种，重印图书501种；出版图书造货码洋共1.70亿元，增长44.38%；发行码洋1.63亿元，增长105.39%；退货率10.53%，下降2.43%；回款总金额6205万元，增长40%；产品销售收入5166万元，增长50.89%；实现利润1140万元，增长27%。

年内，该公司完成广州市中嘉公司、北京阅美公司的股份转让，完成上海两江公司的转股和增资，取得教学辅导图书资料（涵盖中、高考9科全科）的出版资质，并在多个方面进行了数字出版探索性工作，其中包括数字出版物的上线、APP应用项目等。

该公司坚持以文艺出版为主体，按照专业化、特色化的工作方向，围绕中外文学、人文社科、文化生活、女性读物、家庭教育五大核心板块，开发原创品种，狠抓名著和名家著作的出版，依托大家名家和精品力作，全力打造畅销产品线和精品图书群，图书板块建设粗具规模，图书的文化水平、影响力、形象和市场号召力有大幅度提升，出版品牌得到强化。上半年，推出《外国文学名著名译丛书》，获大多数省市新华书店列入暑期阅读推荐书目。恢复“诺贝尔文学奖丛书”的出版，接续中断20余年的品牌丛书。在中国文学方面，古典名著的评点出版继《周汝昌评点石头记》热销后，推出《刘心武评点金瓶梅》。在当代作家名作的重新包装出版方面，推出的刘墉作品系列、唐浩明传记文学系列、贾平凹长篇系列，都有新看点。人文社科类图书皆为首版新作，在全国文化学术界、读书界获得好评，重印率60%。女性读物板块年内增加50多个原创品种，影响日益扩大。教育理论板块图书市场反应良好，青少年读物板块受到中小学生欢迎，作文类图书形成一定规模。版权贸易方面，全年共引进图书版权69种。

该公司坚持精品出版，从图书的内容、编校、设计、印制等各个方面确保和提升图书质量和水准。2012年共有27种（套）图书获得多种奖项。其中：钱理群的《梦话录》获评为新华网和《中国图书商报》“2012年度中国影响力图书”，同时获评为《中华读书报》“2012年度十大好书”；《乔姆斯基、福柯论辩录》入选深圳读书月评选的全国“2012年度50本好书”“2012年度百道选书之总榜TOP 100”；《这不是一只烟斗》两度登上《新京报》书香榜，并和《乔姆斯基、福柯论辩录》《维特根斯坦谈话录》等一并入选“2012年度百道选书之人文TOP 100”榜单；《倒退的年代》获评为《中国图书商报》“2012年上半年全国十本好书”；《沙漠之花》《长安之梦》入选《出版商务周报》的“2012年度风云图书”榜；《诺贝尔文学奖作家传略》获评为《城市晚报》“2012十大好书”；《牧歌》获第十二届广西精神文明建设“五个一工程”奖。

该公司出版的剧本《我可能不会爱你》3个月发行近5万册，同名电视剧经湖南卫视等播出，反响热烈；剧本《一触即发》2个月发行1.8万册，该剧在中央电视台、广西卫视、北京卫视等播出。年内，该公司的《中外烟酒茶》杂志被中央电视台《舌尖上的中国》栏目选中制作专题节目。

（秦瑜蔓）

卫生·体育

2012年3月18日，中国欢乐健康游桂林漓江东岸自行车精品线路游启动，图为自治区副主席高雄（前排中）等领导及自行车爱好者骑车游览漓江东岸

（市体育局　供稿）

卫　　生

【概况】 2012年，桂林市有各级各类医疗卫生机构1621家(不包含村卫生室3751家)，其中医院53家(综合医院36家、中医医院11家、中西医结合医院1家、专科医院5家)，疗养院3家，乡(镇)卫生院143家(中心卫生院46家)，采供血机构1家，妇幼保健院(站)13家，疾病预防控制中心13家，卫生监督所14家；诊所、卫生所、医务室、门诊部共1343家(门诊部17家)；社区卫生服务机构38家(社区卫生服务中心11家、社区卫生服务站27家)。全市有卫生工作人员32646人，其中卫生技术人员24779人(执业医师7357人、执业助理医师1980人、注册护士9720人、药剂人员1383人、检验人员1279人、其他技术人员3060人)。农村有乡村医生和卫生员5069人。全市医疗卫生机构有床位16522张，其中医院床位12351张，卫生院4094张。年内，全市医疗机构完成诊疗总数2827万人次，其中门诊、急诊2739万人次。病人入院59万人次，出院59万人次；住院病人治愈率与好转率为99.54%，死亡率0.46%；病床周转次数36.8次，病床使用率83.12%；出院者平均住院8.1日。

【推进基层医疗卫生服务】 2012年，市卫生行政管理部门建立“三位一体”(市级公立医院、社区卫生服务中心、社区卫生服务站)的城市社区卫生管理新体制，开展全科医生执业方式和服务模式改革试点，探索社区卫生服务机构家庭医师签约式服务等基层医疗卫生服务。年内，全市实施国家基本药物制度和基层医疗卫生机构综合改革的乡(镇)卫生院141家、社区卫生服务机构20家，385个建制村卫生室实施基本药物零差率销售。培训城乡基层医疗机构技术人员5487人次。投资6920万元，建设基层医疗卫生项目30个。

【新型农村合作医疗补偿比例提高】 2012年，全市新型农村合作医疗(简称新农合)住院和门诊补偿比例提高，政策范围内报销比例为75.9%；扩大了重大疾病保障病种，将肺癌等12个病种纳入重大疾病保障范围，住院最高补偿额度由0.5万元提高至8万元，大病补偿全年封顶额由5万元提高至15万元。年内，全市农民人均筹资达290元，参加新农合农民368.9万人，参合率98.33%。受益农民住院补偿35.1万人次，门诊补偿503.5万人次。加强新农合经办机构建设和定点医疗机构监管，年内，龙胜各族自治县新农合管理中心获“全国新型农村合作医疗工作先进集体”称号。

【出生缺陷综合预防工作取得实效】 2012年，市卫生行政管理部门落实国家和自治区妇幼保健相关政策，实施“一免二补”幸福工程和地中海贫血防治计划，开展出生缺陷综合预防工作。全年全市免费婚检率98.14%，婴儿死亡率降至5.60‰、孕产妇死亡率降至0.18‰，出生缺陷发生率降至10.25‰。2012年，市妇幼保健院通过自治区地中海贫血产前诊断分中心现场评审并获“全国卫生系统先进单位”称号。

2012年7月12日，全国出生缺陷综合防治现场经验交流会在桂林市召开
(市卫生局　供稿)

【疾病防控效果显著】 2012年，市防疫部门有效处置七星区横塘路伤寒疫情、桂林味精食品总厂宿舍区腹泻疫情等突发性公共卫生事件。年内，全市甲乙类传染病发病率处于历史最低水平，桂林作为自治区唯一手足口病疫情下降的城市，在自治区疾控工作会议上作典型发言。全年

2012 年 12 月 1 日，广西住房城乡建设系统开展建筑工地防治艾滋病宣传活动

（市卫生局　供稿）

规范管理高血压病人 25.1 万人、糖尿病病人 6.6 万人，完成了自治区的目标任务。2012 年上半年，自治区开展以疾病防控为主要内容的基本公共卫生工作考核评比，桂林市位居第二名，并获得自治区基本公共卫生奖励补助资金 150 万元。

【艾滋病防治取得成果】 2012 年，市卫生局与公安、司法、检察院等部门联合开展打击卖淫嫖娼专项行动，加强对艾滋病病人的治疗与救助；艾滋病新增感染数比上年下降 23.8%，艾滋病病死率下降 18.1%，在治艾滋病病人的病死率控制在 0.87/100 人·年以下，超额完成自治区目标任务。

【加大医疗卫生监督】 2012 年，桂林市加大卫生监督力度，市各级各类医疗机构均签订依法行医承诺书，对相关医疗机构、医疗广告发布媒体进行约谈，对 9 家违法发布医疗广告的医疗机构进行立案查处。全年全市共开展各类监督检查 6348 家次，责令整改 610 家次，依法查处各类案件 83 件，罚款总金额 21.43 万元。受理行政审批 4279 件，日办结率 86.1%，效能指标居全市 58 个窗口单位前列，群众评价满意率 99.9%。年内，市卫生局加强对医疗服务的监督，扎实推进依法行政，积极探索“完善行政执法专项监督检查方式和程序”项目，获首批市级示范点。

【加强公立医院综合改革】 2012 年，全市公立医院综合改革采取“突出重点、抓住关键、边试边推”的办法，抓好永福县中医医院、兴安县人民医院综合改革试点，使试点医院总体费用控制在合理范围，服务态度得到改善，服务质量进一步提高。年内，自治区人民政府在桂林市召开县级公立医院综合改革现场推进会，推广桂林市和永福县经验。桂林市在所有二级以上综合医院、中医医院、妇幼保健院开展临床路径试点工作，累计完成临床路径管理 6279 例。推动公立医院基本药物配备，全市所有二级以上公立医院基本药物收入占药品总收入 30%以上。

【桂林市医疗纠纷调解委员会挂牌成立】 2012 年，桂林市成立了以市政法委书记和分管卫生副市长为组长的医患纠纷调解与处置工作领导小组。市卫生局起草并报请市人民政府通过《桂林市医疗纠纷调解与处置暂行办法》；与市司法局联合印发《桂林市医疗纠纷人民调解委员会方案》。12

2012 年 12 月 26 日，自治区副主席李康（前排左一）在桂林市调研公立医院改革工作

（市卫生局　供稿）

月，桂林市医疗纠纷调解委员会挂牌成立，通过规范医疗纠纷处置行为，减轻医院的压力，使紧张的医患关系得到缓解。同月，自治区人民政府在桂林市召开了医疗纠纷第三方调解工作现场推进会，推广桂林市和全州县的经验做法。

【建立卫生行业管理长效机制】 2012年，市卫生行政管理部门制订《市直医疗卫生机构考核细则》，试行对市直各医疗卫生单位领导班子进行精细量化考核，探索建立卫生行业管理长效机制。制订下发《桂林市"十二五"期间临床重点专科建设实施意见》，确定桂林市在"十二五"期间重点建设的专科48个。年内，启动"十二五"期间临床重点专科建设工作，加快培育以拔尖人才、创新人才、桂林名中医为代表的科技人才队伍，促进全市医疗机构差异化、精细化发展，卫生系统的学术氛围得到有效改善。深入开展"三好一满意(服务好、质量好、医德好、群众满意)"活动，采取多种措施改善医疗环境、完善就医流程，提高医疗服务质量。

【加强基层中医药服务能力建设】 2012年，市卫生行政管理部门加强基层中医药服务能力建设。年内，举办了首届中医高级人才培训班，有158人参训。新建42个基层医疗机构中医科，至年末，全市90.9%的社区卫生服务中心、80.6%的乡(镇)卫生院能提供简单、方便、效验、价廉的中医药服务。

【强化卫生应急保障】 2012年，市卫生行政管理部门加强卫生应急保障工作。年内，修订了《桂林市突发公共卫生事件应急预案》，编撰了《桂林市卫生应急手册》，举办全市卫生应急管理干部、专业队伍培训班，近300人参训。完成了各类全国、自治区重要会议及重大活动接待期间的医疗保障任务。

【完成医学考试桂林考点考务工作】 2012年，桂林市卫生系统完成桂林考点2012年卫生专业技术资格考试工作，全市报考人数5208人，其中初级士1347人，初级师2599人，中级专业技术资格1262人，考试合格2605人。完成2012年护士执业资格考试工作，全市参加考试2524人，考试合格1320人。完成2012年高级卫生专业技术资格考试工作，全市参加考试659人，考试合格392人。完成桂林考点2012年全国医师资格实践技能考试工作，全市应考2718人，实考2498人，考试合格1817人，技能考试合格率66.85%。完成桂林考点全国医师资格医学综合笔试实施工作，全市应考1817人，实考1246人，考试合格844人，综合笔试考试合格率67.74%。完成2012年师承及确有专长考试报名工作，报名29人(其中师承3人)，考试合格5人。完成桂林考点2012年度广西住院医师规范化培训考试实施工作，全市应考512人，实考506人，考试合格429人。完成2012年桂林市孕产期保健助产技术资格考试实施工作，全市应考316人，实考285人，考试合格140人。完成2012年医师定期考核考试，应考8188人，实考7789人，考试合格7789人。完成2012年自治区基层医疗卫生事业单位公开招聘卫生专业技术人员考试，应考320人，实考240人，考试合格156人。 (于晖)

爱国卫生

【概况】 2012年，桂林市爱国卫生运动委员会办公室(简称市爱卫办)组织协调开展卫生创建、城市基础设施建设、健康教育、环境保护、预防疾病、除"四害"、农村改水改厕等爱国卫生工作。全年全市新增文明卫生村268个、巩固132个，新增自治区卫生乡(镇)2个、自治区卫生村64个、自治区卫生先进单位76个；新增农村无害化卫生厕所3.03万座、受益人口12.11万人，农村卫生厕所普及率67.55%；农村改水新增受益人口24.87万人，农村自来水普及率48.13%。年内，桂林市获"自治区灭鼠、灭蝇、灭蟑螂先进城区"称号，市爱卫办获"全国爱国卫生先进集体"称号。

【开展群众性爱国卫生运动】 2012年，市爱卫办加大综合整治环境卫生力度，宣传健康环境理念，重点解决城乡环境脏乱差问题，开展"爱国卫生人人参与，健康生活人人享有"为主题的群众性爱国卫生运动，巩固国家卫生城市成果。年内，开展全市大规模爱国卫生运动4次，共投入经费25万元，清运垃圾350吨，清理卫生死角1500余处；对下水道45000个井盖喷洒药物灭蟑；查处占道摊点和超门槛经营4300多处，暂扣桌椅、板凳等经营工具155件，收缴占道灯箱广告1280个，纠正超门槛经营店铺1500多家，清除小广告16000多条，教育违规行为2600多人次。

【农村改厕项目全面完成】 2012年，桂林市承担中央农村改厕项目16000座，被列为2012年桂林市人民政府为民办实事项目之一。年内，中央和自治区为改厕项目安排经费1024万元，桂林市财政安排经费25万元，12个项目县的县、乡财政配套经费120万元。6月6～7日，市爱卫办在灌阳县组织召开项目启动会，明确各项目县工作任务和要求。同时，举办市、县级改厕技术培训班27期，参训人数1840人次。年末，全市农村改厕项目全面完成。

【文明卫生村通过验收】 2012年，桂林市继续开展创建和巩固400个文明卫生村工作。年内，市级财政安排80万元创建引导和以奖代补工作经费，各县、乡(镇)配套227万元。12月5～20日，市爱卫办、市文明办组织人员按照2012年文明卫生村标准和评分细则对全市文明卫生村创建和巩固的村(屯)进行了逐一验收，400个文明村全部通过验收。

【除"四害"工作通过自治区达标考核】 2012年，桂林市为迎接国家卫生城市复审，加强除"四害"工作力度，首次在全市范围内进行了毒鼠站的安装，在春、夏、秋三季全面开展以"灭鼠、灭蟑、灭蝇"为重点的除"四害"活动。全年举办除"四害"培训讲座13期，增设毒鼠站1万个，投入灭鼠药40.5吨，奋斗呐47千克，敌敌畏800瓶，堵鼠洞49900余个，灭蟑烟炮4.5万个，灭蟑颗粒1万盒，灭虫剂600瓶，灭蚊片2000盒，共投入资金120余万元。11月，通过自治区爱卫会的达标考核，获"自治区灭鼠、灭蝇、灭蟑螂先进城区"称号。

【开展健康教育宣传活动】 2012年，市爱卫办利用开展爱国卫生月、世界卫生日、世界无烟日等进行健康教育宣传，普及健康知识，出台《桂林市市民健康行动健康教育站点工作方案》，建立健全桂林市健康教育服务网络。年内，全市各基层医疗机构共制作并印刷健康教育资料2137种，发放422万份；健康教育宣传栏累计更新2979期；播放健康教育音像资料6.9万次，累计播放时间达28.8万小时；利用各种健康主题日或针对辖区重点健康问题，开展健康咨询活动1831次，参与群众32万人次；举办健康知识讲座2057期，受教育人数11万人次；对门诊就诊、上门随访等人群开展个体化健康知识和健康技能的教育，受益人数8.96万人次。 （刘艳兰）

体　　育

【概况】 2012年，桂林市拥有体育场地5425个，其中新增小型全民健身广场8个，灯光篮球场8个，健身路径工程5个，村级篮球场156个。全市有业余体校11所，专职教练78人，文化教师13人，在训学生550人，输送运动员33人，发展一级裁判员13名、二级裁判员118名、三级裁判员143名、二级运动员56人。桂林市运动员参加世界赛获金牌5枚、参加全国赛获金牌29枚、银牌28枚、铜牌20枚。

2012年1月31日，桂林市开展中老年人迎新春健身展示活动 （朱国瑞 摄）

2012年9月16日，桂林首届职业围棋世界冠军赛举行　　（詹东青　摄）

【群众体育】 2012年，桂林市深入贯彻落实《全民健身条例》，广泛开展群众喜闻乐见的全民健身活动。1月10～12日，市体育局在市体育中心举办全市体育系统迎新春职工运动会，设气排球和羽毛球比赛项目，共有来自全市12个县5个城区体育系统的500多人参加比赛。5月14～21日，桂林市代表团参加在柳州市举行的广西第七届农民运动会，在篮球、龙舟、气排球、乒乓球、游泳、武术、象棋等7个项目的比赛中，获金牌3枚、银牌2枚，铜牌2枚，并获团体道德风尚奖。5月22日，桂林籍运动员唐灵生、李婷、莫慧兰等15人当选自治区“十星百人”运动明星。5月26日，“迎青奥”长跑活动在市体育中心举行，奥运会冠军李婷和桂林大专院校师生及社会青少年共3000多人参加活动。8月8日，市体育局在市中心广场举行“全民健身日”暨广西第四届体育节启动仪式，共有来自全市行政机关、企事业单位，驻桂林部队、社会团体等约4000人参加启动仪式和健身跑活动。8月21～24日，市体育局与市民委在市体育中心共同举办桂林市第二届少数民族传统体育运动会，运动会共设射弩、投绣球、三人板鞋竞速、高脚马竞速、武术、大象拔河、陀螺等7个比赛项目，共有来自全市12县5城区及桂林民族职业学校的597名运动员参加比赛。10月27日，由中国田径协会、自治区体育局、桂林市人民政府主办的桂林国际半程马拉松赛在临桂新区世纪大道举办，比赛设男女半程马拉松、男女10千米、男女5千米及3千米集体跑等4个项目，共有来自北京、上海、浙江、湖北等26个省、市（自治区）和16个国家的专业参赛选手、长跑爱好者以及桂林市28个方块队约5000人参加比赛。10月30日～11月18日，市体育局与市广播电视局在市体育中心联合举办“柳州银行杯”2012桂林市大众篮球赛，全市共73支队伍1000多名运动员参赛。11月13～26日，市代表团152人参加了在来宾市和平果县举行的自治区全民健身运动会，市代表团参加了农民篮球、羽毛球、乒乓球、民族健身操等12个项目的比赛，获8项第一、6项第二。

【竞技体育】 2012年，桂林市运动员在国内外各级比赛中取得优异成绩。2月25日～4月30日，市体育局与市教育局联合举办了全市中小学生乒乓球、羽毛球、篮球、足球、排球、游泳、民族体育、田径、象棋、围棋等10个项目的比赛，参赛学生达4960人次。7～8月，2012年度广西青少年锦标赛举行，全市共28支队伍483名运动员代表参加，并在田径、举重、体操、艺术体操、蹦床等20个项目的比赛中，获第一名134人、第二名118人、第三名86人。8月9日，桂林籍运动员马欢欢作为中国女子水球队队长在伦敦奥运会上率领队友获女子水球团体项目比赛第五名，是伦敦奥运会上中国集体大球类项目取得的最好成绩。9月13～19日，由中国围棋协会、自治区体育局、桂林市人民政府联合主办，桂林市体育局、桂林日报社共同承办的2012桂林职业围棋世界冠军赛在桂林宾馆举行，来自中国的古力九段、日本的依田纪基九段、韩国的李世石九段参加比赛。11月9～16日，由中国足协主办、市体育局承办的第八届“中华杯”C组（45岁以上）足球赛在市体育中心举行，来自全国7个省、市、自治区11支队伍共230名运动员参加比赛。

【体育产业蓬勃发展】 2012年，桂林市加大体育产业经营管理力度。积极组织发行体育彩票，年

2012 年 10 月 27 日，桂林国际半程马拉松赛举行　　（朱国瑞　摄）

内，全市在售体育彩票网点 250 个，销售额 9589 万元，其中传统足球彩票 3520 万元，竞彩游戏 3454 万元，乐透型彩票 1798 万元，即开型彩票 707 万元，高频彩票 110 万元。发挥体育场馆的功能作用，开展多种经营活动，全年全市各体育场馆共接待健身市民约 130 万人次，先后举办了"学雷锋在行动"2012 年全国道德模范与身边好人现场交流活动、桂林市创先争优十大模范党组织十大先锋人物颁奖晚会、庆祝"党的十八大"胜利召开歌舞晚会、第四届中国·桂林创新创意文化节暨桂林动漫节、桂林市人民满意警察评选颁奖晚会等 30 余场各类活动。推动体育市场化，引导社会资源办体育，桂林汇荣建设开发有限公司独家冠名赞助 2012 年"汇荣杯"桂林国际半程马拉松赛，桂林临桂世纪家园房地产开发有限公司冠名赞助 2012 年"奥林匹克花园杯"CCB 高尔夫俱乐部黄金联赛暨名人邀请赛，为体育产业发展注入了活力。　（罗成斌）

表 28　　2012 年桂林市籍运动员参加世界、亚洲及境外区域性各类比赛成绩表

姓　名	性别	比赛时间	地点	比赛名称	比赛项目	名次
马欢欢	女	8 月 10 日	英国伦敦	2012 年伦敦奥运会	女子水球	5
李燕	女	6 月 19 日	韩国	2012 年中日韩举重友好邀请赛	女子举重 58 公斤级总成绩	1
兰友生	男	9 月 19～25 日	中国澳门	第四届世界青少年武术锦标赛	男子散打 56 公斤级	1
李兵	男	10 月 9 日	蒙古乌兰巴托	2012 年亚洲杯及亚洲俱乐部举重锦标赛	男子举重 94 公斤级抓举	1
李兵	男	10 月 9 日	蒙古乌兰巴托	2012 年亚洲杯及亚洲俱乐部举重锦标赛	男子举重 94 公斤级挺举	1
李兵	男	10 月 9 日	蒙古乌兰巴托	2012 年亚洲杯及亚洲俱乐部举重锦标赛	男子举重 94 公斤级总成绩	1

表 29　　2012 年桂林市籍运动员参加全国性各类比赛成绩表

姓名	性别	比赛时间	地点	比赛名称	比赛项目	名次
黄行群	男	3 月 6 日	浙江宁波	2012 年全国青年举重锦标赛 20 岁以下组	男子举重 52 公斤级抓举	2
黄行群	男	3 月 6 日	浙江宁波	2012 年全国青年举重锦标赛 20 岁以下组	男子举重 52 公斤级挺举	1
黄行群	男	3 月 6 日	浙江宁波	2012 年全国青年举重锦标赛 20 岁以下组	男子举重 52 公斤级总成绩	2
李继传	男	3 月 6 日	浙江宁波	2012 年全国青年举重锦标赛 21～23 岁组	男子举重 130 公斤级抓举	3

续表

姓名	性别	比赛时间	地点	比赛名称	比赛项目	名次
李继传	男	3月6日	浙江宁波	2012年全国青年举重锦标赛21~23岁组	男子举重130公斤级挺举	2
李继传	男	3月6日	浙江宁波	2012年全国青年举重锦标赛21~23岁组	男子举重130公斤级总成绩	2
周琳海	男	3月8~11日	广东广州	2012年全国武术套路冠军赛	男子杨氏太极拳	2
陆树	男	3月8~11日	广东广州	2012年全国武术套路冠军赛	集体项目	3
李赣	男					
黄杰	男					
廖曾芸	男					
李荣艳	女	3月10日	浙江宁波	2012年全国青年举重锦标赛21~23岁组	女子举重75公斤以上级抓举	1
李荣艳	女	3月10日	浙江宁波	2012年全国青年举重锦标赛21~23岁组	女子举重75公斤以上级挺举	1
李荣艳	女	3月10日	浙江宁波	2012年全国青年举重锦标赛21~23岁组	女子举重75公斤以上级总成绩	1
卢艺	女	3月20日	广东湛江	2012年全国春季蹼泳锦标赛	女子4×100米蹼泳接力	1
卢艺	女	3月21日	广东湛江	2012年全国春季蹼泳锦标赛	女子4×200米蹼泳接力	1
骆建林	男	4月1~4日	湖南长沙	第二十六届“李宁杯”西南体操联盟协作赛	男子个人全能	1
骆建林	男	4月1~4日	湖南长沙	第二十六届“李宁杯”西南体操联盟协作赛	男子鞍马	2
骆建林	男	4月1~4日	湖南长沙	第二十六届“李宁杯”西南体操联盟协作赛	男子单杠	2
骆建林	男	4月1~4日	湖南长沙	第二十六届“李宁杯”西南体操联盟协作赛	男子双杠	1
李荣艳	女	4月5日	山东济南	2012年全国女子举重锦标赛	女子举重75公斤级挺举	3
李兵	男	4月12日	福建福州	2012年全国男子举重锦标赛	男子举重94公斤级挺举	2
李兵	男	4月12日	福建福州	2012年全国男子举重锦标赛	男子举重94公斤级总成绩	1
黄睿	男	4月19日	福建莆田	2012年全国射箭冠军赛	男子个人单轮30米	1
李文全	男	4月19日	福建莆田	2012年全国射箭冠军赛	男子个人单轮50米	2
纪术新	男	4月20~22日	江苏常熟	2012年全国青年田径锦标赛	男子4×100米接力	3
张雨薇	女	4月20~26日	江苏昆山	2012年全国蹦床锦标赛	女子双人同步	3
王玲	女	5月20日	四川成都	2012年全国女子水球冠军赛	女子水球	2
宋佳源	女					
张子山	男	5月24日	山东济南	2012年全国青年游泳锦标赛	100米蝶泳	3
兰友生	男	6月9~12日	江西鹰潭	2012年全国青少年武术散打锦标赛	男子散打56公斤级	1
祝建莉	女	7月2~7日	海南屯昌	2012年全国乒乓球少年赛	女子团体	3
黄睿	男	7月5日	江苏南宁	2012年全国青少年射箭锦标赛	男子个人双轮全能	2
黄睿	男	7月5日	江苏南宁	2012年全国青少年射箭锦标赛	男子个人双轮50米	3
黄睿	男	7月5日	江苏南宁	2012年全国青少年射箭锦标赛	男子个人双轮30米	1
李华海	男	7月9~15日	湖北武汉	2012年“李宁杯”全国少儿体操比赛	男子甲组11岁团体	2

续表

姓名	性别	比赛时间	地点	比赛名称	比赛项目	名次
李皓圆 伍若竹 李瑞燕	女 女 女	7月9～15日	湖北武汉	2012年“李宁杯”全国少儿体操比赛	女子乙组8岁团体	2
高悦芹 王一婷 徐洋洋	女 女 女	7月9～15日	湖北武汉	2012年“李宁杯”全国少儿体操比赛	女子乙组9岁团体	1
李皓圆	女	7月9～15日	湖北武汉	2012年“李宁杯”全国少儿体操比赛	女子乙组8岁个人全能	1
李皓圆	女	7月9～15日	湖北武汉	2012年“李宁杯”全国少儿体操比赛	女子乙组8岁高低杠	3
李皓圆	女	7月9～15日	湖北武汉	2012年“李宁杯”全国少儿体操比赛	女子乙组8岁平衡木	1
李皓圆	女	7月9～15日	湖北武汉	2012年“李宁杯”全国少儿体操比赛	女子乙组8岁自由操	2
高悦芹	女	7月9～15日	湖北武汉	2012年“李宁杯”全国少儿体操比赛	女子乙组9岁跳马	1
高悦芹	女	7月9～15日	湖北武汉	2012年“李宁杯”全国少儿体操比赛	女子乙组9岁自由操	1
王一婷	女	7月9～15日	湖北武汉	2012年“李宁杯”全国少儿体操比赛	女子乙组9岁自由操	3
韦子翔	男	7月13～15日	江苏南京	2012年全国少年田径锦标赛	男子标枪	2
杨茂	男	7月13～15日	江苏南京	2012年全国少年田径锦标赛	男子400米栏	2
粟克锋 杨茂	男 男	7月13～15日	江苏南京	2012年全国少年田径锦标赛	男子4×400米接力	2
向正权	男	7月16日	浙江宁波	2012年全国青少年举重锦标赛19～20岁组	男子举重56公斤级抓举	1
向正权	男	7月16日	浙江宁波	2012年全国青少年举重锦标赛19～20岁组	男子举重56公斤级挺举	1
向正权	男	7月16日	浙江宁波	2012年全国青少年举重锦标赛19～20岁组	男子举重56公斤级总成绩	1
于安华	男	7月16日	浙江宁波	2012年全国青少年举重锦标赛19～20岁组	男子举重62公斤级抓举	1
黄世平	男	7月16日	浙江宁波	2012年全国青少年举重锦标赛19～20岁组	男子举重69公斤级抓举	2
黄世平	男	7月16日	浙江宁波	2012年全国青少年举重锦标赛19～20岁组	男子举重69公斤级挺举	1
黄世平	男	7月16日	浙江宁波	2012年全国青少年举重锦标赛19～20岁组	男子举重69公斤级总成绩	2
戴诗琦	女	7月26日	广东湛江	2012年全国青少年蹼泳锦标赛	女子青年组200米蹼泳接力	3
戴诗琦	女	7月28日	广东湛江	2012年全国青少年蹼泳锦标赛	女子青年组4×100米蹼泳接力	1
戴诗琦	女	7月29日	广东湛江	2012年全国青少年蹼泳锦标赛	女子青年组4×200米蹼泳接力	1
龙婵	女	8月13日	江西南昌	2012年全国青少年射击锦标赛	女子个人手枪慢加速	1
陶薛如 王柯予	女 女	8月14～20日	北京	2012年全国青少年艺术体操锦标赛	少年集体5球	3
李皓圆 伍若竹 李瑞燕	女 女 女	8月20～26日	广东佛山	2012年“李宁杯”全国少儿体操总决赛	女子乙组8岁团体	2

续表

姓名	性别	比赛时间	地点	比赛名称	比赛项目	名次
高悦芹	女	8月20~26日	广东佛山	2012年"李宁杯"全国少儿体操总决赛	女子乙组9岁团体	2
王一婷	女					
徐洋洋	女					
李皓圆	女	8月20~26日	广东佛山	2012年"李宁杯"全国少儿体操总决赛	女子乙组8岁平衡木	3
王一婷	女	8月20~26日	广东佛山	2012年"李宁杯"全国少儿体操总决赛	女子乙组9岁高低杠	2
王一婷	女	8月20~26日	广东佛山	2012年"李宁杯"全国少儿体操总决赛	女子乙组9岁自由操	3
梁林虎	男	8月27~31日	重庆铜梁	2012年全国技巧冠军赛	集体项目	3
马欢欢	女	9月15日	广东顺德	2012年全国女子水球锦标赛	女子水球	2
王玲	女					
李燕	女	9月24日	广西柳州	2012年全国女子举重冠军赛	女子举重53公斤级抓举	2
李燕	女	9月24日	广西柳州	2012年全国女子举重冠军赛	女子举重53公斤级总成绩	2
李荣艳	女	9月26日	广西柳州	2012年全国女子举重冠军赛	女子举重75公斤级抓举	2
李荣艳	女	9月26日	广西柳州	2012年全国女子举重冠军赛	女子举重75公斤级挺举	3
李荣艳	女	9月26日	广西柳州	2012年全国女子举重冠军赛	女子举重75公斤级总成绩	3
向正权	男	9月27日	广西柳州	2012年全国举重冠军赛青年组	男子举重56公斤级挺举	2
周玉坤	男	9月27日	广西柳州	2012年全国举重冠军赛青年组	男子举重77公斤级抓举	3
周玉坤	男	9月27日	广西柳州	2012年全国举重冠军赛青年组	男子举重77公斤级挺举	2
周玉坤	男	9月27日	广西柳州	2012年全国举重冠军赛青年组	男子举重77公斤级总成绩	3
李兵	男	9月29日	广西柳州	2012年全国男子举重冠军赛	男子举重94公斤级抓举	1
李兵	男	9月29日	广西柳州	2012年全国男子举重冠军赛	男子举重94公斤级挺举	1
李兵	男	9月29日	广西柳州	2012年全国男子举重冠军赛	男子举重94公斤级总成绩	1
卢艺	女	10月8日	山东烟台	2012年全国蹼泳锦标赛	女子4×200米蹼泳接力	1
江桥坤	男	10月15~20日	广东广州	2012年全国青少年蹦床锦标赛	男子乙组团体	3

（罗成斌）

社会生活

2012年4月20日，全市人口和计划生育工作会议在市直机关小礼堂召开

（市人口和计划生育委员会　供稿）

民　　政

【概况】 2012年,桂林市民政工作在保障和改善民生方面成绩显著。全市全年发放城乡居民最低生活保障(简称低保)、医疗救助、五保供养、自然灾害救助、优待抚恤金、临时困难救济、五保村建设补助资金等各类民政资金,累计9.04亿元。完成65万字《中华人民共和国政区大典》(广西分卷桂林篇)的编纂、《广西地名词典》(桂林卷)和《桂林市自然村名录》的编印。全市共有社会组织1975个,其中新登记成立社会组织39个;注销社会组织8个,撤销社会组织53个,补充登记原来漏登记的社会组织154个。完成社团和民办非企业单位年检938个,占应年检任务的98%。办理结婚登记45707对,离婚登记8643对,涉外婚姻登记341对。依法办理国内收养登记283例,涉外收养登记1例。全市全年火化遗体6851具,经营性公墓安葬墓穴1431个。销售社会福利彩票1.14亿元。救助流浪乞讨人员1.01万人次。完成军供接待任务45批共计1.05万人次。桂林市殡葬管理体制改革方案获市编制部门批准,明确了机构人员编制和管理机构的经费来源。年内,桂林军供站获国家国防动员委员会"十一五"全国交通战备工作先进单位,市民政局和永福县民政局获民政部社会组织"创优争先"活动优秀指导单位。市民政局和灵川县、临桂县、兴安县、荔浦县、资源县、平乐县民政局分别获"自治区民政厅'五个民政建设年'活动先进市、县民政局"称号。

2012年1月17日,市委副书记石东龙(前排右一)带队慰问桂林陆军预备役通信团　(市民政局　供稿)

【桂林市获"五个民政建设年"活动先进市】 2012年,桂林市继续开展民政"五个民政建设年"(基础、项目、信息化、法制、规范管理)活动。在民政基础建设方面,全市有16个县(区)1855个建制村(社区)设立了民政工作站,129个乡(镇)民政办公室落实了工作经费,131个乡(镇)解决民政办公室专用交通工具。在民政项目建设方面,全市项目建设任务122个,计划总投资8497万元,投入开工100个;项目资金实际到位7161万元,其中上级拨款5963万元,地方财政拨款1198万元;完成投资4325万元,占计划投资的60.39%。在民政信息化建设方面,市本级和17个县(区)全部建立民政门户网站,于5月开通试运行,并与自治区民政厅联网。在民政法制建设方面,全市17个县(区)均成立法制办公室,配备专(兼)职工作人员。在民政规范管理方面,各县(区)加强民政专项资金的管理使用,规范低保审核审批操作程序,建立救灾物资审批和备案制度,推进县、乡救灾物资储备仓库的改造和建设。年内,桂林市获"自治区民政厅'五个民政建设年'活动先进市"称号。

【抗灾救灾工作扎实有效】 2012年,桂林市受灾人口32.94万人,转移安置2.34万人,倒损房屋2315户,倒塌房屋1215户,直接经济损失2.45亿元。全市共发放救灾应急生活救助资金3138万元,发放衣被等群众生活用品18.75万件(套),调拨帐篷250顶,完成重建倒塌和严重受损的房屋3709间(1215户)。同时,制订印发《桂林市2012～2013年冬令春荒困难群众生活救助实施方案》,累计发放冬令春荒生活困难群众救助资金和物资折款3767.9万元,救济困难群众25.6万人次。年内,5个城区推进开展综合减灾示范社区创建活动,秀峰区解东社区、九岗岭社区,象山区西城社区、七星区辰山社区获国家减灾委员会、民政部综合减灾示范社区。全年全市共开展灾害应急演练300多次,累计参加人员1.8万人次。

【社会救助工作保障有力】 2012年，桂林市本级和17个县(区)全面建立城乡低收入居民家庭经济状况核对中心，核定全额拨款事业编制居民114名。全市保障城乡低保对象累计18.26万户451.1万人次，累计发放低保资金4.81亿元，新增低保对象63844人，退出低保58507人，实现应保尽保、应退尽退；城市和农村居民低保每人每月补助分别达到215元、86.14元。全市发放城乡医疗救助资金8122万元，救助33.02万人次；发放2012年春节困难群众一次性生活补贴8476万元；发放临时困难救助资金457万元，救助9233户；发放临时物价补贴资金73.26万元；发放20世纪60年代精简退职职工资金48万元；资助城乡低保家庭子女上大学，支出资金73.26万元；资助25.11万人参加“新农合”及城市居民医疗保险。农村“五保”供养提高到每人每月“150元钱、15千克米、0.5千克油”的标准，保障“五保”供养对象3.11万人，发放供养金9042万元，人均月供养标准239.02元；全市新建农村“五保村”115所；完成43个乡(镇)敬老院和“五保”村城乡风貌改造。

2012年，新建的秀峰区甲山街道矮山塘村五保村

（市民政局　供稿）

【社会福利稳步发展】 2012年，桂林市新批准民办养老服务机构成立或筹建7家，新增床位2500张，注销养老服务机构2家。至年末，全市共有养老服务机构1175家，床位17110张。居家养老服务中心(站、点)35个，覆盖社会老人超过9万人，年服务老人38万多人次，从业人员195人。全市集中供养孤儿248人，每人每月生活保障金1000元；分散供养孤儿567人，每人每月生活保障金600元，全年发放生活保障金990多万元。全市全年民政救助艾滋病贫困病人1500多人次，发放生活救助金80多万元。全市为29813名老年人办理了广西老年人优待证红卡、绿卡。市社会福利医院全年门诊病人58574人次，住院收治2507人次。市社会福利院全年收养供(休)养人员349人次，接收弃婴、孤儿94人，送养45人，免费进行手术康复的患儿37例。

【基层自治管理逐步完善】 2012年，桂林市全面开展村务公开民主管理示范单位创建和督查活动，不断完善村务公开民主管理工作机制，提升村务公开民主管理整体水平。做好新一届村(居)两委干部培训工作，全年共举办培训班18期，培训村(居)两委干部4300多名。探索社区服务体系建设新路子，推广社区服务中心(站)的服务模式，秀峰、象山、七星、叠彩4个中心城区开展了和谐社区创建等主题活动。年内，恭城瑶族自治县获“自治区村务公开民主管理示范县”称号，资源县中峰乡等5个乡(镇)获“自治区村务公开民主管理示范乡(镇)”称号，平乐县沙子镇协中村等8个建制村获“自治区村务公开民主管理示范村”称号。

【优抚安置工作扎实推进】 2012年，桂林市发放优抚对象优待、抚恤和生活补助经费1.56亿元，发放重点优抚对象医疗救助金、临时困难救助金、资助“新农合”及城市医保资金累计1215万元，救助优抚对象总人数2.54万人次。全市共投入2680万元扩建光荣院。规范评残(评定残疾军人，因战、因公受伤人员残废等级)追烈(追认烈士)工作，全市新评残27人，补评残16人，迁入换证37人，评残调级8人，遗失补证8人。全市共接收退役士兵1562人，接收安置军队离退休(军休)干部、士官和伤病残士兵23名。共慰问军休干部758人、无军籍退休职工296人、军休工作人员129人。开展退役士兵职业教育和技能培训，全市共培训退役士兵1043人。

【双拥工作全面发展】 2012年，桂林市市、县两级双拥工作经费优先纳入年度财政预算。5个城区建立社区双拥工作服务站6个。市委、市人民政府对驻桂林部队942名立功官兵进行了表彰奖励；对随军未就业家属每人每月发放生活补助金150元，全年共发放生活补助金152万元。春节、“八一”建军节期间，各级政府和部门安排慰问部队、烈军属经费共1800多万元，分别组织慰问团（组）对辖区部队、广西军区机关、大连海军“桂林舰”、福建连城一线轮战的部队官兵进行了慰问。年内，驻桂林消防部队参加火灾、洪涝灾、交通事故、游客被困事故等大小灾情险情救援共出动警力364次，挽救群众生命财产损失近3亿元。驻桂林部队送医送药下乡，免费发放药品5万多元；为困难学生捐款捐物，款物合计80多万元；为77所中学3.2万余名学生进行了军事训练；全年接待党政机关、学校、企事业单位到部队训练、参观学习3000多人次。（韦天佑）

【行政区划调整取得进展】 2012年，桂林市民政局完成桂林市部分行政区划调整申报工作。临桂县撤县设区行政区划调整方案获国务院批准。推进撤乡建镇区划调整工作，灵川县灵田乡、临桂县四塘乡、灌阳县新街乡撤乡建镇获自治区人民政府批复。（秦丽萍）

民族事务

【概况】 2012年，桂林市民族工作按照“抓好五件大事、把握八项重点工作、办好一件实事”的思路，以建设民族团结模范市为目标，以维护少数民族利益、维护民族团结、维护社会和谐稳定为中心任务，紧紧抓住主线，各方面工作取得新突破，民族工作的社会效益、影响力不断增强。

【桂林市民族工作委员会成立】 2012年，桂林市成立了以市委副书记石东龙为主任，副市长王建毅为副主任，市直32个部门为成员单位的桂林市民族工作委员会。桂林市民族工作委员会明确了各部门的主要职责，并召开成员单位的协调会议，增添了民族工作新的活力，为民族工作开展提供强有力的保障。

【举办桂林市民族团结摄影展】 2012年11月19～21日，由桂林市民族事务委员会（简称市民委）主办、桂林民族研究会承办、桂林市摄影家协会协办的桂林市民族团结摄影展在桂林市博物馆举行，副市长王建毅、市政协副主席秦俊参加开展仪式。摄影展共收到全市摄影爱好者拍摄的图片536幅，筛选出120幅进行展出，图片的题材涉及民族地区自然风光、少数民族生产生活及多彩的文化等多个层面，展示了全市少数民族良好的精神风貌。

【开展民族团结进步创建活动】 2012年，市民委深入开展民族团结进步创建活动。开展民族团结进步创建连片社区活动，在象山区民族、甘棠、银锭社区及回民小学建立了民族团结进步创建活动连片社区示范点。全年市民委共争取到国家、自治区两级民族团结进步创建活动项目12个，经费101万元。年内，兴安红军长征突破湘江烈士纪念碑园、八路军驻桂林办事处纪念馆被授予自治区民族团结教育示范基地。

【促进民族乡经济发展】 2012年，市民委共争取国家、自治区两级少数民族发展资金项目58个，

2012年11月1日，桂林市民族乡科学发展经验交流暨乡庆工作座谈会在全州县召开（市民委 供稿）

经费891万元；民族工作经费项目19个，经费138万元。指导各县（区）做好2012年少数民族发展资金项目的实施及2012～2015年度少数民族发展资金项目库建设。组织民族乡以乡庆为契机，改善发展条件和环境。11月1～2日，配合市政府在全州县召开全市民族乡科学发展经验交流暨乡庆工作座谈会，对“十二五”规划期间民族乡科学发展工作、乡庆工作作全面部署。年内，市民委协助桂林中族中药公司、桂林兄弟木业有限公司等19家企业完成民族贸易民族用品企业的申报工作，其中获国家批复认定8家。全年民贸民品企业获流动资金贷款19955万元，贴息资金574.71万元。

2012年8月24日，桂林市第二届少数民族传统体育运动会开幕

（市体育局　供稿）

【桂林市第二届少数民族传统体育运动会举行】 2012年8月24～26日，由市政府举办、市民委和市体育局联合承办的桂林市第二届少数民族传统体育运动会举行，市长李志刚及市四家班子分管领导、市直单位负责人共2200多人参加开幕式。比赛设有高脚竞速、三人板鞋、射弩、陀螺、武术、大象拔河、投绣球等7大项36小项。各县（区）和桂林民族职业技术学校共18支代表队538名运动员参加比赛。

【加强民族文化传承保护】 2012年，《桂北民族丛书》资源、阳朔、灵川、平乐、灌阳、兴安等六县卷正式出版。开展民族文化进校园工作，年内共投入10万元支持桂岭小学、桥头小学等学校开展民族文化进校园工作。11月，在龙胜民族中学举办民族文化进校园成果汇报会，展示了一批成果。年内，市民委安排扶持节庆活动经费10万元，支持少数民族开展壮族的三月三、瑶族的盘王节、苗族的大端午苗歌节、侗族的百家宴和祭萨节等民族节庆活动，促进民族节庆文化活动品牌效应不断提升。

【开展民族调研活动】 2012年，市民委有针对性地组织开展调研工作，掌握民族地区的基本情况。全年共收到全市民族事务部门调研报告30篇，参加自治区民族事务部门调研报告评比，获一等奖2篇、二等奖4篇、三等奖3篇。　（何盛明）

宗教事务

【开展宗教活动场所财务监督管理工作】 2012年，桂林市宗教界贯彻落实国家宗教局《宗教活动场所财务监督管理办法》，开展了以健全和规范宗教活动场所管理制度为主题的财务监督管理专项工作。4月初，举办全市宗教干部、市级宗教团体、县（区）宗教团体和主要宗教场所负责人学习班，培训有关财务管理基本知识。8月22日、23日，分别召开全市宗教团体会议、宗教局长（宗教办主任）工作会议，进行阶段性工作总结，并部署下阶段宗教活动场所财务监督管理检查验收、查漏补缺工作。11月中旬，全市宗教活动场所财务监督管理检查验收工作完成。全市81个宗教活动场所中的大场所17个，有15个宗教活动场所财务监督管理验收达标，达标率88%；小场所64个，有54个宗教活动场所财务监督管理验收达标，达标率84%。

【开展和谐寺观教堂安全年创建活动】 2012年，市宗教局贯彻国家宗教局《关于2012年以“安全”为主题开展和谐寺观教堂创建活动的通知》精神，在全市宗教界开展了以提高安全意识、消除安全隐患、加强规范管理为主要内容的和谐寺观教堂

2012 年 11 月 20～25 日，台湾寺庙金兰会参访团一行在桂林访问交流

（市宗教局　供稿）

安全年创建活动。年内，选送 12 名宗教干部和宗教界代表人士参加国家宗教局、自治区宗教局组织举办的培训班学习。6 月 26～27 日，举办全市宗教干部、市级宗教团体领导政策法规学习班，参加学习人员 91 人。年内，平乐县清真寺、全州县天台院、兴安县佛音寺、灌阳县西山高草禅林寺、龙胜各族自治县龙头寺、临桂县二塘基督教堂、永福县县城基督教堂获“桂林市首届和谐寺观教堂先进单位”称号。

【开展宗教慈善活动】 2012 年，全市宗教界积极开展慈善周活动。9 月 15 日，召开全市宗教团体和宗教场所负责人“宗教慈善周”再动员大会。在慈善周活动中，市佛教协会捐资 5.7 万元，分别用于灌阳、阳朔等县的农村扶贫济困、助学和慰问市区内孤残人员。市基督教捐资 2 万元，帮助龙胜各族自治县马海村平整、硬化出村的机耕道。市伊斯兰教动员各清真寺和穆斯林群众捐资 4.5 万元，用于回民敬老院的修缮和设备更新。各县宗教团体和宗教场所分别组织开展了丰富多彩的慈善周活动。在慈善周活动中，全市宗教界合计捐款捐物 28.16 万元。

【支持宗教界场所建设】 2012 年，市宗教局依法批准七星区、兴安县、灌阳县共 3 个区（县）的基督教以堂带点转变为其他固定处所，批准雁山区草坪回族乡潜经村清真寺作为其他固定处所开展活动。3 月，国家宗教局副局长张乐斌一行到桂林调研，为市基督教堂、平乐同安基督教堂划拨维修资金各 8 万元，临桂山尾清真寺划拨 5 万元。12 月，宗教部门协助市天主教两会参与房屋竞标，购买荔浦县马岭镇原文化站的 3 层楼房，作为天主教宗教活动处所使用。年内，市宗教局支持宗教场所建设，协助桂林天主堂争取到因外墙贴砖大面积松动的维修工程款 46 万元，保障了维修工程在圣诞节前顺利完成。

【加强宗教事务管理】 2012 年，市宗教部门依法加强宗教事务管理，引导宗教与社会相适应。3 月，对西山公园内隐山周围的自行搞宗教造像、私设功德箱等进行依法处理。5 月，依法取缔市内 1 起打着基督教名义组织的非法聚会活动。10 月，对各县和市区一些涉及借宗教敛财的景区景点开展执法检查工作，进行现场政策宣传，督促整改，对打着佛教名义摆放功德箱的 2 个景点进行批评教育，并将功德箱拆除。阳朔县依法拆除白沙镇雷公村未经批准私建的“广福寺”。资源县依法处理了 3 起乱建寺庙行为。

【宗教人士来访】 2012 年，市宗教部门共接待来访 1919 人。5 月 27 日，接待了来自自治区内外的参加桂林市基督教教堂建堂百年庆典的基督教信徒，及来自英国、澳大利亚和中国香港等地来宾共 1800 余人。11 月 20～25 日，以台湾寺庙金兰会会长王增荣为领队的台湾寺庙金兰会参访团一行 100 余人在桂林访问交流，参访团到能仁寺、栖霞寺与佛教僧众进行了座谈交流，并互赠礼品。12 月 7～10 日，全国政协委员、西藏自治区政协副主席巴桑顿珠为团长的西藏爱国人士考察团一行 19 人到桂林考察访问。　（庾祥元　苏护保）

侨　　务

【概况】 2012 年，祖籍桂林的海外华侨华人约 20 万人，分布在 70 多个国家和地区。这 20 万人中除原桂系从中国香港、台湾移居海外的外，多数为改革开放后的新移民。桂林市归侨、侨眷约15万人。归侨主要来自印度尼西亚、越南、马来西亚、新加坡、印度等10个国家和地区。归难侨安置在各行业，其中安置归难侨较多的是桂林华侨农场。

年内，桂林市各级侨务办公室加大"请进来""走出去"力度，努力拓展海外联谊工作，全年接待到桂林考察、访问的海外华侨华人、港澳同胞85批次1350人次，其中市侨务办公室（简称市侨办）接待55批次980人次。出访5人次，访问越南、老挝、柬埔寨、马来西亚、南非5个国家和中国香港地区。市各级侨办支持并协助海外华侨华人、港澳同胞及一些海外华侨华人友好社团参与救灾、扶贫工作，全年接收海外侨胞、港澳同胞捐赠款物折合人民币150多万元，发放150万多元；为6所贫困乡村小学修缮教学设施、购置文体器材600余件，救助困难群众、资助贫困大中小学生等550多人。

【国务院侨办领导到桂林调研】 2012年10月28日，国务院侨办副主任任启亮、国内司司长赵昆在桂林调研桂林华侨农场改革和发展工作。其间，任启亮一行听取了桂林市人民政府和高新七星区人民政府关于桂林华侨农场改革和发展工作情况汇报，并视察了桂林华侨农场。任启亮肯定桂林华侨农场在改革和发展工作方面取得的成绩，同时希望桂林市在深化桂林华侨农场改革发展上取得新突破。

【第六届世界华侨华人社团联谊大会考察团到桂林考察】 2012年4月12～13日，参加第六届世界华侨华人社团联谊大会考察团在桂林参观考察，考察团成员来自美国、加拿大、法国、马来西亚等25个国家和地区的126名华人华侨社团负责人。4月12日，中共桂林市委副书记石东龙向考察团一行介绍了桂林的地理、历史、人文及经济社会发展情况，并邀请海外侨胞、侨团和有识之士到桂林投资兴业，共赢发展。

【开展海外华文教育】 2012年，市侨办继续加大开展海外华文教育力度，与市、县（区）教育局等部门合作，在全市范围内遴选10名优秀教师作为外派候选对象，补充完善市侨办外派教师信息库，并选派2名教师赴老挝援助教育。8月14～17日，配合自治区侨办承办、广西师范大学协办"2012年海峡两岸青少年夏令营广西营"活动。12月15日，协助自治区侨办在市少年宫承办马来西亚华裔青少年广西壮乡行冬令营开营仪式活动。9月13～27日，与市少年宫、广西师范大学等部门和单位合作，选派10名在书法、武术、音乐等方面有出色才艺和丰富教学经验的教师，参加由国务院侨办主办、自治区侨办承办的"中华文化大乐园"夏令营柬埔寨营活动。11月10日，在市台联酒店举办为期2天的华文教师培训班，培训来自全市的外派储备教师35人。 （陆汉宝）

人口和计划生育

【概况】 2012年，桂林市人口和计划生育工作按照"惠民生、保稳定、促发展"的工作思路，巩固提升诚信计生工作，完成了各项工作任务。全市全年出生人口64412人，人口出生率12.12‰，其中政策内出生60819人，符合政策生育率94.42%。二孩出生人口24471人，其中政策内出生21440人，符合政策生育率87.61%。多孩出生人口492人，其中政策外多孩285人，政策外多孩率为年内出生人口的0.44%；全年出生人口性别比为107（女为100），农村长效避孕率89%。年内，桂林市人口

2012年6月16日，全国诚信计生暨人口计生基层群众自治工作座谈会在桂林榕湖饭店国际会议中心召开 （市人口和计划生育委员会 供稿）

和计划生育委员会获“全国人口计生系统先进集体”称号，全州县获“全国计划生育优质服务先进单位”称号。桂林市获“自治区人口和计划生育工作特别先进奖”称号，秀峰区、七星区、象山区、临桂县、阳朔县、灵川县、兴安县、龙胜各族自治县、荔浦县获“自治区人口和计划生育工作模范区(县)”称号。

【桂林市计划生育协会第二次会员代表大会召开】 2012 年 4 月 20 日，桂林市计划生育协会第二次会员代表大会暨先进表彰会在秀峰区政府会议室召开。市委副书记石东龙、市人大常委会副主任石春莲、副市长巫家世、市政协副主席容作信出席大会，参加会议的会员代表 132 名。大会选举产生由 101 名会员组成的桂林市计划生育协会第二届理事会，选举产生由 49 名会员组成的常务理事会。石东龙当选桂林市计划生育协会会长，唐春洪当选常务副会长，周理胜、何年养、姚安明当选副会长，周三旺当选专职副会长，吴江萍为常务理事会秘书长。

【“生育关怀——青春健康教育”现场推广会在桂林市召开】 2012 年 6 月 27 日上午，自治区计划生育协会主办的“生育关怀——青春健康教育”现场推广会在桂林市召开。自治区人口和计划生育委员会副巡视员、自治区计划生育协会专职副会长曾强华，市人大常委会副主任石春莲出席会议。全自治区 14 个市计划生育协会专职副会长、秘书长，试点县(市、区)专职副会长参加会议。会上，市人大常委会副主任石春莲向大会致辞，桂林市、象山区、荔浦县、临桂县作经验介绍，自治区计划生育协会专职副会长曾强华肯定了桂林市在开展青春健康教育进社区、进企业、进校园活动中的做法和经验，要求各市计划生育协会把青春健康教育作为主打品牌抓好抓实，造福更多育龄群众。会议期间，与会代表们参观了象山区力创社区建设的青春健康教育示范点。

【公共服务均等化有新举措】 2012 年 5 月，为提升流动人口基本公共服务均等化水平，提高流动人口已婚育龄妇女查环查孕率，稳定低生育水平，桂林市出台了《桂林市流入已婚育龄妇女查环查孕赠送季度保险实施办法(暂行)》。对流入已婚育龄妇女应查环查孕对象每季度在桂林市现居住地县(区)接受查环查孕的，可获得当地赠送的中国人寿保险公司推出的“季度保险”，保险期限从领取保险单据凭证次日零时起，共 90 日。90 日内只能享受一次。“季度保险”每份保费 5 元，对意外伤害身故、残疾等进行赔付。保费由县(区)向保险公司垫付，列入当地财政预算给予保障。 （雷榜育）

老龄工作

【概况】 2012 年，桂林市老龄工作按“党政主导、社会参与、全民关怀”的老龄工作方针，围绕“六个老有”的总体目标推动老龄事业发展。全年全市共争取到中央彩票公益金涉老项目 589 万元，自治区创新农村养老服务体系建设扶持资金 300 万元。调解涉老纠纷 125 件，为老年人提供法律援助 921 人次，接待法律咨询 4000 多人次，为老年人办理遗嘱公证 528 件、再婚公证 120 件。为老年人免费办理老年优待证 29813 张。全市有各类养老服务机构 1175 家，其中农村五保村 978 个、乡(镇)敬老院 132 个、社会福利院 17 个、光荣院 10 个、民办养老机构 38 家，共有床位 17110 张。有居家养老服务中心(站、点)35 个。年内新增养老床

2012 年 6 月 16 日，国家人口和计划生育委员会领导到兴安县溶江镇莲塘村调研
（市人口和计划生育委员会 供稿）

位2500多张、居家养老服务中心(站、点)7个。在第五届全国敬老爱老助老主题教育活动中，秀峰区民政局获“全国敬老模范单位”称号，黄继林等11人获全国“孝亲敬老之星”。年内，桂林市老年大学等9个单位成为“幸福养老大课堂”西部援建计划受助单位。

【社会养老保障体系建设】 2012年，全市城乡居民社会养老保险参保人数195.69万人，参保率96.23%，其中新型农村社会养老保险(简称“新农保”)参保人数192.72万人，参保率96.3%；城镇居民社会养老保险(简称“城居保”)参保人数2.97万人，参保率91.66%。全市60岁以上老年人领取养老金55.53万人，其中新农保发放54.1万人、城居保发放1.43万人，发放率均为100%，圆满完成自治区和市政府提出的目标任务。

【“12349”社区为老公益热线信息服务实现市区全覆盖】 2012年，市老龄工作委员会办公室(简称市老龄办)争取到全国“12349”社区为老服务公益热线信息平台建设试点项目经费140万元。6月项目建设启动，12月第一期试点项目在5个城区运行，实现市区内信息服务全覆盖。老年人足不出户便可享受家政、法律咨询、教育培训、生活百事等10大类100余项服务。

【《桂林市老龄事业发展“十二五”规划》出台】 2012年，市老龄办组织编制《桂林市老龄事业发展“十二五”规划》，并向市老龄工作委员会23个成员单位征求意见。2月13日，市政府以市政办〔2012〕10号出台实施。《桂林市老龄事业发展“十二五”规划》对全市老龄工作提出了近、中期目标任务，分阶段对相关责任单位明确了工作任务。

【“敬老文明号”单位创建活动启动】 2012年8月，桂林市在全市范围内启动“敬老文明号”单位创建活动。“敬老文明号”单位创建活动由全国老龄委和相关部门发起，旨在动员各涉老部门、为老服务组织、公共服务窗口行业等参与，以组织更多的社会力量、提升为老服务水平开展的创先争优活动。各县(区)、市直各有关单位积极开展宣传动员、申报、评选及表彰工作。至年底，全市共有近100个为老服务组织及公共服务窗口行业开展了创建活动。

【全国老龄办领导在桂林调研】 2012年4月19～21日，全国老龄办副主任吴玉韶对七星区毛塘路社区居家养老服务中心、桂林市夕阳红养老中心和阳朔县福利镇福利村老年协会进行考察调研。吴玉韶在听取汇报和考察后对桂林市在政策制定、老年法规落实、养老服务等方面实现的重大突破给予充分肯定。

【加强基层老年协会示范点建设】 2012年，市、县(区)各级老龄工作部门创新农村养老服务体系建设，获得首批自治区示范性基层老年协会100个300万元的经费扶持。8～9月，市老龄办到获经费扶持的100个基层老年协会检查指导，查看档案资料建立、台账管理。年末，桂林市基本完成基层老年协会登记备案工作，共登记备案基层老年协会1708个(其中登记131个，备案1577个)，占建制村(社区)的91.9%，会员24万人，并建立基层老年协会信息数据库。

【开展老年群众文体活动】 2012年，市、县(区)各级老龄工作部门举办形式多样的老年文体活动520场次，其中老年文艺下乡200多场次，400万余人次参加。2月3日，市老龄办在市艺术馆举办2012年老年人迎新春文艺演出。9月21日，市老龄办联合市委老干部局、市文化局在广西师范大学王城校区国学堂举行纪念干部离退休制度建立30周年暨第十届老年文艺调演。10月19日，市老龄办在中心广场举办重阳节老年人文艺演出。

【服务社会】 5月22日，市老年科技工作者协会向市政府呈报《关于对桂林城北区乌石街、星华城中村改造工作的建议》，市委书记刘君、市长李志刚视察后，同意叠彩区政府与新疆广汇集团联手对城中村进行改造。6月，市老年科技工作者协会向市政府提交《桂林市城中村改造调研报告》。12月向市政府及有关部门呈报《桂林世界旅游城水系连通规划论证报告》的研讨意见。年内，市老年科技工作者协会举办各类“三农”(农业、农村、农民)技术培训班40期，授训4034人次。组织文化科技卫生三下乡、进社区活动共10次，为群众义诊600多人，为中小学举办科普演讲74场次，参加听讲师生23850人次。

(黎剑)

城镇居民生活

【城镇居民收入稳定增长】 2012年,桂林市采取多种措施稳定物价,扩大内需,促进就业,提升城镇居民收入水平,全年城镇居民人均可支配收入22300元,增长12.16%。

【城镇居民收入结构更趋合理】 2012年,桂林市随着经济的发展,工业化和城镇化的加快推进,企业用工数量增加,城镇居民工资性收入保持持续较快增长,成为最直接、最重要的收入来源,年工资性收入占城镇居民家庭总收入的56.5%。随着桂林经营环境不断改善,激励了城镇居民自主创业热情,促使城镇居民经营性收入较快增长,年经营性收入占城镇居民家庭总收入的12.21%,经营性收入成为桂林城镇居民可支配收入的另一个主要增长点。随着城镇离退休人员和低收入群体收入的提高及人情往来消费水平提高,城乡亲友互帮能力增强,拉动转移性收入增加,年转移性收入占城镇居民家庭总收入的26.87%。年内受证券市场低迷等影响,城镇居民财产性收入下降,年财产性收入占城镇居民家庭总收入的4.42%,比上年有所下降。

【县(区)居民收入不均衡】 2012年,桂林市城区居民人均可支配收入22728元,增长11.72%;县城居民人均可支配收入21869元,增长12.66%。两者相差859元。市区发展比较均衡,各县之间差距较大。最低的县18763元,最高的县26584元,相差7821元。

【消费水平提升】 2012年,桂林市城镇居民消费保持持续增长态势。人均消费支出14470元,增长12.59%,占可支配收入64.89%。八大类消费支出均呈增长态势,恩格尔系数为41.02%,下降1.36个百分点,显示出桂林市城镇居民生活状态较好。

表30 2012年桂林市城镇居民人均可支配收入增长情况表

项目	单位	2012年	2011年	增长(%)
可支配收入	元/人	22300	19882	12.16
家庭总收入	元/人	23743	21254	11.71
工资性收入	元/人	13415	11985	11.93
经营性收入	元/人	2899	2618	10.73
财产性收入	元/人	1049	1051	-0.19
转移性收入	元/人	6380	5601	13.91

表31 2012年桂林市城镇居民人均消费支出增长情况表

项目	单位	2012年	2011年	增长(%)
全年消费支出	元/人	14470	12852.1	12.59
食品	元/人	5935.1	5446.77	8.97
衣着	元/人	1305.48	1170.48	11.53
居住	元/人	1329.65	1218.84	9.09
家庭设备用品及服务	元/人	949.73	865.43	9.74
医疗保健	元/人	901.85	830.39	8.61
交通和通信	元/人	1831.93	1435.84	27.59
教育文化娱乐服务	元/人	1826.41	1587.2	15.07
其他商品和服务	元/人	389.82	297.18	31.17

(张忠南)

区县简介

2012 年 3 月 23 日，恭城瑶族自治县平安乡北洞源村举行“全国文明村镇”揭牌仪式

（市人民政府　供稿）

秀峰区

【概况】 秀峰区位于桂林市区中西部,辖秀峰、丽君、甲山3个街道,下设20个社区,7个建制村。区人民政府驻中隐路31号。行政区域面积54平方千米。2012年年末,户籍常住人口10.91万人,人口自然增长率-5.4‰。年内,秀峰区获"自治区双拥模范城区"称号。

经济总指标 全年实现地区生产总值63.59亿元,其中第一产业增加值0.97亿元,第二产业增加10.29亿元(其中工业增加值7.15亿元),第三产业增加52.33亿元;人均地区生产总值5.83万元。全社会固定资产投资完成金额43.14亿元,社会消费品零售总金额83.86亿元。

财政 全年财政收入5.59亿元,其中一般预算收入3.66亿元。财政一般预算支出4.07亿元。

农业 全年农林牧渔业总产值1.85亿元,其中农业产值0.52亿元,牧业产值1.11亿元,渔业产值0.13亿元,服务业产值0.09亿元。粮食播种面积0.03万公顷,总产量0.01万吨。

工业 全年工业总产值22.55亿元,(比上年,下同)增长3.7%;工业增加值7.15亿元,增加0.08亿元;工业增加值占地区生产总值的11.25%。规模以上工业实现总产值5.94亿元,下降1.1%。新增规模以上工业企业1家,全区规模以上工业企业13家,其中工业总产值超亿元企业7家。

文化·科技 年末有文化艺术团体40个,会员1800人,创作完成的文化艺术作品200个。各类艺术表演团体40个,演职人员1300人。剧院(场)4座,年演出1000场次,观众55万人次。电影放映单位1个,年放映9200场次,观众28万人次。文化馆1个。公共图书馆1个,藏书60万册。档案馆1个,博物馆1个。全年下达区本级科技项目8个,科技支持项目资金240万元。协助辖区单位、企业落实国家级项目8个,自治区级项目13个,市级项目31个。共向上级争取项目52个,经费749万元。举办农业科技培训班12期,培训2600人次,科技人员下村指导30次,解决科技问题70件。

教育 2012年,全区有公办初级中学2所,专任教师67人,在校初中生1016人。公办小学10所,专任教师375人,在校小学生8149人,小学适龄儿童入学率100%;民办事业办小学5所,在校小学生2165人。公办幼儿园1所,专任教师21人,在园幼儿302人。

卫生 全区各级各类医疗机构有床位1282张,卫生技术人员2465人,其中执业医师694人,注册护士978人。全区参加新型农村合作医疗农民16493人,参合率99.68%。

计划生育 全年全区出生人数1077人,符合政策生育率98.6%,其中二孩符合政策生育率93%,政策外多孩率0;出生男女性别比为109。

固定资产投资 全区固定资产投43.15亿元,增长30.1%。其中:基本建设投资31.16亿元,更新改造投资6.83亿元;房地产业投资2.88亿元;农村投资2.26亿元,增长41.43%;其他投资0.02亿元。

招商引资 全年全区在建项目19个,合同总金额12.11亿元,全部为自治区外建设项目到位资金,完成年度任务的105.3%。引进外资项目到位资金809.5万美元,完成利用外资年度任务的101.2%。

居民生活 全区在岗职工年平均工资39681元,增11.48%。城镇居民人均可支配收入22763元,人均消费性支出13582元。农民人均纯收入9129元,增长16.5%,人均生活费支出6614.5元。全年保障农村低保对象2863户次,累计发放农村低保金95.79万元。城镇新增就业人数1999人,城镇登记失业率为4.18%。技能培训86人,创业培训123人。

旅游 区内共有1个国家5A级旅游景区(独秀峰·王城景区)、3个国家4A级旅游景区(两江四湖景区、芦笛景区、刘三姐景观园)。

【秀峰区获"广西人口和计划生育工作模范县(区)"称号】 2012年,秀峰区以秀峰街道东华社区为试点,打造"一人参与,全家受益"的诚信计生服务新模式。实施失地农村独生子女家庭参加社会养老保险政府补贴标准提高5%的政策,共补贴173人,发放补贴金额26.93万元。继续落实农村独生子女户或新婚未育户增加1个拆迁安置人口面积(60平方米)的奖励优惠政策。建设一批新型的人口文化长廊、人口文化大院等宣传阵地。全年共投入计生奖扶资金64.73万元,惠及计生家庭 5602 户 9287 人；为 518 对夫妻提供免费孕前优生健康检查。在辖区 12 个社区(村)建设"幸福家园"村级服务平台；为 327 名流动人口购买保险费为 5 元的"季度保险"。年内，秀峰区获"2012 年广西人口和计划生育工作模范县(区)"称号。

【"三月三"民族歌圩节获殊荣】 2012 年 12 月 30 日，以全面建设"美丽中国"为宗旨的第三届中国节庆创新论坛在北京闭幕，秀峰区的"三月三"民族歌圩节荣膺 2012 节庆中国榜"最佳传承弘扬传统文化节庆"。秀峰区首届"三月三"民族歌圩节于 2011 年 4 月 5 日在鲁家新村举办，此后每年举办一次。该项大型活动以鲁家新村和风雨桥为背景，以本土文化和民族风情为元素，采取传统歌圩和实景演出为表现手法，以歌会友，以歌传情，展示多姿多彩的桂北民族风情。

【创新社会管理成效明显】 2012 年，秀峰区创新社会管理工作模式。创立"你说我听抓落实"群众工作平台，共下访接待群众 500 多人次，解决各类矛盾纠纷 80 多件。实行错时工作制度，将社区服务、城市管理的时间延伸到八小时以外，有效解决"市民登门、社区关门"和"城管下班、摊贩上班"的矛盾。广泛开展党员义工服务活动，建立党员义工联系点 142 个。1160 多名党员和群众利用业余时间到困难群众家中听取意见，为困难群众做好事、实事 500 多件。打造社区"15 分钟生活圈"，投入 1400 多万元，兴建市场和规范"便民一条街"。开发劳动就业岗位 690 多个，安置就业困难人员 1850 人。

【推进鲁家特色旅游名村建设】 2012 年，鲁家村被自治区列入 2012 年特色名镇名村建设规划。秀峰区抓住桂林建设国家旅游综合改革试验区机遇，将鲁家村作为社会主义新农村的建设试点进行改造。改造后的鲁家新村为独栋联排式桂北民居，总投资 8000 万元，全村占地面积 3.2 公顷，建筑面积 25515 平方米。秀峰区扶持村民大力发展乡村特色旅游，并在新村设立商铺区、特色餐饮区和农家旅馆区，建设一个休闲度假的"都市田园"。3 月 24 日，鲁家新村建成开村。9 月 30 日至 10 月 4 日，秀峰区在该村举办首届"桂林桃花湾啤酒节"，吸引了近 10 万人次参观游玩，带动了鲁家特色旅游名村的建设。

【农村环境综合整治及公共服务设施建设】 2012 年，秀峰区出台了《农村环境综合治理及公共服务设施建设三年规划(2012～2014)》，从村庄规划、村庄环境治理、道路和绿化建设等方面，规划年度工作目标，细化工程项目，明确责任部门。年内，共批准实施了官桥村委、唐家村委办公综合楼，洋江头村饮水安全工程，熊家村(枫木山)、李家村村道建设等 10 项工程，财政扶助资金共 164 万元，带动农村集体和群众自筹投入资金近 2000 万元。

【企业发展有新亮点】 2012 年 12 月 26 日，桂林市红星化工有限责任公司获中国轻工业联合会颁发的诚信管理体系证书，成为全国食品添加剂行业第一家，也是桂林市第一家获得诚信体系认证的企业。年内，秀峰区实施培育企业税收上台阶计划，加快培育一批规模优势明显、带动作用突出、税收增长稳定的骨干企业。出台了相关财政扶持奖励政策，将 14 家企业作为税收上台阶的重点扶持企业，其中培育年度纳税金额超过 1000 万元的企业 3 家，培育年度纳税金额超过 500 万元的企业 4 家，培育年度纳税金额超过 100 万元的企业 7 家。每一个重点企业均有一名区领导挂点联系，相关职能部门一把手具体牵头，联合税务局开展扶植企业税收上台阶工作。年内，14 家企业实现了税收上台阶目标，新增税收近 4000 万元。

【民生领域取得新成就】 2012 年，秀峰区投入 120 多万元对丽君路北巷、西山南巷一里、骝马山北巷等 8 条小街、小巷实施整体改造及道路硬化，对辖区部分破损道路进行修复。1 月，总经营面积 12 万平方米，投资 5 亿元的青禾美邦国际家居 MALL 正式营业。5 月，占地面积 600 平方米，总建筑面积 80 平方米，总投资 200 多万元的西环路生活垃圾中转站建成投入使用，该垃圾中转站的建成结束了辖区无生活垃圾中转站的历史。12 月 7 日，秀峰区举行东安路(二期)、红岭路通车仪式。东安路(二期)全长 2.65 千米，为双向四车道，城市二级主干道。与东安路(二期)交叉的红岭路全长 1.24 千米，为双向六车道，城市二级主干道。

【"十佳美味餐厅"评选】 2012 年中秋、国庆期间，秀峰区在正阳步行街举办"秀峰区美味十佳餐厅评选暨桂林地方特色餐饮美食展"活动。20 多家餐饮企业参加比赛，展出特色美食品 100 余种，吸引近10万名市民和游客参观。桂林市风味粥城有限公司、桂林市好吃堡饮业有限公司、桂林市夏绿地餐饮有限公司等餐饮企业被评为"秀峰区十佳美味餐厅"。

【《秀峰年鉴(2012)》正式出版】 2012年12月,秀峰区建制以来第一部年鉴——《秀峰年鉴(2012)》正式出版,该年鉴是桂林市5个城区正式出版的第一本综合年鉴。全书32万字,着重记载2011年秀峰区经济社会发展的基本情况及大事、要事、新事,设特载、大事记、秀峰区概貌等23个类目。全书共设80个分目,419个条目。彩色插图32页61幅,辑封和内文插图124幅。

(李雪　徐小平)

叠彩区

【概况】 叠彩区位于桂林市北部,辖叠彩、北门2个街道和大河乡,下设21个社区,15个建制村。区人民政府驻中山北路147号。行政区域面积52平方千米。2012年年末,户籍常住人口14.24万人。

经济总指标　全年地区生产总值49.29亿元,增长5.4%。其中:第一产业增加值1.01亿元,增长4.7%;第二产业增加值12.05亿元,增长2.8%;第三产业增加值36.23亿元,增长6.3%。人均地区生产总值28425元。全社会固定资产投资完成金额41.89亿元,增长4.4%。社会消费品零售总金额56.19亿元,增长21.79%。

财政　全年财政收入3.24亿元,增长7.8%,其中地方财政收入2.19亿元,增长31.9%。财政支出2.49亿元,增长9.7%。

农业　全年农林牧渔业总产值1.96亿元。粮食播种面积689公顷,总产量4233吨。全年完成各类人工造林面积2.33公顷,森林覆盖率23.8%。

工业　全年工业总产值27.86亿元,增长5.7%;工业增加值6.83亿元,增长2.9%;工业增加值占地区生产总值的9.9%。规模以上工业实现总产值22.73亿元,增长5.9%。全区规模以上工业企业13家,年产值超1000万元工业企业18家,超亿元工业企业4家。

文化·科技　年末全区有公共图书馆(室)137个,图书藏量3.67万册;剧场2个,文化站2个;电影放映单位2个,放映电影9000场次,观众14.2万人次。全年申报国家级科技项目1项,总投资金额20万元,共举办种植业、养殖业等科技培训10期(场次),培训人员600多人次。建立各类科技示范基地1个。年内,共申请专利145件。

教育　全区有初级中学1所,专任教师67人,在校初中生358人。小学9所,专任教师391人,在校小学生6898人,小学适龄儿童入学率100%。

卫生　全区各级各类医疗机构有床位1670张,其中医院床位1141张,妇幼保健院床位529张。卫生技术人员1746人,其中执业医师577人,注册护士831人。全区参加新型农村合作医疗农民23834人,参合率98.28%。

计划生育　全年全区出生人数1825人,符合政策生育率97.59%,其中二孩符合政策生育率87.28%,政策外多孩率0;出生男女性别比为107.4。人口自然增长率6.26‰。

招商引资　全年全区在建项目18个,续建项目15个,合同总金额142亿元,其中自治区外建设项目资金21亿元,完成年度任务的100%。引进外资项目到位资金700万美元,完成利用外资年度任务的100%。

居民生活　全区在岗职工年平均工资35961元,增长5.21%。城镇居民人均可支配收入22278元,增长11.5%,人均消费性支出13466.6元。农民人均纯收入7620元,增长16%,人均生活费支出7690元。全年发放农村低收入人口低保金108.7万元,发放城镇居民低保金614.1万元。城镇新增就业人数2235人,领取再就业优惠证的下岗失业人员再就业人数688人,城镇登记失业率控制在4.5%以内。新增劳务输出283人。农村劳动力转移就业职业培训349人。

旅游　全年接待国内外游客800万人次,其中境外游客1.5万人次,旅游总收入5.5亿元。全区有9个自然景点和人文景观,营业景区3个(其中国家4A级旅游景区2个)。

【项目建设扎实推进】 2012年,叠彩区全力推进重点项目建设。高铁桂林广场成功引进广州恒大集团加盟投资金额25亿元助推项目建设,基本完成项目前期工作和10号地块基坑开挖,实现投资金额8852万元。城北体育文化城修建性详细规划完成报批,春江路(国奥段)建设有效推进。西二环路拆迁工作进展顺利,北辰路立交桥建设启动。滨江北路南段房屋征收完成98.6%,城市段房屋征收完成92%,道路景观设计、调整概算审计完成并报批,累计完成投资金额4.1亿元。站前路四期工程征地、拆迁工作有序推进。D 16号地块保障性住房建设完成投资金额5000多万元。D 3号地块一期和7号、9号地块安置工程正式动工建设。引进民间资金1.5亿元投资建设的大河圩、下梁江旧村改造项目进入实质性开工建设阶段。完成滨江北路、芳华路、江东旅游休闲项目、D 3号地块安置房建设等项目土地征收21.33公顷。完成广汇汽车城配套项目和滨江区旅游休闲项目用地的报批。

【农业经济不断壮大】 2012年,叠彩区实施农业产业结构调整,完善农村基础设施建设。年内,花卉种植新增40公顷,总面积达400公顷,产值占全区农业产值的40%以上。蔬菜面积新增100公顷,总面积达666.67公顷,产量39705吨。家禽出栏51.1万只,增长4%;生猪出栏1.9万头,增长4.5%。南方优质梨总产量保持在50吨以上。争取上级资金700余万元实施了大村人畜饮水、四联村车田片区灌溉整治、上阳家村老叶巷片区蔬菜基地灌溉等工程。投入1700多万元完成上阳家、蒙正、群力村第一期土地整治工程。投入2000余万元启动了新民、四联、尧山、潘家村第二期土地整治工程。

【工业经济稳步发展】 2012年,叠彩区实施“抓大壮小扶微”工程,在项目建设、用地保障、资金保障等方面给予企业帮扶。年内,帮助企业获得银行及上级流动资金贷款金额3.66亿元,3家企业获中小企业发展专项扶持资金110万元,5家企业获贷款贴息资金112万元。区财政投入扶持资金112万元,发展微型企业190家。筹集资金1100万元完成桂林工艺制品厂改制,桂林火柴厂、桂林电子衡器厂依法破产工作有序推进。

【社会事业全面进步】 2012年,叠彩区各项社会事业取得全面进步。芦笛小学改扩建一期工程顺利实施,采用BOT形式(建设—经营—转让)引进宝湖教育重建建军幼儿园。被评为广西义务教育学校常规管理达标先进县(区),7人次在全国各类竞赛中获奖,37人次在自治区级教学培训或研讨活动中获奖。开展科技创新攻关和发明创造倍增工程,全年有12人次分别在国家、自治区、桂林市青少年科技创新大赛中获奖。完成知识产权专利申请94件、发明专利51件,增长均实现翻番。在全市率先启动为流动人口查环查孕赠送季度保险工作,组建诚信计生小组2364个,参加诚信计生小组人数29680人,实行计划生育已婚育龄妇女诚信计生参与率89.1%。继续实施基本公共卫生服务和重大公共卫生项目,成功创建自治区级慢性非传染性疾病综合防治示范区。筹办了桂林市第十九届“叠彩—解放杯”长跑赛活动,获自治区“全民健身先进单位”称号。“叠彩桂花香”文化活动获自治区文化厅举办的第十六届“八桂群星奖”优秀项目,少儿歌舞《板路童趣》获自治区文化厅“八桂群星奖”三等奖。

【为民办实事工程成效明显】 2012年,叠彩区深入实施10项为民办实事工程:一是落实社保惠民工程,实现了城乡居民养老保险、基本医疗保险全覆盖,完成6300户农村居民住房政策性保险统保工作,失地农民参加养老保险1343人,城镇居民参加养老保险新增1614人;五保户分散、集中供养标准由180元分别提高到300元和345元;环卫工人工资由每人每月980元,提高到每人每月1200元。二是落实教育惠民工程,完成芦笛小学3号教学楼改扩建工程,公助民办建军幼儿园完成招投标工作。三是落实文化惠民工程,完成四联村级公共服务中心建设和农村电影放映工程任务。四是落实卫生惠民工程,提高了新农筹资标准和财政补助标准。五是落实“小巷灯”工程,在九华、鹦鹉、回龙等社区安装“小巷灯”54盏。六是落实基层便民工程,成立锦绣社区服务站,完成清风社区办公用房整合改造,清秀社区建成“一站式”政务服务中心、便民健身室和图书室。七是落实公益传媒工程,文化广场大型LED电子屏幕建成投入使用。八是完成村级计生服务室建设。九是深入实施惠及4000人的农村人畜饮水工程。十是全面推进安居惠民工程。

【“优师强校”工程结题】 2012年,叠彩区2009年编制的《叠彩区“优师强校”工程三年规划》结题,成效显著。“优师”工程累计投入300万元与广西师范大学教育科学学院、桂林市教育科学研究所等技术支撑单位合作,开展教师培训工作,全区师资队伍整体素质明显提升。年内,全区有特级教师2人，小中高教师5人；自治区基础教育名师培养对象1人，21世纪园丁工程自治区培养对象3人；自治区优秀班主任2人，自治区优秀八桂乡村教师1人；21世纪园丁工程B类教师1人、C类教师6人。“强校”工程累计投入1172万元维修改造教学楼等基础设施建设，新建芦笛小学3号教学楼，新增教学用房3100平方米，维修加固教学用房4047平方米；投入300万元实施特色学校建设与校长培养，制订实施《特色学校建设三年规划》。“教育信息化建设工程”共投入300万元添置一批现代化教学设备，改善中小学办学条件。

（李昌荣）

象山区

【概况】 象山区位于桂林市区中南部，辖象山、南门、平山3个街道和二塘乡，下设34个社区，8个建制村。区人民政府驻环城西二路6号。行政区域面积88平方千米。2012年年末，户籍常住人口23.63万人。

经济总指标　全年地区生产总值155.59亿元，增长10.4%。其中：第一产业增加值1.07亿元，增长4.7%；第二产业增加值60.23亿元，增长11.5%；第三产业增加值94.29亿元，增长9.7%。人均地区生产总值6.62万元。全社会固定资产投资完成金额78.21亿元，增长21.5%。社会消费品零售总金额97.08亿元，增长16%。

财政　全年组织财政收入9.02亿元，增长11.5%，其中地方财政收入5.74亿元，增长35.9%。财政支出6.31亿元，增长16.1%。

农业　全年农林牧渔业总产值1.94亿元，其中农业产值0.65亿元，牧业产值1.06亿元，渔业产值0.15亿元，服务业产值0.08亿元。粮食播种面积1359公顷，总产量6466吨。森林覆盖率28.4%。

工业　全年工业总产值133.94亿元，增长10.1%；工业增加值50.65亿元，增长9.8%；工业增加值占地区生产总值的32.6%；工业对全区经济的贡献率32.1%。规模以上工业总产值122.29亿元，增长10.6%；实现利税7.16亿元。全区规模以上工业企业29家，年产值超1000万元工业企业33家，超亿元工业企业17家。

文化·科技　年末拥有业余艺术表演团体39个，演出64场。公共图书馆1个，公共图书室26个，图书藏量2万册（不含桂林图书馆）。文化站1个。区人民政府放电影3次，观众0.5万人次。全年申报自治区级科技项目7项，市级科技项目21项，获自治区、市科技资金818.4万元。共举办种植业、养殖业等科技培训、科普讲座23期（场次），培训3300人次。建立科技示范基地1个。年内，共申请专利232件。

教育　全区有普通中学8所，专任教师836人，在校中学生8752人。小学14所（民办4所），公办小学专任教师946人，公办小学在校学生16112人，民办小学在校小学生3278人。小学适龄儿童入学率100%。

卫生·体育　全区各级各类医疗机构有床位2962张，其中医院床位2409张。卫生技术人员3101人，其中执业医师951人，注册护士1364人。全区参加新型农村合作医疗农民22405人，参合率99.3%。

计划生育　全年全区出生人数2290人，符合政策生育率98.43%，其中二孩符合生育率88.35%，出生男女性比率为101。人口自然增长率5.66‰。

固定资产投资　全年全区固定资产投资78.21亿元，增长21.5%，其中基本建设投资31.81亿元，更新改造投资19.16亿元，房地产投资12.64亿元。

招商引资　全年全区在建项目12个，续建项目9个，合同总金额188亿元，其中自治区外建设项目资金21.39亿元。引进外资项目到位资金2481万美元。

居民生活　全区在岗职工年平均工资46741元，增长13.3%。城镇居民人均可支配收入22851元，人均消费性支出15212元。农民人均纯收入7628元，增长16.78%，人均消费性支出5708元。全年发放农村低收入人口低保金1038.5万元，发放城镇居民低保金84.68万元。城镇新增就业人数3066人，领取再就业优惠证的下岗失业人员1192人，城镇登记失业率3.74%。新增劳务输出277人，创业培训177人。安置就业困难240人，安置零就业家庭成员14人。

旅游　全区有10个自然景点和人文景观，营业景区4个，其中国家5A级旅游景区1个，国家4A旅游景区3个。全年接待游客200.5万人，其中境外游客6.48万人。

【新型工业强势推进】 2012年，象山区培育高新技术型企业，推动产业升级，加快科技创新，推进节能减排，提升工业发展质量。全年实施技改项目63个，累计投入资金19.16亿元，增长42.6%，规模工业万元增加值能耗下降4.8%。加快改造提升传统产业，桂林三花股份有限公司、桂林橡胶机械厂、桂林立白日化有限公司、桂林晶盛玻璃有限公司等企业强势发展，燕京啤酒（桂林漓泉）股份有限公司获"2012年自治区主席质量奖"称号。深入实施"抓大壮小扶微"工程，新增桂林溢达纺织有限公司、桂林奇昌汽车饰品2家规模工业企业。大力发展现代物流、电子商务等微型企业230家，补贴金额195.178万元。全年规模工业增加值46.26亿元，增长10.1%。

【项目建设成效显著】 2012年，象山区加强重点项目建设的领导力量，实施项目倒逼机制，实行项目倒排工期，集中力量推进重点基础设施的动工、续建和竣工。全年推进市级层面1000万元以上重大项目共49项，累计完成投资30亿元。年内，南溪河综合治理工程、万福东路、红岭铁路军用专线等项目有序推进；辖区重点商贸项目和民生项目建设，德天广场二期、万福安居小区、迎宾花园保障房顺利开工，万象时代广场等项目进展顺利。

【推进城乡建设】 2012年，象山区实施节点改造和城乡风貌改造工程，累计投入资金1729万元，完成桂林市第八中学节点改造，凯风路拆墙透绿及桂阳路生态景观大道改造提升。完成8处17幢农房城乡风貌改造任务。投入350多万元，完成瓦窑路一巷的改造和信义路南巷等路段的修缮。依法拆除违法建筑7万多平方米。加快推进农村土地流转改革，大力发展特色农业、休闲农业、生态农业。重点抓好无公害蔬菜、葛根、苗木花卉、罗汉果等基地建设，形成"一村一品"的发展格局。

【第三产业蓬勃发展】 2012年，象山区壮大升级中山南路商业区、联达商业广场，提高国际旅游商品批发城、德天商业广场等大型商业区的档次和品位。红街商业广场开业并运行良好。推进桂林储运公司、平山钢材批发市场、红太阳家居广场等项目改扩建。积极引导大正温泉、中山国际等酒店业完善服务功能，不断拓展服务领域。象山景区"象山传奇"4D夜景区灯光秀项目建成并投入使用。全区三次产业结构0.7∶39.6∶59.7，现代服务业水平和规模进一步提升。

【社会事业协调发展】 2012年，象山区举办首届课堂教学大比武，完成将军桥小学、铁西小学、平山小学综合楼建设。开展诚信计生，承办自治区计划生育协会召开的"生育关怀杯青春健康教育"现场会，完成17个村（社区）"幸福家园"建设。村级公共服务中心，农民体育健身工程和农家书屋任务完成。全面建立城乡医疗救助制度，在全市率先完成社区卫生医疗结构改革任务，象山区社会卫生服务中心被评为全国示范社区卫生服务中心。完成660房租住房租赁补贴发放工作，新增公共租赁住房325套。 （梁文啟）

七星区

【概况】 七星区位于桂林市区东部，辖东江、七星、穿山、漓东4个街道和朝阳乡、华侨旅游经济区，下设30个社区，16个建制村。区人民政府驻骖鸾路26号。行政区域面积97平方千米。2012年年末，户籍常住人口19.65万人。

经济总指标 全年地区生产总值142.64亿元，增长11.4%。其中：第一产业增加值1.61亿元，增长5.1%；第二产业增加值83.54亿元，增长13.2%；第三产业增加值57.49亿元，增长8.4%。人均地区生产总值48019元。全社会固定资产投资完成金额95.13亿元，增长15.10%。社会消费品零售总金额46.66亿元，增长17%。

财政 全年财政收入10.86亿元，增长8.56%，其中地方财政收入4.97亿元，增长26.74%。财政支出7.21亿元，下降25.24%。

农业 全年农林牧渔总产值2.74亿元，其中农业产值1.18亿元，渔业产值0.09亿元，牧业产值1.32亿元，服务业产值0.15亿元。粮食播种面积0.05万公顷，总产值0.25万吨。森林覆盖率31.38%。农业机械总动力2.41万千瓦。

工业 全年工业总产值224.8亿元，增长13.2%；工业增加值77.03亿元，增长13.7%；工业增加值占地区生产总值54.01%；工业对全区经济增长贡献率54.04%。规模以上工业实现总产值233.8亿元，增长13.60%；实现利税25.18亿元，增长65.77%。新增规模以上工业企业5家，全区规模以上工业企业达71家，其中年产值超亿元工业企业54家。

交通　全年完成农村通达公路15条共17.1千米。完成农村公路建设投资及固定资产投资金额0.78亿元。

文化·科技　年末有剧场1个，文化站2个，电影放映单位1个，放电影192场次，观众38400人次。全年申请发明专利1249件，其中发明专利718件，实用新型专利441件，外观设计专利90件。获得专利授权653件，其中发明专利215件，实用型专利361件，外观设计专利77件。发明专利的申请量和授权量分别占桂林市的58.1%和70.3%。获得桂林市科技项目53项，资金634万元；获得自治区科技项目38项，资金3643万元；获得国家科技型中小企业技术创新基金项目立项7项，资金350万元。

教育　全区有初级中学5所，专任教师170人，在校生1343人。小学15所，专任教师735人，在校学生14045人。小学适龄儿童入学率100%。

卫生·体育　全区各级各类医疗机构有床位734张，卫生技术人员1160人，其中执业医师442人，注册护士490人。全区参加新型农村合作医疗农民39865人，参合率99.03%。

计划生育　全年全区出生人数2019人，符合政策生育率97.8%，其中二孩符合政策生育率87.65%，政策外多孩率0.04%；出生男女性别比例为103。人口自然增长率5.18‰。

固定资产投资　全区固定资产投资金额95.13亿元，增长15%。其中基本建设投资37.95亿元，更新改造投资27.56亿元，房地产投资18.42亿元，农村投资7.29亿元，其他投资3.91亿元。

招商引资　全年全区在建项目123个，续建项目99个，合同总金额234.1亿元，其中自治区外建设项目资金59.97亿元。引进外资到位资金1.06亿美元。

居民生活　全区在岗职工年平均工资39441元，增长16.13%。城镇居民人均可支配收入23035元，增长11.97%，人均消费性支出15121.76元。农民人均纯收入9375元，增长17.4%，人均生活费支出5557元。全年发放农村低收入人口低保金243.9万元，发放城镇居民低保金669.81万元。城镇新增就业人数2576人，领取再就业优惠证的下岗失业人员再就业人数322人，城镇登记失业率为4.5%。农村劳动力转移就业培训341人，开发公益性岗位224个。

【区域经济发展加快】 2012年，全区实施总部经济带、经济园，华侨旅游经济区等规划，新增建设用地200公顷，完成土地指标申报83.66公顷，征收土地84公顷；完成固定资产投资金额95.13亿元，平整土地54.57公顷，新修道路3250米，铺设排水管道8480米，供电线路21905米，修砌围墙1400米。投资3075万元建设并已交付使用的大学科技园2号、3号楼和创新创意产业园7号、8号楼，建筑总面积3.4万平方米。投资2000万元扶持企业做大做强做优，新启动项目68个，新增年产值亿元企业6家，规模企业5家，微型企业230家。

【招商引资见成效】 2012年，七星区被自治区招商引资大兑现工作领导小组评为招商引资大兑现工作示范区。全年引进外资1.06亿美元，引进自治区外资金59.97亿元。新办各类企业1168家，增长55.32%，其中新增第三产业企业729家，外资企业9家。在第九届中国—东盟博览会期间成功签约项目12个。引进投资金额7亿元的宏宇·华润万家生活社区、5亿元的中航信桂林数据中心、3000万美元的西麦总部基地和中华桂林航天城科技旅游等项目。

【文化教育结硕果】 2012年，七星区落实教育基础设施建设资金3642万元。完成教育基础建设项目4个，建筑面积1.2万平方米；维修校舍项目21个；增设2所学校的标准化实验室，3所学校的示范性图书室和2所学校的校园网。全年教师中获得国家级奖项376人次、自治区级奖项501人次。全区小学适龄儿童入学率达100%，小学生辍学人数为零；小学六年级义务教育巩固率达102.8%，九年义务教育巩固率100%。七星区创作的曲艺《零零落——漓江外婆人人夸》获广西第十六届群众文化“八桂群星奖”。

【民生保障落在实处】 2012年，七星区发放社会救助资金1199.9万元。开工建设保障性住房750套，竣工交付使用388套，发放廉租住房补贴479户。建立农村合作医疗救助“一站式即时结算系统”，参加新农村合作医疗人数39865人，参合率

99.03%；人均筹资水平提高到290元，新农村合作医疗补助29207人次，报销医药费753.74万元，基金使用率65.20%。8个村卫生室率先开展村级卫生服务基本药物价格零差率销售。全区人均基本公共卫生月及服务经费达25元。

【第四届中国·桂林创新创意文化节暨桂林动漫节成功举办】 2012年10月19～21日，第四届中国·桂林创新创意文化节暨桂林动漫节在桂林国际会展中心举行。该节以“山水宜居宝地，创新创意新城”为活动主题，有展会、大赛、论坛、推介、活动五大板块41项活动。主要活动有：文化部“原创动漫边疆推广计划”动漫进广西活动在桂林启动、法国昂西国际动画电影节获奖作品展、七星区与匈牙利海维兹市签订友好市区协议等。先后建设了辰山社区物语文化、党员干部群众孝道感恩教育长廊、古廉文化街。组织创意产业人才招聘会，吸纳创意人才。举办桂林国家高新区文化创意产业投资环境推介会暨项目签约仪式，共有13个项目成功签约，签约金额68.41亿元。举办创意产业园第三批企业入驻运营揭牌仪式，共有15家企业入驻运营等。该节共吸引了动漫企业55家，100多名客商和20多万名观众参与。新华社、人民网、广西日报、桂林日报等60多家媒体参与报道。

（林耀平　黄健　廖明东　柏秀英）

雁山区

【概况】 雁山区位于桂林市南部，辖雁山街道，雁山、柘木2个镇和大埠乡、草坪回族乡2个乡，下设3个社区，37个建制村。区人民政府驻雁中路18号。行政区域面积288平方千米。2012年年末，户籍常住人口7.40万人。

经济总指标　全年实现地区生产总值20.88亿元，其中第一产业增加值4.39亿元，第二产业增加值7.87亿元，第三产业增加值8.62亿元。全社会固定资产投资完成金额18.78亿元。社会消费品零售总金额2.74亿元。

财政　全年财政收入1.01亿元，其中一般预算收入7290万元，财政一般预算支出3.20亿元。

农业　全年实现农业总产值7.54亿元，增长5.79%。农业增加值4.39亿元，增长5.4%。农民人均纯收入6902元，增长19.76%。全年完成播种粮食面积4066.67公顷，增长1.67%，推广超级稻面积1440公顷。粮食产量2.01万吨，增长1.53%。实现蔬菜播种面积4200公顷，增长5.7%，蔬菜产量7.53万吨。完成水果改园扩种33.33公顷，水果产量2.65万吨，增长34.62%。拥有农业机械总动力13.10万千瓦，耕种收综合机械化水平35.5%。实现林业总产值1.32亿元，增长9.4%，完成“绿满八桂”造林绿化102.24公顷。

工业　全年工业总产值26.20亿元，增长21%；工业增加值6.30亿元，增长12.3%；规模以上工业总产值21亿元，增长21.7%；规模以上工业增加值4.50亿元，增长22.1%。固定资产投入完成工业投资（含技术改造）4.80亿元，增长37%；万元规模增加值能耗0.15吨标煤，增长18%。实现新增年产值亿元工业企业1家，新增年产值2000万元以上的规模工业企业2家，完成扶持微型企业32家。

文化·科技　全年放映公益电影444场，落实20户以下自然村村村通广播电视工程项目，完成1439套村村通设备安装。年内，举办了2012桂林金雁文化节。举办实用技术培训班170期，科普讲座10期，培训人数18000余人次，培育科技示范户170户。组织2次青少年科技创新大赛和4次“科普演讲进校园”，参加师生达3000人次。

交通　全年完成农村通达公路5条14.30千米，完成农村公路建设投资及固定资产投资金额98.50万元。完成货运量0.16万吨，货运周转量283万吨千米。

教育　基础教育各项指标达到上级标准。学前三年幼儿毛入园（班）率达105.5%，学前一年幼儿毛入园（班）率达143.17%；适龄儿童入学率达99.7%，适龄少年入学率达98.2%，残疾儿童、少年入学率达100%；小学在校生年辍学率为0，初中在校生年辍学率为0.63%。实施“1元营养早餐补助”，988名寄宿生受益。在6所寄宿制学校实施桂林市“农村义务教育学生营养改善计划”试点，2594名学生免费享用“3元营养午餐”。实施“领雁人才培养计划”，举办全区中小学“班主任论坛”和“语文名师论坛”，培养培训骨干教师“领雁人才”18名。

卫生　全区各级各类医疗机构有床位111张，卫生技术员119人，其中执业医师38人，注册护士53人。全区参加新型农村合作医疗农民

57635人,参合率98.08%。

计划生育 全年全区出生人数787人,符合政策生育率93.14%,其中二孩符合政策生育率85.98%,政策外多孩率0.64%。出生男女性别比为116.2。人口自然增长率6.4‰。

居民生活 城镇居民人均可支配收入19411元,人均消费性支出13405元。农村居民人均纯收入6763元,人均生活费支出4459元。完成新增就业995人,帮助210名失业人员实现再就业,城镇登记失业率保持在0.56%以内。农村剩余劳动力转移就业新增人数692人,培训创业人员38人。全区新型农村社会养老保险参保率达到92.17%,发放率达到100%。

旅游 全年接待旅游人数150万人次,增长115%。实现旅游收入6600万元,增长29%。非星级酒店接待入境游客12.1万人次,增长19%。

【工业财税工作取得突破】 2012年,雁山工业集中区申报自治区B类工业园区获自治区工业和信息化委员会批准。新增年产值亿元工业企业1家、2000万元以上规模工业2家、微型企业90家,实现工业投资(含技术改造)4.84亿元,增长39.6%。铁山工业园税收分成取得历史性突破,实现桂林紫泉饮料工业有限公司、桂林加华机电工程有限公司等企业的税收分成入库,财政收入首次突破1亿元。

【重点项目强力推进】 2012年,雁山区推进桂林园博园建设,征收土地90.33公顷,搬迁房屋21幢,迁坟1237座,同步实施"一路三园三校"(桂阳公路,桂林园博园、愚自乐园、雁山园;广西师范大学、桂林理工大学、桂林旅游高等专科学校)生态景观提升改造,确保桂林园博园如期开园。桂林园博园、愚自乐园天人谷、玉圭园环球名胜等重点项目有效推进,完成投资金额23亿元,增长54.36%。城乡基础设施建设进一步加快,雁山新城防洪工程如期启动,良丰河整治工程顺利推进。

【"三农"工作取得进展】 2012年,雁山区成立农机、果蔬、畜牧等农民专业合作社19个,建立沙糖橘、提子、无公害蔬菜等标准化示范基地35个。新建三立、黄宿无公害蔬菜基地133.33公顷。农村种养业提质增效,农业企业经营品牌化,马铃薯产业成为农民增收亮点,规模养禽居全市前列。投资4530余万元,推进以农田水利为重点的农业基础设施建设。完成"普惠制"新农村建设4个,村道硬化10条,人饮工程6处。发放各类财政惠农补贴资金783.4万元。扶贫开发全年共投入资金173万元,完成9个贫困村基础设施建设项目。

【旅游业再上新台阶】 2012年,以桂林园博园为核心的景观带成为雁山区旅游业发展的新龙头,全年接待旅游人数139万人次,实现旅游收入6600万元。雁山园获国家4A级旅游景区。神龙水世界、草坪客栈集中区、涵碧楼项目得到推进。地中海国际俱乐部携手愚自乐园打造中国首家全天候地中海度假村。

【民生社会事业长足发展】 2012年,雁山区全面完成10件为民办实事项目。300套公租房封顶,336套廉租房竣工,完成农村困难群众危房改造245户。建成11个村"幸福家园"和"新文化屋"。免费开展孕前优生健康检查400例。社会保障体系不断完善,发放养老金、低保金750.2万元,新型农村合作医疗参合率98.08%。教育教学质量不断提高,示范性高中录取率19.3%。安全生产事故死亡人数下降10%。 (熊征香)

阳朔县

【概况】 阳朔县位于桂林市南部,辖阳朔、白沙、福利、兴坪、葡萄、高田6个镇和金宝、普益、杨堤3个乡,下设15个社区,99个建制村。县人民政府驻阳朔镇。行政区域面积1428平方千米。2012年年末,户籍常住人口31.76万人。

经济总指标 全年地区生产总值76.4亿元,增长6.02%。其中:第一产业增加值18.2亿元,增长6.97%;第二产业增加值26.5亿元,增长14.05%;第三产业增加值31.7亿元,下降0.34%。全社会固定资产完成投资金额97.6亿元,增长0.17%。社会消费品零售总金额18.1亿元,增长14.8%。

财政·金融 全年财政收入6.01亿元,增长8.23%,其中地方财政收入4.65亿元,增长

7.15%。地方财政支出15.53亿元，增长17%。年末，金融机构各项存款余额68.3亿元，增长15.98%，其中城乡居民存款余额47.26亿元，增长19.8%。各项贷款余额34.03亿元，增长13.8%。

农业　全年实现农林牧渔业总产值28.05亿元，增长9.76%，其中农业产值18.53亿元，林业产值1.09亿元，畜牧业产值6.97亿元，渔业产值0.80亿元，服务业产值0.66亿元。粮食播种面积2.44万公顷，总产量11.30万吨。水果种植面积1.52万公顷，总产量25.07万吨。蔬菜种植面积1.14万公顷，总产量229.84吨。建成特色农产品生产示范基地60个面积13333.33公顷。种植花卉306公顷，产值2.65亿元。全年植树90多万株，新造林3466.67公顷，完成"绿满八桂"通道绿化14千米；完成绿化自然村23个。森林覆盖率64%。新建沼气池1500座，入户率68.9%。农业机械总动力23.2万千瓦。

工业　全年工业总产值45.1亿元，增长18%；工业增加值14.7亿元，增长14.7%。规模以上工业总产值35.2亿元，增长22.0%；规模工业增加值10.97亿元，增长18.3%。工业实现利税4.7亿元，增长13.4%。工业集中区内有企业48家，全年工业总产值17.98亿元。

交通·邮电　全年投资9200万元，完成农村通达公路8条43.52千米；完成15条106千米通村四级水泥路建设工程；新建5个便民候车亭；完成杨堤浪石码头建设工程，22座危桥检测和4座危桥改造工程；完成农村公路安全保障工程1项。完成水路客运量129.92万人次，水路客运周转量7357万人千米；完成漓江水路客运量70.75万人次，完成漓江旅游客运周转量5171万人千米。邮路总长900千米，完成邮政业务总收入1355.28万元。全县固定电话用户30560户，手机用户20.62万户，宽带用户25227户。

文化·科技　年末拥有专业艺术表演团体1个，演出场次65场。公共图书馆1个，图书藏量12万册。文化站9个，文艺下乡演出130场。培训文艺骨干250人次。电影放映单位1个，放映电影1196场次，观众40万人次。全年获得自治区级科学技术项目3项，县级科学技术项目5项。投资金额760多万元，举办种植业、养殖业等科学技术培训班、科普讲座28期（场次），培训5000多人次。年内申请专利9件。

教育　全县有自治区示范性高中1所，专任教师170人，在校高中生1929人；普通高中1所，专任教师140人，在校高中生1858人。初级中学11所，专任教师534人，在校初中生6918人。小学96所，专任教师1192人，在校小学生16141人；小学适龄儿童入学率99.9%。

卫生·体育　全县有各级各类医疗机构370家，其中公立医院11家；有病床位620张，其中妇幼保健院床位98张。卫生技术人员810人，其中执业医师248人，执业助理医师90人，注册护士301人。全县参加新型农村合作医疗的参合率100%。获自治区级体育奖牌2枚，其中金牌1枚，银牌1枚。

计划生育　全年全县新生儿出生4412人，人口自然增长率8.07‰。符合政策生育率93.83%，其中二孩符合政策生育率84.37%，政策外多孩生育率0.23%。出生男女性别比为107.4。

固定资产投资　全县固定资产投资金额97.60亿元，增长0.2%。完成重大项目投资金额70.6亿元，占全社会固定资产的72.3%。完成自治区、桂林市层面统筹推进项目29项，总投资金额40.3亿元，完成投资目标任务的100.2%。

招商引资　全年全县内资实际到位资金14.2亿元，增长30.2%；实际利用外资3360万美元，增长41%。扩权强县工作扎实推进，接受上级审批下放事项758项。

居民生活　全年在岗职工年平均工资26850元，增长8.05%。城镇居民人均可支配收入23730元。农民人均纯收入7427元，增长19.2%。全年发放城乡最低生活保障金2094万元。发放城乡低保、农村五保户临时价格补贴460万元，发放救灾款物484.7万元。城镇新增就业人数2837人，城镇登记失业率2.65%。农村劳动力转移就业新增6325人。

旅游　全年接待国内外游客1050.3万人次，增长12.3%，其中境外游客171万人次。旅游总收入50.2亿元。全县有250个自然景点和人文景观，营业景区8个（国家5 A级旅游景区1个，国家4 A级旅游景区4个，国家3 A级旅游景区3个）。

【生态建设成效显著】 2012年，阳朔县实施漓江绿化、彩化、花化、果化三期工程，阳朔段漓江沿岸植树90万余株，新造林地3466.67公顷，完成"绿满八桂"通道绿化14千米、23个自然村的绿化。全年投入资金37.46万元，完成8个乡（镇）40

个自然村环境连片整治污水、垃圾治理项目建设。全县万元生产总值能耗0.44吨标煤,年化学需氧量减排51吨,氨氮减排14.2吨。阳朔县创建“广西园林城市”工作通过自治区考评验收。年内,白沙镇、兴坪镇、福利镇获“国家级生态乡(镇)”称号,葡萄镇获“广西森林乡镇”称号。白沙镇凉水井村获“广西森林村庄”称号。福利镇忠和村,高田镇蒙村、龙村,白沙镇蕉芭林村,葡萄镇报安村,普益乡普益村6个村获“自治区级生态村”称号。

【农村生产生活条件得到明显提高】 2012年,阳朔县投入资金3400万元,完成38个市级“普惠制”新农村建设试点。全年登记注册农民专业合作社137个4618户。巩固、创建文明卫生村33个。筹措资金2258万元,完成140个自然村村内道路硬化,全县93%的自然村实现村内村道硬化。组织资金4000多万元,完成6个乡(镇)21个建制村(社区)76个自然村2397座房屋的墙外立面改造。争取水利建设资金1.2亿元,新修建防渗渠道130千米,改善农田灌溉2400公顷;对2座中型水库和20座小(二)型水库进行除险加固;建设36处农村饮水安全工程,解决1.7万人安全饮水问题。投入资金1427万元,实施葡萄镇报安村等土地整治项目4个,改善土地面积673.33公顷。投资500万元,完成龙头山等48座石山危岩治理。完成普益乡马六洞整村18户83人搬迁工作。投资2988万元,完成9个乡(镇)63个自然村83个农村电网改造项目。投资1170万元,实施贫困村“整村推进”及改善库区移民的生产生活条件。投资9200万元,新建便民候车亭5个,实施兴坪镇桥头铺村至福利镇龙尾村等15条106千米通村四级水泥路建设,全县76%的建制村通水泥路。年内,高田镇碑头村、金宝乡龙湾村获“2012年桂林市最佳魅力新村”称号。

【民生质量有较大改善】 2012年,阳朔县投入民生保障资金5.2亿元,增长24%。发放粮食直补、购买农机补贴、家电下乡补贴等共5813.8万元。城乡低保农村五保户临时价格补贴460万元,救灾款物484.7万元。全年农民新型农村合作医疗参合率达100%,新型农村合作医疗基金支出7304万元,补偿参合农民24.81万人次;新型农村社会养老保险参保人数为15.17万人,参保率90.8%。90~99周岁、100周岁以上长寿老人生活补贴分别提高到每人每月100元和200元。为全县40161名60周岁以上城乡老人发放基础养老金2566.7万元。城镇居民基本医疗保险金政府补贴标准提高到每人95元,低保、重残、未成年居民全部由县财政全额代缴。基本养老、失业、医疗、工伤、生育等5项社会保险按政策兑现资金1.24亿元。652套保障性住房建设主体工程基本完工。筹措资金329万元,完成农村茅草树皮房改造103户。筹资1408万元,完成农村危房改造800户。城镇低收入住房困难家庭廉租住房租赁补贴实现应保尽保,发放补贴30.3万元。

【阳朔年接待游客量突破1000万人次】 2012年12月12日,一艘游船停靠阳朔外事码头,2名礼仪小姐给荷兰游客马蒂娜戴上“阳朔县第10000000名游客”的绶带并送上鲜花。给上海游客潘欣巍披上“阳朔县第10000001名游客”的绶带。阳朔县主要领导为2名幸运游客颁发证书,送上邮册、画扇、景点景区门票,酒店免费住宿卡等礼品。阳朔旅游年接待游客量突破1000万人次大关,是阳朔旅游发展史上的里程碑。

2012年12月12日,荷兰游客马蒂娜成为“阳朔县第10000000名游客”,上海游客潘欣巍成为“阳朔县第10000001名游客” (黎美荣 摄)

【阳朔夏橙示范基地获“全国科普惠农兴村先进单位”称号】 2012年，阳朔县夏橙示范基地夏橙种植面积2666.67公顷，示范户2216户，种植户年人均收入上万元。有科技骨干48名，正规培训教室100多平方米，建立电脑信息服务平台和科普数字村网络。有科普宣传专栏22处，科普图书室1个，科技书籍4300册。建有科普惠农服务站。举办培训班20次，培训人员2600人次，开展科普讲座30次，听讲座人数1600人次。年内，阳朔县夏橙示范基地获中国科学技术协会、财政部联合授予“全国科普惠农兴村先进单位”称号。

【阳朔县获“全国农业标准化示范县”称号】 2012年，阳朔县实施《国家级金橘标准化示范县建设》项目，在白沙镇古板村和蕉芭林村建立金橘标准化核心示范区800公顷，核心示范区的主要生产环节标准应用覆盖率、标准入户培训率、标准简明手册入户率、农业投入（农药、肥料、生长调节剂）采购记录、农业生产与经营档案管理率均达100%。示范区有金橘种植龙头企业2个，金橘专业合作社50个，注册商标4个。年内，阳朔县印发金橘标准化生产技术规程2万份，标准文本8000份，标准化操作手册2万份。组织培训班60期，培训标准化种植农户2900余人次，标准化技术人员180多人。每公顷产量增加6750千克，增收42000元，果农人均增收3559元。年内，阳朔县获农业部授予“全国农业标准化示范县”称号。

【阳朔县获“广西人口和计划生育工作模范县”称号】 2012年，阳朔县推进“阳光计生”。全年投入计划生育事业经费1197万元，增长3.82%，人均投入38.48元。建成“幸福家园”村级计生服务平台和新家庭文化屋各47个，投入使用率100%。60岁以上奖励扶助对象558名，兑现资金53.9万元。55~59周岁计生户奖扶对象74人，兑现资金5.3万元。农村独生子女、双女结扎户6016户19052人。全县成立诚信计生小组3144个43523人，实行计划生育已婚育龄妇女参与率87.6%。全年免费为4041人进行孕前健康检查，目标人群覆盖率101.3%。年内，阳朔县被列为自治区首批基层“阳光计生”行动示范单位，第二批全国“阳光计生”行动示范单位，获“广西人口和计划生育工作模范县”称号。

【全国公安机关和谐警民关系建设经济交流会在阳朔县召开】 2012年8月2~3日，全国公安机关和谐警民关系建设经济交流会在阳朔县城召开。公安部、14个省（直辖市、自治区）、广西14个市共70名领导以及代表出席经验交流会。阳朔县副县长、县公安局局长申小军在会上作推进阳朔和谐警民关系建设的经验发言。与会人员参观西街中英文双语警务室、西街玫瑰木餐厅、县公安局警民公共关系中心、县城关派出所。

（戴雪梅　莫晓峰）

临桂县

【概况】 临桂县位于桂林市西南部，辖临桂、六塘、会仙、两江、五通5个镇和南边山、四塘、茶洞、中庸、宛田（瑶族乡）、黄沙（瑶族乡）6个乡，下设7个社区，161个建制村。县人民政府驻临桂镇。行政区域面积2202平方千米。2012年年末，户籍常住人口49.17万人。

经济总指标　全年地区生产总值165.53亿元，增长19.1%。其中：第一产业增加值32.05亿元，增长6.85%；第二产业增加值101.45亿元，增长25.6%；第三产业增加值32.03亿元，增长11.9%。完成全社会固定资产投资238.2亿元，增长32%。获2012年度“中国最具区域带动力中小城市百强”称号。

财政·金融　全年财政收入18亿元，增长28.36%。实现存款余额121.17亿元，增长16.61%。实现贷款余额88.15亿元，增长23.71%。

农业　全年农林牧渔业总产值53.17亿元，增长7.1%。粮食播种面积4.82万公顷，其中超级稻种植面积2.47万公顷，实现粮食总产量25.6万吨。建成会仙、四塘、两江、临桂镇4个“万亩”粮食高产示范区。绿化造林2773.33公顷，森林覆盖率62.9%。苗木花卉产业产值6亿元，林下经济产业产值3亿元。全年生猪出栏40.11万头，增长10.34%；家禽出笼4156.05万只，增长4.44%。水产品产量1.38万吨，增长5.5%。养殖企业产值占全县畜牧水产业产值的68.5%。年内，被农业部列为“国家级粮食高产创建和超级稻示范推广项目县”“全国新增千亿斤粮食产能项目县”。

工业　全年工业总产值271.83亿元，工业增加值88.97亿元，分别增长28.1%和29%。其中：规模工业总产值249.66亿元，增长30.5%；规模工业增加值80.62亿元，增长32%。年产值超亿元企业35家，增加7家。年内，共建成投产项目15个，开工新项目7个。调整规划新增工业用地233.33公顷。投资1.5亿元修建工业园区道路。工业园区完成工业总产值219.2亿元，增长29%。

交通·邮政　全年完成交通运输固定资产投资4.93亿元。通建制村水泥（沥青）路建设完成投资5513万元，建设项目20个，里程81.78千米。年底全县通水泥（沥青）路建制村累计达120个，覆盖率74.53%。投资261万元，完成国道321线至红溪、两江镇油麻至谢家、南边山乡双岔河至香草岩3个项目建设，里程16.5千米。投入财政资金900万元，带动完成了216条、里程233千米的出村道路硬化工程。投资475万元实施危桥改造工程项目6个。投资156万元建成便民候车亭26个。全年完成客运量520.64万人次，客运周转量2.09亿人千米，分别增长44.68%和13.36%。完成货运量322.92万吨，货运周转量3.62亿吨千米，分别增长39.3%和13.46%。邮路总长130千米，完成邮政业务运营收入1515万元。

文化·科技　完成19个村级公共服务中心、10个村（屯）文艺培训基地、50个村级篮球场、15个“农家书屋”建设。年内，共有4人获“第三批自治区级非物质文化遗产项目代表性传承人”称号。2个项目进入自治区级非物质文化遗产保护名录。《临桂彩调》获自治区级传承保护基地。实施自治区知识产权试点县项目，全年申请专利80件，完成自治区全民发明创造倍增计划任务。争取项目资金800万元，扶持科技示范户33户，建设科技示范点9个。

教育　全县共有中小学110所，其中小学90所（民办小学1所），独立初中15所（民办初中1所），独立高中4所，完全中学1所；有幼儿园46所（民办幼儿园42所）。在校中小学生47865人，其中小学生28077人，初中学生12644人，高中学生7114人。适龄儿童入学率100%。

卫生·体育　全县有各级各类医疗机构544家（公立医疗机构33家），有床位697张（公立医疗机构582张），从业卫生技术人员1643人，其中执业医师681人，注册护士586人。全县参加新型农村合作医疗农民38万人，参合率99.2%，增长1.85%。提高了住院报销比例，县外市级以上医院住院报销比例提高到55%，县级医院住院报销比例提高到70%，乡级医院住院报销比例提高到90%。承办自治区青少年男、女举重锦标赛和2012桂林国际马拉松（半程）邀请赛。县籍运动员石智勇在韩国亚洲举重锦标赛上获挺举总成绩金牌2枚。俸林梅在秘鲁世界青年举重锦标赛上获抓举总成绩金牌2枚。县籍运动员在参加国际、国家级比赛中，获金牌21枚、银牌13枚、铜牌7枚。向自治区体校、运动队输送优秀体育运动苗子2名。

计划生育　全年全县出生人口7045人，人口出生率14.21‰。符合政策生育率为94.83%，其中二孩符合政策生育率为88.83%，政策外多孩率为0.75%；出生男女性别比为109.55。人口自然增长率为-7.26‰。

固定资产投资　全县全社会固定资产完成投资238.2亿元，增长32%，其中基本建设投资71.69亿元，更新改造投资48.17亿元，房地产业投资97.93亿元。

招商引资　全年新引进签约项目24个，合同投资总金额576亿元。新开工项目36个，投资总金额81亿元，其中亿元以上项目15个。全县实际利用自治区外资金62.6亿元，实际利用外资3668万美元。引进了中国华能集团公司、华润（集团）有限公司等中央企业和世界500强企业。

居民生活　全县城镇居民人均可支配收入26175元，增长13.6%。农民人均纯收入8643元，增长18.1%。全年发放农村居民低保金3673.61万元，发放城镇居民低保金2050.17万元。城镇新增就业人数8590人，办理就业失业登记证人数619人，城镇登记失业率为3.85%。新增劳务输出9026人。农村劳动力转移就业职业培训7319人，开发公益岗位149个。

旅游　全年共接待国内外游客94.12万人次，增长30.6%；实现旅游总收入4.67亿元，增长128.42%。全县有接待能力的景区7家、农家乐8家，其中国家4A级旅游景区1家，国家3A级旅游景区1家，国家农业旅游示范点2家，广西农业旅游示范点4家，广西工业旅游示范点1家。

【规范建筑市场监管】　2012年，全县共完成工程施工招标项目95个（项目总投资37.1亿元，建筑面积216.42万平方米），其中公开招标项目45

个，邀请招标项目50个，应招标工程的招标率和公开招标工程招标率均为100%，无规避招标和假招投标问题。核退新型墙改基金项目29个。拨付劳保基金项目31个，建筑节能验收项目16个。处理农民工工资投诉5件。对21家砖厂进行企业设备核查。实施在建项目建筑市场各方面主体市场行为检查59个，下发整改通知书53份，停工通知书6份。审查通过116个公建项目和136个私建项目的安全报监。与建筑施工企业签订安全生产目标管理责任书45份，进行安全检查656次，受检查的施工企业266家(次)，受检查的监理公司212家(次)，下发安全防护改进通知书146份、安全隐患整改通知书162份、停工整改通知书37份，加强了施工现场的安全生产、文明施工管理。

【节能减排取得新实效】 2012年，临桂县开展以环境倒逼机制推动产业转型升级攻坚战略，加强工业重点耗能企业的节能管理。关闭临桂富源铁合金有限公司6300千伏安铁合金矿热电炉、桂林又一村建材有限公司2.4米水泥磨和南宁铁路局桂林水泥厂2.2米水泥磨。完成机关事业单位等公共办公场所节能改造。

【县城建设扎实推进】 2012年，全县投资2.23亿元修建会元路延长线、虎山路延长线、金山路、仙湖路和改造虎山路、建设路。金山路铁路立交桥建成通车。投资1400万元对县城污水、排水设施进行维修。投资1900万元完成相思江防洪排涝工程。投资2000多万元完成临桂大道东段、金山路、虎山路延长线等路段高压供电线路下地埋设。铺设燃气管道27.5千米。投资2700万元建设和改建临政路农贸市场和二塘农贸市场。投资4700万元建设临桂文化广场和改造提升县城主(次)干道绿化。完成佳兴大厦、云顶御峰等旧城改造项目7个。

【城乡环境明显改善】 2012年，临桂县把“洁净临桂”工程作为重大民生工程和作风工程来抓，通过宣传教育、分片包干等措施强力推进。全年投入3000万元专项资金，向农户发放垃圾桶23万个，建成农村垃圾池2137个、村级垃圾处理场168个，大型镇区垃圾处理场3个，村(屯)配备保洁员640个，使全县的城乡环境明显改善，提升了人居环境质量和城乡综合竞争力。年内，在全市城乡清洁工程和城市管理考评中获第一名。

【新农村建设资金投入加大】 2012年，县财政安排1300万元专项资金加强新农村建设。投资53万元，完成12个村共计118盏太阳能路灯建设安装。投资450多万元，购买水泥1.11万吨，引导农民自筹资金2359万元，完成145个自然村(屯)共计161.66千米的道路硬化工程。投资800万元，引导村民投资1864万元，完成普惠制示范新农村建设40个。投资400万元实施中庸乡下峰村(一期)、五通镇新寨村高标准新农村示范村建设。投资300万元改造提升六塘镇东计岭、临桂镇上全2个水库移民新村。投资149万元建设南边山乡马蹄桥、鸡司寨水库移民新村。

【落实惠农政策】 2012年，全县发放粮食直补、良种补贴、退耕还林、农机补贴等各项惠农资金6580万元。发放水库移民后期扶持资金554万元。安排“一事一议”专项资金3185万元，实施农村项目286个，受益群众14.3万人。投资1900多万元进行贫困村整村推进和产业开发。销售家电下乡产品21075台(件)，发放家电补贴644.3万元。成立各类农村专业合作社168家。

【造林绿化成效显著】 2012年，临桂县实施“绿满八桂”造林绿化工程。全年完成造林2773.33公顷，幼林抚育1333.33公顷，新增育苗面积35公顷，大田育苗2700万株，村(屯)绿化4个，古树名木保护11株，全民义务植树180万株，发放珍贵树种8.96万株，树木成活率98%。全年实施病虫害防治面积4933.33公顷，投入生物防治经费176.36万元。发放生态公益林补贴资金584.3万元，退耕还林补贴资金450万元，农村能源沼气建设补贴资金162.93万元。

【保障性住房建设】 2012年，全县完成(在建)保障性住房1070套，投入资金14736万元。其中：廉租房218套，总投入资金1861万元(中央下达投资545万元，自治区补助投资545万元，县财政配套资金771万元)；经济适用住房204套，投入资金3688万元；公共租赁住房266套，投入资金2300万元；限价商品房382套，投入资金6887万元。

(李华荣)

灵川县

【概况】 灵川县位于桂林市东北部，辖灵川、定江、三街、大圩、潭下、青狮潭、灵田7个镇和大境(瑶族乡)、海洋、潮田、兰田(瑶族乡)4个乡,下设19个社区,129个建制村。县人民政府驻灵川镇。行政区域面积2301平方千米。2012年年末,户籍常住人口38.11万人。

完成经济总指标　全年地区生产总值105.64亿元,增长18.9%。其中:第一产业增加值27.6亿元,增长7.8%;第二产业增加值51.1亿元,增长30%;第三产业增加值26.94亿元,增长9.8%。人均地区生产总值27724元。全社会固定资产投资完成金额143.47亿元,增长38.9%。社会消费品零售金额34.7亿元,增长17.1%。

财政·金融　全年财政收入12.03亿元,增长20.2%，其中地方财政收入6.18亿元，增长11.8%。财政支出17.67亿元,增长12.89%。年金融机构各项存款余额104.63亿元，增长17.29%,其中城乡居民存款余额75.54亿元,增长16.79%。各项贷款余额69.14亿元,增长30.37%。

农业　全年农林牧渔业总产值42.83亿元,其中农业产值26.12亿元,林业产值3.05亿元,牧业产值11.88亿元,渔业产值0.84亿元,服务业产值0.94亿元。粮食播种面积33786.67公顷,总产量17.8万吨。全年完成各类人工造林面积1570.67公顷,森林覆盖率73.15%。农业机械总动力44.65万千瓦。

工业　全年工业总产值151.59亿元，增长35.9%;工业增加值44.83亿元,增长36.6%;工业增加值占地区生产总值的42.4%；工业对全县经济增长的贡献率70.8%。规模以上工业实现总产值134.9亿元,增长40.84%;实现利税17.5亿元,增长149.54%。新增规模以上工业企业5家,全县规模以上工业企业72家。

交通·邮电　全年实施农村交通基础设施建设项目114个,完成86个通自然村138.6千米村道硬化,全县通建制村、自然村道路硬化率分别达97.6%和66%。完成农村公路建设投资及固定资产投资3.5亿元,完成客运量667万人次,客运周转量5.05亿人千米;完成货运量1136万吨,货运周转量21.26亿吨千米。完成邮政业务运营收入900万元,电信业务(含电信、移动、联通等)运营收入1.73亿元。全县固定电话用户1.84万户,手机用户26.1万户,宽带用户3.19万户。

文化·科技　年末拥有专业艺术表演团体1个,演出场次85场;公共图书馆1个,图书藏量13.67万册;剧场1个,文化站12个;电影放映单位7个,放映电影1564场次,观众16万人次。组织实施科技项目17个,科技投入1773万元,获得国家、自治区、桂林市三级项目支持12项。年内共申请专利124件,获得专利授权104件,居自治区第二,桂林市首位。

教育　全县有高中3所(其中自治区示范性普通高中1所,普通高中2所),专任教师327人,在校高中生4480人。初级中学11所，专任教师818人,在校初中生8089人。小学44所,专任教师1388人,在校小学生20478人。小学适龄儿童入学率100%。

卫生·体育　全县各级各类医疗机构有床位1169张,其中医院床位165张,中医医院床位110张,妇幼保健院床位111张。卫生技术人员1302人,其中执业医师351人,注册护士551人。全县参加新型农村合作医疗农民28.82万人，参合率96.2%。获自治区级奖牌15枚,其中金牌2枚,银牌9枚,铜牌4枚。

计划生育　全年全县出生人数4815人,符合政策生育率93.82%，其中二孩符合政策生育率85.17%,政策外多孩率0.33%;出生男女性别比为109。人口自然增长率6.9‰。

固定资产投资　全县固定资产投资金额143.5亿元，增长38.9%。其中：城镇投资完成金额109.1亿元,增长26.1%;农村投资完成金额34.4亿元,增长105%。

招商引资　全年引进外资项目2个，协议投资金额1.6亿元,实际到位资金3255万元。引进市外境内项目96个，协议投资总金额232.5亿元,实际到位资金67.1亿元。实施大兑现项目26个,其中自治区级项目14个,市级项目12个。

居民生活　全县在岗职工年平均工资31000元,增长8.96%。城镇居民人均可支配收入23297元,人均消费性支出16081.47元。农民人均纯收入7700元,增长18.2%,人均生活消费支出6078.39元。城镇新增就业人数3305人,城镇登记失业率为3.55%。新增农村劳动力就业输出6480人。

旅游　全年接待国内外游客186.6万人次，增长18%；旅游收入6.71亿元，增长31%。旅游经济增速超过全县GDP增速，旅游产业成为新的经济增长点。主要旅游景区（点）有桂林漓江古东景区、大圩古镇、大野神境生态景区等，其中桂林漓江古东景区为国家4A级旅游景区，大野神境生态景区和龙门瀑布景区为国家3A级旅游景区，青狮潭旅游度假区为自治区级旅游度假区。毛洲岛景区为全国农业示范点、广西三星级乡村旅游区。龙门瀑布景区、月亮湾山庄、水源山庄、西江山庄、桃花岛为广西农业旅游示范点。

2012年5月3日，灵川县举行公交车（灵川—定江）开通仪式
（汤林平　摄）

【县城建设顺利推进】　2012年，灵川县甘棠公园北岸园林工程、江面工程、甘棠景苑安置小区开工建设。旧城改造14个片区完成房屋测绘、控规编制。金海国际、幸福尚城等项目开工建设。新区拆迁安置和谐推进，与广西地产（集团）公司签订城南新区102.6公顷土地收储开发协议。东环路、绕城一级公路、西二环路灵川段、福利路灵川段、八里四路西延线、八里九路西延线加快建设。甘棠二桥建成通车，甘棠三桥完成主体工程建设。灵西铁路立交桥建成通车，甘棠大桥改造工程前期工作顺利推进。引进投资28亿元的桂林希宇文化创意产业园项目。该项目是灵川县加速工业化、城镇化进程的标志性项目，规划总面积62.2公顷。投资50亿元的桂林灵川甘漓湾生态经济实验区项目正式签约。

【公交事业取得新突破】　2012年，灵川县交通基础设施工作强力推进，灵川至桂林以及乡（镇）的公交化改造完成。5月3日，县城至桂林市的302路公交车正式投入运营。8月1日，县城至桂林市的301路公交车投入运营。12月13日，县城至三街镇的101路公交车投入运营。

【保障性住房建设扎实推进】　2012年，灵川县加强民生建设，安居工程顺利实施。全年开工建设灵勃路口廉租住房二期288套，公共租赁住房582套，限价商品房250套，经济适用房128套，新增发放租赁补贴191套，完成灵北一街61套廉租住房的实物配租。卫生系统100套公共租赁住房已办理建筑工程施工许可，教育系统中小学教师34套公共租赁住房开工建设，桂林护理学院教职工公共租赁住房基础施工完成。

【文化事业加快发展】　2012年，灵川县以保障改善民生为根本，加强文化事业建设。全年完成13个村级文化公共服务中心及16个农家书屋建设，灵田乡获"全国文化信息资源共享工程示范单位"称号。三街镇溶流上村，大圩镇熊村，灵田镇长岗岭村、迪塘村，潮田乡太平村，定江镇路西村，青狮潭镇江头村、老寨村入选第一批中国传统村落名录。

【获"全国'平安农机'示范县"称号】　2012年，灵川县通过抓好农机安全宣传教育、农机安全隐患排查、农机安全监管队伍建设、农机安全生产管理长效机制，全县拖拉机上牌率99.7%，联合收割机上牌率100%；拖拉机持证率99.7%，联合收割机持证率98.3%；拖拉机年检率95.7%，联合收割机年检率100%。全县农机安全管理工作实现了"一高、一降、一普及、一满意、零隐患"（即：不断提高农机上牌率、持证率、检验率；不断降低农机安全事故发生率和拖拉机违法现象；普及农机安全常识；广大机手和农户对农机监理工作满意；发现安全隐患立即整改，实现安全隐患零存在），形成了"政府负责，农机主抓，部门配合，社会参与"的农机安全管理新格局。12月24日，灵川县获"全国'平安农机'示范县"称号。

【灵田撤乡建镇】　2012年，灵田撤乡建镇获自治区人民政府批准。灵田乡由乡建制改为镇建制，撤乡设镇后原所辖行政区域不变。灵田是桂北人民武装斗争打响第一枪的革命老区，境内有长岗岭古民居和三月岭盐马古道等国家级重点文物保护单位，旅游资源丰富。（全静）

全州县

【概况】 全州县位于桂林市东北部，辖全州、石塘、绍水、才湾、龙水、大西江、黄沙河、庙头、文桥9个镇和枧塘、两河、安和、蕉江（瑶族乡）、凤凰、永岁、咸水、白宝、东山（瑶族乡）9个乡，下设10个社区，274个建制村。县人民政府驻全州镇。行政区域总面积4021平方千米。2012年年末，户籍常住人口82.86万人。

经济总指标　全年地区生产总值131.29亿元，增长13%。其中：第一产业增加值38.5亿元，增长5.3%；第二产业增加值53.9亿元，增长19.5%；第三产业增加值38.89亿元，增长10.3%。人均地区生产总值15844元。全社会固定资产投资金额121.21亿元，增长33.8%。社会消费品零售总金额22.76亿元，增长15.3%。

财政·金融　全年财政收入6.23亿元，增长10.3%。财政支出21.64亿元，增长17.87%。年末，金融机构各项存款余额112.85亿元，增长13.6%。其中：城乡居民存款余额89.14亿元，增长19.43%；各项贷款余额54.73亿元，增长15.7%。

农业　全年农林牧渔业总产值60.66亿元，其中农业产值35.43亿元，林业产值4.14亿元，牧业产值17.99亿元，渔业产值2.03亿元，服务业产值1.07亿元。粮食播种面积78666.67公顷，总产量41.35万吨。全年完成各类人工造林面积4566.67公顷，森林覆盖率61%。新建沼气池1500座。农业机械总动力53.8万千瓦。

工业　全年工业总产值152.33亿元，增长21%；工业增加值45亿元，增长22.3%；工业增加值占地区生产总值的34.3%；工业对全县经济增长的贡献率55.5%。规模以上工业实现总产值119.3亿元、增加值32.6亿元，分别增长26%、30.2%。实现利税21.34亿元，增长36.06%。新增规模以上工业企业1家，全县规模以上工业企业达49家，其中年产值超1000万元企业45家，年产值超亿元企业14家。

交通　全年完成农村通畅公路40条261.2千米，完成农村公路建设及固定资产投资金额1.65亿元。完成客运量1181万人次，客运周转量6.43亿人千米。完成货运量408万吨，货运周转量7.68亿吨千米。

文化·科技　全县拥有专业艺术表演团体1个，演出场次28场。公共图书馆1个，图书藏量17.2万册。文化站18个，电影放映单位2个，放映电影8440场次，观众73.5万人次。全年申报上级科技项目27项，立项15项，共得到科技经费支持1217万元。实施农业科技项目31个，建立农业示范基地146个。全年举办科技大集26场，现场咨询群众7.2万人次；科技培训2863期（场次），培训人员14.27万人次。全年共申请发明专利15件，增长107%。

教育　全县有自治区示范性普通高中1所，专任教师210人，在校高中生2710人。普通高中6所，专任教师501人，在校高中生6727人。职业技术学校1所，专任教师94人，在校学生2954人。初级中学23所，专任教师1791人，在校初中生16913人。小学253所，专任教师2736人，在校小学生44797人。小学适龄儿童入学率99.99%。

卫生·体育　全县各级各类医疗机构有床位1327张，其中医院床位1242张，妇幼保健院床位85张。卫生技术人员2933人。全县参加新型农村合作医疗农民63.52万人，参合率98.04%。2012年，体育局共举办、协办各类运动会、单项赛事20余次。年内，向市体育学校输送体育人才2名。

计划生育　全年全县出生11311人，符合政策生育率94.06%，其中二孩符合政策生育率89%，政策外多孩率0.61%；出生男女性别比为108.5。人口自然增长率7.47‰。

固定资产投资　全县固定资产投资121.21亿元，增长33.8%，其中基本建设投资67.78亿元，更新改造投资27.29亿元，房地产业投资0.86亿元。

招商引资　全县新引进市外境内项目66个，计划总投资金额48.5亿元，其中亿元以上项目8个。实施市外境内本年度到位资金项目121个，到位资金40.06亿元。实际利用外资637万美元，增长25%。

居民生活　全县在岗职工年平均工资31408元，增长5.5%。城镇居民人均可支配收入18763元，增长12.9%，人均消费性支出13787元。农民人均纯收入7435元，增长15.1%，人均生活消费支出4111元。全年累计发放城乡低保、救济救助等资金1.21亿元。城镇新增就业人数6641人，城镇登记失业率控制在4%以内。农村劳动力转移就业2.03万人。

旅游　全年接待国内外游客36.48万人次，增长13.4%。实现旅游综合收入2.59亿元。全县有15个自然景点和人文景观，营业景区2个。天湖国际生态旅游度假区总体规划编制完成。炎井温泉景区规划设计全面启动。白宝山庄、龙凤山庄等成功申报为自治区星级农家乐。才湾镇毛竹山新村被评为自治区农业旅游示范点。

【第二届湘山文化节举办】　2012年11月30日，以“弘扬湘山文化，相约魅力全州”为主题的中国桂林·全州第二届湘山文化节在全州县城举行。该届文化节有大型开幕晚会、民间曲艺展演、湘山祈福活动、名特优产品展销等9项主题活动。开幕式晚会邀请著名主持人联袂担纲，国内明星登台演艺。民间曲艺展演汇集全州本土的舞龙、舞狮、划旱船、彩调、秧歌、剪纸、鼓乐、杂耍、斗鸡等民间技艺，具有较强的乡土文化气息。湘山祈福活动包括湘山寺开山祖师无量寿佛盛大祭祀典礼。名特优产品展采取县、乡联动，汇聚全州名特优产品，让游客尽情品尝全州美食，挑选满意产品。

【新城建设】　2012年，全州县桂北大道和湘源大道全线基本建成通车。占地5.33公顷的桂北世纪城高层精品小区一期工程启动，创业大厦二层主体工程完工。全州高中分校3号教学楼和学生食堂主体工程封顶，1号教学楼和5号实验楼基础工程基本完工。教师流转房、图书馆和学生宿舍楼工程加快推进，公安综合大楼主楼一层主体工程完工，副楼主体工程封顶。

【工业园区加速发展】　2012年，全州县投资3.4亿元加快基础设施建设，园区承载能力进一步提升。福坪园区40米大道延伸工程全线贯通，24米大道延伸工程竣工通车。360套公共租赁住房竣工，高层标准厂房和员工集体宿舍楼建设加快推进。引企入园工作成效明显，桂林伟新箱包有限公司、桂林海狮工贸有限公司、广西桂林煦盛纺织有限公司等9家企业落户园区，入园企业累计86家，全年完成工业产值38亿元，产业集聚效应逐步显现。

【东山猪获全国农产品地理标志登记保护】　2012年，全州县畜禽品种改良站、科学技术情报研究所及全州县东山瑶族乡人民政府申请对“东山猪”产品实施国家农产品地理标志登记保护。申请材料经农业部农产品质量安全中心审查和组织专家评审，符合《农产品地理标志管理办法》规定的登记保护条件，农业部准予登记，依法实施保护。东山猪是广西优良地方猪种之一，产于全州县东山瑶族乡，该乡海拔680米左右，山多田地少。由于特定的自然地理条件、气候条件及粗放的饲养管理而形成的东山猪，具有体躯高大，生长发育较快，适应性好，耐粗饲，泌乳性能好，瘦肉多，肉质鲜美等优良特点。20世纪50年代，东山猪经县畜牧主管部门选定为本地良种猪。20世纪70年代，中国农业科学院鉴定为全国良种猪之一。

（蒋品彤）

兴安县

【概况】　兴安县位于桂林北部，辖兴安、溶江、严关、界首、高尚、湘漓6个镇和漠川、白石、崔家、华江（瑶族乡）4个乡，下设10个社区，115个建制村。县人民政府驻兴安镇。行政区域面积2344平方千米。2012年年末，户籍常住人口38.18万人。

经济总指标　全年地区生产总值124.07亿元，增长14.5%。其中：第一产业增加值25.7亿元，增长6.8%；第二产业增加值71.46亿元，增长16.3%；第三产业增加值26.91亿元，增长10.4%。全社会固定资产投资完成金额148.8亿元，增长29.2%。社会消费品零售总金额29.42亿元，增长17%。

财政·金融　全年财政收入11.1亿元，增长19.3%，其中地方财政收入8.06亿元，增长35.47%。财政支出19.28亿元，增长21.79%。年末，金融机构各项存款余额93.83亿元，增长18.37%，其中城乡居民存款余额67.11亿元，增长20.8%。

农业　全年农林牧渔业总产值40.48亿元，其中农业产值25.27亿元，林业产值2.5亿元，牧业产值10.75亿元，渔业产值0.93亿元，服务业产值1.03亿元。粮食播种面积4万公顷，总产量22.03万吨。全年完成各类人工造林面积334公顷，森林覆盖率75.37%。新建沼气池1200座。农

业机械总动力46万千瓦。

工业　全年工业总产值173.63亿元，增长26.3%；工业增加值62.48亿元，增长21%；工业对全县经济增长的贡献率66.7%。规模以上工业实现总产值145.63亿元，增长31.2%。新增规模以上工业企业3家，全县规模以上工业企业57家，年产值超亿元工业企业35家。

交通·邮电　全年完成农村通达公路5条40.8千米，完成农村公路建设及固定资产投资0.32亿元，完成客运量901.49万人次，客运周转量5.64亿人次；完成货运量5126万吨，货运周转量8.59亿吨千米。邮路总长160千米，完成邮政业务运营收入980万元，电信业务(含电信、移动、联通等）运营收入1.4亿元。全县固定电话用户27836户，手机用户20.1万户，宽带用户4980户。

文化·科技　年末拥有专业艺术表演团体1个，演出场次110场；公共图书馆1个，图书藏书量11.7万册；文化站10个；电影放映单位7个，放映电影1380场次，观众27万人次。全年申报部级科学技术项目2项，自治区科学技术项目13项，总投资10451.30万元，共举办种植业、养殖业等科学技术培训班、科普讲座379期(场次)，培训8.50万人次。年末共申请专利33件。

教育　全县有自治区示范普通高中1所，专任教师146人，在校高中生2131人。普通高中3所，专任教师267人，在校高中生2128人。初级中学9所，专任教师457人，在校初中生4858人。小学109所，专任教师1109人，在校小学生16835人。小学适龄儿童入学率100%。

卫生·体育　全县各级各类医疗机构有床位1121张，其中医院床位1070张、妇幼保健院床位51张。卫生技术人员1663人，其中执业医师774人，注册护士761人。全县参加新型农村合作医疗农民311949人，参合率99%。全年向上级输送各类优秀运动员8人。获省级奖牌3枚，其中金牌1枚，银牌2枚。

计划生育　全年全县出生人数5429人，符合政策计划生育94.53%，其中二孩符合政策生育率87.79%，政策外多孩率0.007%；出生男女性别比为106.9，人口自然增长率8.11‰。

固定资产投资　全县固定资产投资金额148.8亿元，增长29.24%，其中基本建设投资63.74亿元，更新改造投资55.03亿元，房地产业投资4.46亿元。

招商引资　全年实施市外项目69个，其中新上固定资产投资金额1000万元以上项目28个(含续建增资项目)。项目计划总投资金额189亿元，其中新引进项目计划投资金额35.56亿元。完成市外到位资金65.15亿元，其中自治区外到位资金63.18亿元。实际利用外资1315万美元。

居民生活　全县在岗职工年平均工资36519元，增长20.17%。城镇居民人均可支配收入22456元，人均消费性支出14895元。农民人均纯收入9071元，增长16.4%。全年发放农村低收入人口低保金1504.3万元，发放城镇居民低保金635.88万元。城镇新增就业人数6681人，城镇登记失业率3%。新增劳务输出9365人。

旅游　全年接待国内外游客482.8万人次，其中境外游客20.11万人次，旅游总收入33.7亿元。全县有9个自然景点和人文景观，营业景区7个(其中国家5A级旅游景区1个，国家4A级旅游景区1个)。

【兴安获“中国米酒之源”称号】 2012年1月6日，兴安县举行“国家米酒之源”揭牌暨酒文化博物馆剪彩仪式。中国白酒行业协会授予兴安县“中国米酒之源”称号。兴安县拥有悠久的酿酒工艺和酒文化历史。新建成的酒文化博物馆通过各种酒器和米酒实物全面展示了米酒酿造工艺和米酒文化，对提升兴安县米酒文化和米酒知名度起到积极作用。在揭牌仪式上，桂林溶江三花酒业股份有限公司举行了首届认藏封坛活动，一批53度米香型原浆酒和酱香型原酱酒被品酒专家认藏封坛。

【尚鼎公司签订10亿元合作协议】 2012年1月14日，尚鼎新能源股份有限公司与江苏一家公司签订了10亿元的合作协议，为兴安县打造“千亿光伏产业”注入新的活力。该次签约包括新进80台筹锭炉、20台单晶炉，设备主要用于二期项目建设。该公司的筹锭炉从原来的20台增加到100台，并填补没有单晶炉的空白。

【唐新全获“2011年全国种粮大户”称号】 2012年1月17日，崔家乡种粮大户唐新全获“2011年全国种粮大户”称号，并获得了由国务院奖励的1台东方红—LX 1104拖拉机。唐新全2011年扩种粮食 37.33 公顷，带动周边群体扩种秋马铃薯 66.67 公顷，为兴安粮食生产作出了贡献。

【两家养殖场被评为国家级畜禽养殖场标准化示范场】 2012 年 1 月 18 日，广西桂牛农牧业发展有限公司、桂林荣发畜牧有限责任公司被评为国家级畜禽养殖标准化示范场。桂牛农牧业发展有限公司位于崔家乡，2008 年 3 月成立。已建成牛舍 8 栋，面积 5700 平方米，建成青贮池 7900 立方米。养殖西门塔尔、夏洛莱、水赞等优质良种肉牛近 1000 头，种植双孢蘑菇近 40 万平方米，超甜玉米 2666.67 公顷，形成了良性的"种植—养殖—加工"的循环经济模式。桂林荣发畜牧有限责任公司位于溶江镇，总投资 2000 多万元，占地面积 10 公顷，2008 年 1 月正式投产运营。该公司采用"公司 + 基地 + 农户" 的代养模式进行无公害的生猪规模养殖，改善了畜牧业内部结构，改善了养殖业的生态环境，特别给可供发电的大型沼气池的建设，对环境保护、治理环境产生良好的效果，提高了生态畜牧业的生产水平。

【兴田村被命名为"广西蜜橘村"】 2012 年 3 月 5 日，兴安县界首镇兴田村在发展农村经济，打造名村、名园、名品，促进农民增收中特色突出、成效显著，被自治区人民政府命名为"广西蜜橘村"。兴田村共有 23 个自然村(屯)，总人口 4334 人。年内，兴田柑橘种植面积 666.67 公顷，其中南丰蜜橘 566.67 公顷，占 85%，其他柑橘品种有冰糖橙、早温柑等。全村年柑橘总产量 6800 吨，产值 1768 万元，人均柑橘面积 0.15 公顷，人均有果 1568 千克，人均柑橘收入 4079.4 元。

【兴安县成为"全国旅游标准化省级示范县"】 2012 年 12 月 5 日，自治区专家组对兴安县创建"全国旅游标准化省级示范县"进行评估验收。评估验收组专家现场考察了全县 17 个旅游及相关经营单位，其中旅游宾馆饭店 6 家，旅游服务咨询中心 2 个，旅游景区景点 3 处，审阅了 30 卷近 130 万字的旅游标准化试点工作文字资料和 700 多张图片。工作组还在景区景点、旅游饭店等游客聚集的场所进行了现场抽样调查。经过对照标准评分，验收组对兴安县开展旅游标准化试点工作取得的显著成效给予肯定，兴安县创建"全国旅游标准化省级示范县"通过评估验收。（周荣）

永福县

【概况】 永福县位于桂林市西南部，辖永福、百寿、罗锦、苏桥 4 个镇和广福、堡里、三皇、永安、龙江 5 个乡，下设 6 个社区，93 个建制村。县人民政府驻永福镇。行政区域面积 2806 平方千米。2012 年年末，户籍常住人口 28.47 万人。

经济总指标　全年地区生产总值 82.94 亿元，增长 14.95%。其中：第一产业增加值 19.07 亿元，增长 7.2%；第二产业增加值 49.66 亿元，增长 18.90%；第三产业增加值 14.21 亿元，增长 9.8%。人均地区生产总值 35059 元。全社会固定资产投资完成金额 84.28 亿元，增长 29.53%。社会消费品零售金额 19.42 亿元，增长 15.9%。

财政·金融　全年财政总收入 13.47 亿元，增长 10.41%，其中地方财政收入 5.13 亿元，增长 18.54%。财政支出 12.07 亿元，增长 17.55%。年末，金融机构各项存款余额 45.89 亿元，增长 16.18%，其中城乡居民存款余额 32.47 亿元，增长 20.02%。各项贷款余额 34.76 亿元，增长 22.91%。

农业　全年农林牧渔业总产值 30.18 亿元，其中农业产值 16.82 亿元，林业产值 2.57 亿元，牧业产值 9.15 亿元，渔业产值 0.59 亿元，服务业产值 1.05 亿元。粮食播种面积 2.86 万公顷，总产量 14.48 万吨。全年完成各类人工造林面积 2932 公顷，森林覆盖率 74.17%。新建沼气池 1923 座。农业机械总动力 22.82 万千瓦。

工业　全年工业总产值 134.12 亿元，增长 23.51%；工业增加值 38.85 亿元，增长 23.17%；工业增加值占地区生产总值的 46.8%；工业对全县经济增长的贡献率 66.7%。规模以上工业实现总产值 111.44 亿元，增长 27.90%；实现利税 9.15 亿元，增长 54.82%。新增规模以上工业企业 2 家，全县规模以上工业企业达 57 家。其中，年产值超 1000 万元工业企业 55 家，年产值超亿元工业企业 44 家。

交通·邮电　全年完成农村通畅公路 7 条 33.80 千米，完成农村公路建设及固定资产投资金额 1.60 亿元；完成客运量 438 万人次，客运周转量 2.19 亿人千米；完成货运量 279 万吨，货运周转量 1.53 亿吨千米。邮路总长 1500 千米，完成邮政业务运营收入1197万元，电信业务（含电信、移动、联通等）运营收入0.94亿元。全县固定电话用户1.29万户，手机用户15.14万户，宽带用户1.08万户。

文化·科技　年末拥有专业艺术表演团体1个，演出场次102场；公共图书馆1个，图书藏量10.5万册；剧院1个；乡（镇）文化站9个；电影放映单位1个，放映电影476场次，观众3480人次，放映农村公益电影1136场次，观众74970人次。全年争取到自治区级科技项目6项，市级科技项目1项，县级科技项目7项，总投资6120万元。共举办种植业、养殖业等科技培训班、科普讲座934期（场次），培训7.6万人次。建立各类科技示范基地16个。年内共申请专利65件，其中发明专件29件。

教育　全县有自治区示范性普通高中1所，专任教师134人，在校高中生1816人。普通高中2所，专任教师114人，在校高中生1293人。初级中学10所，专任教师464人，在校初中生6266人。小学81所，专任教师925人，在校小学生15037人。小学适龄儿童入学率100%。

卫生·体育　全县各级各类医疗机构有床位789张，其中医院床位503张，妇幼保健院床位66张。卫生技术人员945人，其中执业医师299人，注册护士406人。全县参加新型农村合作医疗农民21.67万人，参合率96.93%。全年获世界级金牌3枚，获全国级金牌4枚，银牌1枚；获自治区级奖牌6枚，其中金牌1枚，银牌2枚，铜牌3枚。

计划生育　全年全县出生人数3633人，符合政策生育率91.85%，其中二孩符合政策生育率84.97%，政策外多孩率0.58%；出生男女性别比为106。人口自然增长率7.98‰。

固定资产投资　全县固定资产投资84.28亿元，增长29.53%，其中基本建设投资28.75亿元，更新改造投资36.71亿元，房地产业投资2.51亿元；其他投资16.31亿元。

招商引资　全年全县在建项目66个，其中新建项目27个，续建项目39个，合同总金额113.7亿元，实际完成自治区外到位资金46.09亿元。引进外资项目到位资金2017万美元，完成利用外资年度任务的100.85%。

居民生活　全县在岗职工年平均工资33487元，增长0.86%。城镇居民人均可支配收入22984元，人均消费性支出13844.21元。农民人均纯收入6824元，增长12.41%，人均生活消费支出3938元。全年发放农村低收入人口低保金2450.5万元，发放城镇居民低保金1074.79万元。城镇新增就业人数3250人，领取再就业优惠证的下岗失业人员再就业人数700人，城镇登记失业率3.6%。新增劳务输出7000人。农村劳动力转移就业职业培训1100人，开发公益性岗位180个。

旅游　全年接待国内外游客40.95万人次，其中境外游客1.89万人次，旅游总收入2.9亿元。全县有402个自然景点和人文景观，其中国家4A级旅游景区1个。

【城乡规划与建设得到新发展】　2012年，永福县完成县城总体规划修编和控制性详细规划。开工建设凤山忠孝仁义福园、博物馆、县城综合市场等项目，湘桂铁路扩能改造项目县城段的南雄塔脚道路改移、新火车站及广场、永兴大道框架桥等7个项目进展顺利。开工建设13条通村水泥路，完成13个候车亭和浪口至四合、百寿至三河、苏桥至大罗等5条通村水泥路建设。投资1.52亿元完成板峡、华山、金鸡河等3座中型水库灌区末梢渠系节水改造，完成三五、合作、矮山、老山等4座小（二）型水库除险加固主体工程，开工建设西河永福镇段、堡里河高甫河段、相思江苏桥镇段、百寿河百寿圩段4条河流治理工程。完成西滨路、接官亭街等7条小街小巷及汽车站至商贸城路口段风貌改造。完成永福镇银洞村、湾里村和罗锦镇尚水村、岭桥村等土地整治项目。

【加快工业经济建设】　2012年，永福县实施“抓大壮小扶微”工程，工业在县域经济的主导地位进一步加强。苏桥园基础设施建设有序推进，福龙园建设进一步加快。桂林奇峰纸业有限公司、桂林永福大成科技有限公司等项目相继竣工投产。桂林市艺宇包装印刷有限公司、桂林澳林制药有限责任公司等企业产销稳定。苏桥经济开发区集中供热管网投入使用，园区循环经济良性发展。年内，实施工业技术改造项目111个，完成投资金额36.71亿元，增长27.9%。苏桥工业园和福龙工业园获“自治区招商引资项目大兑现工作示范园区”称号。

【举办第七届养生旅游福寿节】　2012年10月11～14日，围绕“福寿家园，养生旅游”的主题、打造“养生旅游示范区”文化品牌、展现永福县深厚福寿文化底蕴和神奇魅力的第七届养生旅游福寿节在永福县城举行。该届福寿节活动精彩纷呈，《故乡的重阳树》微电影开机仪式成为福寿节的一大看点。节庆期间主要活动有：福寿节开幕式暨千人徒步大会、山地自行车公路赛、福寿休闲产业展览、敬老爱老评比活动、彩调艺术节等活动。国内30多家媒体对节庆活动进行了采访报道。

【永福镇获“国家级生态乡(镇)”称号】 2012年，永福镇开展创建国家级生态乡(镇)活动。城镇居民自来水普及率100%，农村生活饮用水卫生合格率100%；生活污水处理率75%，城镇垃圾无害化处理率95%，重点工业污染源排放达标率100%；人均公共绿地面积为13平方米，主要道路绿化普及率100%。农业生态环境良好，农用化肥施用强度、农产品农药残留均控制在标准之内。有27个村(屯)通过市级文明卫生村验收。银洞村横石屯建起25栋错落有致的小洋房，被评为自治区首个、全国第三个节能减排示范村。投入资金3000多万元，完成90多条通村(屯)道路硬化建设。投入资金1500多万元，完成30多个人饮工程，完成农村改厕2300多座，国债沼气池建设2100多座。投入资金600多万元，完成14个村(屯)的城镇风貌改造工程，村容镇貌焕然一新。搞好凤山公园旅游、拉搞温泉等线路的开发，营造良好的旅游环境，打造和谐的景点景区。组织和动员干部职工300多人次，动员群众2000多人次集中整治社区、城乡结合部的环境卫生。年内，永福镇获环境保护部授予“国家级生态乡(镇)”称号。

【劳动和社会保障取得新成效】 2012年，永福县发放农村低收入人口低保金2450.54万元，发放城镇居民低保金1074.79万元。企业参加基本养老保险人员15631人，机关事业养老保险参保人数515人。基本医疗保险参保人数30917人，工伤保险参保8638人，生育保险参保8012人，失业保险参保人数5610人。共向农村妇女、下岗失业人员、农村青年、退伍军人、大中专毕业生等创业群众累计发放创业扶持贷款160万元，引导150多人自主创业带动500多人实现就业。劳动监察机构接受日常投诉45件，已结案件45件，为396劳动者追讨工资83.62万元，清退押金0.8万元。城乡居民社会养老保险参保人数10.5万人，参保率94%。

【特色农业产业发展】 2012年，永福县粮食播种面积2.88万公顷，粮食总产量14.78万吨。糖料蔗种植面积0.41万公顷，建立高产高糖示范点200公顷。经济作物种植面积1.99万公顷，其中蔬菜1.1万公顷(含复种面积)，中药材0.35万公顷，罗汉果种植0.19万公顷(年内新增33.33公顷)。桑园面积0.07万公顷，鲜茧产量48万千克，其他0.28万公顷。在永福镇、罗锦镇建立早稻高产“万亩”示范带2个，“千亩”高产示范点9个，“百亩”高产示范点9个。水果改扩种0.07万公顷，种植面积1.04万公顷(不包括板栗)，挂果面积0.83万公顷，总产量10.5万吨。建成温氏集团林村种猪场、桂都公司肉猪基地，新发展年出栏500头以上规模养殖户93户，全县生猪养殖规模化率72.3%。在罗锦镇尚水村建立“吨粮万元田”中心示范片146.67公顷，西红柿半棚“三避”栽培示范146.67公顷，每公顷西红柿可增加产量30吨以上，增加产值7.5万元以上。建立金银花种植示范基地33.33公顷，培育金银花苗20万株。“山洞”食用菌种植秀珍菇等品种70万袋，产值达700万元，打响了“山洞”食用菌品牌。罗汉果烘烤技术取得新突破，成立县罗汉果研究所，对罗汉果种植、生产、加工、产业发展等进行探讨。发展林下种植、养殖业，建立多个草珊瑚种植示范基地，林下种植项目总面积0.69万公顷；成立农民林下经济合作社18个，完成林下经济产值4.15亿元，其中林下种植0.98亿元，林下养殖2.21亿元，林下产品采集加工0.21亿元，森林旅游0.75亿元。

(李汴明)

灌阳县

【概况】 灌阳县位于桂林市东北部，辖灌阳、黄关、文市3个镇和新街、新圩、水车、观音阁、西山(瑶族乡)、洞井(瑶族乡)6个乡，下设3个社区，138个建制村。县人民政府驻灌阳镇。行政区域面积1837平方千米。2012年年末，户籍常住人口29.04万人。

经济总指标　全年生产总值53.3亿元，增长14.3%。其中：第一产业增加值14.3亿元，增长6.8%；第二产业增加值26.4亿元，增长21.9%；第三产业增加值12.6亿元，增长6.9%。人均地区生产总值 22623 元。全社会固定资产投资金额 52.9 亿元，增长 38.3%。社会消费品零售总金额 12.4 亿元，增长 17.1%。

财政·金融　全年财政收入 3.5 亿元，增长 23.5%；财政支出 13.27 亿元，增长 28.35%。年末金融机构各项存款余额 46.8 亿元，增长 20.5%；金融机构各项贷款余额 23 亿元，增长 20.1%。

农业　全年农林牧渔业总产值 22.78 亿元，其中农业产值 13.2 亿元，林业产值 1.4 亿元，牧业产值 6.98 亿元，渔业产值 0.4 亿元，服务业产值 0.8 亿元。粮食播种面积 2.6 万公顷，总产量 15 万吨。全年完成各类人工造林面积 1867 公顷，森林覆盖率 74.81%。新建沼气池 700 座。农业机械总动力 25.87 万千瓦。

工业　全年工业总产值完成 74.9 亿元，增长 26.7%；工业增加值 22.7 亿元，增长 21.9%；工业增加值占地区生产总值的 42.7%；工业对全县经济增长的贡献率达 66.2%。规模以上工业总产值 64 亿元，增长 31.2%；实现利税 13.37 亿元，增长 26.7%。新增规模以上工业企业 2 家，全县规模以上工业企业 28 家，年产值超 1000 万元工业企业 28 家，年产值超亿元工业企业 15 家。

交通·邮电　全年完成“千村通畅工程”项目 19 个，完成农村公路建设及固定资产投资金额 9.5 亿元；完成客运量 595 万人次，客运周转量 5.29 亿人千米；完成货运量 256 万吨，货运周转量 3.84 亿吨千米。邮路总长 738 千米，完成邮政业务运营收入 1023.1 万元，电信业务（含电信、移动、联通等）运营收入 8911.8 万元。全县固定电话用户 3.09 万户，手机用户 14.99 万户，宽带用户 1.28 万户。

文化·科技　年末拥有专业艺术表演团体 1 个，演出场次 58 场。公共图书馆 1 个，图书藏量 7 万册。全年申报自治区级科技项目 4 项，共举办种植业、养殖业等科技培训班、科普讲座 36 期（场次），培训 2056 人次。灌阳镇成为自治区科技示范镇试点。年内共申请专利 34 件，科技项目结题验收 5 件，“大孔吸附树脂提取甘薯天然色素技术工艺研究”被科学技术部正式立项。

教育　全县有自治区示范性高中 1 所，普通高中 2 所，专任教师 222 人，在校高中生 3042 人。初级中学 11 所，专任教师 618 人，在校初中生 6534 人。小学 141 所，专任教师 1068 人，在校小学生 13735 人。小学适龄儿童入学率 100%。

卫生·体育　全县有各级医疗卫生机构 15 家，各级各类医疗机构有床位 822 张。卫生技术人员 1324 人，其中执业医师 229 人，注册护士 295 人，药剂人员 39 人，检验人员 28 人，乡村医生 420 人。全县参加新型农村合作医疗农民 23.7 万人，参合率 97.4%。全县建有体育场、体育馆、游泳馆、练习馆各 1 个，“农民体育健身试点工程”1 个，村级标准水泥篮球场 23 个。参加市、自治区级体育比赛获金牌 2 枚、铜牌 1 枚。

计划生育　全年全县出生人数 2933 人，符合政策生育率 91.6%，其中二孩符合政策生育率 81%，政策外多孩率 1.3%；出生男女性别比为 110.7。人口自然增长率 5‰。

固定资产投资　全县固定资产投资完成 52.9 亿元，增长 38.3%，其中城镇固定资产投资 34.9 亿元，农村固定资产投资 18.0 亿元。在城镇固定资产投资中，基本建设投资 20.9 亿元，更新改造投资 13.5 亿元，其他投资 0.5 亿元。

招商引资　全年全县在建项目 81 个，投资总金额 59.09 亿元，增长 562.42%。新签自治区外项目 37 个，投资总金额 24.22 亿元。在建自治区外项目到位资金 19.96 亿元。引进外资项目到位资金 532 万美元。

居民生活　全县在岗职工年平均工资 33222 元，增长 8.15%。城镇居民人均可支配收入 19403 元，人均消费性支出 10747 元。农民人均纯收入 4991 元，增长 15.6%，人均生活消费支出 4854 元。全年发放农村低收入人口低保金 2477 万元，发放城镇居民低保金 1356 万元。城镇新增就业人数 3506 人，城镇登记失业率为 3.13%。农村劳动力转移就业职业培训 7308 人。社会五项保险参保 19.6 万人。1424 户茅草树皮房、1100 户危房改造全部完成。全县农村贫困人口减少 8550 人。

旅游　全年接待国内外游客 26.5 万人次，增长 32.7%，旅游总收入 1.6 亿元，增长 34%。全县有 41 个自然景点和人文景观，营业景区 2 个。

【重大项目建设取得新成绩】 2012 年，灌阳县实施重点项目 130 个，完成投资金额 24.6 亿元，列入市级层面重点项目 24 个，实施 1000 万元以上项目储备 63 个。灌凤高速公路、江东新区等重大项目进展顺利，千家洞瑶族古镇旅游开发（一期工程）列入自治区统筹推进重大预备开工项目。新签引资5亿元的“非粮变粮、粗粮细做”系列营养米加工扩建和1亿元的高新厨电等项目37个。

【工业经济稳步增长】 2012年，灌阳县工业园区建设成效显著，打造锰业循环经济、选矿机械制造、木材、食品药品、石材五大专业园区。完成园区工业产值50.5亿元，增长60.4%，提前3年实现“十二五”规划目标。完成基础设施建设投入1.02亿元，实现征地68.4公顷，引企入园14家，总数达到57家。实施“抓大壮小扶微”工程，新增规模工业企业2家，规模工业企业总数28家。选矿机械制造、锰业、石材三大集团公司积极筹建。全年完成工业总产值74.9亿元，增长26.7%，其中规模工业总产值64亿元，增长31.2%；规模工业增加值18.7亿元，增长31.4%。

【特色农业发展成效喜人】 2012年，灌阳县粮食、水果、畜牧等特色优势产业发展壮大，全县农业总产值完成22.9亿元。创建实施“1313”(即1个“万亩”示范垌，3个“千亩”示范片，13个“百亩”示范点)增粮示范工程，粮食总产量达到15万吨。超级稻最高单产900.65千克，连续3年创广西之最。水果种植总面积1.42万公顷，总产量25.3万吨。“灌阳雪梨标准化生产基地建设”获农业部第一批水果标准园项目，完成雪梨、黑李、脐橙三大水果出境果园登记。西瓜、西红柿、红辣椒及中药材等特色经济作物巩固发展，种植面积1.26万公顷，总产19万吨。油茶、菊花、紫色萝卜等特色产业初步形成规模。重大动物疫病得到有效防控，规模养殖进一步扩大，全年生猪出栏34.5万头。

【旅游发展迈上新台阶】 2012年，灌阳县成功举办千家洞瑶族文化旅游节暨“二月八”农具文化节、“六月六”雪梨黑李节和瑶族千家洞高峰论坛。瑶族古镇项目加快推进，云水瑶商业街开工建设，完成投资金额1.6亿元。小龙特色旅游名村、苏东休闲旅游新村建设进展顺利，国家4A级旅游景区千家洞黑岩景区周边环境得到改善，文市石林获批为自治区级地质公园。

【生态文明建设发展壮大】 2012年，灌阳县完成红豆杉野生资源保护总体规划，开展“绿满八桂”工程和“千万珍贵树种送农家”活动。完成人工造林1866.67公顷，通道绿化35.10千米；免费发放珍贵树种90万株；全县林地流转7466.67公顷，森林覆盖率74.81%。重点打造18千米森林景观大道，建成城北大道2.8千米示范路段。生态文明建设成果显著，灌阳镇获国家级生态乡(镇)命名，54个区市级生态村完成申报创建。乡(镇)污水、垃圾处理设施建设加快，大竹凹生活垃圾填埋场试运行，完成700座沼气池主体建设。万元生产总值能耗下降8.1%。

【城乡建设进程加快】 2012年，灌阳县突出打造瑶族文化产业城，初步形成一江两岸景观带，江东生态新城区、老城商贸居住区、城北休闲旅游区、城南现代工业区的城建格局。全年完成城建固定资产投资金额5.5亿元，红豆杉酒店、创业大厦、风雨桥、壅水坝及一批单位业务楼建设加快，县城立面改造基本完成。灌阳至平乐高速公路，灌阳至湖南江永、洞井至灵川大境二级公路等项目前期工作进展顺利，完成29条、121千米通村公路硬化工程。新建防洪堤9千米，完成水库除险加固5座，恢复和改善灌溉面积3333.33公顷，解决2.30万人饮水安全问题。完成30个文明卫生村、26个普惠制新农村和200个自然村(屯)道路硬化点建设。新街乡撤乡建镇获批准。 (莫国建)

资源县

【概况】 资源县位于桂林市东北部，辖资源镇和中峰、梅溪、瓜里、车田(苗族乡)、两水(苗族乡)、河口(瑶族乡)6个乡，下设3个社区，71个建制村。县人民政府驻资源镇。行政区域面积1954平方千米。2012年年末，户籍常住人口17.52万人。

经济总指标 全年地区生产总值34.98亿元，增长17.3%。其中：第一产业增加值8.23亿元，增长8.2%；第二产业增加值16.64亿元，增长24.3%；第三产业增加值10.11亿元，下降13.5%。全社会固定资产投资金额42.01亿元，增长33.6%；全社会消费品零售总金额8.24亿元，增长17%。

财政·金融 全县财政收入2.03亿元，增长19.05%，其中地方财政收入1.23亿元，增长19.4%。财政支出10.27亿元，增长33.04%。年末，金融机构各项存款余额37.22亿元,增长20.15%;金融机构贷款余额20.34亿元,增长16.8%。

农业　全县农林牧渔业总产值12.76亿元,其中农业产值7.41亿元,林业产值2.41亿元,牧业产值2.34亿元,渔业产值0.11亿元,服务业产值0.49亿元。粮食种植面积9122公顷,粮食总产量5.49万吨,增长5.38%。完成各类人工造林面积3400公顷,森林覆盖率78.61%。农业机械总动力22.35万千瓦。

工业　全县工业总产值35.72亿元,增长29.2%。其中:规模以上工业总产值完成31.99亿元,增长32.7%;规模以下工业总产值完成3.73亿元,增长5.7%。完成工业增加值12.9亿元,增长24.1%。其中:规模以上工业增加值完成11.49亿元,增长30.4%;规模以下工业增加值完成1.4亿元,增长5.6%。

交通·邮电　全县完成通畅公路工程10条共56千米,完成交通项目30个,项目总投资金额2.71亿元;客运周转量5888万人千米;货运周转量为1.63亿吨千米。邮路总长1200千米,邮政业务总量950万元。固定电话用户2.76万户,移动电话用户3万户。

文化·科技　年末拥有专业艺术表演团体1个,演出80场次;公共图书馆1个,图书藏量8万册;剧场1个,文化站7个;电影放映单位1个,年放映电影901场次,观众13.6万人次。大型彩调剧《凉水井》获第八届广西剧展大型剧目展演"桂花铜奖",彩调《留守妻子》获广西第三届彩调艺术节金奖,彩调剧《最后的山佬》获第八届广西剧展大型剧目展演"桂花铜奖",大型彩调剧《一品油茶七品官》获第八届广西剧展大型剧目展演"桂花金奖"。新建14个农家书屋和6个村级公共服务中心。获上级审批科技项目17项,其中国家级2项,自治区级15项,项目金额605.2万元。

教育　全县有普通高中1所,专任教师116人,在校学生1749人。中等职业学校1所,学生892人,专任教师52人。初级中学6所,专任教师361人,在校初中生4505人,初中生入学率99.6%。小学13所,小学专任教师689人,在校小学生10423人,小学适龄儿童入学率99.9%。机关幼儿园1所,专职教师49人,在校幼儿459人;民办幼儿园20所,专职教师77人,在校幼儿2182人。

卫生·体育　全县有医疗卫生机构15个,床位350张。其中:县医院床位230张,县妇幼保健院床位30张。卫生技术人员521人,其中执业医师145人,注册护士203人。全县参加新型农村合作医疗农民14.18万人,参合率99.6%。年内,举办了大型端午龙舟赛、篮球赛、气排球赛等文体活动。

计划生育　全年出生2467人,计划生育率95.01%,人口出生率14.1‰。人口自然增长率7.57‰。

招商引资　全年新引进五大特色产业项目17项,总投资金额15.2亿元。全年共引进投资项目24项,总投资金额17.8亿元;在谈项目19项,总投资金额90.3亿元。

居民生活　全县在岗职工年平均工资32163元,增长6.24%。城镇居民可支配收入19873元,人均消费性支出14582.13元。农民人均纯收入5841元,增长16.46%。全年发放城乡低保金955.65万元。城镇新增就业人数2974人,领取再就业优惠证的下岗失业人员再就业人数512人,城镇登记失业率为3.91%。新增劳务输出6257人。农村劳动力转移就业职业培训541人。

旅游　全年接待国内外游客101万人次,增长45%。旅游总收入7.6亿元,增长45.3%。年内,推进资江—八角寨世界地质公园申报工作,编制《资源县城区旅游版块城市设计规划》《资源县旅游品牌和营销策划方案》,完成八角寨创国家5A级旅游景区概念性编制工作。五排河景区获"国家生态旅游示范试验区"称号。

【特色优势农业产业发展稳步推进】 2012年,资源县围绕红提、西红柿、金银花等十大生态特色优势产业,做好农业产业结构调整,抓好特色产业带的建设。全县红提种植面积3866.67公顷,西红柿种植面积1333.33公顷,金银花种植面积3666.67公顷。金银花种植项目有效解决了海拔800米以上农民的增收问题。茶叶种植400公顷,三木药材种植13200公顷。特色养殖得到进一步发展,新增大鲵、竹鼠等养殖场9个,全县特色养殖场81个。全县优势特色产业产值占农业总产值60%以上。

【特色工业稳步发展】 2012年,资源县清洁能源、石材产业、矿产品深加工、农林产品深加工和冶炼业五大产业中,清洁能源与石材开发等产业集群效应初步显现。投资4.4亿元的金紫山风电场(二期)工程投产发电。国电桂林昌盛坪(越城岭)风电场已通过环评审批。地热开发项目已列入投资建设规划。总投资3.9亿元的桂林资源诚豪矿业有限公司、广西资源县紫煜石材开发有限公司等石材加工项目建设进展顺利。新引进石材项目4个，总投资金额5.6亿元。与广东省核工业地质局签订矿产品加工战略合作协议，达成10亿元的矿产加工投资意向。与国家林业局竹子研究开发中心签订合作框架协议，达成安吉竹子加工产业链落户资源的合作意向。绿色香、中西药饮品生产线等项目正加快建设。投入4000万元，加大对中峰工业集中区和李家山冶炼园区的道路、给水、排污等基础设施建设。110千伏变电站等项目竣工并投入使用。加大土地储备力度，启动中峰工业园区第三轮征地工作。园区全年实现工业总产值8.7亿元，增长26.8%，实现规模以上工业总产值6.8亿元，增长35%。

2012年8月，资源县城北新区全貌　　（资源县志办　供稿）

【资源县成为全国最大曼地亚红豆杉种植基地】 2002年，资源县农场充分利用老山界得天独厚的自然优势，引进桂林晖昂生化药业有限公司，在老山界种植曼地亚红豆杉。2012年，该农场已种植曼地亚红豆杉333.33公顷，苗木400余万株，成为了全国最大的曼地亚红豆杉种植基地。年内，基地产红豆杉鲜枝叶200多吨，可提炼紫杉醇70千克。

【城市品位得到提升】 2012年，资源县投资4500万元对县城主要街区建筑进行风貌改造，改造面积12万立方米。改造范围共分为城南和城北两个主片区，城南主要是对公路两侧建筑实施坡顶青瓦、吊柱山墙、花窗白墙等改造，重点体现丹霞特色。城北改造重点是临江面建筑物突出亲水设施建设。改造后，资源县县城城市品位得到较大的提升。

【重大交通项目取得突破性进展】 2012年，资源至兴安高速公路与中国铁建投资有限公司签署投资总金额81亿元的高速公路承建协议，项目估算总投资金额93亿元，路线总长82.75千米。资龙（资源梅溪—龙胜）生态二级路完成全部土石方工程。投资3500万元的城南迎宾大道交付使用。投资总金额7.4亿元的咸水口至天湖、资源至梅溪、枫木至百里等二级公路和投资5000万元的城北迎宾大道完成前期筹备工作。

【资源县获“中国十佳最美乡村”称号】 2012年，资源县以桂林世界旅游城建设为契机，推进旅游文化特色县建设。八角寨国家5A级旅游景区建设项目与承建方达成7亿元的投资意向。全年筹资500万元用于旅游宣传促销，投入1.6亿元用于资江—八角寨景区国家自然遗产地保护、丹霞温泉二期、五排河景区改造提升以及服务配套设施等工程。投资2000多万元的天门山景区观光客运索道和观景平台等项目竣工投入运营。年内，资源县在中国乡村（旅游）发展论坛暨中国最美的乡村（小镇）推介会上，获“中国十佳最美乡村”称号。

【资源县被列入国家西部生态文明示范工程试点县】 2012年，资源县完成造林面积3400公顷，全县森林覆盖率78.61%，增长0.15%。年内，强力推进节能减排，全面完成桂林市制订的节能减排任务，完成1个自治区级、25个市级生态村的创建。年内，资源县被列入国家西部生态文明示范工程试点县，资源镇被环境保护部授予“国家级生态乡（镇）”称号。

【资源县被列入滇桂黔石漠化综合治理区域重点扶持县】 2012年，资源县被列入《滇桂黔石漠化区（广西）区域发展与扶贫攻坚规划》中。规划提出，2011～2020年，中央将新增财政扶贫资金对基础设施建设、特色产业发展、改善农村基本生产生活条件、加强就业与农村人力资源开发、推进社会事业与公共服务全面发展、加强生态建设与环境保护等方面给予重点扶持。年内，自治区启动滇桂黔石漠化广西片区扶贫规划编制工作。资源县组织参加扶贫规划编制工作并编写初稿进行上报，完善资源县被列入滇桂黔石漠化区发展的项目规划。

【举办首届丹霞文化旅游节暨第十八届河灯歌节】2012年8月28～30日，资源县首届丹霞文化旅游节暨第十八届河灯歌节在县城北举行。该届节庆活动以“相约魅力资源，共享丹霞福缘”为主题，将首届丹霞文化旅游节与民族传统河灯歌节融合。节庆活动主要有河灯制作大赛、大型文艺演出、无公害特色优势农业品牌的农副产品展销会、丹霞形象大使选拔赛等14项活动。活动安排充分体现了文化与旅游、商贸、招商、体育活动有机结合，凸显民俗文化和丹霞文化。

【王辉入选首届“广西公民楷模十大新闻人物”】2012年5月24日，自治区文明办和广西日报传媒集团联合主办的首届“广西公民楷模新闻人物”评选活动举行颁奖仪式，被誉为“组织基石”的资源县优秀组工干部王辉入选其中，受到表彰。王辉生前系中共资源县委组织部干部股股长，他因长期忘我工作，积劳成疾，突发脑溢血，于2011年1月26日倒在工作岗位上。他成为了自治区乃至全国组工干部创先争优的先进典型，以实际行动树立了一名优秀组工干部“讲党性、重品行、作表率”的感人形象。

【资源县红提获“广西优质农产品”称号】2012年，资源县围绕“优果工程”建设，把红提作为优势品种重点发展，积极调整红提品种结构，先后引进红地球、维多利亚、温克、金手指、美人指、兰玉、夏黑等10多个抗病新品种，全面推广“三避”设施栽培、无公害标准化栽培技术，落实综合防治病虫害的技术措施，提高果品质量，打造资源红提果品品牌，使红提产量和质量都有了新的飞跃。年内，“八角寨牌”红提获“广西优质农产品”称号。

【资源县首部“桂盛通”投入使用】2012年，资源县第一台“桂盛通”自助结算终端安装完毕并投入使用。该终端是由广西农村信用联社推出的新型金融自助结算终端，集助农服务、消费收单、汇款转账、余额查询、代发工资等多项功能，可让农村用户在村里就能办理刷卡消费、小额存取款、小额转账汇款、缴费、查询等业务。

【资源县人民医院新综合大楼落成启用】2012年，总投资6000多万元的县人民医院在县城北落成并启用，该医院占地面积2.67公顷，建筑面积2.15万平方米。建有传染病区、行政后勤楼、医技楼、住院楼、门诊楼等。同时还添置了一批先进设备，完成了院内绿化亮化及停车场等基础设施建设。有固定床位230张，并与自治区内大医院建立了网络远程会诊系统，实现了信息化管理。

（喻水清　陈小吉）

平乐县

【概况】平乐县位于桂林市东南部，辖平乐、二塘、沙子、同安、张家、源头6个镇和阳安、青龙、桥亭、大发（瑶族乡）4个乡，下设19个社区，134 个建制村。县人民政府驻平乐镇。行政区域1919平方千米。2012年年末，户籍常住人口44.82万人。

经济总指标　全年地区生产总值79.32亿元，增长15.3%。其中：第一产业增加值30.18亿元，增长15.6%；第二产业增加值29.89亿元，增长15.6%；第三产业增加值19.25亿元，增长14.2%。人均地区生产总值21139元。全社会固定资产投资完成金额66.04亿元，增长42.0%。社会消费品零售总金额16.35亿元，增长15.7%。

财政·金融　全年财政收入3.51亿元，增长19.8%，其中地方财政收入2.76亿元，增长25.9%。财政支出14.74亿元，增长17.2%。年末，金融机构各项存款余额55.92亿元，增长16.9%，其中城乡居民存款余额43.63亿元，增长17.0%；各项贷款余额29.06亿元，增长13.8%。

农业　全年农林牧渔业总产值45.39亿元，其中农业产值33.04亿元，林业产值2.57亿元，牧业产值7.86亿元，渔业产值0.82亿元，服务业产值1.10亿元。粮食播种面积2.97万公顷，总产量15.96万吨。全年完成各类人工造林面积2718.3公顷，其中造林面积1099.9公顷，封山育林面积1618.4公顷，森林覆盖率70.08%。新建沼气池800座。农业机械总动力42.51万千瓦。

工业　全年工业总产值82.93亿元，增长26.2%；工业增加值25.28亿元，增长27.6%，工业增加值占地区生产总值的31.87%；工业对全县经济增长的贡献率54.2%。规模以上工业企业实现总产值65.04亿元，增长33.3%；实现利税10.05亿元，增长62.7%。新增规模以上工业企业2家，全县规模以上工业企业23家，其中年产值超1000万元企业5家，年产值超亿元企业14家。

交通·邮电　全年完成农村通畅公路25条144.3千米。有等级公路里程735.2千米，其中高速公路50.4千米，二级公路109.8千米。完成农村公路建设及固定资产投资2.3亿元。完成道路运输客运量371.5万人次，客运周转量2.19亿人千米；货运量239.7万吨，货运周转量3.60亿吨千米。完成水路运输客运量27.3万人次，客运周转量1700.6万人千米；货运量40.5万吨，货运周转量3840.1万吨千米。邮路总长867千米，完成邮政业务运营收入1253万元，电信业务(含电信、移动、联通等）运营收入1.39亿元。全县固定电话用户2.45万户，手机用户22.73万户，宽带用户1.64万户。

文化·科技　年末拥有专业艺术表演团体1个，演出85场次。公共图书馆1个，图书藏量14.3万册。剧场1个，文化站10个。电影放映单位7个，放映电影1899场次，观众16.30万人次。全年申报自治区级科技项目6项，市级科技项目1项，县级科技项目38项。总投资金额973万元，共举办种植业、养殖业等科技培训班、科普讲座556期(场次)，培训2.3万人次。建立各类科技示范基地40个。年内共申请专利43件。

教育　全县有自治区示范性普通高中1所，专任教师151人，在校高中生2474人；普通高中2所，专任教师179人，在校高中生2432人。初级中学13所，专任教师792人，在校初中生10015人。小学75所，在校小学生24830人；小学适龄儿童入学率100%。

卫生·体育　全县各级各类医疗机构有床位1082张，其中医院床位630张，妇幼保健院床位55张。卫生技术人员1550人，其中执业医师278人，注册护士497人。全县参加新型农村合作医疗农民352746人，参合率97.81%。全年向上级输送各类优秀运动员5人，获自治区级奖牌铜牌1枚。

计划生育　全年全县出生人数5430人，符合政策生育率93.30%，其中二孩符合政策生育率85.88%，政策外多孩率0.88%；出生男女性别比为106。人口自然增长率7.66‰。

固定资产投资　全县固定资产投资66.04亿元，增长42.0%，其中基本建设投资14.79亿元，更新改造投资28.51亿元，房地产业投资6.10亿元。

招商引资　全年全县在建项目69个，续建项目15个，合同总金额73亿元，其中自治区外建设项目资金24.4亿元。引进外资项目到位资金512万美元。

居民生活　全县在岗职工年平均工资32039元，增长11.3%。城镇居民人均可支配收入19265元，人均消费性支出12439元。农民人均纯收入6844元，增长15.8%，人均生活费支出4341元。全年发放农村低收入人口低保金5584.6万元，发放城镇居民低保金1751.73万元。城镇新增就业人数3150人。领取再就业优惠证的下岗失业人员再就业人数1117人，城镇登记失业率为4.06%。新增劳务输出3429人。农村劳动力转移就业职业培训1536人，开发公益性岗位147个。

旅游　全年接待国内外游客22.26万人次，其中境外游客0.58万人次。旅游总收入1.22亿元。全县有8个自然景点和人文景观，其中营业景区2个。

【农业经济有亮点】 2012年，平乐县被列为中国西部生态文明示范县、自治区农业产业科技重点示范县(柿子产业)，被评为自治区、市级农业产业化龙头企业分别达2家和5家。石崖茶获国家有机产品认证中心有机转换产品认证。石崖茶是生长在青龙乡大冲山高海拔原始森林的悬崖峭壁上的生态茶叶，属国内珍稀原生态纯天然茶中珍品。年内，石崖茶扩种面积333.33公顷。

【工业经济持续发展】 2012年，平乐县工业对经济增长的贡献率由上年的31.7%提高到54.2%。上市企业实现零突破，其中桂林乐盾汽车用品科技股份有限公司成为广西首家在天津股权交易所挂牌上市的企业。园区基础设施日臻完善，园区经济取得突破发展，完成税收1600万元，新入园企业9家，总投资金额8.3亿元。新增规模以上工业企业2家，全县规模工业总产值和规模工业增加值分别完成65.04亿元、18.55亿元，增长33.3%、38.2%。开展“招商引资年”活动，实施招商项目69个，总投资金额72.98亿元。引进人造金刚石生产等6个超亿元项目。

【经济发展后劲十足】 2012年，平乐县深入开展“项目建设年”活动，向上级争取各类项目资金16.3亿元，统筹推进93项事关平乐长远发展的重大项目，其中新开工 29 项，竣工 6 项。纳入自治区、市层面重点推进重大项目 25 项。发挥政府融资平台作用，拓展中小企业融资担保公司业务范围，争取贷款 3.53 亿元，支持城乡建设及中小企业发展。做好土地整理及复垦工作，经自治区人民政府批准农用地转用和征收土地 103.93 公顷，重大产业和重点项目用地需求得以保障。

【城乡面貌建设】 2012 年，平乐县推进城镇化建设，新区路网雏形显现。完成征地 200 公顷、拆迁 293 户，拆迁面积 8 万平方米，腾空拆除房屋 112 座，完成 100 户安置地地基和 44 套临时过渡房建设。依法强制拆除违法建筑 13 户，面积 2530 平方米。桂江沿岸防洪堤路等 6 个项目相继竣工，创业大厦等 36 个项目加快推进。加强农村基础设施建设，投资金额 1.2 亿元，完成渠道“三面光”防渗 250 千米，渠道清淤 74 千米，完成一批小(二)型病险水库除险加固、中小河流治理以及县城防洪堤等项目。投资金额 9531 万元，实施 25 个 144 千米通建制村水泥路工程，通畅率由上年的 53.5% 提高到 80.5%。投资 4631 万元实施农网建设。推进“绿满八桂”造林绿化工程，完成造林 2718.27 公顷，义务植树 90 万株，免费发放珍贵树种苗木 17.9 万株。启动“十里社会主义新农村示范带”建设和农村环境连片整治，建成农村生活污水处理设施 36 座，覆盖 32 个建制村。投资 221 万元，完成平乐镇马蹄井等 2 个综合整治村建设。投资 1628 万元，打造大塘口特色名村并通过验收命名。

【民生工作显实效】 2012 年，平乐县十项惠民工程顺利完成。全年民生投入 9.75 亿元，占地方财政支出的 66.6%。新型农村合作医疗、社会保险征缴工作全面完成。城镇新增就业 3852 人，城镇登记失业率控制在 4.5%以内，农村劳动力转移就业新增 8016 人。发放国家助学金 1079 万元，资助贫困学生上学。环卫工人人均月工资提高到 1200 元。建成 3 个水库移民新村，解决 238 名移民住房难和 715 名移民行路难问题。实施农村人饮安全工程 53 处，解决 27160 人饮水安全问题。新建农村五保村 12 个。新建廉租房 272 套、公共租赁住房 252 套、限价商品住房 90 套、经济适用住房 130 套、危房改造 1839 户，解决一大批中低收入家庭住房难题。医药卫生体制改革稳步推进，基本药物制度惠及民众。群众文化活动异彩纷呈，文艺精品迭出，《水上船歌》获中国首届水上民歌大赛银奖。 （欧应清）

荔浦县

【概况】 位于桂林市南部。辖东昌、新坪、杜莫、荔城、青山、大塘、花篢、双江、马岭、修仁 10 个镇和茶城、蒲芦(瑶族乡)、龙怀 3 个乡。县人民政府驻荔城镇。行政区域面积 1759 平方千米。2012 年年末，户籍常住人口 38.49 万人。

经济总指标 全年地区生产总值 99.39 亿元，其中第一产业增加值 22.75 亿元，第二产业增加值 45.61 亿元，第三产业增加值 31.03 亿元。人均地区生产总值 2.61 万元。全社会固定资产投资完成金额 81.03 亿元。社会消费品零售总金额 36.28 亿元。

财政·金融 全年财政收入 7.02 亿元，其中地方财政收入 4.23 亿元。财政总支出 14.38 亿元。年末，金融机构各项存款余额 71.88 亿元，增长 18.96%，其中城乡居民存款余额 52.16 亿元，增长 17.93%。金融机构各项贷款余额 50.31 亿元，增长 21.1%。

农业 全年农林牧渔业总产值 36.42 亿元，其中农业产值 22.16 亿元，林业产值 1.36 亿元，牧业产值 11.29 亿元，渔业产值 0.58 亿元，服务业产值 1.03 亿元。耕地面积 2.56 万公顷，农田有效灌溉面积 1.53 万公顷，粮食播种面积 2.31 万公顷，经济作物种植面积 0.43 万公顷。林地面积 12.25 万公顷。年出栏生猪 48.6 万头，获得中央财政生猪调出大县奖励。社会用电量 4.21 亿千瓦小时。农机总动力 34.89 万千瓦。获“第四批中央财政小型农田水利建设重点县” 称号、“广西特色农业创新发展示范县”称号。

工业 全年工业总产值 113.6 亿元，工业增加值 38.3 亿元，分别增长 25.7%、19.9%，全县工业固定资产投资 50.3 亿元，增长 42.8%，工业对经济增长的贡献率 56%。全年为企业解决 1700 多个岗位需求，为企业争取国家、自治区专项资金补贴 3198 万元，自治区、市担保公司为企业融资 3.58 亿元。

交通 完成农村公路建设及固定资产投资 1.5 亿元。客运量 1750.58 万人，增长 32%；客运周转量13.42亿人千米，增长30%。货运量1492.08万吨，增长30%；货运周转量30.71亿吨千米，增长32%。等级公路里程591.57千米，其中二级公路92.15千米。

文化·科技　年末拥有专业艺术表演团体1个，演出场次70场。公共图书馆14个，图书藏量15.1万册。剧场2个，文化站13个。全年申请科技专利71件，获得授权42件。建成村级公共服务中心8个、农家书屋14个，完成直播卫星接收设备的发放安装2万套。

教育　全县有自治区示范性普通高中1所，专任教师128人，在校高中生2090人。初级中学11所，专任教师617人，在校初中生9687人。小学162所（含完小及教学点），专任教师1551人，在校小学生19490人。小学适龄儿童学率100%。投入1047万元完成44所乡（镇）幼儿园校舍改扩建及设备采购。

卫生　全县各级各类医疗机构有床位981张，其中医院床位924张，妇幼保健院床位57张。卫生技术人员1320人，其中执业医师358人，执业助理医师162人，注册护士495人。新型农村合作医疗农民参合率98.5%。13个乡（镇）卫生院全面实行基本药物零差率，123个村级卫生室建设完成并投入使用。

计划生育　全县出生人数4099人，符合政策生育率94.75%，其中二孩符合政策生育率87.53%，政策外多孩率0.32%。出生男女性别比为102.42。人口自然增长率4.38‰。被列为全国免费孕前优生健康检查试点县。获"广西人口和计划生育工作模范县""自治区诚信计生工作示范县"称号。

招商引资　全县新上项目58个，总投资28.8亿元，完成自治区外到位资金17.4亿元，完成外资950万美元。

居民生活　全县在岗职工年平均工资30968元，增长6.28%。城镇居民人均可支配收入22310元，增长13.2%；农民人均纯收入7610元，增17.8%，人均生活费支出4246元。全年共发放各类社保资金1.6亿元和惠农资金4756万元。城市低保标准由220元提高到240元，农村低保标准由165元提高到185元，累计发放低保金3054万元、城乡医疗救助金330万元、重点优抚医疗补助金107.36万元，筹资76.54万元为80500户农户免费办理了住房统一保险。开工建设廉租房204套，竣工144套。新开工建设经济适用房144套、教师租赁住房260套，完成农村危房改造900户。财政投入各类民生保障资金共计4.25亿元，十项惠民工程投入资金2.5亿元。

旅游　全年全县旅游接待游客总人数272.5万人次，增长24%；旅游总收入17.1亿元，增长40.5%。主要旅游景区（点）有银子岩、丰鱼岩、荔江湾、天河飞瀑等。

【获"国家外贸转型升级专业型示范基地"称号】 2012年，荔浦县获评"中国衣架出口基地"，因衣架产业发展集聚明显、结构转型表现突出而被商务部授予"第二批国家外贸转型升级专业型示范基地"称号。全县共有衣架企业210家，年产值25.39亿元，税收1.2亿元。

【中国商品交易市场发展高峰论坛在荔浦县举行】 2012年，荔浦县商贸服务业质量不断提升，第三产业增加值31.03亿元，增长10.4%。批发零售贸易、住宿餐饮业稳步发展，物流业不断发展壮大，全年实现社会消费品零售总金额36.28亿元，增长14.9%。12月11日，由中国市场学会、中国市场学会批发市场发展委员会、荔浦县人民政府联合主办的，以"搭建经贸交流平台、促进特色农产品流通"为主题的"中国商品交易市场发展高峰论坛"在荔浦举行，论坛就如何提高中国农产品市场规划运行，促进农产品交易流通体系的平衡发展进行探讨。

【城乡建设稳步推进】 2012年，荔浦县全社会固定资产投资完成81.03亿元，占年度计划的111%。其中：城镇固定资产投资66.5亿元，增长42.1%；农村投资金额14.53亿元，增长52%。投资1000万元及以上项目252个，完成投资金额58.28亿元。列入自治区、市政府的重大项目44个，完成投资金额15.5亿元，占年度计划的102.5%。重大项目实际竣工16个，占年度计划的133.3%。完成国道323线荔浦过境公路投资金额1亿多元。阳鹿高速公路（荔浦段）2012年完成投资金额4.7亿元，自开工建设累计完成投资金额16.7亿元，占计划的61%。

【社会治安整治见成效】 2012年，荔浦县投入800多万元率先建立县级"巡防监控、统一指挥、综合处置”三位一体信息化治安管控体系。投入 400 多万元建立治安防控大队，在县城各社区设立 9 个中队。实施“天网”工程第三期视频监控改造，投入 200 多万元增加高清视频监控探头 150 个。开展专项行动，全年共侦破“两抢一盗”(抢劫、抢夺、盗窃)刑事案件 679 件，破获毒品罪案件 24 件，抓获涉毒违法人员 274 人，查处赌博案件 214 件，收缴并销毁赌博游戏机 339 台。全年共立刑事案件 1126 件，破获刑事案件 839 件，破案率 74.45%，其中命案侦破率 100%。全年没有发生重特大安全事故。年内，获“自治区平安县(区)”称号。

【“三大会战”成效显著】 2012 年，荔浦县在农村公路建设、农村水利建设、农村电网升级改造“三大会战”中成效显著。在农村公路建设大会战中投入资金 1.2 亿元，完成全县通建制村道路硬化 14 条共 47.6 千米，新改建危桥 4 座共 144.4 延米。在农村水利建设大会战中投入资金 1.24 亿元，完成重点小(二)型水库除险加固 6 座，灌溉渠道“三面光”工程 203 千米，解决 2.54 万农村人口饮水安全问题。在农村电网升级改造大会战中投入资金 6215.5 万元，建设 110 千伏线路 26 千米、35 千伏线路 18 千米、配电台区项目 145 个。

【被列为自治区农村环境连片整治示范县】 2012 年，荔浦县关闭 3 个铜矿选洗厂，投入 80 万元对荔江中园桥至金雷桥河道进行清淤，荔江水质、生态功能好转。落实节能减排责任制、问责制和“一票否决制”，对企业污水排放进行 24 小时监测，全县万元生产总值能耗控制在上级下达指标内。推进“绿满八桂”造林绿化工程，完成山上造林 1033.33 公顷，村(屯)绿化 32 个，“千万珍贵树种送农家”植树造林 66.30 万株。农村连片综合整治规划项目申报入库 67 项，惠及群众 18 万人。年内，荔浦县被列为自治区农村环境连片整治示范县。

【推进新农村建设】 2012 年，荔浦县完成普惠制新村建设 38 个。全年实施“一事一议”财政奖补建设项目 363 个，总投资金额 9648.3 万元，增长 37.09%。整合扶贫资金 955 万元，实施自治区级贫困村“整村推进”项目 9 个，建设移民新村4 个，完成农村改厕 2000 座。

（覃有玉　龙纯章）

龙胜各族自治县

【概况】 龙胜各族自治县位于桂林市西北部，辖龙胜、瓢里、三门 3 个镇与和平、泗水、江底、马堤、伟江、平等、乐江 7 个乡，下设 6 个社区，119 个建制村。县人民政府驻龙胜镇。行政区域面积 2538 平方千米。2012 年年末，户籍常住人口 17.79 万人。

经济总指标　全年地区生产总值 40.59 亿元，增长 19%。其中：第一产业增加值 8.44 亿元，增长 8.9%；第二产业增加值 20.84 亿元，增长 24.9%；第三产业增加值 11.31 亿元，增长 13.9%。第一、二、三产业结构为 20.8∶51.3∶27.9。全社会固定资产投资完成 37.79 亿元，增长 44.9%。社会消费零售总金额 6.72 亿元，增长 17.1%。

财政·金融　全年财政收入 4.13 亿元，增长 25.09%，其中地方财政收入 2.28 亿元，增长 50.32%。财政支出 11.76 亿元，增长 21.38%。年末，金融机构各项存款余额 36.03 亿元，增长 20.63%；各项贷款余额 21.57 亿元，增长 12.9%。

农业　全年农林牧渔业总产值 13.05 亿元，其中农业产值 7.35 亿元，林业产值 2.29 亿元，牧业产值 2.90 亿元，渔业产值 0.06 亿元，服务业产值 0.45 亿元。粮食播种面积 1.07 万公顷，总产量 6.39 万吨。全年完成各类人工造林面积 0.30 万公顷，森林覆盖率 77.79%。新建沼气池 400 座，沼气入户率 73%。发放巩固退耕还林太阳能热水器 300 台。农业机械总功力 22.75 万千瓦。

工业　全年工业总产值 39.50 亿元，增长 30.5%；工业增加值 17.15 亿元，增长 26.9%，工业增加值占地区生产总值的比重是 42.24%；工业对全县经济增长的贡献率 11.1%。规模以上工业实现总产值 32.96 亿元，实现利税 4.8 亿元，增长 47.09%。

交通·邮电　年末全县道路通车总里程 838.79 千米，其中二级公路 90.77 千米，四级公路 385.67 千米。实现乡乡通沥青公路，村村通公路。完成客运周转量 4.19 亿人千米，完成货运周转量 12.47 亿吨千米。邮路总长 422 千米，完成邮政业务运营收入 104 万元。电信业务(含电信、移动、联通等)运营收入 2492 万元。全县固定电话用户 1.1

万户，手机用户 14.02 万户，宽带用户 1.44 万户。

文化·科技　2012 年，文艺团体改制后没有专业艺术表演团体，演出场次 36 场。公共图书馆 1 个，图书藏量 11.11 万册。剧场 1 个，文化站 10 个。电影放映单位 1 个，放映电影 1500 场次(包括农村放映)，观众 35 万人次。全年申报获得国家、自治区、桂林市科技项目 18 项，资金支持 783.84 万元。共举办种植业、养殖业等科技培训班、科普讲座 728 期(场次)，培训 2.8 万人次。年内，申请专利 12 件。建立各类科技示范基地 30 个，巩固提升科技示范村 21 个，示范户 500 个。创建科技示范园 1 个，全面推广应用新品种、新技术 14 个。

教育　全县有自治区示范性普通高中 1 所，专任教师 152 人，在校高中生 1963 人（普通高中)。职业中学 1 所，专任教师 27 人，在校生 1078 人。初级中学 2 所，专任教师 438 人，在校初中生 4224 人。小学 11 所，教学点 56 个，专任教师 694 人，在校小学生 9068 人；小学适龄儿童入学率 100%。幼儿园 13 所，专任教师 129 人，入园人数 2931 人。

卫生·体育　全县有各级各类医疗机构 15 个，病床位 420 张。其中，县人民医院床位 170 张，中医医院床位 103 张，妇幼保健院床位 80 张。卫生技术人员 652 人，其中执业医师 214 人，注册护士 257 人，药师 42 人，技师 46 人。全县参加新型农村合作医疗农民 14.81 万人，参合率 99%。参加桂林市第二届少数民族传统体育运动会，取得团体奖 4 个和单项奖 9 个。

计划生育　全县全年出生人数 2018 人，符合政策生育率 95.84%，其中二孩符合政策生育率 94%，政策外多孩率 0。出生男女性别比为 101。人口自然增长率 3.89‰。获“广西人口和计划生育工作模范县”称号。

固定资产投资　全县固定资产投资 37.79 亿元，增长 44.93%，其中城镇固定资产投资 25.33 亿元，农村投资 12.46 亿元。在城镇固定资产投资中，基本建设投资 13.95 亿元，更新改造投资 6.50 亿元，房地产业投资 0.64 亿元，城镇工矿区私人建房投资(50 万以上)1.83 亿元，其他投资 2.41 亿元。

招商引资　全年实施外来投资项目 53 个，到位资金 15.30 亿元，增长 46.61%。其中，自治区外境内项目到位资金 11.58 亿元，增长 35.45%；市外自治区内项目资金到位 1.9 亿元，增长 63.47%；实际利用境外资金 615 万美元，增长 11.82%。

居民生活　全县在岗职工年平均工资 38801 元，增长 5.2%。城镇居民人均可支配收入 21368 元，人均消费性支出 15518.78 元。农民人均纯收入 4602 元，增长 17.6%。发放农村低保人口低保金 2554.06 万元，发放城镇居民低保金654.35 万元。城镇新增就业人数 2784 人，城镇失业人员再就业人数 554 人，城镇登记失业率为 3.24%。新增劳务输出 6500 人。农村劳动力转移就业职业培训 775 人，开发公益性岗位 90 个。

旅游　全年接待游客 224.37 万人次，增长 32%，其中境外游客 26.18 万人次。旅游总收入 19.04 亿元。

【龙脊壮族生态博物馆通过自治区专家组评审】2012 年 4 月 21 日，全国首批生态(社区)博物馆示范点之一的龙胜龙脊壮族生态博物馆通过自治区专家组评审，并获得首批建设启动资金 300 万元，对推动文化遗产有效保护和传承发展，带动文化与旅游发展具有重要意义。

【整村推进土地整治项目开工】　2012 年 5 月 16 日，投资 2800 万元的乐江乡地灵、宝赠、西腰三个村整村推进土地整治项目在宝赠村举行开工仪式。该项目于 2011 年 8 月通过桂林市评审，总建设规模为 754.59 公顷，新增耕地 22.63 公顷，新增耕地率 3%。该工程包括修复崩塌田块，荒田清杂翻耕，用水排灌，开垦梯田，道路建设。

2012 年 11 月，龙胜龙脊壮族生态博物馆内景

（龙胜各族自治县旅游局　供稿）

【成功承办“两节”活动】 2012年6月22～25日，由桂林市旅游局、中共龙胜各族自治县委员会、龙胜各族自治县人民政府承办，柳州市旅游局、三江侗族自治县人民政府，湖南省邵阳市旅游局、城步苗族自治县人民政府，怀化市旅游局、通道侗族自治县人民政府协办的“首届龙脊国际梯田文化旅游节启动仪式暨2012年中国大桂林桂湘原生态风情节”活动在龙胜各族自治县县城和龙脊景区举行。节庆期间，举行了民族旅游发展研讨会和民族旅游推介会，开展了“天下龙脊”大型文化演出、民族金花选拔赛、山歌王擂台赛、民族商贸活动一条街等系列活动。

【茅草树皮房改造通过验收】 2012年，龙胜各族自治县对10个乡（镇）1577户农村茅草树皮房进行全面改造，投入资金3199万元。5月，全县1577户农村茅草树皮房改造工程全部竣工。对茅草树皮房拆除重建的贫困户，给予2.5万～3万元补助。对结构加固改盖瓦的贫困户给予1万元补助。对单纯树皮改瓦的贫困户给予0.5万元补助。7月，龙胜各族自治县开展消除农村茅草树皮房攻坚战通过自治区住房和城乡建设厅评估验收。

【重点项目建设稳步推进】 2012年7月9日，龙胜各族自治县重点建设项目桂林至三江高速公路全面开工，主线长134.63千米，总投资金额150.8亿元。在龙胜各族自治县境内长约52千米，设置双洞、瓢里、思陇3个互通式立交。主线设计速度为100千米每小时，双向四车道，路基宽度为24.5米。8月23日，县金龙桥头廉租住房建设项目开工。年内，9月26日，桂林龙脊金坑客运索道有限公司投资5000万元的龙脊观光索道工程通过国家质检部门监测评定，全长1380米、落差310米。

2012年10月，龙脊金坑观光索道投入运营

（龙胜各族自治县旅游局 供稿）

【签订崇楼风力发电开发项目投资协议】 2012年7月14日，沃民高新科技（北京）股份有限公司与龙胜各族自治县人民政府签订投资协议建设装机总量约10万千瓦的崇楼风力发电开发项目，总投资金额10亿元。该项目位于龙胜镇崇楼村、三十六坡、北丰寨和大坪塘等区域内，平均海拔1200米。 （白明宣）

恭城瑶族自治县

【概况】 恭城瑶族自治县位于桂林市东南部，辖恭城、栗木、莲花3个镇和平安、三江、嘉会、西岭、观音、龙虎6个乡，下设8个社区，117个建制村。县人民政府驻恭城镇。行政区域面积2149平方千米。2012年年末，户籍常住人口30.05万人。

经济总指标 全年地区生产总值6.66亿元，增长9.1%。其中：第一产业增加值2.00亿元，增长4.7%；第二产业增加值3.18亿元，增长18.6%；第三产业增加值1.48亿元，下降3%。第一、二、三产业增加值占地区生产总值的比重分别为30∶27∶22.2。全社会固定资产投资完成金额65.39亿元，增长30.4%。社会消费品零售总金额18.57亿元，增长14.8%。

财政·金融 全年财政收入4.18亿元，增长15.5%，其中地方一般预算收入3.02亿元，增长33.7%。财政一般预算支出12.32亿元，增长13.1%。年末，金融机构各项存款余额68.89亿元，增长15.6%，其中城乡居民存款余额30.95亿元，增长19.9%。各项贷款余额24.99亿元，增长12.9%。

农业 全年农林牧渔总产值3.03亿元，增长4.8%。其中：农业产值2.24亿元，增长5.9%；林业产值0.09亿元，下降20.4%；牧业产值0.57亿元，增长5.3%；渔业产值0.06亿元，增长6.1%；服务业产值

0.07亿元，增长5.1%。耕地面积0.55万公顷，农田有效灌溉面积2.52万公顷，粮食播种面积1.89万公顷，总产量7.91万吨，增长3.6%。全年完成各类人工造林面积800公顷，森林覆盖率80.72%。农业机械总动力4.79万千瓦。

工业　全年工业总产值91.72亿元，增长27.7%；工业增加值2.85亿元，增长21%。规模以上工业实现总产值82.43亿元，增长30.8%；实现利税总金额7.71亿元，增长59.9%。

交通·邮电　全年完成公路客货运周转量3.34亿吨千米。其中旅客周转量4.18亿人千米，增长11.3%；货物周转量2.92亿吨千米，增长38.1%。邮路总长830千米。全年邮电业务总量1.38亿元，增长10.7%。电信业务总量1.31亿元，增长11%。

文化·科技　年末拥有专业艺术表演团体1个，演出场次157场。公共图书馆1个，图书藏量7.7万册。文化站9个，广场文艺共开展工作66场次。举办才艺培训班，共培训1711人次。举办种植业、养殖业等科技培训班、科普讲座133期（场次），培训1.32万人次。建立各类科技示范基地5个。年内共申请专利18件。

教育　全县有自治区示范性普通高中1所，专任教师123人，在校高中生2238人；普通高中2所，专任教师181人，在校高中生2204人。初级中学12所，专任教师573人，在校初中生7936人。小学108所，专任教师838人，在校小学生17045人。小学适龄儿童入学率99.98%。

卫生·体育　全县各级各类医疗机构有床位712张，其中医院床位431张，乡（镇）卫生院床位231张，妇幼保健院床位30张，民营医院20张。卫生技术人员646人，其中执业医师（含职业助理医师）339人，注册护士（师）218人。全县参加新型农村合作医疗农民23.65万人，参合率98.96%。

计划生育　全年全县出生人数2846人，符合政策生育率93.92%，其中二孩符合政策生育率91.35%，政策外多孩率0.04%；出生男女性别比为108.9。人口自然增长率4.21‰。

固定资产投资　全县全社会固定资产投资65.39亿元，增长30.4%。其中：城镇固定资产投资49.24亿元，增长18.2%；农村固定资产投资16.16亿元，增长90.3%。在城镇固定资产投资中，基本建设投资15.66亿元，增长16.2%；更新改造投资30.44亿元，增长29.5%；房地产开发投资3.14亿元，下降14%。

招商引资　全年全县在建项目36个，其中续建项目20个，新项目16个。到位资金22.5亿元，其中自治区外项目资金13.1亿元，增长52.3%。引进外资项目到位资金520万美元。

居民生活　全县城镇单位在岗职工年平均工资33422元，增长8.6%。全年城镇居民人均可支配收入20158元，增长11.4%；家庭总支出19060元，下降5.3%；人均消费性支出14689元，下降0.7%。全年享受政府最低生活保障的人数34650人，其中城镇居民5539人，农村居民29111人。年末，全县城镇新增就业人员3133人，增长17.8%；城镇登记失业率3.8%，下降0.34个百分点。新增劳务输出6547人。农村劳动力转移就业职业培训1285人。开发公益性岗位145个。

旅游　全年接待国内外游客111.15万人次，其中国内旅游人数104.67万人次，增长28.6%。旅游总收入7.35亿元，增长43.2%。全县有43个自然景点和人文景观，营业景区1个。

【农业结构调整初见成效】　2012年，恭城瑶族自治县建立了甜柿、蜜柚、金银花、槟榔芋等10多个特色种植示范基地。新种茶叶73.33公顷，改扩种水果1533.33公顷。继续实行特色养殖扶持政策，特色养殖成为农民增收新渠道。全县生猪标准化养殖场5个，网拼离地式肉鸭养殖场20个，豪猪规模养殖场1个。各类养殖大户持续增加，年存栏30头以上母猪养殖户21户，年出栏500头以上生猪规模养殖户26户，年出栏2万只以上家禽养殖户250多户。全年全县存栏竹鼠19.5万只，增长36%，年销售30多万只，成为全国最大的竹鼠养殖基地和销售集散地。

【推进水利基础设施建设】　2012年，恭城瑶族自治县共完成水利水电固定资产投资1.5亿元。投入526.7万元完成一批水利基础设施建设：新增、改善或恢复灌溉面积9406.66公顷；新增防渗渠道51.38千米；建设村级供水48处，解决饮水安全人口2.42万人。争取到2012年中央财政小型农田水利专项县建设项目资金1345万元，投资建设银山饮水工程2000米的钢管、沿途2个村的人饮工程的钢管及373.33公顷的耕地高效节水灌溉。实施小型水利和水毁工程修复项目共221处，完成投资270万元。投资1000万元完成北溪、柜木塘2处共533.33公顷高效节水灌溉示范片项目建设。投资3627万元,实施势江河、栗木河(栗木镇河段)、栗木河(观音乡河段)、势江河山狮角至社山段、恭城河龙虎乡龙虎村段、恭城河恭城镇同乐洲村段防洪整治工程。完成11座水库的除险加固工程。

【扶贫开发工作卓有成效】 2012年,恭城瑶族自治县投入资金1.26亿元,扶持贫困村基础设施建设和产业开发,改扩建村(屯)道路60多千米,发展经济林果333.33公顷,3万多人受益。全年争取到各类扶贫项目资金1552.19万元,其中基础设施建设项目796万元,产业开发项目546万元,其他项目资金210.19万元。投入7.29万元开展实用技术培训班30期,培训1890人次。通过农村合作银行向贫困户发放扶贫贴息贷款1600万元,发放贴息80万元。竹鼠养殖项目列入广西"十百千"产业化扶贫示范工程,获得扶贫专项资金900万元(分三年实施,每年300万元)。有3个贫困村分别获国务院互助资金奖励10万元。投入或引进资金1985.8万元,定点帮扶单位81个,用于基础设施建设和扶持贫困户发展种植养殖项目。

【新农村建设稳步推进】 2012年,恭城瑶族自治县筹措资金2400多万元用于库区基础设施建设,实施项目11个,硬化村(屯)道路16千米。启动西岭乡岛坪村田头屯、蚂蝗界屯水库移民新村建设项目,共完成旧房改造95户,完成村道、排水、外墙统一装修等一批基础设施建设。全年按时发放国家扶持移民生活补助资金每人600元,共301.2万元。

【惠民工程成效显著】 2012年,恭城瑶族自治县投入资金5.7亿元,实施"农补惠民""安居惠民"等十大惠民工程。发放农资综合补贴1500多万元,粮食作物良种补贴196.9万元,农机具补贴188万元,家电下乡补贴520万元。兑现生态公益林补偿资金1562.4万元。改造中低产田413.33公顷,新建保障性住房483套,完成农村危房和茅草树皮房改造1193户。6.7万农村居民住房纳入政策性保险。

【工业经济快速增长】 2012年,恭城瑶族自治县采取电价补贴等帮扶措施,促进企业增产增效,工业总产值突破90亿元,增长27.7%。规模工业企业增产增效明显。桂林南方水泥有限公司、桂林龙星锌业有限责任公司、桂林恭城长行冶金炉料有限责任公司等7家骨干企业总产值45.12亿元,占全县规模工业总产值的54.73%。实施"抓大壮小扶微"工程,桂林普兰德生物有限公司、裴氏农品有限公司等9家企业列入广西首批微型成长型企业,获得专项扶持资金700多万元。全年新增微型企业110家,发放补助金480多万元。

【旅游业发展有新突破】 2012年,恭城瑶族自治县接待游客突破100万人次,增长20.3%,社会旅游收入7.53元,增长43.2%。新建成平安乡邓扒村休闲旅游示范点,千钧国际大酒店成为4星级旅游饭店。莲花镇红岩村和"三庙一馆"(文庙、武庙、周渭祠、湖南会馆)被评为国家3A级旅游景区。红岩—邓扒—文庙、武庙—大岭山—燕子山旅游线路列入"2012年中国休闲农业与乡村十大精品线路"。举办桃花节、月柿节、恭城油茶文化节,引导和支持民间举办关帝庙会、盘王节、河灯节、花炮节、婆王节等民俗活动。探索"公司+旅行社+农户"旅游管理模式,组建红岩村旅游发展公司,与旅行社合作,首次引入暑期欧美学生团1000多人次到旅游观光。

【文化事业获殊荣】 2012年,《恭城瑶族八音》被列入广西非物质文化遗产名录。《恭城瑶族八音》是恭城瑶族世代相传的民间乐器,主要有唢呐、二胡、鼓、锣、钗等。恭城人把"八音"称为"鼓手"。红、白事凑兴称"请鼓手"。以恭城历史人物周渭为题材的廉政建设彩调剧《一品油茶七品官》,获得第八届广西剧展大型剧目展演"桂花金奖",曲艺《大岭山上桃花红》获第十六届"八桂群星(戏曲类)银奖"。

【竹山村被评为2012年中国最有魅力休闲乡村】 莲花镇竹山村辖竹山脚、红岩、新桥头、南山桥4个自然村,以种植月柿和休闲农业为主要产业。2012年,全村人均纯收入9200元,其中休闲农业人均收入4150元,占45.1%。月柿总产量7000吨,人均有果4.3吨。至2012年,建起80多栋别墅和瑶寨风雨桥、滚水坝、旅游登山小道等一批公共设施。拥有餐馆近40家、客房300多间,有200多名村民从事休闲农业服务经营。年内,竹山村被评为2012年中国最有魅力休闲乡村。 (张万强)

人　　物

2013年2月19日，2012年度感动中国十大人物颁奖晚会上宣布何玥当选场景

（莫林骐　摄）

全国五一劳动奖章获得者

龙凤军 男,汉族,1972年11月出生,广西桂林人,高中文化,中共党员,2008年7月参加工作。桂林市鼎运巴士有限公司驾驶员。他认真履行岗位职责,时刻牢记安全就是生命、安全就是效益的宗旨,认真学习《中华人民共和国道路交通安全法》及公司的各项规章制度、操作规程,并在工作中贯彻执行。他爱车如命,每天出车前,总是提前半小时到车场做出车前检查,从不放过一丝安全隐患。他所驾驶的14路车穿行于闹市区,路况复杂。为做到安全行车无事故,他利用休息时间对行车线路进行仔细勘查研究,摸索出一套行车规律,把事故高发路段牢记,做到心中有数。2008~2012年,他安全行车近10万千米,未发生一起责任事故。2012年获桂林市劳动模范。2013年获全国五一劳动奖章。

陶领钢 男,汉族,1964年4月出生,广西平乐人,研究生学历,中共党员,1985年7月参加工作。桂林市社会福利医院党委书记、院长、精神病与心理卫生学教研室主任。他和精神病人打交道15年。在他的领导下,桂林市社会福利医院从一个精神病人收容所发展成为一个集临床、康复、科研、教学为一体的现代化国家二级精神病专科医院。他大胆突破精神病人封闭式管理模式,实行开放式管理,实施现代化、人性化的管理理念,创造设施先进、温馨舒适的医疗服务环境。2006年设立“爱心门诊”,2007年成立广西首家“爱心医院”。他先后主持领导自治区、市级科研项目6项,完成了在桂林市科技局立项的《桂林市精神病流行病学调查》《抑郁症与糖尿病相关性研究》两个课题的结题及成果鉴定工作,两项成果分别达国内、自治区内先进水平。他撰写的20多篇论文在国家级刊物上发表,1项成果获省部级科学进步三等奖,参加编写专著5部。他先后获桂林市十大杰出青年、桂林市劳动模范、自治区先进工作者。2013年获全国五一劳动奖章。 (陈维琴)

广西五一劳动奖章获得者

陈毓辉 男,汉族,1972年5月出生,广西桂平人,大学本科学历,1994年7月参加工作。桂林星辰科技有限公司副经理。在工作中,他严谨务实,开拓创新,学习先进技术,提高自身技术水平,为公司发展作贡献。该公司研制的双电机交流伺服驱动器(该驱动器应用于部队武器装备上)由于首次使用新器件,一些细节问题在设计时未考虑周全,导致样机在用户处低温工作时发生故障,他经过半个多月试验,改进应用方案,彻底解决了样机在低温工作时不正常的故障,使整套参数定型下来,确保了产品的按时交货,客户顺利验收。为保证所开发的产品具有生产工艺的科学性及合理性,他要求设计组人员参与新产品的安装、调试过程,以及产品的质量检查过程,同时虚心听取广大员工意见,及时发现不足,修正错误,积累经验,提高设计水平。由于他成绩突出,屡次被公司评为优秀员工,2010年获桂林市五一劳动奖章,2012年获桂林市劳动模范。2013年获广西五一劳动奖章。

唐润花 女,汉族,1965年10月出生,广西桂林人,初中文化,1993年3月参加工作。三金集团桂林三金生物药业有限责任公司工人。“无论做什么事,我都要做到最好”,是她经常说的一句话。从选药班调到灭菌粉碎班组后,她虚心向师傅、同事请教,很快从一个新工人转变为一个熟练工。为解决桂林西瓜霜卫生学难题,在技术人员的带领下,她和相关员工一起钻研,找问题,查根源,提出针对性措施,创造了连续2年桂林西瓜霜合格率为100%的记录。为保证桂林西瓜霜品种中挥发性成分的含量测定稳定,她利用业余时间,配合管理人员、技术人员做了大量的试验,不断摸索工艺参数,解决了桂林西瓜霜工艺不稳定问题。她向工友毫无保留地传授经验,使产品质量和安全生产得到保障。由于事迹突出,2012年获桂林市劳动模范。2013年获广西五一劳动奖章。 (陈维琴)

周永清 女，汉族，1965年2月出生，广西贵港人，大学本科学历，1987年7月参加工作。桂林优利特电子集团有限公司工程技术部部长。她爱岗敬业，无私奉献，为使企业的知识产权得到最大限度的保护，她除了在国内申请商标注册，在国外36个国家和地区也申请商标保护，该公司“优利特”商标被评为广西著名商标。她积极参与全国医用临床检验实验室和体外诊断系统标准化技术委员会（SAC/TC 136）组织的国家、行业标准的制定和修订工作，参与国家食品药品监督管理局有关技术指导原则的编制评审工作，为企业争取了8个行业标准的制定和修订项目，其中4个标准已发布实施。作为产品准入市场工作的主要部门负责人，她配合公司完成国内外市场的准入，至2013年初，该公司在国内共有注册证书176个，并在欧盟和美国均进行了产品注册，为赢得国内外市场打下基础。2011年获桂林市五一劳动奖章。2013年获广西五一劳动奖章。

郑跃鹏 男，汉族，1963年12月出生，广东揭阳人，研究生学历，1984年7月参加工作。中国有色桂林矿产地质研究院有限公司地质灾害防治研究所副所长。他参加或主持国家、省部级重大科技攻关项目15项，获省部级科技成果进步奖一等奖2项，二等奖5项，三等奖5项。先后为广西的桂广滑石公司、龙广滑石公司、华美滑石公司等矿山企业申请到国土资源部、自治区国土资源厅技术改造专项资金1200万元，为推动广西矿山企业的发展做出突出贡献。主持完成的广西千亿元产业重大攻关项目“广西重金属污染现状及对矿业可持续发展影响关系研究”，填补了广西重金属污染治理理论依据的空白，获得广西社会科学成果三等奖。2012年获桂林市劳动模范。2013年获广西五一劳动奖章。

莫伟光 男，汉族，1955年9月出生，广西桂林人，大专学历，中共党员，1972年11月参加工作。桂林市交通投资控股集团有限公司原工会主席，现任协理员。他2007年任工会主席，坚持抓工会组织建设和工会标准化建设，建立完善工会工作制度和工作流程。他根据行业特色，开展形式多样的劳动竞赛，开展“安康杯”“工人先锋号”活动，使公司的安全生产管理、优质服务工作取得显著成效。他坚持职工代表大会制度，主抓集团各级公司的集体合同的签订，从制度上维护职工的合法权益。集团公司工会在他的带领下，团结协作，积极进取，企业实现了“政府放心、乘客满意、企业增收、员工增效”的目标，公司先后获广西五一劳动奖状、全国模范“职工之家”、全国劳动竞赛先进集体，连续4年获广西“安康杯”优胜企业。他于2010年获自治区优秀工会工作者。2013年获广西五一劳动奖章。

周技敏 女，汉族，1967年9月出生，广西桂林人，研究生学历，中共党员，1986年7月参加工作。桂林市第十三中学副校长。从事教学22年，她致力于课堂教学的研究与改革，形成了具有个人特色的教学模式和风格。在教学方法上，她坚持充分发挥学生的主体作用，培养学生自主、合作、探究的能力。在学习方法上，她通过课前预习、设问质疑、合作探究、反馈交流、达成共识等方法和途径，培养学生的学习方法和能力。在考试和评价上做到形式多样，受到学生喜欢。她先后参与并负责4个市级A类课题研究，均获桂林市科研成果一等奖。她所撰写的《成功教育教学改革的新探索》《初中教师专业素质提高模式的研究》课题研究报告获自治区教研成果一等奖。由于业绩突出，先后获得自治区特级教师、自治区优秀教师（立二等功）、自治区优秀教育工会工作者，2011年被确定为广西基础教育名校长工程培养对象。2013年获广西五一劳动奖章。

薛平 男，汉族，1976年10月出生，福建漳州人，大学本科学历，中共党员，1993年12月参加工作。桂林市公安局秀峰分局副大队长。2007年11月从部队转业至桂林市公安部门工作，在短期内就能够独立办案并且担任第一探组探长。他带领探组破获了一系列案件，参与侦破一些重特大案件，所带探组成绩名列分局前茅。至2012年年末，所带探组共计抓获各类违法犯罪人员400多人，其中逮捕犯罪嫌疑人170多人，破获各类案件450多件，打掉犯罪团伙30多个，为人民群众追回被盗的摩托车、电动自行车250多辆，追回汽车8辆，挽回经济损失200多万元。2009年他立桂林市公安局个人三等功，2010年获自治区公安机关爱民实践模范先进个人、自治区优秀人民警察、自治区信息化破案标兵。2012年12月当选桂林市首届“人民满意警察”，并被授予“老百姓满意的桂林警察”,同时记三等功一次。2013年获广西五一劳动奖章。

赵丽英 女,汉族,1983年4月出生,广西灵川县人,大学本科学历,中共党员,2003年7月参加工作。桂林市气象局工程师。她严格要求自己,刻苦学习,兢兢业业,在行业技能竞赛中多次获奖。2010年参加自治区气象局气象测报业务技能比赛获得个人全能第三名好成绩,其中2个单项获二等奖;2011年2月、2013年1月代表广西参加全国气象行业地面气象测报技能竞赛,分别取得了个人全能第十三名和第四名的成绩。2012年9月参加自治区气象行业综合气象观测业务技能竞赛,获地面气象测报个人全能桂冠。她刻苦钻研专业理论知识,总结工作经验,独立或合作完成多篇技术论文,其中有3篇论文在省级学术刊物发表,1篇论文参加中国气象学会论文交流。她先后被评为自治区气象行业技术能手、全国气象行业技术能手。2013年获广西五一劳动奖章。

(陈维琴)

2013年2月19日,2012年度感动中国十大人物颁奖晚会上宣读给何玥的颁奖词 (莫林骐 摄)

2012年度感动中国十大人物

何玥 女,壮族,2000年7月出生,广西阳朔县人。阳朔县金宝乡中心小学学生。2012年4月,何玥即将小学毕业,却被查出患有高度恶性小脑胶质瘤,住院进行了第一次手术。9月初,病情突然复发第二次入院,肿瘤已扩散至脑部组织。当听说自己的生命只剩3个月时,她决定将自己的器官捐献给需要的人,希望能尽自己的能力给别人生的希望。11月17日凌晨零点10分,何玥脑死亡,她父亲根据她的遗愿将她的两个肾和一个肝捐给了3个病人,挽救了3个病人的生命。在亲人、同学眼里,何玥是个爱学习、有爱心的孩子。她的家里墙壁都贴着她的各项荣誉奖状。2008年四川汶川特大地震时,她说服父母捐出了1个月的工资。她被查出脑瘤后,学校为她捐钱,她要父亲捐给更需要的人。

何玥因捐献器官被媒体、民众称为“最美女孩”,她死前的这个愿望被称为“最美遗愿”。2013年2月19日,2012年度感动中国十大人物颁奖晚会举行,何玥被评为2012年度感动中国十大人物之一。

(关玉成)

表32 2012年广西第二批“八桂学者”(桂林市)入选者

姓名	单位	研究方向
周祖平	广西师范大学	干细胞工程技术
张师超	广西师范大学	泛北部湾区域性经济信息集成管理
张首钢	桂林电子科技大学	电子科学与技术
陈真诚	桂林电子科技大学	医学检测与神经信息
李召良	桂林理工大学	高分辨率对地观测系统与防灾应急响应
许继峰	桂林理工大学	有色金属成矿理论与勘察技术
孙杰远	广西师范大学	民族地区教育发展研究

表33 2012年广西第二批“特聘专家”(桂林市)入选者

姓名	单位	研究方向
覃朝科	中国有色桂林矿产地质研究院有限公司	矿业重金属污染综合防治
宋爱国	桂林电子科技大学	仪器科学与技术
刘天西	桂林理工大学	高分子复合新材料
张灵志	桂林理工大学	应用电化学新技术
张利群	广西师范大学	广西文化产业发展与文化软实力研究

(陶树青)

附　　录

訾洲公园绿地　　（李腾钊　摄）

2012 年桂林市国民经济和社会发展统计公报

桂林市统计局　国家统计局桂林调查队

（2013 年 4 月 3 日）

2012 年是党的十八大胜利召开之年，是“十二五”规划承上启下的关键一年。一年来，面对极其复杂的国内外环境和改革发展稳定的艰巨任务，市委、市人民政府带领全市各族人民，坚决贯彻中央和自治区的各项决策部署，牢牢把握稳中求进，好中求快的工作总基调，围绕主题主线，全面实施“五大工程”，全力以赴稳增长、调结构、扩内需、惠民生、保稳定，全面推进经济建设、政治建设、文化建设、社会建设和生态文明建设，保持了经济持续平稳较快发展，各项社会事业取得新进展，为全面建成小康社会奠定了良好基础。

一、综合

初步核算，全市地区生产总值 1492.05 亿元，按可比价格计算，比上年增长 13.3%。其中：第一产业增加值 274.51 亿元，增长 6.6%；第二产业增加值 694.94 亿元，增长 18.9%；第三产业增加值 522.60 亿元，增长 9.2%。第一产业增加值占地区生产总值的比重为 18.4%，第二产业增加值比重为 46.6%，第三产业增加值比重为 35.0%。

全年市区居民消费价格比上年上涨 3.5%，其中食品价格上涨 3.8%。商品零售价格比上年上涨 2.4%。

全年组织财政收入 163.56 亿元，比上年增长 15.2%。其中：地方公共财政预算收入 106.01 亿元，增长 31.3%；上划中央收入 42.72 亿元，下降 6.8%。在组织财政收入中，税收收入 116.88 亿元，增长 2.6%。公共财政预算支出 261.35 亿元，增长 11.8%。

2008～2012 年全市地区生产总值

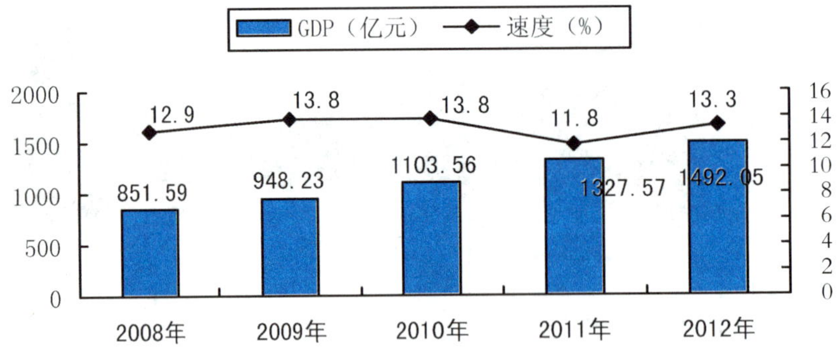

2012 年居民消费价格涨跌幅度（%）

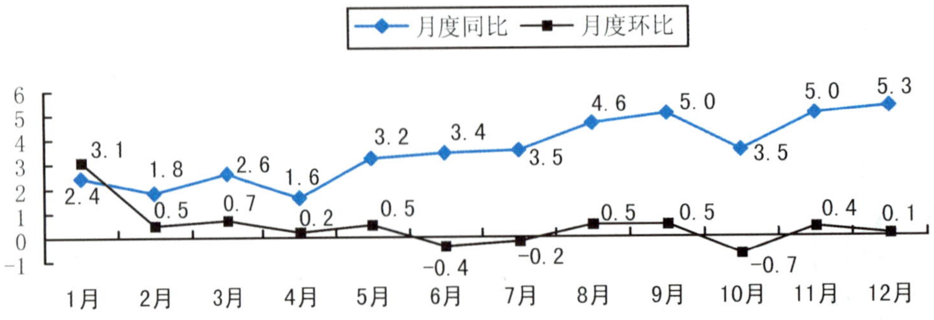

2012 年市区居民消费价格指数

指标	指数(上年 =100)
居民消费价格	103.5
食品	103.8
烟酒	102.1
衣着	101.3
家庭设备用品及维修服务	101.9
医疗保健和个人用品	102.5
交通和通信	100.6
娱乐教育文化用品及服务	103.2
居住	107.0

2012 年主要农产品产量及增长速度

产品	产量(万吨)	比上年增长%
粮食	199.47	5.0
水稻	162.40	4.2
玉米	17.77	6.8
豆类	5.75	9.7
薯类	12.80	9.9
油料	5.96	10.2
花生	5.42	9.9
糖类(甘蔗)	48.93	11.8

二、农业

全市农林牧渔业总产值 432.74 亿元,按可比价格计算比上年增长 6.8%。其中:农业产值 260.44 亿元,增长 8.2%;林业产值 26.18 亿元,增长 2.5%;牧业产值 125.12 亿元,增长 5.3%;渔业产值 9.8 亿元,增长 6.0%;农林牧渔服务业产值 11.25 亿元,增长 6.2%。

全年农作物总播种面积 67.92 万公顷,增长 2.6%。其中:粮食播种面积 37.79 万公顷,增长 1.2%;经济作物播种面积 6.40 万公顷,增长 8.1%;其他作物播种面积 23.72 万公顷,增长 3.5%。在稳定粮食生产的基础上,非粮食作物播种面积继续扩大。主要农产品产量稳定增长。全年粮食总产量 199.47 万吨,增长 5.0%。水果总产量 307.37 万吨,增长 8.6%;蔬菜总产量 356.05 万吨,增长 4.7%。

全年肉类总产量 52.29 万吨,增长 4.8%;生猪出栏 424.69 万头,增长 4.9%;家禽出栏 11640.5 万只,增长 4.1%。水产品产量 10.16 万吨,增长 6.0%。

三、工业和建筑业

全部工业总产值 1821.59 亿元,比上年增长 22.6%。工业增加值 583.03 亿元,按可比价计算增长 19.3%。工业增加值占 GDP 的比重为 39.1%。其中:规模以上工业总产值 1587.44 亿元,增长 25.6%;规模以上工业增加值 494.81 亿元,增长 24.5%。在规模以上工业增加值中,国有及国有控股企业增长 12.3%,股份制企业增长 27.4%,外商及港澳台商投资企业增长 4.4%。从轻、重工业看,重工业增长 26.9%,轻工业增长 21.1%。从行业看,在 32 个工业行业大类中有 28 个行业增长,占行业面的 87.5%。

主要工业产品产量保持增长。

全年规模工业主营业务收入 1490.04 亿元,比上年增长 30.5%;规模工业销售产值 1525.05 亿元,增长 27.3%;产品销售率为 96.1%,比上年提高 1.3 个百分点。规模以上工业企业盈亏相抵后的利润总金额 166.77 亿元。

全年全社会建筑业增加值 111.91 亿元,按可比价格计算,增长 16.6%。具有资质等级的总承包和专业承包建筑业企业实现总产值 197.58 亿元,增长 18.7%。建筑企业房屋施工面积 1654.40 万平方米,比上年增长 13.3%,竣工面积 445.13 万平方米,下降 5.4%。

2008 ~ 2012 年全部工业增加值及增长速度

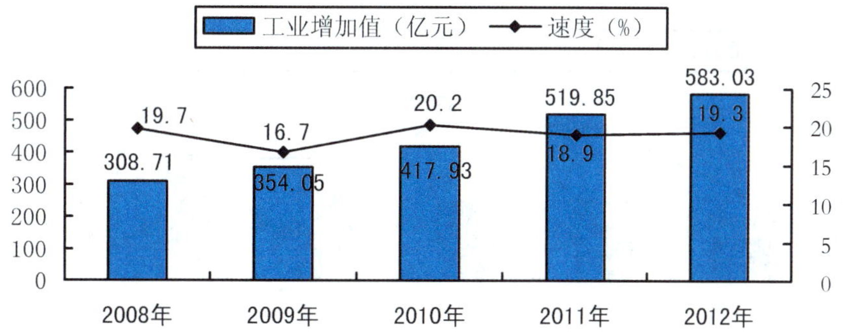

2012 年主要工业产品产量及增长速度

产品名称	计量单位	产量	比上年增长%
饮料酒	万升	126.30	16.8
软饮料	万吨	501.32	39.9
合成洗涤剂	万吨	13.07	10
水泥	万吨	1508.87	19.8
水泥熟料	万吨	508.92	-6.7
钢材	万吨	78.58	10.5
铁合金	万吨	90.80	29.7
十种有色金属	万吨	9.24	48.0
金属切削机床	台	4064	-40.8
人造板	万立方米	219.75	35.5
机制纸及纸板	万吨	27.51	7.2
纸制品	万吨	29.01	-11.6
化学药品原药	吨	806	40.3
中成药	吨	32627	23.4
橡胶轮胎外胎	万条	104.33	94.8
塑料制品	万吨	10.90	36.5
收获机械	台	1295	76.7
汽车	辆	3945	28.1
电力电缆	千米	46443	-18.5
通信及电子网络电缆	对千米	5310	-6.7
半导体分离器件	万只	230884	49.8
发电量	万千瓦小时	1234947	32.4

四、固定资产投资

全年全社会固定资产投资 1462.40 亿元，比上年增长 28.2%。其中：工业投资 538.26 亿元，增长 45.3%；固定资产投资 1336.18 亿元，增长 28.4%。分区域看，市区投资 283.65 亿元，增长 18.3%；县域投资 1178.75 亿元，增长 30.9%。

在固定资产投资中，城镇基本建设投资 603.86 亿元，增长 20.3%；城镇更新改造投资 414.49 亿元，增长 42.7%；房地产开发投资 176.07 亿元，增长 11.1%；城镇其他投资 31.56 亿元，增长 32.8%；农村非农户投资 108.19 亿元，增长 67.4%。分产业看，第一产业投资 30.10 亿元，增长 61.2%；第二产业投资 541.95 亿元，增长 45.6%；第三产业投资 764.13 亿元，增长 17.6%。

2012 年分行业固定资产投资额及增长速度

行业名称	投资额（亿元）	比上年增长%
固定资产投资合计	1336.18	28.4
农林牧渔业	30.10	61.2
采矿业	69.38	45.8
制造业	394.05	49.9
电力、热力、燃气及水的生产和供应业	74.84	24.7
交通运输、仓储和邮政业	180.73	20.9
批发和零售业	38.27	36
住宿和餐饮业	26.47	-6.8
水利、环境和公共设施管理业	171.82	14.1
教育	33.00	55.5
卫生和社会工作	14.58	33.3
文化、体育和娱乐业	21.44	-20.3
公共管理、社会保障和社会组织	16.37	-36.4

全年商品房施工面积 1350.48 万平方米，比上年增长 11.3%。年内新开工面积 416.71 万平方米，增长 14.8%，其中住宅 340.03 万平方米，增长 14.5%。商品房竣工面积 156.30 万平方米，下降 13.4%，其中住宅 142.45 万平方米，下降 10.3%。商品房销售面积 322.69 万平方米，增长 8.0%，其中住宅 305.48 万平方米，增长 6.8%。商品房销售金额 136.59 亿元，增长 17.2%，其中住宅 121.41 亿元，增长 12.9%。

五、国内贸易和对外经济

全年社会消费品零售总金额 536.35 亿元，比上年增长 16.0%。

按经营地统计，城镇消费品零售总金额 446.53 亿元，增长 15.9%；乡村消费品零售总金额

2008～2012 年全社会固定资产投资及增长速度

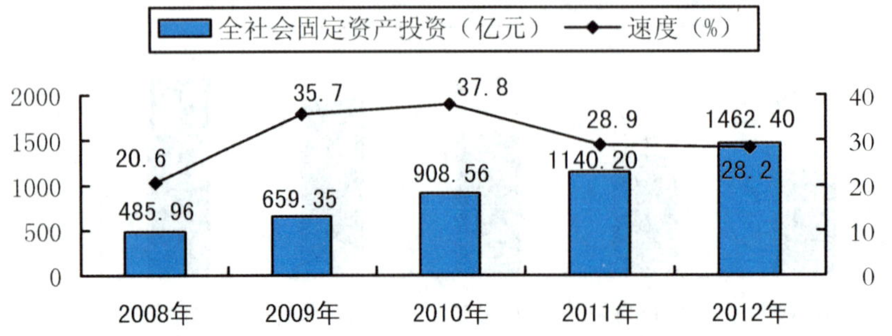

2008～2012 年社会消费品零售总金额及增长速度

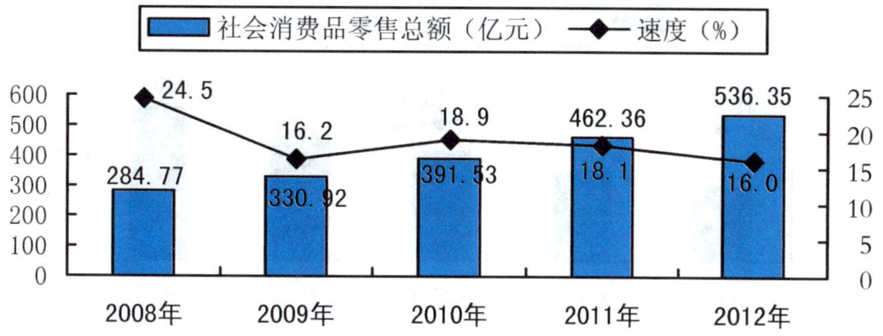

89.82 亿元，增长 16.4%。按消费形态统计，商品零售金额 448.71 亿元，增长 14.4%；餐饮收入金额 87.64 亿元，增长 25.5%。在限额以上企业商品零售金额中，汽车类增长 28.1%，石油及制品类增长 24.0%，书报杂志类增长 17.7%，文化办公用品类增长 17.5%，中西药品类增长 17.3%，食品、饮料、烟酒类增长 17.2%，化妆品类增长 16.7%，日用品类增长 11.3%，金银珠宝类增长 10.5%，服装、鞋帽、针纺织品类增长 9.5%。

全年外贸进出口总金额（海关数）9.75 亿美元，比上年增长 1.8%。其中：出口 7.89 亿美元，增长 10.0%；进口 1.86亿美元，比上年下降 22.5%。

全年新签市外境内项目 415 个，总投资 486.47 亿元，比上年增长 4.3%。实施市外境内本年有到位资金的项目 812 个，市外到位资金 542.18 亿元，比上年增长 10.3%，其中自治区外到位资金 518.00 亿元，增长 14.4%。

六、交通、邮电和旅游

全年交通运输、仓储及邮政业增加值 70.12 亿元，比上年增长 12.1%。年末公路总里程 11423 千米，增长 1.2%，其中高速公路里程 349 千米，新建改建二级公路 39 千米。

年末民用汽车拥有量 26.08 万辆，比上年末增长 19.5%，其中私人拥有 20.85 万辆。

全年邮电业务总量 38.22 亿元，比上年增长 12.2%。其中：邮政业务总量 2.17 亿元，增长 14.7%；电信业务总量 36.05 亿元，增长 12.0%。年末固定电话用户 72.81 万部，移动电话 341.05 万部，互联网宽带接入用户 61.23 万户。

全年接待国内外游客 3293 万人次，增长 18.1%。其中：国内游客 3111 万人次，增长 18.5%；入境游客 182 万人次，增长 11.0%。实现旅游总收入 276.87 亿元，增长 26.8%。其中：国内旅游收入 230.48 亿元，增长 29.3%；境外旅游收入 46.39 亿元，增长 15.6%。

2012 年客货运输量及增长速度

指标	单位	绝对值	比上年增长%
全社会货物运输总量			
公路	万吨	8239	34.8
民航	万吨	1.98	1.5
水运	万吨	41	–28.2
全社会旅客运输总量			
公路	万人次	17416	9.7
民航	万人次	302	3.1
水运	万人次	253	9.8

七、金融和保险

年末金融机构本外币存款余额 1829.93 亿元，比年初增加 275.04 亿元，增长 17.7%。本外币贷款余额 1053.15 亿元，比年初增加 145.93 亿元，增长 16.1%。

2012 年年末金融机构本外币存、贷款及其增长速度

指标	绝对值(亿元)	增长%
本外币各项存款余额	1829.93	17.7
储蓄存款	1095.11	20.8
本外币各项贷款余额	1053.15	16.1
中长期贷款	740.54	10.1
个人贷款	307.94	9.0
单位贷款	426.19	10.7
短期贷款	304.95	43.7
个人贷款及透支	107.05	43.1
单位贷款及透支	187.07	47.7
贸易融资	10.83	0.8

2008～2012 年储蓄存款及增长速度

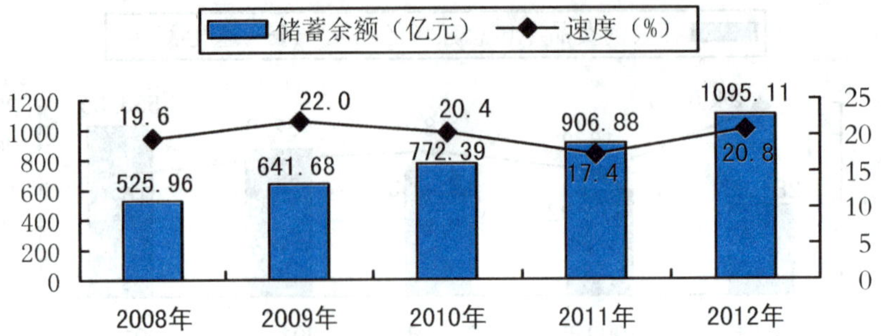

全年保险业承保金额合计 5229.06 亿元，比上年增长 19.7%，其中财产险业务承保金额 4314.76 亿元，寿险业务承保金额 914.30 亿元。保费收入 30.12 亿元，比上年增长 7.3%，其中财产险业务保费收入 8.94 亿元，寿险业务保费收入 21.18 亿元。支付各类赔款及给付 5.62 亿元，增长 24.0%，其中财产险业务赔款 4.74 亿元，寿险业务给付 0.88 亿元。

八、教育和科学技术

2012 年，全市有普通高等学校 9 所，专任教师 6390 人，在校生 155217 人，当年招收学生 54290 人，当年毕业学生 38504 人。有普通中学 216 所，专任教师 15624 人，当年招生 68210 人，在校生 198844 人，毕业生 66541 人；其中普通初中 160 所，专任教师 10547 人，当年招生 44393 人，在校生 128945 人，毕业生 43194 人。有普通小学 1168 所，专任教师 18958 人，当年招生 58670 人，在校生 303836 人，毕业生 44712 人。全市小学净入学率 99.8%，小学毕业升初中比例达 100%。有社会办学校 55 所，在校学生 26435 人。有特殊教育学校 6 所，在校学生 1116 人，专任教师 108 人。有幼儿园（不包括托儿所）664 所，专任教师 5026 人，当年在园幼儿 151805 人。全年参加高等教育自学考试 8616 人。

全市拥有科研、设计机构 14 个。各类专业技术人员 71505 人，全年组织实施科技项目 677 项，其中国家级 210 项，自治区级 341 项，市级 126 项。全年完成科技成果 128 项，获奖 30 项。获科技进步奖 68 项，其中自治区级奖 38 项，市级 30 项。

年内签订技术登记合同 48 件，合同登记 1705 万元，受理专利申请 2386 件，授权专利 1250件。

九、文化、卫生和体育

全市共有专业艺术表演团体 3 个，国内演出 490 场次。剧场、影剧院 24 个。公共图书馆 13 个，藏书 472 万册。文化馆及艺术馆 18 个。博物馆 13 个，接待观众 177 万人次。年内广播电台日播出时间为 36 小时，广播综合人口覆盖率 97.1%，比上年末提高 0.2 个百分点；桂林电视台日播出时间（市区）58 小时，电视人口覆盖率 97.6%，比上年末提高 0.3 个百分点；市区有线电视用户 20.6 万户，其中数字电视用户 17.9 万户。

年末全市共有各类卫生医疗机构 1621 所，其中医院 53 所，疾病预防控制中心 13 所，妇幼保健院（所、站）13 所，乡（镇）卫生院（所）143 所，社区卫生服务中心 38 所。卫生机构床位 16705 张，其中医院 10819 张，乡（镇）卫生院 4094 张。全市卫生技术人员 23466 人，其中执业医师（含执业助理医师）9539 人，注册护士（师）9514 人。全市共设置村卫生室 3751 个，执业助理医师 624 人，乡村医生和卫生员 5075 人。

全年向上级输送各类运动员 33 人。在各类大赛中获国际比赛 5 枚金牌；获全国比赛 29 枚金牌，27 枚银牌，19 枚铜牌。群众健身活动蓬勃开展，各族人民体质不断提高。

十、人民生活和社会保障

城镇居民人均可支配收入 22300 元，比上年增长 12.2%，其中工资性收入增长 11.9%，转移性收入增长 13.9%，经营性收入增长 10.7%，财产性收入下降 0.1%。人均消费性支出 14470 元，增长 12.6%。城镇居民食品消费支出占消费总支出的比重为 41.0%。农村居民人均纯收入 7328 元，比上年增长 15.9%，农村居民食品消费支出占消费总支出的比重为 44.4%。

2012 年居民人均消费支出及增长

指标	城镇居民		农村居民	
	绝对值（元）	增长%	绝对值（元）	增长%
消费支出	14470	12.6	5770	8.2
食品类	5935	9.0	2559	0.1
衣着类	1305	11.5	217	12.8
家庭设备用品及服务类	950	9.7	308	4.7
医疗保健类	902	8.6	352	1.1
交通和通讯类	1832	27.6	624	36.9
教育文化娱乐用品及服务类	1826	15.1	371	50.9
居住类	1330	9.1	1144	10.7
其他商品和服务类	390	31.2	196	-4.5

年末全市参加新型农村合作医疗 368.94 万人，参合率 98.3%；参加城镇基本养老保险 63.42 万人；参加失业保险 24.30 万人；参加基本医疗保险 119.26 万人，其中城镇职工 55.87 万人，城镇居民 63.39 万人；参加工伤保险 38.52 万人，其中参保农民工 10.73 万人。

全年享受政府最低生活保障的人数 37.17 万人，其中城镇居民 5.90 万人，农村居民 31.27 万人。领取失业保险金人数 1.38 万人。全市共有收养性单位 165 个，其中为老年人和残疾人提供收养服务的机构 164 个，为智障与精神病人提供收养服务的机构 1 个。共拥有床位 7724 张，年末收养各类在院人员 6519 人。

十一、环境和安全生产

2012 年市区全年供水量 11110 万吨，全年售水量 9847 万吨，年末日供水能力 44 万吨。市区拥有污水处理厂 5 个，日处理污水能力 25.5 万吨。市区生活垃圾处理厂 2 个，日处理城市生活垃圾 789 吨。

全年全社会用电量 91.24 亿千瓦小时，比上年增长 2.3%，其中居民用电 22.07 亿千瓦小时，工业用电 55.43 亿千瓦小时。城市液化气使用户 16.05 万户。

全年发生火灾事故 99 起，火灾事故伤亡人数 4 人。发生道路交通事故 278 起，造成 456 人伤亡。

全年抽检工业和商品营销企业 224 个，查出不合格产品生产或经营企业 24 个，共抽检产品和商品 306 批次，合格 271 批次，合格率为 88.6%。

注：

1.本公报中数据均为初步统计数，正式数据以统计年鉴为准。

2.地区生产总值、各产业增加值、农业总产值、工业增加值、建筑业增加值、交通运输仓储及邮政业增加值绝对数按当年价格计算，增长速度按可比价计算。

国务院关于同意广西壮族自治区调整桂林市部分行政区划的批复

国函〔2013〕17 号

广西壮族自治区人民政府：

你区《关于调整桂林市临桂县行政区划的请示》(桂政报〔2012〕38 号)收悉。现批复如下：

一、同意撤销临桂县，设立桂林市临桂区，以原临桂县的行政区域为临桂区的行政区域。临桂区人民政府驻临桂镇兴临路 1 号。

二、桂林市人民政府驻地由象山区五美路 16 号迁至临桂区西城中路 69 号。

上述行政区划调整涉及的各类机构要按照“精简、统一、效能”的原则设置，涉及的行政区域界线要按规定及时勘定，所需人员编制和经费由你区自行解决。要严格执行中央关于厉行节约的规定和国家土地管理法规政策，加大区域资源整合力度，优化总体布局，促进区域经济社会协调健康发展。

中华人民共和国国务院

2013 年 1 月 18 日

国家发展和改革委员会关于桂林国际旅游胜地建设发展规划纲要的批复

发改社会〔2012〕3437号

广西壮族自治区人民政府：

你区报送的《桂林国际旅游胜地建设发展规划纲要》(桂政函〔2012〕170号，以下简称“规划纲要”)收悉。经国务院同意，现批复如下：

一、规划纲要依据《国务院关于进一步促进广西经济社会发展的若干意见》(国发〔2009〕42号)和《国务院关于加快发展旅游业的意见》(国发〔2009〕41号)，认真贯彻落实科学发展观，立足桂林长远发展，提出了2012～2020年桂林国际旅游胜地建设发展的目标、任务以及在空间布局、生态建设、产业发展、支撑条件、保障措施等方面的具体部署，符合桂林的实际情况和发展要求，对推动桂林国际旅游胜地建设、促进桂林经济社会发展具有重要意义。因此，原则同意《桂林国际旅游胜地建设发展规划纲要》，请认真组织实施。

二、桂林是世界著名的风景游览城市和国家历史文化名城，文化旅游资源丰富，生态环境优良，对外合作交流广泛，具备发展成为世界一流旅游目的地、全国生态文明建设示范区、全国旅游创新发展先行区、区域性文化旅游中心和国际交流重要平台的独特优势。广西壮族自治区人民政府要切实做好规划纲要组织实施的指导和监督工作，督促落实好规划纲要提出的各项任务。要积极创造条件，出台配套支持政策，为桂林建设国际旅游胜地创造良好的外部环境。

三、桂林市人民政府是国际旅游胜地建设的主体，要建立相应工作机制，明确工作分工，落实工作责任，抓紧制定具体实施方案。进一步解放思想，抢抓机遇，真抓实干，按照规划纲要提出的国际旅游胜地建设发展的总体要求，加强生态环境保护，优化旅游业结构，保障改善民生，创新体制机制，探索景观、产业和城市协调发展的新模式，逐步将桂林建设成为环境友好、文化繁荣、经济发达、社会和谐的国际旅游胜地、国家历史文化名城和生态山水名市。

四、桂林国际旅游胜地建设发展是一项长期的任务。广西壮族自治区和桂林市在规划纲要的组织实施过程中，要紧密结合实际，抓住制约桂林国际旅游胜地建设发展的主要矛盾和突出问题，扎实稳妥地推进各项工作。对桂林国际旅游胜地建设发展过程中出现的新情况、新问题，广西壮族自治区和桂林市要及时加强研究，提出对策。我委将积极推动落实相关政策，支持桂林国际旅游胜地建设。

附：《桂林国际旅游胜地建设发展规划纲要》

国家发展和改革委员会
2012年11月1日

桂林国际旅游胜地建设发展规划纲要

（2012～2020）

序言

桂林市位于我国广西壮族自治区东北部，总面积27809平方千米，辖5区12县，2011年末户籍总人口521.8万人，城市化率40.2%。桂林自古享有“山水甲天下”的美誉，以“山清、水秀、洞奇、石美”著称。从甑皮岩石器时代的史前文化，到夏商周时期“百越”人的居住地，再到秦代开始置桂林郡，桂林历史上长期为广西政治、文化中心，生活着苗、瑶、侗、壮、回等5个世居少数民族。新中国成立后，桂林市经济社会发展较快，特别是旅游

2013 年 3 月 28 日，中共桂林市委、市人民政府在香港举行桂林国际旅游胜地建设新闻发布会暨招商推介会 （市人民政府　供稿）

业走在了全国同类城市前列。改革开放以来，桂林市基础设施日趋完善，生态环境有效改善，人民生活水平不断提高。但是，桂林市也面临整体经济实力比较薄弱，城市经济辐射带动力不足，旅游业在全国地位下降等突出问题。2009 年 12 月，《国务院关于进一步促进广西经济社会发展的若干意见》（国发〔2009〕42 号）发布，明确提出桂林市要充分发挥旅游资源优势，建设桂林国家旅游综合改革试验区，将桂林打造成为国际旅游胜地，这对桂林旅游业发展提出了更高要求。

为落实国务院文件精神，充分发挥旅游业的带动作用，推进桂林市经济社会全面发展，广西壮族自治区人民政府组织编制了《桂林国际旅游胜地建设发展规划纲要（送审稿）》（以下简称《纲要》），规划年限为 2012 年至 2020 年。《纲要》是落实科学发展观、发挥桂林优势、带动区域增长、促进结构升级、提高人民生活水平的具体部署。推进桂林国际旅游胜地建设和发展，就是要按照世界水准、国际一流、国内领先的要求，打造世界级的旅游城市和国际旅游目的地，实现城市功能提升、城乡协调发展、旅游龙头带动、产业全面振兴、以城带乡、产业融合、生态环保的发展格局。

第一章　发展背景

桂林是世界著名的风景游览城市和国家历史文化名城，多年来，大力保护环境和生态，不断创新发展思路，转变发展方式，破解发展难题，提高发展质量，在产业经济、城市建设、基础设施、社会事业等方面都取得了较大的成就，为新时期的进一步发展奠定了较好的基础。同时，桂林要实现新的更好更快发展，还面临一系列亟待解决的制约因素。

第一节　发展基础

2011 年，全市地区生产总值 1336 亿元，人均地区生产总值 25675 元。城镇居民人均可支配收入 19882 元，农村居民人均纯收入 6325 元。特色效益农业、工业和以旅游业为龙头的现代服务业快速发展，三次产业结构为 18.3∶46.7∶35.0。基础设施得到较大改善。开通了桂林至梧州、南宁和北海等高速公路和市区到两江国际机场及桂林绕城快速公路，实现了县县通二级公路和乡乡通油路目标，两江国际机场已成为国内重要的旅游机场。城市基础设施和公共服务设施不断改善。教育、文化、卫生、社会保障等各项社会事业全面进步，生态环境和空气质量多年来稳居全国内陆城市首位。改革开放不断深入，旅游产业体系日趋完善。桂林已经形成了漓江和沿桂阳、桂黄公路两条黄金旅游带，在巩固发展山水观光旅游的基础上，逐步向休闲度假、会展商务、生态体验、养生保健等多元复合型旅游模式转变。培育了漓江、龙脊、“两江四湖”、印象·刘三姐等一批世界级景区和旅游文化产品。全市已有国家 4 A 级以上旅游景区 25 处，星级酒店 69 家，大型旅游企业集团 2 家，旅行社 146 家，旅游车船企业 88 家。2011 年接待游客 2788 万人次，实现旅游总收入 218.3 亿元，其中入境游客 164.4 万人次，位居全国前十名。

专栏 1：桂林市 2011 年经济社会主要指标对比情况表

指标	单位	全国	广西	桂林
人均地区生产总值	元	34999	25315	25675
人均财政收入	元	7699	2965	2721
城镇居民人均可支配收入	元	21810	18854	19882
农民人均纯收入	元	6977	5231	6325

第二节　比较优势

旅游资源优势。桂林市拥有世界上发育最典型的岩溶地貌和历史文化、民族文化、红色文化等自然人文旅游资源，休闲度假旅游条件优越，具有旅游资源组合优势。

地理区位优势。桂林市是黔粤湘桂交界中心城市，处于珠江三角洲、北部湾等重要经济板块的腹地，是连接南北、沟通东西、联系沿海和内陆的重要枢纽，是中国—东盟自由贸易区的门户城市之一，在我国区域发展格局中具有重要地位。

生态环境优势。桂林市生态环境良好，全市森林覆盖率高达69.05%，市区建成区绿化覆盖率44%，雨量充沛，气候宜人，河流水质和空气质量优良，是国家级生态示范区。

对外开放优势。桂林市是国家第一批对外开放的城市，在国际上拥有较高知名度，在文化艺术、产业经济、科学技术等方面开展了广泛的对外交流合作。

专栏 2：桂林旅游资源

国家级风景名胜区：漓江风景名胜区

全国重点文物保护单位：靖江王府及王陵、甑皮岩遗址、桂林石刻、八路军桂林办事处旧址、灵渠、李宗仁故居、秦城遗址、江头村和长岗岭村古建筑群、燕窝楼、恭城古建筑群、湘江战役旧址

国家级自然保护区：花坪国家级自然保护区、猫儿山国家级自然保护区、千家洞国家级自然保护区

国家森林公园：桂林国家森林公园

国家地质公园：桂林资源丹霞国家地质公园

国家湿地公园：桂林会仙喀斯特国家湿地公园

红色旅游经典景区：八路军驻桂林办事处旧址、兴安县界首镇及红军长征突破湘江烈士纪念碑园

中国历史文化名镇：大圩镇、兴坪镇

第三节　制约因素

桂林市总体经济实力偏弱，人均地区生产总值低于全国平均水平，企业规模偏小，产业链短，集聚度低。城镇化水平低，中心城市规模小，辐射带动力不强，农村教育、卫生、文化等公共服务和基础设施建设滞后。生态环境保护任务重，工业发展面临漓江生态保护的制约。中心城市快速通达各县及周边其他地区的对外通道亟待完善，部分重要景区的内外交通条件较差。旅游产业综合效益较低，产业关联度和企业竞争力较弱，旅游高端人才缺乏，旅游基础设施及配套服务设施不足，旅游产品创新有待加强，建设国际旅游胜地的旅游管理体制机制有待进一步完善。

第二章　总体思路

第一节　指导思想

高举中国特色社会主义伟大旗帜，以邓小平理论和“三个代表”重要思想为指导，深入贯彻落实科学发展观，以建设国际旅游胜地为目标，以加强生态环境保护为基础，以创新体制机制为动力，打造具有桂林特色、旅游与其他产业融合发展的现代产业体系，更加注重保障和改善民生，更加注重加强和创新社会管理，更加注重城乡统筹发展和区域协调发展，加快完善城市功能，实现旅游富民强市，探索景观、产业和城市协调发展的新模式，努力建设成为环境友好、文化繁荣、经济发达、社会和谐的国际旅游胜地、国家历史文化名城和生态山水名市。

第二节　战略定位

世界一流的旅游目的地。充分发挥桂林得天独厚的自然山水风光和历史文化资源优势，深度挖掘文化内涵，开发特色旅游产品，打造旅游精品，完善服务设施，规范市场秩序，提升国际知名度和美誉度，建设成为世界一流的山水观光休闲度假旅游目的地和旅游集散地。

全国生态文明建设示范区。充分发挥桂林“山青水秀生态美”的品牌优势，坚持环境优先、生态保护、绿色发展的理念，推行资源节约型和环境友好型的发展方式，成为生态产业发达、自然环境优美、经济与资源协调发展、人与自然和谐相处的生态文明建设示范区。

全国旅游创新发展先行区。充分发挥旅游业的引领作用和驱动功能，做大做强旅游业，创新旅游业与其他产业融合发展模式，形成服务经济为主导、特色经济为支撑的现代产业结构，成为全国通过旅游创新发展带动产业升级和城市化的先行城市。

区域性文化旅游中心和国际交流的重要平台。以桂林深厚的文化资源为依托，充分发挥对外开放和区位优势，积极开展区域间合作和国际性旅游、文化等交流活动，提高对周边区域的辐射力和国际影响力，带动广西周边地区和湘粤滇黔等区域旅游业发展，把桂林市打造成区域性文化旅

游中心和全方位对外开放的国际化城市。

第三节 发展目标

2012～2015 年，国际旅游胜地建设全面推进，城市旅游服务功能进一步提升。旅游服务体系较为完备，铁路、航空、公路等交通条件明显提升，发展环境明显改善，发展质量明显提高，初步建成在全国具有先进示范作用的旅游管理体制和公共服务体系，旅游产业竞争力和旅游市场认知度进一步提升，特色经济支撑作用得到发挥，旅游总收入占地区生产总值比重超过 20%，接待入境游客数继续保持全国领先。农业现代化水平明显提高，工业结构趋向合理，服务经济主导地位确立，增加值比重达到 40%。生态环境继续保持国内领先，文化、教育、卫生、社会保障等社会事业均衡发展。人均地区生产总值、城乡居民生活质量达到西部地区先进水平。

2016～2020 年，国际旅游胜地基本建成，成为世界一流山水观光休闲度假旅游目的地、国际旅游合作和文化交流的重要平台。城市文化特色突出，城镇化率高于全国平均水平，城乡生态环境达到国际优良水准。旅游总收入占地区生产总值比重超过 25%，旅游公共服务体系和综合服务功能完备，形成一批有影响力的旅游、会展、文化品牌。交通条件全面优化，服务业增加值比重达到 50%以上，形成服务业为主体，现代农业、高技术产业、先进制造业协调融合发展的现代产业体系。文化、教育、卫生、社会保障等社会事业全面发展。

第四节 建设原则

坚持改革创新。进一步解放思想，深化改革，发挥市场在资源配置中的基础性作用，立足国际视野，坚持大旅游、大产业理念，创新管理体制机制，整合资源，壮大旅游市场主体，实现内涵式发展，探索后发地区旅游业发展带动城乡一体化发展新模式。

坚持以人为本。把提高城乡居民生活水平和生活质量作为国际旅游胜地建设的出发点和落脚点，充分发挥旅游促增长、调结构、扩就业、惠民生的积极作用，使全体居民分享建设发展成果。把广大游客是否满意作为衡量旅游服务质量高低的首要标准，积极营造健康、安全、优质的旅游环境。

坚持生态优先。以加强生态文明建设和生态环境保护为根本，妥善处理好保护与开发的关系。注重低碳环保和资源、能源集约利用，形成资源节约型和环境友好型的产业结构、发展方式和消费模式，实现生态环境与经济社会的协调可持续

专栏 3：桂林国际旅游胜地建设主要指标

指标名称	2011 年	2012 年		2015 年		2020 年	
		绝对值	增长%	绝对值	增长%	绝对值	增长%
三大产业结构	18∶47∶35	16.7∶47.3∶36		12∶48∶40		8∶42∶50	
城镇居民人均可支配收入(元)	19882	22069	11	31005	12	55872	12.5
农民人均纯收入(元)	6325	7120	12.5	10130	12.5	18670	13
城镇化率(%)	40.2	42		50		60	
旅游总人数(万人次)	2788	3067	10	3550	5	4530	5
入境游客人数(万人次)	164	182	11	242	10	390	10
旅游总收入(亿元)	218.34	273	25	500	22.3	1500	24.6
旅游总收入占 GDP 比重(%)	16.3	17.5		20.4		27.4	
森林覆盖率(%)	69.05	69.67		70.05		70.55	
城市污水处理率(%)	90.47	>91.50		>93		>95	
城市空气优良率(%)	96.71	>95		>95		>95	
漓江干流水质达标率(%)	100	100		100		100	

发展。

坚持统筹发展。推进城乡、区域统筹协调发展，增强城市对农村的辐射带动作用，发挥各级政府的积极作用，统筹基础设施和旅游服务体系建设，实现区域旅游一体化和各区县旅游特色化。

坚持扩大开放。加快推进区域合作和国际合作，进一步提升桂林在国际国内旅游市场的影响力和竞争力。以国内旅游为基础，着力发展入境旅游，不断提升旅游业发展质量和综合效益。

第三章　空间布局

以突出旅游功能、提升生态功能、增强城市功能为导向，遵循城市化地区、农产品主产区、重点生态功能区和文化自然遗产保护区的功能定位，统筹谋划产业、景区和人口分布，构建高效有序、协调发展的空间格局。

第一节　功能分区

合理配置生态、生活、生产空间，将地域空间划分为城市化地区、农产品主产区、重点生态功能区和文化自然遗产保护区，实行差别化的空间管制政策，形成经济社会发展符合地域功能定位的导向机制。

城市化地区。主要包括中心城市建设区、重点城镇建设区和独立工矿区。作为重点进行工业化、城镇化开发的国土空间，重点发展新型工业、建设人口居住区和交通等其他基础设施。各类工业向开发区集聚，人口向城镇集聚。

农产品主产区。主要包括湘桂走廊、义江流域、桂林盆地、荔浦河流域、榕津河流域、恭城河流域、灌江流域的基本农田集中区和果林、畜牧、水产等综合农业生产基地以及农村居民点建设用地。作为主要提供农产品的空间载体，着力保护耕地，重点发展特色高效农业，促进农产品生产向优势产区集中，实现专业化、规模化和基地化。以县城为重点推进城镇建设和非农产业发展，加强农村基础设施和公共服务设施建设。

重点生态功能区和文化自然遗产保护区。主要包括自然保护区、水源保护区、水土保持保护区、湿地保护区、风景名胜区、森林公园、地质公园及对全局生态安全具有重要影响的生态治理区。作为构筑生态安全屏障和保护文化自然遗产的国土空间，主要功能是增强水源涵养、水土保持和保护生物多样性，保护文化自然遗产的真实性和完整性，注重保护城市景观风貌特色，妥善处理景城关系，发展资源环境可承载适宜产业，禁止不符合地域功能定位的各类开发活动。

第二节　产业布局

按照地域功能定位及区位交通和资源优势，构建“一轴两带”产业发展格局，推进农业、工业和服务业协调发展。

中心经济轴。包括泉南高速公路和包茂高速公路桂林段的桂林市区和全州、兴安、灵川、临桂、永福、阳朔、平乐、荔浦等县的部分乡(镇)。发展壮大电子信息、医药及生物制品、机械、汽车零部件等四大优势产业，改造提升食品、石化橡胶、包装与竹木加工、电力、建材等传统产业，培育发展新能源、新材料、节能与环保等新兴产业；做大做强旅游业、商贸业、物流业、商务会展业、社会化养老等服务业；着力发展特色效益农业和旅游休闲观

专栏4:重点建设的特色产业带和产业集聚区

旅游业。加快构建“一核两极三带多点”空间结构:“一核”即强化桂林中心城区(含临桂新区)的旅游核心职能，建设观光旅游、休闲度假、商务会展旅游城市;“两极”即完善阳朔、发展兴安增长极，构建与中心城区互动的区域性休闲度假旅游目的地;“三带”即重点推进漓江黄金旅游产业带、湘桂走廊旅游产业带、西南通道旅游产业带建设，加快发展阳朔、兴安、龙胜、资源、荔浦等重点旅游县;“多点”即建设灵川、临桂、全州、永福、恭城、灌阳、平乐等县特色旅游景点景区

其他服务业。加快形成优势互补、层次鲜明的“1个核心区、2个功能集聚带、5大示范区”服务业发展格局:1个核心区即以桂林市区、临桂新区、阳朔县、灵川县和永福县为主的服务业核心区域;2个功能集聚带即漓江黄金水道服务业集聚带、南北陆路通道服务业集聚带;5大示范区即生态休闲旅游和度假示范区、区域商务会展产业与旅游等相关产业融合发展示范区、养生度假和“栖息式”社会化养老产业示范区、商贸和现代物流集聚示范区以及文化特色消费示范区

农业。加快漓江、湘江、桂江、资江四大流域及西部山区特色效益农业示范区建设，努力打造“春之花、夏之凉、秋之实、冬之雪”乡村旅游精品线路，丰富农业旅游产品，提升旅游富民质量。重点建设4个农业旅游休闲观光示范区:雁山区农业旅游休闲观光示范区，叠彩区江东生态农业旅游休闲示范区，秀峰区桃花江农业旅游休闲示范区，七星区漓东旅游休闲观光示范区

工业。加快建设桂林高新技术产业开发区，重点发展西城经济开发区等产业集聚区域，积极推进苏桥经济开发区升级为国家级开发区，加快发展各具特色的县域和城区工业集中区域

光农业。

东部资源经济带。主要包括灌阳县和恭城瑶族自治县全境以及全州、兴安、灵川县沿都庞岭的部分乡(镇)。因地制宜地发展以采矿、冶炼、生物提取、饮料及林果产品加工为主的工业,以名特优水果业、生态经济林业为重点的农林业,以农业生态休闲度假为主的旅游业。

西部生态经济带。主要包括资源县和龙胜各族自治县全境以及全州、兴安、灵川、临桂、永福县沿越城岭的部分乡(镇)。突出发展观光休闲度假旅游业,大力发展风电、林产工业、矿产品精深加工、生态农业、畜牧业等。

第三节　城镇体系

依托交通干线及沿线城镇,构建以中心城区为主体、重点镇为节点、其他建制镇环绕的层级分明、结构合理、点轴相连、互动发展的网络化城镇体系,统筹城乡协调发展。规划到2020年市域总人口为570万,城镇化率达到60%。

中心城区。包括老城中心区、临桂新区、灵川县定江镇。构建"城乡交融、城景互衬、山水层叠、网络交织"的"两带双核八组团"空间架构,"两带"为南北向的漓江生活旅游发展带、东西向的城市新兴综合服务发展带,"双核"为老城中心区和临桂新区,"八组团"为老城中心组团、瓦窑—大风山组团、叠彩—八里街组团、临桂新区组团、四塘组团、雁山组团、七星组团和铁山组团。老城中心区优化突出历史文化和以旅游为主的服务业核心功能,疏解交通,改善城市环境。加快建设临桂新区,拓展城市新空间。

重点镇。主要包括全州镇、兴安镇、荔城镇、灵川镇、平乐镇、永福镇、恭城镇、阳朔镇、灌阳镇、苏桥镇、两江镇、资源镇和龙胜镇,其中全州、灵川镇为综合中心型,兴安镇为旅游—工贸侧重型,荔城、平乐、恭城和永福镇为工贸—旅游侧重型,阳朔、资源和龙胜镇为旅游主导型,灌阳镇为工业侧重型,苏桥镇为工贸主导型,两江镇为交通主导型。

一般镇。主要包括五通镇、二塘镇、黄沙河镇、六塘镇、大圩镇、百寿镇、沙子镇、石塘镇、龙水镇、绍水镇、定江镇、罗锦镇、青山镇和莲花镇等。其中,五通、六塘、沙子、绍水、青山、福利、葡萄、三街、潭下、庙头、溶江、文市、黄关、同安、修仁、马岭和白沙镇为工贸主导型,二塘、石塘镇为交通主导型,黄沙河、莲花、栗木、三门镇为矿产开采型,大圩、兴坪、青狮潭和会仙镇为旅游主导型,百寿、界首镇为特色型,其他为综合发展型。

第四节　临桂新区建设

加快推进临桂新区建设。从保护漓江和疏解桂林老城压力出发,以建设行政中心、文化中心为核心内容,扩展中心城区发展空间,为提高桂林全市的城镇化水平、增强服务能力、提升中心城市集聚和辐射功能提供新的载体。

坚持高起点规划,高水平建设,分步骤实施,

2012年,经园林园艺改造提升后的机场路　　（李腾钊　摄）

兼顾产业融合发展，保护与开发并重，新老城区互动共进，强化吃、住、行、游、购、娱等旅游要素，将临桂新区与老城区共同打造成为桂林国际旅游胜地的核心区。

专栏 5:临桂新区建设专项工程

临桂新区结构性道路建设工程
临桂新区休闲自行车通道建设工程
临桂新区内部休闲绿道建设工程
国际旅游论坛永久会址
东盟国际论坛会址和东盟接待基地建设工程
桂林旅游综合服务中心建设工程
凤凰体育运动休闲旅游区建设工程
万福休闲度假旅游区建设工程

临桂新区建设要秉承桂林历史文化名城特质，体现良好的生态环境，保护地方文化特色，整体上形成“一点、三星、三区”的空间结构。

一点——即1个“主城区”：桂林市行政—旅游服务中心区。

三星——即3个“旅游功能区”：围绕在临桂主城区周围的三个不同主题的环境控制型旅游区，即以水上运动、山地运动和体育休闲为主题的凤凰体育运动休闲旅游区，以会议和国际接待为主题的会仙湿地旅游区，以休闲、度假、康体和养老为主题的万福休闲度假旅游区。

三区——即3个“产业组团”：结合湘桂发展走廊和义江流域产业带的整体布局，形成两江空港经济区域及高科技产业组团、苏桥高端装备制造产业组团、五通高新技术产业组团三个主要的产业发展组团。

第四章 生态文明建设

坚持环境优先，强化生态意识、发展生态经济、建设生态城市。正确处理漓江保护与开发的关系，搞好污染综合防治，发展低碳经济。建设环境友好、生活富裕、人与自然和谐发展的新型生态文明城市，努力把桂林市建设成为国家生态文明建设示范区和国际生态城市最佳实践区。

第一节 漓江保护和开发

一、漓江保护

漓江是桂林山水之魂，保护漓江是实现桂林经济社会和旅游持续发展的根本。加快实施《广西壮族自治区漓江流域生态环境保护条例》。加强猫儿山、海洋山和青狮潭等自然保护区植被建设，维护生态系统完整性。加强水土保持生态建设，提高漓江上游水源涵养林生态功能。增强调节漓江流量能力。开展生物栖息地及漓江形态恢复与建设工程和漓江生物多样性保育工程。提高对水源林补偿的标准，调动上游地区保护水源林的积极性。加大漓江水资源保护力度，严格水功能区监督管理，加强漓江河道的整治与管护。保护地下水资源，严格控制地下水开采。加强石山洞穴景点开发管理及安全管理，防止游人过量对石山洞穴景观的破坏。漓江风景名胜区范围内严禁开山采石、无序开荒，保持山体美观及生态系统稳定。

专栏 6:漓江保护专项工程

漓江流域环境保护与治理工程
漓江生物栖息地及漓江形态恢复工程
漓江、湘江源区森林资源培育和保护项目
漓江风景名胜区河道两岸护坡生态修复工程
漓江流域农村环境连片整治示范工程
“两江四湖”环境综合整治二期工程
申报世界自然文化遗产工程
岩溶风貌保护工程
“三民”(山民、渔民、库区移民)生态补助工程
“一山五库”生态休闲旅游区建设工程
国家二级保护动物大鲵保护区项目
青狮潭水库饮用水水源地保护工程

二、漓江开发

按照科学规划、统一管理、严格保护、永续利用的原则和《桂林漓江风景名胜区总体规划》《桂林市城市总体规划》的要求，开发利用漓江的水、土地、森林、溶洞、山岭、洲岛、湿地等自然资源，并在布局、高度、体量、造型、风格、色调等方面，与周围自然景观和环境相协调。按照最大限度保持天然形态的原则修复建设漓江自然景观，加强现状植被及群落保护，对护岸进行边坡绿化，美化漓江植物景观区，建设喀斯特地貌山水园林。保护完善灵渠景观，充实灵渠文化展示内容。严格保护洲岛景观，恢复漓江自然江滩。加快建设“一山五库”(猫儿山和青狮潭、小溶江、川江、斧子口、江底5个水库)生态休闲旅游区。按照美化风景、方便生活、促进生产、传承文化的原则，改造沿岸村镇风貌，并保护好沿岸非物质文化遗产和田园风光。加强风景区内农村居民点规划、建设和管理，为风景资源的保护和永续利用创造条件。

专栏 7:漓江开发专项工程

游船、码头改造及停车场建设改造工程
沿岸村镇风貌改造及景观道建设工程
服务能力提升工程
漓江风景名胜区信息管理系统工程
漓江景区客运港扩建工程
旅游航道建设工程
桂林防洪及漓江补水工程

第二节 名城景观保护与开发

加强市域和市区各类历史文化遗产保护，强化文化保护和传承，坚持在保护中开发，新建各类建筑物要与城市自然及文化景观协调，体现地方特色。丰富以“三山两洞”为中心，“两江四湖”为纽带的整体山水景观。加强靖江王城王陵保护力度，推进广西师范大学王城校区搬迁。完善城区步行游览体系。加强园林绿地建设，优化漓江市区段及市区重点风景园林绿地空间形态。加大各类公园建设力度，拓展城市绿地。提升桂林市中心城区旅游影响力。

专栏 8:名城景观保护与开发工程

城市公园和绿地建设工程
市区古树名木保护项目
“绿满八桂”造林绿化工程
西山西庆林寺庙文化景点建设工程
市区石山绿化工程
甑皮岩建设工程
明靖江王城王陵建设工程

第三节 自然保护区、森林公园及湿地保护

加强自然保护区、森林公园及湿地的保护和管理。完善自然保护区、森林公园及湿地基础设施，开展生态旅游。实施自然保护区生态移民，漓江风景名胜区核心保护区原住居民转移搬迁工程，推动生态脆弱地区农村、林区居民向城镇迁移。提高生态公益林补偿标准。加快桂林会仙喀斯特国家湿地公园建设，加强森林资源培育工作，科学利用森林公园、湿地等森林旅游资源，实现生态、社会、经济效益统一协调发展。

第四节 污染综合防治

一、防治工业污染

开展技术更新与产业升级，淘汰落后产能。鼓励企业采用新技术，完善工业园区市政污水管网的配套建设，提高重点行业环境准入和排放标准，加快园区污水处理设施建设，严格控制工业污水排放，积极推进危险废物规范化管理，提高危险废物(含医疗废物)的无害化处理率。

二、生活污染防治

加强江、河、溪及水库水污染综合防治、环境治理。全面实施漓江沿岸农村截污工程，升级改造现有污水处理设施，乡镇和人口聚居区建设规模适当的污水处理厂。开发生态环境保护的动态监测系统平台，启动河道生态修复工程、两岸河堤生态修复工程、截污治理工程等重点治理项目。完善城镇污水收集管网，推进雨、污分流改造，城市污水处理率达到 90%以上。加快污泥处置设施建设，提高污泥无害化处置率。推广城镇污水处理再生利用。建设规模适当的生活垃圾处理场和建筑垃圾处理场，实施生活垃圾分类及资源化综合处理工程，加紧实施乡(镇)污水和垃圾处理工程、漓江流域沿岸垃圾收集系统工程等。

三、遏制农业面源污染

加大对农业面源污染防治重点项目、重大工程、技术推广支持力度。大力发展清洁养殖、生态养殖。控制农业面源污染，推广绿色农业技术。

四、建立并实施生态环境保护补偿机制

构建农业生态补偿机制，将补贴与农民采取环境友好型农业技术措施挂钩。加大污染防治投入力度，恢复和改善漓江流域生态环境质量，提升漓江及支流水质，同时加强环境科研、监测等能力建设。

五、建立完善生态环境监管体制

健全国家监督、地方监管、单位负责的环境监管体制，建立企业环境监督员制度，实行职业资格管理。实施污染物总量控制制度，将总量控制指标逐级分解到地方各级人民政府并落实到排污单位。结合经济结构调整，完善强制淘汰制度。

第五节 低碳与循环经济建设

一、推广低碳技术

加强蓄能、变频、洁净煤、新能源汽车、节能灯、节能建材等低碳技术及产品推广应用。重点发展固碳技术、减碳技术、建筑节能技术、生物质能技术和碳再利用技术。加大对低碳技术、资源节约和综合利用关键技术攻关的支持力度，构建节约资源和保护生态环境的技术保障体系。

二、发展生态产业

加快低碳技术研发、示范和产业化，加快形成“低消耗、低排放、高效率”的生产模式。引导不同产业通过产业链的延伸和耦合，实现资源在不同企业、不同产业间循环利用，形成“自然资源—产品—再生资源”的循环经济环路。鼓励发展节能、降耗、减污的高新技术产业。大力发展生态农业和有机农业，建立有机食品和绿色食品基地。

三、建立循环经济支撑体系

制定鼓励循环经济发展的政策。建立绿色环境保护制度和绿色激励约束制度。开发和建立包括环境工程技术、废物资源化技术、清洁生产技术等在内的“绿色技术”体系。强化产学研合作，构建促进桂林市循环经济发展的技术创新体系和研发平台。

四、创建低碳城市和低碳经济示范区

探索低碳经济发展的重点领域、有效途径，发展绿色建筑、绿色交通，实施节能和新能源汽车、轮船示范工程，建立低碳城市和低碳经济示范区，以点带面推动低碳经济全面发展。

五、支持低碳旅游

积极推行电动旅游汽车、燃气旅游汽车。鼓励旅游企业采用清洁能源和低能耗技术。培育一批低能耗景区。倡导徒步旅游和自行车旅游。鼓励旅游景区开展生态科普宣传教育，传播绿色低碳理念。推进漓江游船能源系统改造工程，漓江游船动力系统改造为电力发动机或混合动力发动机，经营性竹排所用发动机改造为电力发动机，试行发展液化天然气(LNG)动力游船。

第五章　旅游业发展

实施“品质旅游”战略，深化改革开放，加强统筹协调，提升产业素质，推动产业融合，拓展产业功能，着力打造消费层次丰富、产品体系完整、服务水平一流、产品线路完善、市场秩序规范，能满足多样化现代需求，与桂林国际旅游胜地相符合的旅游精品和旅游品牌。

第一节　旅游产品开发

一、建设八大系列旅游产品

突出优势产品品牌化战略，通过整合资源、完善设施、丰富内涵、提升品质，打造八大系列旅游产品。

(一)山水观光旅游

依托漓江山水资源，以各类风景名胜区、自然保护区、森林公园、地质公园为主体，在有效保护生态环境的前提下，深度开发山水观光旅游。打造阳朔十里画廊山水观光游等旅游精品，形成漓江精华游、桂林环城水系徒步游、喀斯特洞穴游、资源丹霞风光游等各具特色的观光产品体系。

(二)休闲度假旅游

顺应居民日益多元的休闲度假需求，有针对性地开发一批城市、乡村休闲旅游度假产品，继续做精阳朔西街品牌，不断丰富世外桃源、荔浦荔江湾、临桂义江、全州天湖高山湖泊、愚自乐园等休闲度假产品内容，完善人性化的配套服务设施，建设高水平的国家级旅游度假区。

(三)历史文化旅游

深入挖掘桂林史前文化、古代水利文化、宗教文化等历史文化资源，保护性开发当地物质及非物质文化遗产，推动历史文化与旅游的深度融合，打造甑皮岩、宝积山史前文化探古游、桂海碑林文化游、明靖江王府王陵历史文化游、兴安灵渠秦水利科技文化游以及历史文化名镇名村游等一批具有代表性的历史文化旅游产品。

(四)民族文化旅游

鼓励引进或自行开发具有桂林特色及民族特色的文化旅游演艺产品，创新发扬桂剧、彩调、文场、零零落等传统演艺，加强内容创意，丰富表现形式，融合科技创新。打造一批大型实景演出和民族文化演艺精品。开发五通农民画、桂林梅瓶等艺术资源，加快产业化进程。

(五)红色旅游

结合八路军驻桂林办事处旧址、红军长征突破湘江烈士纪念碑园等红色旅游经典景区建设，深入挖掘红色文化内涵，整合旅游资源，延长旅游线路，打造融参观教育、修学寻踪、户外体验等内容于一体的红色旅游产品体系。

(六)生态乡村旅游

合理开发散布于桂林乡村的梯田、森林、湿地、瀑布等各具特色的生态景观，打造人与自然和谐一体的生态体验之旅。积极发展休闲农业与乡村旅游，规范提升“农家乐”、休闲农庄等乡村旅游产品。

(七)户外运动旅游

依托漓江、资江、资源、阳朔、兴安、灌阳等地得天独厚的自然地理条件，推动体育与旅游深度融合，积极谋划桂林国际自行车大赛等体育赛事，

加快发展漂流、攀岩、登山、野外拓展等户外运动。

(八)浪漫婚典旅游

适应多元化、个性化的婚礼需求,融合桂林独特、浪漫、喜庆的山水人文元素,打造漓江游船水上集体婚礼、“两江四湖”中外金色婚典、少数民族婚庆等特色婚典旅游产品,开展恭城新婚植树、婚典摄影大赛等婚典庆祝活动,开发阳朔—龙胜蜜月行以及婚庆纪念游、周年游、金婚游、银婚游等旅游线路。

二、推进“六个一批”重点工程

围绕旅游产品体系建设,实施大项目带动战略、品质旅游战略,重点推动“六个一批”项目的建设。

(一)打造一批旅游精品

按照“南部提升、北部扩张”的原则,根据国内外旅游市场的需求变化和桂林市的旅游资源及区位优势,重点打造八大世界级旅游精品。

专栏 9:八大世界级旅游精品

1.漓江风景名胜区。着力将其建成世界驰名的高品质内河景区

2.“两江四湖”景区。提档升级“两江四湖”

3.阳朔山水休闲景区。整合阳朔县境内遇龙河流域、十里画廊、西街、印象·刘三姐等优势资源,建设世界最具魅力的山水观光和休闲度假胜地

4.龙胜龙脊梯田景区。扩展龙脊梯田,建设民族风情与生态旅游产业链条,打造世界级民族生态文化旅游示范区

5.资源八角寨丹霞景区。整合八角寨、天门山等资源,改善景区交通环境,打造世界级丹霞风光旅游目的地

6.兴安灵渠景区。充分挖掘和展现灵渠深厚的秦汉文化,打造中国最具特色的历史文化旅游休闲胜地

7.猫儿山养生度假区。依托“一山五库”丰富生态资源,打造中国最具养生价值的休闲度假胜地

8.动感天湖景区。利用天湖高山小库群,发展环湖自行车、草场远行等体育旅游项目,打造华南最具动感的体育休闲度假区

(二)培育一批旅游新产品

加快优质旅游资源开发,引进国际国内大型旅游集团,开发建设“一山五库”、全州天湖、临桂罗山湖等休闲度假旅游产品。重点打造一批具有竞争力的旅游新产品。

(三)建设一批旅游服务基地

建设三级旅游服务基地体系。一级旅游服务基地为桂林市区服务中心基地;二级旅游服务基地包括阳朔、兴安、龙胜服务基地;三级旅游服务基地包括全州、平乐、资源、永福、荔浦、恭城、灌阳服务基地。

(四)建设一批特色旅游小镇(村镇)

结合桂林优美的自然山水、悠久的历史文化,以优势旅游资源带动乡镇发展,引导城乡居民有序进入旅游服务领域就业,实现旅游富民。建设一批旅游主题城镇,形成差异化经济增长点。

专栏 10:特色旅游小镇(村镇)建设工程

1.阳朔、兴坪、高田休闲度假特色主题城镇
2.兴安秦汉文化特色主题城镇
3.兴安华江生态特色主题小镇
4.永福寿城百寿养生文化旅游主题小镇
5.临桂五通农民绘画艺术主题小镇
6.临桂两江、四塘历史文化特色小镇
7.临桂会仙喀斯特湿地旅游特色小镇
8.灵川大圩古镇特色旅游小镇
9.灵川潭下美食文化主题小镇
10.灵川青狮潭文化休闲主题小镇
11.恭城莲花新农村生态旅游主题小镇
12.恭城儒家文化主题城镇
13.龙胜和平龙脊民族生态文化旅游主题小镇
14.龙胜马堤彭祖坪生态风光旅游小镇
15.龙胜江底温泉生态游主题小镇
16.资源梅溪丹霞之魂、漂流之乡主题小镇
17.灌阳瑶族之源主题城镇
18.全州才湾高山湖泊主题小镇
19.全州宗教旅游特色小镇
20.平乐张家榕津古镇特色旅游小镇
21.荔浦双江花卉观赏主题小镇
22.荔浦龙怀休闲主题小镇
23.雁山草坪休闲旅游主题小镇

(五)建设一批休闲养生度假基地

积极引进专业化的医疗保健、中医养生和养老服务机构,依托“两江四湖”,建设若干都市休闲养生基地;提升龙胜、资源、平乐、永福、全州等县温泉品质特色,建设温泉休闲度假基地;利用桂林市得天独厚的森林资源,建设生态保健基地;利用罗汉果和茶叶的养生功能,建设以茶和罗汉果为主题的养生文化基地。

(六)建设一批重点旅游基础设施

重点建设旅游道路、景区停车场、游客服务中心、旅游安全以及资源环境保护等基础设施。优先支持直接面向游客的综合环境整治项目。加快旅游信息化基础设施建设,建设完善桂林市旅游目的地营销系统。

专栏 11:重点旅游基础设施建设专项工程

旅游集散中心建设工程
广西师大(王城校区)搬迁工程
连接景区道路建设工程
贵广高铁阳朔、临桂、恭城车站至县城连接工程
会展场馆建设工程
国家风景名胜区核心景区原住民污水垃圾处理工程

第二节 旅游市场开发

一、完善旅游营销体系

建立和完善政府主导、部门联合、政企联动的营销机制和旅游营销组织结构。创新营销方式,建立健全行业协会和企业为主体、营销代理机构为补充的旅游营销体系。拓展市场营销渠道,创新营销手段。加强政府宣传和企业营销的有机结合,实现市、县、部门、企业之间宣传营销的一体化。

二、加强与国际旅游市场对接

细分旅游客源市场,优化国内外游客重点目标市场和潜在目标市场的旅游促销策略。整合旅游营销资源、强化整体宣传营销、增开国际航线和加密国际航班,鼓励国际包机、构建国际化营销网络、开发适合国际市场需求的旅游产品,不断培育新的客源增长点,优化入境客源结构,延长外国游客在桂停留时间。

三、提升目的地品牌影响力

加强管理,规范秩序,打造与国际旅游胜地相匹配的旅游服务品质和信誉,促进桂林旅游形象上台阶、大跨越。通过多种营销方式扩展延伸桂林山水人文旅游品牌,大力塑造桂林旅游整体品牌,体现品牌个性,并系统地进行旅游品牌识别、包装和推广。

第三节 旅游市场主体建设

一、提高景区管理水平

开放景区资本运作和管理市场。加强各类景区建设,推进建设桂林绿色产业体系。鼓励景区管理集团对全市中小景区实施委托管理、租赁经营、承包经营,提升旅游景区的发展质量和服务品质。

二、提升旅游饭店品质

逐步建立与市场需求相适应、具有桂林特色的饭店业服务体系。对中心城区老饭店进行提质改造,推进经济型酒店连锁经营,鼓励发展各类生态、文化主题酒店和特色化、中小型家庭旅馆。积极引进国内外高端酒店集团和著名酒店管理品牌。

三、实施旅游业集团化发展

培育旅游集团公司,组建桂林旅行社、旅游饭店、旅游车船等旅游集团公司。

四、提升旅行社竞争力

重点扶持和培育发展若干实力雄厚、竞争力强、品牌优势突出的旅行社;强化竞争退出机制,鼓励中小型旅行社走特色化、专业化道路;有效引导境内外知名旅行社到桂林投资设立具有独立法人资格的分支机构;推进旅行社网络化、专业化经营,建立资源优配、分工合理、市场清晰的旅行社批发零售经营体系。

五、鼓励旅游配套服务企业发展

借鉴国际旅游胜地先进经验,积极拓展旅游元素,为游客提供多元化选择。加大旅游招商引资力度,引进国际知名企业。依托旅游城镇,大力发展休闲娱乐、文化体育、商务会展、医疗养生、特色街区、特色餐饮、特色购物等配套产业。重点扶持一批旅游商品生产企业。完善和强化旅游科研和教育培训体系。

专栏 12:旅游服务质量提升工程

开展文明景区景点、游客放心购物店、游客放心餐饮店评选活动,打造一批优秀服务企业品牌
开展文明导游员、旅游车驾驶员、出租车驾驶员评选活动,提升旅游从业人员的整体素质
启动生态旅游"服务标准"体系构建工作,推动生态旅游品牌建设

第四节 旅游公共服务体系建设

建立精简高效的旅游行政管理机构,承担旅游规划、旅游产品和线路开发、旅游市场促销和监管等职能。建立健全覆盖"吃住行游购娱"等旅游消费环节的市场监管和综合执法体系及旅游投诉受理机制。完善旅游信息咨询服务体系、旅游安全保障服务体系、旅游应急救助体系、旅游交通便捷服务体系、自助游服务体系、旅游便民惠民服务体系、旅游行政服务体系,形成政府主导、体系完备、规范标准、优质高效的旅游公共服务体系。

将旅游公共服务列入政府财政预算。将重点旅游公共服务项目建设纳入土地利用总体规划、城市总体规划、基础设施规划、村镇规划、扶贫计划等,对重点旅游公共服务项目在用地、融资方面给予优惠和支持。

第五节　旅游区域合作

一、加强国际间旅游交流合作

利用联合国世界旅游组织 / 亚太旅游协会旅游趋势与展望国际论坛等品牌渠道，加强与联合国世界旅游组织在旅游可持续发展战略、目的地开发建设、旅游教育培训、旅游扶贫等方面的合作。积极发展与世界旅游旅行理事会等国际旅游组织机构的交流往来，提高桂林旅游国际化水平。加强与主要客源国政府间的旅游合作，发展业界交往渠道，建立市场引导互惠机制。探索与国际旅游企业集团的经营合作，引导境外资本有序进入，培育市场、管理、技术、人才优势。加强与国际旅游研究和教育机构的合作，扩大多层面旅游科研和教育培训合作领域。

二、加强区域间旅游交流合作

利用中国—东盟博览会，推进与东盟自由贸易区市场、产品、项目、经营、人才等方面的旅游合作。发展与东北亚区域的旅游合作，吸引旅游客源，扩大旅游投资商户和商业机会。加强与台港澳地区市场推广、旅游投资、客源互送等方面的合作力度。

三、加强国内重点区域旅游交流合作

深化桂林市与珠三角区域的旅游一体化合作，打造跨省区的旅游信息交流、资源流动和项目建设平台。进一步密切与西南区域的旅游合作关系，加快市场要素、资金、人才等的区域间流动，共同打造跨区域特色产品。加强与长三角、环渤海、海峡两岸等经济区域的旅游对接与联动，进一步发展与北京、上海等城市旅游对接，推出相互衔接的旅游精品线路，建设中国优秀旅游城市目的地集群。充分发挥桂林旅游客源优势，带动周边省市旅游市场发展。加强广西区内城市间合作，促进广西旅游业总体发展。

第六章　相关产业发展

利用现有产业基础和比较优势，推动产业集聚和优化升级，重点发展与桂林生态环境相适应、与旅游业发展深度融合的现代服务业、新型工业、特色效益农业，积极促进三次产业协同发展，形成服务经济为主导、特色经济为支撑的现代产业结构，为增强桂林市整体经济实力，推动产业结构优化升级奠定坚实基础。

第一节　现代服务业

坚持扩大规模、优化结构、增强功能、提升水平的思路，推动桂林市现代服务业跨越发展，促进旅游业与其他服务业融合发展，有力支撑桂林市产业结构优化升级，到 2020 年形成以服务业为主导的现代产业体系。

一、会展业

着力打造具有国际影响和桂林特色的会展品牌。以桂林国际旅游博览会、旅游趋势与展望国际论坛为核心，打造“中国桂林国际旅游”系列品牌。深入挖掘地方文化资源，打造一批具有浓郁地方特色和民族民俗风情的节庆品牌。积极引进和承办好国内外高端会议、论坛和大型展览，重点推动桂林市会展业有机融入中国—东盟博览会，不断提升桂林市会展服务业的影响力。

重点提升会展服务能力和国际化水平。重点建设临桂新区、七星区两大会展核心功能区，完善展馆等基础设施建设，促进交通、住宿、餐饮、旅游、广告、翻译等配套服务业发展，打造会展服务产业链。大力引进和培育会展龙头企业，鼓励中小型会展企业特色化发展，提高会展服务专业化水平。与国家服务标准衔接，编制高水平的会展管理服务标准，推动桂林会展服务业规范化发展。

积极探索会展业与其他产业融合发展。创新会展与旅游融合发展的模式，设计漓江游船会议、乡村农舍会议等特色服务和旅游线路，实施旅游与会展资源整合及产业协调发展示范项目，大力推动会展商务旅游发展。加大会展服务相关商品的开发。

二、文化体育产业

加快发展以演艺娱乐、软件动漫、绘画摄影等为重点的文化创意产业。扶持桂林五通农民画休闲旅游产业项目。积极打造“桂林演艺之都”“桂林动漫基地”“漓江画派”“中国农民画第一村” 等文化品牌，加强文化精品项目建设，保持印象·刘三姐等知名品牌在全国业界的影响力，积极扶持演艺旅游机构开发富有创意的新项目和有发展前途的新产品，促进桂林演艺娱乐业可持续发展。进一步提高愚自乐园、桂剧、彩调等文化品牌的影响力。大力扶持软件动漫企业做大做强。加强靖江王城王陵、甑皮岩等重要遗产保护和合理利用，积极培育文化旅游新景点。申办桂林国际山水文化旅游节、中国桂林创新创意文化节暨桂林“国际动漫节”、桂林山水摄影书画作品展览和国际模特大

赛。建设旅游博物馆。

积极发展体育健身业。通过举办国际通行的旅游体育娱乐赛事,培养体育健身市场。积极举办国际公路自行车赛、山地越野国际挑战赛、国际半程马拉松赛、中日韩职业围棋世界冠军争霸赛、漂流攀岩等大型赛事活动,打造有桂林特色、影响力大的品牌赛事。发展徒步游、登山、野外拓展等户外运动项目,开发民俗体育活动。建设一批体育训练基地,吸引各类运动队和俱乐部来桂林训练和比赛。稳步发展竞猜型体育彩票。

三、商贸服务业

提升商贸服务业发展水平。加强商品市场体系建设,发展大型购物商场和特色商业街区,建设一批规模大、品质高、辐射带动强的大型专业市场,培育和提升一批大型商贸服务企业和老字号品牌,推动连锁经营、直销配送和网上购物等经营方式创新。进一步优化旅游购物环境,积极发展与旅游业相关的商业零售业态。利用中心城市和临桂、灵川、全州、平乐、荔浦等县产业优势和地域优势,加快发展商贸物流业。建设现代物流园区、航空港经济区和现代物流配送中心,完善物流体系,打造区域性现代物流基地。

加快餐饮业发展。深度开发、挖掘桂林特色饮食文化,实施品牌发展战略,推进桂菜"名菜、名师、名店"工程,培育建设特色餐饮街区。引进国内外著名餐饮企业和餐饮品牌,满足不同消费者的需求。结合旅游节庆和会展活动,举办美食文化节。加强饮食卫生安全管理。

四、金融服务业

健全政策性银行、国有商业银行、股份制商业银行、地方性商业银行、外资银行等银行体系。积极发展保险公司、保险中介机构,构建保险市场体系。引进和组建证券公司、基金管理公司等。推动设立小额贷款公司、资金互助社等农村金融服务机构。

加强金融基础设施建设,增设服务网点布局,提高金融服务便利性。改善支付服务环境,实现桂林旅游刷卡消费无障碍。深化个人本外币兑换特许业务试点,增加个人本外币特许兑换经营机构。支持金融机构开发针对旅游及相关产业的信贷产品和审贷模式。鼓励创新保险产品,拓展大众保险市场。扩大保险业保障、资金融通和辅助社会管理的功能。开发适合桂林的新兴、特种和综合性旅游保险产品。完善农业保险体系,扩大覆盖面,发展农村小额保险。

第二节　绿色农业

桂林是农业大市,现代农业发展要为国际旅游胜地建设提供坚实基础。利用特色农业基地、自然和人文景观,促进农业与旅游的融合,完善"春之花、夏之凉、秋之实、冬之雪"为主题的休闲农业与乡村旅游线路。围绕农业增效、农村发展、农民增收和农业现代化目标。

按照"稳粮保供给、增收惠民生、改革促统筹、强基增后劲"的总体要求,积极推进农业标准化、规模化、产业化和品牌化建设,加快发展设施农业、装备农业。推动桂林由农业大市向农业强市转变。稳定粮食种植面积,加强农业科研队伍建设,完善农业技术推广服务体系,依靠科技进步,巩固提高粮食产量。培育农业产业化龙头企业,加快建设全国循环农业示范市,构建以农产品、畜禽产品、林产品、水产品生产加工为主导的四大循环农业经济体系。大幅度提高农村居民收入,全面改善农村生活质量。

专栏 13:农业重点工程

1.农业基地建设工程。出口水果基地建设,特色效益农业生产示范基地,国家商品粮基地建设

2.农业产业化工程。农业资源循环利用、乡村旅游建设工程、农产品市场建设,农产品安全体系建设,农产品加工物流园建设

3.现代农业示范工程。开展现代种植业、养殖业、农产品加工业建设示范

4.农村基础设施建设工程。小型水利、饮水安全、农村电网改造、农村道路、农村生产生活条件改善等建设工程

第三节　低碳工业

桂林工业发展要为国际旅游胜地建设提供重要支撑。要以建设国家级信息化和工业化融合示范区为契机,以信息化带动工业化发展。发展循环经济、低碳经济、环保产业,推进资源节约利用和节能降耗减排,保护改善生态环境,实现科学发展和可持续发展。

通过集约化发展,建设创新驱动、环境友好、内生增长的特色新型现代工业体系,推动经济发展方式转变。按照集约集聚、特色发展、优化布局、扩展提升的原则,重点建设国家级、自治区级园区,提升各县(区)、乡(镇)工业园区和集中区。加快完善基础设施和配套设施,增强园区专业化、规模化效应和产业配套功能,提高园区产出率。打造

一批千亿元、百亿元产业园区和特色产业园区。

利用桂林国家、自治区级工程技术研究中心、企业技术中心和高等院校、科研院所的技术和人才资源优势，发挥桂林高新技术开发区的引领、辐射、带动作用，强化技术研发，突破重点领域，培育拥有自主知识产权的品牌产品。有序发展产业链长、关联度高、带动能力强、附加值高的高新技术产业和战略性新兴产业。重点发展电子信息、光机电一体化、生物医药、新一代信息技术、高端装备、新能源、新材料、节能环保产业。培育高新技术产业500亿元产业群、百亿元企业和"小巨人"企业，形成新的经济增长点。

专栏14：工业专项工程

园区建设工程。建设桂林高新技术产业开发区千亿元创新型特色园区、苏桥工业产业新城、雁山低碳经济产业示范园，扩展提升其他特色工业园区（集中区）

特色产业发展工程。推进现代装备制造业、橡胶工业、新能源汽车、节能环保产业、新材料等特色产业发展

企业培育工程。培育100亿元、50亿元、10亿元企业，扶持小微企业，改造提升老工业基地企业

第七章　支撑条件

实行统筹规划、以城带乡、协调发展，加强城乡交通、能源、水利、信息等基础设施建设，构建现代化基础设施网络，不断健全公共服务体系，提高公共服务水平，加强人力资源开发，更加注重保障和改善民生，更加注重加强和创新社会管理，强化旅游富民效应，增强国际旅游胜地建设发展的保障水平和支撑能力。

第一节　交通运输体系

以建设区域性综合交通枢纽城市为目标，大力推进交通基础设施建设，拓展航空功能，加快构建铁路、高速公路和快速干线网络，完善水运交通，基本形成设施完善、衔接顺畅、安全高效的综合交通运输体系，形成对外交通、城市交通和旅游交通立体化、综合化、内外合理衔接的综合交通运输网络，满足国际旅游胜地的交通运输需求。

民航。完善两江国际机场设施和航线网络，加快推进桂林两江国际机场航站楼及站坪配套设施扩建工程，建成现代化、国际化、人性化的旅游机场。积极支持在桂林机场建立航空公司基地并完善航线网络。重点开发面向东盟国家的国际航线和连接省会城市、重要客源城市、著名旅游城市的国内干线。

铁路。加快贵广铁路、湘桂铁路衡阳至柳州段扩能工程建设，建成衔接两大铁路干线的区域铁路枢纽，形成桂林至广州、长沙、贵阳、南宁等周边城市2小时铁路交通经济圈。完善铁路客货站场布局，将临桂客运站、桂林西货场纳入铁路建设规划。

公路。加快出省、连市高速公路和国家公路运输枢纽建设，建设桂林—三江、新宁—全州、荔浦—玉林等高速公路。进一步加大国省干线公路升级改造力度，提高连接旅游景区干线公路的技术等级和服务水平，建设生态路、环保路。加强县乡公路改造，全力推进建制村通沥青（水泥）路建设，加强桥梁新改建、安保工程等建设，切实改善旅游景区的通达条件。

城市交通。以国家公路运输枢纽城市为基础，加快区域性交通枢纽建设，建成市区到各县"一环、四纵、三横、四射、三联"的公路网络，干线公路网通行能力和通达深度大幅度提高，实现市县1小时交通圈。加快快速公交系统（BRT）规划建设步伐，建立以公交为主导的城市交通模式。重点研究桂林北站扩建方案，加快市区铁路规划建设。

旅游交通。增强市区至阳朔、兴安、临桂、资源、龙胜旅游景区较为集中县域客运服务功能，完成主要旅游景区的通道建设和提升。加快漓江黄金水道延伸、通畅工程，加快环城水系扩展和旅游开发。完善漓江专用航道及桂江航道支持保障系统。在漓江两岸规划建设慢行交通系统及配套设施，满足自行车、步行等休闲交通需求。推动与近地低空相关旅游设施建设。规划近地低空飞行游览线路、建设通用机场和小型（私人）飞机培训基地，发展小型（私人）飞机租赁机构，推动旅游产业转型升级。

第二节　能源保障体系

统筹推进能源基础设施建设，构建与国际旅游胜地相适应的开放、多元、安全、清洁、高效的能源保障体系，突出发展清洁能源，提高能源安全和保障能力。推进新能源开发，改善电源结构，积极发展风能、太阳能、生物质能等可再生能源。积极推进传统能源清洁高效利用。加快城乡电网建设与改造，扩大电网规模，优化电网结构，建设安全可靠、技术先进的现代化电网。抓好天然气管道工程、输油管道工程等一批能源设施建设。积极推进分

布式能源项目建设,完善城市管道天然气供气工程,满足群众生活需求。实施公交汽车、旅游车船油改气工程,推广使用燃气锅炉替代煤、油锅炉。

第三节 水利工程体系

加快建设桂林市防洪及漓江补水枢纽工程和临桂新区防洪排涝工程,做到旱可通航,汛不成涝。科学规划实施临桂新区水系连通工程,建设必要的水库调蓄工程,规划建设桂林大环城水系。进一步开展中小河流治理工程和山洪地质灾害防治工程,加快桂江(漓江)、湘江治理工程建设,加强农村河道综合整治。全面开展大中型病险水库(水闸)和小型病险水库除险加固。加大会仙湿地、桂柳古运河水利改造与开发。积极推进水利新技术、新工艺的开发和应用,推进水利信息化体系建设。

加强农村饮水安全工程建设、大中型灌区续建及节水改造与小型农田水利建设、农村水电电气化及小水电代燃料工程建设和农村水电增效扩容工程建设和水土保持及石漠化治理工程建设。

实行最严格的水资源管理制度,完善水资源保障体系和水生态保护体系,优化水资源配置,建立完善用水总量控制、用水效率控制、水功能区限制纳污制度,确立水资源开发利用控制红线、用水效率控制红线、水功能区限制纳污红线。坚持以生态补水为主,妥善解决漓江缺水和桂林市城市发展用水问题。实行流域内水资源统一规划调度与统筹管理;建立漓江流域水权制度及水市场体系,完善水资源分配机制。做好防洪预案和洪水预警预报、避让撤退及警示宣传等工作,确保游客和人民群众生命财产安全。

第四节 信息网络体系

加快桂林智慧城市建设步伐,积极构建智慧旅游信息平台。按照区域旅游发展的需求,加大智慧旅游基础设施建设力度,加快部署新一代移动通信与宽带网络,构建先进的城市信息网络。整合旅游行政管理、旅游电子商务、旅游公共服务于一体,积极搭建旅游信息化运营平台。建立通达各级旅游行政管理部门、旅行社、景区景点、宾馆酒店、旅游交通和旅游餐饮购物企业等的智能网络,依托平台建设开发旅游趋势预报、旅游资讯服务、旅游统计信息管理、旅游目的地营销系统等多个应用系统。通过信息平台的建设,逐步形成使旅游物理资源和信息资源得到高度系统化整合和深度开发激活,并服务于公众、企业、政府等领域,面向未来的旅游新业态。

大力发展旅游电子商务。以物联网、云计算、移动电子商务等技术为支撑,在全市范围建立旅游信息发布系统、旅游电子凭证认证系统和旅游服务标准评价系统,积极开展旅游在线服务、网络营销、网络预订和网上支付,充分利用社会资源构建旅游数据中心、呼叫中心、营销中心,全面提升旅游企业、景区的旅游信息化服务水平。逐步实现与全球旅游营销渠道对接,提供旅游信息发布、展示、交易、咨询和旅游售前、售中、售后的服务和管理。

第五节 公共服务和社会管理体系

加强以保障和改善民生为重点的社会建设,着力推进基本公共服务均等化,加强和创新社会管理,促进社会公平正义,实现旅游富民强市。

优先发展教育事业。巩固提高义务教育,大力发展职业教育,稳步发展普通高中教育,积极发展学前教育和高等教育,着力提升国际旅游胜地建设的智力支撑。加强师资队伍建设,提高教育现代化水平。大力发展旅游职业教育,积极进行桂林国家旅游职业教育改革试点,打造国际旅游教育基地。办好桂林旅游高等专科学校,打造成为中国旅游人才培训中心、国家级东盟旅游人才培训基地、国家级旅游工艺品纪念品研发基地、旅游文化研究与展示中心和国家级旅游教育管理与信息中心。成立桂林旅游职业教育集团。吸引国际知名旅游院校来桂林合作办学,引进优质旅游教育资源。

健全医疗卫生服务体系。深化医药卫生体制改革,切实建立覆盖城乡的基本医疗保障体系和健全的基本医疗卫生服务网络,建立完善公共卫生服务体系,优先满足群众基本医疗卫生需求。加大政府资金投入,吸引社会资本进入,优化配置医疗卫生资源,积极发展医疗保健事业。

加快发展公共文化体育事业。以满足基本文化生活需求和提高居民生活质量为出发点,进一步推进公共文化体育事业发展。加快建设覆盖城乡的公共文化体育服务体系,加强文物与非物质文化遗产保护力度,提升文化普及和覆盖程度,深度挖掘、合理利用民族民俗文化等历史文化资源,培育更多特色文化品牌。建设桂林科技馆。不断提升文化体育事业的发展水平,打造国际文化体育交流平台。

提升就业和社会保障水平。强化旅游促进就业效应，扩大旅游就业渠道，增强旅游就业容量。构建城乡统一、规范灵活的人力资源市场体系，重点解决高校毕业生、农村转移劳动力、城镇登记就业困难人员就业问题，切实帮助就业困难群体实现就业再就业。进一步健全覆盖城乡居民的社会保险体系，扩大社会保险覆盖面，提高保障水平。构建完善的住房供应体系。重点支持保障性安居工程建设，加大资金投入，有效保障土地供应，加大廉租住房、公共租赁住房、经济适用房、限价商品住房的供应量。

加强旅游人才队伍建设。加强桂林国家旅游人才小高地建设，完善人才引进机制，创新人才评价和激励机制，构建高层次的人才交流、集聚平台，广泛吸引海内外旅游人才到桂林就业创业和提供智力服务。加强旅游从业人员培训，提升旅游服务质量。设立广西旅游科学研究院，加强桂林旅游发展的科研能力支撑。

加强和创新社会管理。以解决影响社会和谐稳定的突出问题为突破口，全面提高社会管理科学化水平，维护人民群众权益。继续实施“天网工程”，改善社会治安环境，推进平安桂林建设。完善多方参与、动态协调的社会管理机制，提升政府、企事业单位、社区、社会组织的社会管理和服务能力。

第六节　城乡协调发展

加快推进城市化进程，统筹城乡基础设施一体化和基本公共服务均等化，缩小城乡差距，促进城乡融合。

加快城镇化进程。推进户籍制度改革，放宽城镇落户条件，促进农民向城镇有序转移，建立城乡统一的新型户籍管理制度和配套的社会保障体系，提高城市化水平。加快农村社区向城镇社区转变，推动农村剩余劳动力转移就业，完善城乡统筹保障机制。

城乡基础设施一体化。统筹城乡规划布局，建立以主体功能区规划为基础，国民经济和社会发展规划、土地利用规划及城乡规划相互衔接的规划体系。加强农村公路建设、小型农田水利设施建设，扶持建设大中型沼气池，因地制宜建设户用沼气池，完善农村电网。按照新农村建设方针，加强村屯建设，改善农村生产生活生态环境。

城乡基本公共服务均等化。统筹教育、卫生、文化、交通运输、社会保障等公共资源在城乡之间的均衡配置，推动医疗卫生、教育培训、科技文化、广播影视、体育健身等公共服务向农村延伸，在全市逐步建立起“市—县（区）—镇（街道）—村”多层级的社会服务设施体系，加快实现城乡基本公共服务均等化。

第八章　保障措施

在用好用足现有政策的基础上，加大财税、投融资、土地、生态与环境保护、行政管理体制等政策支持和资金投入，为推动桂林国际旅游胜地建设提供保障。

第一节　改革创新

立足区域优势，积极探索，先行试验，充分发挥市场配置资源的基础性作用，着力破除制约发展的体制机制障碍，通过自身努力与国家支持相结合，确保实现本规划确定的各项战略目标。

一、体制机制创新

推进行政管理体制等综合配套改革，为国际旅游胜地建设发展提供强大动力和体制保障。合理调整行政区划，拓展城市发展空间，积极推动临桂县撤县设区工作，推进灵川、阳朔、兴安、永福等县撤县设区的研究论证工作。建立有利于漓江保护和可持续发展的一体化管理体制机制。

建立健全城市管理机制。逐步建立专业管理相对集中、综合管理重心下移的城市管理体制，整合行政执法资源，建立完善综合行政执法体系。健全基层组织机构，增强基层自治功能，构建社区公共资源共享机制和综合治理机制。

加快推进旅游资源一体化管理改革，打破现行体制障碍，建立健全综合协调机制，实现对旅游资源开发、建设、管理的统一规划和统筹协调，避免多头管理。设立漓江风景名胜区管理委员会，赋予相应的经济管理权限和相关行政、社会管理职能，对漓江风景名胜区实行统一保护、统一开发、统一管理。

深化旅游管理体制改革。进一步建立健全政府引导、行业自律、企业依法自主经营的旅游管理体制和运行机制。推进旅游综合改革和专项改革。增强行业协会自律管理能力。继续深化财税制度改革、国有企业改革、教育体制改革、文化体制改革和医药卫生体制改革。

二、对外开放

发展开放型经济。积极借鉴国际经验建设桂

林国际旅游胜地，为资金、商品进出创造便利条件。鼓励外资投向旅游业、现代服务业、基础设施和高新技术产业。鼓励国内外金融机构和大企业到桂林设立区域性培训和研发基地。加快发展保税加工业和保税物流业，扶持科技兴贸创新基地和出口产品基地建设，鼓励发展服务外包，发展桂林特色的高附加值产品和服务贸易。鼓励桂林旅游企业“走出去”。

加强对外交流合作。充分利用中国—东盟自由贸易区、大湄公河次区域等经贸合作机制，提升国际合作水平。加强桂林与国际知名院校、教育培训机构的合作与交流。积极创造条件，引进境外高端人才。支持国外有实力的大型旅游企业进入桂林。支持桂林与国外知名医疗机构开展医疗合作，形成投资主体多元化、投资方式多样化的办医体制。

拓展国际旅游市场。积极研究对主要旅游客源国的旅游团队在桂林机场口岸入境提供签证便利政策。积极研究开放桂林居民赴港澳和台湾个人游。

加强与航空公司合作。培育、增加服务主要客源地的国际国内航线。探索开放第五航权，逐步开放低空空域。研究设立桂林国家一类铁路口岸。

第二节　政策措施

一、财税和投融资政策

对旅游服务项目建设进口设备，以及对因特殊原因留购的入境展览用品，在现行政策规定范围内享受进口税收优惠政策。争取国家对桂林国际旅游胜地给予专项补助。

积极申请国家将漓江流域兴安、灌阳、灵川、临桂、阳朔、平乐、恭城等县及资江流域的资源县列为生态补偿县。积极落实国家对西部地区、民族地区和重点生态功能区扶持政策，争取中央在安排预算内投资和其他专项资金时，对桂林市给予倾斜，用于基础设施、生态建设、环境保护、扶贫开发、城市建设、名城保护和社会事业等方面建设。依法设立股权投资(基金)企业，吸引社会资本参与漓江生态保护、桂林旅游开发和文化产业等领域的重点项目。支持旅游企业发展多元化融资渠道和方式。支持旅游资源丰富、管理体制清晰、符合国家旅游发展战略和发行上市条件的旅游企业上市融资，拓展旅游企业的债务融资渠道。加强与商业银行和政策性银行的合作，鼓励金融机构在依法合规、风险可控和符合国家产业政策的基础上，探索开展景区经营权质押、门票收入质押等抵押贷款业务。完善担保体系，扩大信贷投入。积极申请利用国际金融组织和外国政府贷款。

二、产业政策

认真落实国家各项产业发展政策，扶持桂林产业加快发展。积极争取国家在编制发展规划、布局重大项目时，针对桂林的特色优势给予倾斜支持。重点推进桂林市 LED 光电应用项目、新能源汽车和机械制造等项目建设。

将旅游及相关产业纳入《西部地区鼓励类产业目录》。积极协调落实宾馆饭店与一般工业企业同等的用水、用电、用气价格政策。允许旅行社参与政府采购和服务外包。对旅行社按营业收入缴纳的各种收费，落实计征基数扣除各类代收服务费的政策。旅游企业用于宣传促销的费用依法纳入企业经营成本。

三、土地政策

落实最严格的耕地保护制度和节约用地制度，严格实行土地用途管制制度，在保护基本农田的基础上，加强对土地利用的引导和管控，实施差别化土地政策，优先保障国际旅游胜地建设鼓励扶持类项目用地。

积极推进桂林产业用地改革试点。在不突破土地利用总体规划确定的城乡建设用地总规模和年度土地利用计划指标前提下，优先保障旅游交通、环境保护、能源等基础设施项目用地。提高土地利用效率，鼓励利用石漠化裸岩石地、荒山荒坡发展旅游、娱乐、体育等项目。

第三节　组织实施

广西壮族自治区人民政府指导、监督本规划的组织实施。桂林市人民政府要明确任务、细化方案、落实责任，认真做好本规划的各项工作，定期向自治区人民政府报告规划实施情况。

建立健全规划实施监督和评估机制，监督和评估规划的实施和落实情况，协调推进并保障本规划的贯彻落实。在规划实施过程中，适时组织开展对规划实施情况的评估，并根据评估结果决定是否对规划进行修编。

完善社会参与和监督机制。拓宽公众参与渠道，通过法定的程序使公众能够参与和监督规划的实施。同时，推动企业、民间开展全方位、多层次的联动协作，引导社会力量参与规划实施和区域经济合作。

索　　引

西山公园　（李腾钊　摄）

索　　引

说　明

一、本索引采用主题分析方法，款目按汉语拼音字母(同音字按声调)顺序排列。索引范围包括主要条目和人物。

二、文中的类目、分目在本索引中用黑体字标明，其余款目用宋体字排印。

三、索引款目后的数字表示内容所在页码，数字后的拉丁字母(a、b)表示栏别(即版面的1、2栏)。

四、同一主题的内容在文中多处出现的，在其款目后用不同的页码标明。空两字起排的款目为上一主题的"附见"。内容有交叉的款目在本索引中重复出现。

A

B

C

D

E

F

G

H

J

K

L

M

N

P

Q

R

S

T

W

X

Y

Z